Anja Schwennsen

Miteinander!

Deutsch für Alltag und Beruf A1.2

Deutsch als Zweitsprache

LEHRERHANDBUCH

Hueber Verlag

Konzeptbeschreibung und Didaktik-Glossar: Hueber Verlag / Redaktion

Quellenverzeichnis
Produktionsfotos: Alexander Sascha Keller, München
Zeichnungen: Mascha Greune, München
Bildredaktion: Nina Metzger, Hueber Verlag, München

Verwendete Abkürzungen
AB = Arbeitsbuch
EA = Einzelarbeit
KB = Kursbuch
KL = Kursleitung
PA = Paararbeit
PL = Plenum
TN = Teilnehmende:r

3. 2. 1.   Die letzten Ziffern
2026 25 24 23 22   bezeichnen Zahl und Jahr des Druckes.
Alle Drucke dieser Auflage können, da unverändert,
nebeneinander benutzt werden.
1. Auflage
© 2022 Hueber Verlag GmbH & Co. KG, München, Deutschland
Umschlaggestaltung: Sieveking · Agentur für Kommunikation, München
Layout und Satz: Sieveking · Agentur für Kommunikation, München
Verlagsredaktion: Lena Bengel, Franziska Nicklas, Erika Wegele-Nguyen, Hueber Verlag, München
Druck und Bindung: Friedrich Pustet GmbH & Co. KG, Regensburg
Printed in Germany
ISBN 978-3-19-031892-6

Art. 530_27443_001_01

Miteinander! Deutsch für Alltag und Beruf A1.2
Lehrerhandbuch

Konzeptbeschreibung

Miteinander! Deutsch für Alltag und Beruf
- ist ein handlungsorientiertes Lehrwerk für erwachsene Lernende,
- setzt die Anforderungen des erweiterten *Gemeinsamen Europäischen Referenzrahmens* (GER) um,
- deckt die Lernziele des *Rahmencurriculums für Integrationskurse* des *Bundesamts für Migration und Flüchtlinge* ab,
- bereitet auf gängige Sprachprüfungen der jeweiligen Niveaustufe vor – sowie gezielt auf den *Deutsch-Test für Zuwanderer* (DTZ) – und
- eignet sich besonders für Integrationskurse, auch mit mittlerer bis langsamer Progression, nach den Richtlinien des BAMF.

Das Lehrwerk ist erhältlich
- als Buch mit individuellem Zugangscode zur interaktiven Version des Buches oder
- per Code ausschließlich als interaktive Version.

Weitere Informationen finden Sie im Lehrwerkservice unter www.hueber.de/miteinander. Dort stehen im Bereich *Miteinander einsetzen* auch die Kopiervorlagen *Fokus Alltag und Beruf* zum Herunterladen bereit.

Informationen zur interaktiven Version finden Sie unter hueber.de/interaktiv
bzw. unter hueber.de/einfach-digital.

Bestandteile

Das Lehrwerk *Miteinander! Deutsch für Alltag und Beruf* besteht aus einem Kurs- und einem Arbeitsbuchteil. Informationen zum Aufbau des Lehrwerks finden Sie auf den ersten Seiten des Kurs- und Arbeitsbuchs unter der Rubrik *Wegweiser*.
Informationen zu weiteren Produkten und Zusatzmaterialien sowie die Lösungen und Transkriptionen finden Sie im Lehrwerkservice.

Zusätzlich ist **Material für Kursleiterinnen und Kursleiter** erhältlich – in Form eines Lehrerhandbuchs (LHB) oder in Form eines Digitalen Unterrichtsplaners (DUP), der nach Erwerb eines Lizenzcodes als Ergänzungsmaterial in der interaktiven Version zur Verfügung steht.

Das Material für Kursleiterinnen und Kursleiter bietet neben einer Konzeptbeschreibung:

- ein **Didaktik-Glossar**
- **Unterrichtspläne** mit vielen praktischen Tipps zu den Lektionen
- ein **Methodenglossar** ♟ mit generellen Hinweisen für Unterrichtsaktivitäten
- **Tipps für den digitalgestützten Unterricht** 🖥
- **Schnelltests** zu den Lektionen
- **Kopiervorlagen** 📄 zu den Lektionen
- **Evaluierungsbögen** zu den Lernfortschrittstests

Konzeptionelle Leitlinien

Miteinander! Deutsch für Alltag und Beruf ist aus der Unterrichtspraxis heraus für die Unterrichtspraxis entstanden – der Lernstoff ist praxistauglich für den Kursunterricht aufbereitet. Die kontextuelle Einbettung in alltagsnahe Situationen sowie der kleinschrittige Aufbau und das gut strukturierte, umfangreiche Materialangebot sorgen für schnelle Erfolgserlebnisse und verlässlich funktionierende Unterrichts- und Lernsequenzen – gemeinsam, motiviert, erfolgreich!

Gemeinsam

Lernen ist ein individueller Prozess – aber Studien zum kooperativen Lernen zeigen, dass Lernen in Gruppen die Motivation erhöht und zu besseren Ergebnissen führt. Besonders Lernungewohnte profitieren von Vorbildern! Da das Ziel der Integration ein gutes Miteinander ist – im Kurs, im Alltag, im Beruf, in der Gesellschaft –, fördert das Lehrwerk das gemeinsame Lernen in der Gruppe: Partner- und Gruppenaktivitäten, kooperative Aufgaben sowie Möglichkeiten zur Binnendifferenzierung ermöglichen es, auf individuelle Bedürfnisse einzugehen und gleichzeitig eine Gruppenidentität zu schaffen. Einer für alle, alle für einen! – Mit *Miteinander!* lernen alle individuell, kommen aber als Gruppe zum Ziel.

Motiviert

Miteinander! motiviert beim Unterrichten. Die transparent aufgebauten und klar strukturierten Lektionen, flexibel einsetzbares Material sowie viele nützliche Praxistipps für Kursleiterinnen und Kursleiter machen individuelles Unterrichten mit wenig Aufwand möglich.

Auch für die Lernenden ist der Lernstoff sehr motivierend aufbereitet: Sie erleben vielschichtige, plurikulturelle Protagonistinnen und Protagonisten in praxisnahen Situationen – mittendrin im Leben. Diese Kontexte ermöglichen einen alltagsnahen, emotionalen Zugang für die Lernenden. So macht Lernen Spaß und wird durch den Praxisbezug als sinnvoll erlebt. Durch die behutsame und transparente Heranführung an kommunikative Aufgaben- und Übungsformen werden auch Lernende mit weniger Lernerfahrungen abgeholt.

Erfolgreich

Kleine Lernportionen ermöglichen es den Lernenden, schnell Lernerfolge zu erleben. Sie erfahren, wie sie Sprachkenntnisse, sprachliches Bewusstsein, aber auch Lernstrategien sukzessive aufbauen und so zu immer erfolgreicheren Lernenden werden. Angeregt durch die praxisnahe Einbettung der Protagonistinnen und Protagonisten in *Miteinander!* probieren die Lernenden das Gelernte in der Welt außerhalb des Unterrichts aus und erleben, wie sie authentische Kommunikationssituationen in Alltag und Beruf meistern – sie erfahren also, dass sie erfolgreich *sprachhandeln*. Diese Praxiserfahrungen stützen den Lernprozess und stellen eine gute Basis für Erfolg bei Sprachprüfungen wie dem DTZ dar.

Aussprache / Phonetik

Je nach Ausgangslage ist die Aussprache des Deutschen eine mehr oder weniger große Hürde. Die Tatsache, dass Laute oft nicht „richtig" produziert werden, weil sie beim Hören gar nicht dekodiert werden können, macht auch ein Nachahmen manchmal sehr schwer. Die Herausforderungen sind für manche TN also groß – und sie sind außerdem sehr individuell! Dazu kommt, dass es für die Lernenden oft unangenehm ist, wenn durch Hinweise / Korrekturen der Eindruck entsteht, dass „die eigene Stimme nicht richtig" ist. Gehen Sie daher bei nötigen Korrekturen sehr umsichtig vor. Die Protagonisten und Protagonistinnen und ihre Erlebnisse in *Miteinander!* sowie die Höreindrücke durch die anderen Sprecher/innen bieten den Lernenden Identifikationsmöglichkeiten und eine große Bandbreite an Höreindrücken in authentischen Sprechsituationen, die emotional ansprechend sind und teilweise leicht dialektal eingefärbt sein können. Im Arbeitsbuch finden sich gezielte Ausspracheübungen, die sich auch im Kurs einsetzen lassen Aussprache, z. B. S. 157, 7a. Bei ausgewählten Aussprachephänomenen – gekennzeichnet durch das Piktogramm 🖑 – werden die Lernenden zusätzlich durch einen Phonetiktutor unterstützt z. B. S. 167, 13a: ch. Weitere Hinweise zum Trainieren der Aussprache finden Sie in den Unterrichtsplänen und dem → ▦ **Methodenglossar.**

Berufssprache

Für viele Lernende ist eine gelungene Integration in den deutschen Arbeitsmarkt ein wichtiges Ziel, von dem auch die Lernmotivation entscheidend abhängt. Daher spielt der berufliche Kontext in *Miteinander!* schon sehr früh eine Rolle Lektion 12: Bürotätigkeiten, Behörden und Anträge. Berufssprachliche Aspekte fließen in den Lektionen immer wieder ein. Zudem bietet der Lehrwerkservice ab der Niveaustufe A1.2 zusätzliches, berufssprachliches Material Fokus Beruf: www.hueber.de/miteinander.

Bewegung im Unterricht

Für den Lernprozess ist Bewegung förderlich. Daher sollten Sie Ihre TN immer wieder dazu motivieren, aufzustehen und sich im Kursraum zu bewegen. In *Miteinander!* sind zahlreiche abwechslungsreiche Aufgaben mit Bewegung eingebaut Kursspaziergang, z. B. S. 11, 1 Standbild, S. 67, B5a Sie würden das auch gern lernen? Stehen Sie auf, S. 77, B3. Darüber hinaus bieten die Unterrichtspläne und das Methodenglossar weitere Anregungen. → ▦ **Energieaufbauübungen**

Binnendifferenzierung

Mithilfe von Binnendifferenzierung kann der Lernprozess individualisiert werden, indem auf den unterschiedlichen Kenntnisstand, unterschiedliche Interessen, Lerngewohnheiten und Lerngeschwindigkeiten der TN im Kurs eingegangen wird. *Miteinander!* ermöglicht Binnendifferenzierung z. B. durch Aktivitäten in unterschiedlichen Sozialformen (Partnerarbeit und Gruppenarbeit in unterschiedlichen Konstellationen) oder durch die Anregung, individuelle Erfahrungen und Kenntnisse in den Lernprozess einzubringen z. B. Lektion 9, S. 19, C4: Lebensstationen. Machen Sie Notizen zu Ihrem Leben. Außerdem bietet das Lehrwerk sowohl Möglichkeiten der Binnendifferenzierung nach Leistungsniveau, indem sowohl zusätzliche Aufgabenstellungen angeboten werden Schon-fertig-Aufgaben, z. B. Lektion 9, S. 13 bei 2b als auch Aufgaben mit mehr Hilfestellung Auswahlaufgaben, z. B. Lektion 11, S. 37 B5 mit dem Verweis auf S. 113. Zudem lassen sich die Erklär-Clips als zusätzliche Möglichkeit zur Binnendifferenzierung einsetzen. Siehe Stichwort *Erklär-Clips.*

Erklär-Clips

Erklär-Clips dienen der Visualisierung von Inhalten und bedienen somit wichtige Rezeptionskanäle im Lernprozess. Die Erklär-Clips in *Miteinander!* bieten ein Training von Grammatik, Redemitteln bzw. Wortschatz und sind am Piktogramm 🖑 zu erkennen Clips zu Redemitteln, z. B. S. 29 bei C3b Clips zu Grammatik, z. B. S. 35 bei A5b Clips zu Wortschatz, z. B. S. 41 „Einrichtung und Möbel". Sie sind verbunden mit interaktiven Zusatzübungen und lassen sich auf unterschiedliche Weise einsetzen. → 🗩 **Tipps für Clips**

Fehlerkorrektur

Im Sprachlernprozess werden Fehler gemacht – und das ist auch gut so! Denn: Auch das, was wir als „Fehler" ansehen, ist ein Zeichen für einen kognitiven Prozess. „Feiern Sie Fehler!" – Fehler sind kein Defizit („falsch" / „durchgefallen"), sondern eine Wegmarke auf dem „Lernpfad". Loben Sie die Lernenden für das, was sie erreicht haben. Das kann das Erreichen eines kommunikativen Handlungsziels sein (z. B. etwas bestellen), das richtige Verwenden von Redemitteln, ein grammatisch korrekter Satz etc. Und loben Sie auch Lernende, die auf dem Lernpfad vielleicht noch nicht so weit sind, sich aber erkennbar anstrengen voranzukommen. Machen Sie den Lernenden deutlich, welche Strategien ein TN vielleicht (unbewusst) angewendet hat. Betrachten Sie eine „falsche Antwort" als Gelegenheit zum Weiterlernen, geben Sie einen Hinweis, wie sich die Person weiterentwickeln kann, um ein (selbst gestecktes) höheres Ziel zu erreichen.

Fertigkeiten

Traditionell werden in der Sprachdidaktik vier Fertigkeiten unterschieden:

	rezeptiv	produktiv
mündlich	Hören	Sprechen
schriftlich	Lesen	Schreiben

In Bezug auf Filme / Clips spricht man von Hör-/Sehverstehen. Im Internet wird bei der Präsentation von Lesetexten oft eine Vorlesefunktion angeboten, sodass auch paralleles Hör-/Leseverstehen häufiger geworden ist – also nicht mehr nur bei Vorträgen mit Präsentationsmaterialien. Die Alltagsrealität sorgt generell oft für ein schnelles Aufeinanderfolgen – oder die Kombination – von Fertigkeiten. In *Miteinander!* werden die Fertigkeiten manchmal getrennt, manchmal integriert trainiert. Auf diese Weise erwerben die Lernenden umfassende Kompetenzen und Strategien. Das rezeptive Erfassen von Informationen kann auf unterschiedlichen Ebenen erfolgen: globales Verstehen z. B. Thema erfassen, S. 33, 1, selektives Verstehen z. B. gezielt Informationen erfassen, S. 33, 2 und detailliertes Verstehen z. B. eine Detailangabe erfassen, S. 38, C1. Mit dem Erscheinen des Begleitbandes zum *Gemeinsamen Europäischen Referenzrahmen* ist der Begriff *Kommunikationsmodus* in den Vordergrund gerückt. Siehe Stichwort *Kommunikationsmodi*.

Filme

Filme ermöglichen eine kommunikative / situative Einbettung von Sprache und bedienen somit wichtige Rezeptionskanäle im Lernprozess. In *Miteinander!* gibt es zwei Arten von Filmen. Zum einen zeigen Lernende in kleinen Filmsequenzen, wie sie eine Aufgabe bewältigen – und dienen den TN so als Beispiele für „erreichbare Sprachmodelle" im Sinne des *Referenzrahmens* Beispielfilme, z. B. S. 67 bei B5c. Zugleich ist dies eine Anregung für die Lernenden, sich bei der Bearbeitung der Aufgabe ebenfalls zu filmen und so ihren Lernfortschritt zu dokumentieren. Zum anderen schließt jede Lektion am Ende der Doppelseite C mit einem kurzen Film ab, in dem eine der Personen aus der Lektion auftritt und in dem so wichtige Aspekte der Lektion noch einmal aufgegriffen werden Extra-Film z. B. S. 69 rechts unten.

Gesprochene Sprache

Lernende sollten schon frühzeitig mit den Besonderheiten der gesprochenen Sprache vertraut gemacht werden. In *Miteinander!* geschieht dies von Anfang an. Verkürzungen, z. B. S. 12: Wie geht's? Elliptische Sätze, z. B. S. 18, C1b: Und dann? Interjektionen, z. B. S. 87, B4b: Oje!

Grammatikvermittlung

Grammatik ist kein Selbstzweck – Strukturen sollten aus einer kommunikativen Anwendung heraus vermittelt werden. In *Miteinander!* bieten Dialoge oder Texte eine authentische, kommunikative Situierung, aus der heraus grammatische Strukturen selbst erarbeitet und dann angewendet werden (selbstentdeckendes / selbsterkennendes Lernen) S. 37, B3: Bewusstmachung des Verbes *gefallen* und der Personalpronomen im Dativ aus dem kommunikativen Kontext der B-Seiten. Oder Strukturen werden als Basis für eine Sprachhandlung präsentiert. S. 16, B2: Bist du schon einmal …?

Kommunikationsmodi

Der erweiterte *Gemeinsame Europäische Referenzrahmen* (2017) unterscheidet vier Kommunikationsmodi.

Rezeption	Produktion	Interaktion	Mediation
Hören	Sprechen monologisch	Sprechen dialogisch	Texte
Lesen	Schreiben monologisch	Schreiben dialogisch	Konzepte
Hör-Sehen			Mediation

In *Miteinander!* stehen Aktivitäten zum Trainieren aller Teilbereiche der vier Kommunikationsmodi zur Verfügung. Abwechslungsreiche Aufgaben im Lektionsverlauf decken die „klassischen" Fertigkeiten sowie den Modus *Mediation* ab (siehe Stichwort *Mediation*), zu den *Extra-Filmen* (Doppelseite C) stehen Kopiervorlagen zum rezeptiven Hör-Seh-Verstehen bereit.

Kontextualisierung / Situierung

Sprache existiert nicht in einem leeren Raum, sondern in kommunikativen Situationen – und sollte auch in solchen eingeführt und gelernt werden. Die Geschichten, die in *Miteinander!* erzählt werden, zeigen eine große Bandbreite sprachlicher Handlungsmuster und bieten einen kommunikativen Kontext, der wiederum Ausgangspunkt für anregende Sprech- und Schreibanlässe sein kann. Den TN wird so von Anfang an die Zielsetzung des sprachlichen Handelns nähergebracht, was das Verstehen und die Gedächtnisleistung fördert.

Lehr-Lernsequenz: Klassisch und *Flipped classroom*

Eine Lehr-Lernsequenz besteht aus verschiedenen Teilschritten, die aufeinander aufbauend zu einem Lernziel führen. Dabei sind je nach Zielgruppe unterschiedliche Kombinationen sinnvoll. Eine klassische Abfolge ist das Präsentieren eines Phänomens, gefolgt von einer gezielten Bewusstmachung, einem eher gebundenen Üben und einer (freieren) Anwendung. So wird in *Miteinander!* beispielsweise das Lernziel „nach dem Weg fragen und einen Weg beschreiben" als Abfolge von kleinen Schritten aufgebaut, die auf das Lernziel hinführen S. 28, C1 = Präsentation und Aktivierung; C2 = haptisch gestützte Übung, C3a = Präsentation des kommunikativen Kontextes und Übung, dazu im AB S. 133, 16, gebundene Übung, C3b = freiere, kommunikative Anwendung. Aber auch andere Arten von Lehr-Lernsequenzen sollten angeboten und ausprobiert werden. So lässt sich die klassische Abfolge beispielsweise umdrehen (= *flipped classroom*): Die Lernenden erarbeiten sich zunächst einen Aspekt des Lernstoffs selbst (vorbereitendes Selbststudium). Im Unterricht werden Fragen besprochen und es findet dann das interaktive, kommunikative Anwenden des Gelernten statt. *Miteinander!* ermöglicht z. B. mithilfe von Erklär-Clips, auch diese Form des Unterrichts anzubieten. → ⌨ **Tipps für Clips**

Lerner-/Lernerinnenautonomie

Lernen ist ein individueller Prozess, daher ist es wichtig, dass die Lernenden sich bewusst werden, wie / womit /wann etc. sie gut lernen. Auf dieser Basis können – und sollen – die Lernenden auch Verantwortung für ihr eigenes Lernen übernehmen. Zentral bei der „Aktivierung des inneren Lerners" ist die Gestaltung des Lernprozesses im Unterricht. *Miteinander!* unterstützt dies auf vielfältige Weise: durch die enorme Vielfalt an Aufgaben- und Übungstypen, den Wechsel von Sozialformen, die Möglichkeiten zur Selbstkontrolle und durch unterschiedliche Zugänge zum Lernstoff induktiv, z.B. Grammatik S.37, B3, oder deduktiv, z.B. Grammatik S.36, B2. Mithilfe der Auswahlaufgaben (siehe Stichwort *Binnendifferenzierung*), Lernstationen z.B. Stationenlernen, S.22 und der Hinweise zum Lernen Lerntipps, z. B. S. 123, 12 werden die Lernenden Schritt für Schritt an die Selbststeuerung ihres Lernprozesses herangeführt. Beobachten Sie die Lernenden und unterstützen Sie sie dabei, die für sie individuell geeigneten Lernformen zu entdecken.

Mediation

Mediation im Sinne des Begleitbandes zum *Gemeinsamen Europäischen Referenzrahmen* lässt sich ganz allgemein als „den Abstand verringern / überwinden" beschreiben. Mediation ist in *Miteinander!* von Anfang an eingebaut. So geben die TN z.B. Informationen mündlich bzw. schriftlich weiter S.17, Lektion 9, B4c S.83, Lektion 16, 3, sorgen für Zusammenarbeit in der Gruppe S.35, Lektion 11, A6, fordern andere zu Beiträgen auf S.75, Lektion 15, A2d oder geben steckbriefartig Informationen über andere weiter S.12, Willkommen, 3a.

Motivation

Motivation lässt sich als Zustand beschreiben – als Zustand, der vom Individuum als innere Freiheit erlebt wird und so Handlungsspielräume und Entwicklungsmöglichkeiten eröffnet und Ziele erreichen lässt. In der Forschung werden viele Faktoren beschrieben, die die Motivation eines Menschen beeinflussen. Beispiele sind *Sinnhaftigkeit* („Ich erlebe einen persönlichen / höheren Sinn in dem, was ich tue / wie ich mich verhalte."), *Selbstwirksamkeit* („Das, was ich tue, bewirkt eine Veränderung / Entwicklung."), *Anerkennung als Individuum* („Ich werde als eigenständige, individuelle Person wahrgenommen.") und *soziale Anerkennung* („Andere akzeptieren mich als Person, als Teil einer Gruppe."). Fördern Sie daher im Unterricht durch Ihre Haltung diese Prinzipien: Nehmen Sie jede/n Lernende/n als Individuum wahr und interessieren Sie sich für sie / ihn. Betonen Sie die Gemeinschaft der Lernenden und zeigen Sie, dass jede/r ein Teil dieser Gruppe ist und einen wichtigen Beitrag für die Gruppe insgesamt leistet. Machen Sie die Lernziele / Übungsziele transparent und „feiern Sie Erfolge", indem Sie den einzelnen Lernenden immer wieder aufzeigen, welche Fortschritte sie gemacht haben und welche Entwicklungsschritte sie gegangen sind. Zeigen Sie Anerkennung, wenn die Lernenden ihre Kompetenzen weiterentwickelt haben. Und zeigen Sie die „große Perspektive" auf: Deutschkenntnisse eröffnen den Lernenden vielfältige Möglichkeiten der Alltagsbewältigung, der Teilhabe, der persönlichen Weiterentwicklung und nicht zuletzt auch neue berufliche und damit sozioökonomische Perspektiven.

In *Miteinander!* finden sich viele Protagonistinnen und Protagonisten mit „Migrationshintergrund" als motivierende Identifikationsfiguren Übersicht S.6–8. Über ansprechende Situationsfotos werden Interesse und Neugier geweckt. Die Lernenden werden als Individuen wahrgenommen Personalisierung, z.B. S.17, B4b; S.23, 2c, gleichzeitig wird durch kooperative Aufgaben immer wieder das Gruppengefühl gestärkt Kooperation, z.B. S.32, Station 3; S.35, A6. Die Kleinschrittigkeit der Aufgaben ermöglicht allen Lernenden, den Lernstoff Schritt für Schritt zu meistern und so sichtbare Erfolge zu erzielen Kleinschrittigkeit mit dokumentiertem Resultat, z.B. S.89, C2. Für eine zusätzliche, motivierende Dokumentation der individuellen Weiterentwicklung kann auch das Portfolio verwendet werden (www.hueber.de/miteinander), siehe Stichwort *Portfolio*.

Online-Interaktion

Der *Gemeinsame Europäische Referenzrahmen* sieht auch die Integration von Online-Interaktion in den Sprachunterricht vor. In *Miteinander!* werden moderne Textsorten präsentiert Blogs, z. B. S. 88 Internetseiten, z. B. S. 26, S. 78 Chat-Kommunikation, z. B. S. 15 sowie auch Anregungen zur Nutzung des Smartphones im Unterricht gegeben Smartphone-Aufgaben, z. B. S. 17. Machen Sie bei Gelegenheit auch auf die Möglichkeit aufmerksam, das Smartphone zum Diktieren von Sätzen auf Deutsch zu nutzen etc.

Plurilinguale und plurikulturelle Kompetenz

Der Begriff *plurilinguale und plurikulturelle Kompetenz* im Sinne des *Gemeinsamen Europäischen Referenzrahmens* bezeichnet keinen festen Ist-Zustand, sondern ein flexibles, sich im Laufe des Lebens immer weiterentwickelndes Repertoire – eine im Individuum vorhandene „Sammlung von Ressourcen". Dies bezieht sich zum einen auf die eigenen Sprachkenntnisse (Erstsprache(n), Zweit-/Fremdsprache(n)), zum anderen aber auch auf die Entwicklung eines Bewusstseins von Varietäten wie regionalen Dialekten, Stilunterschieden (z. B. formellere ↔ informellere Sprache) oder Berufs-/Fachsprachen. Im gleichen Maße verfügt ein Individuum aber auch über (pluri-)kulturelle Kenntnisse in situationsgerechtem Handeln – z. B.: *Bringe ich bei einer privaten Einladung einer Kollegin ein Mitbringsel mit? Wie teuer darf/sollte das Mitbringsel sein? Was eignet sich (nicht) als Mitbringsel? Gilt das so auch bei einer privaten Einladung bei meinem Nachbarn oder gibt es da einen Unterschied?*

Machen Sie die Lernenden daher im Laufe des Lernprozesses immer wieder darauf aufmerksam, dass sie dieses Wissen, diese Ressourcen bereits in sich haben. Gerade beim Sprachenlernen stößt man auf andersartige Grammatikstrukturen, Ausdrucksweisen und nicht zuletzt Verhaltensweisen. Dies regt eine Bewusstmachung über Gegebenheiten und Kommunikationsweisen in der (den) eigenen Sprache(n), aber auch den individuellen, familiären und gruppenspezifischen Verhaltensweisen an. Entscheidend ist dabei, das „Neue" als „weitere Variante" des bereits Bekannten anzusehen und als „zusätzliche Option" in das eigene Repertoire aufzunehmen.

Die Protagonistinnen und Protagonisten in *Miteinander!* sind so angelegt, dass sie nicht nur als „oberflächliche" Figuren, sondern als vielschichtige Menschen wahrgenommen werden. Sie tauchen im Lehrwerk immer wieder auf und entwickeln sich weiter. Durch Hör- und Lesetexte sowie durch Aufgaben werden auch die Lernenden ermutigt, als vielschichtige Individuen aufzutreten Differenzierte persönliche Angaben, z. B. S. 19, S. 27, S. 75, das eigene kulturelle Wissen in den Kurs einzubringen z. B. Gastgeschenke, S. 83, sich der eigenen Gewohnheiten bewusst zu werden und andere kennenzulernen z. B. Meine Hitlisten, S. 99 und auch eigene Pläne und Weiterentwicklungsmöglichkeiten zu thematisieren z. B. Ich würde gern einen Breakdance-Kurs machen, S. 79.

Portfolio

Im Sprachunterricht bezeichnet *Portfolio* oft eine Sammlung von selbst erstellten oder gesammelten Materialien, die zeigen, mit was sich die Lernenden beschäftigt und was sie geleistet haben. Das Portfolio ist also eine Dokumentation des Lernprozesses. Jede Arbeitsbuchlektion in *Miteinander!* wird mit einer Portfolio-Aufgabe abgeschlossen, in der die Lernenden zu einer kleinen schriftlichen Produktion angeregt werden, die – zusammen mit anderen Materialien und Dokumenten – Eingang in das eigene Portfolio finden kann Portfolio, z. B. S. 126, 23. Eine Vorlage für das Portfolio finden Sie im Lehrwerkservice unter: www.hueber.de/miteinander.

Prüfungstraining

Das Fernziel der meisten Lernenden ist der *Deutschtest für Zuwanderer* (DTZ). Manche Lernende werden aber vielleicht auch eine „Zwischenprüfung" ablegen wollen. Daher ist in *Miteinander!* ein breit angelegtes Prüfungstraining integriert. Von A1 bis B1 werden alle Prüfungsteile der Prüfungen *Start Deutsch 1 und 2, telc – Deutsch für Zuwanderer A1, Goethe-Zertifikat A2* und *Deutschtest für Zuwanderer* (DTZ) behandelt Miteinander! A1.2 ab S. 192. Die Prüfungsteile sind didaktisiert Training, z. B. S. 192 und können anschließend im (ggf. leicht angepassten) Prüfungsformat ausprobiert werden In der Prüfung, z. B. S. 192. Außerdem bekommen die Lernenden Strategien an die Hand, die bei der Prüfungsvorbereitung und in der Prüfung helfen. Die einzelnen Teilprüfungen befinden sich im Anhang des Lehrwerks. Es gibt keine festgelegte Reihenfolge für die Bearbeitung, und die Prüfungsteile sind auch nicht an eine Lektion gekoppelt. Je nach Kenntnisstand und Interesse kann eine individuelle Auswahl getroffen werden.

Redemittel und Kommunikation

Das wichtigste Lernziel beim Sprachenlernen ist die Fähigkeit, *sprachlich handeln* zu können. Basis dafür ist die kommunikative Kompetenz. Aus diesem Grund gibt es in der Sprachdidaktik die Kategorie *Redemittel*. Bei diesen Sprachbausteinen kann die Grammatik durchaus über dem aktuellen Kenntnisstand der Lernenden liegen. Es geht an dieser Stelle nicht darum zu thematisieren, warum es z. B. *Gute Nacht!*, aber *Guten Abend!* heißt, sondern diese Wendungen einfach als solche zu lernen. Die Redemittel können schon „ganz vorgefertigt" sein oder aber den „Kern" aufzeigen, der dann individuell angepasst wird Kommunikation, z. B. S. 30, S. 60. *Miteinander!* sorgt im Übungsablauf immer wieder für Kommunikationsanlässe. Das Arbeitsbuch bietet zusätzlich ein Audiotraining für das eigenständige Üben der Kommunikationsfähigkeit Audiotraining, z. B. S. 124.

Sozialformen

Für den Lernprozess ist es förderlich, den Unterricht auch im Hinblick auf die Sozialformen abwechslungsreich zu gestalten. Wechseln Sie daher Phasen des Lernens im Plenum mit Phasen des Lernens in größeren / kleineren Gruppen, zu zweit und alleine ab. Die Lernsequenzen in *Miteinander!* sind so aufgebaut, dass unterschiedliche Sozialformen integriert werden. Zusätzliche Hinweise finden Sie in den Unterrichtsplänen und im → ▨ **Methodenglossar.**

Stationenlernen

Mit dem Aufbau von Stationen im Kursraum kann nicht nur der Unterricht aufgelockert, sondern auch Binnendifferenzierung ermöglicht und Lernerautonomie gefördert werden. Im Kursraum werden verschiedene Orte definiert, die einzelne Stationen darstellen. An jeder Station gibt es ein Thema bzw. eine Aufgabe – die Lernenden gehen in Gruppen oder einzeln zu den Stationen. Dort können sie z. B. Aufgaben lösen, selbst Aufgaben erstellen etc. und sich gegenseitig unterstützen und selbst korrigieren. Die Stationen können z. B. Lernstationen, Trainingsstationen oder Wiederholungsstationen sein Stationenlernen, z. B. S. 22, Wiederholungsseite.

Testen

Manche Lernende möchten eine formalisierte Auskunft über ihren Kenntnisstand, auch manche KL oder Institutionen befürworten regelmäßiges Testen. Solange ein Test als Anlass für das Thematisieren von Lernstrategien und Entwicklungsmöglichkeiten verstanden wird, ist dagegen nichts einzuwenden. Von zentraler Bedeutung ist nur, dass Testen nicht als Selbstzweck gesehen wird, und dass die Lernenden nicht „für den Test" lernen, sondern Lernen als Bestandteil der persönlichen Weiterentwicklung und das Erreichen von Zielen begreifen. *Miteinander!* bietet nach jeweils zwei Lektionen einen Lernfortschrittstest Lernfortschrittstest, z. B. S. 134, zu dem in den Materialien für Kursleitende (LHB bzw. DUP) noch jeweils ein Evaluationsbogen vorhanden ist. Außerdem stehen dort noch Schnelltests zur Verfügung. Wenn Sie den Lernenden die Lösungen zur Verfügung stellen, können sich die Lernenden selbst überprüfen (siehe Stichwort *Lerner-/Lernerinnenautonomie*).

Textsorten

Die Lernenden sollten von Anfang an mit einer Vielzahl an mündlichen und schriftlichen Textsorten vertraut gemacht werden. Einige davon müssen sie nur rezeptiv erkennen, andere selbst produzieren können. *Miteinander!* beinhaltet eine große Bandbreite sowohl mündlicher S. 13: informelles Gespräch S. 45: telefonische Auskunft S. 103, B4: Rollenspiel, Dialog im Geschäft als auch schriftlicher Textsorten S. 15: Chat S. 49: Formular S. 59: Zeitungsartikel S. 88: Blog.

Vorwissen

Jede/r Lernende kommt mit Vorwissen und Vorkenntnissen in den Kurs – Vorwissen in sprachlicher Hinsicht (Sprachkenntnisse in der Erstsprache, Sprachlernerfahrungen etc.), aber auch in kultureller Hinsicht (z. B. gruppenspezifische Handlungsmuster) – siehe Stichwort *Plurilinguale und plurikulturelle Kompetenz*. Zusätzlich machen die Lernenden im Sprachlernprozess *Deutsch als Zweitsprache* außerhalb des Unterrichts Erfahrungen, die das Vorwissen anreichern. Aktivieren Sie im Kurs immer wieder das Vorwissen der einzelnen Lernenden sowie der Gruppe als Gesamtheit. Dafür eignen sich z. B. Mindmaps oder der Einsatz von Bildern z. B. S. 52, 3.

Wiederholen

Lernen bedeutet das (Neu-)Verknüpfen von Synapsen. Damit das passiert, ist es wichtig, den Lernstoff mehrmals zu wiederholen und durch Abwechslung unterschiedliche Anknüpfungsmöglichkeiten (Querverbindungen) zu bieten. Die Lernsequenzen in *Miteinander!* sind kleinschrittig und abwechslungsreich aufgebaut, sodass verschiedene Verknüpfungen ermöglicht werden. Zudem bietet das Arbeitsbuch viele wiederholende und festigende Übungen. Auf den Wiederholungsseiten am Ende jeder Kursbuchlektion können die Lernenden wichtigen Lernstoff gemeinsam wiederholen Miteinander wiederholen, z. B. S. 32, auch mithilfe von Liedern z. B. S. 32, Station 1. Zeigen Sie den Lernenden auch Möglichkeiten auf wie z. B. (elektronische) Vokabelkärtchen, Memotechniken etc. → ✖ **Methodenglossar** Die Progression über die Bände von *Miteinander!* ist zyklisch angelegt – manche sprachlichen Handlungsmuster wie *Einkaufen* oder *über Vorlieben sprechen* kehren in einer höheren Niveaustufe wieder. So wird Sprachwissen wiederholt und der Niveaustufe angemessen angereichert.

Wortschatzarbeit

In der Bedeutung manchmal unterschätzt wird die Wortschatzarbeit. Dabei kommt man mit Unstimmigkeiten in der Grammatik in der Kommunikation noch eher zurecht, als wenn einem „die Worte fehlen" … Räumen Sie daher der Einführung und dem Verstehen wie auch dem Training von neuen Wörtern im Unterricht ausreichend Raum und Zeit ein. Zeigen Sie den Lernenden, wie das Verstehen von Wortschatz in *Miteinander!* durch Abbildungen unterstützt wird Illustrationen neben Texten, z. B. S. 33 Situationsfotos, z. B. S. 57 Überblick über Wortfelder, z. B. S. 31 oder S. 210 und wie wichtig auch die Übungen zur Kategorie „Wörter" im Arbeitsbuch sind Kategorie *Wörter* im AB, z. B. S. 120. Zeigen Sie die Möglichkeit auf, im Lernwortschatz Übersetzungen (bzw. später im Lernprozess: eigene Definitionen auf Deutsch) zu ergänzen Lernwortschatz ab S. 205.

Willkommen!
Unterrichtspläne

Miteinander! Deutsch für Alltag und Beruf A1.2
Lektion *Start*

Kommunikation Die TN wiederholen das Erfragen und Weitergeben von persönlichen Angaben.
Wortfelder Wiederholung von Begrüßung und persönlichen Angaben
Grammatik Wiederholung der W-Fragen

AUFGABE	HINWEISE
1	1. Stellen Sie sich dem Kurs vor und verwenden Sie dabei alle drei Varianten aus den Sprechblasen. Machen Sie nach jeder Kurzvorstellung eine kurze Pause und sagen Sie „oder", bevor Sie erneut ansetzen. Verwenden Sie die drei Varianten sowohl mit Ihrem Vornamen als auch mit Ihrem Vor- und Nachnamen. 2. Schreiben Sie die drei Varianten auch ans Whiteboard und ergänzen Sie einige Redemittel, falls die TN weitere Ideen haben, was man bei einer Vorstellung sagen kann. 3. Sagen Sie: „In die Mitte bitte!" und unterstützen Sie Ihre Bitte mit einer entsprechenden Geste, indem Sie zum Beispiel die Handflächen nach oben drehen, eine anhebende Bewegung machen und auf die Mitte im Kursraum zeigen. 4. Die TN machen einen Kursspaziergang, bei dem sie sich einander kurz vorstellen. → ▨ **Kursspaziergang** **Tipp:** Spielen Sie während des Kursspaziergangs Hintergrundmusik, um Dynamik zu erzeugen.

2	→ 🖳 **Einstiegsfotos**
	
	 Digitalgestützter Unterricht: Zeigen Sie die Fotos in der interaktiven Version und verdecken Sie die Texte mit dem Werkzeug *Abdecken*. Fragen Sie bei den TN nach, wer die Personen auf den Fotos sind und was sie noch über sie wissen. TN, die bereits mit dem *KB Miteinander! A1.1* gearbeitet haben, können hier TN, die neu dazugekommen sind, an ihrem Wissen teilhaben lassen. (Mediation)
	
	 1. Lesen Sie die Arbeitsanweisung vor und schreiben Sie *Familie, Freunde, Beruf, Hobbys* ans Whiteboard. Fragen Sie bei *Familie*: „Wie markiere ich Informationen zur Familie?" Unterstreichen Sie das Wort *Familie* in einer anderen Farbe. Wiederholen Sie die Frage bei jedem Begriff und zeichnen Sie die Linien wie im KB darunter. Sagen Sie anschließend noch einmal: „Hören Sie und lesen Sie mit. Markieren Sie dabei."
	 2. Spielen Sie die Audiodateien vor. Die TN lesen währenddessen und markieren. Spielen Sie die Audiodateien mindestens ein weiteres Mal vor.
	
	     Ergänzung: Kopieren Sie die Kopiervorlage → 🖺 **START: Steckbriefe** so, dass für jede/n TN alle Steckbriefe zur Verfügung stehen. Jede/r TN wählt zunächst eine Protagonistin / einen Protagonisten aus und erhält die jeweilige Steckbrief-Vorlage. Zeigen Sie den TN anhand von Ahmets Steckbrief, dass nicht für alle Protagonisten alle Felder ausgefüllt werden müssen. Die TN füllen den Steckbrief in EA aus. Anschließend finden die TN sich in Paaren zusammen und diktieren sich gegenseitig die Informationen zu „ihrer" Protagonistin / „ihrem" Protagonisten.
	
	     Binnendifferenzierung: Legen Sie die übrigen Steckbriefe in Stapeln aus. Wer mit der Partnerarbeit fertig ist, nimmt sich einen weiteren Steckbrief, ergänzt ihn und sucht sich eine neue Partnerin / einen neuen Partner. Geben Sie ein Zeitlimit vor. Am Ende muss nicht jede/r TN alle Steckbriefe vollständig ausgefüllt haben.
	
	     Anschließend werden die Steckbriefe nach Protagonisten sortiert aufgehängt und in einem → ▨ **Galerierundgang** präsentiert: Wählen Sie für den ersten Rundgang acht Expertinnen und Experten, die jeweils zu ihrer Lieblingsprotagonistin / ihrem Lieblingsprotagonisten Auskunft geben. Die übrigen TN gehen umher und stellen den Expertinnen und Experten Fragen zu den Protagonistinnen / Protagonisten. In lernungewohnten Gruppen sollten Sie mögliche Fragen noch einmal gemeinsam erarbeiten und am Whiteboard festhalten. Machen Sie mindestens einen weiteren Rundgang, bei dem die Expertinnen und Experten der ersten Runde durch andere ausgewechselt werden.
	
	 Tipp: Stellen Sie kleine Ansteckkärtchen mit dem Aufdruck „Expertin" und „Experte" her und laminieren Sie diese. Sie können sie dann später bei Präsentationen dieser Art wiederverwenden.

Willkommen!
Unterrichtspläne

Miteinander! Deutsch für Alltag und Beruf A1.2
Lektion *Start*

3	a	**Ergänzung:** Bereiten Sie das Partnerinterview mit der Kopiervorlage → 📑 **START: Diktat** vor. Diktieren Sie zunächst den Text über Alessia und geben Sie den TN danach die Möglichkeit zur Selbstkontrolle mit dem Korrekturblatt. Anschließend schreiben die TN einen Text über sich selbst. Schreiben Sie zur Unterstützung die Themen aus 3a ans Whiteboard: *Herkunftsland, Alter, Familie, Sprachen, Beruf, Hobbys, Freunde.*
		1. Lassen Sie die Arbeitsanweisung und die Themen vorlesen und schreiben Sie die sieben Themen ans Whiteboard. Lassen Sie unter jedem Thema eine Zeile frei.
		2. Bitten Sie zwei TN, den Beispieldialog vorzulesen. Wiederholen Sie dann noch einmal die Arbeitsanweisung und verweisen Sie bei dem Wort *Notizen* auf den Notizzettel im KB. → 🖥 **Orientierung**
		3. Lesen Sie die Frage „Woher kommst du, Alessia?" noch einmal vor und fragen Sie, zu welchem der sieben Themen diese Frage gehört. Erarbeiten Sie anschließend gemeinsam mit den TN eine Frage pro Thema und schreiben Sie sie unter das jeweilige Thema ans Whiteboard.
		4. Wiederholen Sie die Arbeitsanweisung und verweisen Sie auf den Foto-Auftrag. Machen Sie dabei deutlich, dass nur dann Fotos gemacht werden, wenn es für die TN okay ist. Schreiben Sie hierfür die Frage *Ist ein Foto okay?* als Redemittel für das Partner-Interview ans Whiteboard.
		5. Teilen Sie den Kurs in Paare ein. → ▦ **Paarbildung**
		6. Die TN interviewen sich gegenseitig, machen Notizen und ggf. ein Foto.
	b	1. Lesen Sie die Arbeitsanweisung vor und bitten Sie eine / einen TN, die Sprechblase im KB zu lesen und anschließend 1–2 Sätze zur / zum eigenen Interviewpartner/in zu improvisieren.
		2. „In die Mitte bitte!" Bitten Sie die TN, aufzustehen und mit ihren Handys in die Mitte des Kursraums zu kommen. Tun Sie das Gleiche und zeigen Sie auf dem Handy ein Foto von einer Freundin oder ggf. das Foto einer / eines TN und machen Sie den Anfang. Stellen Sie die Person auf dem Handyfoto vor, indem Sie sich einer / einem TN direkt zuwenden. Dadurch wird klar, dass es bei der folgenden Übung darum geht, die Partnerin / den Partner mehrmals einer jeweils anderen Person vorzustellen. Falls es TN gibt, die keine Fotos gemacht haben, sagen Sie, dass sie ihre Partnerin / ihren Partner auch ohne Foto präsentieren können, indem sie kurz im Kursraum auf sie oder ihn zeigen und sagen: „Das ist ..."→ ▦ **Kursspaziergang** Schreiben Sie zur Unterstützung die Redemittel *Das ist ..., Sie / Er kommt aus ...* ans Whiteboard.
		Tipp: Wenn Sie im Verlauf des Kursspaziergangs schöne Formulierungen von den TN hören, greifen Sie diese lobend auf und schreiben Sie sie ebenfalls ans Whiteboard. Das motiviert auch die anderen und unterstützt lernungewohnte TN.

Wie war dein Tag? / Ahmet
Unterrichtspläne

Miteinander! Deutsch für Alltag und Beruf A1.2
Lektion 09

Einstiegsseite

Kommunikation Die TN können Small Talk führen und sagen, wo sie gestern waren / was sie hatten.
Wortfeld stehende Ausdrücke mit *sein* und *haben*
Grammatik Präteritum von *sein* und *haben*

AUFGABE		HINWEISE
1		→ 🖵 **Einstiegsfotos**
		1. Sehen Sie sich mit dem Kurs das Einstiegsfoto an und lassen Sie die TN eine kleine Bildbeschreibung machen. Stellen Sie ein paar einfache Fragen wie: „Wer ist auf dem Foto? Was sehen Sie auf dem Foto?" Notieren Sie einige der Antworten am Whiteboard.
		Variante: Verteilen Sie Zettel und bitten Sie die TN, 1–3 Fragen zu dem Bild zu formulieren. Schreiben Sie als Hilfestellung die Frageworte *Wer, Was, Wo* ans Whiteboard und wiederholen Sie bei Bedarf die Satzstellung bei W-Fragen. Sammeln Sie die Fragen ein und verteilen Sie sie neu. Die TN schreiben Antworten zu den ihnen zugeteilten Fragen. Präsentation im PL.
		2. Lassen Sie die Arbeitsanweisung vorlesen und geben Sie anschließend eine Minute Zeit, damit die TN sich die Sätze 1–5 durchlesen können. Verweisen Sie auch auf die Bilderklärungen für *Flughafen* und *Technikmarkt*. → 🖵 **Orientierung**
		3. Spielen Sie die Audiodatei zweimal vor.
		4. Lösungskontrolle in PA, dann im PL.
		Lösung: 2 neu. 3 1000 Euro. 4 teuer. 5 Flughafen.
2	a	1. Lesen Sie die Arbeitsanweisung vor und bitten Sie zwei TN, den Beispieldialog vorzulesen. Fragen Sie: „Was sind die Verben?" Markieren Sie die Verben in der interaktiven Version mit dem Werkzeug *Textmarker* oder schreiben Sie den Dialog ans Whiteboard und markieren Sie die Verben hier. → 🖵 **Orientierung**
		2. Die TN ergänzen die Tabelle in PA.
		3. Lösungskontrolle im PL.
		*Lösung: **ich** hatte, war; **du** hattest*
		Digitalgestützter Unterricht: Zeigen Sie zur Systematisierung der Konjugation der Verben *haben* und *sein* im Präteritum den Grammatik-Clip. → 🖵 **Tipps für Clips**
		Ergänzung Phonetik-Einheit: Üben Sie die Konjugation der Hilfsverben im Präteritum auch durch chorisches Sprechen. → ⬛ **Aussprachetraining**
		Legen Sie besonderen Wert auf die Aussprache des *A*. Es sollte nicht als *Ä* gesprochen werden, weil das Wort dadurch seine Bedeutung verändert. Aus Präteritum wird bei falscher Aussprache Konjunktiv II. Der Unterschied zwischen *A* und *Ä* liegt an der Stellung des Kiefers. Bei *A* ist der Mund weniger weit geöffnet als beim *Ä*. Das kann den TN relativ leicht bewusst gemacht werden. Lassen Sie die TN dafür aufstehen und machen Sie zunächst einige Lockerungsübungen für den Mund. Z. B. durch Zu- und Aufklappen, durch Einatmen und schnaubendes Ausatmen, wobei die Lippen wie bei einem Pferd vibrieren. Anschließend leiten Sie die TN dazu an, ihr Gesicht auszustreichen. Legen Sie dafür Ihre Hände auf die Wangen und ziehen Sie sie mit gespreizten Fingern mehrmals von den Schläfen aus Richtung Mund. Lassen Sie den Mund locker. Bitten Sie anschließend die TN, ihre Hände an die Kieferknochen zu legen und sprechen Sie gemeinsam *A* und *Ä*. Ermuntern Sie die TN dabei, den Unterschied in der Stellung des Kiefers zu spüren.

Wie war dein Tag? / Ahmet
Unterrichtspläne

Miteinander! Deutsch für Alltag und Beruf A1.2
Lektion 09

	b	1. Lassen Sie die Arbeitsanweisung und die Variationsmöglichkeiten vorlesen. Verweisen Sie auch auf die Bilderklärungen für *zufrieden sein* und *müde sein*. → 🖥 **Orientierung**
		2. Sagen Sie noch einmal: „viele Termine haben" und bitten Sie zwei TN, den Beispieldialog vorzulesen und einen weiteren Dialog mit *frei haben* zu improvisieren. Lassen Sie anschließend die TN entscheiden, ob Sie die Auswahlaufgabe auf S. 108 bearbeiten oder auf S. 13 bleiben wollen. Da einige TN das Prinzip der Optionen vielleicht noch nicht kennen, wenn Sie noch nicht mit *Miteinander!* gearbeitet haben, ist es sinnvoll, hier noch einmal kurz zu erklären, dass die Auswahlaufgaben etwas leichter sind.
		Tipp: Nutzen Sie parallel die interaktive Version des KB auf S. 108, um zu zeigen, dass die Dialoge der Auswahlaufgabe ausgeschrieben und nach *haben* und *sein* sortiert sind.
		3. Die TN bearbeiten die Aufgabe in PA. Gehen Sie herum und geben Sie Hilfestellung.
		Binnendifferenzierung: Machen Sie lerngewohnte TN auf Schon fertig? *aufmerksam. Greifen Sie Ideen dieser TN auf und schreiben Sie sie ans Whiteboard, um auch andere TN zu motivieren, ein wenig zu improvisieren.*
		4. Präsentation im PL. Lassen Sie zu jeder Variante je ein Paar einen Dialog vortragen. Achten Sie darauf, dass Sie sowohl TN präsentieren lassen, die auf S. 13 gearbeitet haben als auch diejenigen, die auf S. 108 gearbeitet haben.
		Tipp: Ermutigen Sie die TN nach dem Lesen des Dialogs, den Dialog noch einmal frei zu sprechen, indem Sie sie bitten, das Buch zu schließen. Wenn den TN das sehr schwerfällt, können Sie eine zweite Trainingsrunde anregen, mit dem Ziel, 1-2 Dialoge ohne Buch sprechen zu können.

A: Meine Frau und ich haben viel gearbeitet.

Kommunikation Die TN können über Vergangenes berichten.
Wortfelder Beruf, Familie, Wetter, Verkehr, Stadt auf Small-Talk-Niveau
Grammatik Perfektbildung mit *haben*, Wiederholung Satzklammer, W-Fragen und Ja-/Nein-Fragen

AUFGABE		HINWEISE
A1	a	→ 🖥 **Einstiegsfotos**
		1. Betrachten Sie gemeinsam mit den TN das Einstiegsfoto und lassen Sie sich eine kurze Bildbeschreibung geben. Fragen Sie: „Wer sind die Personen? Wo sind sie? Was machen sie?"
		2. Lassen Sie die Arbeitsanweisung vorlesen und fragen Sie anschließend zur Verstehenssicherung: „Was sind Themen?" Zeigen Sie im KB auf die Themen und sagen Sie: „Das sind Themen." Lassen Sie anschließend die Themen ebenfalls vorlesen und sammeln Sie gemeinsam mit den TN weitere mögliche Themen am Whiteboard. → 🖥 **Orientierung**
		3. Die TN erzählen sich in Murmelgruppen, worüber sie im Taxi sprechen. → ▦ **Gruppenbildung**
		4. Präsentation im PL: Lassen Sie sich stichprobenartig aus den Gruppen berichten und schreiben Sie einige Beispiele ans Whiteboard.
	b	1. Lassen Sie die Arbeitsanweisung vorlesen und zeigen Sie im KB, wo die TN die Antworten ankreuzen sollen. → 🖥 **Orientierung**
		2. Lösungskontrolle in PA, dann im PL. → 🖥 **Lösungskontrolle**
		Lösung: Familie, Stadt, Arbeit, Ausbildung
A2	a	1. Lesen Sie die Arbeitsanweisung vor und erklären Sie noch einmal, dass die Nummern der Fragen in die Kästchen zu den Antworten geschrieben werden sollen. → 🖥 **Orientierung**
		2. Die TN bearbeiten die Aufgabe in EA.
		3. Spielen Sie die Audiodatei vor. Die TN vergleichen ihre Ergebnisse. Spielen Sie die Audiodatei bei Bedarf ein weiteres Mal vor.
		4. Lösungskontrolle im PL: Lassen Sie die Fragen und Antworten von zwei TN mit verteilten Rollen vortragen und notieren Sie parallel die Lösungen. → 🖥 **Lösungskontrolle**
		Lösung: 1 Und jetzt fliegen Sie wieder nach Hause? 2 Waren Sie beruflich hier? 3 Was haben Sie gemacht?

Wie war dein Tag? / Ahmet
Unterrichtspläne

Miteinander! Deutsch für Alltag und Beruf A1.2
Lektion 09

	b	1. Lassen Sie die Arbeitsanweisung vorlesen und geben Sie den TN eine Minute Zeit, die Optionen zu lesen. Verweisen Sie auch auf die Bilderklärung für *sparen*.

Ergänzung interkulturelles Lernen: Nicht in allen Ländern ist das Schwein ein Glücksbringer oder wird mit *Geld / sparen* assoziiert. In manchen Kulturen gilt es als unreines Tier. Das müssen Sie hier nicht explizit thematisieren, aber es bietet sich an zu fragen, wo die TN ihr Geld aufbewahren, wenn es nicht auf der Bank liegt. Ob sie noch so etwas wie einen Sparstrumpf oder Gefäß etc. haben.

2. Spielen Sie die Audiodatei vor. Die TN bearbeiten die Aufgabe.
3. Lösungskontrolle in PA, dann im PL. Lassen Sie eine/n TN die Lösung präsentieren und schreiben Sie die Sätze ans Whiteboard. Fragen Sie: „Was sind die Verben?" und umkreisen Sie diese auf Zuruf der TN. Markieren Sie die Satzklammer wie im Grammatikkasten.
Lösung: Wir haben nicht viel gekauft. Wir haben das Geld gespart.

Digitalgestützter Unterricht: Zeigen Sie den Grammatik-Clip zur Systematisierung der Satzklammer im Perfekt.

4. Gehen Sie mit den TN die Tabelle mit den Partizip II-Formen durch und weisen Sie darauf hin, dass einige Verben wie *kaufen, sparen, arbeiten* stärker gebeugt werden als andere Verben wie *sehen, sprechen, treffen*. Machen Sie auf den Vokalwechsel bei *sprechen* und *treffen* aufmerksam.

Tipp: An diesem Punkt fragen die TN oft nach Verblisten, mit denen sie die Partizip II-Formen lernen können. Auf dem Niveau A1 sind diese alphabetisch sortierten Listen jedoch nur bedingt sinnvoll, da sie den bisher gelernten Wortschatz der TN übersteigen. Regen Sie stattdessen an, dass jede/r sich ein Verb-Heft oder einen Schnellhefter anlegt, in den die neu gelernten Verben mit Partizip II-Form geschrieben werden. Regen Sie auch an, eine dritte Spalte für die Präteritum-Form frei zu lassen, sodass diese später ergänzt werden kann. Es ist hilfreich, wenn Sie einige Wochen lang das Weiterführen der Liste als Hausaufgabe aufgeben und sich die Listen zeigen lassen.

A3		1. Lesen Sie die Arbeitsanweisung vor und zeigen Sie bei *Nachrichten in Achmets Familien-Gruppe* auf den Chat und bei *Zettel A* und *Zettel B* auf den jeweiligen Zettel. → 🖵 **Orientierung** 2. Bearbeiten Sie gemeinsam im PL die Frage 1 von Zettel A und B, indem Sie den Kurs in Gruppe A und B einteilen. Geben Sie anschließend einer / einem TN aus Gruppe A den Auftrag, die Frage 1 von Zettel B zu lesen. Eine / Ein TN aus Gruppe B antwortet und umgekehrt. Lassen Sie jetzt die TN entscheiden, ob sie die Auswahlaufgabe auf S. 109 bearbeiten oder auf S. 15 bleiben wollen. 3. Die TN bearbeiten die Aufgabe in PA. Gehen Sie herum und geben Sie Hilfestellung. 4. Lösungskontrolle im PL: Lassen Sie wie in 2. beschrieben je ein Paar präsentieren. Achten Sie darauf, dass sowohl TN, die die Auswahlaufgabe gemacht haben, als auch TN, die auf S. 15 gearbeitet haben, zum Zug kommen. Schreiben Sie die Antwortsätze am Whiteboard mit und markieren Sie noch einmal die Satzklammer.

Variante: Zur Präsentation stellen sich die TN in zwei Gruppen (A und B) gegenüber auf. TN der Gruppe B lesen die Fragen von Zettel A, TN der Gruppe A geben die Antwort zu der Frage von Zettel A und lesen die nächste Frage von Zettel B. Für die richtigen Antworten können Sie Punkte verteilen, um den Wettbewerbs-Charakter zu verstärken. Geben Sie den TN die Möglichkeit, sich untereinander kurz abzustimmen, bevor sie die Antwort geben. Der Satzbau muss richtig sein, sonst gibt es keinen Punkt.

A4	a	**Material:** Würfel und Spielfiguren 1. Lesen Sie die Arbeitsanweisung vor und leiten Sie die TN an, auf die Seiten 96/97 im KB zu gehen. → 🖵 **Orientierung** 2. Lassen Sie auf S. 96 die Arbeitsanweisung und die Musterlösung vorlesen.

Ergänzung Phonetik: Lesen Sie noch einmal alle zur Auswahl stehenden Partizip II-Formen vor und lassen Sie die TN nachsprechen. Üben Sie anschließend auch den Wortakzent durch Klatschen. Unbetonte Silben werden dabei leise auf dem Handballen geklatscht und betonte Silben mit der vollen Handfläche. Ein Wort wie *gefrühstückt* würde auf dem Handballen, dann auf der Handfläche und dann wieder auf dem Handballen geklatscht werden. → ▨ **Aussprachetraining**

	3. Die TN bearbeiten die Aufgabe in EA. Gehen Sie herum und geben Sie Hilfestellung. 4. Lösungskontrolle in PA, dann im PL. **Variante:** Um die Lösungskontrolle spontaner zu gestalten, können Sie eine/n TN die Vorgaben in nicht festgelegter Reihenfolge vorlesen lassen und die anderen TN rufen das passende Partizip II rein. Wer zuerst das richtige Partizip II gerufen hat, liest die nächste Vorgabe vor. Schreiben Sie die richtigen Lösungen am Whiteboard oder in der interaktiven Version mit. Alternativ können Sie in dieser Form auch nach der Lösungskontrolle noch einmal in PA üben lassen. Dabei hat dann nur diejenige / derjenige TN das Buch aufgeschlagen, die/ der die Vorgaben vorliest. Die Partizip II-Formen werden von der Partnerin / dem Partner auswendig genannt. → **Lösungskontrolle** *Lösung Aktionsseite, S. 96:* ***2** gefrühstückt **3** getrunken **4** geschlafen **5** gesungen **6** gemalt **7** gelesen **8** genäht **9** geschrieben*
b	1. Lesen Sie die Arbeitsanweisung vor und spielen Sie im PL ein Beispiel mit drei geübteren TN vor, indem Sie den Kurs um einen Tisch in der Mitte des Kursraums versammeln. Teilen Sie den Kurs anschließend in Dreiergruppen ein und verteilen Sie die Würfel und Spielfiguren. → **Gruppenbildung** 2. Die TN spielen in ihren Gruppen. Gehen Sie herum und geben Sie Hilfestellung. *Binnendifferenzierung: Regen Sie Gruppen, die bereits einen Durchlauf gespielt haben, dazu an, die Spielrollen (ABC) zu tauschen und noch einmal von vorne zu beginnen.*
A5	1. Lesen Sie die Arbeitsanweisung vor. Lassen Sie anschließend das Beispiel und die Reaktionen in Sprechblasen von drei TN vorlesen. Schreiben Sie nun selbst drei Informationen (im Perfekt) über sich ans Whiteboard, von denen eine nicht stimmt, und lassen Sie die TN wie im Beispiel raten. Achten Sie dabei darauf, dass die TN das Redemittel *Ich glaube ...* verwenden. 2. Die TN schreiben die drei Sätze in EA. Gehen Sie herum und geben Sie Hilfestellung. *Binnendifferenzierung: Geübtere TN schreiben mehr als drei Sätze. Geben Sie ein Zeitlimit.* 3. Präsentation im PL: Eine / Ein TN präsentiert ihre / seine Sätze im PL, die anderen raten, welcher Satz nicht stimmt. Diejenige / Derjenige, die / der geraten hat, darf ihre / seine Sätze im Anschluss vorlesen. **Tipp:** Achten Sie hier trotz des Spielcharakters auf den richtigen Satzbau und schreiben Sie ggf. am Whiteboard eine korrekte Version des Satzes der / des TN mit. **Variante:** In geübteren Kursen, wo die Satzklammer schon gut umgesetzt wird, können Sie den Kurs für die Präsentation der Sätze in Gruppen von 4–5 TN einteilen.

B: Ich bin Taxi gefahren.

Kommunikation Die TN können Längen angeben.
Wortfelder Freizeitaktivitäten, Verben der Bewegung
Grammatik Perfektbildung mit *sein*

AUFGABE	HINWEISE
B1 a	→ **Einstiegsfotos** **Tipp:** Lassen Sie die TN eine kleine Bildbeschreibung machen, bevor Sie zur Aufgabe übergehen. Stellen Sie hier die Frage: „Was sehen Sie auf dem Bild?“ Damit gewöhnen Sie die TN an die Bildbeschreibung im zweiten Teil der mündlichen DTZ-Prüfung. 1. Lassen Sie die Arbeitsanweisung und die Sprechblasen vorlesen. Klären Sie die Bedeutung von *mit wem?,* indem Sie einige Fragen ans Whiteboard schreiben und die TN bitten, selbst einige Fragen zu entwickeln. Zum Beispiel: *Mit wem sind Sie im Deutschkurs? Mit wem isst du zu Mittag?* 2. Lassen Sie die TN anschließend in PA Vermutungen über *die Frau bei Ahmet* äußern und holen Sie die Situation anschließend ins Plenum. Notieren Sie einige Vermutungen am Whiteboard.

Wie war dein Tag? / Ahmet
Unterrichtspläne

Miteinander! Deutsch für Alltag und Beruf A1.2
Lektion 09

b	1. Lassen Sie die Arbeitsanweisung vorlesen und geben Sie den TN eine halbe Minute Zeit, um die Aussagen zu lesen.
	2. Spielen Sie die Audiodatei vor. Die TN bearbeiten die Aufgabe.
	3. Lösungskontrolle in PA, dann im PL.
	Lösung: 1 Ahmet trifft Pauline am Abend. 2 Pauline isst bei Ahmet und Pinar.
c	1. Lassen Sie die Arbeitsanweisung vorlesen und geben Sie den TN eine Minute Zeit, um die Aussagen zu lesen.
	2. Spielen Sie die Audiodatei erneut vor. Die TN bearbeiten die Aufgabe.
	3. Lösungskontrolle in PA, dann im PL.
	Lösung: 2 c, d, e 3 f 4 a
	4. Verweisen Sie auf den Grammatikkasten. → 🖥 **Orientierung**
	Sagen Sie: „*fahren, gehen, fliegen* sind Bewegungen" und zeichnen Sie zwei Punkte mit einem Bewegungspfeil ans Whiteboard. Wiederholen Sie dann jedes einzelne Verb in seiner Grundform und machen Sie mit dem Arm oder der Hand eine Bewegung, mit der Sie verdeutlichen, dass die Verben Art und Weisen angeben, in denen man von einem Punkt zum nächsten kommt. Alternativ können Sie auch die TN bitten, die Verben pantomimisch darzustellen.
	Digitalgestützter Unterricht: Spielen Sie zur Festigung des Wortschatzes die Zusatzübung zu den Bewegungsverben (KB S. 21) aus der interaktiven Version heraus.
B2	1. Lassen Sie die Arbeitsanweisung und das Beispiel vorlesen. Schreiben Sie die Redemittel in den Sprechblasen ans Whiteboard und fragen Sie die TN, wie eine positive Antwort lauten könnte. Ergänzen Sie weitere Sprechblasen auf Zuruf der TN.
	Digitalgestützter Unterricht: Zeigen Sie den Grammatikkasten und den dazugehörigen Clip, um den TN zu verdeutlichen, dass sie nun drei weitere Bewegungsverben mit den entsprechenden Partizip II-Formen lernen. → 🖥 **Tipps für Clips**
	Tipp: Üben Sie auch diese drei neuen Partizip II-Formen noch einmal phonetisch wie in A4 durch Nachsprechen und Klatschen des Wortakzents. → ▨ **Aussprachetraining**
	2. Verweisen Sie auf die Optionen im Schüttelkasten und sagen Sie noch einmal: „Schreiben Sie drei Fragen."
	3. Die TN bearbeiten die Aufgabe zunächst in EA. Gehen Sie herum und geben Sie Hilfestellung.
	Binnendifferenzierung: Ermutigen Sie TN, die sehr schnell fertig sind, Fragen zu formulieren, zu denen es keine Vorgabe gibt. Verweisen Sie hierfür auf die drei Auslassungspunkte.
	4. Teilen Sie den Kurs im Anschluss an die Schreibphase in Gruppen ein. → ▨ **Gruppenbildung**
	5. Die TN fragen einander und reagieren unter Verwendung der Redemittel am Whiteboard. Gehen Sie herum und geben Sie Hilfestellung. Schreiben Sie interessante Reaktionen der TN zwischendurch ans Whiteboard. Das motiviert die TN, auch bei den Reaktionen etwas kreativer zu werden.
	Variante: Nutzen Sie in weniger lerngewohnten Kursen die Kopiervorlage → 📄 **L09: Aktivitätenbingo Perfekt.** Kopieren Sie das Bingo-Spiel für jede/n TN einmal. Die TN gehen im Kurs herum und fragen sich gegenseitig: „Bist du schon einmal …?" Kann die Gesprächspartnerin / der Gesprächspartner die Frage mit „Ja, ich bin schon einmal …" beantworten, schreiben die TN den Namen der Gesprächspartnerin / des Gesprächspartners in das entsprechende Bingofeld. Erklären Sie den TN, dass das Spiel beendet ist, sobald sie vier Namen in einer Reihe haben (senkrecht / waagerecht oder diagonal). Fragen Sie im Anschluss an die Übung noch einmal im Plenum: „Wer ist schon einmal ohne Geld einkaufen gegangen?" und ermuntern Sie die TN noch einmal, im vollständigen Satz zu antworten. Beispielsweise: *Pinar ist schon einmal ohne Geld einkaufen gegangen.* (Mediation)
	Ergänzung: Machen Sie anschließend oder am nächsten Tag ein Wiederholungstraining für die Partizip II-Formen. Werfen Sie einen Ball zu einer / einem TN und sagen Sie die Grundform des Verbs z. B. „kochen". Die / Der TN fängt den Ball und sagt „gekocht". Anschließend wirft die / der TN den Ball weiter und nennt ein weiteres Verb von S. 16 in seiner Grundform.

Wie war dein Tag? / Ahmet
Unterrichtspläne

Miteinander! Deutsch für Alltag und Beruf A1.2
Lektion 09

B3	**a**	**Material:** Din-A4-Blätter
		1. Gehen Sie gemeinsam mit den TN auf die S. 104 und lassen Sie dort die Arbeitsanweisung vorlesen. Klären Sie das Wort *Ketten-Geschichte*. Lassen Sie das Wort *Geschichte* nachschlagen und erklären Sie *Kette*, indem Sie zum Beispiel die Glieder einer Kette ans Whiteboard zeichnen und dann die Analogie ziehen von den Kettengliedern zu den TN.
		2. Fragen Sie: „Was sollen wir machen?" und machen Sie eine ratlose Geste. Zeigen Sie auf die Erklärungen der Schritte und das Beispiel der Ketten-Geschichte. Vergrößern Sie diese in der interaktiven Version des KB. Lassen Sie anschließend die Beschreibungen der Schritte vorlesen. → 🖥 **Orientierung** Geben Sie Zeit für Nachfragen und klären Sie unbekannte Wörter. Lesen Sie anschließend die Beschreibung des ersten Schrittes noch einmal vor und machen Sie vor, was dort steht. Geben Sie dann das Blatt mit Ihrem Satz an eine / einen TN weiter. Lesen Sie dann Schritt zwei vor und lassen Sie die / den TN danach handeln. Achten Sie darauf, dass die / der TN für alle sichtbar das Blatt mit Ihrem Satz nach hinten faltet, sobald sie / er geschrieben hat. Sagen Sie ggf. noch einmal: „Falten Sie den Zettel." und machen Sie es vor. Verfahren Sie mit Schritt drei ebenso.
		3. Die TN schreiben die Ketten-Geschichten. Gehen Sie herum und geben Sie Hilfestellung.
		Tipp: Geben Sie ein Zeitlimit vor und verteilen Sie zwischendurch Zettel um, die sich bei lernungewohnten TN stauen. Machen Sie deutlich, dass das Umverteilen kein Problem ist, da ohnehin immer nur auf den vorherigen Satz reagiert werden soll.
	b	Präsentation in Gruppen, dann im PL: Die TN lesen einander die Geschichten in Gruppen von 5–6 TN vor. → ▦ **Gruppenbildung** Gehen Sie herum und bitten Sie jede Gruppe, eine Geschichte auszuwählen, die ihnen besonders gefällt. Lassen Sie im Anschluss an die Gruppenarbeitsphase je eine Geschichte aus jeder Gruppe im PL vorlesen.
B4	**a**	1. Lassen Sie die Arbeitsanweisung und die lektüreleitenden Fragen 1 und 2 vorlesen. Sehen Sie sich gemeinsam mit den TN das Foto an und fragen Sie: „Was sehen Sie? Wo könnte das sein?" Damit führen Sie die TN zum Thema *Restaurantbesuch* hin und erleichtern das Leseverständnis. → 🖥 **Einstiegsfotos**
		Tipp: Sagen Sie den TN, dass sie den Text zweimal lesen sollen, bevor sie anfangen, Wörter nachzuschlagen. Geben Sie ein Zeitlimit für die Lesezeit.
		2. Die TN lesen den Text und sprechen anschließend mit ihrer Partnerin / ihrem Partner. Gehen Sie herum und achten Sie darauf, dass alle nicht nur lesen, sondern auch sprechen.
		3. Präsentation im PL. Lassen Sie die TN in ganzen Sätzen auf die Fragen 1 und 2 antworten und fragen Sie auch, wo im Text die jeweilige Information steht.
		Digitalgestützter Unterricht: Markieren Sie während der Präsentation die von den TN genannten Textstellen in der interaktiven Version des KB mit dem Werkzeug *Textmarker*. → 🖥 **Lektürebegleitendes Visualisieren**
		Lösung: 1 Sie waren in einem Restaurant. Sie haben ein „Dinner im Dunkeln" gegessen. 2 Das heißt, du siehst dein Essen nicht. Am Ende hat der Kellner gesagt: Sie haben gerade Kürbiseis gegessen. Das war ein bisschen / wirklich komisch.
		Ergänzung: Nutzen Sie die Kopiervorlage → 📋 **L09: Diktat,** um die Ausdrucksmittel vor der folgenden Schreibaufgabe besser einzuüben. Die Frage am Ende des Diktats bereitet die Übung B4b vor. Lesen Sie den Text einmal vollständig vor und diktieren Sie dann in Abschnitten. Teilen Sie nach dem Diktat den Text zur Selbstkontrolle aus.
	b	1. Lassen Sie die Arbeitsanweisung vorlesen und erläutern Sie anschließend *eigene,* indem Sie sagen: „Schreiben Sie Ihre Geschichte / Schreibe deine Geschichte auf dem Handy." Lassen Sie anschließend auch die Optionen aus dem Schüttelkasten und die Redemittel vorlesen. Verweisen Sie auf die Auslassungspunkte und sagen Sie: „Schreiben Sie Ihre Ideen." Zeigen Sie auch die Darstellung auf S. 108, wo freie Linien für die Ideen der TN vorgegeben sind. → 🖥 **Orientierung** Sammeln Sie einige Ideen der TN am Whiteboard.

Wie war dein Tag? / Ahmet
Unterrichtspläne

Miteinander! Deutsch für Alltag und Beruf A1.2
Lektion 09

	Digitalgestützter Unterricht: Spielen Sie zur Aktivierung des Wortschatzes für die folgende Schreibaufgabe die Zusatzübungen zu Stimmungen und Orten aus der interaktiven Version des KB (S. 21).
	2. Lassen Sie die TN auswählen, ob sie die Auswahlaufgabe auf S. 108 bearbeiten oder auf S. 17 bleiben wollen. Teilen Sie anschließend innerhalb der jeweiligen Lerngruppen Paare ein, die untereinander die Telefonnummer tauschen. Alternativ können die TN auch auf Papier schreiben und die Geschichten ihrer Partnerin / ihrem Partner aushändigen, ohne ein Smartphone zu verwenden. → ⬛ **Paarbildung**
	3. Die TN bearbeiten die Aufgabe. Gehen Sie herum und geben Sie Hilfestellung. Ermuntern Sie die TN, die Redemittel zu verwenden, indem Sie schöne Beispiele von TN ans Whiteboard schreiben. Fragen Sie am Ende der Schreibphase noch einmal nach, ob jetzt jede / jeder eine Nachricht erhalten hat. Geben Sie ggf. noch einmal etwas mehr Zeit. In dieser Phase können TN, die bereits fertig sind, ihre Texte noch einmal korrigieren und erneut an ihre Partnerin / Partner versenden.
	Tipp: Geben Sie für die Schreibphase ein Zeitlimit vor, damit am Ende alle eine kurze oder längere Nachricht erhalten haben. Machen Sie deutlich, dass nicht alle Texte gleich lang sein müssen.
c	1. Lassen Sie die Arbeitsanweisung vorlesen und sagen Sie den TN, dass sie nun fünf Minuten Übungszeit haben, um den Inhalt ihrer Nachricht zu lesen und zu memorisieren. Erinnern Sie die TN daran, dass sie alles in der dritten Person Singular erzählen müssen. Lesen Sie dafür die Sprechblase vor und betonen Sie *Layla* und *sie*. Lassen Sie sich von den TN ein Beispiel aus dem Kurs geben. Zum Beispiel: *Ali → er* und schreiben Sie den Beispielsatz ans Whiteboard.
	Digitalgestützter Unterricht: Zeigen Sie den Beispielfilm, damit die TN eine Idee davon bekommen, in welcher Weise sie die Nachrichten präsentieren können. → 🖵 **Tipps für Clips**
	2. „In die Mitte bitte!" Die TN versammeln sich mit ihren Handys oder den Geschichten auf Papier in der Mitte des Kursraums und präsentieren die Nachrichten, die sie erhalten haben, in einem Klassenspaziergang den anderen. → ⬛ **Kursspaziergang**

C: AHMET Spezial

Kommunikation Die TN können über Lebensstationen und Migrationserfahrungen sprechen. Sie können Jahreszahlen angeben und Interesse / Erstaunen signalisieren. Sie können ausdrücken, dass sie über etwas nicht sprechen möchten.
Wortfeld Lebensstationen
Grammatik Adjektive *letzt-*, *nächst-*

AUFGABE		HINWEISE
C1	a	→ 🖵 **Einstiegsfotos** 1. Lassen Sie sich von den TN das Bild beschreiben, um sie in die Situation einzuführen. Fragen Sie: „Was sehen Sie?" „Wer ist auf dem Foto?" „Was machen die Personen?" 2. Lassen Sie die Arbeitsanweisung vorlesen und geben Sie den TN eine halbe Minute Zeit, um die Optionen zu lesen. 3. Spielen Sie die Audiodatei zweimal vor. Die TN bearbeiten die Aufgabe. 4. Lösungskontrolle in PA durch halblautes Vorlesen, anschließend im PL. Verweisen Sie hier auch auf die Erklärungen rechts zu *1983* und *Abitur*. → 🖵 **Lösungskontrolle** *Lösung: 2 Vater 3 1984 4 Abitur 5 Tonis*
		Ergänzung: Schreiben Sie noch einige weitere Jahreszahlen ans Whiteboard, um mit den TN zu üben. Fragen Sie: „Wann sind Sie / Ihre Eltern geboren?" o. ä. Die TN schreiben die Jahreszahl auf und versuchen, sie ihrer Partnerin / ihrem Partner zu nennen.

Wie war dein Tag? / Ahmet
Unterrichtspläne

Miteinander! Deutsch für Alltag und Beruf A1.2
Lektion 09

	b	1. Lassen Sie die Arbeitsanweisung und die Optionen aus dem Schüttelkasten vorlesen. 2. Spielen Sie die Audiodatei erneut vor. Die TN kreuzen an. 3. Lösungskontrolle in PA, dann im PL. → 🖥 **Lösungskontrolle** *Lösung: Oje!, Das ist aber traurig., Und dann?, Wirklich?, Das ist ja toll!, Das ist ja komisch.* **Ergänzung:** Machen Sie ein Sprechtraining für die Reaktionen, bevor Sie C1c bearbeiten lassen. Sprechen Sie die Reaktionen vor und lassen Sie die TN nachsprechen. Fragen Sie die TN, wo der Wortakzent liegt. Lassen Sie die TN den Wortakzent durch lautes und leises Klatschen der Wortsilben anzeigen. → ⬛ **Aussprachetraining**
	c	1. Lassen Sie die Arbeitsanweisung und die Vorgaben vorlesen. Bitten Sie anschließend zwei TN, auch die Sprechblasen vorzulesen und ein weiteres Beispiel zu improvisieren. Ermutigen Sie die TN, die Reaktionen stark betont, vielleicht sogar ein wenig übertrieben zu sprechen. 2. Verweisen Sie auf den Grammatikkasten und lassen Sie den Beispielsatz *„Ich habe nächste Woche wenig Arbeit."* mehrmals im Chor sprechen, indem Sie die Zeitangaben aus dem Grammatikkasten einsetzen. Achtung! Bei *letzten/es/e* muss *haben* im Präteritum genutzt werden. → ⬛ **Aussprachetraining** **Digitalgestützter Unterricht:** Zeigen Sie den Grammatik-Clip aus der interaktiven Version, um den Unterschied zwischen *letzt…* und *nächst…* zu verdeutlichen und den TN einige Beispielsätze zu präsentieren. 3. Die TN bearbeiten die Aufgabe in PA. Gehen Sie herum und geben Sie Hilfestellung. **Tipp:** Schreiben Sie sich beim Herumgehen einige klassische Fehler / Probleme auf, die Sie im Anschluss im PL noch einmal am Whiteboard besprechen können, ohne die TN zu nennen, die den Fehler gemacht haben. 4. Präsentation im PL: Lassen Sie einige TN freiwillig vorspielen. **Variante:** Spielen Sie die Minidialoge noch einmal mit einem Ball. Eine / ein TN sagt einen Satz und wirft den Ball. Wer den Ball fängt, reagiert usw.
C2		1. Lassen Sie die Arbeitsanweisung vorlesen und geben Sie eine halbe Minute Zeit, die Aussagen zu lesen. Klären Sie noch einmal die Bedeutung von *sortieren*, indem Sie z. B. am Whiteboard A, B, C, D wild durcheinander schreiben und dann noch einmal ordentlich neben- oder untereinander. 2. Spielen Sie die Audiodatei zwei- bis dreimal vor. Die TN bearbeiten die Aufgabe. 3. Lösungskontrolle im PL. → 🖥 **Lösungskontrolle** *Lösung: 2, 1, 4, 3*
C3		**Material:** Ball 1. Lassen Sie die Arbeitsanweisung vorlesen. Für manche TN ist es schwierig, die Bedeutung von *schon* im Satzzusammenhang zu erfassen, schreiben Sie darum die Frage *Was wissen Sie schon?* ans Whiteboard. Überlegen Sie sich einige Informationen, die Sie selbst schon über die TN im Kurs wissen und sagen Sie zum Beispiel: „Alma wohnt in Hamburg. / Piotr ist verheiratet. Das habe ich schon gewusst." Geben Sie 2–3 Beispiele dieser Art und wiederholen Sie anschließend die Arbeitsanweisung. 2. Die TN bearbeiten die Aufgabe zunächst in EA, dann in PA. Gehen Sie herum und geben Sie Hilfestellung. 3. Präsentation / Übung im PL: Schreiben Sie *Das habe ich nicht gewusst!* und *Das habe ich gewusst!* ans Whiteboard. Lassen Sie die TN aufstehen. Eine / Ein TN wirft einen Ball und nennt eine Information über Ahmet. Wer den Ball gefangen hat, reagiert mit einem der beiden Ausrufe am Whiteboard. *Lösung: 1983 Papa gestorben, 1984 Abitur gemacht, 1984 im November mit Mama und Elif nach Neuberg gekommen, 1984 von November bis August 1985 bei Onkel Şerif und Tante Güzel gewohnt, 1985 bis 1987 als Bauhilfsarbeiter gearbeitet, 1992 Taxiprüfung gemacht und seitdem als Taxifahrer gearbeitet, 1994 Pinar getroffen, 1995 geheiratet, Emin geboren, Selda geboren*

Wie war dein Tag? / Ahmet
Unterrichtspläne

Miteinander! Deutsch für Alltag und Beruf A1.2
Lektion 09

C4	**Material:** Zettel und Kärtchen
	1. Lesen Sie die Arbeitsanweisung Stück für Stück vor und machen Sie vor, was in der Anweisung beschrieben ist, indem Sie sich einen Zettel nehmen, auf den Sie Jahreszahlen schreiben, und auf Kärtchen einige zu den Jahreszahlen passende Ereignisse notieren.
	2. Lesen Sie gemeinsam mit den TN die Ereignisse und die Jahreszahlen auf dem Beispielzettel, indem Sie die TN nachsprechen lassen. → ▨ **Aussprachetraining** Lassen Sie anschließend den Beispieldialog von zwei TN vorlesen.
	3. Übertragen Sie die Jahreszahlen auf Ihrem Zettel und die Ereignisse auf den Kärtchen ans Whiteboard und lassen Sie die TN Fragen stellen wie im Beispieldialog. Wiederholen Sie am Ende die Arbeitsanweisung und verteilen Sie Zettel und Kärtchen.
	Tipp: Bereiten Sie das Whiteboard und die Kärtchen vor dem Unterricht vor, damit Sie Zeit sparen und die Aufmerksamkeit der TN behalten. Die Jahreszahlen können Sie während Sie erklären schreiben und auch noch einmal deutlich mitsprechen, damit die TN sich an die Aussprache von Jahreszahlen gewöhnen.
	4. Die TN bearbeiten die Aufgabe. Gehen Sie herum und geben Sie Hilfestellung.
	5. Präsentation im PL: Fragen Sie zum Abschluss noch einmal: „Was war interessant?" und lassen Sie die TN von ihren Gesprächen und den Lebensstationen ihrer Partnerinnen und Partner erzählen. (Mediation)
	Variante: Bilden Sie aus den Paaren 4er-Gruppen, in denen die TN dem jeweils anderen Paar von den Lebensstationen ihrer Partnerin / ihres Partners berichten. (Mediation)
	Extra-Film: In dem Film räumt Ahmed seine Wohnung auf und findet Dinge, die ihn an die Vergangenheit erinnern. Der Film eignet sich, um die sprachlichen Mittel für das Erzählen aus der Vergangenheit zu erweitern und zu vertiefen. Ein Gespräch über die Vergangenheit der TN lässt sich gut an den Film anschließen. → ▤ **L09: Extra-Film**
	Vor dem Hörverstehen
	1. Verteilen Sie das Arbeitsblatt *Extra-Film*. Lesen Sie die Arbeitsanweisung zu **Aufgabe 1** vor und zeigen Sie das Standbild aus 00:08. Achten Sie darauf, dass Sie noch nicht die Tonspur abspielen. Die TN kreuzen an und äußern anschließend ihre Vermutungen.
	Hör- / Sehverstehen
	2. Zeigen Sie den Film vollständig und fragen Sie noch einmal: „Was macht Ahmet?" *Lösung: Ahmet räumt auf und denkt an früher.*
	3. Lassen Sie die Arbeitsanweisung zu **Aufgabe 2** vorlesen. Geben Sie den TN eine Minute Zeit, um die Optionen durchzulesen. Zeigen Sie den Film anschließend noch einmal. Die TN bearbeiten die Aufgabe.
	4. Lösungskontrolle: Die TN vergleichen ihre Lösungen in PA. Zeigen Sie anschließend den Film nochmals zur Kontrolle und besprechen Sie die Lösungen dann im PL. *Lösung: b ~~44~~ / 45 c grüne / ~~blaue~~ d ~~Pinar~~ / Ahmet; 2 oder ~~3~~ e Schachtel / ~~Sanduhr~~; 1994 / ~~1984~~ f ~~Emin~~ / Selda; ~~Vogel~~ / Ring*
	5. Lesen Sie die Arbeitsanweisung zu **Aufgabe 3** vor und sammeln Sie gemeinsam mit den TN weitere Ereignisse am Whiteboard, über die man in der Vergangenheit sprechen kann wie z. B. Geburt, Geburtstag, Hochzeit etc. Sagen Sie: „Erzählen Sie von sich."
	6. Die TN sprechen zu zweit über Ereignisse in ihrer Vergangenheit. Anschließend gehen sie mit einem weiteren Paar zusammen und erzählen diesem von den Ereignissen in der Vergangenheit ihrer Partnerin / ihres Partners. (Mediation)

Wie war dein Tag? / Ahmet
Unterrichtspläne

Miteinander! Deutsch für Alltag und Beruf A1.2
Lektion 09

Miteinander wiederholen

STATION	HINWEISE
	Stationenlernen: Die TN werden durch das Stationenlernen an das selbstgesteuerte Lernen herangeführt. Sie erstellen selbstständig Material und gestalten ihre Übungszeit. Dabei wechseln die TN selbstständig von einer Übungsphase in die nächste. → ▨ **Stationenlernen**
	Tipp: Geben Sie ein Zeitlimit für das Stationenlernen insgesamt.
	1. Bereiten Sie den Kursraum für das Stationenlernen vor, indem Sie die TN bitten, ihre Materialien wegzuräumen und die Tische so zusammenzustellen, dass insgesamt drei Lerninseln entstehen und ein freier Raum für den Stuhlkreis bleibt. Legen Sie die Arbeitsaufträge und die Materialien an den Lernstationen aus.
	Tipp: Richten Sie die Lernstationen – soweit möglich – mit dem entsprechenden Material im Vorfeld ein. So können Sie die Vorgehensweise an den Stationen gleich „vor Ort" zeigen.
	2. Erklären Sie zunächst im Plenum, was die Aufgaben an den einzelnen Stationen sind. Dies ist hier im Text bei den einzelnen Stationen aufgeführt.
	Tipp: Erstellen Sie aus den Beschreibungen der Stationen im KB vergrößerte Stationenkarten, die Sie an den Stationen auslegen können. Laminieren Sie die Materialien, um sie wiederverwenden zu können.
	3. Die Stationen sind für unterschiedliche Sozialformen gestaltet. Einige lassen sich in Einzelarbeit bearbeiten, andere erfordern das Zusammenspiel einer Gruppe. Die Stationen sollten, wenn unter ihnen ein Spiel vorgesehen ist, das eine gemeinsame Spieldauer erfordert, in Gruppen durchlaufen werden. Vorschläge zur Gruppenbildung finden Sie im Methodenglossar. → ▨ **Gruppenbildung**
1	1. Lesen Sie die Arbeitsanweisung vor und machen Sie deutlich, dass die Geschichten *zu zweit* geschrieben werden sollen, indem Sie bei *zu zweit* zum Beispiel mit den Fingern eine Zwei zeigen und anschließend auf zwei nebeneinander sitzende TN. 2. Lassen Sie jeden Beispielsatz vorlesen und erarbeiten Sie gemeinsam mit den TN anstelle der Auslassungspunkte weitere Alternativen, die Sie am Whiteboard festhalten. 3. Betonen Sie am Ende noch einmal, dass die Geschichten in der Vergangenheitsform geschrieben werden sollen, indem Sie im Beispiel auf *waren* und *war* hinweisen. Fügen Sie gemeinsam mit den TN einen weiteren Satz hinzu und markieren Sie wiederum die Vergangenheitsform am Whiteboard oder innerhalb der interaktiven Version mit dem Werkzeug *Textmarker*. → 🖥 **Orientierung**
2	**Material:** Kärtchen 1. Lesen Sie die Arbeitsanweisung vor und bitten Sie drei freiwillige TN, die Beispielsätze vorzulesen. Bitten Sie eine / einen weitere/n TN, die Aktivitäten vorzulesen. Verteilen Sie anschließend an drei TN je drei Kärtchen und sagen Sie: „Eine Karte, eine Aktivität. Schreiben Sie die Aktivität, nicht die Sätze." Schreiben Sie zur Unterstützung die drei Beispiele aus dem KB *zusammen frühstücken, Texte lesen, Deutsch sprechen* ans Whiteboard. → 🖥 **Orientierung** 2. Sammeln Sie die Kärtchen der TN ein, mischen Sie sie und lassen Sie jede / jeden eine Karte ziehen. Bitten Sie dann die TN ausgehend von den Aktivitäten auf ihren Kärtchen, die Sätze wie im Beispiel zu improvisieren. Geben Sie Hilfestellung und notieren Sie diese weiteren Beispiele am Whiteboard.
3	**Material:** Würfel 1. Lesen Sie die Arbeitsanweisung vor. Bitten Sie anschließend zwei TN, den Beispieldialog vorzulesen. 2. Verweisen Sie auf die Bedeutung der Augenzahl der Würfel. → 🖥 **Orientierung** Würfeln Sie, zeigen Sie die Augenzahl und sagen Sie den Satz, der der Augenzahl zugeordnet ist. Warten Sie, bis eine / ein TN einen passenden Satz sagt und reagieren Sie dann noch einmal entsprechend Ihrer Vorgabe. Halten Sie nun einen Würfel hoch und fragen Sie, wer es probieren möchte. Geben Sie den Würfel einer / einem freiwilligen TN und lassen Sie die TN erneut im PL probieren. Lassen Sie so lange TN würfeln, bis Sie sicher sind, dass alle verstanden haben, wie das Spiel funktioniert.

Was ist denn WIN? / Zofia
Unterrichtspläne

Miteinander! Deutsch für Alltag und Beruf A1.2
Lektion 10

Einstiegsseite

Kommunikation Die TN können eine Infobroschüre verstehen und auswerten. Sie können sich darüber austauschen.
Wortfeld Freizeitaktivitäten
Grammatik –

AUFGABE		HINWEISE
1		→ 🖵 **Einstiegsfotos**
		1. Die TN sehen das Foto an. Schreiben Sie die Fragen *Was macht Zofia?* und *Was ist WIN?* ans Whiteboard. Lesen Sie dann die Arbeitsanweisung vor. Klären Sie auch noch einmal das Verb *überfliegen*, indem Sie zum Beispiel sagen: „Lesen Sie den Text schnell."
		2. Die TN lesen den Text und bearbeiten die Aufgabe. → 🖵 **Orientierung**
		3. Spielen Sie die Audiodatei vor. Die TN kontrollieren ihre Antworten in EA und nach dem Hören in PA. Ergebnissicherung anschließend noch einmal im PL. → 🖵 **Lösungskontrolle**
		*Lösung: **1** macht ein Werbefoto für eine App. **2** Willkommen in Neuberg.*
2	a	1. Lassen Sie die Arbeitsanweisung vorlesen. Zeigen Sie den TN noch einmal, wo sie umkreisen sollen. → 🖵 **Orientierung**
		2. Die TN bearbeiten die Aufgabe.
		3. Lösungskontrolle in PA, dann im PL.
		*Lösung: **1** Touristen. **2** nichts.*
	b	1. Lassen Sie die Arbeitsanweisung vorlesen und geben Sie den TN ein Zeitlimit, um die Informationen zu markieren. Zeigen Sie den TN noch einmal, wo sie markieren sollen.
		2. Die TN bearbeiten die Aufgabe in EA. Gehen Sie herum und geben Sie lernungewohnten TN Hilfestellung.
		Lösung: Was gibt es alles in Neuberg? Wo ist was? Wie kommt man einfach und schnell dorthin? WIN hat tolle Tipps und Informationen für Sie.
	c	1. Lassen Sie die Arbeitsanweisung und die Fragen vorlesen. Lassen Sie den Begriff *Wohnort* noch einmal erklären. Anschließend lesen zwei freiwillige TN den Beispieldialog vor. Schreiben Sie *Ich finde … gut.* ans Whiteboard und sammeln Sie gemeinsam mit den TN weitere Adjektive für die Meinungsäußerung wie *toll, super, praktisch, …* Sammeln Sie auch einige Redemittel für die Aufmerksamkeitslenkung wie zum Beispiel *Ich denke … Guck mal hier …*
		Digitalgestützter Unterricht: Spielen Sie den Beispielfilm vor. Fragen Sie: „Wie findet die Frau / der Mann die App?"
		Lösung: Die Frau findet die App super. Der Mann findet die App praktisch für Touristen.
		2. Teilen Sie den Kurs in Kleingruppen ein. → ▦ **Gruppenbildung**
		3. Die TN bearbeiten die Aufgabe in GA. Gehen Sie herum und geben Sie Hilfestellung.

A: Gibt es hier in der Nähe ein Café?

Kommunikation Die TN können nach dem Weg fragen und den (Fuß-)Weg beschreiben.
Wortfelder Richtungsangaben, Orte in der Stadt, Verkehrsmittel in der Stadt
Grammatik lokale Präposition: *zu* + Dativ, modale Präposition: *mit* + Dativ, *es gibt* + Akkusativ

AUFGABE	HINWEISE
A1	→ 🖵 **Einstiegsfotos**
	1. Lassen Sie die Arbeitsanweisung vorlesen. Deuten Sie anschließend auf dem Plakat auf den Pfeil nach links (7) und fragen Sie: „Was sagt man?" Antwort: „nach links". Lassen Sie nun auch die Optionen vorlesen und deuten Sie bei der Musterlösung *die S-Bahn* noch einmal auf die *1* auf dem Plakat.
	2. Die TN bearbeiten die Aufgabe in EA. Gehen Sie herum und geben Sie Hilfestellung.
	3. Lösungskontrolle in PA, dann im PL. → 🖵 **Lösungskontrolle**
	*Lösung: **8** (geradeaus), **9** (nach rechts), **4** (der Bus) , **5** (zu Fuß), **6** (das Rad), **3** (die Straßenbahn), **2** (die U-Bahn)*

Was ist denn WIN? / Zofia
Unterrichtspläne

Miteinander! Deutsch für Alltag und Beruf A1.2
Lektion 10

		Ergänzung: Üben Sie mit den TN ein Körpermemo ein, indem Sie zu jedem Verkehrsmittel und jeder Richtungsangabe eine Geste erfinden lassen. Wichtig ist, dass die Ideen für die Gesten von den TN kommen. Üben Sie gemeinsam mit den TN die Gesten mehrmals im PL und sprechen Sie die dazugehörigen Ausdrücke im Chor. → ▓ **Aussprachetraining: Chorisches Sprechen** Anschließend können die TN noch einmal in Paaren üben, indem die/der eine die Geste macht und die Partnerin / der Partner den entsprechenden Ausdruck sagt. Anschließend werden die Rollen getauscht.
A2	a	1. Lassen Sie zwei TN die Sprechblasen vorlesen und fragen Sie: „Was ist WIN?" Mögliche Antworten: „So etwas wie Alexa oder Google." Lassen Sie nun die Arbeitsanweisung vorlesen. 2. Spielen Sie die Audiodatei ein- bis zweimal vor. Die TN bearbeiten die Aufgabe. 3. Lösungskontrolle in PA, dann im PL. *Lösung: 2* 4. Schreiben Sie den Satzanfang *Wie komme ich von hier zum …?* ans Whiteboard. Sprechen Sie ihn anschließend dreimal gemeinsam mit den TN, indem Sie ihn mit den Antworten 1–3 variieren. Verweisen Sie auch auf die Bilderklärungen für *Park, Museum* und *Haltestelle.* → 💬 **Orientierung** 5. Verweisen Sie auf den Grammatikkasten → 💬 **Orientierung** und zeigen Sie mit einer Geste, dass die Präposition *zu* eine Bewegung hin zu einem Ort / Gebäude markiert, und erklären Sie, dass man sie da verwendet, wo man *Wohin?* fragen kann. Sollten die TN hier selbst Fragen entwickeln wie: „Warum sagt man *nach* Berlin?", erklären Sie, dass die Präposition *nach* eine Bewegung hin zu einer Stadt oder einem Land markiert. **Tipp:** Thematisieren Sie hier die Bildung des definiten Artikels im Dativ noch nicht, sondern behandeln Sie *zum/zur* wie Chunks, d. h. ohne systematische grammatikalische Erklärung. Die systematische Erklärung folgt dann in A2c. **Digitalgestützter Unterricht:** Zeigen Sie den Grammatik-Clip aus der interaktiven Version, um den TN die Verwendung von *zu* + Dativ anhand von Beispielsätzen in allen drei Genusformen zu zeigen und zunächst nur als Chunks aufnehmen zu lassen. → 💬 **Tipps für Clips**
	b	1. Lesen Sie die Arbeitsanweisung vor und sichern Sie noch einmal das Verständnis von *sortieren,* indem Sie die Musterlösung vorlesen und sagen: „*Geradeaus* ist die eins. Was ist die zwei?" Zucken Sie mit den Schultern und sagen Sie noch einmal: „Hören Sie und sortieren Sie." 2. Spielen Sie die Audiodatei noch einmal vor. Die TN bearbeiten die Aufgabe. 3. Lösungskontrolle in PA, dann im PL. → 💬 **Lösungskontrolle** *Lösung: 1, 4, 5, 3, 2* 4. Zeichnen Sie eine Straße mit drei Kreuzungen ans Whiteboard und sagen Sie beispielsweise: „Die zweite Straße links." Geben Sie dann einen Whiteboardmarker an eine/einen freiwillige/n TN zum Einzeichnen. Wiederholen Sie Ihren Satz und lassen Sie ihn daneben schreiben.   Die 2./zweite Straße links.

Was ist denn WIN? / Zofia
Unterrichtspläne

Miteinander! Deutsch für Alltag und Beruf A1.2
Lektion 10

5. Sagen Sie dann: „Die dritte Straße rechts." und lassen Sie dies mit einer anderen Farbe ebenfalls eintragen. Geben Sie weitere Beispiele, wenn Sie den Eindruck haben, dass die TN noch mehr brauchen. Verweisen Sie auf die Darstellung mit den Schreibweisen der Ordnungszahlen rechts → 💬 **Orientierung** und üben Sie gemeinsam mit den TN die Aussprache der Ordnungszahlen.

c	1. Lassen Sie die Arbeitsanweisung vorlesen. 2. Die TN bearbeiten die Aufgabe. 3. Lösungskontrolle in PA, dann im PL. **Tipp:** Ermutigen Sie die TN, bei der Lösungskontrolle die Sätze halblaut zu lesen, da es hier auch schon um die Vorbereitung von Redemitteln geht. *Lösung: 4, 2, 1, 3, 5* 4. Verweisen Sie auf den Grammatikkasten → 💬 **Orientierung** und erklären Sie, dass die Präposition *mit* immer beim Nehmen eines Verkehrsmittels verwendet wird. Zeigen Sie nun die Veränderung des Artikelworts vom Nominativ zum Dativ anhand eines Tafelbilds. Bitten Sie die TN, hierzu (ggf. mithilfe eines Wörterbuchs) weitere Verkehrsmittel in den drei Genusformen zu nennen, und entwickeln Sie ein Tafelbild analog zum Grammatikkasten. Zum Beispiel: der Zug → mit dem Zug das Taxi → mit dem Taxi die Straßenbahn → mit der Straßenbahn **Digitalgestützter Unterricht:** Zeigen Sie den Grammatik-Clip aus der interaktiven Version, um den TN die Verwendung von *mit + Dativ* in Bezug auf die Verwendung von Verkehrsmitteln zu verdeutlichen. Der Clip gibt Beispielsätze in allen drei Genusformen und einen mit der Ausnahme *zu Fuß* und markiert in einer abschließenden Übersicht die Veränderung des Artikelworts vom Nominativ zum Dativ. → 💬 **Tipps für Clips**
A3 a	**Material:** gelbe und blaue Kärtchen 1. Lassen Sie die Arbeitsanweisung und die Orte vorlesen. Sagen Sie nach dem Vorlesen noch einmal: „Das sind Orte." Und verweisen Sie auch auf die drei Punkte zum Zeichen, dass die TN auch gern eigene Orte schreiben dürfen. Fragen Sie dann: „Was sind Verkehrsmittel?" und sammeln Sie einige mit den TN am Whiteboard. 2. Verweisen Sie dann auf die zwei Beispielkarten → 💬 **Orientierung** und halten Sie zwei reale Beispielkarten bereit, um noch einmal zu zeigen, dass je gelbe Karte nur ein Ort und je blaue Karte nur ein Verkehrsmittel geschrieben werden soll. Teilen Sie den Kurs in Paare ein und verteilen Sie die Kärtchen an die Paare. → ▨ **Paarbildung** 3. Die TN schreiben die Kärtchen.
b	1. Lesen Sie die Arbeitsanweisung vor. Lassen Sie ein Paar das Beispiel vorlesen und improvisieren Sie anschließend einen weiteren Dialog mit einer/einem TN unter Verwendung der erstellten Kärtchen. 2. Die TN bearbeiten die Aufgabe. Gehen Sie herum und geben Sie Hilfestellung und notieren Sie, was Sie im PL nach der Partnerarbeit besprechen wollen. *Binnendifferenzierung: Machen Sie TN, die bereits ihren Stapel mehrfach durchgearbeitet haben, auf die Rubrik* Schon fertig? *aufmerksam. Geben Sie den TN die Möglichkeit, ihre Wegbeschreibung aufzuschreiben und Ihnen zur Korrektur mitzugeben. Geben Sie auch lernungewohnten TN die Möglichkeit, noch einen Text über ihren Weg zum Deutschkurs als HA zu schreiben.* **Tipp:** Geben Sie ein Zeitlimit, damit alle TN, auch diejenigen, die *Schon fertig?* bearbeitet haben, gleichzeitig zurück ins Plenum kommen. 3. Besprechen Sie ggf. Fehler, die Ihnen beim Herumgehen aufgefallen sind, noch einmal im PL.

Was ist denn WIN? / Zofia
Unterrichtspläne

Miteinander! Deutsch für Alltag und Beruf A1.2
Lektion 10

		Variante: Nutzen Sie die Kopiervorlage → 📄 **L10: Mit dem Bus zum Museum**, um Zeit zu sparen und sicherzugehen, dass der Lektionswortschatz in dieser Übung angewendet und vertieft wird. Die Ortskärtchen und Verkehrsmittelkärtchen sind mit dem Artikelwort versehen, sodass die TN leichter üben können. **Vertiefung:** Lassen Sie im PL noch einmal Fragen vorlesen und von jemandem, die/der nicht die Übungspartner/in war, beantworten. Wer die Frage beantwortet hat, stellt die nächste Frage. Sie können diese Übung durch zufälliges Antworten oder in Form einer Ketten-übung umsetzen. In heterogenen Lerngruppen empfiehlt sich die Kettenübung, damit jede/r drankommt. → ▨ **Kettenübung**
A4	a	1. Lassen Sie die Arbeitsanweisung vorlesen und verweisen Sie auf den Stadtplan, sodass den TN klar wird, dass sie während des Hörens auf den Plan schauen sollen. → 🖵 **Orientierung** 2. Spielen Sie die Audiodatei zweimal vor. Die TN bearbeiten die Aufgabe. 3. Lösungskontrolle im PL. → 🖵 **Lösungskontrolle** *Lösung: Café Venezia*
	b	1. Lesen Sie die Arbeitsanweisung vor und zeigen Sie auf die Frau, die links unten auf dem Stadtplan eingezeichnet ist. Diese Stelle ist der Ausgangspunkt der Wegbeschreibung, die die TN gleich hören werden. Verweisen Sie ggf. auch noch einmal auf das Ziel „Café Venezia". Lassen Sie dann die TN entscheiden, ob sie auf S. 25 bleiben oder die Auswahlaufgabe auf S. 110 bearbeiten wollen. Erklären Sie hierfür, dass auf S. 25 nur gehört wird und auf S. 110 gelesen und gehört wird. 2. Spielen Sie die Audiodatei zweimal vor. Die TN bearbeiten die Aufgabe. 3. Lösungskontrolle in PA, dann im PL: Sollten Sie nicht die Möglichkeit haben, den Stadtplan in der interaktiven Version des KB vergrößert zu zeigen, fertigen Sie eine Folie an. Lassen Sie eine / einen TN, die/der auf S. 110 gearbeitet hat, die Wegbeschreibung noch einmal langsam vorlesen, während Sie den Weg einzeichnen. → 🖵 **Lösungskontrolle** *Lösung S. 25 und 110:* 
A5		1. Lassen Sie die Arbeitsanweisung vorlesen und zeigen Sie auf die Tabelle. Zeichnen Sie die Tabelle ans Whiteboard, wenn Sie nicht die Möglichkeit haben, sie in der interaktiven Version zu zeigen. → 🖵 **Orientierung** Lassen Sie anschließend auch die Redemittel vorlesen und klären Sie ggf. Wörter bzw. zeigen Sie im Buch noch einmal, in welchem Kontext die TN die Redemittel gelernt haben. 2. Lassen Sie das Beispiel in der Tabelle vorlesen und fragen Sie beim nächsten Redemittel, wohin dieses gehört. 3. Die TN bearbeiten die Aufgabe. Gehen Sie herum und geben Sie Hilfestellung. 4. Lösungskontrolle: Lassen Sie lerngewohntere TN die Lösungen am Whiteboard oder in die interaktive Version eintragen. → 🖵 **Lösungskontrolle** *Lösung: **nach dem Weg fragen:** Wie komme ich denn von hier zum/zur ...?, Kann ich zu Fuß gehen?* ***den Weg beschreiben:** Sie gehen (zuerst) ..., dann die erste / zweite / dritte Straße nach rechts / links., Ja, das ist nicht weit. / Nein, das ist zu weit., Ja, es gibt ... / Nein, leider nicht.* ***Den Weg nicht kennen:** Tut mir leid, ich bin nicht von hier.*

Was ist denn WIN? / Zofia
Unterrichtspläne

Miteinander! Deutsch für Alltag und Beruf A1.2
Lektion 10

A6	a	1. Bitten Sie die TN, sich in Paaren zusammenzufinden und auf die Aktionsseiten 93 (Partner/in A) und 102 (Partner/in B) zu gehen. Lassen Sie die Arbeitsanweisung und auch die Musterlösung und die weiteren Optionen vorlesen. 2. Die TN bearbeiten die Aufgabe erst in EA und vergleichen dann in PA. Gehen Sie herum und geben Sie Hilfestellung. 3. Lösungskontrolle im PL. → 🖥 **Lösungskontrolle** *Lösung: D das Hotel F die Polizei A die Post B das Schwimmbad E die Zahnarztpraxis* **Digitalgestützter Unterricht:** Nutzen Sie zur Aktivierung des Wortschatzes für die folgende Aufgabe die interaktiven Wortschatzkärtchen zu den Orten auf der Übersichtsseite für den Lernwortschatz (KB S. 31).
	b	1. Lassen Sie die Arbeitsanweisung vorlesen und geben Sie den TN zwei Minuten Zeit, die Aufgabe zu bearbeiten. Wiederholen Sie ggf., dass die TN vier Ziele wählen sollen. 2. Die TN bearbeiten die Aufgabe in EA. 3. Fragen Sie im PL noch einmal exemplarisch eine/einen TN nach seinen vier Zielen.
	c	1. Lesen Sie die Arbeitsanweisung vor und lassen Sie anschließend den Beispieldialog und die Redemittel von einem Paar vorlesen. **Tipp:** Geben Sie den TN noch einmal zwei Minuten Zeit, um sich gegenseitig die Redemittel halblaut vorzulesen. 2. Wählen Sie selbst ein Ziel und fragen Sie die Klasse nach dem Weg. Zeichnen Sie den Weg ein, während die TN Ihnen den Weg zurufen. Wiederholen Sie die Formulierungen der TN jeweils und loben Sie ggf. die Verwendung der Redemittel. Bitten Sie ggf. um die Wiederholung einer Beschreibung unter Verweis auf die Redemittel. Zeichnen Sie erst dann die nächste Etappe Ihres Weges, wenn die Klasse eine brauchbare Formulierung hervorgebracht hat. **Digitalgestützter Unterricht:** Öffnen Sie die interaktive Version des KB und nutzen Sie das Werkzeug *Stift* für das Einzeichnen des Weges. 3. Die TN bearbeiten die Aufgabe in PA. Gehen Sie herum und hören Sie zu. Machen Sie sich ggf. Notizen, wenn Sie Fehler hören. 4. Besprechung neuer/alternativer Formulierungen und Korrekturen im PL.

B: Was hat gut funktioniert?

Kommunikation Die TN können einen Kommentar zu einem Thema abgeben. Sie können einen Wochenplan aufstellen und darüber berichten.
Wortfelder trennbare Verben und Verben auf *-ieren*
Grammatik Perfekt bei trennbaren Verben und bei Verben mit *–ieren*

AUFGABE	HINWEISE
B1	→ 🖥 **Orientierung** **Ergänzung:** Schreiben Sie als Einstieg in die Textarbeit die Überschrift *Wir möchten WIN noch besser machen!* ans Whiteboard und fragen Sie: „Was heißt das?" Vielleicht können TN bereits *besser* auf *gut* zurückführen. Ohne hier vollständig den Komparativ zu erklären, können Sie die Steigerungsformen von *gut* ans Whiteboard schreiben, um die Überschrift zu semantisieren. Sagen Sie: „WIN ist gut. Das WIN-Team möchte WIN noch besser machen." 1. Lassen Sie die Arbeitsanweisung vorlesen. 2. Die TN bearbeiten die Aufgabe in EA. 3. Lösungskontrolle in PA, dann im PL. → 🖥 **Lösungskontrolle** *Lösung: **1** Informationen von den Besuchern bekommen. **2** antworten.*

Was ist denn WIN? / Zofia
Unterrichtspläne

Miteinander! Deutsch für Alltag und Beruf A1.2
Lektion 10

B2	a	1. Lesen Sie die Arbeitsanweisung vor und erklären Sie *Kommentare*, indem Sie auf einen Text zeigen und sagen: „Das ist ein Kommentar." „Es gibt drei Kommentare, von Felicitas, Olga und Henrik." → 🖳 **Orientierung** Verweisen Sie auch auf die Darstellung rechts unten zu *geschlossen / zu* und *geöffnet / auf*. Anschließend entscheiden die TN, ob sie auf den Seiten 26 / 27 bleiben oder die Auswahlaufgabe auf S. 111 bearbeiten wollen. 2. Die TN bearbeiten die Aufgabe. Gehen Sie herum und geben Sie Hilfestellung. Notieren Sie Wortschatzfragen am Whiteboard. 3. Lösungskontrolle in PA durch halblautes Vorlesen, dann im PL. → 🖳 **Lösungskontrolle** *Lösung Auswahlaufgabe, S. 111:* **1** *Stadtmuseum* **2** *superschön, tipps* **3** *Koch, zu* 4. Besprechen Sie die Wortschatzfragen, die die TN während des Lesens hatten.
	b	1. Lassen Sie die Arbeitsanweisung vorlesen. Lassen Sie auch die Musterlösung vorlesen. → 🖳 **Orientierung** 2. Die TN bearbeiten die Aufgabe. Sammeln Sie erneut Wortschatzfragen am Whiteboard. 3. Lösungskontrolle durch halblautes Vorlesen in PA, dann im PL. → 🖳 **Lösungskontrolle** *Lösung:* **1e** **2a, d, f** **3b** 4. Klären Sie weitere Wortschatzfragen.
	c	1. Lassen Sie die Arbeitsanweisung und die Musterlösung vorlesen. Lassen Sie eine/einen TN den entsprechenden Satz aus b vorlesen (*ist früh aufgestanden*) und notieren Sie ihn am Whiteboard, sofern Sie nicht in der interaktiven Version des KB arbeiten. Gehen Sie ebenso mit dem zweiten Beispiel zu *fotografieren* vor. **Digitalgestützter Unterricht:** Markieren Sie *aufgestanden* in b. Gehen Sie ebenso mit dem zweiten Beispiel zu *fotografieren* vor. 2. Die TN bearbeiten die Aufgabe. Weniger geübte TN markieren vorab die entsprechenden Formen in b. 3. Lösungskontrolle in PA, dann im PL. → 🖳 **Lösungskontrolle** *Lösung: angerufen, angesehen, angefangen, studiert* > **Ergänzung:** Üben Sie die trennbaren Verben und deren Partizip II-Formen noch einmal durch Klatschen und Brummen im PL. Danach können Sie die TN in PA noch einmal Klatschen oder Brummen lassen, wobei die Partnerin / der Partner erraten muss, ob das gesuchte Verb auf *-en* oder auf *-ieren* endet. → ▨ **Aussprachetraining**
B3		1. Gehen Sie gemeinsam mit den TN auf die S. 96 im KB und lassen Sie die Arbeitsanweisung vorlesen. Schreiben Sie *Wer hat gestern …* und *Wer ist gestern …* ans Whiteboard und bitten Sie die TN, die Fragen mithilfe der Bingotabelle mündlich zu vervollständigen. Lassen Sie die TN sagen, welche der Verben auf der Bingotabelle in der Vergangenheitsform mit *haben* und welche mit *sein* stehen. 2. Lassen Sie den Beispieldialog vorlesen. Bitten Sie anschließend die TN, die bereits am Whiteboard stehenden Sätze in die Du-Form umzuwandeln und jeweils einen Namen aus dem Kurs einzufügen wie im Beispiel. Erklären Sie nun die Bedeutung der Bingofelder anhand der Bilder am Rand: Zeichnen Sie am Whiteboard ein Raster wie im Buch, wenn Sie das Bingo-Spiel nicht in der interaktiven Version zeigen können, und zeigen Sie, dass vier Namen in einer Reihe *senkrecht*, *waagerecht* und *diagonal* bedeuten kann. Sagen Sie noch einmal: „Wer hat zuerst vier Namen in einer Reihe? Die Person hebt die Hand." Unterstützen Sie hier, indem Sie selbst die Hand heben und „gewonnen!" rufen. **Digitalgestützter Unterricht:** Zeigen Sie das Bingo-Spiel in der interaktiven Version und fragen Sie beispielhaft einige TN, bis Sie vier in einer Reihe haben. Rufen Sie dann: „Bingo!" Zeigen Sie an den eingezeichneten Varianten, dass senkrecht, waagerecht und diagonal möglich sind. → 🖳 **Orientierung** 3. „In die Mitte bitte!" Die TN gehen mit ihren Kursbüchern im Kursraum umher und befragen sich. Wer vier in einer Reihe hat, ruft: „Bingo!" → ▨ **Kursspaziergang** **Digitalgestützter Unterricht:** Im Online-Unterricht können die TN sich durch Privatnachrichten über den Chat befragen. Vereinbaren Sie, dass man aufspringen und „Bingo!" rufen muss, sobald man vier in einer Reihe hat. → ▨ **Energieaufbauübungen** **Tipp:** Geben Sie eine Zeit vor. Wer am Ende die meisten *Vierer* hat, hat gewonnen.

Was ist denn WIN? / Zofia
Unterrichtspläne

Miteinander! Deutsch für Alltag und Beruf A1.2
Lektion 10

B4	a	1. Zeigen Sie auf den Plan und sagen Sie: „Das ist Lisas Plan." Lassen Sie die Arbeitsanweisung vorlesen und geben Sie den TN zwei Minuten Zeit, den Plan zu lesen. → 🖥 **Orientierung** Fragen Sie anschließend noch einmal zur Kontrolle: „Was hat Lisa gemacht, was hat sie nicht gemacht?" Achten Sie darauf, dass die TN einen vollständigen Beispielsatz im Perfekt bilden. Z. B.: *Lisa hat Mama nicht angerufen.* Zeichnen Sie ggf. am Whiteboard noch einmal ein rotes Kreuz für *nicht gemacht* und einen grünen Haken für *gemacht.* Lassen Sie auch die zweite Musterlösung ausformulieren. Als Antworten sind hier zwei Varianten möglich. Lassen Sie beides gelten, sofern es genannt wird, und schreiben Sie beide Sätze ans Whiteboard. *Mögliche Antworten zur zweiten Musterlösung: Perfekt: Lisa ist zum Zahnarzt gegangen. / Präteritum: Lisa war bei Dr. Heinlein.* 2. Spielen Sie die Audiodatei zweimal vor. Die TN bearbeiten die Aufgabe. 3. Lösungskontrolle in PA, dann im PL. Achten Sie bei der Präsentation im PL darauf, dass die TN vollständige Sätze im Perfekt bilden.→ 🖥 **Lösungskontrolle** *Lösung:* **Was hat sie letzte Woche gemacht?** *Montag / Mittwoch: früh aufstehen → joggen, Rezept „Kartoffelsuppe" ausprobieren* **Was hat sie letzte Woche nicht gemacht?** *Englisch-Vokabeln lernen, Wohnung aufräumen, Wasser und Saft einkaufen* **Ergänzung:** Geben Sie den TN die Aufgabe, die bei der Lösungskontrolle gesprochenen Sätze noch einmal zu verschriftlichen. TN, die schnell fertig sind, schreiben die Sätze zur gemeinsamen Kontrolle ans Whiteboard.
	b	1. Lassen Sie die Arbeitsanweisung vorlesen und verweisen Sie auf die Beispielzettel im KB. Improvisieren Sie bei Verständnisschwierigkeiten einen eigenen Zettel am Whiteboard. 2. Die TN bearbeiten die Aufgabe. Gehen Sie herum und geben Sie Hilfestellung.
	c	**Ergänzung:** Nutzen Sie zur Vorbereitung der folgenden Sprechübung die Kopiervorlage. → 📋 **L10: Diktat** Lesen Sie *Peters Woche* einmal vollständig vor und diktieren Sie dann in Abschnitten. Geben Sie den TN den Text anschließend zur Selbstkontrolle. Anschließend erinnern Sie die TN an ihren Plan aus B4b und lassen sie schriftlich auf die Frage *Und Sie? Was haben Sie gemacht?* antworten. Diesen Text können die TN als Grundlage für ihre Sprachnachricht in B4c nutzen. Ermuntern Sie die TN, trotzdem frei zu sprechen. Sammeln Sie die Texte am Ende der Stunde ein. 1. Lesen Sie die Arbeitsanweisung vor. Teilen Sie die Gruppe ggf. danach ein, wer ein Handy dabei hat / mit dem Handy arbeiten möchte und wer nicht. Diejenigen, die mit Handy arbeiten wollen, schicken eine Sprachnachricht, die anderen sprechen so miteinander. Bilden Sie innerhalb dieser Gruppen Paare. → ▥ **Paarbildung** 2. Die TN bearbeiten die Aufgabe. Gehen Sie herum und geben Sie Hilfestellung. Sammeln Sie auch Wortschatzfragen am Whiteboard. **Ergänzung:** Regen Sie einen Klassenspaziergang an, bei dem die TN einander erzählen, was ihre Partnerin / ihr Partner gestern gemacht hat. (Mediation)

C: ZOFIA Spezial

Kommunikation Die TN können einen Weg im öffentlichen Nahverkehr beschreiben.
Wortfeld Fortbewegung im öffentlichen Nahverkehr
Grammatik –

AUFGABE	HINWEISE
C1	→ 🖥 **Einstiegsfotos** 1. Verweisen Sie auf den ÖVN-Plan und fragen Sie: „Was ist das für ein Plan?" Mögliche Antwort: „Der Plan zeigt, wie Busse und Bahnen in Neuberg fahren". Schreiben Sie *öffentliche Verkehrsmittel* ans Whiteboard und fragen Sie, welche öffentlichen Verkehrsmittel in Ihrer Stadt fahren. Notieren Sie diese. 2. Lassen Sie die Arbeitsanweisung vorlesen. Zeigen Sie noch einmal auf den Text und die Fragen und sagen Sie: „Schreiben Sie die Nummer der Frage an die richtige Stelle im Text." → 🖥 **Orientierung**

Was ist denn WIN? / Zofia
Unterrichtspläne

Miteinander! Deutsch für Alltag und Beruf A1.2
Lektion 10

		3. Die TN bearbeiten die Aufgabe. Gehen Sie herum und geben Sie Hilfestellung. Notieren Sie Wortschatzfragen am Whiteboard und klären Sie diese vor der Lösungskontrolle in PA. 4. Lösungskontrolle in PA, dann im PL. Lassen Sie sich während der Präsentation der Antworten auch die jeweilige Textstelle nennen. **Digitalgestützter Unterricht:** Lassen Sie sich während der Präsentation der Antworten auch die jeweilige Textstelle nennen und markieren Sie diese in der interaktiven Version. → 🖥 **Lektürebegleitendes Visualisieren** *Lösung: 1 ÖVN sind die öffentlichen Verkehrsmittel in Neuberg. 2 Zofia findet sie super. 3 Mit Straßenbahn, Bus und U-Bahn.* **Digitalgestützter Unterricht:** Nutzen Sie zur Festigung des Wortfelds *Verkehrsmittel* die Zusatzübungen aus der interaktiven Version des KB (S. 31).
C2		1. Lassen Sie die Arbeitsanweisung und das Beispiel in der Sprechblase vorlesen. → 🖥 **Orientierung** 2. Die TN nennen Orte vom Neuberger Netzplan, die sie noch nicht kennen. Notieren Sie diese am Whiteboard mit Artikel. **Ergänzung:** Fragen Sie die TN auch: „Welche Orte kennen Sie schon?" Und verweisen Sie auf die Übung A2 im KB. Auf diese Weise können Sie die Orte wiederholen, die bereits in der Lektion vorkamen. Fragen Sie: „Kennen wir den Westpark wirklich nicht?" **Digitalgestützter Unterricht:** Vergrößern Sie den Netzplan in der interaktiven Version und umkreisen Sie die von den TN genannten Orte mit dem Werkzeug *Textmarker* und schreiben Sie den Artikel mit dem Werkzeug *Text einfügen* dazu.
C3	a	1. Lesen Sie die Arbeitsanweisung vor und verweisen Sie noch einmal auf den Netzplan auf S. 28. → 🖥 **Orientierung** Sagen Sie: „Wir hören zweimal. Hören und lesen Sie zuerst. Zeichnen Sie den Weg beim zweiten Hören." 2. Spielen Sie die Audiodatei zweimal vor. Die TN bearbeiten die Aufgabe. 3. Lösungskontrolle im PL. → 🖥 **Lösungskontrolle** *Lösung S. 28:* 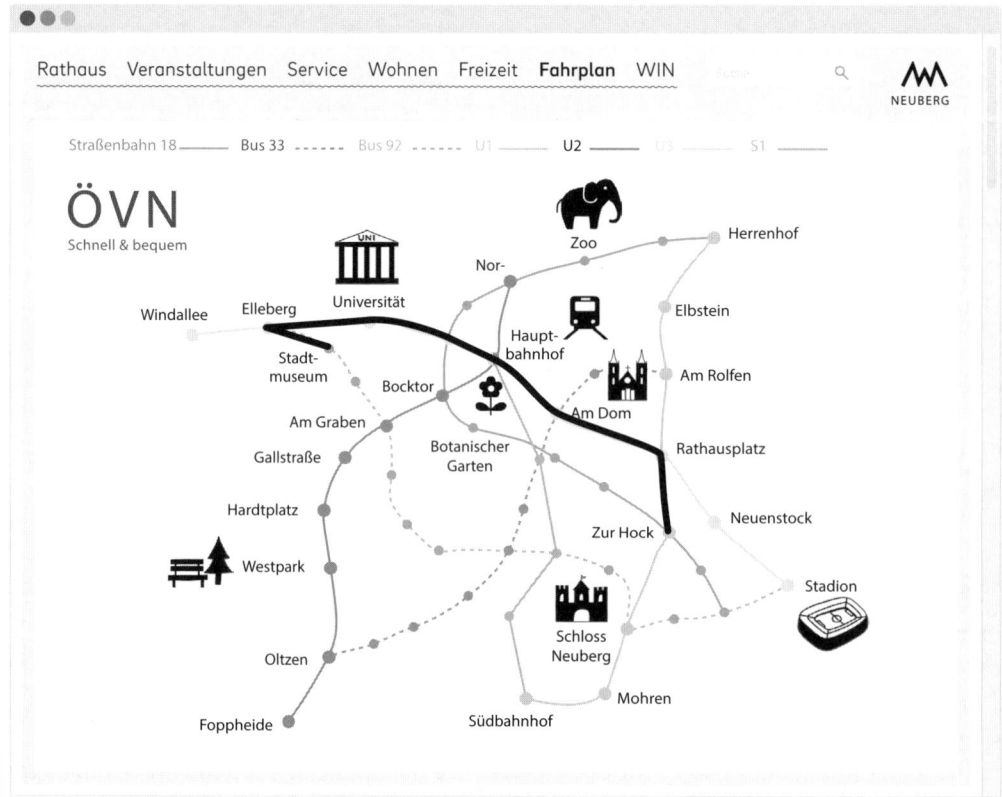

Was ist denn WIN? / Zofia
Unterrichtspläne

Miteinander! Deutsch für Alltag und Beruf A1.2
Lektion 10

4. Aktivierung des Sprachmaterials zur Vorbereitung auf C3b: Verweisen Sie auf die Bilderklärungen zu den Verben *einsteigen*, *umsteigen* und *aussteigen*. Üben Sie diese mit einem kleinen Aussprachetraining. Zum Beispiel durch Klatschen des Wortakzents oder durch einen längeren Satz, der eines der Verben beinhaltet und den Sie aufbauend sprechen lassen. → ▨ **Aussprachetraining**
Spielen Sie anschließend die Audiodatei erneut vor und bitten Sie die TN, halblaut mitzulesen.

Digitalgestützter Unterricht: Nutzen Sie zur Festigung des Wortfelds *Verkehrsmittel benutzen* die Zusatzübungen aus der interaktiven Version des KB (S. 31).

b	→ 💬 **Orientierung** 1. Lesen Sie die Arbeitsanweisung vor und verweisen Sie noch einmal auf den Netzplan auf S. 28. Erklären Sie kurz die Aufgaben von Partner/in A und B, indem Sie Situation 1 auf den Aufgabenkärtchen vorlesen. Sagen Sie dann: „Sie haben vier Situationen. Immer eine / einer fragt nach dem Weg und eine/r erklärt den Weg. Dann tauschen Sie." 2. Lassen Sie die Redemittel für die Wegerklärung vorlesen und üben Sie diese anhand von vollständigen Beispielsätzen durch aufbauendes Sprechen. → ▨ **Aussprachetraining** **Digitalgestützter Unterricht:** Spielen Sie den Kommunikations-Clip vor, um die Verwendung der Rede-mittel für die Wegbeschreibung an einem Beispiel zu zeigen. → 💬 **Tipps für Clips** 3. Erklären Sie den TN, dass auf S. 110 zwei Gespräche aufgeschrieben und dann geübt werden. Auf S. 29 wird direkt gesprochen. Die TN entscheiden, ob Sie auf S. 29 bleiben oder die Auswahlaufgabe auf S. 110 bearbeiten wollen. **Tipp:** Geben Sie auch den lerngewohnten TN die Möglichkeit, ein Gespräch aufzuschreiben und sammeln Sie diese am Ende der Übung von beiden Gruppen ein. 4. Die TN bearbeiten die Aufgabe. Gehen Sie herum und geben Sie Hilfestellung. Notieren Sie auch Fehler für die spätere Korrektur im PL. 5. Präsentation im PL: Jedes Paar wählt eine Situation und spielt diese im PL vor. Korrigieren Sie erst, wenn das jeweilige Paar mit der Präsentation fertig ist. Machen Sie sich zu diesem Zweck Notizen. **Tipp:** Um die Aufmerksamkeit der TN zu steigern, können Sie vereinbaren, dass die TN klopfen, sobald sie in den präsentierten Dialogen eines der Redemittel hören.
C4	1. Zeigen Sie auf die Zeichnung und die Sprechblase und sagen Sie: „Das ist eine Durchsage." Lassen Sie die Sprechblase vorlesen. **Tipp:** Animieren Sie die/den Vorlesende/n, die Sprechblase zu spielen, d. h. ein wenig stärker zu betonen wie bei einer Ansage und die Hände wie einen Trichter vor den Mund zu legen. Es geht darum, dass die TN in die Situation einer Bahnhofsansage eingeführt werden. Lassen Sie dann die Arbeitsanweisung vorlesen. Geben Sie den TN anschließend eine halbe Minute Zeit, um die drei Sätze zu lesen. 2. Spielen Sie die Audiodatei zweimal vor. Die TN bearbeiten die Aufgabe. 3. Lösungskontrolle in PA, dann im PL. *Lösung: **1** 10 Minuten **2** am Hauptbahnhof **3** U2* **Extra-Film:** In dem Film fragt ein Mann Zofia zuerst nach dem Weg zum *M&M* (einem Musikclub), dann nach dem Weg zum Blumenladen und zum Schluss nach dem Weg vom Blumenladen zum *M&M*. Der Film eignet sich, um die sprachlichen Mittel für die Wegbeschreibung zu erweitern und zu vertiefen. Eine Wegbeschreibung zu einem Ort in der Nähe des Kursraums (z. B. zu einem Blumenladen) lässt sich gut an den Film anschließen. → 📄 **L10: Extra-Film**

Was ist denn WIN? / Zofia
Unterrichtspläne

Miteinander! Deutsch für Alltag und Beruf A1.2
Lektion 10

Vor dem Hörverstehen

1. Verteilen Sie das Arbeitsblatt *Extra-Film*. Lesen Sie die Arbeitsanweisung zu **Aufgabe 1** vor und zeigen Sie das Standbild bei 00:06. Sie können den Ton anlassen und den Film bis zur Begrüßung (Hey!) durch den Mann laufen lassen. Die TN äußern ihre Vermutungen.

Hör- / Sehverstehen

2. **Aufgabe 2:** Fragen Sie: „Was sucht der Mann?" und zeigen Sie den Film einmal vollständig.
Lösung: Der Mann sucht das M&M/einen Musikclub und einen Blumenladen.

3. Lassen Sie die Arbeitsanweisung zu **Aufgabe 3** vorlesen. Geben Sie den TN fünf Minuten Zeit, den Lückentext durchzulesen. Zeigen Sie den Film anschließend noch einmal in zwei Abschnitten. Die TN bearbeiten die Aufgabe. Spielen Sie den Film je nach Wunsch der TN ein drittes Mal vor.

4. Lösungskontrolle: Die TN vergleichen ihre Lösungen in PA. Lassen Sie den Lückentext von einer/einem freiwilligen TN im PL vorlesen und notieren Sie währenddessen die Lösungen am Whiteboard.
Lösungen Abschnitt I: b in der Nähe, c geradeaus, d zweite, e rechts, f zweite, g links
Lösungen Abschnitt II: h geradeaus, i dritten, j Blumenladen, k dort, l erste, m wieder

5. Lesen Sie die Arbeitsanweisung zu **Aufgabe 4** vor und sammeln Sie gemeinsam mit den TN 4–5 Orte in der Nähe des Kursortes am Whiteboard. Bitten Sie die TN anschließend, aufzustehen und ihren Namen hinter den Ort zu schreiben, für den Sie sich interessieren. Diese TN bilden eine Gruppe und entwickeln mithilfe der Navigations-App auf ihrem Smartphone eine Wegbeschreibung.
→ ▦ **Gruppenbildung**

6. Präsentation im PL: Die TN bestimmen eine/einen Gruppensprecher/in, die/der dem Kurs den Weg zu dem von ihrer Gruppe bearbeiteten Ort beschreibt. (Mediation)

Miteinander wiederholen

STATION	HINWEISE
1	1. Lesen Sie die Arbeitsanweisung vor und klären Sie, dass alle TN, oder zumindest eine/r pro Dreiergruppe eine Abspielmöglichkeit für die Audiodatei hat. Nutzen Sie die Gelegenheit, um noch einmal auf die App zum KB und die Möglichkeit zum Herunterladen der Audiodateien aus dem Lehrwerkservice aufmerksam zu machen. 2. Lassen Sie die Beispielstrophen vorlesen und fragen Sie, was man anstelle der Auslassungspunkte einsetzen könnte. Verweisen Sie auch auf die Fotos. Sagen Sie dann noch einmal: „Sie hören erst, dann schreiben Sie selbst ein Lied wie im Beispiel."
2	1. Lesen Sie die Arbeitsanweisung vor und zeigen Sie noch einmal den Netzplan auf S. 28. Projizieren Sie diesen wenn möglich an die Wand. → 🖳 **Orientierung** 2. Lassen Sie die Verbindung 1 und die Sprechblase vorlesen. Ergänzen Sie gemeinsam mit den TN die Auslassungspunkte in der Sprechblase. Sagen Sie noch einmal: „Jede/r in der Gruppe hat eine Verbindung. Eine Person → eine Verbindung." Sagen Sie: „Vergleichen Sie. Welche Verbindung ist gut?" **Tipp:** Gehen Sie jeweils zu Beginn der Gruppenarbeitsphase an die Station und sorgen Sie dafür, dass eine/einer die S. 28 mit dem Netzplan aufgeschlagen hat, die anderen S. 32. **Ergänzung:** Legen Sie an die Station Netzpläne des öffentlichen Personennahverkehrs aus Ihrer Region und schreiben Sie ein Aufgabenkärtchen mit 3 Fragen wie zum Beispiel: *Wie komme ich vom Hauptbahnhof zur Elbphilharmonie?* Beschreiben Sie die Verbindung.
3	Lesen Sie die Arbeitsanweisung vor. Skizzieren Sie die Tabelle am Whiteboard oder zeigen Sie sie in der interaktiven Version des KB. Fragen Sie einmal exemplarisch im Kurs: „Wer fährt sehr oft Bus? Heben Sie bitte die Hand." Unterstützen Sie, indem Sie selbst die Hand heben. Tragen Sie dann die Anzahl der gehobenen Hände in das Feld ein. Machen Sie die Gegenprobe mit nie, indem Sie eine/einen TN bitten, die Frage zu formulieren. Lassen Sie auch das Beispiel in der Sprechblase vorlesen. Und sagen Sie: „Sprechen Sie in der Gruppe und machen Sie ein Plakat."

Was ist denn WIN? / Zofia
Unterrichtspläne

Miteinander! Deutsch für Alltag und Beruf A1.2
Lektion 10

Lernfortschrittstest

	HINWEISE
	Nach Abschluss der Lektion können die Lernenden den Lernfortschrittstest 5 im Arbeitsbuch (Seite 134 bis 137) bearbeiten. Der Test kann im Unterricht oder zu Hause durchgeführt werden. Gerade für den ersten Test im neuen Band ist eine Bearbeitung im Unterricht empfehlenswert.
	Tipp: Kopieren Sie den Test für jede/n TN, sodass sie den Test am Ende einsammeln können.
	1. Nehmen Sie den TN Prüfungsangst: Es handelt sich nicht um eine „Prüfung", sondern um einen Test, eine „Evaluation". Kündigen Sie an, dass es „individuelles Feedback" geben wird. 2. Stellen Sie sicher, dass die TN die Arbeitsanweisungen richtig verstehen.
	Tipp: Lassen Sie besonders bei den ersten Tests nicht den ganzen Test auf einmal durcharbeiten, sondern in kleineren Portionen.
	3. Machen Sie deutlich, dass jede/r TN einzeln arbeitet. Die TN bearbeiten den Test. 4. Gehen Sie mit den TN die Aufgaben und Lösungen durch. Helfen Sie beim Auswerten des Tests (Korrekturen und Punktevergabe).
	Tipp: Lassen Sie die TN abweichende Lösungen mit einem Stift in anderer Farbe markieren / notieren.
	5. Die TN addieren die Punkte. Fragen Sie, wie die TN ihre Resultate einschätzen. → ▨ **Feedback: Daumenabfrage** 6. Es ist wichtig, dass ein Test in ein individuelles Feedback und in Tipps zum Weiterlernen mündet. Gehen Sie daher mit jeder / jedem TN den individuellen Test durch und geben Sie Feedback. Nutzen Sie dazu die *Evaluierungsbögen für die Lernfortschrittstests* als Grundlage für individuelle Feedbackgespräche.

Gefällt dir das Zimmer? / Samir

Miteinander! Deutsch für Alltag und Beruf A1.2

Unterrichtspläne

Lektion 11

Einstiegsseite

Kommunikation Die TN können Auskünfte über eine Wohnung / ein Haus verstehen.
Wortfelder Wohnungsanzeige, Wohnhaus
Grammatik –

AUFGABE		HINWEISE
1	a	→ 🖥 **Einstiegsfotos** 1. Die TN sehen das Foto an. Lesen Sie die Arbeitsanweisung vor. Verweisen Sie auf die Anzeige. → 🖥 **Orientierung** Sagen Sie: „Das ist eine Anzeige." Sagen Sie dann noch einmal: „Warum telefoniert Samir? Sprechen Sie zu zweit." 2. Im PL: Notieren Sie im Anschluss an die PA einige Vermutungen der TN am Whiteboard. Geben Sie auch Raum für Fragen.
	b	1. Lassen Sie die Arbeitsanweisung vorlesen. Verweisen Sie anschließend auf die Worterklärungen und lassen Sie diese vorlesen. Erklären Sie *WG*, indem Sie sagen: „Zwei oder mehr Leute wohnen zusammen in einer Wohnung." Sagen Sie dann noch einmal: „Lesen Sie die Anzeige. Was ist richtig? Umkreisen Sie." → 🖥 **Orientierung** 2. Die TN bearbeiten die Aufgabe. Gehen Sie herum und geben Sie Hilfestellung. 3. Lösungskontrolle in PA, dann im PL. → 🖥 **Lösungskontrolle** *Lösung: 2 keinen Aufzug. 3 drei 4 nicht weit. 5 Möbel. 6 525* **Ergänzung:** Wenden Sie sich noch einmal dem neuen Wortschatz zu und machen Sie eine kleine Phonetikeinheit: Lassen Sie die Worte *Wohngemeinschaft* und *Nebenkosten* von den TN klatschen und nachsprechen und üben Sie die Aussprache von *Aufzug, Bad, Küche* und *Möbel*. Machen Sie die TN darauf aufmerksam, dass die Lippen beim *Ü* in *Küche* sehr viel spitzer sind als beim *Ö* in *Möbel* und dass beim *Ö* auch der Kiefer weniger eng ist. → ▨ **Aussprachetraining**
2		1. Lassen Sie die Arbeitsanweisung vorlesen und geben Sie den TN kurz Zeit, die Aussagen zu lesen. 2. Spielen Sie die Audiodatei zweimal vor. 3. Lösungskontrolle im PL. Kommen Sie auch noch einmal auf die Vermutungen der TN aus 1a zurück. → 🖥 **Lösungskontrolle** *Lösung: 3, 4* **Ergänzung:** Leiten Sie ein kurzes Kursgespräch über das Thema an, indem Sie fragen, wer in einer WG wohnt oder schon einmal in einer WG gewohnt hat.

A: Die Waschmaschine ist im Keller.

Kommunikation Die TN können eine Wohnung beschreiben.
Wortfelder Zimmer, Elektrogeräte
Grammatik lokale Präpositionen *an, auf, hinter, in, neben, unter, über, vor, zwischen* + Dativ

AUFGABE	HINWEISE
A1	→ 🖥 **Einstiegsfotos** 1. Die TN sehen das Foto an. Schreiben Sie die Fragen *Wo ist das?* und *Wer sind Sandra und Tommy?* ans Whiteboard. Lassen Sie anschließend die Arbeitsanweisung vorlesen und verweisen Sie ggf. noch einmal auf die Bilderklärungen und Informationen auf S. 33. 2. Die TN bearbeiten die Aufgabe. 3. Lösungskontrolle in PA, dann im PL. → 🖥 **Lösungskontrolle** *Lösung: 1 In der Küche. 2 Die Vermieter.*

Gefällt dir das Zimmer? / Samir
Unterrichtspläne

Miteinander! Deutsch für Alltag und Beruf A1.2
Lektion 11

A2	a	1. Lenken Sie die Aufmerksamkeit der TN auf die Bilder und lassen Sie die Arbeitsanweisung vorlesen. Zeigen Sie die Musterlösung und lassen Sie auch die Optionen vorlesen. Fragen Sie noch einmal: „Was passt?" → ▭ **Orientierung** 2. Die TN bearbeiten die Aufgabe. 3. Lösungskontrolle in PA, dann im PL. → ▭ **Lösungskontrolle** **Variante zur Lösungskontrolle:** Zeigen Sie die Bilder in der interaktiven Version und vergrößern Sie sie nacheinander mithilfe der Zoom-Funktion. Bitten Sie die TN der Reihe nach, einen Satz zu sprechen wie: „Das ist das Bad." etc., bis alle Bilder gezeigt und benannt wurden. *Lösung: 6 (Küche), 2 (Wohnzimmer), 4 (Balkon), 5 (Garten), 7 (Herd), 8 (Kühlschrank), 9 (Spülmaschine), 10 (Waschmaschine), 3 (Keller)*
	b	1. Fragen Sie: „Was hat die WG? Umkreisen Sie in a." und zeigen Sie nochmals auf die Optionen im Schüttelkasten in a. Lassen Sie diese ggf. noch einmal vorlesen. → ▭ **Orientierung** 2. Spielen Sie die Audiodatei zweimal vor. Die TN bearbeiten die Aufgabe. 3. Sagen Sie nach dem Hören: „Vergleichen Sie im Kurs." und lassen Sie die Sprechblasen vorlesen. Schreiben Sie auch *Die WG hat ...* ans Whiteboard. Die TN sprechen untereinander in Murmelgruppen. → ▨ **Gruppenbildung** Gehen Sie herum und unterstützen Sie ggf. bei der Aussprache des neuen Wortschatzes. 4. Lösungskontrolle im PL. → ▭ **Lösungskontrolle** *Lösung: Bad, Küche, Herd, Kühlschrank, Spülmaschine, Waschmaschine, Keller*
	c	1. Fragen Sie: „Was ist kaputt?" Zucken Sie mit den Schultern und machen Sie eine ratlose Miene. Sagen Sie dann: „Hören Sie noch einmal." **Tipp:** Achten Sie darauf, dass lerngewohntere TN, die es schon beim vorherigen Hören verstanden haben, ihre Ergebnisse nicht reinrufen. Unterbrechen Sie diese ggf. und sagen Sie: „Warten Sie bitte. Wir hören noch einmal." 2. Spielen Sie die Audiodatei vor. 3. Die TN vergleichen in PA. Schreiben Sie das Redemittel: *Ich habe gehört, die / der ... ist kaputt.* ans Whiteboard. 4. Präsentation im PL: Lassen Sie das Ergebnis von einem Paar kurz vortragen und ergänzen Sie den Satz am Whiteboard. *Lösung: Die Spülmaschine ist kaputt.*
A3		1. Lassen Sie die Arbeitsanweisung vorlesen. Geben Sie den TN einen Moment Zeit, die Aussagen und die Optionen zu lesen und verweisen Sie auch auf die Bilder mit den Worterklärungen zu *reparieren, Steckdose* und *Lampe*. Wiederholen Sie: „Was ist richtig? Hören Sie und umkreisen Sie." → ▭ **Orientierung** 2. Spielen Sie die Audiodatei zweimal vor. Die TN bearbeiten die Aufgabe. 3. Lösungskontrolle in PA, dann im PL. *Lösung: 1 macht eine Ausbildung als Elektroniker. 2 reparieren. 3 auch*
A4	a	1. Gehen Sie mit den TN auf die S. 94 und lassen Sie die Arbeitsanweisung vorlesen. Gehen Sie die Bilder zu *Fernseher, Computer, Toilette, Badewanne* und *Dusche* einmal durch, indem Sie sie vorlesen und von den TN nachsprechen lassen. Bitten Sie anschließend zwei TN, den Beispieldialog vorzulesen. → ▭ **Orientierung** 2. Lenken Sie die Aufmerksamkeit der TN auf den Redemittelkasten und den Grammatikkasten. Lesen Sie diese vor und lassen Sie den Beispieldialog erneut lesen. Sagen Sie: „Lesen Sie den Beispieldialog noch einmal und markieren Sie die Redemittel und die Präposition *in*." Gehen Sie herum und geben Sie Hilfestellung. **Digitalgestützter Unterricht:** Öffnen Sie die interaktive Version des KB und markieren Sie mit dem Werkzeug *Stift* im Beispieldialog die Redemittel und die Präpositionen. Die TN vergleichen.

Gefällt dir das Zimmer? / Samir
Unterrichtspläne

Miteinander! Deutsch für Alltag und Beruf A1.2
Lektion 11

		3. Lesen Sie die Arbeitsanweisung nun erneut vor. Skizzieren Sie anschließend die Tabelle am Whiteboard oder öffnen Sie sie in der interaktiven Version des KB und spielen Sie ein oder zwei Beispieldialoge mit einer / einem TN vor. Notieren Sie die Antworten der / des TN in der Tabelle wie vorgegeben. Sagen Sie dann: „Sprechen Sie mit Ihrer Partnerin / Ihrem Partner und benutzen Sie die Redemittel." 4. Die TN bearbeiten die Aufgabe. Gehen Sie herum und geben Sie Hilfestellung.
	b	1. Holen Sie den Kurs ins PL zurück und sagen Sie: „Vergleichen Sie Ihre Notizen." Lassen Sie die Sprechblasen vorlesen und erklären sie noch einmal die Aufgabe, indem Sie sagen: „Ihre Partnerin / Ihr Partner präsentiert und Sie hören zu. Hat sie / er alles richtig verstanden?" 2. Die TN bearbeiten die Aufgabe. Gehen Sie herum und geben Sie Hilfestellung. **Ergänzung:** Lassen Sie jeweils zwei Paare zusammenarbeiten. Die TN berichten in der Gruppe von dem, was es in der Wohnung ihrer Partnerin / ihres Partners gibt. Schreiben Sie ggf. die Redemittel noch einmal für die Verwendung in der dritten Person mit Namen ans Whiteboard. Erarbeiten Sie mit den TN Beispiele aus dem Kurs, z.B.: *Bei Ayça gibt es eine(n) / keine(n) … Ali hat eine(n) / keine(n) …, Jakrutis Wohnung hat eine(n) / keine(n) …* (Mediation) 3. Präsentation im PL: Fragen Sie: „Wer hat einen Balkon?" etc. Die TN antworten durch Handheben. Machen Sie eine Kursstatistik, wenn es Ihnen zeitlich möglich ist.
A5	a	→ 🖥 **Einstiegsfotos** 1. Die TN sehen das Foto auf S. 34 noch einmal an. Lesen Sie die Arbeitsanweisung vor und lassen Sie die Musterlösung vorlesen. Gehen Sie anschließend die Präpositionen im Grammatikkasten durch, indem Sie sie vorlesen und die TN nachsprechen lassen. Anschließend entscheiden die TN, ob sie auf S. 35 bleiben oder die Auswahlaufgabe auf S. 112 bearbeiten wollen. **Variante:** Zeichnen Sie die Würfel mit den verschiedenen Positionen des roten Punktes ans Whiteboard und fragen Sie: „Wo ist der rote Punkt?" Lassen Sie die TN nacheinander die Präpositionen sagen. 2. Die TN bearbeiten die Aufgabe. Gehen Sie herum und geben Sie Hilfestellung. 3. Lösungskontrolle in PA, dann im PL. *Lösung S. 35 und S. 112: 2 auf 3 über 4 unter 5 in 6 neben 7 an 8 hinter 9 vor*
	b	1. Lesen Sie die Arbeitsanweisung vor und zeigen Sie die Tabelle. Sollten Sie diese nicht in der interaktiven Version öffnen können, zeichnen Sie sie ans Whiteboard. → 🖥 **Orientierung** Bitten Sie anschließend die TN, die Gegenstände mit Artikelwort in Aufgabe A5a zu markieren. Lassen Sie diese anschließend vorlesen. Sagen Sie dann noch einmal: „Ergänzen Sie die Tabelle." **Digitalgestützter Unterricht:** Markieren Sie zur Kontrolle gemeinsam mit den TN die Artikelworte und Gegenstände mit dem Werkzeug *Stift* in den Artikelfarben. 2. Die TN bearbeiten die Aufgabe. Gehen Sie herum und geben Sie Hilfestellung. **Digitalgestützter Unterricht:** Spielen Sie den Grammatik-Clip vor, um die Präpositionen noch einmal zu wiederholen und die Verwendung der Dativartikel bewusst zu machen. → 🖥 **Tipps für Clips** 3. Lösungskontrolle im PL. Füllen Sie die Tabelle gemeinsam mit den TN in der interaktiven Version oder am Whiteboard aus. → 🖥 **Lösungskontrolle** *Lösung: einem (Kühlschrank), der/einer (Spülmaschine)* **Ergänzung Memospiel:** Erarbeiten Sie gemeinsam mit den TN ein Handspiel zu den Präpositionen in der Reihenfolge, wie sie in dem Grammatikkasten abgebildet ist. Sagen Sie: „an" und halten Sie mit einem fragenden Gesichtsausdruck Ihre Hände hoch. Fragen Sie: „Wie zeige ich *an*?" → ▨ **Memospiele** **Ergänzung Bilddiktat:** Nutzen Sie die Kopiervorlage → 🖺 **L11: Bilddiktat**, um die Verwendung der lokalen Präpositionen und das Wortfeld *Einrichtungsgegenstände* zu festigen. Lassen Sie die TN Papier und Bleistift bereitlegen und sagen Sie: „Hören Sie und zeichnen Sie." Lesen Sie das Diktat einmal vollständig vor. Diktieren Sie dann Schritt für Schritt.

Gefällt dir das Zimmer? / Samir
Unterrichtspläne

Miteinander! Deutsch für Alltag und Beruf A1.2
Lektion 11

	Tipp: Zeichnen Sie selbst an einer Flipchart mit, während Sie diktieren. Drehen Sie die Flipchart so, dass die TN nicht sehen können, was Sie zeichnen. Auf diese Weise gleichen Sie Ihr Tempo dem der TN an und können für die Kontrolle am Ende des Diktats auf das Kopieren der Zeichnung verzichten.
A6	1. Lassen Sie die Arbeitsanweisung vorlesen. Lassen Sie auch die Sprechblase vorlesen. Deuten Sie auf die Zeitung im linken Bild und im rechten Bild und sagen Sie zur Verstehenssicherung: „Die Frau im Beispiel sagt, was anders ist." 2. Bauen Sie nun gemeinsam mit den TN ein Gruppenbild auf einem Tisch in der Mitte des Kursraums, indem Sie die TN einladen, aufzustehen und etwas auf den Tisch zu legen. Sobald genügend Gegenstände auf dem Tisch liegen, sagen Sie: „Sehen Sie sich alles genau an." Bitten Sie dann eine/n TN, sich kurz umzudrehen, und verändern Sie etwas. Fragen Sie die / den TN dann: „Was ist anders?" Die / Der TN rät. Wiederholen Sie dies mit einer/m weiteren TN. 3. Sagen Sie: „Machen Sie ein Gruppenbild und raten Sie." Teilen Sie den Kurs in mehrere Gruppen à 4–5 TN ein. → ▨ **Gruppenbildung** 4. Die TN spielen das Spiel. Gehen Sie herum und geben Sie Hilfestellung. Achten Sie darauf, dass die TN Deutsch sprechen, und schreiben Sie gute Beispiele am Whiteboard mit. **Tipp:** Lassen Sie die TN mit dem Handy Vorher-Nachher-Fotos zur Überprüfung machen.

B: Wie findest du den Stuhl?

Kommunikation Die TN können Zimmer und Möbel beschreiben und dabei Gefallen und Missfallen ausdrücken.
Wortfelder Einrichtung und Möbel, Adjektive zur Beschreibung
Grammatik Demonstrativartikel *der, das, die*; *gefallen* + Dativ; Personalpronomen im Dativ

AUFGABE		HINWEISE
B1	a	→ 🖥 **Einstiegsfotos** 1. Die TN sehen das Foto an. Fragen Sie: „Welche Nummer hat das Sofa?" (Musterlösung). Lassen Sie anschließend die Arbeitsanweisung vorlesen. 2. Die TN bearbeiten die Aufgabe. 3. Lösungskontrolle in PA, dann im PL. → 🖥 **Lösungskontrolle** *Lösung: 7 (Tisch), 1 (Bett), 4 (Schrank), 6 (Stuhl), 2 (Lampe), 3 (Regal)* **Ergänzung:** Lassen Sie die TN sich in PA gegenseitig die Artikel zu den Einrichtungsgegenständen abfragen.
	b	1. Lassen Sie die Arbeitsanweisung und den Beispieldialog vorlesen. Gehen Sie auch alle Adjektive einmal durch, indem Sie sie vorsprechen und von den TN nachsprechen lassen. → ▨ **Aussprachetraining** Zeigen Sie zur Verstehenssicherung auf einen Stuhl oder Tisch im Kursraum und fragen Sie zum Beispiel: „Wie finden Sie den Stuhl?" Achten Sie darauf, dass die TN in einem vollständigen Satz antworten. Variieren Sie gemeinsam mit den TN den ersten Beispielsatz aus dem Dialog. Zum Beispiel: „Ich finde den Stuhl hässlich." Schreiben Sie einige Sätze ans Whiteboard. Verweisen Sie dann wieder auf die Aufgabe und fragen Sie noch einmal: „Wie finden Sie das Zimmer und die Möbel? Sprechen Sie zu zweit." → 🖥 **Orientierung** 2. Die TN bearbeiten die Aufgabe. Gehen Sie herum und geben Sie Hilfestellung. Schreiben Sie gute Redebeiträge am Whiteboard mit. 3. Präsentation im PL: Lassen Sie zu jedem Möbelstück je ein Paar einen kleinen Dialog vortragen. Ermutigen Sie die TN auch, die Möbel im Kursraum einzubeziehen.

Gefällt dir das Zimmer? / Samir
Unterrichtspläne

Miteinander! Deutsch für Alltag und Beruf A1.2
Lektion 11

c	1. Lassen Sie die Arbeitsanweisung vorlesen und zeichnen Sie die Smileys ans Whiteboard. Zeigen Sie nacheinander auf die Smileys und fragen Sie: „Was heißt das?" Mögliche Antworten: „gut, es geht, nicht so gut." Schreiben Sie die jeweilige Bedeutung unter die Smileys und sagen Sie dann: „Hören Sie und umkreisen Sie einen Smiley. Wie findet Samir das Zimmer?" → 🖥 **Orientierung** 2. Spielen Sie die Audiodatei einmal vor. Die TN bearbeiten die Aufgabe. 3. Lösungskontrolle im PL. *Lösung:* ☹️ **Ergänzung:** Lassen Sie die TN einige Sätze formulieren. Schreiben Sie dafür *Samir findet das Zimmer / die Möbel …* ans Whiteboard. Geben Sie den TN eine Minute Zeit, den Impulssatz schriftlich zu komplettieren. Lassen Sie dann einige vorlesen.
B2	1. Lassen Sie die Arbeitsanweisung vorlesen und geben Sie den TN eine Minute Zeit, die Optionen zu lesen und zu verbinden. → 🖥 **Orientierung** 2. Spielen Sie die Audiodatei ein- bis zweimal vor. Die TN vergleichen. 3. Lösungskontrolle im PL. → 🖥 **Lösungskontrolle** *Lösung: 1 b 2 a 3 c* 4. Verweisen Sie auf die Tabelle, um die Verwendung des Artikelworts als Demonstrativpronomen in Nominativ *(sein)* und Akkusativ *(finden)* zu verdeutlichen. Zeichnen Sie die Tabelle ans Whiteboard, wenn Sie sie nicht in der interaktiven Version zeigen. Formulieren Sie mit den TN jeden der Sätze einmal aus. **Digitalgestützter Unterricht:** Spielen Sie den Grammatik-Clip vor, um die Verwendung des Artikelworts als Demonstrativpronomen in Nominativ *(sein)* und Akkusativ *(finden)* zu verdeutlichen. Formulieren Sie mit den TN jeden der Sätze noch einmal aus, nachdem Sie den Clip gesehen haben. → 🖥 **Tipps für Clips** **Tipp:** Sollten die TN Schwierigkeiten in der mündlichen Ausformulierung der Sätze haben, geben Sie ein schriftliches Beispiel am Whiteboard und lassen Sie die TN alle Sätze aufschreiben und in PA kontrollieren. Zeigen Sie anschließend den Grammatik-Clip noch einmal.
B3	**Ergänzung:** „In die Mitte bitte!" Versammeln Sie sich mit den TN in der Mitte des Kursraums und zeigen Sie die Bilder mit den Sprechblasen wenn möglich vergrößert in der interaktiven Version des KB. Bitten Sie zwei freiwillige TN, sich wie in Bild A aufzustellen. Bitten Sie eine/n weitere/n TN, sich hinter die Person zu stellen, die im Bild eine Sprechblase hat. Lassen Sie die / den TN den Satz in der Sprechblase vorlesen. Verfahren Sie mit den Bildern B–E ebenso, damit den TN die Perspektive bewusst wird. → ▣ **Standbild** 1. Lassen Sie die Arbeitsanweisung vorlesen und zeigen Sie auf die Tabelle. Lassen Sie die erste Sprechblase vorlesen und zeigen Sie die Musterlösung in der Tabelle. → 🖥 **Orientierung** 2. Die TN bearbeiten die Aufgabe. Gehen Sie herum und geben Sie Hilfestellung. 3. Lösungskontrolle in PA, dann im PL. Sollten Sie nicht die Möglichkeit haben, den Grammatik-Clip aus der interaktiven Version abzuspielen, vervollständigen Sie die Tabelle am Whiteboard. → 🖥 **Lösungskontrolle** *Lösung: mir, (dir), ihm/ (ihm)/ ihr, (uns), euch, (ihnen/ Ihnen)* **Digitalgestützter Unterricht:** Spielen Sie den Grammatik-Clip zur Kontrolle vor. Der Clip systematisiert die Verwendung der Personalpronomen im Dativ und kontrastiert auch noch einmal die Verwendung der Personalpronomen im Nominativ. **Tipp:** In Kursen mit überwiegend lernungewohnten TN kann es sinnvoll sein, auf die Methode des selbstentdeckenden Lernens zu verzichten und den Grammatik-Clip zuerst zu zeigen und die Tabelle parallel ausfüllen zu lassen. Anschließend können die TN die Sprechblasen lesen und die Pronomen markieren. → 🖥 **Tipps für Clips**

Gefällt dir das Zimmer? / Samir
Unterrichtspläne

Miteinander! Deutsch für Alltag und Beruf A1.2
Lektion 11

B4	a	1. Teilen Sie die Gruppe in A und B ein. → ▦ **Gruppenbildung** Schreiben Sie *Aufgabe B4: A S. 94 / 95; B S. 107* ans Whiteboard. → 🖵 **Orientierung** 2. Sobald alle TN auf der richtigen Seite sind und in Paaren zusammensitzen, lassen Sie die Arbeitsanweisung vorlesen. Sagen Sie: „Aufgabe a ist für alle gleich." 3. Die TN bearbeiten die Aufgabe. 4. Lösungskontrolle in PA, dann im PL. Lassen Sie die Alternativsätze vollständig sprechen und schreiben Sie sie ans Whiteboard. → 🖵 **Lösungskontrolle** *Lösung Aktionsseiten S. 94 und 107: B (Das ist mein), C (Brauchst du Hilfe?), D (Der … ist schön!)*
	b	1. Lassen Sie die Arbeitsanweisung und die drei Musterlösungen vorlesen. **Digitalgestützter Unterricht:** Markieren Sie die Personalpronomen im Dativ in den Musterlösungen in der interaktiven Version. Sagen Sie noch einmal: „Schreiben Sie die Sätze. Lesen Sie die Sätze vor und vergleichen sie mit Ihrer Partnerin / Ihrem Partner." 2. Die TN bearbeiten die Aufgabe. Gehen Sie herum und geben Sie Hilfestellung. *Binnendifferenzierung: Ermutigen Sie Paare, die schnell fertig sind, einander Aufgaben zu stellen, indem sie im Kurs umherschauen und beispielsweise schreiben: Die Tasche gehört Laila. Die Partnerin / Der Partner setzt statt des Namens das Personalpronomen ein: Die Tasche gehört ihr. Lassen Sie einige dieser Sätze nach der Lösungskontrolle präsentieren und schreiben Sie sie ans Whiteboard.* 3. Lösungskontrolle im PL: Eine/ Ein TN liest noch einmal die Sätze 4–11 korrekt vor. Achten Sie darauf, dass die / der TN nur die vollständigen Sätze liest, nicht die Vorgaben, damit sich nichts falsch einprägt. → 🖵 **Lösungskontrolle** *Lösung Aktionsseiten S. 95 und 107: 4 Gefällt dir das Zimmer? 5 Hilfst du mir? 6 Samir dankt ihr. 7 Der Rucksack gehört uns. 8 Wir helfen ihnen. 9 Gefällt Ihnen das Bad? 10 Gehört das Handy ihm? 11 Er hilft euch.* **Ergänzung:** Nutzen Sie für die Festigung der Personalpronomen in Dativ und Akkusativ sowie der Demonstrativpronomen die Kopiervorlage → 📄 **L11: Pronomen.** Kopieren Sie die Vorlage doppelseitig und zerschneiden Sie die Kärtchen. Auf diese Weise können die TN sich in PA oder im Rahmen einer Wimmelübung gegenseitig abfragen und haben die Lösungen zur Selbstkontrolle zur Verfügung. Hören Sie während der Übung bei verschiedenen Lernpaaren zu und notieren Sie alternative Lösungen am Whiteboard, sobald die TN diese nennen. → ▦ **Wimmeln**
B5		1. Lassen Sie die Arbeitsanweisung und die Redemittel aus dem Kasten vorlesen. Lassen Sie anschließend auch die Sprechblasen vorlesen und bitten Sie ein freiwilliges Paar, einen Dialog zu einem der abgebildeten Gegenstände zu sprechen. → 🖵 **Orientierung** **Digitalgestützter Unterricht:** Spielen Sie den Kommunikations-Clip zu den Redemitteln vor. Der Clip zeigt noch einmal anhand von Beispielen, wie man auf die Fragen *Wie gefällt dir …?* und *Wie findest du …?* antworten kann. Der Clip ist interaktiv gestaltet, sodass die TN in den Pausen die Antworten geben können und dann gleich danach die Lösung hören. → 🖵 **Tipps für Clips** 2. Die TN bearbeiten die Aufgabe. Gehen Sie herum und geben Sie Hilfestellung. Schreiben Sie gelungene Dialogfragmente am Whiteboard mit. **Variante:** Bringen Sie ein spielerisches Element in die Übung ein, indem Sie eine Münze präsentieren und sagen: „Kopf ist der linke Redemittelkasten, Zahl ist der rechte." Werfen Sie dann die Münze. Beginnen Sie einen Beispieldialog mit einem Redemittel aus dem entsprechenden Kasten. Lassen Sie anschließend eine/n TN die Münze werfen und mit einem Redemittel aus dem entsprechenden Kasten einen Dialog beginnen. Diese Variante eignet sich für lerngewohntere TN oder als Ergänzung für TN, die schnell „fertig!" sagen und nicht mehr weiterarbeiten. *Binnendifferenzierung: Machen Sie lerngewohntere TN auf Schon fertig? aufmerksam. Sollten die TN keine Fotos ihrer Wohnung auf dem Handy haben, können Sie die Aufgabe auch mit anderen Einrichtungsgegenständen (z. B. im Kursraum) erweitern, die die TN im Wörterbuch nachschlagen.* 3. Präsentation im PL: Je Bild spielt ein Paar einen kleinen Dialog vor.

Gefällt dir das Zimmer? / Samir
Unterrichtspläne

Miteinander! Deutsch für Alltag und Beruf A1.2
Lektion 11

B6	a	1. Lassen Sie die Arbeitsanweisung vorlesen. Zeigen Sie auch die Darstellung zur Erklärung von *Quadratmeter* und den Notizzettel. → 🖥 **Orientierung** Fragen Sie: „Wie groß ist das Zimmer und was kostet es?" Schreiben Sie die beiden Fragen untereinander ans Whiteboard, sodass Sie das Tafelbild in b zur Tabelle erweitern können. Wiederholen Sie anschließend: „Notieren Sie. Machen Sie dabei eine schreibende Handbewegung. Da die TN hier zum ersten Mal frei Notizen machen, ist es sinnvoll, dies ein wenig stärker zu betonen. (Mediation) 2. Spielen Sie die Audiodatei zweimal vor. Die TN bearbeiten die Aufgabe. 3. Lösungskontrolle in PA, dann im PL. *Musterlösung: WG-Zimmer: Wie groß? Sandra sagt: 20 m², Samir sagt: Vielleicht 14 m²; Was kostet es?* *435 € + 90 € Nebenkosten*
	b	1. Sagen Sie: „Lesen Sie Brunos Nachricht und vergleichen Sie mit Ihren Notizen in a. Welches Zimmer ist besser?" Zeichnen Sie zur Unterstützung und späteren Lösungskontrolle eine Tabelle ans Whiteboard:

	WG-Zimmer	Zimmer von Bruno
Wie groß?		
Was kostet es?		

2. Die TN bearbeiten die Aufgabe. (Mediation)
3. Lösungskontrolle in PA, dann im PL.
Musterlösung: Zimmer von Bruno: Wie groß? 22 m²; Was kostet es? 300 € + 80 € Nebenkosten |

C: SAMIR Spezial

Kommunikation Die TN können Informationen zu Möbeln und Produkten erfragen.
Wortfeld Maßangaben
Grammatik -

AUFGABE		HINWEISE
C1		→ 🖥 **Einstiegsfotos** 1. Die TN sehen das Foto an. Lassen Sie die Arbeitsanweisung und die Musterlösung vorlesen. 2. Spielen Sie die Audiodatei zweimal vor. 3. Lösungskontrolle in PA, dann im PL. Achten Sie darauf, dass die TN bei der Präsentation den korrigierten Satz vollständig vorlesen und nicht nur das korrigierte Wort. → 🖥 **Lösungskontrolle** *Lösung: 2 ~~nicht~~ super 3 ~~Sofa~~ Bett*
C2	a	1. Schreiben Sie die Überschrift *Wie breit ist der Schrank denn?* ans Whiteboard. Fragen Sie: „Wer fragt das vielleicht?" Antwort: „Samir." 2. Lassen Sie die Arbeitsanweisung vorlesen und klären Sie noch einmal die Bedeutung von *Material*, indem Sie das Wort ans Whiteboard schreiben und mit den TN Beispiele suchen. (Holz, Plastik, Glas etc. …) Sagen Sie dann noch einmal: „Lesen Sie die Anzeige schnell und markieren Sie Preis / Farbe / Material." Notieren Sie am Whiteboard noch einmal die drei Arten der Markierung: Preis → _____ Farbe → ∼∼∼∼∼ Material → ········· 3. Die TN bearbeiten die Aufgabe. Gehen Sie herum und geben Sie Hilfestellung. → 🖥 **Orientierung** 4. Lösungskontrolle in PA, dann im PL. **Digitalgestützter Unterricht:** Markieren Sie bei der Lösungskontrolle Preis, Farbe und Material in der interaktiven Version des KB wie in der Aufgabe angegeben: Preis = durchgezogene Linie, Farbe = gewellte Linie, Material = gepunktete Linie. → 🖥 **Lösungskontrolle** *Lösung: 1 Farbe: weiß; Material: ∅ 2 Preis: kostenlos; Farbe: weiß lackiert; Material: Holz 3 Preis: 95,– €; (Farbe: braun); Material: Holz*

	b	1. Verweisen Sie auf die Darstellungen zur Erklärung von Längenmaßen, wenn möglich in der interaktiven Version, und lassen Sie anschließend die Arbeitsanweisung vorlesen. → 🖥 **Orientierung** 2. Die TN bearbeiten die Aufgabe. 3. Lösungskontrolle in PA, dann im PL. → 🖥 **Lösungskontrolle** *Lösung: 1 T: 65 cm 2 L: 100 3 160 cm breit*
	c	1. Lassen Sie die Arbeitsanweisung und das Beispiel vorlesen. Lassen Sie dann eine weitere Frage mündlich stellen und beantworten. Anschließend entscheiden die TN, ob sie auf der S. 39 bleiben oder die Auswahlaufgabe auf S. 111 bearbeiten wollen. Erklären Sie hierfür, dass auf S. 39 alle Fragen selbst geschrieben werden müssen und auf S. 111 bereits Fragen stehen, die die TN lesen und beantworten. In Schritt 2 der Auswahlaufgabe soll dann eine Frage selbst formuliert werden. 2. Die TN bearbeiten die Aufgabe. Gehen Sie herum und geben Sie Hilfestellung. Schreiben Sie gelungene Fragen zwischendurch ans Whiteboard. 3. Präsentation im PL: Lassen Sie aus jeder Lerngruppe (S. 39 und 111) je ein Paar die Fragen und Antworten präsentieren.
C3		1. Schreiben Sie *Ich kann sofort kommen.* ans Whiteboard und fragen Sie: „Wer könnte das sagen? Warum?" Mögliche Antworten: „Samir." oder „Jemand der etwas über eBay kauft." Lassen Sie dann die Arbeitsanweisung vorlesen und geben Sie den TN vor dem Hören eine halbe Minute Zeit, um auch die Fragen zu lesen. Sagen Sie: „Hören Sie und machen Sie Notizen." 2. Spielen Sie die Audiodatei zweimal vor. Die TN machen Notizen. (Mediation) 3. Lösungskontrolle: Die TN sprechen in PA, dann im PL moderiert. *Lösung: 1 Schlafzimmerschrank, weiß für 120 € 2 1,30 m 3 in 30 Minuten*
C4	a	1. Lassen Sie die Arbeitsanweisung vorlesen und klären Sie das Wort *Flyer*, indem Sie auf die Abbildung zeigen und sagen: „Das ist ein Flyer." Lassen Sie vor dem Hören auch die Fragen 1–3 vorlesen. → 🖥 **Orientierung** 2. Spielen Sie die Audiodatei zweimal vor. Sagen Sie dann: „Sprechen Sie mit Ihrer Partnerin / Ihrem Partner über die Fragen." (Mediation) 3. Lösungskontrolle im PL. *Lösung: 1 Der Flohmarkt ist jeden Sonntag, 8 bis 18 Uhr am Südbahnhof. 2 Samir möchte einen Stuhl für den Schreibtisch kaufen. 3 Die Sachen auf dem Flohmarkt sind billig.*
	b	1. Lesen Sie die Arbeitsanweisung vor und schreiben Sie die Fragen / die Frageworte ans Whiteboard. Sagen Sie: „Notieren Sie Ihre Antworten zu den Fragen erst allein. Sprechen Sie dann mit Ihrer Partnerin / Ihrem Partner." **Tipp:** Geben Sie ein Zeitlimit für die Bearbeitung der Fragen in EA. Lassen Sie die TN ihre Antworten kurz in Murmelgruppen besprechen, bevor Sie das Gespräch ins Plenum holen. 2. Gespräch im Plenum: Moderieren Sie ein Gespräch über Flohmärkte. Notieren Sie Tipps und Informationen der TN am Whiteboard.
C5	a	1. Lesen Sie die Arbeitsanweisung vor und notieren Sie *gefunden* und *fehlt* mit der entsprechenden Art der Markierung am Whiteboard. → 🖥 **Orientierung** 2. Die TN bearbeiten die Aufgabe. 3. Lösungskontrolle in PA, dann im PL. *Lösung: gefunden einen Stuhl fehlt noch eine Schreibtischlampe*
	b	1. Lesen Sie die Arbeitsanweisung vor und zeigen Sie noch einmal auf S. 38 auf C2. → 🖥 **Orientierung** Sagen Sie noch einmal: „Arbeiten Sie zu zweit. Was hat Samir gefunden?" 2. Lösungskontrolle: Spielen Sie die Audiodatei zweimal vor und lassen Sie anschließend ein Paar seine Ergebnisse präsentieren. Achten Sie dabei darauf, dass die TN in ganzen Sätzen sprechen und den Akkusativ verwenden. Schreiben Sie die Ergebnisse am Whiteboard mit. *Lösung: Samirs Möbel: Bett, Schrank, Schreibtisch, Lampe, Stuhl*

Gefällt dir das Zimmer? / Samir
Unterrichtspläne

Miteinander! Deutsch für Alltag und Beruf A1.2
Lektion 11

Extra-Film: In dem Film spricht Samir eine Sprachnachricht und schickt mehrere kurze Film-Clips an jemanden, den er gern treffen möchte. Die Person ruft nicht zurück. Samir versteckt sich unter dem Bett, im Schrank, hinterm Sofa und auf dem Tisch und fragt in den Film-Clips: „Wo bin ich? / Was mache ich?" Die / Der Zuschauer/in soll raten, wo er ist. Der Film eignet sich, um den Wortschatz der Lektion und die lokalen Präpositionen zu wiederholen. → 📄 **L11: Extra-Film**

Vor dem Hör- / Sehverstehen
1. Verteilen Sie das Arbeitsblatt *Extra-Film*. Lesen Sie die Arbeitsanweisung zu **Aufgabe 1** vor und zeigen Sie das Standbild bei 00:07. Die TN äußern ihre Vermutungen. Führen Sie ggf. das Wort *Sprachnachricht* ein.

Hör- / Sehverstehen
2. **Aufgabe 2:** Fragen Sie: „Was macht Samir?" und zeigen Sie den Film einmal vollständig. *Musterlösung: Samir macht Filme.*
3. Lassen Sie die Arbeitsanweisung zu **Aufgabe 3** vorlesen. Zeigen Sie den Film anschließend noch einmal in Abschnitten. Stoppen Sie zuerst bei 01:03. Zeichnen Sie ein Bett ans Whiteboard und fragen Sie: „Wo ist Samir? Was muss ich zeichnen?" Antwort: „Samir ist unter dem Bett." Sobald die TN geantwortet haben, sagen Sie „Genau!" und zeichnen einen Fuß, der unter dem Bett herausguckt.
4. Zeigen Sie den Film weiter und halten ihn am Ende jedes weiteren Film-Clips an: bei 01:35, 02:06, 02:30.
Die TN bearbeiten die Aufgabe. Spielen Sie den Film je nach Wunsch der TN ein drittes Mal vor.
5. Lösungskontrolle: Die TN vergleichen ihre Sätze in PA. Lassen Sie die Sätze von einer / einem freiwilligen TN ans Whiteboard schreiben.
Musterlösung: 2 Samir ist im Schrank. 3 Er ist hinter dem Sofa und isst Chips. 4 Er ist zuerst auf dem Tisch und dann unter dem Tisch.
6. Lesen Sie die Arbeitsanweisung zu **Aufgabe 4** vor. Geben Sie ein Beispiel, indem Sie selbst eine Position im Raum einnehmen, zum Beispiel vor der Tafel. Fragen Sie: „Wo bin ich?" Die TN antworten. Lassen Sie auch andere zutreffende Antworten gelten wie zum Beispiel: „Sie stehen hinter dem Tisch." Teilen Sie anschließend Gruppen ein. → ❎ **Gruppenbildung**
7. Die TN bearbeiten die Aufgabe. Hören Sie in die Gruppen hinein und geben Sie Hilfestellung. Schreiben Sie zwischendurch gelungene Sätze am Whiteboard mit.

Miteinander wiederholen

STATION	HINWEISE
1	Lesen Sie die Arbeitsanweisung vor. Schreiben Sie *Unterschied* ans Whiteboard und halten Sie zwei verschiedenfarbige Stifte hoch. Fragen Sie: „Sind die Stifte gleich?" Sobald die TN mit „Nein" antworten, fragen Sie weiter: „Was ist der Unterschied?" Zeigen Sie nun auf die Bilder im KB (wenn möglich in der interaktiven Version) und lassen Sie das Beispiel zu Bild A in der Sprechblase vorlesen. Fragen Sie dann: „Finden Sie auch einen Unterschied?" Lassen Sie ein weiteres Beispiel finden und sagen Sie dann: „Genau! Sprechen Sie zu zweit und finden Sie die Unterschiede." **Tipp:** Üben Sie das Redemittel aus der Sprechblase: *In Bild A ist / In Bild A sieht man …* im Plenum. → ❎ **Aussprachetraining: Chorisches Sprechen** Gehen Sie während des Stationenlernens öfter zu dieser Station und erinnern Sie die TN daran, dass sie die Unterschiede nicht bloß zeigen, sondern sprachlich benennen sollen. Lesen Sie mit den TN ggf. erneut das Beispiel in der Sprechblase.

Gefällt dir das Zimmer? / Samir
Unterrichtspläne

Miteinander! Deutsch für Alltag und Beruf A1.2
Lektion 11

2	**Material:** Kärtchen
	1. Lesen Sie die Arbeitsanweisung vor. Zeigen Sie dann das Kärtchen für *Küche* in der interaktiven Version oder bereiten Sie eines vor, das Sie hochhalten können. Sagen Sie: „*Küche* darf ich nicht sagen." Lassen Sie anschließend den Beispieldialog von zwei TN vorlesen. Zeigen Sie dann das Kärtchen zu *Garten* und bitten Sie eine / einen freiwillige/n TN, das Wort zu erklären, ohne es zu sagen. Zeigen Sie auf *Bäume, Blumen, Kaffee trinken* auf dem Kärtchen und sagen Sie: „Diese Wörter helfen."
	2. Die / Der TN beschreibt das Wort. Die anderen raten. Entwickeln Sie anschließend ein neues Kärtchen aus dem Lernwortschatz der Lektion gemeinsam mit den TN am Whiteboard. Sagen Sie dann: „Schreiben Sie so drei Kärtchen. Legen Sie alle Kärtchen zusammen und spielen Sie dann in der Gruppe."
3	1. Lassen Sie eine / einen TN die Ausarbeitung des Gedichts auf dem Notizzettel (gelb) vorlesen. Fragen Sie: „Was ist das? Was gefällt ihr / ihm wirklich gut?" Vielleicht haben einige TN schon Ideen. Lassen Sie anschließend den Beispieldialog (grün) vorlesen. → ⊟ **Orientierung**
	2. Zeigen Sie nun das Lückengedicht (lila) in der interaktiven Version oder schreiben Sie es ans Whiteboard. Zeigen Sie noch einmal auf die Bilder der Einrichtungsgegenstände im KB S. 41 → ⊟ **Orientierung** und fragen Sie eine / einen TN: „Was gefällt Ihnen wirklich gut?" Die / Der TN nennt einen Gegenstand. Schreiben Sie diesen Gegenstand in Form einer Denkblase ans Whiteboard und sagen Sie: „Okay, wir denken an diesen Gegenstand." Gehen Sie anschließend das Lückengedicht mit den TN durch und ergänzen Sie gemeinsam die Lücken entsprechend den Eigenschaften des gedachten Gegenstandes. Machen Sie die TN dabei auf die jeweiligen Wortarten aufmerksam: In die erste Auslassung passt ein Adjektiv, in die zweite ein Verb etc. … Formulieren Sie abschließend die Arbeitsanweisung noch einmal, indem Sie sagen: „Ergänzen Sie das Gedicht. Denken Sie an eine Sache aus der Lektion: Schrank, Stuhl, Zimmer …, aber schreiben Sie die Sache nicht. Lesen Sie Ihr Gedicht am Ende in der Gruppe vor. Die anderen raten." Sollten die TN noch nicht verstanden haben, was zu tun ist, erarbeiten Sie ein weiteres Beispiel am Whiteboard. Lassen Sie ggf. die Arbeitsanweisung (grün) noch einmal von einer / einem TN vorlesen.

Danke für die Hilfe! / Maria
Unterrichtspläne

Miteinander! Deutsch für Alltag und Beruf A1.2
Lektion 12

Einstiegsseite

Kommunikation –
Wortfelder Behörden und Anträge
Grammatik –

AUFGABE		HINWEISE
1		→ 🖥 **Einstiegsfotos**
		1. Die TN sehen das Foto an. Fragen Sie: „Wie heißen die Personen?" Antwort: „Das sind Enrico, Alma und Maria."
		2. Lassen Sie die Sprechblase vorlesen und schreiben Sie die Sätze ans Whiteboard. Fragen Sie dann weiter: „Was wissen Sie über die Personen?" Die Antworten sind individuell. Achten Sie darauf, dass die TN in ganzen Sätzen antworten.
2	a	1. Lassen Sie die Arbeitsanweisung vorlesen und wiederholen Sie anschließend verkürzt: „Wer sagt was? Verbinden Sie." → 🖥 **Orientierung**
		2. Sagen Sie: „Vergleichen Sie." Spielen Sie die Audiodatei zweimal vor.
		3. Lösungskontrolle in PA, dann im PL. → 🖥 **Lösungskontrolle**
		Lösung: 1 c 2 a 3 b
	b	1. Lassen Sie die Arbeitsanweisung vorlesen. Schreiben Sie *Korrigieren Sie!* ans Whiteboard und fragen Sie: „Was ist hier schon korrigiert?" Warten Sie, bis die TN die Musterlösung nennen. Falls sie dies nicht tun, schreiben Sie den ersten Satz ans Whiteboard und korrigieren Sie wie im Beispiel. → 🖥 **Orientierung**
		2. Lassen Sie die TN entscheiden, ob sie auf der S. 43 bleiben oder die Auswahlaufgabe auf S. 114 bearbeiten wollen. Erklären Sie hierfür, dass auf S. 114 die falschen Satzteile, die korrigiert werden sollen, bereits unterstrichen sind.
		3. Die TN bearbeiten die Aufgabe. Gehen Sie herum und geben Sie Hilfestellung.
		4. Sagen Sie: „Vergleichen Sie bitte." Und spielen Sie die Audiodatei erneut vor.
		5. Lösungskontrolle in EA, dann in PA und abschließend im PL. → 🖥 **Lösungskontrolle**
		Lösung: ~~anrufen~~ arbeiten, ~~Möbel~~ Geld, ~~für den Umzug~~ für Alma, ~~bei der Schule~~ beim Bürgerbüro
3		1. Lassen Sie die Arbeitsanweisung vorlesen und notieren Sie die lektüreleitenden Fragen (*Wer bekommt Kindergeld? / Wo gibt es Informationen?*) zusätzlich am Whiteboard.
		2. Die TN bearbeiten die Aufgabe.
		3. Lösungskontrolle in PA, dann im PL: Lassen Sie die Antworten zu den Fragen präsentieren und markieren Sie, wenn möglich, in der interaktiven Version des KB die entsprechenden Textstellen. → 🖥 **Lektürebegleitendes Visualisieren**
		*Lösung: **Wer bekommt Kindergeld?** Eltern. **Wo gibt es Informationen?** Informationen bekommt man beim Bürgerbüro, der Agentur für Arbeit oder bei der Familienkasse.*

A: Ich brauche eine Auskunft.

Kommunikation sich informieren und um Hilfe bitten (auf dem Amt), ein formelles Telefonat beenden, um Erlaubnis bitten und eine Erlaubnis / ein Verbot aussprechen
Wortfelder Nationalität, Bürotätigkeiten
Grammatik Modalverben: *müssen, dürfen*

AUFGABE	HINWEISE
A1	→ 🖥 **Einstiegsfotos**
	1. Schreiben Sie *Ich brauche eine Auskunft* ans Whiteboard und fragen Sie: „Was bedeutet *Auskunft*?" Ermutigen Sie diejenigen TN, die signalisieren, dass sie eine Idee haben, das Wort auf Deutsch zu erklären, indem sie Beispiele geben / Situationen beschreiben. Helfen Sie ggf. mit Umschreibungen wie: *Jemand braucht Hilfe / eine Information / weiß etwas nicht.* Lenken Sie abschließend die Aufmerksamkeit der TN auf das Foto und sagen Sie: „Maria braucht eine Auskunft."

Danke für die Hilfe! / Maria
Unterrichtspläne

Miteinander! Deutsch für Alltag und Beruf A1.2
Lektion 12

		2. Die TN sehen das Foto an. Lesen Sie die Arbeitsanweisung vor. Geben Sie den TN anschließend eine halbe Minute Zeit, um die Sätze mit den Optionen zu lesen. 3. Spielen Sie die Audiodatei einmal vor. Die TN bearbeiten die Aufgabe. 4. Lösungskontrolle in PA, dann im PL. → 🖵 **Lösungskontrolle** *Lösung: 1 Kindergeld bekommen. 2 auch EU-Bürgerin. 3 kein* 5. Verweisen Sie auf die Darstellung der Angleichung des Genus bei der Angabe von Nationalitäten. **Ergänzung:** Suchen Sie gemeinsam mit den TN weitere Angaben von Nationalitäten in der männlichen und weiblichen Form. Schreiben Sie diese am Whiteboard mit. Am Ende sollte jede/r TN beide Formen für ihre / seine Nationalität kennen.
A2		1. Lassen Sie die Arbeitsanweisung vorlesen und klären Sie anschließend noch einmal, was *sortieren* bedeutet, indem Sie die Musterlösung vorlesen lassen und dann fragen: „Was kommt als zweites, drittes, viertes?" → 🖵 **Orientierung** 2. Spielen Sie die Audiodatei zweimal vor. Die TN bearbeiten die Aufgabe. 3. Lösungskontrolle in PA, dann im PL. → 🖵 **Lösungskontrolle** *Lösung: 3 (Dann müssen Sie noch unterschreiben.), 2 (Sie können die Formulare dann einfach selber ausdrucken.), 4 (Und dann schicken Sie die Formulare an die Familienkasse in Neuberg.)* **Digitalgestützter Unterricht:** Nutzen Sie zur Festigung des Wortschatzes die interaktiven Wortschatzkärtchen zu den Verben auf der Übersichtsseite für den Lernwortschatz (KB S. 51). 4. Verweisen Sie auf die Darstellung der Konjugation von *müssen* und üben Sie die Aussprache und die Konjugation durch chorisches Sprechen. → ▨ **Aussprachetraining** **Ergänzung Einzellauttraining:** Um den Unterschied zwischen *U* und *Ü* zu verdeutlichen, bitten Sie die TN, ihre Hände an den Unterkiefer zu legen und die beiden Laute abwechselnd zu sprechen. Machen Sie darauf aufmerksam, dass der Kiefer beim *U* weiter geöffnet und beim *Ü* weiter geschlossen ist. Zeigen Sie auch, dass die Lippen beim *Ü* spitzer sind als beim *U*. Je nach Stimmung im Kurs können Sie die TN auch animieren, sich bei der Aussprache von *U* und *Ü* einmal mit dem Handy aufzunehmen. Sollte das TN unangenehm sein, ermutigen Sie sie, zu Hause vor dem Spiegel zu üben. **Ergänzung Realie:** Regen Sie ein Projekt an, in dem die TN recherchieren, welche Familienkasse für sie zuständig ist. Sammeln Sie am folgenden Unterrichtstag Adressen und Telefonnummern am Whiteboard und lassen Sie die TN erzählen, was sie herausgefunden bzw. welche Erfahrungen sie mit der Familienkasse haben. **Vertiefung:** Gehen Sie gemeinsam mit den TN ins Internet und rufen Sie das Antragsformular für Kindergeld auf. Gehen Sie mit den TN alle Punkte durch und wiederholen Sie den Wortschatz aus *Miteinander A1.1, Lektion 2 und 4*. Alternativ können sie auch ein Formular in Kopie austeilen und die TN dieses übungsweise ausfüllen lassen.
A3	a	1. Schreiben Sie den Satz *Sie müssen zwei Formulare ausfüllen.* wie in der Darstellung im KB ans Whiteboard. Erklären Sie, dass *müssen* an der zweiten Position im Satz steht und konjugiert wird, und dass das zweite Verb am Ende im Infinitiv steht. Bitten Sie die TN, ein weiteres Beispiel aus A2 herauszusuchen, und schreiben Sie es ebenfalls ans Whiteboard. Lassen Sie die Verben in diesem Satz von einer / einem freiwilligen TN markieren. **Digitalgestützter Unterricht:** Spielen Sie den Grammatik-Clip vor, um zwei Beispiele für die Satzklammer bei Modalverben zu visualisieren und die Konjugation von *müssen* visuell unterstützt noch einmal durchzugehen. → 🖵 **Tipps für Clips** **Ergänzung:** Schreiben Sie ein bis zwei längere Sätze mit Satzklammer auf einzelne Kärtchen und bitten Sie die TN in die Raummitte. Verteilen Sie die Kärtchen mit den Wörtern und bitten sie die TN, sich zu einem Satz zusammenzufinden und aufzustellen. Diejenigen, die kein Kärtchen haben, kontrollieren, ob die Aufstellung korrekt ist. → ▨ **Lebende Sätze** 2. Lassen Sie die Arbeitsanweisung und die To-do-Liste vorlesen. → 🖵 **Orientierung** Sagen Sie dann: „Schreiben Sie eine To-do-Liste mit Infinitiven. Schreiben Sie noch keine Sätze."

Danke für die Hilfe! / Maria
Unterrichtspläne

Miteinander! Deutsch für Alltag und Beruf A1.2
Lektion 12

		3. Die TN bearbeiten die Aufgabe. Gehen Sie herum und geben Sie Hilfestellung. Achten Sie darauf, dass die TN keine ganzen Sätze schreiben. **Tipp:** In Kursen mit überwiegend lernungewohnten TN kann das Bedürfnis sehr groß sein, ganze Sätze zu schreiben. Lassen Sie das in diesem Fall zu und geben Sie anschließend am Whiteboard ein Beispiel, wie man den Satz dann wieder zu einem Punkt auf der To-do-Liste reduziert. Geben Sie dann noch einmal die Aufgabe: „Schreiben Sie eine To-do-Liste." und teilen Sie ggf. Zettel oder Kärtchen aus, auf denen wenig Platz ist. 4. Präsentation im PL: Lassen Sie zwei bis drei TN ihre Listen präsentieren und schreiben Sie diese am Whiteboard mit.
	b	Lassen Sie die Arbeitsanweisung und den Beispieldialog vorlesen. Beginnen Sie dann mit der Ketten-übung, indem Sie eine / einen TN ansprechen und sagen, was Sie heute noch tun müssen. Warten Sie auf die Reaktion. Sollte der / die TN Schwierigkeiten haben, erarbeiten Sie auf Basis der To-do-Liste der / des TN einen weiteren Beispieldialog am Whiteboard. Starten Sie anschließend die Kettenübung erneut. Achten Sie darauf, dass die TN den Satz, in dem sie sagen, was sie noch tun müssen, zu der / dem Nächsten in der Kette sprechen. → ▨ **Kettenübung** **Ergänzung:** „In die Mitte bitte!" Sobald die TN in der Kettenübung Sicherheit gewonnen haben, bitten Sie sie mit ihren To-do-Listen in die Mitte. Die TN sprechen den Minidialog zu zweit und suchen sich anschließen eine neue Partnerin / einen neuen Partner. Sagen Sie: „Sprechen Sie mindestens mit 5 Personen." → ▨ **Wimmeln**
A4	a	1. Lassen Sie die Arbeitsanweisung vorlesen. Wiederholen Sie: „M für Maria; A für Anita Hartmann." Und fragen Sie: „Wer sagt *Auf Wiederhören?*" Antwort: „Anita Hartmann". Sagen Sie noch einmal: „Ordnen Sie zu." 2. Spielen Sie die Audiodatei vor. Die TN bearbeiten anschließend die Aufgabe. Gehen Sie herum und geben Sie Hilfestellung. 3. Spielen Sie die Audiodatei noch einmal vor. Die TN vergleichen. 4. Lösungskontrolle in PA, dann im PL. → 🖳 **Lösungskontrolle** *Lösung: M (Kann ich Sie etwas fragen?), A (Aber gern. Was kann ich für Sie tun?), M (Ich brauche eine Auskunft.), M (Können Sie mir helfen?), M (Habe ich das richtig verstanden?), A (Ganz genau.), M (Wo finde ich die Formulare?), M (Danke für Ihre Hilfe!), A (Sehr gern.)*

	b	1. Gehen Sie gemeinsam mit den TN auf die S. 95. Lassen Sie die Arbeitsanweisung vorlesen und zeigen Sie die Rollenkärtchen → 🖳 **Orientierung** Lassen Sie anschließend das Dialogmuster vorlesen und ermutigen Sie die vorlesenden TN, die Auslassungspunkte bereits mit einem Beispiel von den Kärtchen zu füllen.
		
		    Ergänzung Körpermemo: Die TN wählen drei Redemittel / Sätze aus, die sie auswendig lernen wollen. Gemeinsam mit einer Partnerin / einem Partner verknüpfen sie die Sätze mit einer Geste. Diese Geste führen die TN aus, während sie das Redemittel sprechen und lernen. Anschließend lassen sie sich von ihrer Partnerin / ihrem Partner mittels der Gesten abfragen: Das Gegenüber macht eine der vereinbarten Gesten, die / der Abgefragte nimmt die Geste auf und sagt den dazugehörigen Satz. → ▨ **Memospiele**
		
		2. Die TN bearbeiten die Aufgabe.
		    Binnendifferenzierung: Ermutigen Sie lerngewohntere TN, sich vom Buch zu lösen und die Dialoge auswendig zu sprechen. Machen Sie auch auf die weiteren Optionen bei Schon fertig? aufmerksam. Lernungewohntere TN sprechen denselben Dialog mehrfach und schreiben eine Dialogvariante in ihr Heft.
		3. Präsentation im PL: Die Lernpaare spielen ihre Dialoge im PL, nach Möglichkeit ohne zu lesen.
		
		Tipp: Zeigen Sie Wertschätzung, indem Sie nach jedem Vorspiel gemeinsam mit allen TN klatschen. Notieren Sie sich Fehler und planen Sie eine Korrekturphase am Whiteboard ein, wenn alle, die wollten, präsentiert haben.

Danke für die Hilfe! / Maria
Unterrichtspläne

Miteinander! Deutsch für Alltag und Beruf A1.2
Lektion 12

A5	1. Lesen Sie die Arbeitsanweisung vor und lassen Sie die Sprechblasen von einer / einem freiwilligen TN vorlesen. → 🖥 **Orientierung**
	2. Spielen Sie die Audiodatei vor. Die TN bearbeiten die Aufgabe.
	3. Lösungskontrolle in PA, dann im PL den Minidialog von zwei TN vorlesen lassen.
	Lösung: Ja, du darfst sogar zwei Stücke Schokolade essen.
	4. Gehen Sie mit den TN die Konjugationstabelle zu *dürfen* durch und üben Sie die Konjugation durch chorisches Sprechen. → ▨ **Aussprachetraining**
	Digitalgestützter Unterricht: Spielen Sie den Grammatik-Clip nach dem Hörverstehen vor, um den Dialog zwischen Maria und Alma noch einmal anzusehen und anschließend die Konjugation von *dürfen* visuell gestützt durchzugehen. → 🖥 **Tipps für Clips**
	Ergänzung Einzellauttraining: Um den Unterschied zwischen *A* und *Ü* zu verdeutlichen, bitten Sie die TN, ihre Hände an den Unterkiefer zu legen und die beiden Laute abwechselnd zu sprechen. Machen Sie darauf aufmerksam, dass der Kiefer beim *A* weit geöffnet und beim *Ü* annähernd geschlossen ist. Zeigen Sie auch, dass die Lippen beim *Ü* spitz sind und beim *A* entspannt. In Anlehnung an A2 können Sie hier auch noch einmal mit der Stellung von Mund und Kiefer beim *U* vergleichen. Je nach Stimmung im Kurs können Sie die TN auch animieren, sich bei der Aussprache einmal mit dem Handy aufzunehmen. Sollte das einigen TN unangenehm sein, ermutigen Sie sie, zu Hause vor dem Spiegel zu üben.
A6	1. Lesen Sie die Arbeitsanweisung vor und lassen Sie die Sprechblasen zu 1 (Musterbeispiel) von zwei freiwilligen TN vorlesen. Klären Sie, dass ein durchgestrichener roter Kreis bedeutet, dass man etwas nicht darf, und dass der rote Kreis *aufpassen* bedeutet, bevor Sie die TN in die Übung entlassen. → 🖥 **Orientierung**
	2. Die TN bearbeiten die Aufgabe. Gehen Sie herum und geben Sie Hilfestellung.
	Tipp: Ermuntern Sie die TN zum Rollentausch und dazu, sich weitere Beispiele für den Klassenraum auszudenken.
	3. Präsentation im PL: Drei Paare spielen die Minidialoge zu den Verbotsschildern vor. Notieren Sie die richtigen Sätze am Whiteboard.
A7	1. Lesen Sie die Arbeitsanweisung vor und lassen Sie eine Gruppe von vier TN das Kettenspiel einmal vormachen. Geben Sie Hilfestellung. Erklären Sie den TN, dass auf S. 114 in einem ersten Schritt die richtigen Sätze zu den Schildern angekreuzt werden und erst in einem zweiten Schritt die Kettenübung gemacht wird. Auf S. 45 wird direkt gesprochen. Die TN entscheiden, ob sie auf S. 45 bleiben oder die Auswahlaufgabe auf S. 114 bearbeiten wollen. → 🖥 **Orientierung**
	2. Teilen Sie die Vierergruppen entsprechend der Wahl der TN ein. → ▨ **Gruppenbildung**
	3. Die TN bearbeiten die Aufgaben. Gehen Sie herum und geben Sie Hilfestellung. Hören Sie in die Gruppen hinein und notieren Sie sich Unklarheiten oder auch Dinge, die die TN von sich aus gerne sagen wollen.
	Tipp: Bereiten Sie Lösungszettel für beide Aufgaben vor, sodass die Gruppen sich selbstständig kontrollieren können.
	Lösung S. 45: 2 Hier darf man nicht fotografieren. 3 Hier darf man nicht essen. 4 Hier muss man aufpassen. 5 Hier muss man die Tür schließen. 6 Hier darf man nicht lachen. 7 Hier darf man nicht schlafen. 8 Hier muss man leise sein. 9 Hier darf man nicht tanzen. 10 Hier muss man einen Helm tragen.
	Lösungen Auswahlaufgabe, S. 114: 2 Hier muss man die Tür schließen. 3 Hier darf man nicht fotografieren. 4 Hier darf man nicht essen. 5 Hier muss man aufpassen. 6 Hier muss man einen Helm tragen. 7 Hier darf man nicht lachen. 8 Hier muss man leise sein.
	4. Korrekturphase im PL: Schreiben Sie die Sätze ans Whiteboard, die den TN Probleme bereitet haben, und auch die Sätze, die durch die Kreativität der TN neu entstanden sind. Geben Sie Zeit zum Abschreiben.
	Ergänzung: „In die Mitte bitte!" Verteilen Sie die Kärtchen der Kopiervorlage → 📄 **L12: Was darf man hier?** an die TN und wimmeln Sie eine Runde zur Festigung oder am nächsten Kurstag zur Wiederholung. → ▨ **Wimmeln**

Danke für die Hilfe! / Maria
Unterrichtspläne

Miteinander! Deutsch für Alltag und Beruf A1.2
Lektion 12

B: Ich bin in einer Stunde bei dir.

Kommunikation Auskunft über Gewohnheiten geben, schriftliche Anträge stellen
Wortfelder Geschlecht, Behörden und Anträge
Grammatik temporale Präpositionen: *vor, nach, in* + Dativ, *ab, bis*

AUFGABE		HINWEISE
B1	a	**Digitalgestützter Unterricht:** Vergrößern Sie das Foto in der interaktiven Version des KB so, dass zunächst nur Enrico zu sehen ist. Lassen Sie die TN das Bild beschreiben und Vermutungen äußern, indem Sie fragen: „Was sehen Sie auf dem Bild? Was macht Enrico?" Verschieben Sie erst danach das Bild so, dass man auch die Nachrichten sieht, und lassen Sie das KB öffnen. → ⌨ **Einstiegsfotos** 1. Die TN sehen das Bild an. Lesen Sie die Arbeitsanweisung vor und verweisen Sie zur Orientierung auf die Nachrichten rechts neben dem Bild. → ⌨ **Orientierung** 2. Die TN bearbeiten die Aufgabe. 3. Lösungskontrolle in PA, dann im PL: Lassen Sie die Antworten zu den Fragen präsentieren und markieren Sie, wenn möglich, in der interaktiven Version des KB die entsprechenden Textstellen aus dem Chatverlauf. → ⌨ **Lektürebegleitendes Visualisieren** *Lösung: 2 Sie muss etwas ausdrucken, aber sie hat keinen Drucker. 3 Er ist bei der Arbeit. 4 Zu Enrico.*
	b	1. Lassen Sie die Arbeitsanweisung vorlesen. Verweisen Sie zur Orientierung nochmals auf die Nachrichten neben dem Einstiegsfoto und wiederholen Sie: „Lesen Sie noch einmal und umkreisen Sie." → ⌨ **Orientierung** 2. Die TN bearbeiten die Aufgabe. Gehen Sie herum und geben Sie Hilfestellung. 3. Lösungskontrolle in PA, dann im PL. → ⌨ **Lösungskontrolle** *Lösung: 2 ab 3 vor 4 nach 5 in* 4. Sehen Sie sich gemeinsam mit den TN den Grammatik- und den Infokasten mit den Darstellungen zur Verwendung der temporalen Präpositionen an. Lesen Sie noch einmal den Grammatikkasten mit der Darstellung der Präpositionen und Dativartikel vor und lassen Sie die TN nachsprechen. → ▥ **Aussprachetraining: Chorisches Sprechen** Zeichnen Sie anschließend die Zeitstrahlen ans Whiteboard, wenn Sie den Grammatik-Clip nicht abspielen können. Lassen Sie zu jedem Zeitstrahl passende Sätze aus der Übung B1b finden und schreiben Sie sie darunter. Markieren Sie die Zeitspannen (*vor* und *nach*) nach Möglichkeit farbig. Beispiel: 17:15 17:30 vor 18:00 nach 18:15 ├────────┼──────────┼──────────→ Enrico hat vor 18 Uhr keine Zeit. Er hat erst nach 18 Uhr Zeit. **Digitalgestützter Unterricht:** Spielen Sie den Grammatik-Clip vor, um sowohl den Zeitstrahl mit den entsprechenden Sätzen als auch die Darstellung der Grammatik noch einmal durchzugehen. → ⌨ **Tipps für Clips**
B2		1. Schreiben Sie *Unterschriften sammeln* ans Whiteboard und fragen Sie: „Was heißt das?" Lassen Sie die TN Erklärungen geben und unterstützen Sie. 2. Gehen Sie gemeinsam mit den TN auf die S. 99 und lassen Sie die Arbeitsanweisung vorlesen. Anschließend lesen zwei freiwillige TN den Beispieldialog. 3. Sollten Sie die Seite nicht in der interaktiven Version öffnen können, schreiben Sie den Beispielzettel ab. Bitten Sie anschließend zwei freiwillige TN, zu den Aussagen 1 und 2 einen Dialog wie im Beispiel zu sprechen. Antwortet eine / ein TN mit *Ja*, muss diese / dieser am Whiteboard ihre / seine Unterschrift geben. **Digitalgestützter Unterricht:** Zeigen Sie den Beispielzettel in der interaktiven Version und spielen Sie den Beispieldialog mit mehreren TN durch. Schreiben Sie am Ende jedes Dialogs den Namen der / des TN mit dem Werkzeug *Stift* auf die Linie, sofern diese / dieser mit *Ja* geantwortet haben.

Danke für die Hilfe! / Maria
Unterrichtspläne

Miteinander! Deutsch für Alltag und Beruf A1.2
Lektion 12

		4. Zeigen Sie noch einmal auf den Beispielzettel und sagen Sie: „Schreiben Sie acht Sätze über sich." Die TN bearbeiten die Aufgabe in EA. Gehen Sie herum und geben Sie Hilfestellung. *Binnendifferenzierung: Sobald die ersten TN ihre Sätze geschrieben haben, führen Sie diese zusammen und lassen Sie sie mit der Sprechaufgabe beginnen. TN, die sehr lange zum Schreiben brauchen, können nach 3–5 Sätzen aufhören und ebenfalls mit der Sprechübung beginnen.* 5. Sobald die TN ihre Sätze geschrieben haben, gehen Sie zu anderen TN und beginnen mit der Sprechübung. Gehen Sie herum und geben Sie Hilfestellung. 6. Präsentation im PL: Lassen Sie einige Dialoge nach dem Prinzip der Freiwilligkeit im PL präsentieren. Notieren Sie schöne Sätze und Ideen ebenso wie Korrekturen am Whiteboard.
B3		**Material:** Kärtchen 1. Lassen Sie die Arbeitsanweisung und die Aktivitäten vorlesen. Schreiben Sie für alle gut sichtbar *Hunger haben* auf ein Kärtchen. Lassen Sie dann die Nomen unter *vor / nach* und die Zeitangaben unter *in* vorlesen. Halten Sie das Kärtchen *Hunger haben* hoch und lassen Sie das Beispiel von vier TN vorlesen. → 🖥 **Orientierung** 2. Schreiben Sie eine weitere Aktivität auf ein Kärtchen und lassen Sie die vier TN, die auch das Beispiel gelesen haben, improvisieren. Teilen Sie anschließend den Kurs in Vierergruppen ein → ✚ **Gruppenbildung** und verteilen Sie etwa 10 Kärtchen je Gruppe. 3. Die TN bearbeiten die Aufgabe. Gehen Sie herum und geben Sie Hilfestellung. *Binnendifferenzierung: Ermutigen Sie Gruppen mit lerngewohnteren TN, weitere Aktivitäten zu finden und teilen Sie ggf. Extrakärtchen aus.* 4. Präsentation im PL: Lassen Sie jede Gruppe ein Beispiel, das die TN besonders gelungen / witzig fanden, im PL spielen. **Ergänzung:** Nutzen Sie zur Vertiefung die Kopiervorlage. → 📄 **L12: Diktat** Lesen Sie die Fragen einmal vollständig vor und diktieren Sie dann nacheinander. Geben Sie den TN die Fragen anschließend zur Selbstkontrolle. Teilen Sie nach der Kontrolle den Aufgabenteil mit dem Beispiel aus. Die TN schreiben Antworten auf die Fragen und verwenden dabei *vor / nach* und *in* wie in der Sprechübung. Verweisen Sie auch noch einmal auf den Grammatikkasten mit der Verwendung der temporalen Präpositionen auf S. 46 im KB.
B4	a	1. Lassen Sie die Arbeitsanweisung vorlesen. Fragen Sie: „Wo ist Maria geboren?" Antwort: „Girona / Spanien." Fragen Sie dann: „Was füllen Sie bei *Vorname* aus?" Antwort: „Maria." → 🖥 **Orientierung** 2. Die TN bearbeiten die Aufgabe. 3. Lösungskontrolle in PA, dann im PL. → 🖥 **Lösungskontrolle** *Lösung:* **Name:** *Gómez* **Vorname:** *Maria* **Nationalität:** *spanisch* **Geschlecht:** *w* **Adresse:** *Gallstraße, 11, 79997 Neuberg* **Staat:** *Deutschland* 4. Verweisen Sie auf die Darstellung zu den Angaben zum Geschlecht. Lassen Sie diese vorlesen und besprechen Sie sie mit den TN. Fragen Sie auch, wie Angaben zum Geschlecht im Herkunftsland der TN gehandhabt werden, indem Sie zum Beispiel sagen: „In Deutschland gibt es jetzt drei Angaben zum Geschlecht. Wie viele Angaben gibt es in Ihrem Land?" (interkulturelles Lernen) **Digitalgestützter Unterricht:** Nutzen Sie zur Semantisierung der Angaben zum Geschlecht in einem Formular die interaktiven Wortschatzsymbole auf der Übersichtsseite für den Lernwortschatz (KB S. 51).
	b	1. Lassen Sie die Arbeitsanweisung vorlesen und schreiben Sie auch die Frage *Was wissen Sie jetzt über Maria?* ans Whiteboard. 2. Die TN beantworten die Frage in PA, dann im PL. Schreiben Sie zur Wiederholung noch einmal die Angaben zu Maria in ganzen Sätzen so ans Whiteboard, wie sie von den TN formuliert werden. Korrigieren Sie, wenn nötig. **Ergänzung:** Lassen Sie die TN einen kurzen Text über sich selbst schreiben und sammeln Sie die Texte ein.

Danke für die Hilfe! / Maria
Unterrichtspläne

Miteinander! Deutsch für Alltag und Beruf A1.2
Lektion 12

C: MARIA Spezial

Kommunikation Vorschläge machen und auf Vorschläge reagieren, schriftliche Anträge stellen
Wortfelder formeller Brief, Freizeitaktivitäten
Grammatik –

AUFGABE		HINWEISE
C1		→ 🗊 **Einstiegsfotos** 1. Die TN sehen das Bild an. Schreiben Sie *Maria und Enrico müssen …* ans Whiteboard. Lesen Sie anschließend die Arbeitsanweisung vor. 2. Spielen Sie die Audiodatei zweimal vor. Die TN hören und machen ggf. Notizen. 3. Klassengespräch in Murmelgruppen → ▨ **Gruppenbildung**, dann im PL: Schreiben Sie zur Wiederholung Sätze mit *müssen* am Whiteboard mit. Mögliche Antworten: „Maria und Enrico müssen arbeiten / etwas ausdrucken."
C2	a	1. Lassen Sie die Arbeitsanweisung vorlesen und verweisen Sie auf die Bilderklärung zu *Fenster*. Lassen Sie dann das Beispiel vorlesen und geben Sie den TN Zeit, die übrigen Optionen zu lesen. → 🗊 **Orientierung** 2. Spielen Sie die Audiodatei vor. Die TN bearbeiten die Aufgabe. 3. Lösungskontrolle in PA, dann im PL. → 🗊 **Lösungskontrolle** *Lösung: 2 b, d 3 a*
	b	1. Lesen Sie die Arbeitsanweisung vor, schreiben Sie *Alma kann …* ans Whiteboard und lassen Sie das Beispiel aus C2a noch einmal vorlesen. Vervollständigen Sie den Satz am Whiteboard. Sagen Sie: „Was kann Alma machen? Schreiben Sie weitere Sätze mit *können*." Freie Wahl der Sozialform: Lassen Sie die TN allein, zu zweit oder in Murmelgruppen arbeiten. 2. Die TN bilden weitere Sätze mit *können* in PA. Gehen Sie herum und geben Sie Hilfestellung. 3. Lösungskontrolle im PL. Lassen Sie sich die Sätze von den TN präsentieren und schreiben Sie sie am Whiteboard mit. *Lösung: Alma kann ein Bild malen. Alma kann mit Bongo und Piepsi spielen. Sie kann aus dem Fenster schauen.*
	c	1. Lesen Sie die Arbeitsanweisung vor und lassen Sie die TN wie oben in frei gewählten Sozialformen Ideen sammeln. 2. Holen Sie das Gespräch ins Plenum und schreiben Sie einige weitere Ideen ans Whiteboard. Achten Sie darauf, dass die TN das Modalverb *können* verwenden.
C3		1. Lassen Sie die Arbeitsanweisung vorlesen. Fragen Sie dann: „Was sind Vorschläge?" und geben Sie den TN einen Moment Zeit, das Wort im Wörterbuch nachzusehen. Sagen Sie dann: „Erklären Sie auf Deutsch." Sammeln Sie die Erklärungen der TN am Whiteboard. Verweisen Sie dann noch einmal auf die Sätze aus C2c und sagen Sie: „Das sind Vorschläge." 2. Lassen Sie die Ideen vorlesen und verweisen Sie dabei auch auf die Bilderklärungen zu *baden, wandern, Freunde besuchen*. Anschließend lesen vier TN den Beispieldialog vor. Lassen Sie mit einer neuen Idee einen weiteren Dialog von denselben vier TN improvisieren. → 🗊 **Orientierung** Teilen Sie anschließend den Kurs in Vierergruppen ein. → ▨ **Gruppenbildung** **Digitalgestützter Unterricht:** Nutzen Sie zur Erklärung des Wortschatzes die interaktiven Wortschatzkärtchen zu den Aktivitäten auf der Übersichtsseite für den Lernwortschatz (KB S. 51). 3. Die TN bearbeiten die Aufgabe. Gehen Sie herum und geben Sie Hilfestellung. Notieren Sie auch zwischendurch gelungene Vorschläge am Whiteboard. 4. Präsentation im PL. Jede Gruppe spielt einen Dialog vor. **Ergänzung mit Kärtchen:** Schreiben Sie die Vorschläge aus dem Buch auf Kärtchen und sammeln Sie gemeinsam mit den TN weitere Möglichkeiten, sich die Langeweile zu vertreiben. Schreiben Sie auch diese auf Kärtchen, bis Sie einen Klassensatz beisammenhaben. Sagen Sie dann: „In die Mitte bitte!" und lassen Sie die TN eine Runde wimmeln. → ▨ **Wimmeln**

Danke für die Hilfe! / Maria
Unterrichtspläne

Miteinander! Deutsch für Alltag und Beruf A1.2
Lektion 12

C4	a	1. Lassen Sie die Arbeitsanweisung und die Musterlösung vorlesen. Geben Sie den TN anschließend eine halbe Minute Zeit, um die Teilsätze zu lesen. 2. Spielen Sie die Audiodatei zweimal vor. Die TN bearbeiten die Aufgabe. 3. Lösungskontrolle in PA, dann im PL. → 🖳 **Lösungskontrolle** *Lösung: 2 Maria 3 Maria 4 Enrico*
	b	→ 🖳 **Einstiegsfotos** 1. Die TN sehen das Bild an. Lesen Sie die Arbeitsanweisung vor. Fragen Sie noch einmal: „Was hat Alma gemalt? Was denken Sie?" und notieren Sie die Vermutungen der TN am Whiteboard. 2. Spielen Sie die Audiodatei vor. 3. Lösungskontrolle im PL: Fragen Sie wieder: „Was hat Alma gemalt?" und notieren Sie die Antwort am Whiteboard. Vergleichen Sie die Lösung mit den Vermutungen der TN. *Lösung: Alma hat Maria und Enrico gemalt.*

C5		1. Lassen Sie die Arbeitsanweisung vorlesen und fragen Sie: „Wo ist die Adresse?" Lassen Sie sich die Adresse von den TN vorlesen. → 🖳 **Orientierung** Lassen Sie anschließend die Optionen vorlesen und fragen Sie: „Was passt wo?"
		2. Die TN bearbeiten die Aufgabe. Gehen Sie herum und geben Sie Hilfestellung.
		3. Lösungskontrolle in PA, dann im PL. → 🖳 **Lösungskontrolle**
		Lösung: (von oben nach unten) 7, 5, 4, 3, 6, 8, 2
		
		Extra-Film: In dem Film hinterlässt Enrico, der bald nach Hause fahren wird, eine Nachricht für Alma und Maria. Er hat Fotos von Schildern gemacht. Diese *Schilderbilder* (wie er sagt) werden im Folgenden gezeigt und von Alma und Maria besprochen. Der Film eignet sich, um die Modalverben *müssen* und *dürfen* zu wiederholen. → 📑 **L12: Extra-Film**
		
		    Vor dem Hörverstehen
		    1. Ratespiel aufgehende Sonne: Zeichnen Sie 14 Striche für das Wort *Schilderbilder* ans Whiteboard und fragen Sie: „Was kann das für ein Wort sein?" Sagen Sie dann: „Sagen Sie Buchstaben. Erraten Sie das Wort, bevor die Sonne aufgeht?" Die TN nennen Ihnen Buchstaben. Tragen Sie sie ein, sofern sie in dem Wort vorkommen. Wenn ein Buchstabe nicht in dem Wort vorkommt, beginnen Sie mit dem Zeichnen einer Sonne: erst der Kreis, dann 12 Strahlen. Wenn die Sonne scheint, bevor das Wort erraten wurde, haben die TN verloren. *Lösung: Schilderbilder*
		
		    Hör- / Sehverstehen
		    2. Fragen Sie: „Wer sagt Schilderbilder und warum?" Zeigen Sie den Film vollständig.
		    Antwort: „Enrico sagt das. Er hat für Alma und Maria Bilder von Schildern gemacht."
		    Aufgabe 3 Sagen Sie: „Notieren Sie zu jedem Bild einen Satz. Was darf man, was darf man nicht?" Spielen Sie den Film in zwei Abschnitten vor. Spielen Sie den Film anschließend ein drittes Mal vor und fragen Sie: „Was gefällt Alma? Was gefällt ihr nicht?" Ermuntern Sie die TN, neben das jeweilige Bild einen Smiley zu zeichnen.
		    3. Lösungskontrolle in PA, dann im PL
		    Lösungen Abschnitt I: b Man darf nicht rauchen. c Man darf nicht skaten. d Man darf hier nicht parken. e Da dürfen nur Kunden parken.
		    Lösungen Abschnitt II: f Alle Hunde müssen draußen bleiben / Kein Hund darf hier rein. g Katzen dürfen hier über die Straße gehen, aber sie müssen über den Zebrastreifen gehen.
		    4. Projekt: **Aufgabe 4**: Die TN machen auf dem Nachhauseweg oder auf dem Weg zum Kurs Fotos von Schildern. Am nächsten Kurstag teilen Sie den Kurs in Gruppen ein und die TN präsentieren sich gegenseitig ihre Fotos. Dazu sagen sie, was man nach den Fotos darf / nicht darf.

Danke für die Hilfe! / Maria
Unterrichtspläne

Miteinander! Deutsch für Alltag und Beruf A1.2
Lektion 12

Miteinander wiederholen

STATION	HINWEISE
1	1. Lesen Sie die Arbeitsanweisung vor und bitten Sie anschließend zwei TN, die Nachrichten vorzulesen. → 🖵 **Orientierung** 2. Zeichnen Sie den Kalender ans Whiteboard oder zeigen Sie ihn in der interaktiven Version des KB. Erarbeiten Sie mit den TN gemeinsam die erste Eintragung. Sagen Sie dann: „Erstens: Ergänzen Sie die Informationen im Kalender. Zweitens: Schreiben Sie eine Textnachricht. Drittens: Vergleichen Sie dann zu dritt." **Tipp:** Unterstützen Sie die Reihenfolge der TN-Aktivitäten auch gestisch, indem Sie mit den Händen mitzählen, während Sie die Arbeitsanweisung wiederholen.
2	**Material:** Kärtchen Lassen Sie die Arbeitsanweisung vorlesen. Stellen Sie anschließend gemeinsam mit den TN zwei bis drei weitere Kartenpaare her. Legen Sie diese dann verdeckt auf den Tisch und demonstrieren Sie das Prinzip des Memo-Spiels, indem Sie zwei Karten aufdecken, die Sie, wenn sie passen, aufsammeln und zu sich legen, und wenn sie nicht passen, wieder verdeckt auf den Tisch legen. Eine/ Ein TN deckt die nächsten zwei Kärtchen auf usw. … **Tipp:** Halten Sie einen bereits beschriebenen Kartensatz bereit, um im Plenum vormachen zu können, wie das Spiel funktioniert, und für den Fall, dass lernungewohnte Lernende mit dem Beschreiben überfordert sind / zu viel Lernzeit investieren müssten.
3	1. Lassen Sie die Arbeitsanweisung und die Sprechblase vorlesen. 2. Zeigen Sie das Plakatbeispiel in der interaktiven Version des KB oder bereiten Sie es auf einem Flippchart-Bogen vor. Lassen Sie die Musterlösungen in den drei Kategorien ausformulieren und suchen Sie gemeinsam mit den TN mindestens eine weitere Kursregel, die Sie exemplarisch eintragen. Wiederholen Sie dann die Arbeitsanweisung. **Tipp:** Bereiten Sie je Gruppe ein Plakat wie im Beispiel vor, sodass die TN an der Station direkt anfangen können zu arbeiten.

Lernfortschrittstest

	HINWEISE
	Nach Abschluss der Lektion können die Lernenden den Lernfortschrittstest 6 im Arbeitsbuch, Seite 152 bis 155, durchführen (im Unterricht oder zu Hause). Hinweise dazu finden Sie am Ende der Unterrichtspläne zu Lektion 10.

Gesundheit! / Luna
Unterrichtspläne

Miteinander! Deutsch für Alltag und Beruf A1.2
Lektion 13

Einstiegsseite

Kommunikation Die TN können Warnungen und Aufforderungen aussprechen.
Wortfeld Körperteile
Grammatik Imperativ (2. Pers. Sg.)

AUFGABE		HINWEISE
1		→ 🖥 **Einstiegsfotos**
		1. Die TN sehen das Foto an. Fragen Sie: „Was sehen Sie auf dem Bild?" und lassen Sie die TN das Bild beschreiben. (Prüfungstraining) Lesen Sie anschließend die Arbeitsanweisung vor und verweisen Sie auch auf das Bild mit der Worterklärung zu *Unfall*. → 🖥 **Orientierung**
		2. Die TN bearbeiten die Aufgabe in PA. Ermutigen Sie die TN auch, ihre Vermutungen nach dem Ankreuzen noch einmal zu formulieren. Schreiben Sie dazu *Ich denke … Was denkst du?* in Sprechblasen ans Whiteboard.
		3. Spielen Sie die Audiodatei einmal vor.
		4. Lösungskontrolle im PL. Sollten die TN sehr unterschiedliche Ergebnisse haben, spielen Sie die Audiodatei erneut vor, bevor Sie auflösen.
		Lösung: 1 Der Radfahrer (R) hat einen Unfall. Er hat Schmerzen im Fuß.
2	a	1. Schreiben Sie die Buchstaben *R* und *F* ans Whiteboard und fragen Sie: „Wofür stehen die Buchstaben?" Antwort: „F = Fußgänger / R = Radfahrer (wie in 1)"
		2. Lassen Sie die Arbeitsanweisung vorlesen. Fragen Sie zur Orientierung: „Wer sagt *Pass auf!*?" und „Wer sagt *Au! Mein Fuß … und mein Bein!*?" Die Antworten finden die TN in den Beispielen. → 🖥 **Orientierung** Geben Sie den TN anschließend eine Minute Zeit, um auch die Aussagen 3–6 zu lesen.
		3. Spielen Sie die Audiodatei zweimal vor. Die TN bearbeiten die Aufgabe.
		Lösung: 3 F 4 R 5 F 6 R
	b	**Tipp:** Bitten Sie die TN, alle Verben in a zu unterstreichen, bevor Sie die Arbeitsanweisung vorlesen lassen.
		1. Lassen Sie die Arbeitsanweisung vorlesen und schreiben Sie den Grammatikkasten ans Whiteboard. Erarbeiten Sie das Tafelbild gemeinsam mit den TN Schritt für Schritt, indem Sie die Indikativ-Präsens-Form schreiben und dann dort ebenfalls durchstreichen, was im Buch durchgestrichen ist. Besprechen Sie mit den TN die Musterlösung.
		Digitalgestützter Unterricht: Öffnen Sie bei weniger Zeit die interaktive Version des KB und präsentieren Sie die Tabelle hier. Nutzen Sie das Werkzeug *Abdecken*, um die Aufmerksamkeit der TN zu lenken. → 🖥 **Orientierung**
		2. Wiederholen Sie die Arbeitsanweisung, indem Sie sagen: „Suchen Sie die Verben in a und ergänzen Sie die Tabelle." Die TN bearbeiten die Aufgabe. Gehen Sie herum und geben Sie Hilfestellung.
		3. Lösungskontrolle in PA, dann im PL. → 🖥 **Lösungskontrolle**
		Lösung: ~~du~~ ~~kommst~~ Komm, ~~du nimmst~~ Nimm, ~~du~~ ~~bist~~ Sei, ~~du~~ ~~gehst~~ Geh
3		1. Lesen Sie vor: „Sicher im Verkehr" und klären Sie das Wort *sicher* gemeinsam mit den TN. Zeigen Sie hierfür auf das Bild mit der Worterklärung *zu einen Helm tragen* und fragen Sie: „Ist *einen Helm tragen* sicher oder nicht sicher?" oder „Ist Telefonieren auf dem Fahrrad sicher oder nicht sicher?"
		2. Lesen Sie die Arbeitsanweisung vor. Lesen Sie dann die Optionen aus dem Schüttelkasten gemeinsam mit den TN und üben Sie diese durch chorisches Sprechen. → ◼ **Aussprachetraining** Lenken Sie anschließend die Aufmerksamkeit der TN auf den Grammatikkasten und sagen Sie: „Hier sind schon drei Tipps." → 🖥 **Orientierung** Lesen Sie diese vor und erklären Sie, dass es sich hier um Ausnahmen handelt, die man extra lernen muss.
		Tipp: Um die Bedeutung des Wortes *Ausnahme* verständlich zu machen, hilft oft der Internationalismus *exzeptionell*.

Gesundheit! / Luna
Unterrichtspläne

Miteinander! Deutsch für Alltag und Beruf A1.2
Lektion 13

Finden Sie mit den TN zu den Ausnahmen im Grammatikkasten die passenden Ausdrücke aus dem Schüttelkasten *(einen Helm tragen, keine Angst haben, langsam fahren)*. Üben Sie dann auch hier die Aussprache durch chorisches Sprechen → ▨ **Aussprachetraining** und suchen Sie anschließend gemeinsam mit den TN 1–2 weitere Tipps für Radfahrer.

Digitalgestützter Unterricht: Spielen Sie den Grammatik-Clip vor, um die Bildung des Imperativs, dessen sprachliche Funktion und die Abweichungen von der Regel bei den drei Verben *tragen, haben, fahren* zu verdeutlichen. → ▭ **Tipps für Clips**

3. Sagen Sie: „Schreiben Sie fünf Tipps." Die TN bearbeiten die Aufgabe in Partnerarbeit. Gehen Sie herum und achten Sie darauf, dass die Imperativformen richtig aufgeschrieben werden. Schreiben Sie während der Partnerarbeit immer wieder Formen ans Whiteboard, mit denen die TN Schwierigkeiten haben.

> **Ergänzung:** Verteilen Sie je Paar fünf Kärtchen und lassen Sie die Tipps hierauf schreiben. Anschließend tauschen immer zwei Lernpaare ihre Kärtchen und kontrollieren die Kärtchen der anderen.

4. Präsentation in GA, dann im PL. Immer zwei Lernpaare setzen sich zusammen und präsentieren sich gegenseitig die Tipps. Vervollständigen Sie anschließend im PL mithilfe der TN das Tafelbild. Es sollten alle Formen einmal richtig am Whiteboard stehen. Geben Sie Zeit zum Abschreiben.

A: Mein Bein tut weh!

Kommunikation Die TN können höfliche Aufforderungen aussprechen, Schmerzen beschreiben, über das Befinden sprechen und Mitgefühl ausdrücken.
Wortfelder Körperteile, Krankheiten und Schmerzen, beim Arzt
Grammatik Imperativ (Höflichkeitsform *Sie*)

AUFGABE		HINWEISE
A1	a	→ ▭ **Einstiegsfotos**
		1. Die TN sehen das Foto an. Fragen Sie: „Was sehen Sie auf dem Bild?" und lassen Sie die TN kurz zu zweit über das Bild sprechen und ihren Wortschatz aktivieren. Lassen Sie sich das Bild anschließend von einem Paar im PL beschreiben. Die anderen TN ergänzen.
		2. Lesen Sie die Arbeitsanweisung vor und lassen Sie die TN erneut in PA sprechen. Schreiben Sie *Das ist …* in einer Sprechblase ans Whiteboard und erinnern Sie die TN daran, dass man mit dieser Formulierung auf Personen verweist, indem Sie auf eine / einen TN im Kurs zeigen und sagen: „Das ist …" und ihren / seinen Namen nennen und falls er Ihnen bereits bekannt ist, auch den Beruf, wie in der Aufgabe.
		3. Lösungskontrolle im PL: Ein Paar präsentiert die Lösungen. Achten Sie darauf, dass die TN auf die Personen zeigen und „Das ist …" sagen.
		Digitalgestützter Unterricht: Öffnen Sie die Seite in der interaktiven Version und vergrößern Sie das Foto. Bitten Sie die TN nach vorne, damit Sie beispielsweise mit einem Zeigestock auf die Personen auf dem Foto zeigen können, während sie präsentieren. → ▭ **Lösungskontrolle**
		Lösung: 3 Alex, Patient 1 Luna, Krankenpflegerin 2 Dr. Weber, Ärztin
	b	1. Geben Sie den TN etwas Zeit, die Bilder anzusehen, und fragen Sie: „Wer ist das?" (1–3 Luna und Alex, 4 + 5 Dr. Weber und Alex)
		2. Lassen Sie die Arbeitsanweisung und das Beispiel sowie die Optionen im Schüttelkasten vorlesen.
		3. Spielen Sie die Audiodatei zweimal vor. Die TN bearbeiten die Aufgabe.
		4. Lösungskontrolle in PA, dann im PL. → ▭ **Lösungskontrolle**
		Lösung: 2 (Nehmen Sie bitte Platz!) 1 (Kommen Sie bitte!) 4 (Zeigen Sie doch mal!) 5 (Bewegen Sie jetzt bitte den Fuß!)
		5. Zeichnen Sie zur Systematisierung den Grammatikkasten aus dem KB ans Whiteboard. Markieren Sie die Verben oval und nutzen Sie die Pfeile, um die unterschiedliche Position des Verbs zu verdeutlichen. Gehen Sie auch auf die Ausnahme bei *sein* ein. Fragen Sie, wie der Satz *Seien Sie vorsichtig!* im Indikativ Präsens lautet. Antwort: „Sie sind vorsichtig."

Gesundheit! / Luna
Unterrichtspläne

Miteinander! Deutsch für Alltag und Beruf A1.2
Lektion 13

		Digitalgestützter Unterricht: Spielen Sie den Grammatik-Clip vor, um noch einmal alle Imperativ-Formen, die im Hörverstehen vorkamen, visuell gestützt zu wiederholen und die Wortstellung beim Imperativ in der Sie-Form zu systematisieren. → 💬 **Tipps für Clips**
		Ergänzung: „In die Mitte bitte!" Nehmen Sie einen Ball und werfen Sie ihn einer / einem TN zu. Sagen Sie einen einfachen Satz im Indikativ Präsens wie zum Beispiel: „Sie kommen." Die / Der TN, die / der den Ball gefangen hat, bildet den Imperativ in der Sie-Form und formt den Satz um. Sie / Er sagt also: „Kommen Sie!" Anschließend wird der Ball erneut geworfen und die / der TN sagt einen Satz im Indikativ Präsens, der dann von derjenigen / demjenigen, die / der den Ball gefangen hat, umgeformt wird. Schreiben Sie ggf. zur visuellen Unterstützung noch einmal ein bis zwei Beispiele ans Whiteboard.
A2	a	**Material:** Kärtchen 1. Gehen Sie mit den TN auf die S. 100 im KB. Schreiben Sie *Bewegen Sie bitte die Arme!* ans Whiteboard. Sagen Sie dann: „Stehen Sie bitte auf und bewegen Sie die Arme!" Wiederholen Sie die Anweisung so lange, bis der ganze Kurs steht und die Arme bewegt. Machen Sie selbst auch mit, sobald die ersten TN aufgestanden sind und die Arme bewegen. Loben Sie diese TN besonders. → ♟ **Energieaufbauübungen** 2. Die TN setzen sich wieder. Stellen Sie sicher, dass jede / jeder TN einen leeren Zettel oder ein Kärtchen und einen Stift hat. Lesen Sie die Arbeitsanweisung vor. Spielen Sie dann die Audiodatei zweimal vor. Die TN bewegen sich nach den Anweisungen auf der Audiodatei. Am Ende der Aufgabe sollten alle TN einen Zettel haben, der auf der einen Seite mit *du* beschriftet ist und auf der anderen Seite mit *Sie*. **Tipp:** Machen Sie selbst auch mit. Warten Sie aber immer einen Augenblick, bis die ersten TN die Bewegung selbstständig ausführen. *Lösung: Stehen Sie bitte auf. Zeigen Sie bitte Ihr Buch. Lachen Sie bitte. Tanzen Sie bitte. Nehmen Sie bitte Platz. Nehmen Sie bitte einen Stift. Nehmen Sie bitte einen Zettel. Schreiben Sie bitte das Wort* du *auf eine Seite. Schreiben Sie bitte das Wort* Sie *auf die andere Seite.*
	b	1. Lesen Sie die Arbeitsanweisung, die Optionen im Schüttelkasten und das Beispiel vor. Weisen Sie auch auf die Bilderklärungen zu den Verben *anmachen, ausmachen, aufmachen* und *zumachen* hin. → 💬 **Orientierung** Um das Verstehen zu sichern, können Sie hier pro Verb jeweils einer / einem TN eine Aufgabe geben und sehen, ob die / der TN diese umsetzt. Sagen Sie zum Beispiel: „Machen Sie bitte das Licht an." Sobald die / der TN das Licht angemacht hat, sagen Sie „Richtig! Das Licht anmachen → Machen Sie bitte das Licht an." Schreiben Sie das Beispiel ans Whiteboard. **Ergänzung:** Integrieren Sie hier ein Phonetikmoment, indem Sie die Optionen aus dem Schüttelkasten von den TN in PA klatschen lassen. Bereiten Sie die TN vor, indem Sie sie laut und leise klatschen lassen. Fragen Sie anschließend: „Was klatsche ich laut und was leise?" und sagen Sie dann „die Ärme bewégen" mit deutlichem Satzakzent. Antwort: „Die betonten Silben Ár und wé werden lauter gesprochen und geklatscht, alle anderen sind unbetont und werden leise auf dem Handballen geklatscht." 2. Verteilen Sie je TN fünf Kärtchen und sagen Sie: „Schreiben Sie bitte wie im Beispiel." Lesen Sie ggf. noch einmal das Beispiel vor oder verweisen Sie auf den Anschrieb am Whiteboard. 3. Die TN bearbeiten die Aufgabe. Gehen Sie herum und geben Sie Hilfestellung. Achten Sie vor allem darauf, dass die TN nur eine Option aus dem Schüttelkasten pro Kärtchen schreiben. *Binnendifferenzierung: Ermutigen Sie lerngewohntere TN, eigene Ideen für Anweisungen zu entwickeln. Weniger lerngewohnte TN schreiben vielleicht nur drei Kärtchen.*
	c	Lesen Sie die Arbeitsanweisung vor. Halten Sie dabei jeweils ein Kärtchen mit einem Infinitiv und ein Kärtchen mit *du* und *Sie* einer / eines TN hoch. Sagen Sie dann: „In die Mitte bitte!" und spielen Sie gemeinsam mit einer / einem geübteren TN ein Beispiel vor. Anschließend finden die TN sich zu Paaren zusammen und bearbeiten die Aufgabe. → ♟ **Kursspaziergang** **Tipp:** Stellen Sie einen Timer auf drei Minuten und lassen Sie die TN nach Ablauf der Zeit ihre Partnerinnen / Partner wechseln. Wechseln Sie insgesamt dreimal.

Gesundheit! / Luna
Unterrichtspläne

Miteinander! Deutsch für Alltag und Beruf A1.2
Lektion 13

A3		1. Schreiben Sie *gute Nachrichten* ans Whiteboard. Fragen Sie: „Was heißt *gute Nachrichten*?" Die TN versuchen, auf Deutsch zu erklären. Falls kein Vorschlag von den TN kommt, können Sie zum Beispiel sagen: „Gute Nachrichten heißt, dass man gute Informationen bekommt."
		Tipp: Versuchen Sie zu vermeiden, dass die TN in eine Interimssprache wie Englisch übersetzen bzw. geben Sie sich nicht mit der Übersetzung zufrieden. Für den Anfang können die TN auch versuchen, eine Geste oder einen Gesichtsausdruck zu finden, der zu *gute Nachrichten* passt.
		2. Lassen Sie die Arbeitsanweisung vorlesen. Spielen Sie dann die Audiodatei zweimal vor. Die TN bearbeiten die Aufgabe.
		3. Lösungskontrolle in PA, dann im PL. Achten Sie bei der Präsentation der richtigen Lösung darauf, dass die TN die Sätze vollständig und korrekt vorlesen. → 🖵 **Lösungskontrolle**
		Lösung: 2 schlimm. 3 nicht gebrochen 4 „Gute Besserung!"
A4	a	→ 🖵 **Einstiegsfotos**
		1. Die TN sehen die Fotos an. Lesen Sie die Arbeitsanweisung vor und zeigen Sie die Beispiele in der interaktiven Version des KB oder indem Sie das Buch hochhalten. Sagen Sie dann: „Sehen Sie auf S. 61 im KB nach, wenn Sie ein Körperteil nicht wissen." → 🖵 **Orientierung**
		2. Die TN bearbeiten die Aufgabe. Gehen Sie herum und geben Sie Hilfestellung.
		3. Lösungskontrolle in PA durch gegenseitiges, halblautes Vorlesen, dann im PL. → 🖵 **Lösungskontrolle**
		Lösung: 2 (der Mund), 4 (die Nase), 1 (das Ohr), 5 (der Zahn), 7 (der Bauch), 8 (das Bein), 4 (der Fuß), 5 (der Hals), 2 (die Hand), 1 (der Kopf), 3 (der Rücken)
		Digitalgestützter Unterricht: Nutzen Sie zur Festigung des Wortschatzes die interaktiven Wortschatzkärtchen zu den Körperteilen auf der Übersichtsseite für den Lernwortschatz (KB S. 61).
		Ergänzung Memotraining: Lassen Sie die TN sich gegenseitig abfragen, indem eine/r bei sich selbst auf einen Körperteil zeigt und die Partnerin / der Partner den Körperteil nennt. Wer richtig geantwortet hat, darf den nächsten Körperteil zeigen. Geben Sie hierfür fünf Minuten Zeit. Sagen Sie dann: „In die Mitte bitte!" Stellen Sie sich mit den TN in einem Kreis auf. Sagen Sie: „Ich sage *Nase*." Fordern Sie die / den TN neben sich auf, ihre / seine Nase zu berühren. Wenn sie / er das getan hat, darf sie / er ein neues Körperteil sagen, z. B.: „Ich sage *Hand*." Die Nachbarin / Der Nachbar zeigt oder berührt daraufhin ihre / seine Hand und sagt einen neuen Körperteil usw. → ▨ **Energieaufbauübungen**
	b	1. Lassen Sie die Arbeitsanweisung und das Beispiel vorlesen. → 🖵 **Orientierung** Gegebenenfalls kann das Beispiel pantomimisch unterstützt werden.
		2. Die TN bearbeiten die Aufgabe. Schreiben Sie ggf. ein weiteres Beispiel ans Whiteboard, sollten die TN die Aufgabe nicht verstehen.
		3. Lösungskontrolle in PA durch halblautes Vorlesen, dann im PL.
		Lösung: B Kopf C Ohr D Bauch
		Ergänzung Memotraining durch Pantomime: Die TN nehmen eine der Körperhaltungen wie in der Aufgabe ein, und die Partnerin / der Partner sagt den passenden Satz. Lerngewohntere TN können weitere Ideen entwickeln.
A5	a	**Material:** Kärtchen
		1. Sagen Sie: „Hören Sie und lesen Sie mit." Spielen Sie dann die Audiodatei zweimal vor und achten Sie darauf, dass die TN mitlesen. Sollten die TN ihren Blick nicht im Buch haben, stoppen Sie die Audiodatei und sagen Sie noch einmal: „Hören Sie und lesen Sie mit."
		2. Sagen Sie nun: „Spielen Sie das Gespräch zu zweit." Die TN bearbeiten die Aufgabe. Gehen Sie herum und animieren Sie die TN zum Rollentausch und dann auch zum Spielen ohne Buch, d. h. ohne zu lesen.
		Tipp: Die vorgegebene Situation eignet sich als Anlass, um mit den TN zu thematisieren, dass sie mit Erkältungssymptomen nicht in den Kurs kommen, sondern zu Hause bleiben sollten. Sie können das direkt als Regel formulieren oder fragen, ob Sara mit Halsschmerzen in den Deutschkurs kommen sollte.

Gesundheit! / Luna
Unterrichtspläne

Miteinander! Deutsch für Alltag und Beruf A1.2
Lektion 13

b	1. Lesen Sie die Arbeitsanweisung vor und schreiben Sie die Beispielkärtchen ans Whiteboard oder zeigen Sie sie noch einmal zur Orientierung in der interaktiven Version des KB. → 🖥 **Orientierung** Verteilen Sie anschließend je TN fünf Kärtchen. 2. Die TN schreiben die Kärtchen in EA. Gehen Sie herum und geben Sie Hilfestellung. Schreiben Sie gute Ideen der TN ans Whiteboard.
c	1. Lesen Sie die Arbeitsanweisung vor und lassen Sie zwei freiwillige TN den Dialog aus a noch einmal spielen. Bitten Sie dieselben TN anschließend, die Sprechblasen vorzulesen und den Dialog mit einem ihrer geschriebenen Kärtchen zu variieren. Sollte das nicht gleich funktionieren, bitten Sie eine / einen TN, Ihnen die Frage wie im Beispiel zu stellen: „Ist alles in Ordnung, Frau / Herr …?" Antworten Sie, indem Sie ein eigenes Kärtchen hochhalten und den Dialog entsprechend variieren. 2. Die TN bearbeiten die Aufgabe. Gehen Sie herum und geben Sie Hilfestellung. Schreiben Sie ggf. noch einmal die wichtigsten Redemittel aus a ans Whiteboard. *Binnendifferenzierung: Lerngewohnte TN schließen ihre Bücher und versuchen, den Dialog zu improvisieren. Bereiten Sie für lernungewohnte TN Kärtchen mit den wichtigsten Redemitteln des Dialogs aus a vor, sodass auch sie das Buch schließen können und unabhängig vom Text werden, indem sie die Redemittelkärtchen nach und nach weglegen.*

B: Wie oft soll ich das machen?

Kommunikation Die TN können höfliche Aufforderungen aussprechen, um Rat fragen und Ratschläge geben.
Wortfelder beim Arzt, Krankheiten und Schmerzen
Grammatik Modalverb *sollen*, Imperativ (2. Pers. Pl.)

AUFGABE	HINWEISE
B1	→ 🖥 **Einstiegsfotos** **Variante für den Einstieg:** Die TN sehen das Foto an. Zeigen Sie auf die Personen und sagen Sie: „Das sind Luna und Alex." Fragen Sie dann: „Was sagen sie? Schreiben Sie ein oder zwei Sätze für Alex und für Luna." Die TN erfinden allein oder zu zweit Minidialoge. Zeichnen Sie Sprechblasen ans Whiteboard und füllen Sie diese nach der Arbeitsphase auf Zuruf der TN. 1. Die TN sehen das Foto an. Verweisen Sie auf die Bilderklärungen zu *Salbe, Tabletten* und *Rezept* möglichst in der interaktiven Version des KB. → 🖥 **Orientierung** Die TN finden und unterstreichen die Wörter in den Items (2 und 3). 2. Lesen Sie die Arbeitsanweisung vor und verweisen Sie auf das Beispiel. → 🖥 **Orientierung** Geben Sie den TN eine Minute Zeit, um die Aussagen zu lesen. 3. Spielen Sie die Audiodatei zweimal vor. Die TN bearbeiten die Aufgabe. 4. Lösungskontrolle in PA, dann im PL. → 🖥 **Lösungskontrolle** *Lösung: 2 falsch 3 richtig 4 falsch 5 richtig 6 falsch* **Digitalgestützter Unterricht:** Nutzen Sie zur Festigung des Wortschatzes die interaktiven Wortschatzkärtchen zum Wortfeld *beim Arzt* auf der Übersichtsseite für den Lernwortschatz (KB S. 61).
B2	1. Schreiben Sie *Sie sollen …* ans Whiteboard, um die Aufmerksamkeit der TN schon einmal auf das Verb *sollen* zu lenken. Bitten Sie anschließend drei TN, Dr. Weber, Luna und Alex darzustellen. Die / Der erste TN liest den Part von Dr. Weber in den Sprechblasen vor und spricht dabei zur / zum zweiten TN (Luna). Geben Sie den TN die Aufgabe, die Verben in den Sprechblasen zu unterstreichen. Vergleichen Sie anschließend im PL und schreiben Sie Satz eins wie folgt ans Whiteboard: Dr. Weber: „Er <u>muss</u> dreimal täglich die Salbe <u>auftragen</u>." Klären Sie dann die Sprechsituation: Dr. Weber und Luna sprechen über Alex. Zeigen Sie dabei auf diejenigen TN, die die drei verkörpern. Dr. Weber gibt eine Anweisung und verwendet für diese direkte Sprechsituation das Modalverb *müssen*.

Gesundheit! / Luna
Unterrichtspläne

Miteinander! Deutsch für Alltag und Beruf A1.2
Lektion 13

	Digitalgestützter Unterricht: Nutzen Sie das Werkzeug *Textmarker*, um die Verben in der interaktiven Version zu markieren.

2. Lassen Sie nun TN 2 (Luna) aus Schritt 1 den ersten Beispielsatz für die Verwendung von *sollen* vorlesen und dabei zu TN 3 (Alex) sprechen. Bitten Sie die TN, die Sprechsituation zu formulieren. Helfen Sie anschließend, indem Sie sagen: „Luna sagt Alex, was Dr. Weber gesagt hat. Das ist indirekt." Machen Sie klar, dass Dr. Weber außerhalb der direkten Sprechsituation steht und ihr Redeanteil indirekt weitergegeben wird. Sagen Sie dann: „So funktioniert *sollen*."

3. Lesen Sie die Arbeitsanweisung vor. Die TN bearbeiten die Aufgabe.

4. Lösungskontrolle in PA, dann im PL. Schreiben Sie die Sätze während der Lösungskontrolle in folgender Form am Whiteboard mit:

> Luna: „~~Dr. Weber sagt:~~ Sie sollen dreimal täglich die Salbe auftragen."
>
> Luna: „~~Dr. Weber sagt:~~ Sie sollen den Fuß ruhig halten."
>
> Luna: „~~Dr. Weber sagt:~~ Sie sollen den Fuß kühlen."
>
> sollen = indirekte Situation (die Information kommt von einer dritten Person)
> müssen = direkte Situation (die Information / Anweisung wird direkt gegeben)

Erklären Sie noch einmal, dass *sollen* die indirekte Sprechsituation markiert.
Lösung: 2 Sie sollen den Fuß ruhig halten. 3 Sie sollen den Fuß kühlen.

5. Wiederholen Sie die Satzklammer, indem Sie den Grammatikkasten zu *sollen* auf S. 60 möglichst in der interaktiven Version zeigen. Zeichnen Sie ihn alternativ ans Whiteboard.

B3	1. Lesen Sie die Arbeitsanweisung vor und projizieren Sie möglichst die Illustration von S. 113 unten, die verdeutlicht, wer mit wem spricht. Lassen Sie dann drei TN die Beispieldialoge vorspielen. Bitten Sie die drei TN mit ihren Büchern in die Kursraummitte, damit für alle gut sichtbar ist, wer mit wem spricht. Sollten die TN das beim ersten Vorlesen selbst noch nicht ganz verstanden haben, lassen Sie sie ein zweites Mal vorlesen und geben Sie Regieanweisungen. Bitten Sie dieselben TN anschließend, ein weiteres Beispiel mit einem Tipp aus dem Schüttelkasten vorzuspielen. Erklären Sie den TN, dass auf S. 113 Probleme und Tipps notiert sind, während auf S. 56 lediglich die Tipps angeboten werden. Die TN entscheiden, ob sie auf S. 56 bleiben oder die Auswahlaufgabe auf S. 113 bearbeiten wollen. → 🗨 **Orientierung**

2. Die TN gehen mit ihrem Buch im Kursraum umher und bearbeiten die Aufgabe. Gehen Sie herum und geben Sie Hilfestellung. Achten Sie darauf, dass sich immer drei TN zusammenfinden, und hören Sie in die Gruppen hinein. Notieren Sie gelungene Tipps zwischendurch am Whiteboard. → ⬚ **Kursspaziergang**

> **Ergänzung:** Kopieren Sie die Kopiervorlage → 🖺 **L13: Problemkärtchen** und führen Sie einen weiteren Kursspaziergang durch. Die Kopiervorlage eignet sich, um den Wortschatz von Lektion 12 in die Übung einzubeziehen und den Imperativ sowie die Verwendung von *sollen* auch mit diesem Sprachmaterial nochmals zu festigen und etwas freier mit dem Sprachmaterial umzugehen. Die TN müssen die Tipps hier frei formulieren.

3. Geben Sie nach dem Kursspaziergang Zeit zum Abschreiben der von Ihnen am Whiteboard festgehaltenen Tipps.

B4	1. Schreiben Sie *Macht doch mal Sport!* an die Tafel. Schreiben Sie dann die Erklärung zum Imperativ in der Ihr-Form ans Whiteboard und finden Sie die Indikativform zusammen mit den TN (*Ihr macht Sport.*). Sammeln Sie dann gemeinsam mit den TN weitere Beispiele mit bekannten Verben, bis die TN das Prinzip verstanden haben. Zeigen Sie auch die Darstellung rechts mit den Beispielen für die Satzergänzungen. Nutzen Sie anschließend die bereits angeschriebenen Beispiele, um die Ergänzung zu üben. Lassen Sie hierzu die TN den Imperativ-Satz ergänzen und sprechen Sie ihn anschließend gemeinsam. → ⬚ **Aussprachetraining: Chorisches Sprechen**

Gesundheit! / Luna
Unterrichtspläne

Miteinander! Deutsch für Alltag und Beruf A1.2
Lektion 13

		Digitalgestützter Unterricht: Spielen Sie den Grammatik-Clip vor, um noch einmal alle Imperativ-Formen, die in der Aufgabe vorkamen, visuell gestützt zu wiederholen und die Wortstellung beim Imperativ in der Ihr-Form zu systematisieren. → 🖥 **Tipps für Clips** 2. Die TN betrachten die Bilder. Fragen Sie: „Was ist das Problem?" Mögliche Antworten: „A Die Leute sind müde. B Die Kinder haben Bauchschmerzen. C Das ist gefährlich. D Die Leute haben Rückenschmerzen." 3. Lassen Sie die Arbeitsanweisung und den Beispieldialog vorlesen. Die TN bearbeiten die Aufgabe. Gehen Sie herum und geben Sie Hilfestellung. Achten Sie darauf, dass die TN erst in EA ihre Präferenzen ankreuzen und anschließend sprechen. **Tipp:** In Kursen mit überwiegend lernungewohnten TN kann es sinnvoll sein, die Aufgabe in zwei Schritten zu stellen: Zuerst die Arbeitsanweisung: „Welchen Tipp finden Sie gut? Kreuzen Sie an." Anschließend eine kurze Präsentation der Präferenzen im PL. Als Zweites dann die Anweisung: „Sprechen Sie mit Ihrer Partnerin / Ihrem Partner." Und das Lesen des Beispieldialogs sowie die Systematisierung des Imperativs in der Ihr-Form. 4. Präsentation im PL: Lassen Sie zu jeder Situation je ein Paar seinen Dialog präsentieren. **Ergänzung:** Auch hier können Sie wie in B3 die Kopiervorlage → 📄 **L13: Problemkärtchen** zusätzlich nutzen, um das Thema in einem weiteren Kursspaziergang zu vertiefen und bereits bekanntes Sprachmaterial aus Lektion 12 in die Übung einzubeziehen. Die TN müssen die Tipps wie oben frei formulieren. Achten Sie hier darauf, dass die TN dieses Mal *doch mal* und *bitte* in ihre Formulierungen einfügen.
B5	a	1. Zeigen Sie auf die Bilder links und sagen Sie: „Was ist das Problem?" Lassen Sie die Sprechblasen vorlesen. 2. Lassen Sie die Arbeitsanweisung vorlesen und zeigen Sie auf die Texte und anschließend auf die Bilder mit den Sprechblasen. Fragen Sie: „Welcher Tipp passt zu welchem Problem?" → 🖥 **Orientierung** 3. Die TN bearbeiten die Aufgabe. Gehen Sie herum und geben Sie Hilfestellung. 4. Lösungskontrolle in PA, dann im PL. → 🖥 **Lösungskontrolle** *Lösung: A 3 B 1 C 2*
	b	1. Lesen Sie die Arbeitsanweisung vor und schreiben Sie das Beispiel ans Whiteboard. Fragen Sie: „Wo steht dieser Tipp?" Antwort: „in Text 3." *Binnendifferenzierung: In Kursen mit überwiegend lernungewohnten TN kann es sinnvoll sein, die Du- und die Sie-Form in separaten Sätzen ans Whiteboard zu schreiben und den TN die konkrete Aufgabe zu geben, je drei Sätze in der jeweiligen Form zu schreiben. Lerngewohntere TN schreiben mehr Sätze. TN, die schneller fertig sind, können ihre Sätze entsprechend der Reihenfolge der Texte im KB ans Whiteboard schreiben.* 2. Erarbeiten Sie mit den TN zwei weitere Beispiele am Whiteboard. Eines in der Sie-Form und eines in der Du-Form. Lassen Sie die TN jedes Mal den Bezug zum Text herstellen. → 🖥 **Orientierung** 3. Die TN bearbeiten die Aufgabe. Gehen Sie herum und geben Sie Hilfestellung. 4. Lösungskontrolle in PA durch halblautes Vorlesen und anschließende Partnerkontrolle, dann durch Vorlesen im PL. Bieten Sie den TN an, die geschriebenen Sätze einzusammeln und zum nächsten Kurstag zu korrigieren.

Gesundheit! / Luna
Unterrichtspläne

Miteinander! Deutsch für Alltag und Beruf A1.2
Lektion 13

C: LUNA Spezial

Kommunikation Die TN können Schmerzen beschreiben, über das Befinden sprechen und Mitgefühl ausdrücken.
Sie können eine Krankmeldung schreiben.
Wortfelder Krankheiten und Schmerzen, Gesundheit und Sport
Grammatik –

AUFGABE	HINWEISE
C1	→ 🖵 **Einstiegsfotos** 1. Die TN sehen das Foto an. Fragen Sie: „Was macht Luna?" und geben Sie den TN einige Minuten Zeit, um in Murmelgruppen über das Foto zu sprechen. Holen Sie das Gespräch anschließend ins Plenum und sammeln Sie einige Beschreibungen des Fotos aus den Gruppen. 2. Lassen Sie die Arbeitsanweisung vorlesen und geben Sie den TN anschließend eine Minute Zeit, um die Sätze zu lesen. Achten Sie dabei darauf, dass die TN noch nichts ankreuzen. Machen Sie auf die Bilderklärung zu *Fieber* aufmerksam. → 🖵 **Orientierung** 3. Spielen Sie die Audiodatei zweimal vor. Die TN bearbeiten die Aufgabe. 4. Lösungskontrolle in PA, dann im PL. → 🖵 **Lösungskontrolle** *Lösung: 2, 3, 4, 8*
C2	1. Sagen Sie: „Luna telefoniert mit Simon." Lassen Sie die Arbeitsanweisung, die Optionen im Schüttel-kasten und das Beispiel vorlesen. Wiederholen Sie dann den ersten Teil der Arbeitsanweisung: „Ergänzen Sie." 2. Die TN ergänzen den Dialog. Gehen Sie herum und geben Sie Hilfestellung. 3. Sagen Sie: „Hören Sie und vergleichen Sie." Spielen Sie anschließend den Dialog zweimal vor. Die TN vergleichen und korrigieren ggf. ihren Dialogtext. 4. Lösungskontrolle in PA durch halblautes Vorlesen, dann im PL. → 🖵 **Lösungskontrolle** *Lösung: 2 Wirklich? Was ist los? 3 Oh, was hast du? 4 Das tut mir leid. Und was machst du so? 5 Du Arme. Soll ich dich besuchen? 6 Okay, dann rufe ich später noch mal an. Gute Besserung!* 5. Sagen Sie: „Spielen Sie das Gespräch zu zweit." Die TN lesen den Dialog erneut. Gehen Sie herum und ermutigen Sie die TN zum Spielen. Sprechen Sie den TN ggf. Sätze in unterschiedlichen Betonungen mit unterschiedlichen Emotionen wie in *Schon fertig?* vor und lassen Sie die TN nachsprechen. *Binnendifferenzierung: Lassen Sie lerngewohntere TN den Dialog lernen und anschließend ohne Buch sprechen. Lernungewohntere TN versuchen 2–3 Sätze auswendig zu sprechen. Geben Sie hier mehr Hilfestellung, indem Sie Sätze vorsprechen und nachsprechen lassen.* **Ergänzung:** Fragen Sie: „Welche Sätze sind schwer?" Schreiben Sie die Sätze, die die TN nennen, ans Whiteboard. Üben Sie diese Sätze mit den TN durch Back-Chaining oder durch aufbauendes Sprechen. → ▨ **Aussprachetraining** Lassen Sie die TN den Dialog dann noch einmal spielen. **Ergänzung:** Um die Sprechsituation zu dynamisieren und die TN eigene Ideen entwickeln zu lassen, kopieren Sie die Kopiervorlage → 🖺 **L13: Dialogkarten.** Erklären Sie den TN, dass auf der Vorder-seite eine Situation / ein Statement gegeben wird, und dass es verschiedene Möglichkeiten gibt, darauf zu reagieren. Mögliche Reaktionen finden sie auf der Rückseite der Kärtchen. Sagen Sie: „In die Mitte bitte!" und spielen Sie ein Beispiel vor. Lassen Sie die TN dann wimmeln. Gehen Sie herum und hören Sie in die Lernpaare hinein. Schreiben Sie gelungene Reaktionen ans Whiteboard, wenn diese nicht auf der Rückseite der Kärtchen festgehalten sind. → ▨ **Wimmeln**
C3 a	1. Lassen Sie die Arbeitsanweisung vorlesen und schreiben Sie die lektüreleitenden Fragen *An wen schreibt Luna? Warum?* ans Whiteboard. Fragen Sie die TN, wieviel Zeit sie zum Lesen haben wollen. Schreiben Sie die Zeit ans Whiteboard. 2. Die TN lesen die E-Mails. Gehen Sie herum und orientieren Sie die TN ggf. noch einmal hinsichtlich der lektüreleitenden Fragen und machen Sie deutlich, dass sich die Frage *An wen?* auf die Adressatin / den Adressaten bezieht. 3. Leiten Sie nach Ablauf der Zeit ein Gespräch im PL an, indem Sie nochmals die Fragen stellen: „An wen schreibt Luna? Warum?" Notieren Sie die Antworten der TN am Whiteboard.

Gesundheit! / Luna
Unterrichtspläne

Miteinander! Deutsch für Alltag und Beruf A1.2
Lektion 13

		Digitalgestützter Unterricht: Markieren Sie während der Wortbeiträge der TN die entsprechenden Textstellen in der interaktiven Version des KB. → 🖥 **Lektürebegleitendes Visualisieren**
		*Lösung: **A und B** an eine Kollegin (Magda), **C** an die Personalabteilung (Herr Selzle); **Warum?** Luna ist krank und kann nicht zur Arbeit kommen.*
	b	**Ergänzung:** Spielen Sie mit dem Wort *Arbeitsunfähigkeitsbescheinigung*. → ▣ **Sonnenaufgang**
		1. Lassen Sie die Arbeitsanweisung und die Fragen vorlesen. Lenken Sie die Aufmerksamkeit der TN nach Frage 4 auf die Bilderklärung zu *Arbeitsunfähigkeitsbescheinigung*. → 🖥 **Orientierung**
		2. Lösungskontrolle in PA, dann im Plenumsgespräch. Notieren Sie die Antworten am Whiteboard.
		Digitalgestützter Unterricht: Markieren Sie während der Wortbeiträge der TN die entsprechenden Textstellen in der interaktiven Version des KB. → 🖥 **Lektürebegleitendes Visualisieren**
		*Lösung: **1** Um 11 Uhr. **2** Sie ist bis Freitag krankgeschrieben. **3** Sie ist vier Tage krankgeschrieben. **4** Herr Selzle bekommt die Arbeitsunfähigkeitsbescheinigung per Post.*
		Ergänzung interkulturelles Lernen: Sprechen Sie mit den TN über die Regeln zur Abgabe von Arbeitsunfähigkeitsbescheinigungen im Integrationskurs und fragen Sie, ob es etwas Ähnliches für Arbeitnehmer auch in den Herkunftsländern der TN gibt. Erklären Sie, dass es in Deutschland am Arbeitsplatz unterschiedlich geregelt ist, ob man die Bescheinigung nach ein oder zwei Tagen Krankmeldung einreichen muss.
C4	a	**Ergänzung:** Nutzen Sie zur Vorentlastung die Kopiervorlage → 📄 **L13: Diktat.**
		1. Gehen Sie mit den TN auf die Seiten 100 / 101 und zeigen Sie, dass die Aufgabe C4 über zwei Seiten geht. → 🖥 **Orientierung**
		2. Lesen Sie die Arbeitsanweisung vor und bitten Sie zwei verschiedene TN, die Situationen vorzulesen. Lenken Sie anschließend die Aufmerksamkeit der TN auf die Redemittel und lesen Sie diese langsam vor, indem Sie teilweise sinnvoll ergänzen oder Sätze in Varianten vorsprechen. Erklären Sie gleich bei den Optionen für die Anrede, dass Situation 1 eine informelle und Situation 2 eine formelle Sprechsituation ist. Zeichnen Sie die gestrichelte Linie für Situation 1 und die gewellte Linie zu Situation 2 ans Whiteboard und wiederholen Sie die Arbeitsanweisung. → 🖥 **Orientierung**
		3. Die TN bearbeiten die Aufgabe. Gehen Sie herum und achten Sie darauf, dass die TN eine Situation gewählt haben und die Sätze entsprechend der Situation markieren. Die TN sollen noch nicht schreiben.
		Tipp: Geben Sie ein Zeitlimit für das Markieren vor, damit klar ist, dass hier noch nicht geschrieben werden soll. Geben Sie entweder ein Zeitlimit von 1–3 Minuten vor oder fragen Sie die TN, wie viel Zeit sie benötigen. Es stärkt das kooperative Lernklima, wenn Sie die TN an Fragen der Kurs- und Lernorganisation beteiligen.
	b	1. Lesen Sie die Arbeitsanweisung vor und lassen Sie den Briefanfang zu Situation 2 vorlesen. Fragen Sie: „Wie muss der Anfang für Situation 1 sein?" Erarbeiten Sie den Anfang gemeinsam mit den TN und schreiben Sie ihn ans Whiteboard.
		2. Die TN bearbeiten die Aufgabe. Gehen Sie herum und geben Sie Hilfestellung. Schreiben Sie gelungene alternative Formulierungen der TN zwischendurch ans Whiteboard und machen Sie lerngewohntere TN auf *Schon fertig?* aufmerksam.
		Tipp: Achten Sie darauf, dass die TN nicht in Hefte, sondern auf Extrabögen schreiben, die Sie später einsammeln können. Verteilen Sie ggf. Papier.
	c	Warten Sie, bis die ersten TN Ihnen signalisieren, dass sie fertig sind, und leiten Sie einen Tausch der Texte unter diesen TN an. Sagen Sie: „Lesen Sie die E-Mail Ihrer Partnerin / Ihres Partners und korrigieren Sie." Lassen Sie auf diese Weise Schritt für Schritt die Texte tauschen. Gehen Sie herum und geben Sie Hilfestellung. Leiten Sie diejenigen TN, die sehr schnell fertig sind, ggf. noch einmal an, die Texte ihrer Partner mithilfe der Redemittel genauer zu überprüfen. Bieten Sie am Ende der Partnerkorrektur allen an, dass Sie die Texte mitnehmen und korrigieren. Besprechen Sie die Texte zu Beginn des folgenden Kurstages, indem Sie fehlerhafte Sätze ans Whiteboard schreiben und diese gemeinsam mit den TN korrigieren.

Gesundheit! / Luna
Unterrichtspläne

Miteinander! Deutsch für Alltag und Beruf A1.2
Lektion 13

C5	1. Lesen Sie die Arbeitsanweisung vor und fragen Sie: „Was bedeutet *notieren*?" Lassen Sie die TN eigene Erklärungen finden wie z. B. *ein bisschen schreiben*. Betonen Sie, dass es beim Notieren nicht darum geht, ganze Sätze zu schreiben, sondern nur Informationen, und verweisen Sie auf den Notizzettel. Sagen Sie: „Ergänzen Sie den Notizzettel." → 🖥 **Orientierung**
2. Lassen Sie die TN entscheiden, ob sie auf der S. 59 bleiben oder die Auswahlaufgabe auf S. 115 bearbeiten wollen. Erklären Sie hierfür, dass auf S. 115 keine Notizen gemacht werden sollen, sondern ein Lückentext auszufüllen ist.
3. Die TN bearbeiten die Aufgabe. Gehen Sie herum und geben Sie Hilfestellung.
4. Lösungskontrolle: Die TN erzählen sich in PA, welche Informationen sie dem Text entnommen haben. (Mediation) Anschließend Kontrolle im PL. → 🖥 **Lösungskontrolle**
Lösung S. 59: früher: nur ein Kampfsport; in vielen Ländern: Millionen Menschen machen Tai-Chi-Gymnastik oder Tai-Chi-Meditation; Bewegungen: langsam und gut für den Körper, gut für die Konzentration
Lösung S. 115: 2 Kampfsport 3 Millionen 4 den Körper

> **Ergänzung:** Geben Sie den TN die Aufgabe, zu den Stichworten *Woher? Früher in welchen Ländern? Bewegungen* Notizen zu einer ihnen bekannten Sportart zu machen. Anschließend präsentieren die TN die wichtigsten Informationen zu ihrer Sportart in der Gruppe (à 4–5 TN). → ▦ **Gruppenbildung** Geben Sie außerdem die Aufgabe, dass die Gruppe eine Person benennt, die später fürs Plenum aus der Gruppe berichtet. (Mediation)

Extra-Film: In dem Film schickt Luna einer Freundin, die Rückenschmerzen hat, ein Gymnastik-Video. Der Film eignet sich als Energieaufbauübung, weil die TN Lunas Anweisungen folgen können und selbst die Übungen machen können, während sie den Film sehen. Außerdem wird der Imperativ und der Wortschatz im Wortfeld *Gesundheit und Sport* wiederholt. → 🖺 **L13: Extra-Film**

> **Vor dem Hör- / Sehverstehen**
>
> 1. Verteilen Sie das Arbeitsblatt *Extra-Film*. Lesen Sie die Arbeitsanweisung zu **Aufgabe 1**. Zeigen Sie den Film bis 00:15. Die TN äußern ihre Vermutungen. Erinnern Sie ggf. noch einmal an die Bildung des Imperativs in der Du-Form wie in 2b.
>
> **Hör- / Sehverstehen**
>
> 2. **Aufgabe 2:** Lesen Sie die Arbeitsanweisung vor und sagen Sie: „In die Mitte bitte!" oder bitten Sie die TN, von ihren Plätzen aufzustehen und sich ein wenig versetzt hinzustellen, sodass jede / jeder genügend Platz hat, um die Arme auszustrecken. Zeigen Sie den Film vollständig.
>
> 3. Die TN setzen sich wieder. Lassen Sie die Arbeitsanweisung zu **Aufgabe 3** vorlesen. Zeigen Sie den Film anschließend noch einmal in Abschnitten. Die TN bearbeiten die Aufgabe. Zeigen Sie die Sequenz von 00:50-03:25 ggf. mehrfach, damit die TN den Lückentext ausfüllen und selbstständig kontrollieren können.
>
> 4. Lösungskontrolle in PA, dann im PL.
>
> *Lösung: 2 nach 3 hinten 4 vorn 5 weiter 6 Beweg 7 oben 8 über 9 links 10 langsam 11 rechts 12 wieder 13 Arm 14 wichtig 15 Schultern 16 Kreise 17 Schau 18 Richtung*
>
> 5. Lesen Sie die Arbeitsanweisung zu **Aufgabe 4** vor. Erarbeiten Sie gemeinsam mit den TN ein Beispiel für eine Gymnastik-Anweisung am Whiteboard. Anschließend schreiben die TN ihre Anweisungen. Gehen Sie herum und geben Sie Hilfestellung. Schreiben Sie zwischendurch wichtige Wörter und Redemittel ans Whiteboard. Sollten TN nicht allein arbeiten wollen, schlagen Sie eine Partnerarbeit vor. Anschließend können auch je zwei Paare einander Gymnastik-Übungen anleiten. |

Gesundheit! / Luna
Unterrichtspläne

Miteinander! Deutsch für Alltag und Beruf A1.2
Lektion 13

Miteinander wiederholen

STATION	HINWEISE
1	1. Schreiben Sie *MENSCH* wie im Beispiel ans Whiteboard und fragen Sie bei *M*: „Welcher Körperteil hat ein *M* im Wort?" Erfahrungsgemäß sehen sich nur wenige TN das Beispiel im KB an. Eine / Einer wird dann vermutlich *Arm* sagen und Sie ergänzen am Whiteboard wie im Beispiel. Sollte eine / ein TN stattdessen z. B. *Mund* sagen, ergänzen Sie *Mund*. Lassen Sie noch ein weiteres Beispiel im Plenum finden. 2. Lesen Sie die Arbeitsanweisung vor. Fragen Sie: „Wie machen Sie ein neues Rätsel? Haben Sie eine Idee?" Schreiben Sie eine Idee der TN ans Whiteboard. Z. B. *REZEPT*
2	**Material:** 3 Smileys in DIN-A4 1. Vorbereitung vor dem Unterricht: Hängen Sie an einer Wand im Kursraum drei große Smileys für super 🙂 , okay 😐 , nicht so gut 🙁 auf. Das ist die Station. Ergänzend können Sie am Whiteboard eine Agenda für die Bedeutung der Smileys anschreiben wie im KB vorgeschlagen. 2. Lesen Sie die Arbeitsanweisung vor. Bitten Sie anschließend vier TN, sich vor den Smileys aufzustellen. Zwei weitere TN lesen den Beispieldialog vor. Fragen Sie anschließend: „Wie finden Sie den Tipp?" Warten Sie, bis die TN sich an den Smileys aufgestellt haben. 3. Lesen Sie die möglichen Probleme und Tipps vor. → 🖵 **Orientierung** Bitten Sie dann zwei TN, einen weiteren Dialog frei zu spielen. Fragen Sie erneut: „Wie finden Sie den Tipp?" Die TN an den Smileys stellen sich neu auf.
3	**Material:** Kärtchen 1. Vorbereitung: Bereiten Sie drei Kärtchen wie im Beispiel vor. 2. Lesen Sie die Arbeitsanweisung vor und bitten Sie einige TN, die Beispiele in den Sprechblasen vorzulesen. Fragen Sie zur Verstehenssicherung noch einmal: „Was ist Pantomime?" Sobald eine / ein TN das Wort erklärt hat, bitten Sie die / den TN nach vorne und lassen sie / ihn ein Kärtchen ziehen. Sagen Sie: „Spielen Sie Pantomime." Und sagen Sie zum Kurs: „Raten Sie. Was soll sie/er machen?" Falls es nicht klappt, nehmen Sie die Karte zurück und sagen: „Ich spiele Pantomime." Machen Sie, was auf dem Kärtchen steht. Die TN raten. Anschließend kann eine weitere / ein weiterer TN ein Kärtchen ziehen. 3. Wiederholen Sie abschließend die Arbeitsanweisung und sagen Sie: „Ein Kärtchen = eine Anweisung. Pro Person drei Kärtchen." Gehen Sie während des Stationenlernens öfter an diese Station und helfen Sie den TN, einen Kärtchenstapel zu erstellen. Achten Sie auch darauf, dass die TN reihum Kärtchen ziehen und ihre Vermutungen mit *sollen* formulieren.

Das kriegen wir hin! / Amadou
Unterrichtspläne

Miteinander! Deutsch für Alltag und Beruf A1.2
Lektion 14

Einstiegsseite

Kommunikation Die TN können über Kleidung sprechen.
Wortfeld Kleidung
Grammatik –

AUFGABE		HINWEISE
1	a	→ 🗨 **Einstiegsfotos**
		1. Die TN sehen das Bild an. Fragen Sie: „Wer ist Elisa? Was denken Sie?"
		Tipp: Falls die TN ihre Vermutungen nur in Einwortsätzen äußern, schreiben Sie noch einmal einleitende Formulierungen in Form von Sprechblasen ans Whiteboard, zum Beispiel: *Ich denke … / Ich glaube … / Elisa ist vielleicht …* Ermuntern Sie die TN, ihre Vermutungen auszuformulieren.
		2. Die TN äußern ihre Vermutungen. Achten Sie darauf, dass die TN sorgfältig formulieren. Schreiben Sie einige Vermutungen ans Whiteboard und kommen Sie später darauf zurück.
	b	1. Lesen Sie den ersten Teil der Arbeitsanweisung vor und zeigen Sie die Einladung. → 🗨 **Orientierung** Lassen Sie anschließend die Fragen vorlesen. Zeichnen Sie die Markierungslinien, mit denen die Fragen unterlegt sind, ans Whiteboard und sagen Sie: „Markieren Sie so die Informationen in der Einladung."
		Digitalgestützter Unterricht: Lesen Sie noch einmal die erste Frage vor und fragen Sie die TN, wo diese Information im Text steht. Markieren Sie *Abiturfeier* mit dem Werkzeug *Stift* mit einer geraden Linie in der interaktiven Version des KB.
		2. Die TN bearbeiten die Aufgabe. Gehen Sie herum und geben Sie Hilfestellung.
		3. Lösungskontrolle in PA, dann im PL. → 🗨 **Lektürebegleitendes Visualisieren** Kommen Sie hier auch noch einmal auf die Vermutungen aus 1a zurück und klären Sie, dass Elisa Amadous Freundin ist.
		Tipp: Erweitern Sie hier das Kursgespräch bei Bedarf und Interesse, indem Sie über Möglichkeiten sprechen, eine partnerschaftliche Beziehung auszudrücken. Zum Beispiel: Elisa und Amadou sind zusammen / ein Paar, sie sind in einer Beziehung. Lassen Sie die TN auch erklären, wie das in ihrer Sprache / ihrem Herkunftsland gesagt wird. (interkulturelles Lernen)
		Lösung: **1** *Abiturfeier* **2** *ab 18 Uhr* **3** *in der Festhalle Neuberg* **4** *festliche Kleidung*
	c	1. Lassen Sie die Arbeitsanweisung und den Beispielsatz vorlesen.
		2. Spielen Sie die Audiodatei dreimal vor. Die TN bearbeiten die Aufgabe. Fragen Sie vor dem dritten Hören zusätzlich: „Was ist das Problem?" Sammeln Sie einige Antworten am Whiteboard und spielen Sie die Audiodatei erneut vor.
		3. Lösungskontrolle in PA, dann im PL. Lassen Sie die Sätze 1–3 für die Lösungskontrolle vorlesen und tragen Sie die Namen, wenn möglich, in der interaktiven Version des KB ein. → 🗨 **Lösungskontrolle** Gehen Sie anschließend noch einmal auf den Konflikt ein, indem Sie fragen: „Warum möchte Amadou nicht zur Abiturfeier?"
		Lösung: **2** *Elisa, Amadou* **3** *Amadou, Elisa*
2	a	**Digitalgestützter Unterricht:** Vergrößern Sie die Bilder aus 1 in der interaktiven Version des KB. → 🗨 **Orientierung**
		1. Lesen Sie die Arbeitsanweisung vor und verweisen Sie auf die Bilder. Lassen Sie anschließend eine / einen TN die Beispiele in den Sprechblasen vorlesen.
		Tipp: In Kursen mit überwiegend lernungewohnten TN kann es sinnvoll sein, an dieser Stelle die Konjugation von *tragen* zu wiederholen und einmal durch chorisches Sprechen zu üben. → ▓ **Aussprachetraining**

Das kriegen wir hin! / Amadou
Unterrichtspläne

Miteinander! Deutsch für Alltag und Beruf A1.2
Lektion 14

2. Lassen Sie die TN entscheiden, ob sie auf der S. 63 bleiben oder die Auswahlaufgabe auf S. 115 bearbeiten wollen. Erklären Sie hierfür, dass auf S. 115 die Kleidungstücke auf den Bildern nummeriert sind und den Wörtern zugeordnet werden sollen. → 🖥 **Orientierung** Teilen Sie die TN anschließend entsprechend ihrer Wahl in Gruppen ein. → ⬛ **Gruppenbildung** Sagen Sie dann ergänzend zur Arbeitsanweisung: „Wer trägt was? Was trägt Elisa? Was trägt Amadou? Und was tragen die Personen auf der Einladung? Sprechen Sie in der Gruppe."

3. Die TN bearbeiten die Aufgabe. Gehen Sie herum und geben Sie Hilfestellung. Ermuntern Sie insbesondere die TN, die auf S. 115 arbeiten, zum Sprechen. Schreiben Sie einige Sätze am Whiteboard mit.

4. Präsentation im PL: Lassen Sie eine / einen TN von S. 115 anfangen und z. B. erzählen, was Elisa und Amadou auf dem Foto anhaben. Eine / Ein TN von S. 63 übernimmt und sagt, was die Personen auf der Einladung tragen. Schreiben Sie die Lösungen am Whiteboard mit oder nutzen Sie die interaktive Version. → 🖥 **Lösungskontrolle**

Lösung S. 115: 10 (Anzug), 12 (Hemd), 13 (Hose), 1 (Jacke), 6 (Jeans), 11 (Kleid), 9 (Krawatte), 4 (Mantel), 3 (Pullover), 5 (Rock), 8 (Schuh), 7 (Stiefel)

Digitalgestützter Unterricht: Nutzen Sie zur Festigung des Wortschatzes die interaktiven Wortschatzkärtchen zur Kleidung auf der Übersichtsseite für den Lernwortschatz (KB S. 71).

> *Binnendifferenzierung: Machen Sie lerngewohnte TN auf* Schon fertig? *aufmerksam. Greifen Sie Ideen dieser TN auf und schreiben Sie sie ans Whiteboard.*

b	1. Lesen Sie die Arbeitsanweisung vor und bitten Sie anschließend drei TN, den Beispieldialog zu lesen. 2. Schreiben Sie *Die Person trägt …* ans Whiteboard und beginnen Sie dann mit dem Spiel, indem Sie in einfachen Sätzen die Kleidung einer Person im Kurs beschreiben. Die TN raten. Wer richtig geraten hat, beschreibt als Nächste / Nächster.

A: Welches Hemd gefällt dir?

Kommunikation Die TN können Gefallen und Missfallen ausdrücken. Sie können Vorlieben äußern und Vergleiche ziehen.

Wortfeld –

Grammatik Fragepronomen *welch-* und Demonstrativpronomen *dies-*, Komparativ und Superlativ: *gut*, *gern* und *viel*

AUFGABE	HINWEISE
A1	→ 🖥 **Einstiegsfotos** 1. Die TN sehen das Bild an. Fragen Sie: „Was sehen Sie auf dem Bild?" und lassen Sie die TN erst in PA, dann im PL sprechen. Festigen Sie den Wortschatz *Kleidung*, indem Sie die genannten Kleidungsstücke ans Whiteboard schreiben und auch die Artikel dazu kurz abfragen. **Tipp:** Fragen Sie auch nach den Emotionen von Elisa und Amadou, indem Sie fragen: „Wie sehen Elisa und Amadou aus – glücklich, zufrieden, freundlich, unfreundlich …?" Damit bereiten Sie die TN auf den zweiten Teil der mündlichen DTZ-Prüfung vor. 2. Lesen Sie die Arbeitsanweisung vor und geben Sie den TN eine halbe Minute Zeit, die Aussagen zu lesen. Verweisen Sie auch auf die Bilderklärung zu *hellblau* und *dunkelblau*. 3. Spielen Sie die Audiodatei zweimal vor. Die TN bearbeiten die Aufgabe. 4. Lösungskontrolle in PA, dann im PL. *Lösung: 1* 5. Sprechen Sie anschließend darüber, welche Farben Amadou tatsächlich gefallen oder gefallen könnten. Fragen Sie: „Mag Amadou grau oder gefällt ihm blau? Welche Farbe mag Amadou?" Fragen Sie auch, welche Farbkombination die TN schön finden.

Das kriegen wir hin! / Amadou
Unterrichtspläne

Miteinander! Deutsch für Alltag und Beruf A1.2
Lektion 14

A2	a	1. Schreiben Sie *welch-* und *dies-* ans Whiteboard. Lesen Sie anschließend die Arbeitsanweisung vor. Lassen Sie die erste Sprechblase von einer / einem TN vorlesen und zeigen Sie die Musterlösung im Buch. → 🖥 **Orientierung** 2. Die TN bearbeiten die Aufgabe. Gehen Sie herum und geben Sie Hilfestellung. 3. Lösungskontrolle: Lassen Sie eine / einen TN die Lösungen in der interaktiven Version des KB eintragen. Sollte dies nicht möglich sein, lassen Sie die Tabellen von zwei TN, die schnell fertig sind, ans Whiteboard zeichnen und ausfüllen. Bitten Sie die anderen TN zu kontrollieren, ob alles richtig ist. Sprechen Sie die Tabelle anschließend mit allen TN gemeinsam in chorischem Sprechen durch, um die grammatikalische Varianz auch über das Gehör zu trainieren. → ▨ **Aussprachetraining** **Digitalgestützter Unterricht:** Spielen Sie den Grammatik-Clip vor, um die Beugung des Fragepronomens *Welch-* und des Demonstrativpronomens *Dies-* im Nominativ und Akkusativ zu visualisieren und noch einmal zu systematisieren. In Kursen mit überwiegend lernungewohnten TN kann es sinnvoll sein, den Clip vor der Bearbeitung der Aufgabe vorzuspielen. → 🖥 **Tipps für Clips**
	b	1. Lesen Sie die Arbeitsanweisung vor und bitten Sie zwei TN, den Beispieldialog vorzulesen. Lassen Sie ein weiteres Beispiel improvisieren und klären Sie noch einmal den Artikel zu jedem Kleidungsstück, bevor Sie die TN in die Übung entlassen. 2. Die TN bearbeiten die Aufgabe in PA. Ermuntern Sie die TN auch, einen Dialog schriftlich festzuhalten, nachdem sie alle einmal durchgesprochen haben. 3. Präsentation im PL: Drei Lernpaare präsentieren die Dialoge zu *Hemd*, *Jeans* und *Stiefeln*. Schreiben Sie mindestens einen weiteren Dialog ans Whiteboard und geben Sie Zeit zum Abschreiben. Ermuntern Sie die TN, die Endungen wie in A2a zu markieren. **Ergänzung:** „In die Mitte bitte!" Kopieren Sie die Kopiervorlage → 🗐 **L14: Kleidung**, verteilen Sie an jede zweite / jeden zweiten TN je zwei Kärtchen von derselben Sorte (zwei unterschiedliche Paar Schuhe, Röcke, Hosen etc.) und lassen Sie die TN mit den Kärtchen wimmeln. Projizieren Sie zur Unterstützung die Tabellen aus A2a an die Wand oder lassen Sie das Tafelbild mit den Tabellen für die Selbstkontrolle stehen. → ▨ **Wimmeln**
A3	a	1. Lassen Sie die Arbeitsanweisung und das Beispiel vorlesen. Zeigen Sie anschließend noch einmal auf die Zeichnung A und sagen Sie: „Die Hose ist zu eng." Fragen Sie dann: „Welche Hose ist zu kurz?" und zucken Sie mit den Schultern. → 🖥 **Orientierung** 2. Die TN bearbeiten die Aufgabe. Gehen Sie herum und geben Sie Hilfestellung. Sollten sich die TN nicht an die Bedeutung der Adjektive erinnern, ermuntern Sie sie, diese im Wörterbuch nachzuschlagen. 3. Lösungskontrolle in PA, dann im PL. *Lösung: D (Die Hose ist zu kurz!), C (Die Hose ist zu weit!), B (Die Hose ist zu lang!)*
	b	1. Lenken Sie die Aufmerksamkeit der TN auf das Bild. → 🖥 **Orientierung** **Digitalgestützter Unterricht:** Zeigen Sie das Bild mit Amadou und Elisa vergrößert in der interaktiven Version des KB. 2. Fragen Sie: „Was sagt Amadou? Markieren Sie in a." Achten Sie darauf, dass die TN hier nicht einfach reinrufen, sondern tatsächlich noch einmal in a lesen und markieren. 3. Sagen Sie: „Hören Sie und vergleichen Sie." Spielen Sie dann die Audiodatei zweimal vor. 4. Lösungskontrolle in PA, dann im PL. *Lösung: B (Die Hose ist zu lang!)* 5. Fragen Sie abschließend noch einmal, ob *zu* positiv oder negativ ist, indem Sie eine Daumenabfrage machen. Oftmals benutzen Deutschlernende *zu* fälschlicherweise wie *sehr* als verstärkenden positiven Gradpartikel. Die Abfrage dient der Bewusstmachung. → ▨ **Feedback**
A4	a	1. Gehen Sie mit den TN auf die S. 101 im KB. Lenken Sie die Aufmerksamkeit der TN auf Bild A, indem Sie es, wenn möglich, vergrößert in der interaktiven Version des KB zeigen. Sagen Sie: „zu teuer, zu klein, zu … Was ist das Problem?" Die TN antworten voraussichtlich zunächst in der Kurzform mit „zu kalt". Verweisen Sie anschließend auf die Sprechblasen und lassen Sie diese vorlesen. Sagen Sie: „Zu zweit oder zu dritt: Sprechen Sie bitte."

Das kriegen wir hin! / Amadou
Unterrichtspläne

Miteinander! Deutsch für Alltag und Beruf A1.2
Lektion 14

		2. Die TN bearbeiten die Aufgabe in Murmelgruppen. → ▦ **Gruppenbildung** Gehen Sie herum und geben Sie Hilfestellung und ermuntern Sie die TN dazu, in ganzen Sätzen zu antworten. *Binnendifferenzierung: Geben Sie lerngewohnten TN zusätzlich die Aufgabe, Fragen zu stellen, wie zum Beispiel: „Ist das Wasser zu warm oder zu kalt?" Schreiben Sie das Beispiel ans Whiteboard. Lernungewohnte TN können auch in der Kurzform „zu kalt" antworten.* 3. Präsentation im PL: Lassen Sie je Bild eine Lerngruppe das Ergebnis vortragen.
	b	**Material:** Ball 1. Lassen Sie die Arbeitsanweisung und die Optionen vorlesen. Bitten Sie anschließend zwei TN, das Beispiel vorzulesen. Fragen Sie hier auch, wie eine positive Reaktion lauten könnte, und schreiben Sie Vorschläge der TN ans Whiteboard. Sagen Sie dann: „Wir sprechen gleich in der Mitte. Aber lesen Sie jetzt die Optionen noch einmal durch und merken Sie sich mindestens zwei." 2. Gehen Sie herum und geben Sie Hilfestellung, indem Sie die TN stichprobenartig auffordern, die auswendig gelernten Optionen ohne Buch zu sagen. 3. „In die Mitte bitte!" Schreiben Sie das Beispiel aus dem Buch ans Whiteboard oder projizieren Sie es an die Wand. Die TN stellen sich in einem Kreis im Kursraum auf. Werfen Sie zuerst den Ball und fragen Sie genau wie im Beispiel. Wer gefangen hat, antwortet und macht mit der nächsten Option weiter. Erinnern Sie die TN ggf. daran, dass sie die Frage *Ist das okay?* an die auswendig gelernte Option anschließen. Notieren Sie interessante Reaktionen der TN zwischendurch am Whiteboard.
A5		**Digitalgestützter Unterricht:** Spielen Sie den Grammatik-Clip vor, um die Steigerungsformen von *gut, viel* und *gern* einzuführen. Stoppen Sie bei 00:35 und sprechen Sie die Formen gemeinsam mit den TN in chorischem Sprechen einmal durch. → ▦ **Aussprachetraining** → 🖵 **Tipps für Clips** 1. Wenn Sie den Grammatik-Clip nicht abspielen können, zeichnen Sie die Tabelle zu den Steigerungs-formen von *gut, viel* und *gern* ans Whiteboard und sprechen Sie diese gemeinsam mit den TN in chorischem Sprechen durch. → ▦ **Aussprachetraining** 2. Lesen Sie die Arbeitsanweisung vor, lenken Sie die Aufmerksamkeit der TN auf das Beispiel in Bild A und lassen Sie es vorlesen. Lösen Sie anschließend gemeinsam mit den TN den Satz zu Bild B im PL. **Digitalgestützter Unterricht:** Zeigen Sie Bild A, B und C vergrößert in der interaktiven Version des KB und schreiben Sie die Lösung zu B mit dem Werkzeug *Stift*. 3. Die TN bearbeiten die Aufgabe. Gehen Sie herum und geben Sie Hilfestellung. 4. Lösungskontrolle in PA durch halblautes Vorlesen, dann im PL. → 🖵 **Lösungskontrolle** *Lösung: B besser C am besten E mehr F am meisten H lieber I am liebsten*
A6		**Ergänzung:** Nutzen Sie die Kopiervorlage → 🗐 **L14: Diktat**, um die Verwendung des Komparativs und Superlativs mit *gut, gern* und *viel* schriftlich zu festigen, bevor Sie zur mündlichen Anwendung kommen. Der untere Teil der Kopiervorlage dient sowohl zur Selbstkontrolle als auch als Vorlage für die folgende Sprechübung. 1. Gehen Sie gemeinsam mit den TN auf die S. 99 im KB und lassen Sie die Arbeitsanweisung vorlesen. Schreiben Sie die Hitliste für *Essen* ans Whiteboard oder zeigen Sie sie vergrößert in der interaktiven Version des KB. Lassen Sie das Beispiel vorlesen. Gehen Sie mit den Kategorien *Geldausgaben* und *Freizeit* ebenso vor. Sagen Sie dann: „Schreiben Sie zuerst jeweils drei Sachen, sprechen Sie dann mit Ihrer Partnerin / Ihrem Partner." **Digitalgestützter Unterricht:** Zeigen Sie die Optionen und die Sprechblasen nacheinander in der interaktiven Version des KB, um die Aufmerksamkeit der TN zu lenken. → 🖵 **Orientierung** 2. Die TN bearbeiten die Aufgabe. Gehen Sie herum und achten Sie darauf, dass die TN zuerst ihre Listen schreiben und erst danach miteinander sprechen. Ermutigen Sie die TN auch, eigene Ideen aufzuschreiben, indem Sie z. B. fragen: „Und was ist Ihr Lieblingsessen? / Was machen Sie am liebsten in der Freizeit?"

Das kriegen wir hin! / Amadou
Unterrichtspläne

Miteinander! Deutsch für Alltag und Beruf A1.2
Lektion 14

3. Präsentation: Die TN gehen in Vierergruppen zusammen und berichten über die Vorlieben ihrer Partnerinnen und Partner. (Mediation) Schreiben Sie währenddessen gelungene Formulierungen am Whiteboard mit. Geben Sie nach der Sprechübung Zeit zum Abschreiben.

Variante zur Ergebnissicherung: Hören Sie in die Gruppen hinein und schreiben Sie Rätsel am Whiteboard mit. Zum Beispiel: *... isst gern Salat, aber Burger isst sie lieber und am liebsten isst sie Schokolade.* Lesen Sie später im Plenum vor und fragen Sie: „Wer ist das?" Die TN raten.

B: Und bis wann können Sie das machen?

Kommunikation Die TN können Wünsche äußern und auf Wünsche reagieren, sowie Kunden- und Dienstleistungsgespräche führen. Sie können eine Meinung äußern und diese begründen.
Wortfelder Dienstleistung und Geschäfte
Grammatik Personalpronomen im Akkusativ, modale Präposition: *für* + Akkusativ

AUFGABE		HINWEISE
B1	a	→ 💬 **Einstiegsfotos** 1. Die TN sehen das Bild an. Lesen Sie die Arbeitsanweisung vor und lassen Sie anschließend die Optionen vorlesen. Sagen Sie dann noch einmal: „Wer sind die Personen bei Amadou und Elisa? Wir hören." 2. Spielen Sie die Audiodatei einmal vor. Die TN bearbeiten die Aufgabe. 3. Schreiben Sie einleitende Redemittel wie im Beispiel ans Whiteboard: *Ich glaube, der Mann ist ... Ich denke, die Frau ist ...* Bitten Sie anschließend die TN, zu zweit zu sprechen. **Tipp:** Es handelt sich hier um sehr einfache und kurze Antworten. Um insgesamt den Redeanteil der TN zu erhöhen, bietet es sich generell an, die Frage zuerst zu zweit beantworten zu lassen, bevor Sie die Lösung im PL besprechen. 4. Lösungskontrolle im PL. *Musterlösung: Ich glaube, der Mann ist Elisas Vater. Und die Frau ist eine Schneiderin.*
	b	1. Lassen Sie die Arbeitsanweisung vorlesen und geben Sie den TN eine Minute Zeit, um die Sätze 1–3 zu lesen. → 💬 **Orientierung** 2. Spielen Sie die Audiodatei zweimal vor. Die TN bearbeiten die Aufgabe. **Tipp:** Sagen Sie denjenigen TN, die schon nach dem ersten Hören signalisieren, dass sie die Aufgabe gelöst haben, dass sie trotzdem noch einmal genau zuhören und versuchen sollen, sich einzuprägen, was die Schneiderin sagt. Es ist ein Training. 3. Lösungskontrolle in PA, dann im PL. *Lösung: **1** zehn **2** zwei **3** ab*
B2		1. Schreiben Sie: *Bis wann brauchen Sie ...?* ans Whiteboard und fragen Sie: „Wer sagt das?" Antwort: „die Schneiderin" 2. Sagen Sie: „Hören Sie und lesen Sie mit." und spielen Sie die Audiodatei vor. **Tipp:** In unruhigen Kursen oder in Kursen mit überwiegend lernungewohnten TN kann es sinnvoll sein, die Audiodatei zweimal vorzuspielen oder alternativ die Texte noch einmal halblaut in PA lesen zu lassen. 3. Zeichnen Sie die Tabelle ans Whiteboard oder zeigen Sie sie in der interaktiven Version des KB. Lassen Sie Beispiel 1 noch einmal laut vorlesen und schreiben Sie folgende Sätze ans Whiteboard, um bei den TN den Transfer von den bereits bekannten Personalpronomen im Nominativ zu den Personalpronomen im Akkusativ anzuregen. Gefällt dir der Anzug? Ja, er gefällt mir gut. (Nominativ) Bis wann brauchen Sie den Anzug denn? → Wir brauchen ihn in zehn Tagen. (Akkusativ)

Das kriegen wir hin! / Amadou
Unterrichtspläne

Miteinander! Deutsch für Alltag und Beruf A1.2
Lektion 14

		Lenken Sie die Aufmerksamkeit der TN auf die Markierungen im Text und verweisen Sie anschließend auf die Musterlösung in der Tabelle. → 🖥 **Orientierung** Sagen Sie dann: „Ergänzen Sie die Tabelle." 4. Die TN bearbeiten die Aufgabe. Gehen Sie herum und geben Sie Hilfestellung. 5. Lösungskontrolle: Bitten Sie zwei TN, die schnell fertig sind, die Tabelle am Whiteboard / in der interaktiven Version zu vervollständigen, oder zeigen Sie den Grammatik-Clip. **Digitalgestützter Unterricht:** Spielen Sie den Grammatik-Clip vor, um die Dialoge in leichter Varianz noch einmal visuell gestützt (mit Markierungen der Satzklammer) zu hören und die Verwendung der Personalpronomen in Nominativ und Akkusativ zu systematisieren. → 🖥 **Tipps für Clips** *Lösung: **ich** mich **sie** sie **wir** uns*
B3	a	**Digitalgestützter Unterricht:** Vergrößern Sie das Foto in der interaktiven Version des KB. Lassen Sie die TN das Bild beschreiben und Vermutungen äußern, indem Sie fragen: „Was zeigt der eine Mann dem anderen? Worüber sprechen sie vielleicht?" Mögliche Antworten: „keine Ahnung, ein Foto von der Familie, ein Foto vom Hund, einen Pullover …" 1. Die TN sehen das Foto an. Lesen Sie die Arbeitsanweisung vor und lassen Sie die TN anschließend entscheiden, ob sie auf der S. 67 bleiben oder die Auswahlaufgabe auf S. 112 bearbeiten wollen. Erklären Sie hierfür, dass auf S. 112 die Dialoge ausgeschrieben sind und die Kleidungsstücke und Pronomen variiert werden müssen, während auf S. 67 die Reaktionen optional sind und die Varianten selbstständig gefunden werden müssen. → 🖥 **Orientierung** 2. Die TN finden sich entsprechend ihrer Entscheidung zu Paaren zusammen und bearbeiten die Aufgabe. → ▨ **Gruppenbildung** Gehen Sie herum und geben Sie Hilfestellung. Achten Sie darauf, dass die TN sich die Zeit nehmen, die Dialoge in verteilten Rollen zu lesen und diese auch zu tauschen.
	b	1. Geben Sie diese Arbeitsanweisung nicht im PL, sondern individuell denjenigen, die B3a auf S. 67 schon zufriedenstellend bearbeitet haben. Gehen Sie zu den Lernpaaren hin, weisen Sie sie auf B3b hin und sagen Sie: „Spielen Sie weitere Gespräche mit anderen Kleidungsstücken." Machen Sie das erste Beispiel gemeinsam mit dem Paar. Sollten andere Lernpaare auch schon so weit sein und die Ohren spitzen, lassen Sie diese zuhören. Verweisen Sie auch auf die Tabelle zu den Personalpronomen auf S. 66, damit die TN sich selbst kontrollieren. **Digitalgestützter Unterricht:** Projizieren Sie zur visuellen Unterstützung den Grammatikkasten auf S. 66 KB an die Wand. 2. Die TN bearbeiten die Aufgabe. Gehen Sie herum und geben Sie Hilfestellung. *Binnendifferenzierung: Ermutigen Sie lerngewohntere TN, weitere Kleidungsstücke im Wörterbuch nachzuschlagen und diese als Varianten zu nutzen. Halten Sie für lernungewohntere TN die Kopiervorlage →* 📋 **L14: Kleidung** *bereit, um mit weiteren Kleidungsstücken zu üben.* 3. Präsentation im PL: Lassen Sie je Lerngruppe ein Paar zwei Dialoge präsentieren. Einen mit einer positiven und einen mit einer negativen Reaktion. **Ergänzung:** „In die Mitte bitte!" Nutzen Sie die Kopiervorlage → 📋 **L14: Kleidung** erneut, um das Dialogtraining in der Mitte ohne Buch zu vertiefen. Verteilen Sie an jede zweite / jeden zweiten TN je zwei Kärtchen von derselben Sorte (zwei unterschiedliche Paar Schuhe, Röcke, Hosen etc.) und lassen Sie die TN mit den Kärtchen wimmeln. Projizieren Sie zur Unterstützung die Dialogmuster aus B3a an die Wand. → ▨ **Wimmeln**
B4	a	**Material:** weiße DIN-A4-Bögen oder weißer Karton und Kärtchen 1. Gehen Sie gemeinsam mit den TN auf die S. 103 im KB und lassen Sie die Arbeitsanweisung vorlesen. Klären Sie noch einmal das Wort *Geschäft*, indem Sie zuerst die TN bitten, das Wort zu erklären, und dann Hilfestellung geben. Zum Beispiel, indem Sie sagen: „In einem Geschäft kann man einkaufen." Lassen Sie nun beide Rollenkärtchen vorlesen und verweisen Sie auch auf die Bilderklärung für *Schuster*. → 🖥 **Orientierung**

Das kriegen wir hin! / Amadou
Unterrichtspläne

Miteinander! Deutsch für Alltag und Beruf A1.2
Lektion 14

		2. Schreiben Sie *Gruppe 1 (Mitarbeiterinnen und Mitarbeiter)* und *Gruppe 2 (Kundinnen und Kunden)* ans Whiteboard. Bitten Sie die TN, aufzustehen und ihren Namen hinter die Rolle zu schreiben, die sie gerne spielen wollen. → ◪ **Gruppenbildung** Verteilen Sie je nach Wahl weiße Bögen Papier (Gruppe 1) oder Kärtchen (Gruppe 2) an die TN. 3. Die TN schreiben je nach Gruppe Schilder oder Kärtchen. Dies ist eine kurze Arbeitsphase. Achten Sie darauf, dass die TN nur ein Geschäft bzw. einen Gegenstand je Papier / Kärtchen schreiben.
	b	**Digitalgestützter Unterricht:** Spielen Sie den Kommunikations-Clip vor, um den Beispieldialog einmal langsam und visuell gestützt durchzugehen. → 🖵 **Tipps für Clips** 1. Wenn Sie den Clip nicht abspielen können, lassen Sie den Beispieldialog von zwei TN aus Gruppe 1 und 2 vorlesen. Bitten Sie anschließend die TN aus Gruppe 1, ihr Schild aufzustellen, und alle TN aus Gruppe 2 aufzustehen. Sagen Sie dann: „Gehen Sie in die Geschäfte und spielen Sie Gespräche." **Digitalgestützter Unterricht:** Projizieren Sie zur visuellen Unterstützung den Beispieldialog an die Wand. 2. Die TN der Gruppe 2 gehen entsprechend ihren Kärtchen im Kurs umher und sprechen mit den TN aus Gruppe 1. Hören Sie in die Gruppen hinein und schreiben Sie gelungene Formulierungen am Whiteboard mit. Notieren Sie Fehler, um sie später im PL zu besprechen. **Tipp:** Lassen Sie die TN an den Geschäftsstationen ihre Bücher so hinlegen, dass die TN zur Not ablesen können. Ermutigen Sie gleichzeitig, es ohne Buch zu versuchen. 3. Präsentation im PL. Lassen Sie einige freiwillige Paare im PL Dialoge vorspielen. Unterbrechen Sie bei Fehlern nicht, sondern notieren Sie sie für eine anschließende allgemeine Besprechung. Klatschen Sie gemeinsam nach jedem Rollenspiel. Schreiben Sie Fehler, die Ihnen während der Arbeitsphase aufgefallen sind, nun falsch ans Whiteboard und bitten Sie die TN zu korrigieren.
B5	a	**Digitalgestützter Unterricht:** Zeigen Sie das Foto in der interaktiven Version des KB. → 🖵 **Einstiegsfotos** 1. Die TN sehen das Foto an. Fragen Sie: „Wer sind die Personen auf dem Bild?" Antwort: „Amadou mit Elisas Vater / Elisa und ihre Mutter." Sagen Sie: „Genau! Wir brauchen vier Personen" und teilen Sie anschließend den Kurs in Vierergruppen ein. → ◪ **Gruppenbildung** **Tipp:** Da das Verhältnis von Männern und Frauen im Kurs selten ausgeglichen ist, machen Sie die Gruppeneinteilung unabhängig vom Geschlecht. Verdeutlichen Sie den TN, dass das Geschlecht für die erfolgreiche Umsetzung des Rollenspiels unerheblich ist. 2. Lesen Sie die Arbeitsanweisung vor und spielen Sie anschließend die Audiodatei einmal vor. Fragen Sie dann: „Wer spielt wen in Ihrer Gruppe?" und geben Sie den TN eine Minute Zeit, sich innerhalb der Gruppe zu einigen. Fragen Sie in die Gruppen hinein, wer welche Person spielt. Sagen Sie dann: „Was sagt Ihre Person? Hören Sie noch einmal und machen Sie sich Notizen für Ihre Person." 3. Spielen Sie die Audiodatei erneut vor. Sollten die TN dies wünschen, können Sie sie auch ein drittes Mal vorspielen. 4. Sagen Sie: „Machen Sie ein Standbild und spielen Sie die Situation nach." Sollten die TN Schwierigkeiten haben, die Aufgabe umzusetzen, stellen Sie mit einer Gruppe ein Standbild auf und lassen diese die Dialoge improvisieren. Geben Sie Hilfestellung und schreiben Sie wichtige Sätze am Whiteboard mit. 5. Präsentation im PL: Lassen Sie zwei Gruppen die Situation vorspielen und applaudieren Sie am Ende der Vorstellung. Machen Sie sich zur Fehlerkorrektur Notizen und besprechen Sie die Fehler im Anschluss an die Präsentationsphase.
	b	**Material / Vorbereitung:** Hängen Sie zwei Plakate mit einem freundlichen und einem verdrießlichen Smiley in zwei verschiedenen Ecken des Kursraums auf. 1. Lesen Sie die Arbeitsanweisung vor. Zeigen Sie auf die zwei mit einem Smiley ausgestatteten Ecken im Kursraum und fragen Sie: „Wie finden Sie das? Wählen Sie eine Meinungsecke." 2. Die TN stehen auf und ordnen sich einer Ecke zu.

Das kriegen wir hin! / Amadou
Unterrichtspläne

Miteinander! Deutsch für Alltag und Beruf A1.2
Lektion 14

	c	**Digitalgestützter Unterricht:** Spielen Sie den Beispielfilm vor, um drei Beispiele für mögliche Meinungs-äußerungen anzusehen. Spielen Sie den Film zweimal vor und lenken Sie die Aufmerksamkeit der TN vor dem zweiten Sehen auf die sprachlichen Mittel zur Meinungsäußerung: Geben Sie hierzu die Aufgabe, zu klatschen, sobald die TN einen Ausdruck oder ein Wort der Meinungsäußerung hören. Stoppen Sie den Film nach jedem Redebeitrag und schreiben Sie die Redemittel ans Whiteboard.

1. Da die TN bereits ohne ihre Bücher in den zwei Ecken im Kursraum stehen, zeigen Sie, wenn möglich, die Beispiele in den Sprechblasen in der interaktiven Version oder schreiben Sie sie ans Whiteboard. Lassen Sie die Sprechblasen vorlesen. Sagen Sie dann noch einmal: „Also: Amadou und Elisas Vater schauen draußen Fußball. Was denken Sie? Wie finden Sie das? Sprechen Sie."
2. Die TN äußern ihre Meinung. Dabei darf es ein wenig durcheinander gehen. Machen Sie sich Notizen für spätere Korrekturen, aber lassen Sie den Meinungsaustausch an dieser Stelle laufen.

Tipp: Sollte der Austausch zwischen den zwei Gruppen nicht in Gang kommen, geben Sie den TN einen Ball, der zwischen den Gruppen hin und her geworfen wird. Achten Sie darauf, dass nicht immer dieselben den Ball fangen und sprechen.

3. Die TN setzen sich wieder. Bedanken Sie sich bei den TN für ihre aktive Teilnahme und geben Sie beiden Gruppen unabhängig von der Meinung, die vertreten wurde, das Signal, gute Arbeit geleistet zu haben. Schreiben Sie anschließend einige Korrekturen ans Whiteboard und geben Sie Zeit zum Abschreiben.

C: AMADOU Spezial

Kommunikation Die TN können Wichtigkeit ausdrücken.
Wortfelder Datum und Termine
Grammatik Ordinalzahlen: Datum

AUFGABE		HINWEISE
C1	a	→ 🖥 **Einstiegsfotos** 1. Die TN sehen das Foto auf S. 68 an. Fragen Sie: „Was trägt Amadou?" und lassen Sie die TN zunächst in PA sprechen, dann im PL. Fragen Sie weiter: „Für welchen Termin hat sich Amadou so angezogen? Was denken Sie? Lesen Sie auf S. 68." 2. Die TN lesen die Texte auf S. 68. Gehen Sie herum und geben Sie Orientierungshilfe. → 🖥 **Orientierung** 3. Kursgespräch: Fragen Sie noch einmal: „Für welchen Termin hat Amadou sich so angezogen?" und schreiben Sie *Vielleicht für* ... ans Whiteboard. Die TN sprechen in PA, dann im PL.
	b	**Digitalgestützter Unterricht:** Spielen Sie den Grammatik-Clip vor, um die Ordinalzahlen bei der Datumsangabe einzuführen / zu systematisieren. Stoppen Sie den Clip bei 01:17 und bei 01:36 und üben Sie mit den TN die Aussprache der Ordinalzahlen in chorischem Sprechen. → 🖥 **Tipps für Clips** → ▨ **Aussprachetraining** **Tipp:** Lassen Sie die TN in PA das Kalenderblatt einmal komplett durchsprechen, bevor Sie zur Aufgabe übergehen. Hören Sie in die Paare hinein und korrigieren Sie ggf. 1. Gehen Sie mit den TN den Grammatikkasten durch, bevor Sie mit der Aufgabe beginnen. Erklären Sie den TN, dass *vom* das Ergebnis aus *von + dem (Dativ maskulin)* ist, weil *September* maskulin ist. Erinnern Sie die TN daran, dass sie diese Kombination von Präposition und Artikel bereits in Lektion 10 kennen-gelernt haben, wie zum Beispiel in *zum Bahnhof (Dativ)* oder *ins Kino (Akkusativ)*. der September → von + dem (Dativ) → vom zwölften September der Bahnhof → zu + dem (Dativ) → zum Bahnhof das Kino → in + das (Akkusativ) → ins Kino

Das kriegen wir hin! / Amadou
Unterrichtspläne

Miteinander! Deutsch für Alltag und Beruf A1.2
Lektion 14

Nutzen Sie, wenn möglich, die interaktive Version des KB, um den Clip vorzuspielen. Sollte dies nicht möglich sein, lassen Sie die Inhalte des Kastens einmal vorlesen und üben Sie anschließend durch chorisches Sprechen die Aussprache. → ▨ **Aussprachetraining**

2. Lesen Sie die Arbeitsanweisung vor. Sagen Sie dann: „Jede / Jeder notiert nur die Termine für 10 Tage." Schreiben Sie die Termine für die Gruppen 1–3 wie im KB ans Whiteboard und teilen Sie die Gruppen ein. → ▨ **Gruppenbildung**

3. Die TN bearbeiten die Aufgabe. Gehen Sie herum und achten Sie darauf, dass die TN nur die Termine für ihren jeweiligen Zeitraum notieren und dass wirklich alle Mitglieder der Gruppe ihren Kalender ausfüllen.

Tipp: Es gibt TN, die grundsätzlich nicht in ihr Buch schreiben wollen. Leiten Sie diese TN dazu an, das Kalenderblatt abzuzeichnen.

c	
	1. Bilden Sie neue Gruppen, indem Sie sagen: „Eine 1, eine 2 und eine 3 gehen jetzt bitte zusammen. Nennen Sie die Termine aus Ihrer Gruppe, die anderen ergänzen ihren Terminkalender." (Mediation)

2. Die TN bearbeiten die Aufgabe. Gehen Sie herum und geben Sie Hilfestellung.

3. Lösungskontrolle im PL: Zeichnen Sie den Terminkalender ans Whiteboard und bitten Sie für jeden Zeitraum aus b je zwei TN nach vorne, um die Termine einzutragen.

Digitalgestützter Unterricht: Alternativ können Sie die Lösungskontrolle in der interaktiven Version des KB vornehmen, indem Sie den Terminkalender an die Wand projizieren und ihn mit dem Werkzeug *Text einfügen* nach den Angaben der TN ausfüllen.

Lösung:

MAI ‹ **JUNI** ⬤ › JULI

Montag	Dienstag	Mittwoch	Donnerstag	Freitag	Samstag	Sonntag
28.5.	29.5.	30.5.	31.5.	1.6.	2.6. ~~Champions-League-Finale!!!~~ *Abifeier Elisa (ab 18:00 Uhr)*	3.6. 16:00 Uhr Heimspiel
4.6. *19:00 Uhr Training*	5.6. 11:30 Uhr Bewerbungs- gespräch	6.6. 18:00 Uhr Training	7.6. 19:00 Uhr Training	8.6.	9.6.	10.6 15:00 Uhr Auswärtsspiel
11.6. ~~19:00 Uhr Training~~	12.6.	13.6. 18:00 Uhr Training	14.6. 17:30 Uhr Training	15.6.	16.6.	17.6.
18.6. 19:00 Uhr Training	19.6.	20.6. 18:00 Uhr Training	21.6. 19:00 Uhr Training	22.6. 19:00 Uhr Geburtstags- feier Esther	23.6.	24.6. 16:00 Uhr Heimspiel
25.6. 19:00 Uhr Training	26.6.	27.6. 18:00 Uhr Training	28.6. 19:00 Uhr Training	29.6.	30.6. 14:45 Uhr Auswärtsspiel	1.7.

C2	
	1. Lesen Sie die Aufgabe vor und bitten Sie eine TN / einen TN, die drei Daten und die Beispiele in den Sprechblasen vorzulesen. Schreiben Sie anschließend *4.8.* ans Whiteboard und daneben *der vierte Achte* und *der vierte August*. Übertragen Sie dann auch die Sprechblasen aus dem KB und markieren Sie Artikel und Adjektivendung sowie *am*. Weisen Sie noch einmal kurz wie in C1b darauf hin, dass *am* eine Verbindung aus Präposition und Artikel ist.

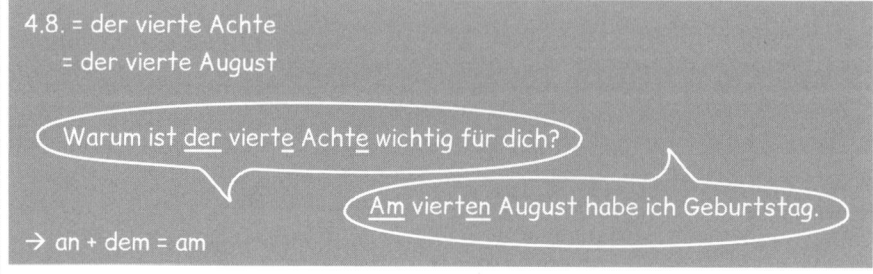

4.8. = der vierte Achte
= der vierte August

(Warum ist <u>der</u> viert<u>e</u> Acht<u>e</u> wichtig für dich?)

(<u>Am</u> viert<u>en</u> August habe ich Geburtstag.)

→ an + dem = am

Das kriegen wir hin! / Amadou
Unterrichtspläne

Miteinander! Deutsch für Alltag und Beruf A1.2
Lektion 14

2. Schreiben Sie selbst einen Zettel mit drei für Sie wichtigen Daten. Halten Sie ihn hoch oder notieren Sie die Daten am Whiteboard und erklären Sie dem Kurs wie im Beispiel, warum diese Daten für Sie wichtig sind. Achten Sie dabei darauf, beide Beispielformulierungen am Whiteboard zu verwenden. Wiederholen Sie dann die Arbeitsanweisung.

3. Die TN bearbeiten die Aufgabe. Gehen Sie herum und geben Sie Hilfestellung. Notieren Sie gelungene Formulierungen der TN zwischendurch am Whiteboard.

4. Präsentation: Jedes Lernpaar geht mit einem weiteren Lernpaar zusammen. Die TN erklären einander die wichtigen Daten ihrer Partnerinnen und Partner. (Mediation)

Extra-Film: In dem Film hängt Amadou seine Wäsche auf. Er spricht darüber, welche Socken er besser findet, spricht über seine Lieblingshose und hat ein Problem mit einem mitgewaschenen Papiertaschentuch. Der Film eignet sich, um das Thema *über Vorlieben sprechen und Vergleiche ziehen* weiter zu vertiefen. Außerdem wird der Komparativ und der Wortschatz *Kleidung* wiederholt. → 🖺 **L14: Extra-Film**

Vor dem Hör- / Sehverstehen

1. Verteilen Sie das Arbeitsblatt *Extra-Film*. Gestalten Sie einen Wortigel zum Thema *Lieblings…* am Whiteboard wie auf der Abbildung. Lesen Sie die Arbeitsanweisung zu **Aufgabe 1** vor und geben Sie den TN 5 Minuten, um zu zweit Wörter zu finden. Sammeln Sie anschließend gemeinsam am Whiteboard.

Hör- / Sehverstehen

2. **Aufgabe 2:** Zeigen Sie den Film bis 00:10. Fragen Sie dann: „Was macht Amadou mit dem Wäschekorb? Was denken Sie?" Die TN äußern Vermutungen. Schreiben Sie ein paar Vermutungen ans Whiteboard und helfen Sie den TN bei Schwierigkeiten mit dem Wortschatz. Zeigen Sie den Film anschließend bis zum Ende.

3. **Aufgabe 3:** Zeigen Sie den Film noch einmal in Abschnitten. Die TN bearbeiten die Aufgaben. Leiten Sie nach jedem Abschnitt eine Lösungskontrolle in PA, dann im PL an.

Lösung Abschnitt I: 2 Wäsche 3 Socken 4 Farbe 5 zu lang 6 lieber 7 schöner 8 besser

Lösung Abschnitt II: Antwort: „Amadou hat ein Papiertaschentuch in der Hose vergessen."

Lösung Abschnitt III: 1 ~~nicht so gern~~ am liebsten 2 ~~kalt~~ heiß 3 ~~kurz~~ eng 4 ~~Wochen~~ Tage 5 ~~aber nicht perfekt~~ 6 ~~rot~~ rosa

4. Lesen Sie die Arbeitsanweisung zu **Aufgabe 4** vor und lassen Sie den Beispieldialog von zwei TN vorlesen. Lesen Sie auch die Leitfragen vor und weisen Sie noch einmal auf die vergleichenden Formulierungen von Amadou in Abschnitt I und III hin. Die TN bearbeiten die Aufgabe in PA. Lassen Sie im Anschluss je zwei Paare zusammengehen. Die Partnerinnen und Partner erzählen von der Lieblingskleidung ihrer Partnerin / ihres Partners. (Mediation)

Das kriegen wir hin! / Amadou
Unterrichtspläne

Miteinander! Deutsch für Alltag und Beruf A1.2
Lektion 14

Miteinander wiederholen

STATION	HINWEISE
1	**Material:** Spielfiguren 1. Lenken Sie die Aufmerksamkeit der TN auf den Spielplan und lesen Sie die Arbeitsanweisung vor. Gehen Sie mit den TN den Spielplan durch, indem Sie bei *Start / Ziel* beginnen und die Spielrichtung anhand des Pfeils verdeutlichen. Zeigen Sie auf das Spielfeld *Zu Hause* und sagen Sie: „Das ist ein Spielfeld. In jeder Runde ziehen Sie ein Feld vor." Nehmen Sie eine Spielfigur und bewegen Sie sie für alle sichtbar ein Feld vor. → 🖥 **Orientierung** **Tipp:** Machen Sie eine vergrößerte Kopie des Spielplans, laminieren Sie diese und legen Sie sie an der Station aus. 2. Lassen Sie das Beispiel vorlesen und sagen Sie dann: „Im Büro: Was ziehen Sie an?" Die TN bilden weitere Beispielsätze. Schreiben Sie diese am Whiteboard mit. Sagen Sie abschließend noch einmal: „Sie sagen einen Satz, dann sagt Ihre Nachbarin / Ihr Nachbar einen Satz." 3. Hören Sie während des Stationenlernens in die Gruppen an dieser Station hinein. Schreiben Sie gelungene Sätze unter der Überschrift *Station 1* ans Whiteboard.
2	**Material:** Ball 1. Schreiben Sie ans Whiteboard: Station 2 1. Runde: *Magst du …?* 2. Runde: *Kennst du …?* 3. Runde: *Wie findest du …?* 2. Lesen Sie die Arbeitsanweisung vor und lassen Sie die Beispiele in den Sprechblasen von den TN vorlesen. 3. „In die Mitte bitte!" Machen Sie mit einer kleineren Gruppe einen Probelauf in der Kursraummitte. Die anderen TN stellen sich um die kleinere Gruppe herum. Werfen Sie den Ball und stellen Sie die erste Frage. Die / Der TN antwortet und stellt eine weitere Frage mit dem gleichen Satzanfang. Wenn alle TN der Gruppe die erste Frage beantwortet haben, geht diese Gruppe in den äußeren Kreis und Sie bitten 4–5 TN aus dem äußeren Kreis in den Innenkreis. Sagen Sie: „Zweite Runde" und verweisen Sie auf das Tafelbild. Gehen Sie ebenso vor wie bei der ersten Gruppe. Sobald alle TN verstanden haben, unterbrechen Sie das Spiel und sagen Sie: „Machen Sie drei Runden in Ihrer Gruppe." 4. Hören Sie während des Stationenlernens öfter in die Gruppen an dieser Station hinein. Schreiben Sie gelungene Antworten hinter die jeweiligen Runden ans Whiteboard.
3	**Material:** Kärtchen 1. Lesen Sie die Arbeitsanweisung vor und zeigen Sie die Beispielkärtchen in der interaktiven Version des KB oder zeichnen und schreiben Sie sie ans Whiteboard. Unterstreichen Sie die Superlative: *am liebsten, am besten, am meisten*. → 🖥 **Orientierung** 2. Lassen Sie den Beispieldialog von zwei TN vorlesen und sammeln Sie anschließend weitere Themen am Whiteboard, z. B. *Familienmitglieder, Supermärkte* etc. und entwickeln Sie gemeinsam einige Fragen mit *Welch-*. 3. Bitten Sie zwei TN, zu den neu gefundenen Themen einen Dialog wie im Beispiel zu improvisieren. 4. Hören Sie während des Stationenlernens in die Gruppen an dieser Station hinein. Schreiben Sie gelungene Fragen und Antworten unter der Überschrift *Station 3* ans Whiteboard.

Lernfortschrittstest

	HINWEISE
	Nach Abschluss der Lektion können die Lernenden den Lernfortschrittstest 7 im Arbeitsbuch, Seite 170 bis 173, durchführen (im Unterricht oder zu Hause). Hinweise dazu finden Sie am Ende der Unterrichtspläne zu Lektion 10.

Wie geht das? / Hoa
Unterrichtspläne

Miteinander! Deutsch für Alltag und Beruf A1.2
Lektion 15

Einstiegsseite

Kommunikation um Unterstützung bitten, Hoffnung ausdrücken
Wortfeld –
Grammatik –

AUFGABE	HINWEISE
1 a	→ 🖥 **Einstiegsfotos** 1. Die TN sehen das Bild an. Fragen Sie: „Was wissen Sie über Hoa, Yasmin und Thien?" Lassen Sie die Optionen einmal vorlesen und verweisen Sie auf das Genitiv-S bei der Darstellung von Beziehungen wie in der Sprechblase. → 🖥 **Orientierung** Sagen Sie dann: „Sprechen Sie zu zweit oder zu dritt." 2. Die TN sprechen in Murmelgruppen. Holen Sie das Gespräch anschließend ins Plenum. *Musterlösung: Yasmin ist Hoas Tochter. Und Thien ist Yasmins Sohn. Thien ist Hoas Enkel. Er geht in den Kindergarten. Hoa arbeitet bei Hubert.*
b	1. Lassen Sie die Arbeitsanweisung vorlesen. Verweisen Sie anschließend auf die Worterklärungen und geben Sie den TN eine Minute Zeit, um die Sätze mit den Optionen zu lesen. 2. Spielen Sie die Audiodatei zweimal vor. Die TN bearbeiten die Aufgabe. 3. Lösungskontrolle in PA, dann im PL. → 🖥 **Lösungskontrolle** *Lösung: 2 eine Fahrkarte 3 ein Passwort eingeben. 4 sie hat zu wenig Zeit. 5 zu alt. 6 „Keine Angst, Oma!"*
2	1. Schreiben Sie *versprochen* ans Whiteboard und fragen Sie: „*Versprochen*? Wer sagt das?" Eventuell haben die TN hier schon eine Antwort. Notieren Sie sie ggf. am Whiteboard. Sagen Sie dann: „Lesen Sie bitte die Sätze. Wer sagt das? Hören Sie noch einmal und verbinden Sie." 2. Spielen Sie die Audiodatei vor. Die TN bearbeiten die Aufgabe. 3. Lösungskontrolle in PA, dann im PL. → 🖥 **Lösungskontrolle** *Lösung: Hoa 3, 4, 7, 8 Yasmin 2, 5, 6* **Ergänzung:** In lerngewohnteren Kursen können Sie hier noch einmal auf das Wort *versprochen* eingehen und versuchen, die Bedeutung gemeinsam herzuleiten. Fragen Sie hierzu, welches Verb in dem Wort steckt. Antwort: „sprechen". Schreiben Sie: *sprechen = sagen*. Schreiben Sie dann: *versprochen = Ich habe etwas versprochen. = Ich habe gesagt: Ich tue etwas. Yasmin hat gesagt: Sie hilft Hoa morgen mit dem Handy. Sie hat es versprochen.*

A: Das geht ja heute so einfach!

Kommunikation über (Wunsch-)Reiseziele sprechen
Wortfelder Reisen, Naturorte, Himmelsrichtungen
Grammatik *nach* + Dativ und Wechselpräpositionen *in, auf, an* + Dativ und Akkusativ

AUFGABE	HINWEISE
A1	→ 🖥 **Einstiegsfotos** 1. Die TN sehen das Foto an. Lesen Sie die Arbeitsanweisung vor. Fragen Sie dann „Was denken Sie?" und verdeutlichen Sie, dass es hier nicht um richtig oder falsch, sondern erst einmal nur um Vermutungen geht, indem Sie mit den Schultern zucken und signalisieren, dass Sie es auch nicht genau wissen. 2. Die TN bearbeiten die Aufgabe zu zweit. 3. Sagen Sie: „Hören Sie und vergleichen Sie", sobald Sie den Eindruck haben, dass die meisten Paare sich auf eine Lösung geeinigt haben. Spielen Sie anschließend die Audiodatei vor. 4. Lösungskontrolle im PL. → 🖥 **Lösungskontrolle** *Lösung: 1 bei der Arbeit. 2 eine Reise.*

Wie geht das? / Hoa
Unterrichtspläne

Miteinander! Deutsch für Alltag und Beruf A1.2
Lektion 15

A2	a	1. Schreiben Sie *Wo oder Wohin?* ans Whiteboard und zeichnen Sie einen Bewegungspfeil und einen Markierungspunkt wie in den Bildern zu 1 und 2 dazu:

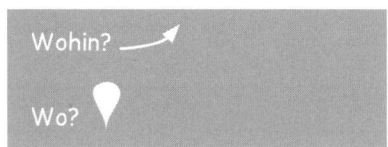

Tipp: Nutzen Sie diese Icons konsequent auch in weiteren Unterrichtssequenzen weiter.

2. Lassen Sie die Arbeitsanweisung vorlesen. Sagen Sie: „Sie müssen mehrere Lösungen ankreuzen." Und machen Sie zur visuellen Unterstützung mehrere Kreuze in die Luft.

3. Spielen Sie die Audiodatei vor. Die TN bearbeiten die Aufgabe.

4. Lösungskontrolle in PA, dann im PL. Schreiben Sie die Antworten während die TN präsentieren am Whiteboard mit oder kreuzen Sie sie in der interaktiven Version des KB an. → 🖥 **Lösungskontrolle**

Lösung: 1 nach Italien, in die Berge, ans Meer 2 in Vietnam, in den Bergen, am Meer

---

b

1. Fragen Sie: „Und Sie? Wo waren Sie noch nie? Wohin möchten Sie gern mal fahren oder fliegen oder gehen?" Schreiben Sie die Fragen auch ans Whiteboard. → 🖥 **Orientierung**

Digitalgestützter Unterricht: Nutzen Sie zur Festigung des Wortschatzes die interaktiven Wortschatz-kärtchen zu den Naturorten auf der Übersichtsseite für den Lernwortschatz (KB S. 81).

2. Gehen Sie gemeinsam mit den TN die Worterklärungen durch. Stellen Sie sicher, dass alle die neuen Worte verstanden haben, zum Beispiel indem Sie ein kleines Ratespiel machen. Sie erklären ein Wort und die TN raten.

Tipp: In lerngewohnteren Kursen können die TN in Kleingruppen den neuen Wortschatz trainieren. Eine / Ein TN erklärt, die anderen raten, welches Wort gemeint ist.

3. Lenken Sie die Aufmerksamkeit der TN zurück zur Aufgabe. → 🖥 **Orientierung** Erklären Sie, dass bei der Auswahlaufgabe auf S. 116 die Grammatik ein wenig deutlicher markiert ist und damit das Ausfüllen der Tabelle in A2c leichter zu lösen ist. Die TN entscheiden, auf welcher Seite sie arbeiten wollen. Sagen Sie dann: „Wo waren Sie noch nie und wohin möchten Sie gern mal? Kreuzen Sie an."

4. Die TN bearbeiten die Aufgabe in EA. Achten Sie darauf, dass jede / jeder wirklich nur für sich ankreuzt.

> **Ergänzung:** In Lerngruppen mit überwiegend lerngewohnten TN oder wenn die Lernenden selbst auf die Idee kommen, können Sie die Aufgabe um Städte und Länder erweitern. Erarbeiten Sie hierfür ein bis zwei Beispielsätze mit den TN und schreiben Sie diese ans Whiteboard:
> *Wo? → Ich war noch nie in (+Land/Stadt) Wohin? → ich möchte gern mal nach (+Land/ Stadt) fahren/ fliegen/gehen.*

---

c

1. Lesen Sie die Arbeitsanweisung vor. Sagen Sie: „Teilen Sie die Arbeit auf.", um zu verdeutlichen, dass je eine Partnerin / ein Partner für das Ausfüllen einer Tabelle zuständig ist. Gehen Sie mit den TN die Musterlösungen durch und verweisen Sie auch auf die Darstellung zu den Verschmelzungen von Präposition und Artikel. → 🖥 **Orientierung**

2. Teilen Sie die Paare entsprechend der Seite, auf der sie arbeiten, ein. → ▦ **Paarbildung** TN, die die Auswahlaufgabe auf S. 116 bearbeiten, haben in den Tabellen etwas weniger auszufüllen.

3. Die TN bearbeiten die Aufgabe. Gehen Sie herum und geben Sie Hilfestellung. Achten Sie darauf, dass die TN sich an a und b orientieren.

Digitalgestützter Unterricht: Spielen Sie die Grammatik-Clips nacheinander vor, um den Inhalt der Tabellen noch einmal in einen Satz eingebunden zu hören und zu lesen. Die abschließende systematische Präsentation der Präpositionen und Orte eignet sich auch zur Lösungskontrolle.

→ 🖥 **Tipps für Clips**

Wie geht das? / Hoa
Unterrichtspläne

Miteinander! Deutsch für Alltag und Beruf A1.2
Lektion 15

	4. Lösungskontrolle. Öffnen Sie, wenn möglich, die interaktive Version des KB und vervollständigen Sie die Tabellen während der Präsentation der TN. → 🖥 **Lösungskontrolle** Sollte dies nicht möglich sein, bereiten Sie eine Tabelle mit Lücken wie im KB auf S. 75 am Whiteboard vor und lassen Sie diese von freiwilligen TN vervollständigen. Alle anderen TN vergleichen und kontrollieren. Besprechen Sie die Fehler gemeinsam. Achten Sie dabei auf einen wertschätzenden und respektvollen Umgang. *Lösung:* **Wo?** *im Museum, in der Wüste, in den Bergen; auf dem Mond, auf einem Fest, auf einer Insel;* *am Strand, am Meer, an der Küste* **Wohin?** *ins Museum, in die Wüste, in die Berge; auf den Mond, auf ein Fest, auf eine Insel; an den Strand, ans Meer, an die Küste*

d	1. Lassen Sie die Beispieldialoge aus den Sprechblasen von zwei TN vorlesen und ermutigen Sie sie, den Satzanfang *Ich war noch nie …* zu vervollständigen. Geben Sie den TN 2–3 Minuten Zeit, um sich die Fragen einzuprägen und sich individuelle Antworten zu überlegen. Sagen Sie dann: „In die Mitte bitte!"
	Digitalgestützter Unterricht: Zeigen Sie die Sprechblasen zur visuellen Unterstützung vergrößert in der interaktiven Version des KB.
	2. Die TN machen einen Kursspaziergang. → ⬛ **Kursspaziergang** Hören Sie in die Gespräche hinein, notieren Sie gelungene Sätze am Whiteboard und machen Sie sich Notizen zu Fehlern, die Sie später im PL besprechen wollen.
	3. Besprechung im PL: Loben Sie die TN für die Umsetzung der Aufgabe und die gelungenen Sätze und besprechen Sie anschließend einige der Schwierigkeiten, die Sie zuvor notiert haben.
	
	    Ergänzung: „In die Mitte bitte!" Verteilen Sie die Kärtchen der → 🖽 **L15: Orte** an die TN und wimmeln Sie eine Runde zur Festigung oder am nächsten Kurstag zur Wiederholung. Wichtig ist, dass Sie mit den TN vor der Übung mögliche Fragen zu den Kärtchen erarbeiten und diese ans Whiteboard schreiben. Zum Beispiel: *Möchtest du gern mal nach Italien? Oder: Warst du schon einmal in den Bergen?* Im Gegensatz zur vorherigen Übung stellen die TN sich hier geschlossene Fragen und müssen die richtige grammatikalische Form und das Wort zum Bild parat haben. Die Rückseite der Bildkarten dient der Selbstkontrolle. → ⬛ **Wimmeln**
	
	    Ergänzung Memospiel: Wiederholen Sie das Handspiel zu den Wechselpräpositionen, das Sie in Lektion 11 mit den TN erarbeitet haben (LHB S. 39 / 40, A5b). Erklären Sie, dass dies alle Präpositionen sind, die zwischen Dativ und Akkusativ wechseln und daher auch Wechselpräpositionen genannt werden. → ⬛ **Memospiele**

A3	1. Teilen Sie den Kurs in Paare ein, indem Sie abwechselnd A und B sagen lassen oder indem Sie Zettel ziehen lassen. → ⬛ **Paarbildung** Die TN mit dem Buchstaben A gehen auf die S. 98 im KB, die TN mit dem Buchstaben B gehen auf die S. 106. 2. Lesen Sie die Arbeitsanweisung vor und lassen Sie den Beispieldialog von zwei freiwilligen TN vorlesen. Fragen Sie anschließend, ob Klagenfurt eine Stadt oder ein Land ist. Antwort: „Klagenfurt ist eine Stadt in Österreich." Zeigen Sie anschließend die Städte und Länder sowie die Himmelsrichtungen mit dem Grammatikkasten. → 🖥 **Orientierung** Sagen Sie: „Ergänzen Sie." Bitten Sie ggf. ein weiteres Paar, den Dialog zu *Murak* zu spielen und schreiben Sie am Whiteboard oder in der interaktiven Version des KB auf S. 106 mit. 3. Die TN bearbeiten die Aufgabe. Gehen Sie herum und geben Sie Hilfestellung. 4. Lösungskontrolle: Die TN präsentieren ihre Informationen. Schreiben Sie am Whiteboard oder in der interaktiven Version des KB mit. Geben Sie bei Bedarf Zeit zum Abschreiben. → 🖥 **Lösungskontrolle** *Lösung Aktionsseiten, Partner/in A, S. 98, Partner/in B, S. 106: Anna ist gerade in* **Klagenfurt**. *Das ist* **im Süden** *von* **Österreich**. *Sie fährt morgen* **nach Wien**. *Murak ist gerade im* **Büro**. *Das Büro ist* **in Bielefeld**. *Er fährt nächste Woche* **in die Berge**. *Klara ist gerade* **in Weimar**. *Das ist* **im Osten** *von* **Deutschland**. *Sie geht gleich* **ins Museum**. *Jan ist gerade* **an der Küste** *auf* **Rügen**. *Das ist* **im Norden** *von* **Deutschland**. *Er fährt heute Abend* **nach Dortmund**. *Luis ist gerade* **in Genf**. *Das ist* **im Süden** *der* **Schweiz**. *Er geht am Samstag* **auf ein Fest**. *Emma ist gerade* **in Saarbrücken**. *Das ist* **im Westen** *von* **Deutschland**. *Sie geht morgen* **ins Schwimmbad**. 5. Machen Sie Paare, die schneller fertig sind, auf die *Schon fertig?*-Aufgabe aufmerksam.

Wie geht das? / Hoa
Unterrichtspläne

Miteinander! Deutsch für Alltag und Beruf A1.2
Lektion 15

A4	1. Lesen Sie die Arbeitsanweisung vor und zeigen Sie den TN die Landkarte vorne im Buch. → 🖥 **Orientierung** Sagen Sie noch einmal: „Notieren Sie zwei Orte." 2. Lassen Sie den Beispieldialog vorlesen und teilen Sie die TN anschließend in Dreiergruppen ein. → ▨ **Gruppenbildung** Sagen Sie dann: „Sprechen Sie zu dritt." 3. Die TN bearbeiten die Aufgabe. Gehen Sie herum und notieren Sie gelungene Formulierungen der TN zwischendurch am Whiteboard. 4. Präsentation. Je zwei Gruppen gehen zusammen. Immer zwei TN erzählen den anderen von den Reiseträumen ihres Gruppenmitglieds. (Mediation)
A5	1. Lassen Sie die Arbeitsanweisung vorlesen und geben Sie den TN eine halbe Minute Zeit, um die Aussagen zu lesen. 2. Spielen Sie die Audiodatei zweimal vor. Die TN bearbeiten die Aufgabe. 3. Lösungskontrolle im PL. → 🖥 **Lösungskontrolle** *Lösung: 2 falsch 3 richtig 4 richtig* **Tipp:** Verschaffen Sie sich nach einer solchen prüfungsnahen Hörübung durch eine einfache Daumen- abfrage → ▨ **Feedback** einen Überblick darüber, wie die TN die Aufgabe bewältigt haben. Geben Sie den TN ggf. Hinweise, wie sie ihr Hörverstehen verbessern können. Zum Beispiel, indem Sie noch einmal zeigen, wie die TN die Audiodateien des KB herunterladen/abspielen. Verweisen Sie auch auf das umfangreiche und dem jeweiligen Lernniveau angepasste Angebot der Deutschen Welle (dw.com).

B: Was würden Sie gern lernen?

Kommunikation Vorlieben / Interessen äußern
Wortfelder Medien und Technik
Grammatik Konjunktiv II mit *würde*

AUFGABE	HINWEISE
B1	**Digitalgestützter Unterricht:** Zeigen Sie das Foto vergrößert in der interaktiven Version des KB, sodass die Namen und der Schriftzug *Herzlich willkommen!* für alle gut lesbar sind. → 🖥 **Einstiegsfotos** 1. Die TN sehen das Bild an. Sagen Sie: „Sehen Sie das Bild an und hören Sie." Lesen Sie außerdem die Fragen 1–3 zum Hörverstehen vor. 2. Spielen Sie die Audiodatei vor. 3. Gespräch im Kurs: Die TN beantworten die Fragen. *Lösung: 1 Hoa ist im Computerkurs / in der Volkshochschule. 2 Der Kurs heißt „IT für alle". 3 Die Kursleiterin heißt Lea Schwanitz.* **Tipp:** In Kursen mit überwiegend lernungewohnten TN kann es hilfreich sein, eine Auswahl an Antworten am Whiteboard anzubieten und die TN hieraus wählen zu lassen. Zum Beispiel: Hoa ist im Kurs. Hoa ist bei der Arbeit.
B2 a	1. Schreiben Sie *Ich würde gern …* ans Whiteboard. Lassen Sie dann die Arbeitsanweisung vorlesen und geben Sie den TN eine halbe Minute Zeit, die Optionen zu lesen. 2. Spielen Sie die Audiodatei zweimal vor. Die TN bearbeiten die Aufgabe. 3. Lösungskontrolle in PA, dann im PL. → 🖥 **Lösungskontrolle** *Lösung: 2a 3c 4b* **Digitalgestützter Unterricht:** Nutzen Sie zur Festigung des Wortschatzes die interaktiven Wortschatzkärt- chen zu Medien und Technik auf der Übersichtsseite für den Lernwortschatz (KB S. 81). In Kursen mit überwiegend lernungewohnten TN kann es sinnvoll sein, den Wortschatz vor Schritt 2 zu bearbeiten.

Wie geht das? / Hoa
Unterrichtspläne

Miteinander! Deutsch für Alltag und Beruf A1.2
Lektion 15

	b	1. Kommen Sie auf den Tafelanschrieb *Ich würde gern …* zurück und lassen Sie die Musterlösung vorlesen. Vervollständigen Sie den Satz entsprechend des Beispiels und markieren Sie die Satzklammer.

> Ich (würde) gern schnell und einfach Informationen im Internet (finden).

Digitalgestützter Unterricht: Spielen Sie den Grammatik-Clip vor, um zwei Beispielsätze sowie die Konjugationstabelle visuell gestützt zu hören. → 🖵 **Tipps für Clips**
2. Verweisen Sie auf die Konjugationstabelle → 🖵 **Orientierung** und üben Sie die Konjugation von *würde* durch chorisches Sprechen. → ⬛ **Aussprachetraining**

Tipp: Erinnern Sie daran, dass der Kiefer beim Ü enger ist als beim U und lassen Sie die TN diesen Unterschied noch einmal sprechen und mit den Händen am Kiefer fühlen. Machen Sie auch deutlich, dass *wurde* und *würde* unterschiedliche Bedeutungen haben und die richtige Aussprache daher an dieser Stelle besonders wichtig ist.

3. Lenken Sie die Aufmerksamkeit der TN zurück auf die Aufgabe → 🖵 **Orientierung** und sagen Sie: „Ergänzen Sie die Sätze."
4. Lösungskontrolle in PA, dann im PL.→ 🖵 **Lösungskontrolle**
*Lösung: **1** würden **4** würde **5** würde*

B3		**Digitalgestützter Unterricht:** Spielen Sie den Redemittel-Clip vor, um vor der Übung visuell gestützte Beispiele zu hören und ein interaktives Training für das Bilden von Sätzen mit „würde" zu machen. In dem Clip wird auch der Wortschatz vorheriger Lektionen eingebunden, sodass die TN weitere Ideen für die Äußerung ihrer eigenen Wünsche bekommen können. → 🖵 **Tipps für Clips**

1. Schreiben Sie *Das würde ich gern lernen.* ans Whiteboard und fragen Sie: „Was können Sie noch nicht? Was würden Sie gern lernen?" Lassen Sie anschließend die erste Option und das Beispiel vorlesen. Lassen Sie dann auch alle anderen Optionen vorlesen und sammeln Sie weitere Ideen am Whiteboard. Geben Sie den TN eine Minute Zeit, um eine persönliche Antwort auf die Frage *Was würden Sie gern lernen?* zu notieren.
2. Die / der erste TN sagt ihren / seinen Satz. Wenden Sie sich an die übrigen TN und fragen Sie: „Würden Sie das auch gern lernen? Dann stehen Sie bitte auf." Sobald die TN verstanden haben und aufgestanden sind, bestimmt diejenige / derjenige, die / der den Satz gesprochen hat, die / den nächsten TN usw. Spielen Sie so lange, bis jede / jeder TN einen Satz gesagt hat.

B4	a	1. Lesen Sie die Arbeitsanweisung vor und erinnern Sie die TN an die Steigerungsformen *gern – lieber – am liebsten.* Teilen Sie die TN in Paare ein → ⬛ **Paarbildung** und lassen Sie die erste Option von einer / einem TN vorlesen. Fragen Sie die / den TN: „Was würde Ihre Partnerin / Ihr Partner lieber machen?" Sollte die / der TN zögern, fragen Sie: „Was denken Sie?" Sobald die / der TN eine Vermutung geäußert hat, umkreisen Sie die entsprechende Option, wenn möglich in der interaktiven Version des KB. → 🖵 **Orientierung** Achten Sie darauf, das die Partnerin / der Partner hier noch nicht auf die Vermutung reagiert. Machen Sie die TN auch auf die Auswahlaufgabe auf S. 117 aufmerksam. Erklären Sie, dass bei der Auswahlaufgabe nicht vermutet werden muss, sondern die TN umkreisen sollen, was sie selbst lieber machen würden.

2. Verweisen Sie auf die Worterklärungen. Achten Sie bei den TN, die auf S. 77 arbeiten darauf, dass die TN ohne Rücksprache mit ihrer Partnerin / ihrem Partner Vermutungen anstellen und die jeweilige Option umkreisen.

	b	1. Lassen Sie zuerst ein Paar, das auf S. 117 arbeitet, den Beispieldialog vorlesen. Bitten Sie anschließend dasselbe Paar, den Dialog entsprechend ihrer eigenen Auswahl zu Satz 1 in a zu variieren. Fragen Sie im Kurs nach, ob die TN verstanden haben, und lassen Sie ggf. ein weiteres Beispiel von einem anderen Paar im PL vormachen. Wiederholen Sie den gleichen Ablauf dann mit einem Paar, das auf S. 77 arbeitet.

2. Geben Sie den Paaren, die auf S. 77 arbeiten, dann die Arbeitsanweisung: „Haben Sie in a richtig geraten? Sprechen Sie mit Ihrer Partnerin / Ihrem Partner und notieren Sie Smileys. Wer mehr lachende Smileys hat, hat gewonnen." Unterstützen Sie die Aussage, indem Sie einen lachenden Smiley ans Whiteboard zeichnen.

Wie geht das? / Hoa
Unterrichtspläne

Miteinander! Deutsch für Alltag und Beruf A1.2
Lektion 15

	3. Die TN bearbeiten die Aufgabe. Gehen Sie herum und geben Sie Hilfestellung. Lassen Sie Paare ggf. den Beispieldialog noch einmal lesen, falls diese lediglich nonverbal ihre Markierungen vergleichen. 4. Präsentation im PL in Form einer Kursabfrage mit Smileykärtchen oder Daumenabfrage. Fragen Sie zum Beispiel: „Wer würde lieber im Meer schwimmen?" oder „Wer würde lieber im Schwimmbad schwimmen?" Die TN halten ihre Smileykärtchen hoch oder strecken ihre Daumen hoch bzw. runter. → ▨ **Feedback** **Ergänzung:** Um die Mediation und gleichzeitig die dritte Person Singular zu üben, können jeweils zwei Paare zusammengehen und sich gegenseitig von den Vorlieben ihrer Partnerinnen / Partner erzählen lassen.
B5	1. Lassen Sie die Arbeitsanweisung vorlesen und geben Sie den TN eine halbe Minute Zeit, um die Sätze mit den Optionen zu lesen. 2. Spielen Sie die Audiodatei zweimal vor. Die TN bearbeiten die Aufgabe. 3. Lösungskontrolle in PA, dann im PL.→ ▭ **Lösungskontrolle** *Lösung: 1 ein neues Update 2 möchte Hoa helfen. 3 Hoa*

C: HOA Spezial

Kommunikation über individuelle Lernziele sprechen
Wortfelder Kurse und Weiterbildung
Grammatik –

AUFGABE		HINWEISE
C1	a	→ ▭ **Einstiegsfotos** 1. Die TN sehen das Bild an. Sagen Sie: „Hoa möchte einen Kurs machen. Lesen Sie das Kursprogramm auf S. 78. Was denken Sie? Welchen VHS-Kurs würde Hoa gern machen?" 2. Die TN lesen das Kursprogramm. Gehen Sie herum und geben Sie Hilfestellung. Geben Sie weniger lerngewohnten TN den Tipp, zunächst nur die Überschriften zu lesen. 3. Lassen Sie die Dialogbeispiele in den Sprechblasen vorlesen. → ▭ **Orientierung** Fragen Sie dann noch einmal: „Was denken Sie? Welchen Kurs würde Hoa gern machen?" Die TN sprechen in Murmelgruppen, dann kurz im PL. Schreiben Sie einige Vermutungen ans Whiteboard. Achten Sie dabei darauf, dass die TN Sätze mit *würde* bilden. 4. Spielen Sie die Audiodatei vor und vergleichen Sie anschließend die Lösung mit den Vermutungen. *Lösung: Hoa würde gern den Kurs „Reparaturwerkstatt Neuberg" machen.*

	b	**Material:** Lösungskärtchen
		1. Lassen Sie die Arbeitsanweisung vorlesen. Zeigen Sie S. 117, wenn möglich in der interaktiven Version des KB, und erklären Sie, dass die TN hier die richtigen Informationen nur umkreisen müssen. Die TN entscheiden, auf welcher Seite sie arbeiten wollen.
		2. Die TN bearbeiten die Aufgabe. Gehen Sie herum und geben Sie Hilfestellung.
		
		3. Lösungskontrolle: Bereiten Sie für S. 79 und S. 117 Lösungskärtchen vor, die Sie je zwei TN zur Selbstkontrolle geben.
		
		    Binnendifferenzierte Variante zur Lösungskontrolle: Verteilen Sie an die Gruppe, die auf S. 79 gearbeitet hat, Lösungskärtchen und besprechen Sie S. 117 mit dem anderen Teil der Gruppe.
		    → ▭ **Lösungskontrolle**
		
		Lösung S. 79: 1 Lebenslauf, Beruf 2 Kleidung, Fragen 3 Anmeldung 4 Kamera, Apps, Smartphone, Ladegerät
		Lösung Auswahlaufgabe, S. 117: 1 Beruf, Lebenslauf 2 Fragen, Kleidung 3 Anmeldung 4 Kamera, Apps, Smartphone

Wie geht das? / Hoa
Unterrichtspläne

Miteinander! Deutsch für Alltag und Beruf A1.2
Lektion 15

c	Fragen Sie: „Welchen Kurs finden Sie interessant? Warum?" Lassen Sie die TN zunächst in Murmelgruppen sprechen und leiten Sie dann ein Gespräch im Plenum an. Es geht hier mehr um Selbstreflexion und die Hinführung zum Thema „lebenslanges Lernen", dennoch ist es schön, wenn die TN sorgfältig formulieren. Geben Sie daher ein paar Redemittel am Whiteboard vor und ergänzen Sie diese während des Gesprächs. Zum Beispiel: *Ich finde den Kurs … interessant. Mir gefällt … Ich würde gern … lernen/können.*
C2	**Material:** Kursprogramme von Bildungseinrichtungen für Erwachsene

Ergänzung: Nutzen Sie die Kopiervorlage → ▤ **L15: Diktat**, um die Redemittel für die folgende kommunikative Aufgabe vorher auch schriftlich zu üben.

1. Lassen Sie die Arbeitsanweisung vorlesen und teilen Sie die TN in Gruppen ein. → ▨ **Gruppenbildung** Verteilen Sie Kursprogramme der ortsansässigen VHS und anderer Bildungseinrichtungen in den Gruppen und fragen Sie: „Welchen Kurs würden Sie gerne machen? Schauen Sie in die Kursprogramme. Welche Kurse finden Sie interessant? Sprechen Sie."

2. Die TN sprechen in den Gruppen und lassen sich von den Kursprogrammen inspirieren. Gehen Sie herum und geben Sie Hilfestellung. Ermutigen Sie die TN auch dazu, halblaut aus den Programmen vorzulesen.

3. Präsentation im PL: Je eine / ein TN berichtet aus der Gruppe.

Variante:

1. Vertiefen Sie das Thema *lebenslanges Lernen*, indem Sie einige Äußerungen der TN aus den vorherigen Übungen aufgreifen, und fragen Sie, ob die TN wissen, wo man so etwas lernen kann. Fragen Sie auch, ob vielleicht schon mal jemand eine Fortbildung gemacht hat. Schreiben Sie einige Bildungseinrichtungen in Ihrer Stadt wie zum Beispiel die VHS / Caritas / Familienbildungsstätten / Tanzschulen ans Whiteboard.

2. Fragen Sie: „Welchen Kurs würden Sie gern besuchen?" Sammeln Sie im Plenum und schreiben Sie die Wünsche und Ideen der TN ans Whiteboard. Bilden Sie Lerngruppen nach Interesse, indem Sie die TN aufstehen und ihren Namen hinter einen Kurs schreiben lassen, der sie interessieren würde. → ▨ **Gruppenbildung** Fragen Sie noch einmal: „Wo kann man das lernen? Recherchieren Sie im Internet und schauen Sie im Kursprogramm nach." Verteilen Sie Kursprogramme der ortsansässigen VHS oder anderer Bildungseinrichtungen sowie Plakate, auf denen die TN ihre Ergebnisse festhalten können.

3. Die TN recherchieren in den Gruppen. Gehen Sie herum und geben Sie Hilfestellung.

4. Präsentation im PL: Jede Gruppe bestimmt eine Sprecherin / einen Sprecher zur Präsentation der Rechercheergebnisse.

Extra-Film: In dem Film erzählen verschiedene Menschen von ihren Kursen bei der VHS Neuberg. Der Film eignet sich, um das Thema *lebenslanges Lernen* zu vertiefen. → ▤ **L15: Extra-Film**

Vor dem Hörverstehen

1. **Aufgabe 1** Fragen Sie: „Wo arbeitet Martin Vollemann? Welchen Beruf hat er? Was denken Sie?" und zeigen Sie den Film bis 00:36 ohne Ton. Die TN raten. Notieren Sie einige Vermutungen am Whiteboard und zeigen Sie den Abschnitt anschließend mit Ton.
Lösung: Der Mann arbeitet bei der VHS Neuberg. Was genau er macht, wird nicht gesagt. Vielleicht ist er Kursleiter / Lehrer / Leiter der VHS.

Wie geht das? / Hoa
Unterrichtspläne

Miteinander! Deutsch für Alltag und Beruf A1.2
Lektion 15

	Hör- / Sehverstehen
	2. **Aufgabe 2** Lassen Sie die Arbeitsanweisung vorlesen und geben Sie den TN eine halbe Minute Zeit, um die Optionen zu lesen. Zeigen Sie den Film vollständig.
	3. Die TN bearbeiten die Aufgabe. Gehen Sie herum und schauen Sie, wie gut die TN folgen können. Zeigen Sie den Film ggf. noch einmal mit Pausen zwischen den einzelnen Protagonisten.
	4. Lösungskontrolle im PL.
	Lösung: Deutschkurs, Gymnastik-Kurs, Social Media Management, Politik-Kurs, IT-Kurs
	5. **Aufgabe 3** Sagen Sie: „Ordnen Sie jedem Bild einen Satz zu." Geben Sie den TN 5 Minuten Zeit, die Aufgabe zu bearbeiten und in PA zu vergleichen. Zeigen Sie den Film anschließend noch einmal.
	6. Lösungskontrolle in PA, dann im PL.
	Lösung: 1 C, 2 B, 3 A, 4 D, 5 F, 6 E
	7. **Aufgabe 4** Die TN schreiben eigene Kursangebote und präsentieren sie in Kleingruppen. Fragen Sie im PL noch einmal nach, bei wem die TN gern einen Kurs machen würden, und lassen Sie so aus den Gruppen berichten.

Miteinander wiederholen

STATION	HINWEISE
1	1. Lassen Sie den Beispieldialog von zwei TN vorlesen. Sagen Sie dann: „Schlagen Sie bitte die Karte vorne im Buch auf." und zeigen Sie diese. → 🖳 **Orientierung**
	2. Stellen Sie den TN ein weiteres Rätsel und verwenden Sie dabei die Redemittel aus dem Beispieldialog. Sagen Sie: „Ich suche eine Stadt. Sie ist im Norden / Osten / Westen von Deutschland. Usw. ..." Die TN raten.
	3. Lesen Sie anschließend die Arbeitsanweisung vor und betonen Sie, dass zuerst jede / jeder drei Rätsel schreibt und erst dann das Ratespiel beginnt. Gehen Sie während des Stationenlernens öfter an diese Station und achten Sie darauf, dass die TN sich zunächst schriftlich vorbereiten und nicht nur mündlich improvisieren.
2	**Material:** Ball
	1. Lesen Sie die Arbeitsanweisung vor und lassen Sie den Beispieldialog von drei TN vorlesen. → 🖳 **Orientierung** Schreiben Sie anschließend *Ich würde gern ...* ans Whiteboard und bitten Sie die TN, den Satz schriftlich zu vervollständigen.
	2. Werfen Sie einer / einem TN den Ball zu und beginnen Sie wie im Beispieldialog. Warten Sie die Reaktion der / des TN ab. Sollte dieser nicht wissen, was zu sagen ist, verweisen Sie nochmals auf den Beispieldialog. Machen Sie das Spiel mit 5–6 TN als Kettenübung, bis alle verstanden haben, was zu tun ist. → ❎ **Kettenübung** Sagen Sie abschließend noch einmal: „Notieren Sie drei Ideen, sprechen Sie dann in der Gruppe."
	3. Während des Stationenlernens: Achten Sie auch bei dieser Station darauf, dass die TN sich die Vorbereitungszeit zum Notieren nehmen, bevor sie mit der Reaktionsübung mit dem Ball beginnen.
3	1. Lesen Sie die Arbeitsanweisung vor und zeigen Sie auf das Lautsprechersymbol. → 🖳 **Orientierung** Lassen Sie die TN sich ggf. gegenseitig noch einmal zeigen, wie man Audiodateien herunterlädt und abspielt.
	2. Fragen Sie: „Welches Bild passt in welche Lücke?" und lassen Sie das Beispiel vorlesen. Lösen Sie anschließend mit den TN gemeinsam die zweite Lücke. → 🖳 **Orientierung** Sagen Sie: „Füllen Sie erst die Lücken aus, hören Sie dann das Lied und kontrollieren Sie. Hören Sie das Lied zum Schluss noch einmal und singen Sie mit."
	3. Während des Stationenlernens: Achten Sie darauf, dass an der Station immer mindestens eine / ein TN ist, die / der die Audiodatei auf ihrem / seinem Handy abspielen kann. Ermuntern Sie die TN auch zum Singen. Singen Sie ggf. am Ende des Stationenlernens noch einmal mit dem gesamten Kurs.
	Lösung: 1 A, D, F, B, E 2 A, D, F, B, E

Glückwunsch! / Pekka
Unterrichtspläne

Miteinander! Deutsch für Alltag und Beruf A1.2
Lektion 16

Einstiegsseite

Kommunikation Auskunft über Gewohnheiten geben
Wortfeld Gastgeschenke
Grammatik –

AUFGABE		HINWEISE
1	a	→ 🖵 **Einstiegsfotos** 1. Die TN sehen das Bild an. Fragen Sie: „Was hält Pekka in der Hand?" Vergrößern Sie das Bild, wenn möglich, in der interaktiven Version des KB. Die TN stellen Vermutungen an. Lösen Sie auf, indem Sie sagen: „Pekka hat eine Einladung bekommen." Und verweisen Sie auf den Text. Sagen Sie: „Das ist die Einladung." → 🖵 **Orientierung** 2. Lassen Sie die Arbeitsanweisung vorlesen. Schreiben Sie die Frageworte *wer* und *wann* ans Whiteboard und ordnen Sie ihnen eine Markierungsform zu: wer → 〰〰〰 wann → ———— 3. Lösungskontrolle in PA, dann im PL. **Digitalgestützter Unterricht:** Nutzen Sie zur Lösungskontrolle die interaktive Version des KB und markieren Sie die Fragewörter *wer und wann* in der Arbeitsanweisung wie am Whiteboard. Markieren Sie die Antworten im Text korrespondierend. → 🖵 **Lektürebegleitendes Visualisieren** *Lösung: Micha und Alex machen eine Party. Sie ist am Sonntag, den 28. September, ab 15 Uhr.*
	b	1. Lassen Sie die Arbeitsanweisung vorlesen und sammeln Sie mit den TN am Whiteboard Wörter, die das jeweilige Icon beschreiben. Zeichnen Sie die Icons 1 bis 4 ans Whiteboard und schreiben Sie auf Zuruf die Worte, die den TN einfallen, dazu. Bei 1 könnten die Worte zum Beispiel *Smiley, lustig* oder *Spaß* lauten. 2. Die TN bearbeiten die Aufgabe. Gehen Sie herum und geben Sie Hilfestellung. Schreiben Sie zwischendurch Wortschatzfragen und Erklärungen ans Whiteboard. 3. Lösungskontrolle in PA, dann im PL. → 🖵 **Lösungskontrolle** Lassen Sie die TN die drei Lösungsworte noch einmal gegenseitig erklären. *Lösung: 4 (feiern), 3 (Buffet), 2 (Bar)* **Ergänzung:** Verteilen Sie Kärtchen an die TN und sagen Sie: „Sie geben eine Party. Zeichnen Sie drei Emojis zu Ihrer Party." Sobald alle TN die Emojis gezeichnet haben, gehen sie in Kleingruppen → ▨ **Gruppenbildung** zusammen und erzählen sich gegenseitig, was es auf ihrer Party gibt. In Gruppen mit überwiegend lerngewohnten TN können Sie anschließend die Aufgabe stellen, eine Einladung zur Party zu schreiben, in der die zuvor gezeichneten Emojis verwendet werden sollen. Geben Sie ein Zeitlimit und bieten Sie an, die Texte einzusammeln und zu korrigieren.
2	a	1. Lassen Sie die Arbeitsanweisung vorlesen und schreiben Sie die zwei Leitfragen *Wer ist Alex?* und *Was wissen Sie?* ergänzend ans Whiteboard. Sagen Sie: „Erinnern Sie sich? Wir haben über Pekka und Alex in Lektion 6 und in Lektion 13 gesprochen." 2. Die TN sprechen in PA und erinnern sich bzw. stellen Vermutungen an. 3. Kursgespräch über Alex. *Lösung: Alex ist ein Freund von Pekka. Pekka und Alex waren in Lektion 6 im Restaurant LECKER und haben zusammen gegessen. Alex isst kein Fleisch, er isst nur vegan. In Lektion 13 hatte Alex einen Unfall mit dem Fahrrad. Er musste ins Krankenhaus. In diesem Krankenhaus arbeitet Luna. Pekka hat Alex abgeholt. Später hat Luna ein Foto in der Zeitung gefunden. Auf dem Foto machen Alex und Pekka Tai-Chi.*
	b	1. Lassen Sie die Arbeitsanweisung vorlesen und geben Sie den TN eine halbe Minute Zeit, um die Aussagen 1–3 zu lesen. Machen Sie auch auf die Bilderklärung zu *Geschenk* aufmerksam. → 🖵 **Orientierung** 2. Spielen Sie die Audiodatei zweimal vor. Die TN bearbeiten die Aufgabe.

Glückwunsch! / Pekka
Unterrichtspläne

Miteinander! Deutsch für Alltag und Beruf A1.2
Lektion 16

	3. Lösungskontrolle in PA, dann im PL. → 🖥 **Lösungskontrolle** *Lösung: 1, 3* **Digitalgestützter Unterricht:** Nutzen Sie zur Festigung des Wortschatzes die interaktiven Wortschatz-kärtchen zum Thema *Party* auf der Übersichtsseite für den Lernwortschatz (KB S. 91).
3	1. Schreiben Sie *Gastgeschenke* ans Whiteboard und zeichnen Sie davon ausgehend Linien (Mindmap). Fragen Sie die TN, was *Gastgeschenke* bedeuten könnte, und halten Sie eine oder mehrere Erklärungen am Whiteboard fest. Zum Beispiel: *Gastgeschenk = ein Geschenk, bringt man zu einer Party mit.* 2. Lesen Sie gemeinsam mit den TN die Beispiele für Gastgeschenke und klären Sie Wortschatzfragen, verweisen Sie auch auf die Bilderklärungen zu *Nüsse* und *Wein*. **Digitalgestützter Unterricht:** Nutzen Sie zur Festigung des Wortschatzes die interaktiven Wortschatzkärt-chen zu *Essen und Trinken* auf der Übersichtsseite für den Lernwortschatz (KB S. 91). 3. Lassen Sie das Beispiel aus der Sprechblase vorlesen. **Digitalgestützter Unterricht:** Fragen Sie: „Was bringen die Personen (nicht) gern mit?" Zeigen Sie anschließend den Beispielfilm, um den TN drei Beispiele für die Umsetzung der Aufgabe zu geben. Fragen Sie dann: „Was bringen Sie gern mit?" Zeigen Sie auf die vorgezeichnete Mindmap am Whiteboard und sagen Sie: „Sammeln Sie Ideen und sprechen Sie zu zweit oder zu dritt." → ▨ **Gruppenbildung: Wahlgruppen** 4. Die TN sprechen in Murmelgruppen und zeichnen eine Mindmap. Gehen Sie herum und achten Sie darauf, dass die TN ihre Ideen gemeinsam notieren. 5. Kursgespräch: Lassen Sie die TN aus ihren Gruppen berichten und ergänzen Sie die Mindmap am Whiteboard. Ermutigen Sie die jeweiligen Gruppensprecherinnen und -sprecher, auch über die Gastgeschenke der anderen zu berichten. (Mediation) **Ergänzung:** Regen Sie ein Gespräch über besondere Geschenke zur Einweihung eines Hauses oder einer Wohnung an. Erklären Sie, dass es zum Beispiel in Deutschland Tradition ist / war, zur Einweihungsfeier Salz und Brot mitzubringen. Fragen Sie: „Schenkt man in Ihrem Herkunftsland etwas Besonderes, wenn das Haus neu ist?" (interkulturelles Lernen)

A: Danke für die Einladung!

Kommunikation auf eine Einladung reagieren, gratulieren, ein Kompliment machen, Auskunft über eine Person geben
Wortfelder Feste und Einladungen
Grammatik Konjunktion *denn*, Possessivartikel im Nominativ und Akkusativ *sein* und *ihr*

AUFGABE		HINWEISE
A1	a	→ 🖥 **Einstiegsfotos** 1. Die TN sehen das Bild an. Sagen Sie: „Das ist Pekka." und fragen Sie: „Was macht Pekka? Wie fühlt er sich?" Die TN versuchen, das Bild zu deuten und Pekkas Gefühle zu beschreiben. Mögliche Antworten: „Pekka liest die Antworten auf Alex' Einladung auf dem Handy. Er sieht glücklich aus." 2. Lesen Sie die Arbeitsanweisung vor und verweisen Sie auf die Nachrichten. Vergrößern Sie diese nach Möglichkeit in der interaktiven Version des KB. Zeigen Sie auf Nachricht A und fragen Sie: „Wer schreibt?" Antwort: „Tim." Fragen Sie dann weiter: „Kommt Tim zur Party?" Sagen Sie dann: „Lesen Sie und kreuzen Sie an." Verweisen Sie auf die leeren Kästchen an den Nachrichten. → 🖥 **Orientierung** 3. Die TN bearbeiten die Aufgabe. Gehen Sie herum und geben Sie Hilfestellung. Notieren Sie Wortschatz-fragen zwischendurch am Whiteboard. **Tipp:** Klären Sie Wortschatzfragen in Einzelarbeitsphasen direkt mit den TN. Bitten Sie diese anschlie-ßend in der Plenumsphase noch einmal, das Wort für alle zu erklären. Sollten Sie die Erfahrung machen, dass einige TN das nicht mögen, können Sie allgemeiner fragen, wer das Wort für alle erklären möchte. 4. Lösungskontrolle in PA, dann im PL. → 🖥 **Lösungskontrolle** *Lösung: B (Pekka), C (Zofia)*

Glückwunsch! / Pekka
Unterrichtspläne

Miteinander! Deutsch für Alltag und Beruf A1.2
Lektion 16

	b	1. Lassen Sie die Arbeitsanweisung vorlesen. **Tipp:** In Kursen mit überwiegend lernungewohnten TN können Sie Satz 1 auch gemeinsam machen. Lassen Sie den Satz suchen und im PL vorlesen. Schreiben Sie ihn ans Whiteboard und unterstreichen Sie *denn* oder heben Sie ihn in der interaktiven Version des KB hervor und markieren Sie *denn* hier. Alternativ können Sie auch an dieser Stelle bereits den Grammatik-Clip zeigen. 2. Die TN bearbeiten die Aufgabe. Gehen Sie herum und geben Sie Hilfestellung. 3 Lösungskontrolle in PA, dann im PL. → 🖥 **Lösungskontrolle** *Lösung: 1 denn 2 denn* **Digitalgestützter Unterricht:** Spielen Sie den Grammatik-Clip vor, um die Sätze aus b noch einmal visuell gestützt zu hören. Der Clip eignet sich, um die Verbindung zweier Hauptsätze mit dem Konnektor *denn* zu systematisieren. → 🖥 **Tipps für Clips**

A2	a	1. Schreiben Sie *Ich komme gern, denn …* ans Whiteboard und lassen Sie anschließend die Arbeits- anweisung und die zwei Sätze in 1 von einer / einem TN vorlesen. Deuten Sie noch einmal auf den Satz am Whiteboard und fragen Sie: „Wie geht der Satz weiter?" Warten Sie, bis die TN Ihnen die Antwort sagen, und schreiben Sie den Satz dann wie in der Musterlösung zu Ende. → 🖥 **Orientierung** Gestalten Sie ein Tafelbild und erarbeiten Sie bei Bedarf auch den zweiten Satz gemeinsam mit den TN im PL.
		
		Ich liebe Partys. → Ich komme gern.
		Ich komme gern, <u>denn</u> ich liebe Partys.
		
		2. Die TN bearbeiten die Aufgabe. Gehen Sie herum und geben Sie Hilfestellung.
		3. Lösungskontrolle in PA, dann im PL.
		   Binnendifferenzierung: Bitten Sie lerngewohntere TN, die Sätze ans Whiteboard zu schreiben.
		   Geben Sie den lernungewohnten TN genügend Zeit, die Sätze richtig abzuschreiben.
		Lösung: 2 Ich kann leider nur kurz kommen, denn mein Hund ist krank. 3 Ich komme erst um 18 Uhr, denn ich habe am Sonntag Besuch. 4 Ich kann leider nicht kommen, denn ich muss am Sonntag arbeiten. 5 Ich komme sehr gern, denn ich möchte die neue Wohnung sehen. 6 Ich kann vielleicht nicht kommen, denn ich ziehe am Wochenende um.

	b	1. Lesen Sie die Arbeitsanweisung vor und verweisen Sie noch einmal auf die Sätze in a. Zeigen Sie die Beispielnachricht nach Möglichkeit in der interaktiven Version und lassen Sie diese vorlesen.
		   Binnendifferenzierung: In Kursen mit überwiegend lernungewohnten TN empfiehlt es sich, die Rede-
		   mittel in der Beispielnachricht zu unterstreichen und am Whiteboard zu sammeln. Mit lerngewohnte-
		   ren TN können Sie zu den Kategorien Gratulation, Dank, Gruß, … variable Ausdrucksmöglichkeiten
		   sammeln.
		
		2. Geben Sie die Arbeitsanweisung noch einmal, indem Sie sagen: „Wählen Sie einen Satz aus a und schreiben Sie eine Nachricht. Schreiben Sie die Nachricht im Handy oder auf Papier. Ihre Partnerin / Ihr Partner bekommt die Nachricht und gibt Ihnen Feedback."
		3. Die TN bearbeiten die Aufgabe. Gehen Sie herum und geben Sie Hilfestellung.
		4. Plenumsgespräch: Fragen Sie: „Welche Nachricht fanden Sie besonders gut?" und lassen Sie einige TN die Nachrichten ihrer Partnerin oder ihres Partners vorlesen. Korrigieren Sie einige Nachrichten beispiel- haft am Whiteboard. Achten Sie darauf, dass niemand seine eigene Nachricht vorliest. Es geht darum, die Arbeit der Partnerin, des Partners zu würdigen.
		
		Tipp: Sollte bei den TN der Wunsch aufkommen, eine Korrektur der Nachrichten zu bekommen, geben Sie noch einmal Zeit, die Nachrichten auf Papier zu schreiben bzw. zu korrigieren und sammeln Sie sie anschließend ein.

Glückwunsch! / Pekka
Unterrichtspläne

Miteinander! Deutsch für Alltag und Beruf A1.2
Lektion 16

A3	a	1. Schreiben Sie *Auf der Party* ans Whiteboard und zeichnen Sie einige leere Sprechblasen drum herum. Lenken Sie die Aufmerksamkeit der TN auf die drei Bilder → 🖥 **Orientierung**, fragen Sie: „Was sagt man auf einer Party? Was sind die Themen?" und bitten Sie die TN, in PA einen Satz oder ein Thema für ein Partygespräch zu formulieren. Sammeln Sie anschließend im PL. Mögliche Vorschläge der TN könnten z. B. sein: „Wie heißt du? Bist du eine Freundin / ein Freund von …? Themen: *das Essen*, *die Wohnung*, *die Gäste*, *das Wetter*, …" 2. Lesen Sie die Arbeitsanweisung vor und spielen Sie die Audiodatei einmal vor. Die TN bearbeiten die Aufgabe. 3. Lösungskontrolle in PA, dann im PL. → 🖥 **Lösungskontrolle** **Ergänzung:** Ermuntern Sie die TN, das Gehörte mit ihren Vorschlägen am Whiteboard zu vergleichen. Spielen Sie die Audiodatei bei Interesse noch einmal vor. *Lösung: A2 B1 C3*
	b	1. Lassen Sie die Arbeitsanweisung vorlesen und verweisen Sie die TN auf den Grammatikkasten zu *sein(e) / ihr(e)*. Geben Sie aber noch keine Erklärungen zur Grammatik. Schreiben Sie die unvollständigen Sätze 1 und 2 ans Whiteboard oder zeigen Sie sie vergrößert in der interaktiven Version des KB. 2. Spielen Sie die Audiodatei vor. Die TN bearbeiten die Aufgabe. 3. Lösungskontrolle in PA, dann im PL. → 🖥 **Lösungskontrolle** 4. Systematisieren Sie die Ergebnisse, indem Sie auf den Grammatikkasten verweisen. → 🖥 **Orientierung** Gestalten Sie ein Tafelbild: Pekka → er Pekkas Hemd → sein Hemd (das) / Pekkas Kamera → sein*e* Kamera (di*e*) Zofia → sie Zofias Hemd → ihr Hemd (das) / Zofias Kamera → ihr*e* Kamera (di*e*) *Lösung: 1 Ihre 2 Sein*
	c	1. Lesen Sie die Arbeitsanweisung vor und schreiben Sie die Beispiele für Pekka und Zofia ans Whiteboard. Suchen Sie gemeinsam mit den TN mündlich für jede Person noch mindestens ein weiteres Kleidungsstück. Teilen Sie den Kurs anschließend in Dreiergruppen ein.→ ⬚ **Gruppenbildung** 2. Die TN bearbeiten die Aufgabe. Gehen Sie herum und geben Sie Hilfestellung. 3. Lösungskontrolle: Bitten Sie zwei TN aus verschiedenen Gruppen ans Whiteboard, die jeweils für Pekka und Zofia die Liste der Gegenstände vervollständigen. Die anderen TN kontrollieren und ergänzen. Ermuntern Sie die TN auch, die Artikel zu den Kleidungsstücken und Gegenständen zu ergänzen. *Mütze* ist noch nicht bekannt. Schreiben Sie das Wort mit Artikel an die Tafel oder das Whiteboard und zeigen Sie auf Pekkas Mütze. *Lösung: Pekka: die Mütze, die Hose, die Turnschuhe; Zofia: das Hemd, die Jeans, der Rucksack, die Kamera*
	d	1. Vergrößern Sie den Grammatikkasten nach Möglichkeit in der interaktiven Version des KB und gehen Sie die Tabellen in chorischem Sprechen mit den TN einmal durch. → ⬚ **Aussprachetraining** 2. Fragen Sie: „Wie finden Sie Pekkas und Zofias Sachen?" und lassen Sie die Beispiele in den Sprechblasen vorlesen. Gestalten Sie ein Tafelbild, um die Veränderung des Artikels in der maskulinen Form im Akkusativ noch einmal zu systematisieren: Ich finde den Rucksack schön. Ich finde Pekkas Rucksack schön. Ich finde seinen Rucksack schön.

Glückwunsch! / Pekka
Unterrichtspläne

Miteinander! Deutsch für Alltag und Beruf A1.2
Lektion 16

		Bleiben Sie in der Plenumsform und geben Sie den TN eine Minute Zeit, zu Pekka und zu Zofia jeweils ein Statement vorzubereiten. Moderieren Sie anschließend die Fragen und Antworten. Immer eine TN / ein TN stellt die Frage und eine andere / ein anderer TN antwortet. Korrigieren Sie an dieser Stelle direkt, da es um das erste Einüben der Struktur geht.
		Tipp: In Kursen mit überwiegend lernungewohnten TN kann es hilfreich sein, dass die TN ihre zwei Sätze schriftlich vorformulieren.
		Digitalgestützter Unterricht: Spielen Sie den Grammatik-Clip vor, um die Possessivartikel im Nominativ und Akkusativ in Form von Fragen und Antworten noch einmal visuell unterstützt zu hören. Der Clip eignet sich auch, um den TN eine Idee von der Sprechaufgabe zu geben. → 🖵 **Tipps für Clips**
A4	a	1. Gehen Sie gemeinsam mit den TN auf die S. 104 und fragen Sie: „Welche Person in *Miteinander!* mögen Sie besonders gern? Was wissen Sie über sie / ihn?" Regen Sie die TN dazu an, im Kursbuch zu blättern, und zeigen Sie, wenn möglich, noch einmal die Seiten der *Willkommen!*-Lektion (KB, S. 11 / 12) mit den Personen in der interaktiven Version des KB.
		2. Lassen Sie die Namen, das Beispiel und die Redemittel vorlesen und vergrößern Sie diese, wenn möglich, in der interaktiven Version des KB. Raten Sie im Plenum, um welche Person es sich im Beispiel handeln könnte. Antwort: „Thien." Formulieren Sie anschließend gemeinsam mit den TN die beiden in Spiegelstrichen angegebenen Informationen zu Thien aus (Er ist / Ich finde ihn lustig. Er mag seine Oma). Sagen Sie dann: „Schreiben Sie drei Sätze zu einer Person. Warum mögen Sie die Person? Schreiben Sie aber nicht den Namen."
		3. Die TN bearbeiten die Aufgabe. Gehen Sie herum und geben Sie Hilfestellung. Achten Sie darauf, dass die TN einige der Redemittel verwenden.
	b	1. Lesen Sie die Arbeitsanweisung vor und lassen Sie den Beispieldialog von zwei TN vorlesen. Geben Sie den TN noch einmal 2–3 Minuten Zeit, um die Vorstellung ihrer Lieblingsperson zu üben. Sagen Sie: „Sprechen Sie möglichst frei. Bitte nicht vorlesen."
		2. Präsentation: Die TN stellen ihre Lieblingsperson im Plenum oder in Gruppen von 4–5 TN vor. → ▨ **Gruppenbildung** Die anderen TN raten, welche Person gemeint ist.
		Ergänzung: Geben Sie den Zuhörenden die Aufgabe, bei der Verwendung eines der Redemittel auf den Tisch zu klopfen. Auf diese Weise lenken Sie noch einmal die Aufmerksamkeit auf die Redemittel, honorieren deren Verwendung und erreichen eine höhere Konzentration bei den Zuhörenden.

B: Das sieht ja alles toll aus!

Kommunikation Auskunft über eine Person geben, ein Kompliment machen, Essen/Trinken anbieten, Absprachen treffen
Wortfeld Essen und Trinken
Grammatik –

AUFGABE		HINWEISE
B1	a	→ 🖵 **Einstiegsfotos**
		1. Die TN sehen das Bild an. → 🖵 **Orientierung** Fragen Sie: „Was gibt es zu essen und zu trinken?" und lassen Sie die Beispiele aus den Sprechblasen vorlesen. Schreiben Sie währenddessen einige Strukturen ans Whiteboard wie: *Es gibt … / … sehe ich auch. / Ist das …?* Sagen Sie: „Sehen Sie das Bild an und sprechen Sie im Kurs."
		2. Die TN bearbeiten die Aufgabe in Murmelgruppen. → ▨ **Gruppenbildung**
		3. Lösungskontrolle im PL. Schreiben Sie an der Tafel mit.
	b	1. Lassen Sie die Arbeitsanweisung vorlesen und geben Sie den TN anschließend eine Minute Zeit, um die Optionen zu lesen. Verweisen Sie auch auf die Bilderklärung für *Glas*.
		2. Spielen Sie die Audiodatei zweimal vor. Die TN bearbeiten die Aufgabe.
		3. Lösungskontrolle in PA, dann im PL. → 🖵 **Lösungskontrolle**
		Lösung: 2b 3d 4a

Glückwunsch! / Pekka
Unterrichtspläne

Miteinander! Deutsch für Alltag und Beruf A1.2
Lektion 16

	c	1. Zeigen Sie den Redemittelkasten, wenn möglich, in der interaktiven Version des KB. → ▱ **Orientierung** Lassen Sie zwei TN den Musterdialog bis zu den Stellen vorlesen, wo man etwas ergänzen muss. Warten Sie ab, ob die / der TN den Satz schon selbstständig ergänzt. Falls nicht, sagen Sie an das Plenum gewendet: „Lesen Sie die Sätze in b noch einmal. Was müssen wir hier ergänzen?" Notieren Sie die erste Lösung am Whiteboard oder in der interaktiven Version des KB. Sagen Sie dann: „Ergänzen Sie weiter." 2. Die TN bearbeiten die Aufgabe. Gehen Sie herum und geben Sie Hilfestellung. 3. Lösungskontrolle in PA, dann im PL. → ▱ **Lösungskontrolle** 4. Machen Sie TN, die schnell mit der Aufgabe fertig sind, auf die *Schon fertig?*-Aufgabe aufmerksam. *Lösung: Möchtest du auch etwas …?; Ja, gern., Möchtest du ein Glas …?; Ich trinke lieber …; Wie schmeckt (dir) der / das / die …?; Der / Das / Die schmeckt super / …!* **Digitalgestützter Unterricht:** Spielen Sie den Kommunikations-Clip vor, um mit den TN die Redemittel zu festigen. Zu jeder in dem Clip gestellten Frage werden zwei optionale Antworten angeboten, von denen nur eine richtig ist. Es bietet sich daher an, das Sehen des Clips interaktiv zu gestalten. Stoppen Sie den Clip, sobald beide Antworten dastehen und lassen Sie die TN sagen, welche Antwort die richtige ist, bevor Sie die Lösung zeigen. → ▱ **Tipps für Clips**
B2	a	**Material:** Kärtchen 1. Gehen Sie gemeinsam mit den TN auf die S. 105 und lenken Sie die Aufmerksamkeit auf die Optionen für Essen und Getränke (möglichst durch Vergrößern in der interaktiven Version des KB). Sagen Sie: „Sie arbeiten in Gruppen. Wählen Sie Essen und Getränke, schreiben oder malen Sie Kärtchen und bauen Sie mit ihnen ein Buffet an Ihrem Tisch auf." Teilen Sie anschließend den Kurs in drei Gruppen ein. Es ist hier sinnvoll, die Gruppeneinteilung nach Sitzordnung vorzunehmen, sodass die TN ihre Tische schnell zu insgesamt drei Buffettischen umbauen können. Geben Sie ein Zeitlimit von 10 Minuten für den Aufbau der Buffets. **Ergänzung:** Nutzen Sie die Kopiervorlage → ▤ **L16: Am Buffet,** indem Sie diese dreimal kopieren und ausschneiden. Auf diese Weise haben die TN bereits einen Grundstock an Essen und Getränken sowie eine Vorlage, um eigene Lebensmittel und Getränke zu zeichnen und zu beschriften. Geben Sie die Aufgabe, dass jede Gruppe mindestens fünf weitere Kärtchen zeichnen soll, und ermutigen Sie die TN, auch Essen und Getränke zu nehmen, die hier zwar nicht zur Auswahl stehen, die sie zu Hause aber häufig konsumieren. (interkulturelles Lernen) 2. Die TN bearbeiten die Aufgabe. Gehen Sie herum und geben Sie Hilfestellung. Schreiben Sie zwischendurch neuen Wortschatz zu *Essen und Trinken* mit kurzen Erklärungen ans Whiteboard.
	b	1. Gehen Sie zurück in die Plenumsform und lenken Sie die Aufmerksamkeit der TN noch einmal auf das Kursbuch. Lassen Sie den Beispieldialog vorlesen und schreiben Sie einige Strukturen am Whiteboard mit oder zeigen Sie den Redemittelkasten in vergrößerter Form in der interaktiven Version des KB. Sagen Sie dann: „Zwei Personen aus jeder Gruppe bleiben an ihrem Buffet." und machen Sie dies gleichzeitig mit einer Gruppe vor, indem Sie die TN einer Gruppe bis auf zwei TN von ihrem Tisch wegholen. Sagen Sie zu diesen TN: „Gehen Sie zu den anderen Buffets und spielen Sie Gespräche. Tauschen Sie dann mit …" (Nennen Sie hier die Namen der TN, die noch am Tisch stehen) Wenden Sie sich den anderen beiden Tischen zu und sagen Sie: „Sie machen das genauso." 2. Die TN gehen herum und führen Gespräche. Hören Sie in die Gespräche hinein und notieren Sie Fehler der TN, um sie in der anschließenden Plenumsphase gemeinsam zu besprechen. Notieren Sie zwischendurch auch gelungene Dialogfetzen am Whiteboard und loben Sie die TN für ihre Kreativität. 3. Auswertungsphase im PL.
	c	1. Notieren Sie am Whiteboard *Buffet 1 / 2 / 3* wie im Beispiel und fragen Sie: „Welches Buffet finden Sie am besten?" Lassen Sie die Beispiele in den Sprechblasen vorlesen und führen Sie dann ein lehrerzentriertes Klassengespräch. Notieren Sie währenddessen die Präferenzen der TN am Whiteboard. Sagen Sie am Ende unabhängig davon, wie die Statistik ausgefallen ist, dass alle gute Arbeit geleistet haben, und animieren Sie den Kurs dazu, sich gegenseitig Applaus zu geben. 2. Nutzen Sie Ihre Notizen aus b, um abschließend noch einmal auf ein paar Missverständnisse / Fehler einzugehen, die Ihnen während der Gruppenarbeitsphase aufgefallen sind.

Glückwunsch! / Pekka
Unterrichtspläne

Miteinander! Deutsch für Alltag und Beruf A1.2
Lektion 16

B3	a	1. Schreiben Sie *Bleib doch noch!* ans Whiteboard und fragen Sie: „In welcher Situation sagt man das?" Die TN versuchen, eine Antwort zu finden. Unterstützen Sie, indem Sie die Aufmerksamkeit auf das Foto mit Pekka und Zofia lenken. → 🖵 **Orientierung** Mögliche Antwort: „*Bleib doch noch!* bedeutet: Man möchte nicht, dass der Besuch geht." 2. Lesen Sie die Arbeitsanweisung vor und geben Sie den TN eine halbe Minute Zeit, um die Optionen zu lesen. Erklären Sie die Bedeutung von *pünktlich* anhand eines Beispiels, indem Sie sagen: „Mein Yoga-Kurs beginnt um 18:00 Uhr. Ich komme um 17:55 Uhr / 18:00 Uhr / 18:05 Uhr. Bei welcher Uhrzeit bin ich pünktlich?" Klären Sie anschließend weitere Wortschatzfragen der TN. 3. Spielen Sie die Audiodatei zweimal vor. Die TN bearbeiten die Aufgabe. 4. Lösungskontrolle in PA, dann im PL. → 🖵 **Lösungskontrolle** *Lösung: 2 an verschiedenen Orten. 3 bei einem Security-Dienst. 4 geht mit Pekka.*
	b	1. Lassen Sie die Arbeitsanweisung vorlesen und klären Sie noch einmal kurz die Bedeutung von *sortieren,* indem Sie die Musterlösung vorlesen und fragen: „Was kommt dann? Notieren Sie 2, 3, 4, 5." 2. Die TN bearbeiten die Aufgabe. Spielen Sie die Audiodatei vor, sobald die TN Ihnen signalisieren, dass sie fertig sind. 3. Lösungskontrolle in PA, dann im PL. → 🖵 **Lösungskontrolle** *Lösung: 2 Wow! Dann reden wir jetzt schon zwei Stunden! 3 Tja, aber jetzt muss ich leider los. 4 Was? Du musst schon gehen? Ach, bleib doch noch! 5 Nein, das geht leider nicht! (…) Ich muss heute noch arbeiten.* 4. Lenken Sie die Aufmerksamkeit der TN auf den Kasten rechts, um die Verwendung von *schon* und *noch* zu semantisieren. **Ergänzung:** Geben Sie den TN die Aufgabe, den Dialog noch einmal zu lesen und dabei *schon* und *noch* zu markieren. Anschließend lesen die TN den Dialog in PA. Ermutigen Sie die TN, ein wenig theatralisch zu lesen, und bitten Sie anschließend zwei freiwillige TN, im PL den Dialog nochmals möglichst stark betont zu lesen.
B4	a	**Material:** Kärtchen 1. Bereiten Sie Kärtchen wie im Beispiel vor und halten Sie diese zur Veranschaulichung hoch, während Sie die Arbeitsanweisung vorlesen. Lassen Sie anschließend die Optionen für die Aufgaben vorlesen und sagen Sie noch einmal: „Das sind Aufgaben." Sammeln Sie dann mit den TN noch mehr Ideen für Aufgaben am Whiteboard. Erklären Sie, dass bei der Auswahlaufgabe auf S. 118 ein Variationsdialog vorgegeben ist. Stellen Sie es den TN frei, trotzdem Kärtchen zu schreiben und die Aufgaben am Whiteboard ebenfalls zu verwenden. Die TN entscheiden, auf welcher Seite sie arbeiten wollen. Teilen Sie anschließend die Paare danach ein, welcher Aufgabentyp gewählt wurde. → ▦ **Gruppenbildung** 2. Die TN beschriften zu zweit fünf Kärtchen mit Aufgaben. Jedes Paar beschriftet zusätzlich ein Kärtchen mit einem grünen Häkchen und eines mit einem roten Kreuz.
	b	1. Lenken Sie die Aufmerksamkeit der TN noch einmal zurück ins Buch und lesen Sie die Arbeitsanweisung vor. Lassen Sie den Beispieldialog von einem Paar vorlesen und bitten Sie anschließend dasselbe Paar, ihre Kärtchen aufzuteilen und den ersten Dialog wie im Beispiel zu improvisieren. → 🖵 **Orientierung** Schreiben Sie währenddessen einige Redemittel ans Whiteboard und vergrößern Sie, wenn möglich, den Beispieldialog in der interaktiven Version des KB. 2. Die TN bearbeiten die Aufgabe. Gehen Sie herum und geben Sie Hilfestellung. Achten Sie darauf, dass die Paare ihre Rollen tauschen. Schreiben Sie zwischendurch gelungene Formulierungen am Whiteboard mit. 3. Präsentation im PL: Lassen Sie einige Paare auf freiwilliger Basis einen Dialog zu ihrer „Lieblingsaufgabe" präsentieren. Notieren Sie Fehler und besprechen Sie diese nach dem Ende der Präsentationsphase.

Glückwunsch! / Pekka
Unterrichtspläne

Miteinander! Deutsch für Alltag und Beruf A1.2
Lektion 16

C: PEKKA Spezial

Kommunikation eine Meinung äußern, sich (für Zuspätkommen) entschuldigen
Wortfeld Pünktlichkeit
Grammatik –

AUFGABE		HINWEISE
C1	a	1. Lassen Sie die Arbeitsanweisung und die Aussagen 1 bis 3 vorlesen. Fragen Sie die TN bei jeder Aussage, worauf Sie beim Lesen achten wollen, und lassen Sie den jeweiligen Satzteil oder das Wort markieren. Markieren Sie parallel auch in der interaktiven Version des KB. → 🖵 **Lektürebegleitendes Visualisieren** 2. Die TN bearbeiten die Aufgabe. Gehen Sie herum und geben Sie Hilfestellung. Schreiben Sie Worterklärungen zwischendurch ans Whiteboard. 3. Lösungskontrolle in PA, dann im PL. → 🖵 **Lösungskontrolle** *Lösung: 1, 2*
	b	1. Lassen Sie die Arbeitsanweisung vorlesen und zeigen Sie die Blogbeiträge vergrößert in der interaktiven Version des KB. → 🖵 **Orientierung** 2. Die TN bearbeiten die Aufgabe. 3. Lösungskontrolle in PA, dann im PL. → 🖵 **Lösungskontrolle** *Lösung: 1b 2a*
	c	1. Lassen Sie die Arbeitsanweisung und die Aussagen vorlesen. Fragen Sie die TN bei jeder Aussage, worauf Sie beim Lesen achten wollen, und lassen Sie den jeweiligen Satzteil oder das Wort markieren. Markieren Sie parallel auch in der interaktiven Version des KB. → 🖵 **Lektürebegleitendes Visualisieren** 2. Die TN bearbeiten die Aufgabe. Gehen Sie herum und geben Sie Hilfestellung. 3. Lösungskontrolle in PA, dann im PL. Lassen Sie sich von den TN die mit der Aussage korrespondierende Textstelle nennen und markieren Sie diese nach Möglichkeit in der interaktiven Version des KB. → 🖵 **Lösungskontrolle** *Lösung: 1 Pekka_M 2 Pekka_M 3 Schmittke69*
C2	a	1. Lassen Sie die Arbeitsanweisung und die Aussagen zu den Ampelfarben vorlesen. Zeigen Sie anschließend am Beispiel *im Kino*, was zu tun ist. Fragen Sie eine / einen TN: „Darf man im Kino zu spät kommen? Was denken Sie?" Umkreisen Sie entsprechend der Antwort der / des TN, wenn möglich, in der interaktiven Version des KB. → 🖵 **Orientierung** Sagen Sie dann: „Umkreisen Sie je eine Farbe. Das machen Sie allein." 2. Die TN umkreisen die Farben. Gehen Sie herum und achten Sie darauf, dass die TN erst miteinander sprechen, wenn sie das Umkreisen in EA erledigt haben. Sollten die TN sich nicht von allein in Dreiergruppen zusammenfinden, gehen Sie an dieser Stelle noch einmal ins Plenum und lassen Sie die Beispiele in den Sprechblasen vorlesen. Teilen Sie dann den Kurs in Dreiergruppen ein. → ▨ **Gruppenbildung** 3. Die TN sprechen miteinander. Gehen Sie herum und notieren Sie Fehler für eine anschließende Besprechung im PL. Notieren Sie auch gelungene Formulierungen am Whiteboard. 4. Führen Sie ein lehrerzentriertes Gespräch, indem Sie je eine / einen TN einer Dreiergruppe ansprechen und sie / ihn die Meinungen der beiden anderen Gruppenmitglieder zu *Pünktlichkeit* referieren lassen. (Mediation) 5. Machen Sie Gruppen, die schnell mit der Aufgabe fertig sind, auf die *Schon fertig?*-Aufgabe aufmerksam. **Variante:** Alternativ zur Ergebnissicherung im PL können Sie auch je zwei Dreiergruppen zusammengehen lassen. Von diesen sechs TN berichten dann immer zwei aus unterschiedlichen Gruppen von den Vorstellungen zur Pünktlichkeit ihrer Partnerinnen und Partner. (Mediation)

Glückwunsch! / Pekka
Unterrichtspläne

Miteinander! Deutsch für Alltag und Beruf A1.2
Lektion 16

b	**Ergänzung:** Nutzen Sie zur Vorbereitung auf die Schreibübung die Kopiervorlage → 🗐 **L16: Diktat**. 1. Lesen Sie die Arbeitsanweisung vor und erklären Sie, dass auf der S. 118 die Schreibaufgabe in zwei Schritten angeleitet wird, wobei es zu den Fragen zwei Optionen zur Auswahl gibt, und erst in Schritt zwei geschrieben wird. Zeigen Sie dies, wenn möglich, kurz in der interaktiven Version des KB. → 💬 **Orientierung** 2. Bevor die TN sich entscheiden, auf welcher Seite sie arbeiten wollen, ist es sinnvoll, hier die Fragen und das dazugehörige Textbeispiel zu lesen. Vergrößern Sie hierzu den Text, wenn möglich, in der interaktiven Version des KB und markieren Sie die Textstellen, die mit den Fragen korrespondieren. **Digitalgestützter Unterricht:** Spielen Sie den Kommunikations-Clip vor, um zu drei verschiedenen Situationen Statements visuell gestützt zu hören. Zu jedem Statement wird wiederum eine ablehnende und eine zustimmende Reaktion gezeigt. Wenn Sie das Ansehen des Clips interaktiv gestalten wollen, stoppen Sie nach jedem Statement und lassen Sie die TN reagieren. → 💬 **Tipps für Clips** 3. Die TN entscheiden, auf welcher Seite sie arbeiten wollen und bearbeiten die Aufgabe. Gehen Sie herum und geben Sie Hilfestellung. 4. Präsentation im PL: Lassen Sie freiwillige TN im PL vorlesen und geben Sie den Zuhörenden die Aufgabe, auf den Tisch zu klopfen, wenn eines der Redemittel verwendet wird. Geben Sie den TN am Ende jeder Präsentation eine Kurzkorrektur und bieten Sie allen an, ihre Texte abzugeben. Korrigieren bzw. kommentieren Sie diese bis zur nächsten Stunde.
C3	1. Schreiben Sie „Entschuldigung, ich komme zu spät" ans Whiteboard und fragen Sie die TN, was eine gute Entschuldigung fürs Zuspätkommen sein könnte. Schreiben Sie die Ideen der TN am Whiteboard mit. **Digitalgestützter Unterricht:** Spielen Sie zur Einstimmung den Kommunikations-Clip vor. Den TN wird hier ein Chat-Verlauf zwischen Niko und Lena gezeigt, in dem Niko sich für seine Verspätung entschuldigt und Lena verständnisvoll reagiert. → 💬 **Tipps für Clips** 2. Lesen Sie die Arbeitsanweisung vor und lassen Sie das Beispiel von einer / einem TN vorlesen. Zeigen Sie es, wenn möglich, vergrößert in der interaktiven Version des KB. Lenken Sie die Aufmerksamkeit der TN auf die Redemittel und lassen Sie auch diese einmal vorlesen. → 💬 **Orientierung** **Tipp:** In Kursen mit überwiegend lernungewohnten TN ist es sinnvoll, hier ein Memotraining, zum Beispiel Körpermemo → ▦ **Memospiele** einzubauen. Alternativ können Sie die Redemittel auch phonetisch durch Brummen oder Klatschen üben. → ▦ **Aussprachetraining** **Extra-Film:** In dem Film wird Pekka von einer Freundin (Daniela) gefragt, ob er zu einer Karnevalsfeier mitkommen möchte. Er hat kein Kostüm und beschreibt im Folgenden, wie er sein Kostüm bastelt. Er gibt sich viel Mühe, aber Daniela gefällt das Kostüm nicht. Der Film eignet sich, um Gegenstände und ihre Beschaffenheit zu wiederholen und Meinungen zum Verhalten von Freunden zu äußern. → 🗐 **L16: Extra-Film** **Vor dem Hör- / Sehverstehen** 1. Verteilen Sie das Arbeitsblatt *Extra-Film*. Lenken Sie die Aufmerksamkeit der TN auf die Bilder in **Aufgabe 1** und lassen Sie sie in PA Vermutungen darüber anstellen, wie Pekka sich fühlt und was er sagen könnte. Sammeln Sie die Vorschläge anschließend in einem kurzen Plenumsgespräch. **Hör- / Sehverstehen** **Aufgabe 2:** Zeigen Sie den Film in Abschnitten. 2. Abschnitt I: Anfang bis 01:07: Lassen Sie zur Orientierung die Arbeitsanweisung vorlesen und geben Sie den TN eine halbe Minute Zeit, um die Optionen zu lesen. Klären Sie das Wort *Karnevalskostüm* anhand der Bilderklärung. 3. Spielen Sie den Film bis 01:07 vor. Die TN bearbeiten die Aufgabe. Spielen Sie den Abschnitt ggf. zweimal vor.

Glückwunsch! / Pekka
Unterrichtspläne

Miteinander! Deutsch für Alltag und Beruf A1.2
Lektion 16

4. Lösungskontrolle in PA, dann im PL.

*Lösung Abschnitt I: **1** falsch **2** richtig **3** falsch **4** falsch*

5. Abschnitt II: 01:08 bis 02:20: Lassen Sie die Arbeitsanweisung vorlesen und geben Sie den TN kurz Zeit, die Optionen zu lesen. Spielen Sie den Abschnitt anschließend zweimal vor. Die TN bearbeiten die Aufgabe.

Lösung Abschnitt II: CDs, Gummiband, Helm, Jacke, Klebeband, Kleiderbügel, Skibrille, Papier

6. Abschnitt III: 02:20 bis Ende: Lassen Sie die Fragen 1–3 vorlesen und spielen Sie den Abschnitt ein- bis zweimal vor. Verweisen Sie anschließend auf den Kasten mit den Redemitteln zur Meinungsäußerung. Die TN sprechen in Gruppen. Gehen Sie herum und hören Sie in die Gruppen hinein. Schreiben Sie einige Statements ans Whiteboard.

7. Moderieren Sie nach der Gruppenarbeitsphase ein kurzes Plenumsgespräch, indem Sie zunächst die Reaktion von Daniela klären und anschließend zu Frage zwei und drei einige Statements und Reaktionen von den TN formulieren lassen und abschließend eine Daumenabfrage → ▨ **Feedback** machen.

Nach dem Hör- / Sehverstehen

8. **Aufgabe 3**: Die TN berichten in Kleingruppen darüber, ob sie schon einmal ein Karnevalskostüm getragen haben, wie es aussah und aus welchem Material es war. Ermuntern Sie die TN auch, kleine Zeichnungen von ihrem Kostüm anzufertigen oder Fotos zu zeigen.

Miteinander wiederholen

STATION	HINWEISE
1	**Material:** Kärtchen 1. Dies ist ein relativ komplexes Spiel, das Sie im Plenum anleiten sollten. Anschließend können Sie den Kurs in vier Gruppen einteilen, von denen je zwei zusammenarbeiten und zwischen denen Sie hin und her wechseln können, um Hilfestellung zu geben. Lesen Sie die Arbeitsanweisung vor und erklären Sie *heimlich*, indem Sie ein Kärtchen nehmen und verdeckend die Hand davorhalten oder ein Flüstern mit TN andeuten. 2. Lenken Sie die Aufmerksamkeit auf das Beispielkärtchen und zeigen Sie es nach Möglichkeit vergrößert in der interaktiven Version des KB. → 🖵 **Orientierung** Schreiben Sie anschließend ein ähnliches Kärtchen ans Whiteboard, indem Sie eine / einen TN auswählen, ohne den Namen zu nennen. Schreiben Sie die Ihnen bekannten Informationen zu der / dem TN ans Whiteboard. Teilen Sie bereits hier den Kurs in Gruppen ein und geben Sie jeder Gruppe je ein Kärtchen zum Beschriften. Sagen Sie noch einmal: „Wählen Sie heimlich eine Person aus Ihrer Gruppe. Schreiben Sie den Namen nicht und notieren Sie Informationen wie im Beispiel." Lassen Sie die Gruppen anschließend die Kärtchen tauschen. 3. Lassen Sie vier TN den Beispieldialog vorlesen und sagen Sie: „Besprechen Sie sich eine Minute in dieser Weise." Die TN besprechen sich. Achten Sie auf die Verwendung der Redemittel. 4. Holen Sie den Kurs wieder ins Plenum zurück und lassen Sie die Beispiele in den Sprechblasen vorlesen. Vergrößern Sie diese nach Möglichkeit auch in der interaktiven Version des KB. → 🖵 **Orientierung** 5. Teilen Sie den Kurs in vier oder eine andere gerade Zahl von Kleingruppen ein. → ▨ **Gruppenbildung** Immer zwei Gruppen spielen gemeinsam und erraten die Person auf ihren Kärtchen. Gehen Sie herum und geben Sie Hilfestellung. Regen Sie mehrere Spielrunden an. **Tipp:** Vermeiden Sie es, zur Verdeutlichung von *heimlich* den Finger an den Mund zu legen und einen Laut wie „pscht" zu machen. Das kann von manchen erwachsenen Lernenden als beleidigend empfunden werden.

Glückwunsch! / Pekka
Unterrichtspläne

Miteinander! Deutsch für Alltag und Beruf A1.2
Lektion 16

2	**Material:** Kärtchen
	1. Wie auch bei Station 1 bietet es sich hier an, die Übung im Plenum anzuleiten und sie nicht im eigentlichen Sinne als Station anzubieten. Lesen Sie die Arbeitsanweisung vor und zeigen Sie die Beispielkärtchen, wenn möglich, in der interaktiven Version des KB oder schreiben Sie sie ans Whiteboard. → 🖥 **Orientierung** Halten Sie wie in der Illustration im KB eine Anzahl Finger (1, 4 oder 5) hoch und schauen Sie erwartungsvoll in die Runde. Animieren Sie die TN in dieser Weise, im Chor zu sprechen und sagen Sie zur Erklärung: „Ich bin jetzt Dirigent(in)." → ❎ **Aussprachetraining: Chorisches Sprechen** Die TN sprechen je nach hochgehaltener Zahl die Beispielsätze 1, 4 oder 5 aus dem Buch. Bitten Sie die TN, den gesprochenen Satz so oft zu wiederholen, bis Sie eine andere Zahl nennen.
	2. Verweisen Sie auf die Redemittel auf S. 90 und sagen Sie: „Schreiben Sie fünf Kärtchen und bestimmen Sie eine Dirigentin / einen Dirigenten." Jede / Jeder spricht den eigenen Satz und wiederholt ihn so lange, bis die Dirigentin / der Dirigent eine andere Zahl zeigt. Die TN sollen Spaß an der Kakophonie haben. → ❎ **Gruppenbildung**
	3. Die TN spielen in den Gruppen. Gehen Sie herum und geben Sie Hilfestellung. Ermuntern Sie die TN zu möglichst häufigem Wiederholen ihrer Sätze.
	Tipp: Sollte eine Gruppe signalisieren, dass sie fertig ist, können Sie anregen, die Kärtchen untereinander zu tauschen, sodass nun die TN die Sätze ihrer Partnerinnen und Partner sprechen.
3	**Material:** 3 Plakate
	1. Lesen Sie die Arbeitsanweisung und die Fragen vor und vergrößern Sie den Ausschnitt mit den Fragen nach Möglichkeit in der interaktiven Version des KB. Sagen Sie: „Machen Sie in den Gruppen Notizen zu den Fragen." Es bietet sich an, die für Station zwei eingeteilten Gruppen beizubehalten.
	2. Die TN machen Notizen. Gehen Sie herum und geben Sie Hilfestellung. Bereiten Sie drei Plakate vor und hängen Sie sie auf.
	3. Gestaltung der Plakate: Bitten Sie die Gruppen, eine Person pro Frage/Plakat zu bestimmen, die die Gruppenergebnisse auf dem jeweiligen Plakat einträgt. Gehen Sie am Ende dieser Arbeitsphase wieder zurück in die Plenumsform und lesen Sie für alle laut die Ergebnisse vor. Stellen Sie Fragen und geben Sie den TN Gelegenheit, Fragen zu stellen und Reaktionen zu zeigen, indem Sie per Daumenabfrage → ❎ **Feedback** zwischendurch ein Stimmungsbild zu einem Statement sichtbar machen.

Lernfortschrittstest

	HINWEISE
	Nach Abschluss der Lektion können die Lernenden den Lernfortschrittstest 8 im Arbeitsbuch, Seite 188 bis 191, durchführen (im Unterricht oder zu Hause).

Miteinander! Deutsch für Alltag und Beruf A1.2
Methodenglossar

Aussprachetraining

Das Aussprachetraining (siehe dazu auch die Übungen im Arbeitsbuch) sollte über den Fokus auf den Einzellaut hinausgehen und die suprasegmentale Ebene, d.h. die Worte und Sätze als Ganzes einbeziehen. Dabei geht ein gezieltes Aussprachetraining im Optimalfall auf die individuellen Bedürfnisse der einzelnen Lernenden ein – dies kann im Rahmen dieser Kurzhandreichung jedoch nicht dargestellt werden.

In Kombination mit dem Training von grammatischen Phänomenen gibt es je nach Länge und grammatischer Struktur des Satzes zwei einfache Trainingsmöglichkeiten.

<u>Chorisches Sprechen:</u> Eine Zeit lang war das chorische Sprechen verpönt, weil es als Drill galt und mit reinem Frontalunterricht verbunden wurde. Für das Aussprachetraining und die Verinnerlichung grammatischer Strukturen hat es aber durchaus seine Berechtigung. So kann das chorische Aufsagen von Verbkonjugationen zu einer verbesserten Aussprache und einem besseren Bewusstsein für die Verbendungen beitragen. Darüber hinaus kann das chorische Sprechen Hemmungen bei schüchternen TN abbauen. Zudem ist erwiesen, dass gleichzeitiges Hören und Sprechen die Aussprache verbessert, ohne dass eine für die TN öfter unangenehme Einzelkorrektur notwendig ist.

<u>Aufbauendes Sprechen:</u> Beim aufbauenden Sprechen wird der Satz zunächst reduziert und dann wieder zu seiner vollen Länge aufgebaut. Da sich die Lernenden nur begrenzt viele Wörter auf einmal merken können, gilt als Faustregel, dass für das Training nur Sätze oder Sinneinheiten von 9–12 Silben zu wählen sind. Sprechen Sie vor und lassen Sie die TN wiederholen.

Beispiel 1:
 Kommst du morgen früh mit dem Bus?
 Kommst du?
 Kommst du morgen?
 Kommst du morgen früh?
 Kommst du morgen früh mit dem Bus?

Beispiel 2 (geeignet für das Einüben der Satzklammer – Modalverben, trennbare Verben, Perfekt):
 Ich kann leider morgen nicht für Sie einkaufen.
 Ich kann einkaufen.
 Ich kann nicht einkaufen.
 Ich kann morgen nicht einkaufen.
 Ich kann morgen nicht für Sie einkaufen.
 Ich kann leider morgen nicht für Sie einkaufen.

<u>Back-Chaining:</u> Das aufbauende Sprechen vom Ende eines Satzes her ist für das Aussprachetraining besonders geeignet. Dabei sollten allerdings Satzintonation und Bedeutung der Äußerung erhalten bleiben. Achtung! Hauptsatz-Nebensatzstrukturen eignen sich hier weniger, weil Intonation und Bedeutung nicht gleich bleiben. Hier ein gut funktionierendes Beispiel mit zwei Hauptsätzen:
 Die Hose gefällt mir sehr gut, aber sie ist mir zu teuer.
 zu teuer.
 sie ist mir zu teuer.
 , aber sie ist mir zu teuer.
 sehr gut, aber sie ist mir zu teuer.
 Sie gefällt mir sehr gut, aber sie ist mir zu teuer.
 Die Hose gefällt mir sehr gut, aber sie ist mir zu teuer.

<u>Wortakzent</u>

– Brummen: Gerade bei Dialogübungen ist es hilfreich, den TN auch die Bedeutung der Stimmlage zu vermitteln und spontane Reaktionen einzuüben. Hierzu eignen sich Brummübungen. Wählen Sie aus einem Dialogmuster kürzere Ausrufe oder Fragen wie: „Super!", „Was soll das?", „Gut gemacht!", „Wie bitte?" Beim Brummen geht es darum, dass die TN sich auf das Intonationsmuster und die Akzentsetzung konzentrieren können. Brummen Sie den TN beispielsweise einige Ausrufe vor und fragen Sie sie, ob sie eine positive oder negative Kommunikationsabsicht heraushören. Brummübungen lassen sich auch als Ratespiel zu zweit umsetzen, indem die TN bei einer Auswahl von Sätzen raten sollen, welcher Satz gebrummt wurde.

Miteinander! Deutsch für Alltag und Beruf A1.2
Methodenglossar

– Klatschen: Üben Sie zwischendurch auch den Wortakzent durch Klatschen. Unbetonte Silben werden dabei leise auf dem Handballen geklatscht und betonte Silben mit der vollen Handfläche. Bei trennbaren Verben ist ein Einüben des Wortakzents auch deshalb sinnvoll, da eine falsche Betonung der Vorsilbe eine Sinnverschiebung bewirken kann.

– Stampfen: Ähnlich wie das Klatschen von Wort- oder Satzakzenten dient das Stampfen dazu, die Rhythmusübung mit Bewegung zu verbinden. Dazu können Sie sich beispielsweise im Kreis aufstellen und Wort- oder Satzakzente gemeinsam sprechen und stampfen oder alle einzeln im Kurs umhergehen lassen und dabei rhythmisch sprechen und gehen.

Eine wichtige Komponente des Aussprachetrainings und eine gute Möglichkeit für die Aneignung eines neuen phonetischen Systems ist das Singen von Liedern oder das Sprechen von Zungenbrechern. Beides dient außerdem dem Energieaufbau und der Auflockerung des Unterrichts. Nutzen Sie ggf. das Internet / YouTube zur Unterstützung.

Tipp: Lassen Sie sich auch Zungenbrecher in den Herkunftssprachen der TN aufsagen.

Energieaufbauübungen

<u>Obstsalat</u>: Bilden Sie mit den TN einen Stuhlkreis. Sie selbst stehen und haben keinen Stuhl. Es gibt also einen Platz zu wenig. Lassen Sie die ersten drei TN jeweils eine Sorte Obst sagen, z. B. *Apfel, Birne, Banane*. Ordnen Sie jedem / jeder TN eine der drei Obstsorten zu. Sagen Sie dann z. B. „Äpfel" und ergänzen Sie: „Bitte aufstehen." Unterstützen Sie Ihre Aufforderung mit einer Geste. Sagen Sie dann: „Bitte suchen Sie sich einen neuen Platz." Das heißt, alle TN, die Äpfel sind, müssen aufstehen und sich einen neuen Platz suchen. Sie suchen sich ebenfalls einen Platz, sodass ein / e TN übrig bleibt. Diese / r TN sagt eine neue Obstsorte und sucht sich einen Platz, sobald die TN mit dieser Sorte aufgestanden sind usw. Wenn jemand „Obstsalat" sagt, müssen alle TN aufstehen und sich einen neuen Platz suchen. Dieses Spiel können Sie mit allen möglichen Wortfeldern durchführen.

<u>Links – rechts</u>: Bitten Sie die TN in einen Kreis in der Mitte des Kursraums. Alle stehen. Sehen Sie die / den TN neben sich auffordernd an und bedeuten Sie ihr / ihm, auf Ihre Füße zu achten. Stampfen Sie mit Ihrem linken und dann mit dem rechten Fuß auf und sagen Sie dabei „links, rechts". Zeigen Sie auf den linken Fuß der / des TN neben Ihnen und sagen Sie „links". Der TN soll nur einmal den linken Fuß heben und wieder aufstellen. Will sie / er weitermachen, machen Sie mit der Hand ein Stoppzeichen und stampfen wiederum mit ihrem rechten Fuß auf. Sagen Sie „rechts" und „fertig". Lassen Sie die / den TN neben sich neu beginnen und wiederum mit der / dem TN neben sich interagieren. TN1 stampft also links und rechts, dann TN2 mit links und der TN1 wiederum mit rechts. Dann beginnt TN2 von Neuem. Gehen Sie herum und sprechen Sie immer abwechselnd „links, rechts", während Sie auf die Füße der TN deuten. Ermutigen Sie die TN auch, während sie mit den Füßen stampfen, selbst „links, rechts" zu sagen.

<u>Nüsse weitergeben</u>: Bringen Sie einen Sack Walnüsse mit in den Unterricht und verteilen Sie an jede / jeden zweite / n TN jeweils zwei Nüsse. Die TN stellen sich im Kreis auf. Die TN mit den Nüssen sollen nun ihre Hände kreuzen und die Nüsse in die aufgehaltenen Hände der jeweiligen TN neben sich geben. Als Nächstes kreuzen wiederum diejenigen mit den Nüssen die Hände und geben die Nüsse in die aufgehaltenen Hände der TN neben sich.

Feedback

<u>Smileys</u>: Verteilen Sie (am besten laminierte) Kärtchen mit Smileys. Jede / Jeder TN erhält einen lächelnden, einen neutralen und einen unzufriedenen Smiley. Sie lesen die zu bewertenden Themen oder Fertigkeiten vor, zum Beispiel *Ich kann sagen, wie ich heiße und wo ich wohne*. Die TN halten dann alle gleichzeitig das aus ihrer Sicht zutreffende Kärtchen hoch. So können Sie sich einen schnellen Überblick über die Selbsteinschätzung der TN verschaffen. Um diese Feedback-Methode einzuführen, können Sie anfangs einfach am Ende einer Übung fragen, ob die Übung gut geklappt hat, und sehen, welche Smileys die TN hochhalten.

<u>Daumenabfrage</u>: Ein wenig zeitsparender als Smileys und ohne zusätzliches Material einsetzbar ist die Daumenabfrage. Daumen hoch bedeutet *gut*; Daumen waagerecht bedeutet *geht so*; Daumen runter bedeutet *nicht gut*. Bei der Daumenabfrage machen oft nicht alle mit und Sie müssen einzelne TN motivieren, Ihnen ein Feedback zu geben, bis sie sich an diese Form der Abfrage gewöhnt haben.

Miteinander! Deutsch für Alltag und Beruf A1.2
Methodenglossar

<u>Punkteabfrage</u>: Mit der Punkteabfrage können Sie Meinungs- und Stimmungsbilder erheben. Schreiben Sie dafür eine Frage / mehrere Fragen oder z. B. eine Themenauswahl an ein Flip-Chart und verteilen Sie an die TN Klebepunkte. Dabei können Sie den TN entweder nur je einen Klebepunkt geben und diese z. B. auf eine Achse von *sehr wenig* bis *sehr viel* oder *nicht wichtig* bis *sehr wichtig* etc. verteilen lassen. Oder Sie verteilen drei Klebepunkte, die die TN z. B. bei einer Liste von Themen je nach subjektiver Einschätzung der Wichtigkeit hinter die einzelnen Themen von Interesse kleben. Sie können auch mit Klebepunkten in unterschiedlichen Farben arbeiten. Legen Sie dazu am Whiteboard die Bedeutung der jeweiligen Farbe fest.

Galerierundgang

Der Galerierundgang dient dazu, Arbeitsergebnisse aus Einzel-, Partner- oder Gruppenarbeit der gesamten Lerngruppe zugänglich zu machen. Produkte wie Texte, Plakate, Kurszeitungen werden im Klassenraum aufgehängt. Die TN gehen alleine, zu zweit oder in Gruppen zu den Aushängen. Je nach Zielsetzung betrachten / lesen sie die Werke, sprechen darüber oder bewerten diese z. B. nach Interesse mit Klebepunkten. Manchmal hilft es, dabei leise Musik laufen zu lassen, um eine entspannte Atmosphäre zu schaffen. Die TN lassen sich dann eher auf die Ergebnisse der anderen ein.

Gruppenbildung

Tipp: Stellen Sie <u>vor</u> der Gruppenbildung immer die Aufgabe, die anschließend in den Gruppen bearbeitet werden soll.

Grundsätzlich können Sie auf drei Arten Gruppen bilden:
<u>Einteilung durch die Kursleitung</u>: Sie entscheiden, wie sich die Gruppen zusammenfinden sollen. Sprechen Sie die TN mit Namen an und zeigen Sie mit klaren Gesten, wer zusammenarbeiten soll. Vorteil: Sie können z. B. steuern, dass lerngewohnte und lernungewohnte TN zusammen in eine Gruppe kommen.
<u>Zufallsgruppen</u>: Vorteil: Es ergeben sich immer wieder neue Lernkonstellationen. Die Zusammensetzung der Gruppen erfolgt z. B. durch
- Abzählen: Die TN zählen der Reihe nach immer wieder 1–4, alle mit Ziffer 1 gehen in eine Gruppe etc.
- Losverfahren: Die TN ziehen Kärtchen / Knöpfe / Bonbons aus einem Säckchen. Die mit den gleichen Farben / Formen … gehen in eine Gruppe.
- Zerschnittene Bilder: Jede/r TN bekommt den Teil eines zerschnittenen Bildes (quasi ein Puzzleteil). Die TN gehen im Raum umher und suchen die anderen Bildteile. Jedes zusammengesetzte Bild ergibt eine Gruppe.

<u>Wahlgruppen</u>: Die TN wählen, mit wem sie in einer Gruppe sein wollen. Eine einfache und schnelle Variante sind die „Murmelgruppen", d. h. die TN wenden sich nach links oder rechts und sprechen mit ein bis zwei anderen TN. Die Wahl der Gruppe kann sich aber auch je nach Interesse, Thema, Herkunftssprache, Sympathie … vollziehen (Lernerautonomie). Um thematisch ausgerichtete Gruppen zu bilden, sollten Sie die zur Auswahl stehenden Themen am Whiteboard sammeln. Die TN stehen auf und schreiben ihren Namen zu dem Thema, das sie interessiert.

Kettenübung

Kettenübungen können dazu eingesetzt werden, um sich mit dem neuen Sprachmaterial vertraut zu machen. Dabei geht es dann darum, die TN dazu zu bewegen, die Wörter / Ausdrücke / Wendungen erstmals in den Mund zu nehmen.
<u>Durchführung</u>: Beginnen Sie, indem Sie die Frage und die Antwort mehrmals vorsprechen. Verdeutlichen Sie durch Ihre Körpersprache, dass es sich um einen Dialog handelt. Für den Anfang können Sie den Minidialog auch an das Whiteboard schreiben. Später sollten Sie die Sätze wieder zudecken oder wegwischen, damit die TN sprechen und nicht lesen. Sprechen Sie nun die / den erste/n TN an und lassen Sie sie / ihn antworten oder wiederholen.
Beispiel:
- ◆ Was machst du gern?
- ◉ Ich lese gern. Und du? Was machst du gern?
- ▲ Ich gehe gern spazieren. Und …?

Miteinander! Deutsch für Alltag und Beruf A1.2
Methodenglossar

Lassen Sie die / den TN nun die Sitznachbarin / den Sitznachbarn fragen. Diese Person antwortet und fragt wiederum die nächste Person.

Wenn Sie die Kettenübung im Kurs als Methode gerade erst einführen oder einen Kurs mit lernungewohnten TN haben, ist es sinnvoll, den Dialog mit mehreren TN durchzuspielen, bevor Sie die Kettenübung machen lassen.

<u>Ihre Rolle:</u> Die Kettenübung ist eine Form des stark gesteuerten Übens und bedarf einer konzentrierten Arbeitsatmosphäre. Wichtig ist, dass Sie als KL diese Konzentration ebenfalls ausstrahlen und sich in Ihrer gesamten Körpersprache der / dem gerade sprechenden TN zuwenden. Machen Sie deutlich, dass Sie diese Aufmerksamkeit auch von allen anderen TN im Kurs erwarten. Fehler sollten in dieser Phase korrigiert werden. Achten Sie aber darauf, dass Sie die Grenzen schüchterner TN nicht überschreiten und dass alle TN eine solidarische Arbeitshaltung einnehmen.

Kugellager: siehe *Uhrwerk*

Kursspaziergang

Kursspaziergänge aktivieren die TN und sorgen für ein kooperatives Lernklima. Außerdem lösen sich die TN vom Buch. Sie können flexibel zur Wiederholung oder für freiere Anwendungen des Lernstoffs genutzt werden. Die TN gehen im Kursraum umher. Wenn sich zwei TN begegnen, sprechen sie miteinander, je nach Aufgabenstellung z. B. anhand eines Musterdialogs (Whiteboard, kann mit der Zeit gelöscht werden), eines Fragebogens oder anhand von Rollen- oder Lernkärtchen. Bei einem Kursspaziergang sollte echte Kommunikation angeregt werden.

Tipp: Es ist möglich, dass sich ein Kurs überwiegend aus TN zusammensetzt, denen Unterrichtsmethoden fremd sind, die ein Aufstehen vom Platz erfordern. Diese TN sind den Fokus auf die Lehrperson gewohnt und müssen kooperativeres und selbstständigeres Lernen erst einüben. Musik ist eine Möglichkeit, die TN zum Verlassen ihrer angestammten Plätze zu bewegen. Lassen Sie Musik – möglichst Instrumentalmusik – einfach nebenbei leise laufen. Oder nutzen Sie Musik als Signal für Bewegung im Kurs und einen Stopp der Musik als Signal für die Durchführung einer kommunikativen Aktivität (z. B. Dialog sprechen).

<u>Ihre Rolle:</u> Sie können außer- oder innerhalb des Geschehens stehen. Wenn Sie den Beobachtungsposten wählen, können Sie besser überwachen, dass alle tatsächlich Deutsch sprechen und ein stetiger Wechsel der Kärtchen und Lernpartnerinnen / -partner stattfindet. Sie stehen außerdem für eventuelle Fragen der TN zur Verfügung. Es macht aber den TN Spaß, wenn auch Sie als Übungspartnerin / -partner zur Verfügung stehen und die Aufgaben mit den TN durchspielen. Insbesondere bei Kärtchen mit Sprechanlässen ist diese Rolle sinnvoll, weil die TN versuchen werden, Sie nachzuahmen.

Lebende Sätze

Lebende Sätze sind eine gute Möglichkeit, Satzstrukturen für die TN nicht nur sichtbar, sondern auch körperlich erfahrbar zu machen. Die Grundidee ist, dass die TN Kärtchen erhalten, auf dem ein Satzteil steht. Die TN stellen sich im Raum zu einem Satz auf, während andere TN den Satzbau überprüfen.

<u>Vorbereitung und Durchführung:</u> Wählen Sie Beispielsätze, in denen das zu übende grammatikalische Phänomen vorkommt, und schreiben Sie jeden Satzteil auf ein Kärtchen. Dabei können modale oder temporale Angaben als Gesamtheit auf ein Kärtchen geschrieben werden. Zum Beispiel:

| Ich | arbeite | am Mittwoch. | | Am Mittwoch | arbeite | ich | von 13 bis 19 Uhr. |

Fragen Sie immer auch nach Varianten in der Satzstellung.

<u>Einsatzmöglichkeiten:</u> Besonders geeignet ist diese Methode zur Bewusstmachung der Stellung des Verbs im Satz (z. B. Aussagesatz, W-Frage und Ja-/Nein-Frage). Später auch für das Üben der Satzklammer bei Modalverben, im Perfekt und der Verwendung des *würde*-Konjunktivs sowie zum Training der Stellung des Verbs in Haupt- und Nebensatzkonstruktionen.

Miteinander! Deutsch für Alltag und Beruf A1.2
Methodenglossar

Memospiele

Das Training der Gedächtnisleistung ist für den Lernprozess entscheidend – und kann durch spielerische Aktivitäten erfolgen.

<u>Kim-Spiele:</u> Diese Übungen zur Wahrnehmung und Merkfähigkeit lassen sich im Unterricht schnell und gleichsam nebenher einsetzen. Wichtig ist nur, dass mit Realien gespielt wird. Sammeln Sie beispielsweise Arbeitsmaterialien der TN auf einem Tisch und nennen Sie die Namen und Artikel. Decken Sie die Gegenstände danach mit einem Tuch ab. Die TN sagen noch einmal, welche Gegenstände vorher sichtbar waren. Nicht immer lässt sich der Tisch mit Materialien aus dem Kurs bestücken. Bringen Sie je nach Lektionswortschatz auch Dinge mit wie beispielsweise Verpackungen von Lebensmitteln oder Obst und Gemüse.

Kim-Spiele lassen sich auch in Gruppen durchführen. Die TN wählen selbst, welche Gegenstände sie verwenden wollen. Der Vorteil von Kim-Spielen in kleineren Gruppen ist, dass nicht nur der Sehsinn, sondern auch der Hör- und Tastsinn angesprochen werden kann, wenn Sie den TN die Aufgabe geben, die Gegenstände durch Tasten oder Hören zu erkennen. Beim Tasten können die Gegenstände unter einem Tuch sein, aber auch bei verbundenen Augen in die Hand gegeben werden. Beim Hören können Sie beispielsweise mit einem Bleistift auf die Gegenstände klopfen lassen.

<u>Memo-Spiele:</u> Für diese Erinnerungsspiele auf der Basis von Wort- und/oder Bildkarten benötigen Sie einen Satz beschrifteter / bebilderter Karten, aus dem sich jeweils Paare bilden lassen. Mit Memo-Spielen lassen sich sowohl Wortschatz als auch Strukturen einüben. Memo-Spiele dienen nicht nur der Wiederholung, sondern bieten auch die Möglichkeit, eine Struktur oder einen Zusammenhang spielerisch zu erarbeiten.

<u>Körpermemo:</u> Bei diesem Gedächtnisspiel wird allgemein gesprochen ein intellektueller Inhalt mit einer Geste oder Bewegung verbunden und auf diese Weise die Vernetzung und Verankerung des zu lernenden Inhalts unterstützt. Beim Körpermemo ermutigen Sie die TN, Wörter oder Chunks mit bestimmten Gesten zu verknüpfen. Entwickeln Sie gemeinsam mit den TN kleine Handspiele beispielsweise für die Personalpronomen oder Präpositionen, indem Sie sie mit einer Handbewegung verknüpfen. Machen Sie für die erste Handbewegung selbst einen Vorschlag (z. B. die rechte Hand auf die linke Hand legen für *auf)* und fragen Sie bei der nächsten Präposition oder beim nächsten Personalpronomen etc. die TN, welche Handbewegung sie vorschlagen möchten bzw. sagen Sie das Wort und warten Sie auf eine Reaktion aus dem Plenum.

Eine Erweiterung dieser Technik stellt das Einüben von Redemitteln durch die TN dar. Hierbei ist es besonders wichtig, dass die TN das jeweilige Redemittel mit einer eigenen Geste belegen, die die Bedeutung des Redemittels transportiert bzw. unterstreicht. Bei dieser Übung finden Sie relativ schnell heraus, ob die TN die Bedeutung eines Satzes oder Chunks verstanden haben oder etwas völlig anderes damit verbinden.

Paarbildung

Siehe auch *Gruppenbildung*. Das Bilden von Zufallspaaren erfolgt z. B. durch

<u>Memo-Spiel-Karten:</u> Die TN finden sich nach den zusammengehörigen Motiven oder Wort-Bild-Kombinationen zusammen.

<u>Zerschnittene Komposita-Kärtchen:</u> Jede/r TN bekommt ein Nomenkärtchen und sucht eine Person mit dazu passendem Nomen, sodass sich ein Kompositum ergibt.

Salat	Schüssel	Tomaten	Soße

Manchmal sind mehrere Kombinationen möglich. Lassen Sie die TN probieren. Wenn am Ende zwei übrig bleiben, deren Kärtchen nicht zusammenpassen, fordern Sie sie auf, noch einmal mit den anderen gemeinsam eine neue Lösung zu finden.

<u>Wollfäden:</u> Schneiden Sie etwa 1,50 m lange Wollfäden zurecht – Anzahl in Höhe der Hälfte der TN. Ballen Sie die Wollfäden zusammen, sodass nur die Enden aus ihrer geballten Hand herausschauen. Bitten Sie die TN, in die Raummitte zu kommen und je eines der losen Enden zwischen zwei Finger zu nehmen. Wenn jede/r TN ein Ende in der Hand hält, lassen Sie los. Das durch den Wollfaden verbundene Paar gehört zusammen.

<u>Alphabetisch:</u> Die TN stellen sich alphabetisch nach Anfangsbuchstaben der Vor- oder Nachnamen auf. Alternative: Jede/r TN bekommt ein Kärtchen mit einem Wort aus dem bereits gelernten Lernwortschatz. Die TN stellen sich nach der alphabetischen Reihenfolge der Wörter auf, ohne einander die Kärtchen zu zeigen, also nur auf der Basis von Sprechen und Hören. Dann zeigen alle ihre Kärtchen und kontrollieren die Position in der Reihe. Die Person, die neben einem steht, ist die Partnerin / der Partner.

Miteinander! Deutsch für Alltag und Beruf A1.2
Methodenglossar

Satzpuzzle

Durch das Herstellen von Satzpuzzles können Sie den Satzbau üben – siehe auch *Lebende Sätze*.
<u>Vorbereitung</u>: Wählen Sie passende Sätze und schreiben Sie jeden Satzteil auf ein Kärtchen (siehe: *Lebende Sätze*).
<u>Durchführung</u>: Die Kärtchen eines Satzes werden gemischt. Je zwei TN bekommen einen Kärtchensatz und legen die Kärtchen in eine / mehrere passende Reihenfolge/n. Die möglichen Satzvariationen werden auf ein Blatt Papier notiert.
<u>Binnendifferenzierung</u>: Lerngewohnte TN erstellen die Satzpuzzles in PA selbst und tauschen die Kärtchen dann mit einem anderen Paar.
<u>Varianten</u>: Sie können mehrere Sätze vom selben Format (beispielsweise *weil*-Sätze) herstellen, indem Sie pro Satz jeweils eine Papierfarbe wählen, um die Kärtchen leicht separieren zu können. Es ist aber auch möglich, dass ein Kartensatz einer Farbe bis zu fünf Sätze enthält. Dann sind verschiedene Lösungskombinationen möglich. Bei dieser Variante ist es nötig, dass Sie als KL zu den Tischen der TN gehen und die Richtigkeit der gelegten Sätze überprüfen. Schreiben Sie anschließend gemeinsam einige Beispiellösungen ans Whiteboard. Hierbei können die TN entdecken, welche Variablen es gibt und welche Elemente fest / relativ fest gefügt sind.

Tipp: Halten Sie zu den Sätzen ein Lösungsblatt bereit, um den TN die Möglichkeit zur Selbstkontrolle zu geben.

Smartphone

Da es sich bei den Lernenden in Integrationskursen um Erwachsene handelt, empfiehlt es sich nicht, die Smartphones einzusammeln oder die Nutzung ganz zu untersagen. Besprechen Sie aber mit den TN die Regeln für die Benutzung von Smartphones während der Unterrichtszeit und gehen Sie davon aus, dass es wichtige Gründe gibt, wenn die TN während des Unterrichts ans Telefon gehen. Bitten Sie sie dann, ihr Gespräch außerhalb des Kursraums zu führen und leise den Raum zu verlassen.
Wenn alle TN ein Smartphone haben und der Einsatz im Unterricht erlaubt ist, können Sie es für vielfältige Aufgaben nutzen – aber die Tastatur muss auf Deutsch eingestellt sein!
<u>Diktat</u>: Über die Smartphone-Funktion *Texterkennung* können die TN Wörter / Sätze auf Deutsch sagen und ausprobieren, ob das Smartphone sie versteht.
<u>Autokorrektur</u>: Die TN können die richtige Schreibung von Wörtern prüfen.
<u>Chat</u>: Die TN schicken sich gegenseitig Sprach- oder Textnachrichten. Letzteres ist auch ohne Smartphone-Einsatz möglich: Jeder TN beginnt einen Gruppenchat auf Papier. Die Papiere werden aufgehängt. Die TN gehen im Raum umher und notieren Antworten / andere Beiträge.
<u>Foto und Film</u>: Die TN nehmen zu Hause / im Kurs Fotos / Filme auf. Diese können z. B. als Aufgaben an andere TN verschickt werden (*Wie heißt das auf Deutsch?*) oder als Sprechanlass dienen.
<u>Recherche</u>: Das Smartphone wird für Rechercheaufgaben genutzt (Bild zu unbekanntem Wort suchen, Übersetzung suchen, Informationen recherchieren).

Sonnenaufgang

Dieses Ratespiel eignet sich zur Einführung neuer Wörter oder zur Wiederholung bekannter Wörter. Gewonnen hat die Gruppe, die das gesuchte Wort zuerst erraten hat.
<u>Durchführung</u>: Teilen Sie die TN in zwei konkurrierende Gruppen ein. Zeichnen Sie dann entsprechend der Anzahl der Buchstaben des gesuchten Wortes horizontale Linien ans Whiteboard. Die Gruppen geben Ihnen je abwechselnd einen Buchstaben vor. Enthält das Wort den Buchstaben, notieren Sie ihn auf die richtige Linie. Falls nicht, notieren Sie den Buchstaben an den Rand und zeichnen den Anfang einer Sonne (erster Schritt: ein Kreis). Bei jedem weiteren falsch geratenen Buchstaben zeichnen Sie einen weiteren Strahl der Sonne. Sobald die Sonne zwölf Strahlen hat, haben Sie gewonnen und lösen das Wort auf.

Miteinander! Deutsch für Alltag und Beruf A1.2
Methodenglossar

Speed-Dating

Ebenso wie in der Methode *Uhrwerk* geht es hier darum, den Sprachfluss zu fördern und einen Wechsel der Gesprächspartnerinnen und -partner herbeizuführen. Die Zeit pro Partnerin / Partner sollte etwas großzügiger bemessen sein als bei *Uhrwerk* – und die Aufgabe kommunikativ ausgerichtet sein.

Durchführung: Die TN stehen oder sitzen einander in zwei Reihen gegenüber und sprechen über ein vorgegebenes Thema, beispielsweise *Hobbys*. Geben Sie für die Kurzgespräche eine Zeit zwischen 1–2 Minuten vor. Nach Ablauf der Zeit geben Sie ein Zeichen, und die TN einer Reihe gehen einen Platz weiter und sprechen mit ihrem neuen Gegenüber. Dabei muss die hinterste Person nach vorne kommen, um den frei gewordenen Platz einzunehmen.

Tipp: Verwenden Sie einen Gong oder eine Gong-App, um die Unterbrechung der Gespräche nach Ablauf der Zeit weniger harsch zu gestalten. Die Gespräche können dann idealerweise mit dem Verklingen des Gongs langsam enden.

Standbild

Das Standbild ist im DaZ-Unterricht eine eingefrorene Konstellation einer Gesprächssituation. Mit dieser Technik können Sie in Situationen einführen und / oder das Vorwissen der TN aktivieren.

Durchführung: Eine Gruppe von TN spielt eine Situation nach, nimmt beispielsweise angeregt durch das Einstiegsfoto einer Lektion die Positionen der Akteure auf dem Foto ein. Jeder / Jedem darstellenden TN wird eine / ein weitere/r TN zur Seite gestellt, die / der für die darstellende Person spricht. Es ist auch möglich, dass sich nacheinander verschiedene TN hinter die darstellende Person stellen, eine Hand auf deren Schulter legen (wenn die TN Körperkontakt erlauben) und unterschiedliche Dinge sagen.

Auf diese Weise kann das situative Improvisieren geübt werden und die TN lernen, ihre sprachlichen Mittel gemäß einer Situation einzusetzen und zu variieren.

Stationenlernen

Das Stationenlernen ist eine Methode zum binnendifferenzierten Lernen, weil es den TN die Möglichkeit gibt, ihren Lernprozess selbst zu steuern.

Durchführung: Besprechen Sie die Aufgabenstellungen aller Stationen im Plenum, bevor die TN an die Stationen gehen. Richten Sie die Stationen ein, indem Sie die TN bitten, außer ihrem Schreibmaterial alles von den Tischen zu räumen. Bauen Sie dann die Lernstationen in Form von Tischgruppen im Kursraum auf. Bei großen Gruppen empfiehlt es sich, ggf. jeweils zwei Tischgruppen für eine Station vorzubereiten (im KB werden in der Regel drei Stationen angeboten). Bereiten Sie großformatige Kärtchen mit den Arbeitsaufträgen je Station vor. Vergrößern Sie dafür die Seite im KB am Kopierer und laminieren Sie die Aufgaben-Karten für die Stationen. Bereiten Sie ggf. Lösungsbögen vor, die Sie an einer Stelle im Kursraum bereitlegen und die die TN einsehen können, sobald sie eine Aufgabe bearbeitet haben. So stärken Sie die Autonomie der Lernenden.

Zeit: Prinzipiell sollen die TN selbstständig entscheiden, wie lange sie an einer Station verweilen. Aber auch die Einteilung der Lernzeit ist ein Lernziel. Unterstützen Sie ggf. mit einem Timer und geben Sie ein Zeitlimit für das Stationenlernen insgesamt vor.

Uhrwerk

Wie beim *Speed-Dating* geht es bei dieser Methode darum, den Sprachfluss zu fördern und in regelmäßigen Abständen einen Partnerwechsel herbeizuführen. Im Gegensatz zum *Speed-Dating* wird diese Methode immer im Stehen durchgeführt – und der Wechsel erfolgt schneller.

Durchführung: Die TN stellen sich in einem inneren und einem äußeren Kreis gegenüber auf und sprechen über ein vorgegebenes Thema miteinander. Nach Ablauf einer zuvor vereinbarten Zeit (1–2 Minuten) geben Sie ein Zeichen, und der äußere Kreis dreht sich nach links und der innere Kreis nach rechts.

Miteinander! Deutsch für Alltag und Beruf A1.2
Methodenglossar

Wimmeln

Wimmeln ist im Vergleich zum *Kursspaziergang* eine stärker gesteuerte Übungsform. Sie dient der Festigung und Wiederholung von Lerninhalten und ist vorkommunikativ.

<u>Durchführung</u>: Wimmelübungen werden idealerweise mit gut gestalteten Kärtchen durchgeführt. Die Kärtchen sollten auf ihrer Rückseite Lösungen haben und so die Möglichkeit zur Selbstkontrolle bieten. Bei offenen Fragen oder kleinen Rollenkarten ist es hilfreich, mit den TN eine oder mehrere Musterlösungen am Whiteboard zu erarbeiten, bevor sie mit dem Wimmeln beginnen. Es geht darum, möglichst viele Karten mit wechselnden Lernpartnerinnen / Lernpartnern zu bearbeiten.

Beispiel: Angenommen, Sie möchten eine Wortschatzübung machen, dann stellen Sie 22 Kärtchen her, auf deren Vorderseite ein Bild und auf deren Rückseite das Nomen mit Artikelwort steht. Geben Sie jeder / jedem TN eine Karte. Danach finden die TN sich zu Lernpaaren zusammen und zeigen sich gegenseitig ihre Karten. Jede / Jeder nennt Nomen und Artikel zu dem Bild auf der Karte des Gegenübers. Danach werden die Karten getauscht und das Paar geht auseinander, um sich eine neue Lernpartnerin / einen neuen Lernpartner zu suchen.

Tipp: Bei der Einführung der Übungsform empfiehlt es sich, nur jeder / jedem zweiten TN ein Kärtchen zu geben. Diejenigen mit leeren Händen erhalten den Auftrag, sich die Kärtchen durch Bearbeitung der Aufgabe zu holen. Sobald das Wandern der Kärtchen gut umgesetzt wird, können Sie allen TN ein Kärtchen geben, sodass dann nach dem Bearbeiten der jeweiligen Aufgabe getauscht wird.

<u>Ihre Rolle</u>: siehe *Kursspaziergang*.

Wortquiz

Diese Methode ist zur Wiederholung des Lernwortschatzes geeignet und dient der Steigerung der Erinnerungs- und Sprechfähigkeit. Auf höheren Niveaustufen kann das Spiel auch nach der Lektüre eines komplexeren Textes gespielt werden. Ansonsten eignet es sich als Wiederholungsübung am Ende einer Lektion oder als Überprüfung einer Wortschatzhausaufgabe.

Es gibt verschiedene Möglichkeiten der Durchführung:

1. Geben Sie den TN einige Minuten Zeit, um sich je drei Lernwörter auszuwählen und sich zu überlegen, wie sie das Wort auf Deutsch erklären / umschreiben / definieren wollen. Anschließend erklären Sie oder ein/e Freiwillige/r das erste Wort. Wichtig! Die Wörter dürfen <u>nicht</u> genannt werden, sondern müssen umschrieben werden. Alle anderen raten. Wer richtig geraten hat, darf das nächste Wort erklären.

2. Bilden Sie Gruppen und lassen Sie pro Gruppe drei Wörter vorbereiten. Anschließend spielen die Gruppen gegeneinander. Verteilen Sie zwei Punkte für ein geratenes und einen Punkt für ein gut erklärtes Wort. Auf diese Weise können auch dann Punkte gesammelt werden, wenn das Wort nicht geraten, aber gut erklärt wurde. Arbeiten Sie hier mit Stoppuhr.

3. Die TN wählen drei Wörter aus einer oder mehreren Lektionen und schreiben sie auf Kärtchen. Sammeln Sie die Kärtchen ein, mischen Sie sie und verteilen Sie sie neu an die TN. Die TN erklären / umschreiben / definieren die Wörter in PA, GA oder im PL. Achten Sie darauf, dass die Wörter nicht vorgelesen, sondern umschrieben oder definiert werden. Wer das Wort errät, bekommt das Kärtchen. Gewonnen hat, wer am Ende die meisten Kärtchen gesammelt hat. Da es bei dieser Variante keine Vorbereitungszeit gibt, ist sie eher für Kurse mit geübteren TN geeignet.

<u>Ihre Rolle</u>: Sie sind der / die Quizmaster/in. Geben Sie den Umfang der Lektionen vor, aus denen die Wörter gewählt werden dürfen. Geben Sie bei Bedarf auch ein Zeitlimit vor und achten Sie auf Fairness. Legen Sie die Regeln fest. Ist beispielsweise Pantomime erlaubt? Oder Zeichnen?

Miteinander! Deutsch für Alltag und Beruf A1.2
Tipps für den digitalgestützten Unterricht

Unterrichtsmodelle

Auch im „klassischen" Unterrichtsmodell (100 % **Präsenzunterricht**), bei dem KL und alle TN physisch im gleichen Raum anwesend sind, lassen sich mithilfe entsprechender Hard- und Software digitale Möglichkeiten nutzen, z. B. ein interaktives Whiteboard und der Einsatz der interaktiven Version des Lehrwerks.

Darüber hinaus sind auch grundsätzlich andere Unterrichtsmodelle möglich, z. B.:

- **Hybridunterricht**: KL und eine Gruppe TN sind physisch im gleichen Raum anwesend, einzelne TN nehmen per Videoschaltung teil – als Gruppe in einem anderen Raum oder einzeln am Rechner sitzend.
- **Online-Unterricht / virtueller Unterricht**: KL und TN sitzen alle individuell am eigenen Rechner.

Minimalanforderung für diese Unterrichtsmodelle ist der Einsatz eines einfachen Videokonferenzsystems – am besten mit der Funktion *Bildschirm teilen*. So können Sie ein Fenster / eine Datei oder bei Bedarf nebeneinander auch zwei Fenster mit den Online-Lernenden teilen. Je mehr Möglichkeiten eines modernen *virtuellen Klassenzimmers* genutzt werden können (z. B. Gruppenräume („Breakout Rooms"), Avatare, „quick-reactions", Handheben, Umfragen, Kommunikationstools (Forum, Chat), kollaborative Schreibtools …), desto vielfältigere Unterrichtsaktivitäten sind im digitalen Raum möglich.

Anpassung von Kursaktivitäten in unterschiedlichen Unterrichtsmodellen

Die im Lehrwerk beschriebenen Aktivitäten lassen sich oft auch im Hybrid- / Onlineunterricht umsetzen, müssen allerdings etwas angepasst werden. Beispiel: *Dialoge erarbeiten und spielen (Lektion Start, 3a/b, S. 12)*:

Präsenzkurs: 1. Die TN spielen den Dialog zu zweit. 2. Die TN erstellen zu drei der sieben Themen Notizen und ein Foto. 3. Die TN machen einen Kursspaziergang, auf dem sie das Foto zeigen und von ihrer Partnerin / ihrem Partner erzählen.

Hybridunterricht: 1. Die TN im realen Kursraum bilden Paare; organisieren Sie für je zwei virtuell zugeschaltete TN einen Gruppenraum (Breakout Room). Die TN spielen den Dialog zu zweit und erstellen zu drei der sieben Themen Notizen und ein Foto. Die TN kontrollieren am Tisch / halten die Notizen in die Kamera und kontrollieren gegenseitig. 2. Wieder im hybriden Plenum: Rufen Sie eine/n TN im Präsenzraum und einen online zugeschalteten TN auf – diese beiden TN sprechen miteinander. Die Themen werden auf einer Online-Liste (kollaboratives Schreibtool im virtuellen Klassenzimmer oder extern, z. B. Padlet) notiert (Alternativ: Es entstehen zunächst zwei Notizen: eine physische im Kursraum und eine online im virtuellen Raum). Dann sind die nächsten beiden TN an der Reihe. Der Kursspaziergang kann auch in diesem Unterrichtsmodell nicht parallel erfolgen, sondern nur sequenziell. Alternativ: Sie stellen Mikrofon und Lautsprecher im Kursraum auf, und die TN arbeiten zunächst in zwei Gruppen, eine physisch präsent, die andere online.

Online-Unterricht: 1. Organisieren Sie für jeweils zwei TN einen Gruppenraum (Breakout Room), die TN spielen den Dialog zu zweit und erstellen zu drei der sieben Themen Notizen und ein Foto. Die TN halten die Notizen in die Kamera und kontrollieren gegenseitig. 2. Wieder im Online-Plenum: Rufen Sie mündlich zwei TN auf – diese beiden TN sprechen miteinander. Die Themen werden auf einer Online-Notiz (kollaboratives Schreibtool im virtuellen Klassenzimmer oder extern, z. B. Padlet) notiert. Dann sind die nächsten beiden TN an der Reihe. Auch in diesem Unterrichtsmodell kann der Kursspaziergang nicht parallel erfolgen, sondern nur sequenziell.

Einstiegsfotos

Um das Interesse der TN zu wecken und Emotionen und Situationen auch ohne Sprache zu kommunizieren, bietet *Miteinander!* sowohl als Einstieg in die Lektionen als auch in die Lerneinheiten an vielen Stellen Einstiegsbilder. Es empfiehlt sich, die Aufmerksamkeit der TN auf die Bilder zu lenken, bevor Sie mit einer Aufgabe beginnen. Öffnen Sie daher die interaktive Version des Lehrwerks auf der entsprechenden Seite und platzieren Sie das Bild mithilfe der Vergrößerungsfunktion möglichst prominent auf dem Bildschirm / der Leinwand. Heben Sie mit der Markierfunktion bestimmte Dinge hervor oder decken Sie zunächst unwichtige Bereiche ab. Schreiben Sie dann mit der Stiftfunktion beispielsweise die Namen zu den jeweiligen Protagonisten / Protagonistinnen.

Miteinander! Deutsch für Alltag und Beruf A1.2
Tipps für den digitalgestützten Unterricht

Energieaufbauübungen

Nach einer gewissen Zeit wird die Konzentration in jedem Unterrichtsmodell nachlassen. Daher ist es wichtig, bei längeren Unterrichtseinheiten unbedingt auch Energieaufbauübungen einzubauen. Für Hybrid- oder Online-Unterricht ist dies besonders wichtig, da das „Starren auf den Bildschirm" ermüdend wirkt. Bei der Aktivierung sollten Sie primär auf Aktivitäten zurückgreifen, die man sitzend oder stehend am Platz durchführen kann. Zum einen sind zwischendurch klassische kleine Gymnastikübungen sinnvoll (Stichwortsuche im Internet: „Bürogymnastik"), zum anderen lassen sich auch Sprachübungen mit Bewegungen im Sitzen verbinden. So können Sie z. B. übertriebene Gesten für *ja ↔ nein* vereinbaren (z. B. *Daumen hoch ↔ Daumen runter* oder *Faust machen, Arme nach vorne strecken und bei waagrechten Oberarmen die Unterarme senkrecht nach oben stellen ↔ Faust machen, Arme nach vorne strecken und bei waagrechten Oberarmen die Unterarme vor dem Gesicht kreuzen*). Animieren Sie die TN so zu kleinen Bewegungen.
So können Sie z. B. nachdem ein Redemittel wie *Er / Sie kommt aus …* eingeführt und geübt wurde, einen Satz über eine/n TN sagen wie: „Malik kommt aus Polen." Die TN reagieren mit der entsprechenden Geste (*ja* für *stimmt ↔ nein* für *stimmt nicht*). Dann sagt ein TN einen ähnlichen Satz usw. Auch im Bereich Grammatik / Wortschatz kann man mit Bewegungen am Platz trainieren: Gesten für die Pronomen; Gesten für die Artikel; Pantomime / Zeigen, das heißt, die TN zeigen das pantomimisch im Kurs / in die Kamera). Oder Sie vereinbaren z. B. Gesten für *Essen* und *Trinken*. Ein TN nennt ein Wort aus dem Wortfeld, die anderen zeigen durch Gesten die passende Kategorie an.

Interaktive Version

In allen Unterrichtsmodellen kann man sowohl mit dem klassischen Buch als auch mit der interaktiven Version arbeiten. Die interaktive Version kann dabei rein zum Präsentieren der Inhalte verwendet werden, was nicht zuletzt für das Abspielen von Mediadateien (Audios, Clips, Filme) praktisch ist (Hinweis: Testen Sie im Vorfeld, ob / wie das Videokonferenzsystem eine Übertragung von Audiodateien vom Computerlautsprecher aus zulässt). Zusätzlich lassen sich durch die integrierten Werkzeuge aber auch Texte / Elemente hervorheben, kommentieren, mit eigenen Texten ergänzen oder abdecken. Und: Viele Übungen sind interaktiviert und können anstelle von / parallel zu / nach der Bearbeitung von Aufgaben im Buch / in der interaktiven Version der TN am Präsentationsbildschirm für alle TN bearbeitet werden. Digitale Kompetenz bedeutet auch, dass Ihre TN die technischen Möglichkeiten beherrschen. So können Sie nach der Einführung der bestimmten Artikel in einer höheren Lektion nach der inhaltlichen Bearbeitung eines Textes (!) zum Beispiel die TN bitten, die Nomen im Text mit der entsprechenden Genusfarbe zu markieren. Oder Sie lassen TN Kommentare zu einem Bild in die interaktive Version schreiben. Es gibt viele Möglichkeiten.
Siehe auch www.hueber.de/digitale-lehrwerke und www.hueber.de/interaktiv

Lektürebegleitendes Visualisieren

Insbesondere beim Lesen von Aufgabenstellungen kann es hilfreich sein, während des lauten Lesens in der interaktiven Version Wörter / Textpassagen mit dem Werkzeug *Textmarker* hervorzuheben. So lassen sich komplexere Aufgabenstellungen z. B. durch das Markieren der Verben sehr schnell auf das Wesentliche reduzieren. Auch beim Erarbeiten von längeren Texten ist es sinnvoll, den Fokus auf für das Leseverstehen wichtige Textpassagen zu legen oder Wörter, die die TN nicht verstehen, für alle sichtbar zu markieren und zu semantisieren. Nutzen Sie zur Worterklärung das Werkzeug *Text einfügen*.

Lösungskontrolle

Auch die Lösungskontrolle von Aufgaben im Kursbuch oder Hausaufgaben im Arbeitsbuch lässt sich mit der interaktiven Version sehr praktisch umsetzen: Nutzen Sie das Werkzeug *Text einfügen*, um begleitend zur Lösungspräsentation durch die TN die richtigen Formen in die Tabelle oder die Angaben in den Lückentext etc. einzutragen, bzw. das Werkzeug *Textmarker*. Zur Lösungskontrolle können Sie die Seite des Lehrwerks in der interaktiven Version über ein interaktives Whiteboard, Beamer bzw. die Funktion *Bildschirm teilen* zeigen.

Miteinander! Deutsch für Alltag und Beruf A1.2
Tipps für den digitalgestützten Unterricht

Orientierung

Es kommt vor, dass die TN „den Wald vor lauter Bäumen nicht sehen", das heißt, dass sie sich auf einer Seite oder innerhalb einer Aufgabe nicht orientieren können. Dies kann z. B. die „Kästen" in *Miteinander!* betreffen, die Hinweise zur Grammatik oder zu anderen Besonderheiten geben oder eine Sammlung an Redemitteln bieten und zur Systematisierung eingesetzt oder einfach dafür genutzt werden, ein Phänomen kurz zu erklären. Für die TN kann es schwierig sein, diese Stellen am Rand der Aufgaben zu finden. Mithilfe der interaktiven Version können Sie die Aufmerksamkeit der TN leicht auf bestimmte Aspekte lenken. Nutzen Sie hierzu den Marker oder zeichnen Sie einen roten Pfeil zu der entsprechenden Stelle oder umranden Sie den Bereich, auf den sich die TN konzentrieren sollen.

Außerdem können Sie in der interaktiven Version auch das Werkzeug *Abdecken* nutzen, um die Aufmerksamkeit der TN zu fokussieren. Beispielsweise können Sie die Personen auf einem Einstiegsbild abdecken und erst Stück für Stück aufdecken oder bei der Kontrolle von Lösungen immer nur den Teil offen legen, um den es gerade geht. Insbesondere lernungewohnte TN haben manchmal eine schlechtere Orientierung in Texten und Büchern. Mithilfe des Werkzeugs *Abdecken* können sie die Stelle, um die es gerade geht, leichter finden.

Tabellen

Der Umgang mit Tabellen ist für lernungewohnte TN nicht selbstverständlich. Insbesondere Spaltenüberschriften können eine Herausforderung sein. Hier bietet die interaktive Version eine praktische Möglichkeit, den Zugang für alle TN gleichzeitig sichtbar zu erleichtern: Mit den Werkzeugen *Textmarker* oder *Stift* können Sie, während Sie die Tabelle erklären, die Aufmerksamkeit der TN lenken.

Insbesondere bei Konjugationstabellen bietet es sich an, die Endungen noch einmal hervorzuheben, während Sie die Tabelle im Chor lesen / sprechen lassen.

Tipps für Clips

In *Miteinander!* gibt es unterschiedliche Arten von Bewegtbildern, die flexibel einsetzbar sind. So können diese Clips / Filme sowohl im Unterricht (synchron für alle TN) als auch von den einzelnen TN individuell und asynchron genutzt werden. Innerhalb einer Lernsequenz können die Clips / Filme sowohl zur Präsentation von Inhalten als auch zur Visualisierung, Vertiefung oder Nachbereitung eingesetzt werden. TN, die an einem Kurstag nicht anwesend waren, können sich z. B. die Clips zu Grammatik / Wortschatz zu Hause ansehen und sich so wieder dem Wissensstand der anderen in der Gruppe annähern.

Clips zu Grammatik

Beispiel: Lektion 9, S. 13, 2a Das Zeichen 👆 bei der Grammatiktabelle verweist auf das Vorhandensein eines Animationsfilms zu diesem Grammatikthema. In dem Film wird die Formenbildung visualisiert, verknüpft mit dem Hören der Formen (Mehrkanaligkeit). Die Lernenden können zunächst die Aufgabe im Buch machen (Tabelle ergänzen), die Lösung kontrollieren und zur Bewusstmachung / Einprägung den Film ansehen. Alternativ kann der Film auch zur Lösungskontrolle eingesetzt werden. Denkbar ist aber auch die umgekehrte Vorgehensweise: Zunächst wird der Film gezeigt. Dann ergänzen die TN wie im Buch vorgesehen mithilfe des situativen Kontextes die Tabelle – oder sie ergänzen mithilfe des Clips die Tabelle und unterstreichen dann die entsprechenden Formen, wie hier in den Sprechblasen von 2a. Der Film kann auch aktivierend eingesetzt werden, z. B. zum Hör-Seh-Verstehen und Nachsprechen.

Regen Sie an, dass die TN sich den Film zu Hause erneut ansehen (so oft sie möchten) – generell zum Einprägen oder z. B. als Vorbereitung auf Arbeitsbuchübungen, hier 1–4, oder als Mittel, um die eigene Lösung der Arbeitsbuchübungen noch einmal kritisch zu hinterfragen, bevor sie mithilfe des Lösungsschlüssels kontrollieren etc.

Clips zu Redemitteln / Kommunikation

Beispiel: Lektion 11, S. 37, Aufgabe B5 Das Zeichen 👆 führt zu einem Animationsfilm. In diesen Filmen werden die Redemittel präsentiert und teilweise auch aktiv geübt (Audiotraining). Dieser Clip lässt sich nach den Aktivitäten im Kurs einsetzen oder als Vorbereitung auf eine Aufgabe (hier B5). Er lässt sich für individuelles Training wie auch für *chorisches Sprechen* in der Gruppe einsetzen. Ebenso können die Lernenden mit dem Clip zu Hause trainieren.

Miteinander! Deutsch für Alltag und Beruf A1.2
Tipps für den digitalgestützten Unterricht

Phonetiktutor

Beispiel: Arbeitsbuch, Lektion 10, S. 131, 11a Bei einer Ausspracheübung im Arbeitsbuch weist das Zeichen auf einen Aussprachefilm hin. Das im Arbeitsbuch behandelte Phänomen wird – unterstützt durch Vorbilder, Gesten, Hilfsmittel – präsentiert, visualisiert und geübt. Die Filme lassen sich sowohl individuell von den TN als auch synchron für alle TN im Kurs einsetzen. Dabei empfiehlt sich oft ein zweimaliges Ansehen – einmal rezeptiv und einmal aktivierend mit Nachsprechen. Die Filme können kombiniert zur Vorbereitung der entsprechenden Arbeitsbuchübungen wie auch als Nachbereitung eingesetzt werden. Und damit können die entsprechenden Aussprachephänomene auch an anderer Stelle im Kurs noch einmal aufgegriffen und geübt werden.

Beispielfilme

Beispiel: Lektion 10, S. 23, rechts unten Das Standbild aus dem Film, versehen mit „Beispiel", führt zu einem „Real-students-Film". Hier zeigen echte Deutsch-Lernende exemplarisch, wie sie eine Fragestellung / Aufgabenstellung beantwortet haben. Damit dienen sie den TN im Kurs als Vorbilder und Sprachmodelle für die Lösung einer Aufgabe. Diese Filme lassen sich vor oder nach der Bearbeitung einer Aufgabe einsetzen. Die TN können damit auch Aufgaben zu Hause vor- bzw. nachbereiten.

Extra-Filme

Den Abschluss jeder Lektion bildet auf der Doppelseite C rechts unten ein Film, der meist auf einer Protagonistin / einem Protagonisten der Lektion basiert. Beispiel: Lektion 11, S. 39, rechts unten Zu jedem dieser Filme gibt es auch eine Kopiervorlage, sodass der Film im Unterricht auch didaktisiert eingesetzt werden kann.

Schnelltest
Kopiervorlage

Miteinander! Deutsch für Alltag und Beruf A1.2
Lektion 09

1 Ordnen Sie zu. ··· WÖRTER

Flughafen ~~Park~~ See Stadt Technikmarkt traurig Zentrum zufrieden

◆ Am Samstagmorgen bin ich im <u>Park</u> (1) gejoggt.

○ Im _____ (2) habe ich ein neues Handy gekauft.

▲ Gestern bin ich im _____ (3) geschwommen. Danach war ich

sehr _____ (4).

▢ Ahmet ist zuerst ins _____ (5) gefahren und hat dann einen Fahrgast zum

_____ (6) gebracht.

✦ Neuberg ist eine kleine _____ (7).

● Mein Fahrrad ist letzte Woche kaputt gegangen. Da war ich _____ (8).

__ / 7

2 Perfekt mit *haben* oder *sein*? Schreiben Sie wie im Beispiel. ···················· GRAMMATIK

1 sparen <u>hat gespart</u>

2 joggen _____

3 arbeiten _____

4 denken _____

5 fahren _____

6 sprechen _____

7 fliegen _____

8 gehen _____

__ / 7

3 Was passt? Kreuzen Sie an. ··· KOMMUNIKATION

1 ◆ Bist du schon einmal geflogen?
   ○ a ☒ Ja, nach Paris.
      b ☐ Nein, privat.

2 ◆ Waren Sie lange hier?
   ○ a ☐ Nein, nur ein paar Tage.
      b ☐ Nur mit meiner Frau.

3 ◆ Wo warst du gestern?
   ○ a ☐ Im Zentrum.
      b ☐ Zum Flughafen.

4 ◆ Mein Bruder ist 1993 geboren.
   ○ a ☐ Echt? Dann ist er schon erwachsen.
      b ☐ Darüber möchte ich nicht sprechen.

5 ◆ Entschuldige bitte.
   ○ a ☐ Interessant.
      b ☐ Schon gut.

6 ◆ Mit wem bist du nach Deutschland gekommen?
   ○ a ☐ Das ist aber traurig.
      b ☐ Nur mit meiner Schwester.

7 ◆ Hattest du gestern frei?
   ○ a ☐ Ich war beruflich hier.
      b ☐ Ja, ich war am See.

8 ◆ Neuberg ist meine Lieblingsstadt.
   ○ a ☐ zum Flughafen
      b ☐ Wirklich?

__ / 7

__ / 21

Name: _____   ☹ 0–10   😐 11–16   ☺ 17–21

Das habe ich noch gelernt: _____

_____

Feedback und Tipps: _____

_____

Schnelltest
Kopiervorlage

Miteinander! Deutsch für Alltag und Beruf A1.2
Lektion 10

1 Was passt? Ordnen Sie zu. ··· WÖRTER

aussteigen   ~~der Bus~~   zu Fuß   geradeaus   die Haltestelle   links   rechts   umsteigen

1 der Bus   2 _____   3 _____   4 _____

5 _____   6 _____   7 _____   8 _____

___ / 7

2 Was passt? Umkreisen Sie und ergänzen Sie. ································· GRAMMATIK

1 Ich habe (bin) am Sonntag früh _aufgestanden_ (aufstehen).
2 Meine Mutter ist hat mit die der Bahn aus Hamburg _____ (kommen).
3 Vom Bahnhof haben sind wir zu Fuß _____ (gehen).
4 Am Abend haben sind wir mit meinem Bruder _____ (telefonieren).

___ / 7

3 Was passt? Sortieren Sie. ··· KOMMUNIKATION

☐ ○ Ja, es gibt einen Kiosk.
☐ ◆ Danke schön.
☐ ○ Ja, das ist nicht weit. Das ist ganz einfach.
☐ ○ Dann die zweite Straße nach rechts.
☐ ◆ Kann ich zu Fuß gehen?
☐ ○ Da sehen Sie schon den Kiosk.
☐ ○ Sie gehen zuerst 200 Meter geradeaus.
1 ◆ Entschuldigung, gibt es hier in der Nähe einen Kiosk?

___ / 7

___ / 21

Name: _____   ☹ 0–10   ☺ 11–16   ☺ 17–21

Das habe ich noch gelernt: _____

_____

Feedback und Tipps: _____

_____

Schnelltest
Kopiervorlage

Miteinander! Deutsch für Alltag und Beruf A1.2
Lektion 11

1 Wie heißen die Möbel / Zimmer? Schreiben Sie die Nomen mit Artikel zu den Bildern. ········· WÖRTER

1 das Bett   2 _____   3 _____   4 _____

5 _____   6 _____   7 _____   8 _____

__ / 7

2 Ergänzen Sie: Der Ball ist … ········· GRAMMATIK

1 neben dem Sofa.

2 _____ Tisch.

3 _____ Stuhl.

4 ____ Regal.

5 _____ Möbeln.

6 _____ Bett.

7 _____ Schrank.

8 _____ Badewanne.

__ / 7

3 Was passt? Kreuzen Sie an. ········· KOMMUNIKATION

1 ◆ Hat deine Wohnung einen Keller?
  ○ a ☐ Der ist dunkel.
     b ☒ Nein, ich habe gar keinen Keller.

2 ◆ Die Wohnung hat einen Balkon.
  ○ a ☐ Gibt es auch einen Garten?
     b ☐ Naja, so schmutzig ist es nicht.

3 ◆ Mir gefällt das Sofa. Und dir?
  ○ a ☐ Die gefallen mir nicht.
     b ☐ Mir gefällt es auch.

4 ◆ Wie findest du die Küche?
  ○ a ☐ Die ist sehr modern.
     b ☐ Es hat keine Möbel.

5 ◆ Gibt es in deiner Wohnung eine Spülmaschine?
  ○ a ☐ Ja, aber sie ist kaputt.
     b ☐ Ja, stimmt.

6 ◆ Ich finde das Zimmer klein und schmutzig.
  ○ a ☐ Mir gefällt es auch nicht.
     b ☐ Stimmt. Und sauber ist es auch.

7 ◆ Die Wohnung ist im vierten Stock.
  ○ a ☐ Gibt es einen Aufzug?
     b ☐ Nein, sie gefällt mir nicht.

8 ◆ Der Schrank kostet 150 Euro.
  ○ a ☐ Nein, ich habe keinen Schrank.
     b ☐ Wie hoch ist er?

__ / 7

Name: _____   ☹ 0–10   😐 11–16   ☺ 17–21   __ / 21

Das habe ich noch gelernt: _____

_____

Feedback und Tipps: _____

_____

Schnelltest
Kopiervorlage

Miteinander! Deutsch für Alltag und Beruf A1.2
Lektion 12

1 Ordnen Sie zu. Schreiben Sie das richtige Wort unter das passende Bild. ·········· WÖRTER

~~ausdrucken~~ ausfüllen baden Freunde besuchen grillen unterschreiben wandern zahlen

1 (aus)drucken _____ 2 _____ 3 _____ 4 _____

5 _____ 6 _____ 7 _____ 8 _____

__ / 7

2 Ergänzen Sie in der richtigen Form: *dürfen – müssen*. ·········· GRAMMATIK

1 ◆ Darf ich das letzte Stück Kuchen noch essen?
   ○ Nein, _____ du nicht. Das möchte ich essen.
2 ◆ Entschuldigung. Was _____ich hier machen?
   ○ Sie _____ die beiden Formulare unterschreiben.
3 ◆ Entschuldigung. _____ wir hier fotografieren?
   ○ Nein, hier _____ ihr nicht fotografieren. Aber dort drüben. Da _____ man fotografieren.

__ / 6

3 Verbinden Sie. ·········· KOMMUNIKATION

1 ◆ Was muss ich da machen?   a ○ Nein, ich stehe früh auf.
2 ◆ Entschuldigung! Kann ich Sie etwas fragen?   b ○ Sie müssen nur …
3 ◆ Schläfst du gern bis Mittag?   c ○ Nein, das ist hier nicht erlaubt.
4 ◆ Entschuldigung, darf man hier parken?   d ○ Du kannst doch ein Bild malen.
5 ◆ Mir ist langweilig!   e ○ Aber gern.

__ / 8

__ / 21

Name: _____ ☹ 0–10 ☺ 11–16 ☺ 17–21

Das habe ich noch gelernt: _____

_____

Feedback und Tipps: _____

_____

Miteinander! Deutsch f. Alltag u. Beruf A1.2 LHB | ISBN 978-3-19-031892-6 | © 2022 Hueber Verlag | Autorin: A. Schwennsen

Schnelltest
Kopiervorlage

Miteinander! Deutsch für Alltag und Beruf A1.2
Lektion 13

1 Wie heißen die Körperteile? Schreiben Sie das richtige Körperteil mit Artikel zu den Bildern. ···· WÖRTER

1 _das Bein_   2 _____ 3 _____ 4 _____

5 _____ 6 _____ 7 _____ 8 _____

__ / 7

2 Schreiben Sie Aufforderungen im Imperativ. ···························· GRAMMATIK

1 Du passt auf. _Pass auf!_   5 Sie tragen die Salbe auf. _____
2 Du trägst einen Helm. _____ 6 Sie fahren langsam. _____
3 Du bist vorsichtig. _____ 7 Ihr habt keine Angst. _____
4 Sie bewegen die Arme. _____ 8 Ihr geht zur Schule. _____

__ / 7

3 Wer sagt was? Ergänzen Sie: Radfahrer = R, Fußgänger = F. ········· KOMMUNIKATION

1 ___ Bleiben Sie ruhig. Ich rufe 112 an.
2 ___ Das ist nett. Vielen Dank!
3 _F_ Ist alles in Ordnung?
4 ___ Ja, mein Arm tut weh!
5 ___ Nein. Ich hatte einen Unfall.
6 ___ Sie müssen zum Arzt gehen.
7 ___ Haben Sie Schmerzen?
8 ___ Das geht nicht. Ich kann nicht aufstehen.

Radfahrer   Fußgänger

__ / 7

__ / 21

Name: _____   ☹ 0–10   😐 11–16   🙂 17–21

Das habe ich noch gelernt: _____

_____

Feedback und Tipps: _____

_____

Schnelltest
Kopiervorlage

Miteinander! Deutsch für Alltag und Beruf A1.2
Lektion 14

1 Wie heißen die Kleidungsstücke? Schreiben Sie die Nomen mit Artikel zu den Bildern. ············ WÖRTER

1 das Hemd _____   2 _____   3 _____   4 _____

5 _____   6 _____   7 _____   8 _____

___ / 7

2 Was passt? Ergänzen Sie. ···················· GRAMMATIK

am besten   am liebsten   am meisten   besser   gern   G̶u̶t̶   lieber   mehr

1 ◆ Wie gefällt dir die Hose?
   ○ Gut (+). Aber diese hier gefällt mir noch _____ (++). Sie kostet etwas _____ (++).
   ◆ Wirklich? Ich weiß nicht. Aber schau mal hier. Diese Hose passt super.
      Die gefällt mir _____ (+++).
   ○ Stimmt. Die ist sehr schön, aber sie kostet auch _____ (+++).
2 ◆ Du kochst nicht _____ (+), oder?
   ○ Nein. Ich kaufe _____ (++) ein Brötchen beim Bäcker.
      Und _____ (+++) gehe ich ins Restaurant.

___ / 7

3 Ordnen Sie zu. ···················· KOMMUNIKATION

W̶i̶e̶ ̶k̶a̶n̶n̶ ̶i̶c̶h̶ ̶I̶h̶n̶e̶n̶ ̶h̶e̶l̶f̶e̶n̶?   Aber danke!   Auf Wiedersehen.   Das kriegen wir hin.

Das ist leider der Preis.   Können Sie ihn reparieren?   Oh, das ist mir zu teuer.   Und wie viel kostet das?

◆ Guten Tag. Wie kann ich Ihnen helfen? (1)
○ Mein Mantel ist kaputt. _____ (2)
◆ Ja. _____ (3)
○ Gut. _____ (4)
◆ Das kostet ungefähr 35 Euro.
○ _____ (5)
◆ Tut mir leid. _____ (6)
○ Okay, schade. _____ (7) Auf Wiedersehen.
◆ Gern. _____ (8)

___ / 7

Name: _____   ☹ 0–10   ☺ 11–16   ☺ 17–21   ___ / 21

Das habe ich noch gelernt: _____

_____

Feedback und Tipps: _____

_____

Schnelltest
Kopiervorlage

Miteinander! Deutsch für Alltag und Beruf A1.2
Lektion 15

1 Bilden Sie Wörter und ordnen Sie zu. Ergänzen Sie die Artikel, wo nötig. ⸻ WÖRTER

| and | chern | Flug | Ge | Küs | ~~laden~~ | ld | lieren | instal | päck | ~~runter~~ | spei | Str | te | Wa | zeug |

1 runterladen   2 _____   3 _____   4 _____

5 _____   6 _____   7 _____   8 _____

___ / 7

2 Was ist richtig? Umkreisen Sie. ⸻ GRAMMATIK

1 Im Sommer fahren wir oft am ans Meer. Ich liege am liebsten an den am Strand und schwimme im in das Meer.
2 Aber in den in die Bergen ist es auch schön.
3 Im Herbst möchte ich Urlaub in einer in eine Stadt in nach Italien machen.
Ich würde gern im ins Museum gehen oder in einem in ein Restaurant Pizza essen.

___ / 7

3 Ergänzen Sie. ⸻ KOMMUNIKATION

~~Wie geht das?~~	einmal	Ich kann leider nicht kochen.	Ich würde gern Tai-Chi lernen.
Würdest du lieber im Meer oder im Schwimmbad schwimmen?	Wohin möchtest du gern mal fahren?
Wo warst du noch nie?	Versprochen?

1 ◆ Wie geht das?
   ○ Das ist ganz einfach. Du musst nur die App herunterladen.

2 ◆ Wir machen das bald.
   ○ _____

3 ◆ _____
   ○ Ich würde lieber im Meer schwimmen.

4 ◆ Was würden Sie gern in diesem Kurs lernen?
   ○ _____

5 ◆ Warum findest du den Kurs „Küche international" interessant?
   ○ _____

6 ◆ _____
   ○ Ich war noch nie in Paris.

7 ◆ _____
   ○ In die Berge. Am liebsten in die Schweiz.

8 ◆ Warst du da schon mal?
   ○ Ja, _____ .

___ / 7

Name: _____   ☹ 0–10   😐 11–16   ☺ 17–21   ___ / 21

Das habe ich noch gelernt: _____

Feedback und Tipps: _____

Schnelltest
Kopiervorlage

Miteinander! Deutsch für Alltag und Beruf A1.2
Lektion 16

1 Wie heißen die Wörter? Schreiben Sie die Nomen mit Artikel zu den Bildern. .... WÖRTER

1 die Bar _____   2 _____   3 _____   4 _____

5 _____   6 _____   7 _____   8 _____

___ / 7

2 Was passt? Umkreisen Sie. .... GRAMMATIK

Zofia über Pekka

1 Pekka kocht gut. Ich finde ihre sein (seine) Suppe sehr gut. Aber ihre ihren seine Kleidung ist nicht immer so toll. Ich finde ihre sein seinen Hemd wirklich komisch. Ihr Seinen Seine Hose und ihren seine seinen Schuhe sind aber cool.

Pekka über Zofia

2 Ihre Ihren Seinen Fotos sind so toll! Ich finde ihr ihre seine Kamera sehr gut und ihren seinen sein Rucksack dazu finde ich sehr praktisch.

___ / 7

3 Was passt? Kreuzen Sie an. .... KOMMUNIKATION

1 ◆ Was möchtest du trinken?
  ◎ a ☐ Das sieht toll aus.
    b ☒ Ich nehme ein Wasser.

2 ◆ Wie schmeckt der Brotsalat?
  ◎ a ☐ Der schmeckt super.
    b ☐ Gern.

3 ◆ Tut mir leid. Der Bus war zu spät.
  ◎ a ☐ Da habe ich Zeit.
    b ☐ Wann kommst du denn?

4 ◆ Wie findest du Pekkas Kleidung?
  ◎ a ☐ Das finde ich sehr wichtig.
    b ☐ Seine Hose ist toll.

5 ◆ Möchtest du auch ein Glas Limonade?
  ◎ a ☐ Nein danke, ich trinke lieber Tee.
    b ☐ Danke, ich habe keinen Hunger.

6 ◆ Möchtest du auch Pommes frites?
  ◎ a ☐ Ja gern.
    b ☐ Ja bitte, ich nehme auch eine.

7 ◆ Das Buffet sieht toll aus, oder?
  ◎ a ☐ Danke für die Einladung.
    b ☐ Ja, stimmt.

8 ◆ Schon vier Uhr und wir sind nicht fertig.
  ◎ a ☐ Ich komme gern.
    b ☐ Was müssen wir noch machen?

___ / 7

Name: _____

☹ 0–10   😐 11–16   ☺ 17–21

___ / 21

Das habe ich noch gelernt: _____

_____

Feedback und Tipps: _____

_____

Schnelltests / Lösungen
Kopiervorlage

Miteinander! Deutsch für Alltag und Beruf A1.2
Lektionen 09 bis 16

Lektion 09

1 **2** Technikpark **3** See **4** zufrieden **5** Zentrum
6 Flughafen **7** Stadt **8** traurig

2 **2** ist gejoggt **3** hat gearbeitet **4** hat gedacht
5 ist gefahren **6** hat gesprochen **7** ist geflogen
8 ist gegangen

3 **2**a, **3**a, **4**a, **5**b, **6**b, **7**b, **8**b

Lektion 10

1 **2** zu Fuß **3** aussteigen **4** die Haltestelle
5 geradeaus **6** rechts **7** links **8** umsteigen

2 **2** ist, der, gekommen **3** sind, gegangen
4 haben, telefoniert

3 **2** Ja, es gibt einen Kiosk. **3** Kann ich zu Fuß
gehen? **4** Ja, das ist nicht weit. Das ist ganz
einfach. **5** Sie gehen zuerst 200 Meter
geradeaus. **6** Dann die zweite Straße nach
rechts. **7** Da sehen Sie schon den Kiosk.
8 Danke schön.

Lektion 11

1 **2** die Lampe **3** der Tisch **4** der Schrank
5 das Sofa **6** das Bad **7** die Küche
8 das Wohnzimmer

2 **2** auf dem **3** unter dem **4** im **5** zwischen den
6 vor dem **7** hinter dem **8** über der

3 **2**a, **3**b, **4**a, **5**a, **6**a, **7**a, **8**b

Lektion 12

1 **2** ausfüllen **3** unterschreiben **4** zahlen **5** baden
6 grillen **7** wandern **8** Freunde besuchen

2 **1** darfst **2** muss, müssen **3** Dürfen, dürft, darf

3 **2**e, **3**a, **4**c, **5**d

Lektion 13

1 **2** der Fuß **3** der Mund **4** das Auge **5** der Arm
6 die Hand **7** der Hals **8** der Bauch

2 **2** Trag einen Helm! **3** Sei vorsichtig! **4** Bewegen
Sie die Arme! **5** Tragen Sie die Salbe auf!
6 Fahren Sie langsam! **7** Habt keine Angst!
8 Geht zur Schule!

3 **1** F **2** R **4** R **5** R **6** F **7** F **8** R

Lektion 14

1 **2** der Anzug **3** das T-Shirt **4** das Kleid
5 der Mantel **6** der Pullover **7** der Rock
8 die Stiefel

2 **1** besser, mehr, am besten, am meisten
2 gern, lieber, am liebsten

3 **2** Können Sie ihn reparieren? **3** Das kriegen
wir hin. **4** Und wie viel kostet das? **5** Oh, das
ist mir zu teuer. **6** Das ist leider der Preis.
7 Aber danke! **8** Auf Wiedersehen.

Lektion 15

1 **2** installieren **3** speichern **4** das Flugzeug
5 das Gepäck **6** die Küste **7** der Wald
8 der Strand

2 **1** ans, am **2** in den **3** in einer, in, ins, in einem

3 **2** Versprochen? **3** Würdest du lieber im Meer
oder im Schwimmbad schwimmen? **4** Ich würde
gern Tai-Chi lernen. **5** Ich kann leider nicht
kochen. **6** Wo warst du noch nie? **7** Wohin
möchtest du gern mal fahren? **8** einmal

Lektion 16

1 **2** das Geschenk **3** das Glas **4** das Buffet
5 die Nuss **6** das Salz **7** die Pommes frites
8 die Limonade

2 **1** seine, sein, Seine, seine **2** Ihre, ihre, ihren

3 **2**a **3**b **4**b **5**a **6**a **7**b **8**b

Steckbriefe
Kopiervorlage 📑

Miteinander! Deutsch für Alltag und Beruf A1.2
Lektion START, 2

Ahmet Yavuz

Familie: _verheiratet, zwei_ _____

Beruf: _____

Freunde: _keine Information_ _____

Hobbys: _____

Das weiß ich noch über Ahmet: _____

Zofia Lewandowska

Familie: _____

Beruf: _____

Freunde: _____

Hobbys: _____

Das weiß ich noch über Zofia: _____

Samir Al Sayed

Familie: _____

Beruf: _____

Freunde: _____

Hobbys: _____

Das weiß ich noch über Samir: _____

Maria Gómez

Familie: _____

Beruf: _____

Freunde: _____

Hobbys: _____

Das weiß ich noch über Maria: _____

Steckbriefe
Kopiervorlage 🗐

Miteinander! Deutsch für Alltag und Beruf A1.2
Lektion START, 2

Luna Mello

Familie: _____

Beruf: _____

Freunde: _____

Hobbys: _____

Das weiß ich noch über Luna: _____

Amadou Sabaly

Familie: _____

Beruf: _____

Freunde: _____

Hobbys: _____

Das weiß ich noch über Amadou: _____

Hoa Nguyen

Familie: _____

Beruf: _____

Freunde: _____

Hobbys: _____

Das weiß ich noch über Hoa: _____

Pekka Mäkinen

Familie: _____

Beruf: _____

Freunde: _____

Hobbys: _____

Das weiß ich noch über Pekka: _____

Diktat: Ich heiße …
Kopiervorlage 🗐

Miteinander! Deutsch für Alltag und Beruf A1.2
Lektion START, 3

Ich heiße Alessia und wohne in Neuberg. / Mein Mann und ich kommen aus Italien. / Wir haben zwei Töchter, / Elena und Anna. / Wir sind noch nicht lange hier in Deutschland, / aber ich arbeite schon als Kellnerin im Stadt-café. / Ich spreche Italienisch, Deutsch / und ein bisschen Englisch. / Meine Freundinnen und ich / schauen gern zusammen Filme.

✂ ---

1 Korrigieren Sie Ihren Text über Alessia.

Ich heiße Alessia und wohne in Neuberg. Mein Mann und ich kommen aus Italien. Wir haben zwei Töchter, Elena und Anna. Wir sind noch nicht lange hier in Deutschland, aber ich arbeite schon als Kellnerin im Stadtcafé. Ich spreche Italienisch, Deutsch und ein bisschen Englisch. Meine Freundinnen und ich schauen gern zusammen Filme.

✂ ---

2 Und Sie? Schreiben Sie einen Text über sich.

_____

_____

_____

_____

_____

_____

_____

_____

Aktivitätenbingo Perfekt
Kopiervorlage

Miteinander! Deutsch für Alltag und Beruf A1.2
Lektion 09, B2

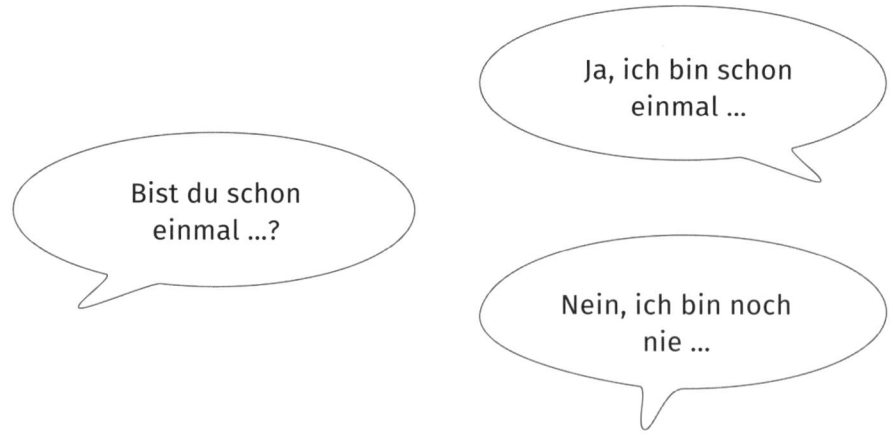

100 km Rad gefahren	in der Nacht spazieren gegangen	ohne Geld einkaufen gegangen	allein geflogen
ohne Führerschein Auto gefahren	im Sommer Schlittschuh gefahren	um 6 Uhr am Morgen nach Hause gekommen	im Bodensee geschwommen
bei der Arbeit eingeschlafen	zu spät zur Arbeit gekommen	Boot gefahren	E-Bike gefahren
ohne Hausaufgaben zum Deutschkurs gegangen	ohne Schlüssel aus dem Haus gegangen	1 km geschwommen	zu spät zur Kita gekommen

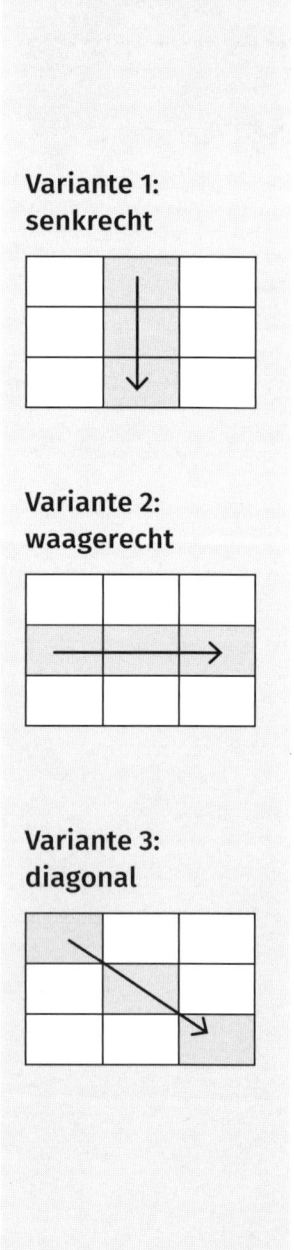

Variante 1: senkrecht

Variante 2: waagerecht

Variante 3: diagonal

Diktat: Meine Woche
Kopiervorlage 📑

Miteinander! Deutsch für Alltag und Beruf A1.2
Lektion 09, B4

Meine Woche

Maria: Ich war am Dienstag beim Friseur. / Jetzt sind meine Haare rot. / Das war so komisch. / Am Samstag waren mein Mann und ich im Kino. / Der Film war sehr gut. / Danach sind wir in ein Restaurant gegangen / und haben gut gegessen. / Am Sonntag haben wir dann Sport gemacht.

✂ —

Meine Woche
Maria: Ich war am Dienstag beim Friseur. Jetzt sind meine Haare rot. Das war so komisch. Am Samstag waren mein Mann und ich im Kino. Der Film war sehr gut. Danach sind wir in ein Restaurant gegangen und haben gut gegessen. Am Sonntag haben wir dann Sport gemacht.

Und Sie? Wie sieht Ihre Woche aus?

_____

_____

_____

_____

_____

_____

_____

_____

_____

_____

_____

_____

_____

Extra-Film: Das war 1984
Kopiervorlage 📋

Miteinander! Deutsch für Alltag und Beruf A1.2
Lektion 09, C4

1 Sehen Sie das Standbild aus 00:08 des Films an. Was denken Sie: Was macht Ahmet?
Kreuzen Sie an.

Ich denke, …

☐ … Ahmet räumt auf.

☐ … Ahmet denkt an früher.

☐ … Ahmet hat eine neue Wohnung.

2 Sehen Sie den Film ganz an und korrigieren Sie die Sätze.

a Ahmet hat einen Karton mit Sachen ~~von seinen Kindern~~ gefunden. _von früher_

b Ahmets Vater ist mit 44 Jahren gestorben. _____

c Das grüne Auto war Ahmets Lieblingsspielzeug. _____

d Emin hat ein Bild von Pinar gemalt. Da war er 5 Jahre alt. _____

e Die ~~Schachtel~~ ist ein Geschenk zum 18. Geburtstag von Ahmets Mutter. Das war 1994. _Sanduhr,_
_____

f Emin hat in der Schule eine kleine Schale gemacht. In der Schale ist ein Vogel. _____
_____

3 Arbeiten Sie zu zweit. Was erinnert Sie an früher? Machen Sie Notizen und erzählen Sie dann.
Haben Sie Fotos auf dem Handy?

_____

_____

_____

_____

_____

Das war 1994 …

Da waren wir
im Urlaub …

Das Bild hat meine
Tochter / mein Sohn
gemalt …

Foto: Alexander Sascha Keller, München; Illustration: Mascha Greune, München

Mit dem Bus zum Museum
Kopiervorlage

Miteinander! Deutsch für Alltag und Beruf A1.2
Lektion 10, A3

die U-Bahn
U2 (2 Stationen)
_____

die S-Bahn
_____

das Taxi

zu Fuß

der Bus
_____

das Auto

die Straßenbahn
_____

das Fahrrad

der Flughafen

der Blumenladen

der Friseur

der Kindergarten

das Krankenhaus

das Museum

der Park

die Schule

die Universität

die Bäckerei

das Café *Steinchen*

der Technikmarkt

der Deutschkurs

die Haltestelle

Diktat: Peters Woche
Kopiervorlage 📄

Miteinander! Deutsch für Alltag und Beruf A1.2
Lektion 10, B4

Peters Woche

Am Montag habe ich in der Mittagspause eingekauft. / Und am Abend habe ich gekocht. / Am Dienstag und Donnerstag bin ich / nach der Arbeit schwimmen gegangen. / Am Freitag bin ich früh aufgestanden / und habe Französisch gelernt. / Meine Eltern habe ich am Samstag angerufen. Wir haben lange telefoniert. / Ein paar Sachen habe ich nicht gemacht. / Ich habe die Wohnung nicht aufgeräumt / und ich habe das Bad nicht geputzt.

✂ -

- Montag einkaufen und kochen
- Dienstag / Donnerstag schwimmen gehen
- Freitag: früh aufstehen → Französisch lernen
- Eltern anrufen
- Wohnung aufräumen
- Bad putzen

Peters Woche

Am Montag habe ich in der Mittagspause eingekauft. Und am Abend habe ich gekocht. Am Dienstag und Donnerstag bin ich nach der Arbeit schwimmen gegangen. Am Freitag bin ich früh aufgestanden und habe Französisch gelernt. Meine Eltern habe ich am Samstag angerufen. Wir haben lange telefoniert. Ein paar Sachen habe ich nicht gemacht. Ich habe die Wohnung nicht aufgeräumt und ich habe das Bad nicht geputzt.

✂ -

Und Sie? Was haben Sie gemacht?

_____

_____

_____

_____

_____

Extra-Film: Das ist nicht weit
Kopiervorlage 📑

Miteinander! Deutsch für Alltag und Beruf A1.2
Lektion 10, C4

1 Sehen Sie das Standbild aus 00:06 des Films an. Was denken Sie: Was sagt der Mann?

Ich denke, …

Vielleicht fragt er: …

2 Sehen Sie den Film ganz. Was sucht der Mann? Machen Sie Notizen.

3 Sehen Sie den Film in zwei Abschnitten und füllen Sie die Lücken.

Abschnitt I: 0.00 - 01:02

Mann: Hey! Entschuldigung!?
Zofia: Ja?
Mann: Ich suche das *M&M*. __Kennst__ (a) du das?
Zofia: Das was?
Mann: Das *M&M*, *Musik und mehr*.
Zofia: Ach ja, der Musik-Club!
Mann: Genau! Der ist hier _____ (b). Aber wo?
Zofia: Kein Problem, das ist gar nicht weit. Pass auf: Du gehst hier _____ (c) weiter
         und die _____ (d) Straße nach_____ (e). Dann wieder geradeaus und die
         _____ (f) Straße nach _____ (g). Da kommt dann erst eine U-Bahnhaltestelle
         und ein paar Meter weiter bist du schon beim Club.

Abschnitt II: 01:02 - Ende

Mann: Hey super, vielen Dank! Jetzt habe ich aber leider noch eine Frage.
Zofia: Ja?
Mann: Gibt es in der Nähe auch ein Blumengeschäft?
Zofia: Ja schon, aber dann ist dein Weg ein bisschen anders. Zuerst auch hier _____ (h),
         aber dann weiter bis zur _____(i) Straße.
Mann: Aha. Ich gehe also geradeaus bis zur dritten Straße.
Zofia: Ja genau! Und da siehst du dann links Luises _____ (j).
Mann: Ah, prima! Und wie komme ich dann von _____ (k) zum *M&M*?
Zofia: Ganz einfach: Du gehst noch mal geradeaus weiter und die _____ (l) Straße nach rechts.
         Und dann die zweite Straße _____ (m) nach rechts und schon bist du da!
Mann: Perfekt! Danke!
Zofia: Kein Problem! Viel Glück! Tschüs!
Mann: Tschüs!

4a In der Gruppe: Welche Orte gibt es in der Nähe? Sammeln Sie.

In der Nähe gibt es einen Bäcker / ein Kino / einen Friseur …

4b Wählen Sie einen Ort. Wie kommt man vom Deutschkurs dorthin? Schreiben Sie eine Wegbeschreibung.

Bilddiktat: Meine Küche
Kopiervorlage

Miteinander! Deutsch für Alltag und Beruf A1.2
Lektion 11, A5

Meine Küche

Links an der Wand ist der Herd. / Rechts neben dem Herd steht der Kühlschrank / und links neben dem Herd steht die Spülmaschine. / Der Herd ist also zwischen der Spülmaschine und dem Kühlschrank. / Rechts steht ein Tisch / und hinter dem Tisch sind drei Stühle. / Über dem Tisch hängt ein Kalender. / Unter dem Kalender hängt ein Foto von meinem Kind. / Auf dem Tisch steht eine Lampe / und vor der Lampe ist mein Laptop. / Unter dem Tisch sind Stifte.

Pronomen
Kopiervorlage 📋

Miteinander! Deutsch für Alltag und Beruf A1.2
Lektion 11, B4

◆ Wie gefällt euch das Sofa? ○ … gefällt … sehr gut.	◆ Wir findest du den Schrank? ○ … finde … ein bisschen alt.	◆ Wie gefällt dir der Stuhl? ○ … gefällt … nicht.	◆ Das Zimmer gefällt mir nicht so gut. Und dir? ○ … gefällt … (auch nicht).
◆ Uns gefallen die Stühle sehr gut. Und euch? ○ … gefallen … auch sehr gut / nicht so gut.	◆ Wie gefällt dir der Stuhl? ○ … gefällt … sehr gut.	◆ Wie findet ihr das Bett? ○ … finden … hässlich.	◆ Wie findest du den Tisch? ○ … finde … schön.
◆ Ich finde das Sofa sehr schön. Und du? ○ … finde … nicht. Ich finde … alt.	◆ Findest du das Zimmer auch dunkel? ○ Nein, … finde … hell.	◆ Wie gefällt dir das Zimmer? ○ … gefällt … nicht so gut.	◆ Den Tisch finden wir sehr schön. Und ihr? ○ … finden … sehr klein.

Pronomen
Kopiervorlage 🗐

Miteinander! Deutsch für Alltag und Beruf A1.2
Lektion 11, B4

Lösungen

○ Mir gefällt es. / Mir gefällt es auch nicht. ✔	○ Der gefällt mir nicht. ✔	○ Den finde ich ein bisschen alt. ✔	○ Das gefällt uns sehr gut. ✔
○ Den finde ich schön. ✔	○ Das finden wir hässlich. ✔	○ Der gefällt mir sehr gut. ✔	○ Uns gefallen sie auch sehr gut. / Uns gefallen sie nicht so gut. ✔
○ Wir finden ihn sehr klein. ✔	○ Das gefällt mir nicht so gut. ✔	○ Nein, ich finde es hell. ✔	○ Das finde ich nicht. Ich finde es alt. ✔

Extra-Film: Wo bin ich?
Kopiervorlage 📑

Miteinander! Deutsch für Alltag und Beruf A1.2
Lektion 11, C5

1 **Sehen Sie das Standbild bei 00:07 des Films an. Was denken Sie: Was sagt Samir?**

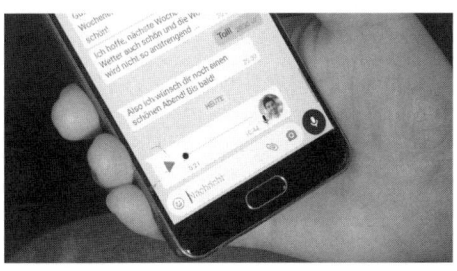

> Ich denke, …

> Vielleicht sagt er: …

2 **Sehen Sie den Film ganz. Was macht Samir?**

3 **Wo ist Samir? Sehen Sie den Film in Abschnitten. Zeichnen Sie Samir an die richtige Stelle in den Bildern und schreiben Sie Sätze.**

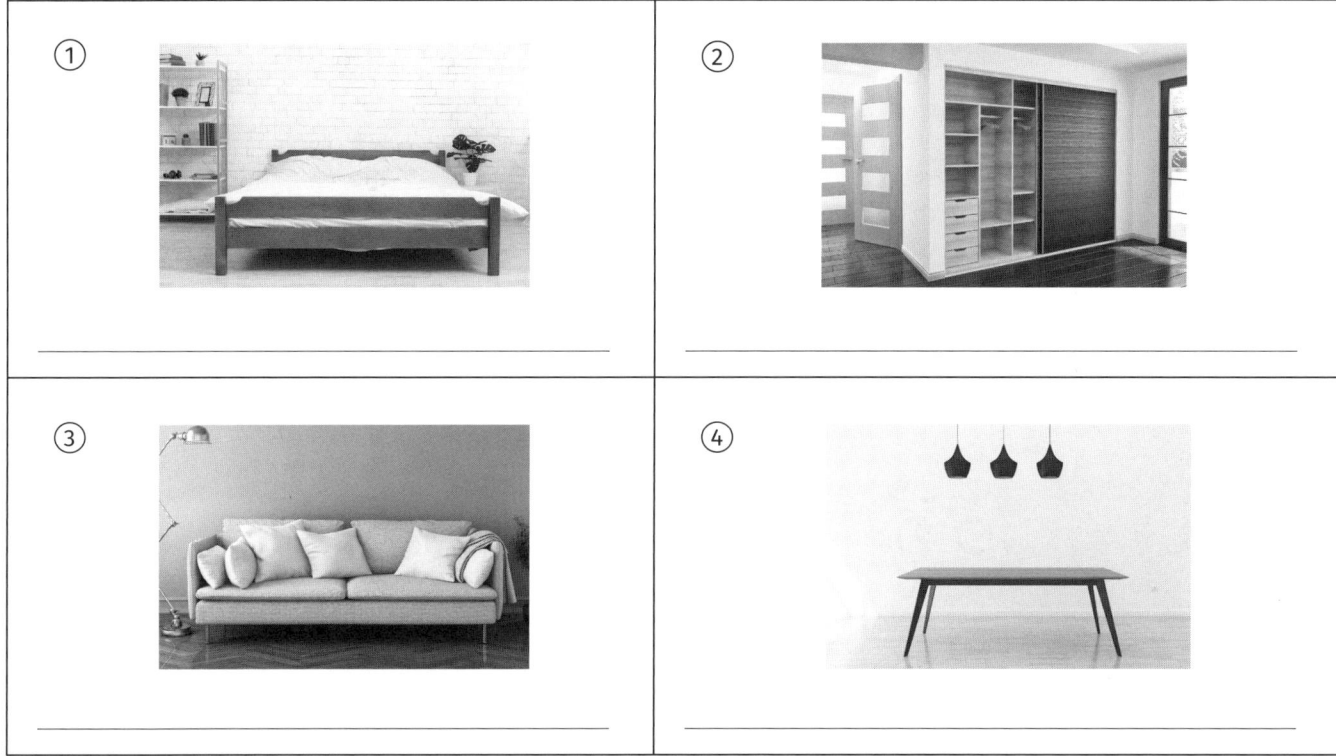

① _____

② _____

③ _____

④ _____

4 **In der Gruppe: Eine Person nimmt eine Position im Kursraum ein und fragt: „Wo bin ich?"**
   Die anderen sagen, wo die Person ist.

> Wo bin ich?

> Du bist hinter der Tür!

Was darf man hier?
Kopiervorlage

Miteinander! Deutsch für Alltag und Beruf A1.2
Lektion 12, A7

Vorderseite: (Bitte auf die Rückseite kleben und die Kärtchen ausschneiden.)

1. Reihe von links: © fotolia/PictureP; © Getty Images/iStock/leremy; © Getty Images/iStock/Serhii Sereda; © Seetwo – stock.adobe.com; © blankstock – stock.adobe.com;
2. Reihe von links: © Getty Images/iStock/Fidan Babayeva; 2x © blattwerkstatt – stock.adobe.com; © T. Michel – stock.adobe.com; © Getty Images/iStock/t_kimura;
3. Reihe von links: © Thinkstock/iStock/demarfa; © fotolia/Kaarsten; © rosifan19 – stock.adobe.com; © fotolia/jojoo64; © Thinkstock/iStock/jojoo64; © fotolia/LaCatrina

Was darf man hier?
Kopiervorlage 📄

Miteinander! Deutsch für Alltag und Beruf A1.2
Lektion 12, A7

Rückseite:

Hier darf man nicht lachen.	Hier muss man die Tür schließen.	Hier darf man nicht essen. Das ist verboten.	Hier darf man nicht fotografieren. Das ist verboten.	Hier darf man nicht grillen. Das ist verboten.
Hier darf man nicht essen und nicht trinken.	Hier muss man einen Helm tragen.	Hier darf man nicht tanzen.	Hier muss man leise sein.	Hier darf man nicht schlafen.
Hier darf man nicht telefonieren. Hier muss man das Handy ausmachen.	Hier dürfen Rollstuhlfahrer parken.	Hier darf man Rad fahren.	Hier darf man nicht Rad fahren.	Hier darf man nicht schwimmen.

Diktat: Was machen Sie wann?
Kopiervorlage 📄

Miteinander! Deutsch für Alltag und Beruf A1.2
Lektion 12, B3

Was machen Sie wann?

1. Wann und wo / kaufen Sie ein?
2. Wann kochen Sie?
3. Wann schreiben Sie Nachrichten / oder E-Mails?
4. Wann telefonieren Sie?
5. Wann sehen Sie fern?

6. Wann arbeiten Sie?
7. Wann räumen Sie auf?
8. Was machen Sie / vor dem Deutschkurs?
9. Was machen Sie / nach dem Deutschkurs?
10. Was machen Sie / in einem Jahr?

✂ -

Was machen Sie wann?

1. Wann und wo kaufen Sie ein?
2. Wann kochen Sie?
3. Wann schreiben Sie Nachrichten oder E-Mails?
4. Wann telefonieren Sie?
5. Wann sehen Sie fern?

6. Wann arbeiten Sie?
7. Wann räumen Sie auf?
8. Was machen Sie vor dem Deutschkurs?
9. Was machen Sie nach dem Deutschkurs?
10. Was machen Sie in einem Jahr?

✂ -

Was machen Sie wann?

1. _____
2. _____
3. _____
4. _____
5. _____

6. _____
7. _____
8. _____
9. _____
10. _____

✂ -

Antworten Sie mit: *vor / nach / von … bis / in*

1. Ich kaufe vor dem Deutschkurs im Supermarkt ein.
2. _____
3. _____
4. _____
5. _____

6. _____
7. _____
8. _____
9. _____
10. _____

Extra-Film: Verboten? Erlaubt?
Kopiervorlage 📑

Miteinander! Deutsch für Alltag und Beruf A1.2
Lektion 12, C5

1 Welches Wort könnte das sein? Raten Sie!

A B C D E F G H I J K L M N O P Q R S T U V W X Y Z

— — — — — — — — — — — —

2 Wer sagt „Schilderbilder" und warum?

3 Was sagen die Schilder? Was darf man? Was darf man nicht?

 (a)  (b)  (c)  (d)

(e)  (f)  (g)

Abschnitt I: 00.58–02:26

a _Man darf nicht Rad fahren._

b _____

c _____

d _____

e _____

Abschnitt II: 2:26–Ende

f _____

g _____

4 Welche Schilder gibt es in der Nähe? Machen Sie Schilderbilder auf dem Weg zum Kurs.

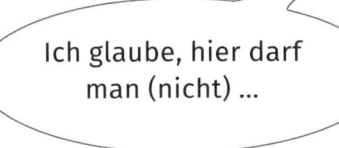 Ich glaube, hier darf man (nicht) …

 Hier muss man …

Problemkärtchen
Kopiervorlage

Miteinander! Deutsch für Alltag und Beruf A1.2
Lektion 13, B3 / B4

ich – Kopfschmerzen haben	ich – Schmerzen haben	ich – müde sein	mein Zahn – wehtun
mir – schlecht sein	mein Hals – wehtun	ich – kein Kindergeld bekommen	ich – die Lehrerin / den Lehrer nicht verstehen
ich – zu viel Schokolade gegessen	ich – Hunger haben	mir – langweilig sein	ich – Ruhe brauchen
meine Hand – gebrochen sein	ich – Bauch- schmerzen haben	ich – nicht so gut sehen	mein Fuß – wehtun

Dialogkarten
Kopiervorlage

Miteinander! Deutsch für Alltag und Beruf A1.2
Lektion 13, C2

Vorderseite: (Bitte auf die Rückseite kleben und die Kärtchen ausschneiden.)

Störe ich gerade?	Ich habe Husten und Schnupfen.	Besuch mich lieber nicht! Sonst wirst du noch krank!	Ich bin krank und habe nichts im Kühlschrank.
Ich bin gerade nicht bei der Arbeit.	Mein Hals und meine Ohren tun weh.	Ich habe Fieber.	Ich habe schon wieder eine Erkältung. Was hilft denn da?
Ich bin leider krank.	Ich liege im Bett und trinke Tee. Alles ist so langweilig.	Ich bin müde.	Ich habe Kopfschmerzen und Fieber. Ich kann nicht in die Apotheke gehen.

Rückseite:

– Soll ich für dich einkaufen? – Kein Problem. Ich koche für dich. – Bestell doch eine Pizza! ✔	– Okay, dann rufe ich später noch mal an. – Okay, dann gute Besserung. ✔	– Oh, das tut mir leid. – Gute Besserung! ✔	– Nein, kein Problem. – Ja, ein bisschen … ✔
Schlaf viel! Sprich wenig! Trink viel Tee! Halte den Hals warm! Geh spazieren! ✔	– Dann bleib lieber im Bett. – Geh lieber zum Arzt! ✔	– Dann bleib lieber zu Hause! – Geh lieber zum Arzt! ✔	– Wirklich? Was ist los? – Oh! Warum nicht? ✔
– Kein Problem. Das mache ich für dich. Was brauchst du denn? ✔	– Dann schlaf ein bisschen! – Dann bleib lieber im Bett! ✔	– Soll ich dich besuchen? – Sieh ein bisschen fern oder lies ein Buch! ✔	– Das tut mir leid. – Oh! Was hast du? ✔

Diktat: Krankmeldung
Kopiervorlage

Miteinander! Deutsch für Alltag und Beruf A1.2
Lektion 13, C4

Krankmeldung

Sehr geehrte Frau Knoll, /
leider kann ich eine Woche / nicht arbeiten. / Ich bin krank. / Es tut mir sehr leid. / Meine Ärztin hat mich / bis Freitag krankgeschrieben. /
Die Arbeitsunfähigkeitsbescheinigung / kommt mit der Post. /
Mit freundlichen Grüßen

● ● ●

An

Von

Betreff Krankmeldung

Sehr geehrte Frau Knoll,

leider kann ich eine Woche nicht arbeiten. Ich bin krank. Es tut mir sehr leid. Meine Ärztin hat mich bis Freitag krankgeschrieben. Die Arbeitsunfähigkeitsbescheinigung kommt mit der Post.

Mit freundlichen Grüßen

1   Lesen Sie Miras Nachricht. Was denken Sie? Was antwortet Luna?

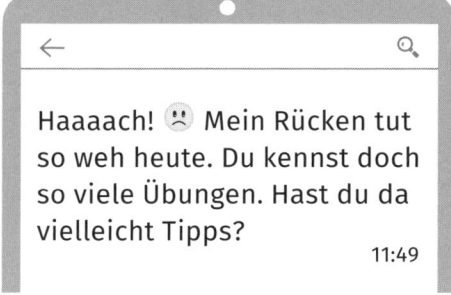

Haaaach! ☹ Mein Rücken tut so weh heute. Du kennst doch so viele Übungen. Hast du da vielleicht Tipps?
11:49

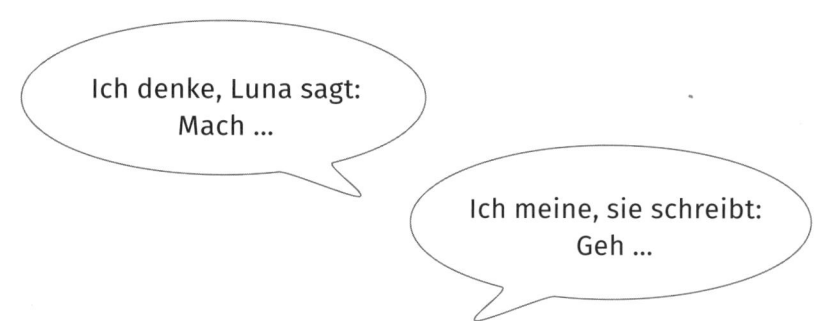

Ich denke, Luna sagt: Mach …

Ich meine, sie schreibt: Geh …

2   Sehen Sie Lunas Gymnastik-Video an und machen Sie mit.

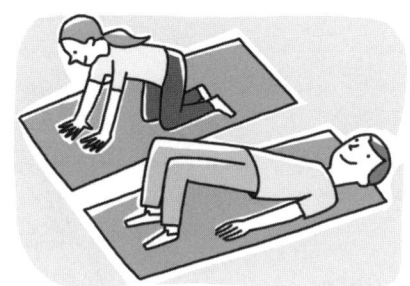

3   Sehen Sie den Film noch einmal und ergänzen Sie.

Arm   Beweg   ~~Beug~~   hinten   Kreise   langsam   links   nach   oben   rechts
Richtung   Schau   Schultern   über   vorn   weiter   wichtig   wieder

Abschnitt I: 00:50–01:19
Übung Nummer eins: Beug (1) deinen Kopf ganz _____ (2) vorn! Siehst du? So! Und jetzt:
Beug deinen Kopf ganz nach _____ (3)! Und wieder nach _____ (4)! Und wieder nach hinten!
Und so _____ (5) …

Abschnitt II: 01:20–02:36
Übung Nummer zwei: Zuerst rechts: _____ (6) den Arm langsam nach _____ (7)! So weit es geht,
ganz nach oben, bis _____ (8) den Kopf. Und jetzt _____ (9): Beweg den Arm _____ (10)
nach oben! … Bis über den Kopf! Und wieder _____ (11). Nach oben, bis über den Kopf! Und jetzt
_____ (12) links! Und so weiter … Jeder _____ (13) noch fünfmal!

Abschnitt III: 02:37–03:25
Und jetzt kommt Übung Nummer drei: Auch hier sind wieder die Arme _____ (14). Und die
Schultern. Deine _____ (15) sind ganz locker. Jetzt mach' mal _____ (16) mit den
Schultern und Armen! _____ (17) mal: Zuerst nach vorn. So! Dann nach hinten. Und jetzt wieder
nach vorn. In jede _____ (18) zehnmal.

**4   Schreiben Sie eine eigene Gymnastik-Anleitung für Ihre Partnerin / Ihren Partner. Lesen Sie vor.
     Ihre Partnerin / Ihr Partner macht die Übung.**

_____

_____

_____

Miteinander! Deutsch f. Alltag u. Beruf A1.2 LHB | ISBN 978-3-19-031892-6 | © 2022 Hueber Verlag | Autorin: A. Schwennsen   137

Kleidung
Kopiervorlage

Miteinander! Deutsch für Alltag und Beruf A1.2
Lektion 14, A2

 die Stiefel	 die Stiefel	 der Anzug	der Anzug
 die Bluse	 die Bluse	 das Hemd	 das Hemd
 die Hose	 die Hose	 das Kleid	 das Kleid
 die Krawatte	 die Krawatte	 der Mantel	 der Mantel
 der Pullover	 der Pullover	 der Rock	 der Rock
 das T-Shirt	 das T-Shirt	 die Jacke	 die Jacke
 die Jeans	 die Jeans	 die Schuhe	 die Schuhe

Diktat: Elisas Hitlisten
Kopiervorlage

Miteinander! Deutsch für Alltag und Beruf A1.2
Lektion 14, A6

Elisas Hitlisten

Essen:
Ich esse gern Salat. / Aber Suppe esse ich noch lieber /
und am liebsten esse ich / Brötchen mit Marmelade.

Geld:
Für Schuhe gebe ich viel Geld aus, / aber für Bücher
gebe ich mehr Geld aus. / Am meisten gebe ich für
Konzerte aus.

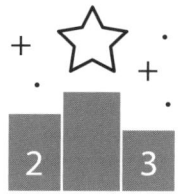

Sport:
Ich kann gut Fußball spielen, / aber ich kann besser tanzen. /
Zum Beispiel beim Abiball mit Amadou. / Am besten kann
ich / Schach spielen.

- -

Elisas Hitlisten

Essen:
Ich esse gern Salat. Aber Suppe esse ich noch lieber
und am liebsten esse ich Brötchen mit Marmelade.

Geld:
Für Schuhe gebe ich viel Geld aus, aber für Bücher
gebe ich mehr Geld aus. Am meisten gebe ich für
Konzerte aus.

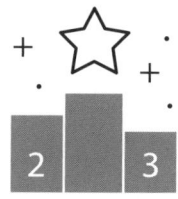

Sport:
Ich kann gut Fußball spielen, aber ich kann besser tanzen.
Zum Beispiel beim Abiball mit Amadou. Am besten kann
ich Schach spielen.

1 Zu zweit: Finden Sie Wörter mit *Lieblings*…

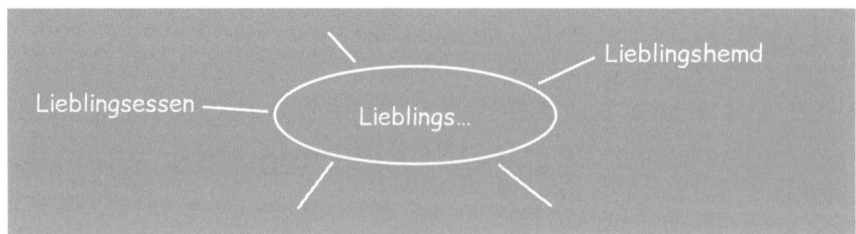

2 Sehen Sie den Film bis 00:10. Was macht Amadou mit dem Wäschekorb? Was denken Sie?

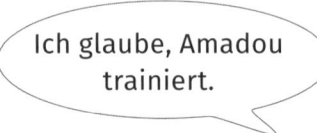

Ich glaube, Amadou trainiert.

Nein, das glaube ich nicht. Er will …

der Wäschekorb

3 Sehen Sie den Film in Abschnitten und bearbeiten Sie die Aufgaben.

Abschnitt I: 00:10–00:56: Lesen Sie und ergänzen Sie. Sehen Sie den Abschnitt dann noch einmal und vergleichen Sie.

besser ~~einkaufen~~ Farbe lieber schöner Socken Wäsche zu lang

Amadou hat einen Termin, dann muss er einkaufen (1) und danach hat er Fußballtraining.
Aber zuerst muss er noch ganz schnell seine _____ (2) aufhängen.
Diese _____ (3) hat er schon ziemlich lange. Er trägt sie nicht mehr so oft.
Die _____ (4) ist nicht so schön und die Socken sind auch _____ (5),
findet Amadou.
Er findet: Socken müssen kurz sein. Die trägt er viel _____ (6). Er findet seine
neuen Socken einfach _____ (7) und die Farbe gefällt ihm auch _____ (8).

die Socken

Abschnitt II: 00:57–01:25: Was ist Amadous Problem? Was hat er vergessen? Kennen Sie das? Sprechen Sie im Kurs.

Abschnitt III: 01:26–02:10 Was sagt Amadou über seine Lieblingshose? Korrigieren Sie.

1 Ich mag alle meine Hosen, aber diese hier, die mag ich nicht so gern.
2 Ich hab' sie mal zu kalt gewaschen.
3 Danach war sie ein bisschen zu kurz für mich. Da war ich sehr, sehr traurig. Und? Was hab' ich gemacht?
4 Ich habe drei Wochen nichts gegessen. Und schon hat sie wieder gepasst! Das ist Liebe, oder?!
5 Das hier ist mein Lieblings-T-Shirt. Es passt aber nicht zu dieser Hose.
6 Grau und rot. Diese Kombination finde ich einfach super.

4 Ihre Lieblingskleidung. Zeigen Sie ein Foto und sprechen Sie mit Ihrer Partnerin / Ihrem Partner.

Was gefällt Ihnen an dem Kleidungsstück?
Gefällt Ihnen ein Kleidungsstück nicht? Sagen Sie, warum nicht.
Gefällt Ihnen ein anderes Kleidungsstück besser?

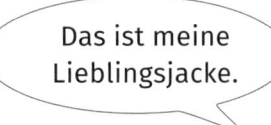

Das ist meine Lieblingsjacke.

Die sieht toll aus. Die Farbe gefällt mir.

Ü2 © Getty Images/iStock/stuartbur; Ü3 © Getty Images/iStock/popovaphoto

Orte
Kopiervorlage 🗐

Miteinander! Deutsch für Alltag und Beruf A1.2
Lektion 15, A2

Vorderseite: Bitte auf die Rückseite kleben und die Kärtchen ausschneiden.

✂

Rückseite:

auf dem Mond	an der Küste	auf einer Insel	auf einem Fest	im Dschungel
auf den Mond	an die Küste	auf eine Insel	auf ein Fest	in den Dschungel
in den Bergen	in der Wüste	im Wald	am Strand	im Museum
in die Berge	in die Wüste	in den Wald	an den Strand	ins Museum
in Hanoi	in Rom	in Italien	in Vietnam	am Meer
nach Hanoi	nach Rom	nach Italien	nach Vietnam	ans Meer

Miteinander! Deutsch f. Alltag u. Beruf A1.2 LHB | ISBN 978-3-19-031892-6 | © 2022 Hueber Verlag | Autorin: A. Schwennsen

Diktat: Italienischkurs
Kopiervorlage

Miteinander! Deutsch für Alltag und Beruf A1.2
Lektion 15, C2

Italienischkurs

Frau Dehner fährt gern nach Italien / in den Urlaub. / Am liebsten
fährt sie ans Meer. / Am Tag liegt sie am Strand und liest Bücher /
oder sie geht schwimmen. / Am Abend geht sie oft / in ein Restaurant. /
Sie würde ihr Essen / gern auf Italienisch bestellen. / Sie findet den
Kurs / „Italienisch für die Reise" interessant.

✂ -

Italienischkurs

Frau Dehner fährt gern nach Italien in den Urlaub. Am liebsten fährt
sie ans Meer. Am Tag liegt sie am Strand und liest Bücher oder sie geht
schwimmen. Am Abend geht sie oft in ein Restaurant. Sie würde ihr
Essen gern auf Italienisch bestellen. Sie findet den Kurs „Italienisch für
die Reise" interessant.

Und Sie? Welchen Kurs würden Sie gern machen? Schreiben Sie 2–3 Sätze.

_____

_____

_____

_____

_____

_____

_____

Extra-Film: Die VHS in Neuberg
Kopiervorlage

Miteinander! Deutsch für Alltag und Beruf A1.2
Lektion 15, C2

1 **Sehen Sie den Anfang des Films ohne Ton. Wo arbeitet Martin Vollemann?**
Welchen Beruf hat er? Was denken Sie?

> Ich denke, der Mann arbeitet bei …

> Er arbeitet als …

2 **Sehen Sie den Film. Welche Kurse haben die Menschen gemacht? Kreuzen Sie an.**

☐ Italienischkurs   ☐ Yogakurs   ☐ IT-Kurs
☐ Deutschkurs   ☐ Gymnastik-Kurs   ☐ Politik-Kurs
☐ Tanzkurs   ☐ Social Media Management   ☐ Kochkurs

3 **Welcher Satz passt zu welchem Bild? Ordnen Sie zu. Sehen Sie den Film dann noch einmal.**

1 _____ 2 _____ 3 _____

4 _____ 5 _____ 6 _____

A Das war sehr interessant und es hat alles gut funktioniert.   **B** Ich habe schon zwei gemacht.

C Der Kurs war sehr gut und ich habe viel gelernt.   **D** Ich habe wirklich nur wenig über Politik gewusst.

E Kostet wenig, macht Freude und bringt Erfolg.   **F** Vor Computern habe ich jetzt keine Angst mehr.

4 **Welchen Kurs können Sie anbieten? Schreiben Sie eine Ankündigung wie in C1b.**
Stellen Sie Ihren Kurs in der Gruppe vor.

Am Buffet
Kopiervorlage 📑

Miteinander! Deutsch für Alltag und Beruf A1.2
Lektion 16, B2

Brot	Currycreme	Kartoffeln	Pommes frites
Reis	Salat	Salz	Suppe
Öl	Bier	Kaffee	Limonade
Apfelsaft	Tee	Wasser	Wein

1. Spalte von oben: © Getty Images /iStock/klaushoffmann.com; © Thinkstock/iStock/mayamo; © iStock/panossgeorgiou; © fotolia /euthymia; 2. Spalte von oben: © fotolia/Mara Zemgaliete;
© Getty Images /iStock/fcafotodigital; © fotolia /eyetronic; © Thinkstock/iStock/Evgeny Karandaev; 3. Spalte von oben: © Thinkstock/iStock/sommai; © fotolia/akf; © iStock/Vasca; © iStock/ginosphotos;
4. Spalte von oben: © Getty Images /iStock/RedHelga; © Thinkstock/iStockphoto; © uwimages – stock.adobe.com; © fotolia/Julián Rovagnati

Diktat: Pünktlichkeit
Kopiervorlage 📋

Miteinander! Deutsch für Alltag und Beruf A1.2
Lektion 16, C2

Pünktlichkeit

Ich finde, / man muss nicht immer pünktlich sein. / Bei einer Party /
ist Pünktlichkeit nicht so wichtig / und im Kino auch nicht. / Dort fängt
der Film / meistens später an. / Da habe ich dann etwas Zeit / und
kaufe mir noch ein Eis. / Es gibt aber natürlich / noch andere Termine. /
Ich persönlich denke, / bei der Arbeit / muss man pünktlich sein.

✂ -

Pünktlichkeit

Ich finde, man muss nicht immer pünktlich sein. Bei einer Party ist
Pünktlichkeit nicht so wichtig und im Kino auch nicht. Dort fängt der
Film meistens später an. Da habe ich dann etwas Zeit und kaufe mir
noch ein Eis. Es gibt aber natürlich auch noch andere Termine. Ich
persönlich denke, bei der Arbeit muss man immer pünktlich sein.

Und Sie? Was denken Sie? Ist Pünktlichkeit so wichtig? Schreiben Sie 2–3 Sätze.

_____

_____

_____

_____

_____

_____

_____

1   Sehen Sie die Bilder aus dem Film an. Wie fühlt Pekka sich? Was könnte er sagen?

Ich denke,
Pekka ist …

Er sagt: …

2   Sehen Sie den Film in Abschnitten.

Abschnitt I: bis 01:07

Richtig oder falsch? Kreuzen Sie an.

		r	f
1	Daniela will mit Pekka in ein Restaurant gehen.	☐	☐
2	Pekka braucht ein Karnevalskostüm.	☐	☐
3	Pekka will ein Kostüm kaufen.	☐	☐
4	Pekka ist sicher: Ein Karnevalskostüm basteln? Das schafft er!	☐	☐

das Karnevalskostüm

Abschnitt II: 01:08-02:20

Was braucht Pekka für sein Karnevalskostüm? Kreuzen Sie an.

☐ Büro   ☐ CDs   ☐ Farbe   ☐ Gummiband   ☐ Helm   ☐ Hemd   ☐ Jacke   ☐ Klebeband

☐ Kleid   ☐ Kleiderbügel   ☐ Skibrille   ☐ Socken   ☐ Papier

Abschnitt III: 02:20 bis Ende

Sprechen Sie in der Gruppe über die Fragen 1 bis 3.

1   Wie findet Daniela Pekkas Kostüm?
2   Wie finden Sie Daniela?
3   Wie hat Pekka der Abend gefallen?

> Ich sehe das auch / nicht so. /
> Ich weiß nicht.
> Für mich ist … sehr / nicht so wichtig.
> Ich persönlich denke/finde: …
> In meiner Familie / Bei meinen Freunden
> ist das so: …

3   Und Sie? Hatten Sie schon einmal ein Karnevalskostüm? Zeichnen Sie und erzählen Sie in der Gruppe.

Name: _____

Datum: _____

Kompetenz-bereich	Lernziel	Ergebnis LFT	im Buch
Wörter	Ich kenne Wörter für Orte in der Stadt, Tourismus, Verkehrsmittel, Maßeinheiten und Ausbildung.	__ / 4	KB 09, C KB 10, S. 31
	Ich kenne Wörter, um den Weg mit den öffentlichen Verkehrsmitteln (ÖVN) zu beschreiben.	__ / 9	KB 10, S. 25 und 29
Grammatik	Ich kann das Präteritum von *haben* und *sein* bilden.	__ / 8	KB 09, S. 20
	Ich kann das Perfekt mit *sein* und *haben* der regelmäßigen, unregelmäßigen und trennbaren Verben sowie der Verben auf *-ieren* bilden.	__ / 19	KB 09, S. 20 KB 10, S. 30
	Ich kann W-Fragen, Ja- / Nein-Fragen und Aussagesätze im Perfekt bilden.	__ / 4	KB 09, S. 20
	Ich kann *zu* und *mit* + Artikel richtig verwenden.	__ / 9	KB 10, S. 30
Schreiben	Ich kann eine Nachricht mit einer Wegbeschreibung schreiben.	__ / 6	KB 10, S. 30
Sprechen	Ich kann über Vergangenes berichten.	__ / 4	KB 09, S. 21
Hören	Ich kann eine Wegbeschreibung im ÖNV verstehen.	__ / 1	
		__ / 4	KB 10, S. 29 / 30
Lesen	Ich kann Informationen für Touristen verstehen.	__ / 5	KB 10, S. 23 und 26 AB 10, S. 133

Tipps für das Lernen: _____

_____

_____

_____

_____

Die nächsten Schritte: _____

_____

_____

_____

_____

Name: _____

Datum: _____

Kompetenz-bereich	Lernziel	Ergebnis LFT	im Buch
Wörter	Ich kenne Wörter rund um die Themen *Haus* und *Wohnen* und Wörter zum Beschreiben.	___ / 27	KB 11, S. 33, 36 und 41
	Ich kenne Wörter für (Büro-)Tätigkeiten.	___ / 5	KB 12, S. 51
	Ich kenne Wörter für (Freizeit-)Aktivitäten.	___ / 4	KB 12, S. 51
Grammatik	Ich kann *finden* und *gefallen* mit den richtigen Pronomen verwenden.	___ / 7	KB 11, S. 40
	Ich kann die lokalen Präpositionen richtig verwenden.	___ / 8	KB 11, S. 40
	Ich kann *müssen* und *dürfen* richtig verwenden.	___ / 7	KB 12, S. 50
	Ich kann *vor*, *nach*, *in*, *ab* und *bis* richtig verwenden.	___ / 5	KB 12, S. 50
Sprechen	Ich kann telefonisch um eine Auskunft bitten.	___ / 5	KB 12, S. 50
Schreiben	Ich kann eine formelle E-Mail schreiben.	___ / 5	KB 12, S. 51 AB 12, S. 151
Lesen	Ich kann Wohnungsanzeigen verstehen.	___ / 4	KB 11, S. 33 AB 11, S. 138
Hören	Ich kann in einem Telefonat Informationen über eine Wohnung verstehen.	___ / 5	KB 11, S. 40 AB 11, S. 141

Tipps für das Lernen: _____

_____

_____

_____

_____

Die nächsten Schritte:

_____

_____

_____

_____

Name: _____

Datum: _____

Kompetenz-bereich	Lernziel	Ergebnis LFT	im Buch
Wörter	Ich kenne Wörter für Körperteile.	__ / 10	KB 13, S. 61
	Ich kenne Wörter für Krankheiten, Schmerzen und Medizin.	__ / 7	KB 13, S. 61 AB 13, S. 158 und 161
	Ich kenne Wörter für Kleidung.	__ / 6	KB 14, S. 71
Grammatik	Ich kann Aufforderungen und Tipps mit dem Imperativ formulieren.	__ / 5	KB 13, S. 60 AB 13, S. 160
	Ich kann Tipps mit *sollen* formulieren.	__ / 4	KB 13, S. 60 AB 13, S. 159
	Ich kann *welch-*, *dies-* und die Adjektive *gut*, *gern* und *viel* in der richtigen Form (+, ++, +++) verwenden.	__ / 11	KB 14, S. 70
	Ich kann die Personalpronomen im Akkusativ und die Ordinalzahlen beim Datum richtig bilden.	__ / 9	KB 14, S. 70
Hören	Ich kann ein Gespräch über Meinungen zu Kleidung verstehen.	__ / 7	KB 14, S. 64, 65 und 70
Lesen	Ich kann einen Zeitschriftenartikel zu Tipps gegen Rückenschmerzen verstehen.	__ / 4	AB 14, S. 162
Sprechen	Ich kann nach Reparaturen und Preisen fragen.	__ / 5	KB 14, S. 71
Schreiben	Ich kann mich schriftlich bei der Arbeit krankmelden.	__ / 6	KB 13, S. 61

Tipps für das Lernen: _____

_____

_____

_____

_____

Die nächsten Schritte: _____

_____

_____

_____

_____

Name: _____

Datum: _____

Kompetenz-bereich	Lernziel	Ergebnis LFT	im Buch
Wörter	Ich kenne Wörter für den Umgang mit Apps.	__ / 6	KB 15, S. 81
	Ich kenne Wörter für Orte in der Natur, für Essen und Getränke und für Reisen.	__ / 5	KB 15, S. 81 KB 16, S. 91 und 105
	Ich kenne Wörter rund um eine Party.	__ / 4	KB 16, S. 83
Grammatik	Ich kann angeben, wem etwas gehört.	__ / 9	KB 16, S. 90
	Ich kann die lokalen Präpositionen *in*, *an*, *auf* und *nach* richtig verwenden.	__ / 20	KB 15, S. 80
	Ich kann Wünsche und Vorlieben mit „würde" formulieren.	__ / 5	KB 15, S. 80
Lesen	Ich kann eine Einladung verstehen.	__ / 5	KB 16, S. 83 AB 16, S. 187
Schreiben	Ich kann auf eine schriftliche Einladung antworten.	__ / 5	KB 16, A und S. 90 AB 16, S. 187
Hören	Ich kann ein Gespräch über Ausflugsziele verstehen.	__ / 6	KB 15, S. 74 AB 15, S. 175 und 177
Sprechen	Ich kann Essen und Trinken anbieten und ein Kompliment machen.	__ / 5	KB 16, S. 90 und 105

Tipps für das Lernen:

_____

_____

_____

_____

Die nächsten Schritte:

_____

_____

_____

_____

Geir Kjetsaa

DOSTOJEWSKIJ

» Der gewaltigste unter den
russischen Giganten « Knut Hamsun

Wilhelm Heyne Verlag
München

HEYNE BIOGRAPHIE
12/183

Titel der norwegischen Originalausgabe

Fjodor Dostojevskij – et Dikterliv

Deutsche Übersetzung von Astrid Arz

Copyright © 1985 by Gyldendal Norsk Forlag, Oslo
Copyright © der deutschen Ausgabe 1986 by Casimir Katz Verlag, Gernsbach
Wilhelm Heyne Verlag GmbH & Co. KG, München
Umschlagfoto: Archiv für Kunst und Geschichte, Berlin
Umschlaggestaltung: Atelier Ingrid Schütz, München
Gesamtherstellung: Presse-Druck Augsburg
Bildteil: RMO, München

ISBN 3-453-03530-5

Inhalt

DOSTOJEWSKIJ

Das Geheimnis des Menschenlebens
besteht darin, nicht nur zu leben,
sondern auch etwas zu haben,
wofür man lebt.

Vorwort

»Der heute so berühmte russische Schriftsteller Dostojewskij, der nach seinem Tode mit großem Pomp und unter der Anteilnahme der gesamten Bevölkerung zu Grabe getragen wurde, war in Europa dennoch so vollkommen unbekannt, daß sein Name nicht einmal in den exklusivsten literarischen Kreisen genannt wurde. Doch nun ist er mit einem Schlage zum Dichterfürsten avanciert . . .«

Mit diesen Worten stellte ein norwegischer Kritiker Dostojewskij 1883 seinen Landsleuten vor. Hundert Jahre später können wir nur konstatieren, daß sein Fürstentum schon längst die ganze Welt umspannt. Er wurde in 170 Sprachen übersetzt, seine Bücher erschienen in über fünfzehn Millionen Exemplaren – er ist aktueller denn je. Dostojewskijs tiefgehende Behandlung »ewiger Fragen« macht ihn zu einem *zeitgenössischen* Schriftsteller. Er wurde zum Bestandteil unseres modernen Bewußtseins. Ja, wenn man seinem Einfluß auf andere Autoren nachgeht, drängt sich der Eindruck auf, daß künftige Literaturhistoriker mit einer großen Zäsur in der europäischen Literatur zu operieren haben werden: vor und nach Dostojewskij.

Wenn Hamsuns Worte, er sei »der Gewaltigste unter den russischen Giganten«, heute überall auf Zustimmung stoßen, so liegt das in erster Linie an Dostojewskijs Mut – dem Mut, Abgründiges und Düsteres im Menschenleben auszuloten. Diese Unerschrockenheit bewirkt nicht zuletzt, daß seine »Romantragödien« doch nie den Nachgeschmack von Pessimismus und Resignation hinterlassen. Dostojewskijs Kunst wirkt bekräftigend und erlösend. Gerade in einer hochmütigen Zeit, die ihren Hochmut nicht selten auch noch kultiviert, haben wir das Bedürfnis, unser Leben in der bei Dostojewskij aufscheinenden Ewigkeitsperspektive zu sehen. Wir brauchen seine Rücksichtnahme auf Erniedrigte und Beleidigte, seine Ideale der Nächstenliebe und des Mitleids, seinen Kampf gegen äußere und innere Unwahrheit mit den Waffen des Geistes.

Im Vorwort seines 1962 erschienenen brillanten Buches stellt Erik Krag fest, alle, die über Dostojewskij schreiben wollten, stünden vor der Qual der Wahl, sich entweder auf sein Leben oder auf sein Werk zu konzentrieren. Die Fülle des Materials ist so überwältigend, daß der Versuch, beides eingehend zu behandeln, jeden Rahmen sprengen müßte.

Krag hat sich entschieden, über Dostojewskijs Werk zu schreiben. Ich habe mir sein Leben vorgenommen.

Allerdings lassen diese beiden Bereiche sich nie bis aufs letzte trennen. Bei kaum einem anderen Schriftsteller zeigt sich eine so tragische Symmetrie zwischen Leben und Schreiben wie bei Dostojewskij. Alle biographischen Daten eignen sich zugleich als Kommentar zu seinem Werk, und umgekehrt. Daher werde auch ich auf sein Schreiben eingehen, obwohl mein Schwerpunkt ein anderer ist.

Daß Dostojewskij ein ausgeprägt autobiographischer Schriftsteller ist, bedeutet noch lange nicht, Leben und Werk seien eins. Als Romanverfasser verfügt er über eine Autorität, die ihm wie anderen Autoren als Mensch fehlt. Manche seiner Biographen hatten Schwierigkeiten, das zu akzeptieren. Oft genug weisen Schilderungen von Dostojewskijs Leben eine stark idealisierende Tendenz auf. Ich selbst habe keinen Versuch unternommen, den Dichter als Heiligen zu präsentieren. Meine Absicht war, ein *dokumentarisches* Buch vorzulegen, das der ständig wachsenden Schar von Dostojewskij-Lesern Freude machen und nützlich sein kann.

Um den Lesefluß nicht aufzuhalten, habe ich keine Fußnoten verwendet. Meine Quellen sind im bibliographischen Anhang aufgelistet. Ein Gutteil meines Materials ist im übrigen durch persönliche Archivstudien in der Sowjetunion ermittelt worden. In diesem Zusammenhang möchte ich den Leitern der Handschriftensammlungen an der Leninbibliothek (GBL), dem Staatlichen Zentralarchiv für Literatur und Kunst (CGALI) und dem Staatlichen Literaturmuseum (GLM) danken. Großen Dank schulde ich auch den Menschen, mit denen ich Gespräche über dieses Buch führen durfte, ganz besonders Erik Egeberg in Tromsø, Ganna Bograd in Leningrad und Georgij Fjodorow in Moskau.

Bei Zeitangaben, die sich auf Ereignisse in Rußland beziehen, bin ich dem alten Julianischen Kalender gefolgt, der im vorigen Jahrhundert zwölf Tage hinter unserer Zeitrechnung zurückliegt. Ereignisse im Westen wurden dagegen nach unserem Gregorianischen Kalender datiert. Bei der Transskribierung russischer Wörter und Namen habe ich mich im Text an die gängige Schreibweise gehalten, während die wissenschaftlichen Regeln im bibliographischen Anhang befolgt werden.

Geir Kjetsaa

1

Kindheit und Jugend

Von meinen frühesten Kindertagen an
erinnere ich mich an die Liebe meiner Eltern . . .
Ich denke gerne an meine Kindheit zurück.

I

Seine erste Kindheitserinnerung stammt aus der Zeit, als er drei war. Das Kindermädchen hat ihn gerade in die Wohnstube gebracht und fordert ihn auf, vor den Gästen, die da sind, sein Abendgebet zu sprechen. Vor dem Heiligenbild kniend, sagt Fjodor auf: »Maria, Mutter Gottes, ich hoffe allein auf dich – gib mir Schutz unter deinen Fittichen.«

Dieses Gebet sollte der Dichter nie vergessen. Er sprach es sein Leben lang und lehrte es auch seine Kinder. »Ich komme aus einer frommen russischen Familie«, erinnerte er sich später. »Bei uns zu Hause kannten wir das Evangelium fast schon in der Wiege.«

Väterlicherseits war Dostojewskij Abkömmling eines altlitauischen Adelsgeschlechts. Der Familienname leitet sich wahrscheinlich von dostojnyj her, dem russischen Wort für »würdig«, »verdienstvoll«. Daher auch Dostojewo, ein kleines Dorf etwa fünfzig Kilometer von Pinsk im jetzigen Weißrußland. Ein Teil dieses Dorfs war dem Stammvater Danila Iranowitsch Irtitsch 1506 durch eine Schenkung des Fürsten von Pinsk zugefallen, und sein Enkel nahm bereits den Namen »Dostojewskij« an. Zu damaliger Zeit war das Großfürstentum Litauen zwar in den polnischen Staat integriert, aber der Schriftsteller selbst traf eine deutliche Unterscheidung: »Die Dostojewskijs sind Litauer, keine Polen. Litauen ist etwas ganz anderes als Polen.«

Die Grenzen waren allerdings fließend, sowohl die geographischen als auch die religiösen. Schon gegen Ende des sechzehnten Jahrhunderts lassen sich Angehörige der Dostojewskij-Familie im Fürstentum Litauen, in Polen und auch Rußland finden. Es waren unruhige Zeiten – Rußland und Polen waren in ständige Streitigkeiten verwickelt, Unversöhnlichkeit, Fanatismus prägten den Kampf zwischen russischer Orthodoxie und polnischem Katholizismus. Dostojewskijs schlugen sich auf beiden Seiten, wenn auch nicht mit gleichem Glück: Während der polnische Zweig es zu höchsten Ämtern und Würden brachte, ging es mit dem orthodoxen rapide bergab.

Einige Gründe dafür lassen sich in den Gerichtsakten jener Zeit aufspüren. Die Dostojewskij-Sippe war bald für ihren ruchlosen Lebenswandel berüchtigt. Die Berichte über Familienverbrechen erinnern an Vorlagen zu Romanen ihres schriftstellernden Nachfahren. So verleitete die heißblütige Maryna Stefanowna Dostojewskaja ihren Mann Stanislaw Karlowitsch zu einem Saunabad, obwohl er schon seit längerem ahnte, daß sie etwas gegen ihn im Schilde führte. Als er aus dem Badehaus kam, wurde er auch richtig von einem Schuß getroffen, abgefeuert von einem Diener seiner Frau. Rufend und schreiend stürzte der blutende Stanislaw auf das Wohnhaus zu. Aber Maryna hatte die Türen vorsorglich verriegelt, und während er dagegenpochte und -hämmerte, wurde er vom Diener mit einem Säbel gemeuchelt. Maryna schreckte vor nichts zurück: »Zur Hölle mit ihm!« schrie sie, als Hunde und Schweine das Blut vor der Tür aufleckten. Ihren gedungenen Mörder versteckte sie in der Scheune; aber wenige Tage später, beim Begräbnis ihres Mannes, stand er an ihrer Seite.

Andere Gerichtsdokumente berichten von blutrünstigen Raubzügen gegen Nachbargüter, von Testamentfälschungen und von der widerrechtlichen Aneignung staatlicher und klösterlicher Eigentümer. Aber genau wie in den Romanen Dostojewskijs stoßen wir auch auf edle Gestalten unter seinen Vorfahren. Im achtzehnten Jahrhundert etwa lebte ein Akindij Dostojewskij als heiliger Mann im altehrwürdigen Höhlenkloster zu Kiew.

Damals hatten sich die orthodoxen Dostojewskijs in Wolhynien, einem Teil der Ukraine, der dem ehemaligen Großfürstentum Litauen angehörte, niedergelassen. Aufgrund ihres wüsten Lebenswandels hatten sie ihre Besitztümer schon lange verspielt. Der zukünftige Schriftsteller stammte aus einem Geschlecht verarmter Kleriker. Urgroßvater und Großvater waren beide Pfarrer in der unierten ukrainisch-katholischen Kirche in Bratslaw, einem Städtchen im Gouvernement Podolien, Ukraine. Hier wurde auch 1789 sein Vater geboren.

Wenige Dichterväter hat man so gründlich analysiert und in ihrer Bedeutung so ausgiebig berücksichtigt wie Michail Andrejewitsch Dostojewskij. Und kaum ein zweiter ist so widersprüchlich beurteilt worden wie er. Grob lassen sich zwei Überlieferungen auseinanderhalten: Die eine beruft sich auf die Dichtertochter Ljuba, die ihren Großvater als despotischen Haustyrannen darstellt, geizig, versoffen, brutal und lasterhaft; die andere geht auf den Dichterbruder Andrej zurück – er schildert denselben Menschen als liebenswürdigen Familienvater, zwar aufbrausend, aber herzensgut.

Dieser Doktor war offenbar eine komplizierte Persönlichkeit mit recht widersprüchlichen Charakterzügen – zwar finster, wortkarg, reizbar und mißtrauisch, aber auch zupackend und energisch, und für seine Familie sorgte er unermüdlich, mit abgöttischer Liebe. Darauf zielt Dostojewskij ab, wenn er sich später an die Anstrengungen seines Vaters erinnert, »zu den besten Menschen gezählt zu werden«.

Wie sein Bruder, sein Vater und sein Großvater sollte auch Michail Andrejewitsch Pfarrer werden. Seine Studienjahre an der Priesterakademie in Kamenez-Podolsk verschafften ihm eine gründliche Bildung, besonders in Sprachen und Literatur – ein Wissen, das er später an seine Kinder weitergab. Aber anders als seine Vorväter fühlte er sich nicht zum Priesteramt berufen. Gegen den Willen seines Vaters, aber mit dem Einverständnis seiner Mutter verließ er daher als Zwanzigjähriger seine Heimatstadt. Dabei muß es zu einem dramatischen Bruch gekommen sein: Später sollte es ihm nie mehr gelingen, den Kontakt zu seiner Familie wiederherzustellen. Nicht einmal seine Kinder lernten ihre Verwandtschaft väterlicherseits kennen.

Im Herbst 1809 erlangte Michail Andrejewitsch, nicht zuletzt wegen seiner glänzenden Lateinkenntnisse, einen Freiplatz an der Medizinisch-Chirurgischen Hochschule in Moskau. Es war Aufgabe dieser Schule, Ärzte für das Heer und die Marine auszubilden, und die Studenten waren in der Regel Söhne aus unbemittelten bürgerlichen Elternhäusern. Die nächsten Jahre wurden hart. Er hatte weder Geld noch Beziehungen und konnte sich nur dank seiner nie erlahmenden Energie behaupten.

1812 setzte Napoleons Invasion seinem Studium ein Ende. Michail Andrejewitsch wurde an die Front geschickt. Während der Schlacht bei Borodino diente er in einem Feldlazarett. Später, im Herbst, zeichnete er sich aus bei der Evakuierung von über dreißigtausend Verwundeten aus Moskau. Auch an der Bekämpfung einer gefährlichen Typhusepidemie in der Provinz war er beteiligt. Der rauhe Kriegsdienst, Amputationen und Seuchen waren wohl schuld daran, daß er so barsch und streng wurde – er lächelte selten. Doch Tüchtigkeit und Diensteifer brachten ihm zügige Beförderungen ein. Schon 1813 bekam er seine Approbation, und 1818 wurde er zum Oberarzt am Militärkrankenhaus in Moskau ernannt. Aber dann, Ende 1820, ersuchte er um seine Entlassung aus dem Militärdienst.

Der Grund war, daß er sich ein Jahr zuvor mit der neunzehnjährigen Maria Fjodorowna, geb. Netschajewa, verheiratet hatte. Mit ihr und dem neugeborenen Kind Michail, dem Bruder des Schriftstellers, wollte er sich nun in Moskau niederlassen.

Maria Fjodorowna kam aus einer alteingesessenen Kaufmannssippe und war eine lebenslustige junge Frau mit künstlerischen Interessen und musikalischer Begabung. Goethes Worte über seine Eltern, vom Vater habe er »die Statur, des Lebens ernstes Führen« und von der Mutter »die Frohnatur und Lust zu fabulieren«, passen auch auf Dostojewskij. Marias Vater, Fjodor Netschajew, ein ehemals reicher Manufakturhändler, hatte einen Großteil seines Vermögens 1812 bei der Evakuierung Moskaus verloren. Die literarischen und künstlerischen Interessen lagen eher in der Familie ihrer Mutter. So war deren Vater, der kultivierte und belesene Michail Kotelnitschkij, Korrektor an der Kirchlichen Druckerei in Moskau gewesen, während Marias Onkel, der originelle und schillernde Wasilij Kotelnitschkij, als Professor und Dekan der Medizinischen Fakultät an der Universität von Moskau gewirkt hatte. Ihre Mutter hatte Maria schon mit dreizehn Jahren verloren. An ihrer Statt kam eine Stiefmutter ins Haus, die junge Olga Jakowlewna, die aber in der Familie Dostojewskij nicht sonderlich beliebt war.

Die Ehe mit Michail Andrejewitsch basierte eher auf Vernunftgründen als auf Gefühlen. Als Tochter eines bankrotten Kaufmanns wurde Maria eben an einen Mann verheiratet, der sie versorgen konnte. Größeres Glück in dieser Hinsicht hatte ihre Schwester Alexandra, die den steinreichen Kaufmann Alexander Kumanin bekam. Alexandra wurde die Patentante aller Kinder aus der Familie Dostojewskij. Trotzdem kam es nie zu einem guten Verhältnis zwischen den beiden Familien. Für den stolzen Doktor war es demütigend, die finanzielle Unterstützung seiner Verwandten anzunehmen, und sein schriftstellernder Sohn hatte hauptsächlich Verachtung für diese »erbärmlichen Krämerseelen« übrig. Dessen ungeachtet kam ihm die Familie Kumanin doch immer dann gelegen, wenn er in Geldnöten steckte.

Sicherlich hatten Marias einflußreiche Verwandte auch ein Wörtchen mitgeredet, als Michail Andrejewitsch im Frühjahr 1821 eine Anstellung am Marienhospital für Arme am Stadtrand von Moskau fand. Das stattliche Krankenhaus war 1803–1806 von Iwan Gilardi errichtet worden und stand unter direkter Oberaufsicht der Kaiserinwitwe. Im großen säulengeschmückten Mittelbau befindet sich heute das Staatliche Tuberkuloseinstitut. Auch die beiden Seitengebäude stehen noch. Im linken, von der Straße aus gesehen, wurde Dostojewskij inzwischen ein schönes Museum eingerichtet.

II

Die junge Familie Dostojewskij zog in das rechte Seitengebäude ein, und dort wurde der zukünftige Schriftsteller am 30. Oktober 1821 geboren, oder, nach neuer Zeitrechnung, am 11. November. Dostojewskij selbst war gegen Ende seines Lebens davon überzeugt, 1822 geboren zu sein – ähnlich wie Knut Hamsun machte er sich gerne jünger, als er war. Die Kirchenbücher lassen in diesem Punkt jedenfalls keine Zweifel aufkommen:

»Am 30. Oktober 1821 wurde im Armenhospital beim Stabsarzt Michail Andrejewitsch Dostojewskij ein Knabe geboren – der Sohn Fjodor. Vater Wasilij Iljin waltete mit Hilfe des Diakons Gerasim Iwanow seines Amtes. Der Knabe wurde am 4. November getauft; Taufpaten waren der Stabsarzt Hofrat Grigorij Pawlow Maslowitsch und Fürstin Praskowja Timofejewna Koslowskaja; der Moskauer Kaufmann Fjodor Timofejewitsch Netschajew und die Kaufmannsgattin Alexandra Fjodorowna Kumanina. Die Taufe wurde von Vater Iljin mit der Geistlichkeit der Kirchengemeinde durchgeführt.«

Wenige Jahre später zog die Familie in das linke Seitengebäude, wo sie in der ersten Etage, zur Straße hinaus, wohnte. Hier sollte der Schriftsteller seine Kindheit verbringen – abgeschlossen von der Außenwelt, als Nachbarn die armen und schwindsüchtigen Krankenhauspatienten.

Auch die Umgebung des Armenhospitals war nicht eben dazu angetan, einen auf muntere Gedanken zu bringen. Sie hieß im Volksmund »Boschedomka«, denn früher hatte dort ein Leichenhaus gestanden, ein sogenanntes *ubogij dom* für Verbrecher und Landstreicher, Menschen, die keiner Gemeinde angehörten und daher »bei Gott« begraben wurden *(u Boga)*. Und ganz in der Nähe befand sich immer noch eine Etappenstation für die Gefangenentransporte nach Sibirien. Gleich vor den Wohnzimmerfenstern schleppten sich die Gefangenen auf der Novaja Boschedomka zu ihrer Strafarbeit. Es war, als setzte das Leben alles daran, dem zukünftigen Schriftsteller seine düstersten Seiten zu zeigen. Leid, Armut und Tod – Fjodor bot sich schon von klein auf ein trauriger Anblick. Er lernte leidvolle Erfahrungen kennen und merkte sich, was er sah.

Die Familie wurde rasch größer. Michail war ein Jahr älter als Fjodor; 1822 kam die Schwester Warwara, 1825 der Bruder Andrej. Drei weitere Geschwister wuchsen später noch auf: Wera, Nikolaj und Alexandra. Aber nahen Kontakt entwickelte der Schriftsteller nur zu den beiden, die ihm im Alter am nächsten waren. Andrej ist vor allem wegen seiner Kindheitserinnerungen von Bedeutung. Neben dem Briefwechsel der Eltern sind diese Memoiren die einzige Quelle aus erster Hand, die uns über Dostojewskijs früheste Jugend Auskunft gibt.

Was Andrej darüber erzählt, läßt sich heute durch einen Besuch des Dostojewskij-Museums überprüfen. Als erstes Zimmer betreten wir einen kleinen, von einer Stellwand unterteilten Flur – hinter dieser Wand schliefen Michail und Fjodor auf zwei großen Truhen. Danach kommen wir in den »Saal«, ein recht großes Zimmer mit drei Fenstern zum Hof und zweien zur Straße. Hier hielt der Doktor seine Lateinstunden mit den beiden Ältesten ab. Glücklichere Erinnerungen knüpften sich an die Wohnstube, wo im Familienkreis vorgelesen wurde. Das Zimmer ist etwas kleiner als der Saal, hat aber auch zwei Fenster zur Straße. Dahinter schließlich liegt das Schlafzimmer, durch eine Trennwand abgesondert; dieser Raum diente auch als Kinderzimmer. Insgesamt ist die Wohnung zwar geräumig, aber für die Familie Dostojewskij wurde sie doch rasch zu eng.

Außer seinen Geschwistern fanden sich nur wenige gleichaltrige Spielkameraden im Krankenhaus. Ein neunjähriges Mädchen, das zu Fjodors besten Freunden zählte, wurde eines Tages plötzlich vergewaltigt im Krankenhausgarten gefunden. Es starb kurz darauf, bevor Fjodor den Vater herbeigeholt hatte. Dieses Erlebnis machte einen ungeheuren Eindruck auf ihn; er sollte später in seinem Werk noch oft darauf zurückkommen.

Der Doktor war bemüht, seine Kinder von den Patienten fernzuhalten, und das Krankenhausgelände sollten sie nach Möglichkeit nicht verlassen, es sei denn mit den Eltern oder Dienstboten. Aber wenn sie sich doch zum Spielen im Krankenhaushof oder im schönen Marienpark gleich hinter dem Hospital davonstahlen, waren die beiden ältesten Brüder bei jedem Unfug immer vorneweg. Am wildesten gebärdete sich Fjodor; »Hitzkopf« wurde er von den Eltern genannt. Er war berüchtigt für seinen Dickkopf und sein freches Mundwerk. »Immer mit der Ruhe, Fedja, sonst nimmt es kein gutes Ende mit dir«, warnte dann der Vater. »Du wirst sehen, du endest noch mit roter Mütze!« Er ahnte nicht, wie recht er mit dieser Anspielung auf die roten Soldatenmützen in den sibirischen Strafregimentern behalten sollte.

Ökonomisch hatte Michail Andrejewitsch so seine Schwierigkeiten. Sein Gehalt im Armenhospital betrug nur wenige hundert Rubel im Jahr, und es kam vor, daß er um Vorschuß bitten mußte. Was nicht heißen soll, daß seine Familie Not litt; neben seinem Krankenhausdienst betrieb der Doktor eine recht gut gehende Privatpraxis. Aber: Adel verpflichtet. Die Haushaltung hatte »im Einklang mit der eigenen Würde« zu stehen, wie es in einem zeitgenössischen Lehrbuch für Takt und guten Ton heißt. Michail Andrejewitsch tat sein möglichstes, er hielt eine eigene Equipage und sieben feste Dienstboten. Aber die Furcht vor der Armut verfolgte ihn unablässig, eine Armut, die er im Hospital von früh bis spät miterlebte. Es galt, in die besseren Kreise aufzustreben, sich hohes Prestige und bürgerliches Ansehen zu verschaffen.

Mit seiner Herkunft aus dem wenig geachteten Priesterstand hatte Michail Andrejewitsch sich nie brüsten können. Jetzt verwandte er seine gesamte Energie darauf, sich und seiner Familie den ersehnten Platz an der Sonne aus eigener

Kraft zu erobern. Aber es wurde ein harter Kampf. Damals schwor man in Rußland auf deutsche Doktoren. Dostojewskijs Vater hatte oft das verletzende Gefühl, übergangen zu werden. Trotzdem geht aus dem Archivmaterial hervor, daß seine Dienstkarriere beste Fortschritte machte. Sein Tagesablauf wurde von Ordnung und Routine bestimmt. In regelmäßigen Abständen gab es Orden für »hervorragenden Diensteifer«, und schließlich bot man ihm auch den Posten eines Oberarztes am Marienhospital an. Als er 1837 aus gesundheitlichen Gründen seinen Abschied nehmen mußte, hatte er es zum Kollegiumsrat gebracht; das entspricht dem militärischen Rang eines Obersten.

Schon 1829 erlangte Michail Andrejewitsch für sich und seine Söhne den Adelstitel zurück, den seine Vorväter durch ihre Weigerung, zum Katholizismus überzutreten, verwirkt hatten. Die gängige Vorstellung, Dostojewskij sei ein »plebejischer« Schriftsteller nahezu »proletarischer« Herkunft gewesen, entbehrt somit jeder Grundlage. Wie fast alle russischen Autoren des vorigen Jahrhunderts war er Adeliger, und er war sich dessen wohl bewußt. Allerdings darf man auch nicht übersehen, daß der Beamtenadel ein geringeres Ansehen genoß als der alte Landadel, dem etwa Turgenjew und Tolstoj angehörten. Das sollte bald eine schmerzliche Erkenntnis für Fjodor werden, dem Prestigefragen nicht minder wichtig waren als seinem Vater. Sicherlich hat das Ringen um Ansehen in seinem Elternhaus dazu beigetragen, sein Verständnis für leidende Menschen zu vertiefen; wohlgemerkt weniger was die Auswirkungen von Armut betraf, als vielmehr wegen der Zurücksetzungen, die sozial Niedrigstehende durch die Reichen und Mächtigen der Gesellschaft zu erdulden hatten.

Die sozialen Schranken seiner Zeit konnte Fjodor bereits im Elternhaus zur Genüge studieren. Es kam vor, daß Dienern von heute auf morgen gekündigt wurde oder daß sie ganz einfach Reißaus nahmen. Aber im großen und ganzen bestimmten Freundlichkeit und Hilfsbereitschaft das Verhältnis zwischen Herrschaft und Dienstboten. Das Kindermädchen Aljona Frolowna war besonders wichtig für Fjodor. Aljona war groß und dick und hatte ein Herz aus Gold. Nach einem Brand auf dem Landgut des Doktors zögerte sie nicht, der Familie ihre gesamten Ersparnisse anzubieten: »Wenn ihr Geld braucht, dann nehmt doch meins, ich habe keine Verwendung dafür, ich brauch es nicht...« Das konnte der Schriftsteller nie vergessen, und später führt er Aljona als leuchtendes Beispiel für die Fähigkeit des russischen Volkes an, christliche Ideale zu verwirklichen.

Hin und wieder besuchten auch alte und neue Ammen die kinderreiche Familie Dostojewskij. Mit wohligem Gruseln erinnert sich Andrej daran, wie gut sie russische Volksmärchen erzählen konnten. Wenn die Ammen erzählten, wurde es mucksmäuschenstill im Saal. Das einzige Geräusch war die kratzende Feder des Doktors, der im Nebenzimmer seine Rezepte und Totenscheine schrieb. In diesen Volksmärchen lernte Fjodor zum ersten Mal die Erzählkunst kennen. Unter ihrem Einfluß erwachte sein eigener Schaffensdrang. »Schon mit drei Jahren erfand ich Märchen«, erinnerte er sich später. »Manche waren sogar recht einfallsreich, und es waren gruselige und komische darunter. Ich habe sie nie vergessen...«

Auf Jahrmarktsbesuchen zur Fastenzeit fand sein Interesse an volkstümlicher Kunst neue Nahrung. Dabei hatten es ihm die unverwechselbar russischen Schaubudenvergnügen mit Tanzbären, dressierten Meerkatzen, lustigen Clowns, starken Männern und Riesinnen angetan. Wenn er nach Hause kam, schilderte er immer anschaulich seine Erlebnisse. Seine Begeisterung für solche Darbietungen schlägt bei seiner Schilderung der Theaterliebe unter den Zuchthäuslern in den *Aufzeichnungen aus einem Totenhaus* durch.

Doch die kurzen Ausflüge aus dem düsteren Armenhospital waren knapp bemessen. Ein einziges Mal nahm der Doktor seine Kinder ins Theater mit. Schillers *Räuber* mit dem berühmten Motschalow in der Hauptrolle faszinierten den kommenden Verfasser der *Brüder Karamasow* sehr. »Es war der allerstärkste Eindruck, den ich damals mit nach Hause nahm, der auf meine weitere geistige Entwicklung sehr fruchtbar einwirkte«, erinnerte er sich rückblickend.

Weitere große Ereignisse für die Arztfamilie waren Wallfahrten zum Dreieinigkeitskloster St. Sergius außerhalb Moskaus und nicht zuletzt Besuche in den Kreml-Kirchen mit ihren Heiligenikonen und prächtigen Ausschmückungen. Fjodors Religiosität entwickelte sich frühzeitig. Vor fast jedem wichtigen Ereignis in seinem Elternhaus wurde eine Messe abgehalten. Noch bevor er lesen konnte, hatte er entscheidende Eindrücke aus den alten russischen Heiligenlegenden in sich aufgenommen, die den Weg zu Gott über Askese und selbstlose Nächstenliebe priesen. Vorbild darin war Christus; um Vergebung und Läuterung zu erlangen, mußten die Menschen ihm nachfolgen und freiwillig Leid erdulden. Dieser Einfluß sollte die schöpferische Phantasie Dostojewskijs nachhaltig prägen.

Der Doktor war ein zugeknöpfter Herr, der seine Kinder zur Disziplin anhielt, ohne sie körperlich zu züchtigen. Wenn er sich zu seinem Mittagsschläfchen hinlegte, hatte Andrej gefälligst am Bett zu sitzen und die Fliegen zu verscheuchen. Und weh ihm, wenn doch ein Insekt den Schlaf des Doktors störte!

Unterricht bekamen die Kinder schon mit vier Jahren. Die Mutter brachte ihnen Lesen und Schreiben bei. In ihrem tiefreligiösen Elternhaus war die Bibel selbstverständlich das wichtigste Buch. Aber auch mit einem aus dem Deutschen übersetzten Buch wurden sie frühzeitig bekannt gemacht. *Einhundert und vier heilige Geschichten aus dem Alten und Neuen Testament zum Nutzen der Jugend.* Dieser Wälzer – ein Mittelding zwischen Kinderbibel und Katechismus – war zum Auswendiglernen gedacht: Mit wöchentlich einer Erzählung sollte man sich das dicke Buch in zwei Jahren einverleiben. Ja, größere Kinder könnten es sich bestimmt in einem Jahr einpauken, verrät uns das Vorwort. Jede Geschichte war mit einer Anzahl Kontrollfragen versehen, um das Abhören zu erleichtern, und enthielt außerdem drei »nützliche moralische Belehrungen« sowie eine abschließende »fromme Betrachtung«. In diesem Buch konnte Fedja genau wie Sosima in den *Brüdern Karamasow* die Schöpfungsgeschichte nachlesen und von Adam und Eva im Paradies, von der Sintflut und von der Auferweckung des Lazarus erfahren. Hier wurde Dostojewski zum ersten Mal mit Seiten des Christentums vertraut, die später so bedeutsam für sein Werk werden sollten. Und so lautet in diesem Buch die »fromme Betrachtung« zum Gleichnis vom Scherflein der armen Witwe am Opferkasten:

»Sage nie: Ich gebe keine Almosen, weil ich selbst so wenig habe. Gott sieht nur auf das Trachten deines Herzens, nicht auf die Größe des Almosens. Unser Erlöser pries die Gabe der armen Witwe, auch wenn sie klein war. Darum messe dein Almosen mit dem Maß, mit dem Gott dich mißt. Selbst wenn die Gabe klein ist, Gott wird sie nie vergessen.«

Am tiefsten bewegte den späteren Dichter des Leidens und Aufruhrs aber das aufwühlende religiöse Drama im Buch Hiob. »Ich lese das Buch Hiob, und es rührt mich zu schmerzlicher Ekstase«, schreibt er seiner Frau gegen Ende seines Lebens. »Ich lege das Buch beiseite und gehe stundenlang im Zimmer auf und ab, und es fehlt nicht viel, daß ich zu weinen anfange... Seltsam ist das, liebe Anja, dieses Buch gehört zu den ersten, die einen tiefen Eindruck auf mich gemacht haben. Und damals war ich noch ein bloßes Kind.«

Recht früh kamen auch Privatlehrer ins Haus; besonders im Französischen wurden die Kinder intensiv unterrichtet. Der Vater war stolz, wenn die beiden Ältesten ihm an seinem Namenstag mit französischen Ansprachen eine Freude machten. Im übrigen war Gelehrsamkeit in seinen Augen hauptsächlich ein Mittel, in der Welt voranzukommen. Der hohe Stellenwert von Selbstdisziplin und harter Arbeit wurde den Kindern von klein auf eingetrichtert. Er hielt ihnen gerne die Söhne des Krankenhauspfarrers vor, die beide ein glänzendes Universitätsexamen abgelegt hatten. Wenn *seine* Söhne sich doch auch so hervortun würden! »Dann kann ich beruhigt sterben«, erklärte er den Kindern. Diese Worte blieben ihnen im Gedächtnis haften und fachten ihren Lerneifer an. »Ich habe mich vielleicht schon von meinen ersten Träumen an, das heißt, so gut wie seit meiner frühesten Kindheit, mir selbst nie anders vorzustellen vermocht, als immer und unter allen Umständen des Lebens auf dem ersten Platz«, heißt es im *Jüngling*.

Unglücklicherweise standen die pädagogischen Fähigkeiten des Doktors in keinem Verhältnis zu seinen Ambitionen. Schlimm genug war es, sich auf Sonn- und Feiertagsspaziergängen seine Geometrievorlesungen anhören zu müssen (es galt ja, die Zeit auszunützen), aber noch mehr machten die Lateinstunden den Söhnen zu schaffen, in denen sie ihren Text strammstehend aufsagen mußten. »Meinen Brüdern grauste es immer vor diesen Stunden«, erinnert sich Andrej. »In all seiner Güte war mein Vater ein äußerst anspruchsvoller und ungeduldiger Mensch, und vor allem sehr aufbrausend. Bei dem geringsten Fehler brüllte er sie gleich an.« Besonders für Fjodor waren diese Stunden eine wahre Plage. »Ich wurde ausgelacht, weil es mir nicht gelang, mit meinem Bruder Schritt zu halten«, erinnerte er sich später. Dann kamen ihm die Trostworte seiner Mutter oder Aljona Frolownas wirklich gelegen.

Liest man solche Berichte, so braucht man sich nicht darüber zu wundern, daß die Mehrzahl seiner Biographen zu dem Schluß kam, Dostojewskij habe eine unglückliche Kindheit gehabt. Aber wenn der Schriftsteller später gerne auf seine »glückliche, friedliche Kindheit« zurückblickte, so nicht aus Gründen der Nostalgie. Wir dürfen nicht vergessen, daß sein Vater im Familienkreis auch, um mit Andrej zu sprechen, »munter und vergnügt« sein konnte.

Mit besonderer Vorliebe dachte Dostojewskij an die gemeinsamen Lesestunden im Elternhaus zurück. Der Vater wie auch die Mutter beherrschten die Kunst des Vorlesens, und die ältesten Söhne traten bald in ihre Fußstapfen. Das Repertoire war vielfältig und abwechslungsreich. Dostojewskijs Nationalgefühl wurde früh geweckt durch die Lektüre von Nikolaj Karamsins großem Werk *Geschichte des russischen Reiches*. Wir wissen, daß die Familie die *Bibliothek des Lesestoffes* abonniert hatte, eins der führenden damaligen Blätter, das seine Leser über literarische Ereignisse im In- und Ausland auf dem laufenden hielt. Seine erste Bekanntschaft mit dem Roman machte Dostojewskij, als die Eltern aus Ann

Radcliffes »gothic tales« vorlasen, sogenannten »Schauerromanen«, die ihn »vor Grauen und Entzücken erstarren« ließen. Einen hohen Stellenwert nahmen auch die Autoren der sentimentalen Schule ein. Unter den Lyrikern genossen der Vorromantiker Wasilij Schukowskij und der Nationaldichter Alexander Puschkin besonderes Ansehen. Aber am besten gefielen ihm heroische Epen (Homer) und Ritterromane (Cervantes, Walter Scott). Im Alter betonte er gerne, dies sei die beste Lektüre für die Jugend; den jungen Leuten sollte man Bücher in die Hand drücken, die ihnen »schöne und erhabene Eindrücke« fürs Leben gaben.

Insgesamt wurde durch diese Lektürestunden im Elternhaus der Grundstein für die immense Belesenheit Dostojewskijs gelegt, vielleicht auch für die sein gesamtes Werk durchziehenden sentimentalen Töne. Später erinnerte er sich dankbar an die Leselust seiner Eltern, daran, wie sie anschließend mit den Kindern über das Vorgelesene sprachen. »Lieber Papa! Wie kann ich Ihnen nur für die Bildung danken, die Sie mir zuteil werden ließen!« schreibt Michail 1838 enthusiastisch in einem Brief an den Vater. »Wie herrlich war es doch, sich Betrachtungen über Shakespeare, Schiller und Goethe hinzugeben! Solche Erlebnisse sind nicht mit Gold aufzuwiegen.« Der zukünftige Schriftsteller hätte diese Worte seines Bruder sicherlich unterschrieben.

III

Unterdessen machte sich der Doktor immer mehr Sorgen wegen seiner wachsenden Kinderschar. Die feuchte Wohnung im Armenhospital wurde zusehends enger und unbequemer. Die Kinder waren darauf angewiesen, ihre Sommerferien im düsteren Krankenhaus zu verbringen, und bei seiner Frau machten sich erste Anzeichen von Schwindsucht bemerkbar.

Auch Michail Andrejewitsch fühlte sich nicht recht wohl. Die Arbeit, nicht zuletzt in seiner anstrengenden Privatpraxis, zehrte an seinen Kräften. Es war an der Zeit, einen ruhigeren Wohnsitz zu finden.

Der wiedergewonnene Adelstitel gab der Familie das Recht, Gutshöfe mit leibeigenen Bauern zu besitzen, und im Sommer 1831 kaufte der Doktor auf den Namen seiner Frau das kleine Dorf Darowoje im Gouvernement Tula, etwa hundertfünfzig Kilometer von Moskau entfernt. Der Grundbesitz umfaßte etwas über tausend Dekar, dazu gehörten 76 »Seelen« oder männliche Leibeigene. Aber ökonomisch hatte die Familie Dostojewskij sich eine Katastrophe eingehandelt. Erstens war den dreißiger Jahren eine Serie von Mißernten beschieden. Zweitens wurde das Dorf kaum ein Jahr nach dem Kauf von einer Feuersbrunst verwüstet. Und drittens stellten sich die Besitzverhältnisse als ungeklärt heraus: Ein Major a. D. namens Pawel Chotjainzew erhob Anspruch auf mehrere ihrer Höfe. Als Michail Andrejewitsch einen Prozeß anstrengte, drohte der Major damit, das Nachbardorf Tschermaschnija zu kaufen, um so seinen Nachbarn einzukreisen und »beim Kragen zu packen«. Der Doktor kam ihm zwar zuvor, aber der Kauf von Tschermaschnija mit seinen fünfhundert Dekar Land und 67 »Seelen« war nur durch Hypotheken auf Darowoje möglich, und damit stand die Familie kurz vor dem Ruin. Im übrigen war mit den beiden Dörfern kein großer Staat zu machen: »Miniaturherrenhöfe« wurden sie von den Verwandten ironisch genannt.

Für die Kinder war der Ankauf der Dörfer trotzdem ein großes Ereignis. Von nun an konnten sie ihre Sommerferien auf dem Land verbringen. Sie freuten sich riesig, wenn der Dorfkutscher sie am letzten Schultag abholen kam. Endlich durften sie sich einmal richtig austoben. Zusammen mit den Dorfkindern spielten sie »Trapper und Indianer« und »Robinson Crusoe«, und der freche Fjodor sicherte sich immer die Hauptrollen. Gelegentlich konnten sie auch mal über die Stränge schlagen, zum Beispiel, als die Kinder die Heiligenbilder aus der Kapelle klauten und Psalmen singend damit querfeldein zogen. Maria Fjodorowna machte solch blasphemischen Umtrieben bald ein Ende, aber Dostojewskijs Erinnerung daran war wohl noch nicht verblaßt, als er seine Erzählung von den Bauernburschen schrieb, die auf eine Abendmahlshostie schießen.

In der Nähe von Darowoje lag ein Wäldchen, das sie Brykowo oder »Fedjas Wald« nannten. Dorthin ging Fjodor gerne; er sammelte Pilze und Nüsse. Aber er durfte nicht immer im Gehölz spielen, da es dort Schlangen und Wölfe gab. Später schilderte Dostojewskij, wie er einmal als Neunjähriger einen Warnruf vor Wölfen zu hören meinte und zu einem in der Nähe pflügenden leibeigenen Bauern flüchtete. Während seiner Zuchthauszeit bestärkte diese Erinnerung an seine Begegnung mit dem Bauern Marej seine Liebe zum einfachen Volk. Der Bauer Marej wurde ihm zum tröstlichen Symbol, zur Verkörperung des demütigen, selbstlosen russischen Volks, ein Beweis für »die hohe Bildung des russichen Volkes«:

»Ich konnte das zärtliche, mütterliche Lächeln dieses armen leibeigenen Bauern nicht vergessen, wiederum sah ich ihn sich bekreuzigen und flüstern: ›Nu, nu, hab keine Angst!‹ Und besonders dieser dicke erdverkrustete Zeigefinger, den er so behutsam auf meine bebenden Lippen legte. Sicherlich hätten mich damals auch andere Erwachsene beruhigen können, aber bei dieser Begegnung geschah doch etwas ganz Außergewöhnliches. Wäre ich sein eigener Sohn gewesen, er hätte mich mit keinem freundlicheren und liebevolleren Lächeln betrachten können. Wer brachte ihn dazu? Er war doch ein roher, leibeigener Bauer, und ich der Sohn seines Besitzers. Niemand erfuhr je von seiner Zartheit, und niemand belohnte ihn dafür. Vielleicht war er besonders kinderlieb? Solche Bauern gibt es. Unsere Begegnung trug sich zu auf einem einsamen Acker, und Gott allein war Zeuge der tief menschlichen Regung und der feinen, gefühlvollen Sanftmut dieses groben, ungeschlachten russischen Bauern, der noch nicht ahnen konnte, daß die Leibeigenschaft in Zukunft einmal aufgehoben sein würde.«

Draußen in der Sommerfrische hatte Dostojewskij außerdem seine ersten Erlebnisse der russischen Natur. Obwohl seine Werke in erster Linie die Stadt schildern, haben auch Natureindrücke tiefe Spuren in seinem Schreiben hinterlassen, nicht zuletzt in den *Armen Leuten*. »Ich war ein richtiger Wildfang: oft tat ich da den ganzen Tag nichts anderes als in

Feld und Wald umherstreifen, überall wo ich wollte, denn niemand kümmerte sich um mich«, erzählt Warenka. »So lief ich schon frühmorgens zum großen Teich oder in den Wald, oder auf die Wiese zu den Schnittern – je nachdem: was machte es mir aus, daß die Sonne brannte, daß ich selbst nicht mehr wußte, wo ich war, und wie ich mich zurechtfinden sollte, daß das Gestrüpp mich kratzte und mein Kleid zerriß: zu Hause würde man schelten, aber was machte ich mir draus!«

Auch in anderen Büchern kehrt Dostojewskij zu seinen Erinnerungen an Darowoje zurück. »Dieser kleine und wenig bemerkenswerte Ort sollte den größten Eindruck für mein ganzes späteres Leben hinterlassen«, schreibt er im *Tagebuch eines Schriftstellers* von 1877. In den *Dämonen* wird Stawrogins Duell nach Brykowo gelegt; die Begegnung mit dem »Wolf« im Wäldchen kehrt im *Jüngling* wieder, und in den *Brüdern Karamasow* erhält Iwan den Auftrag, einen Wald in Tschermaschnija zu kaufen. Dmitrijs Traum vom niedergebrannten Dorf und dem weinenden Kind wurde wahrscheinlich von den Beobachtungen Fjodors nach dem Brand von Darowoje inspiriert. In diesem Dorf konnte ihm auch die arme schwachsinnige Gruschenka über den Weg laufen, zerlumpt und barfuß Unverständliches von einem kleinen Kind auf dem Friedhof murmelnd; in seinem letzten Roman wurde sie die Lisaweta Smerdiastschaja. Selbst draußen auf dem Land, in freier Natur, waren es die Menschen, die ihn am meisten beschäftigten. Seine Begegnungen und die Freundschaft mit den arbeitenden Bauern haben sicherlich seine Sympathien für die Aufhebung der Leibeigenschaft bestärkt. Insgesamt verbrachte der Schriftsteller fast zwei ganze Kindheitsjahre auf dem Land. In seinen Sommerferien lernte er die russischen Bauern gut kennen, sehr viel besser, als es den meisten seiner Schriftstellerkollegen je gelang. Es ist also falsch, anzunehmen, Dostojewskij habe erst während seiner Zuchthausjahre Kontakt zu einfachen Leuten bekommen.

Maria Fjodorowna mußte sich um den Haushalt und die Bewirtschaftung der Höfe kümmern. Jedes Frühjahr fuhr sie hinaus und inspizierte den Besitz, während der Doktor nur Zeit für kurze Besuche im Hochsommer hatte. Ihr Verhältnis zu den Bauern war das denkbar beste; noch bis in unser Jahrhundert erinnerte man sich in Darowoje dankbar an ihre Freundlichkeit und Hilfsbereitschaft. Aber die Briefe an ihren Mann bezeugen, wie schwierig die Bewirtschaftung der ärmlichen Güter trotz all ihrer Energie gewesen sein muß. Nicht selten ähneln diese Briefe landwirtschaftlichen Lehrstücken. Wir erfahren Wissenswertes über Hühnerhaltung, Schweinezucht und Getreideernte und nehmen an ihrem permanenten Kampf gegen die Armut teil.

Michail Andrejewitschs Antworten konnten ihre Sorgen unmöglich verringern. Mit den Jahren war der Doktor immer schwermütiger und mißtrauischer geworden. Sein schwieriger Charakter wurde zu einer regelrechten Belastung für Frau und Kinder. In seinen düsteren Briefen wimmelte es von Anklagen und Verdächtigungen. Er kann das Familiensilber nicht finden, und die Kleider seiner Frau auch nicht. Vielleicht haben die Dienstboten beides gestohlen? Oder hat sie womöglich alles in einem Geheimversteck vor ihm verborgen? Ja, und was ist übrigens mit dem nächsten Kind, das sie erwartet? Welche Garantie hat er eigentlich, daß er auch der Vater ist?

Tief gekränkt, kann Maria nur antworten, ihre derzeitige Schwangerschaft sei das »siebente und stärkste Band unserer gegenseitigen Liebe«. Sonst tut sie ihr möglichstes, ihrem gebrochenen Mann gut zuzureden:

»Liebster Freund, weshalb bist Du nur so schwermütig, woher all diese traurigen Gedanken, was quält Dich so, mein Herz? Ich fühle mich dem Tode nahe bei der Vorstellung, daß Du so niedergeschlagen bist. Ich flehe Dich an, Du mein Engel, mein Abgott, halte fest an meiner Liebe, vergiß nicht, daß ich Dich auch während meiner Abwesenheit anbete und liebe als meinen einzigen Freund, ja, mehr als mein ganzes Leben. Die Kinder lieben uns, und wir sind glücklich mit ihnen – was können wir uns mehr wünschen? Reichtum? Aber glaubst Du, Reichtum hätte uns Glück gebracht? Nein, mein liebster Freund, ich bitte Dich inständig, all diese traurigen Gedanken zu vergessen . . . Schluß damit, geliebter Freund, gräme Dich nicht mehr.«

Auch für die Kinder war Marias Abwesenheit schwer zu ertragen. Fjodors erster erhaltener Brief ist bezeichnenderweise an seine Mutter gerichtet. Er datiert vom 23. August 1833, als Fedja eben aus seinen Sommerferien in Darowoje nach Moskau zurückgekommen war:

Liebstes Mamachen!
Wir sind bei Papa, liebstes Mamachen, schon in guter Gesundheit angelangt. Papa und Nikolenka fühlen sich ebenfalls bei guter Gesundheit. Gebe Gott, daß auch Sie gesund sind. Kommen Sie zu uns, liebstes Mamachen, es wird doch wohl nicht mehr lange dauern, bis das restliche Getreide geerntet ist, und den Buchweizen werden Sie wohl auch allmählich einbringen. Leben Sie wohl, liebstes Mamachen, mit Verehrung küsse ich Ihre Hände und verbleibe Ihr gehorsamer Sohn

Fjodor Dostojewskij

Schweren Herzens kehrten die Kinder nach sorglosen Wochen draußen auf dem Land zu Hausaufgaben und Unterrichtsstunden zurück. Nach abgeschlossenem Hausunterricht waren Michail und Fjodor 1833 in Nikolaij Draschukows Privatschule aufgenommen worden, und vom Herbst 1834 an gingen sie auf eine von Leontij Tschermak geführte Internatsschule, und zwar bis zum Frühjahr 1837.

Tschermaks Internat »für adelige Kinder männlichen Geschlechts« wurde als eins der besten der Zeit angesehen. Die Schüler kamen aus der vornehmsten Aristokratie und Intelligentsia und standen vom sozialen Prestige her hoch über den Brüdern Dostojewskij. Im Roman *Der Jüngling* hat der Schriftsteller seine eigene schmerzliche Empfindung der Minderwertigkeit und sozialen Unsicherheit unter diesen hochmütigen »Grafen- und Senatorensöhnen« geschildert: »Du darfst dich nicht mit vornehmen Kindern an einem Tisch setzen, du bist aus einfachen Verhältnissen, nicht besser als ein Lakai!«

Seine beiden Ältesten auf eine solche Schule zu schicken, überstieg natürlich bei weitem die Mittel des Doktors. Jeder Platz kostete achthundert Rubel im Jahr – das entsprach in etwa der Summe, die er als Jahresgehalt im Armenhospital bekam. Aber Michail Andrejewitsch war ein stolzer Mann, dem der Sinn nach Höherem stand. Statt seine Kinder auf öffentliche Schulen zu schicken, wo Schläge und Prügel an der Tagesordnung waren, ruinierte er lieber seine Gesundheit durch harte Arbeit in der Privatpraxis und nahm demütigende Anleihen bei der Familie Kumanin auf. Wenn es darum ging, seinen Söhnen eine respektable Schulbildung zu verschaffen, war ihm kein Opfer zu groß.

Tschermaks Internatsschule hatte auch eine Reihe hervorragender Lehrer aufzuweisen: Professoren an der Moskauer Universität und Mitglieder der Russichen Akademie der Wissenschaften. Die Schultage waren lang und anstrengend – von sechs Uhr morgens bis abends um neun wurden die Kinder gefordert. »Vermehrte Aufmerksamkeit« wurde Fächern wie Latein und Russisch gewidmet, aber die Schüler studierten auch Griechisch, Deutsch, Englisch und Französisch. Hinzu kamen »Wissenschaften« wie Bibelkunde, Logik, Rhetorik, Arithmetik, Algebra, Geometrie, Geschichte und Physik sowie »künstlerische Fächer« wie Schönschreiben, Zeichnen und Tanzen.

Von ihren Lehrern entwickelten die Brüder Dostojewskij eine besondere Vorliebe für Nikolaj Bilewitsch, der sie im Russischen unterrichtete. Er verfolgte das pädagogische Ziel, die Schüler »denken, ihre Gedanken formulieren und gegeneinander abwägen« zu lehren. Als Schriftsteller hatte er Gelegenheit, das literarische Leben in den Salons zu verfolgen, und seine Eindrücke und Ansichten gab er an die Klasse weiter. Außerdem war er mit Nikolaj Gogol zur Schule gegangen – sicherlich trug er sein Teil dazu bei, Fjodors Bewunderung für diesen »großen Lehrmeister aller Russen« zu wecken. Wenn die Brüder samstags ins Armenhospital zurückkehrten, waren die Stunden bei Bilewitsch ihr beliebtestes Gesprächsthema. »Er war schlicht zu ihrem Idol geworden«, erzählt Andrej in seinen Erinnerungen.

Tschermaks Internatsschule war dafür bekannt, daß sie ihren Schülern eine erstklassige literarische Bildung zuteil werden ließ. Die Schulbibliothek war bestens bestückt, und Dostojewskij stürzte sich lesehungrig auf die Bücher.

Seine früheste eigene Lektüre stand noch ganz unter dem Zeichen der Romantik. Fjodor weint über des großen Karamsins empfindsame Schilderung der armen Lisa und wird von Schukowskijs Göttin der Phantasie verzaubert und kapriziös in eine seltsame Traumwelt entführt. Bald kommt Puschkins geiziger Ritter, dann sein verlotterter Posthalter hinzu, von den vielen ausländischen Autoren ganz zu schweigen. Schiller erschreckt ihn mit seinem Vatermord in den *Räubern* , gibt ihm aber auch einen ersten Einblick ins Idealistisch-Erhabene. An E.T.A. Hoffmann interessieren ihn die geistesverwirrten Helden mit ihren Doppelgängern, während Walter Scott ihm eine exotische Welt voller Klöster, Ritter und schöner stolzer Frauen öffnet.

Damals schon war Dostojewskij ein leidenschaftlicher Träumer, der die Einsamkeit suchte, um seiner Phantasie freien Lauf zu lassen. »Ein ernster, grüblerischer Junge mit blondem Haar und blassem Gesicht«, schreibt ein Mitschüler. Es hatte den Anschein, als sei der zuvor so ungestüme Junge nun »gezähmt«, denn sein früher »hitziges« Temperament lebte er nun in Büchern aus. »Im Gymnasium hatte ich mit meinen Mitschülern zwar auf du und du gestanden, doch kann ich nicht sagen, daß ich auch nur mit einem von ihnen wirklich Freundschaft geschlossen hätte«, lesen wir im *Jüngling*. »So grübelte er oft vor sich hin und schien sich abzusondern. Von Kind an liebte er es, in einen Winkel zu gehen und zu lesen«, heißt es über Aljoscha in den *Brüdern Karamasow*. Ein ehemaliger Schüler an Tschermaks Internat bestätigt eine autobiographische Grundlage solcher Beschreibungen: »Er interessierte sich nicht sonderlich für unsere Spiele. In den Pausen ging er selten von seinen Büchern weg, und wenn, dann sprach er mit den ältesten Schülern.«

In dieser Umbruchzeit russischen Geisteslebens gab es allerdings auch genügend Gesprächsstoff. Die dreißiger Jahre waren, eine Epoche der Restauration; Zar Nikolaus, erschreckt durch den liberalistischen Dekabristenaufstand, tat sein Äußerstes, um die Wortfreiheit einzuschränken. Eine Anzahl liberaler Zeitschriften wurde eingestellt, der Philosoph Tschaadajew für geisteskrank erklärt und der Kritiker Nadjeschdin, der seine lästerlichen Ansichten über Rußlands hoffnungslose Rückständigkeit publiziert hatte, in die Verbannung geschickt. Den Dichtern spielte das Schicksal auch nicht sanfter mit: Puschkin wurde im Duell getötet, Lermontow in den Kaukasus verbannt und Gogol verließ enttäuscht und gebrochen seine Heimat.

Aber diese dreißiger Jahre waren zugleich eine fruchtbare und reiche Epoche für die russische Literatur; damals wurde der Grundstein für das neue Aufblühen der Prosakunst im nächsten Jahrzehnt gelegt. Puschkin schrieb *Pique Dame* und *Die Hauptmannstochter*, beides Meisterwerke, und Gogol hatte eben erst sein erfolgreiches Debüt mit *Abende auf dem Vorwerk bei Dibanka* hinter sich. Später folgte seine bissige Satire auf Amtsmißbrauch im *Revisor* und seine phantastische Ausformung vom Schicksal des kleinen Mannes in den *Petersburger Novellen*. Dazu kamen natürlich die zahlreichen ausländischen Autoren, die jetzt in russischen Blättern übersetzt und rezensiert wurden: Honoré de Balzac, Victor Hugo, George Sand, aber auch Boulevardschriftsteller wie Paul de Kock und Frédéric Soulié. Fjodor verschlang alles; ein Großteil seiner Welterfahrung stammte aus Büchern. Es ist anzunehmen, daß er bereits auf dem Internat mit dem eigenen Schreiben begann – wir wissen, daß er einen »Roman aus dem Leben Venedigs« plante. Und sein Bruder Michail hatte längst angefangen, Gedichte zu schreiben, bis zu drei täglich!

Die Eltern hatten ihren Söhnen diese Liebe zur Literatur eingeimpft, und es konnte ihnen kaum entgehen, daß ihre auf literarische Bildung ausgerichtete Erziehung erste Früchte trug. Aller Wahrscheinlichkeit nach erwogen sie daher ernsthaft, ihren beiden Ältesten eine akademische Bildung an der Moskauer Universität zu ermöglichen.

Aber was sollte aus den Geschwistern werden, wenn die Eltern einmal nicht mehr waren? Die Furcht davor, seine

Kinder unversorgt, am Bettelstab, zu hinterlassen, bereitete dem schwermütigen Doktor zunehmend Sorgen. Immer wieder machte er den Kindern klar, daß er ein armer Mann war und sie darauf vorbereitet sein mußten, sich auf eigene Faust durchzuschlagen. Er spürte, daß seine Energie ihn bald verlassen und er kein hohes Alter erreichen würde. Mit Maria dagegen stand es ganz schlimm. Sie war ausgelaugt vom Kampf um die bloße Existenz draußen auf den »Miniaturherrenhöfen«, gequält von der krankhaften Eifersucht und den schweren Depressionen ihres Mannes. 1835, nach ihrer achten und letzten Geburt, gewann die Schwindsucht die Oberhand, und Anfang des Jahres 1837 konnte sie ihr Zimmer nicht mehr verlassen.

Ergreifend erzählt Andrej, wie seine Mutter gegen Ende ihres Lebens die Kinder bat, das Vorlesen im Familienkreis bei offener Tür fortzusetzen. Die beiden Ältesten konnten sie nicht oft genug mit Gedichten von Schiller und Puschkin aufmuntern – sie wollte bis zuletzt an allem teilhaben. Der Tod kam Ende Februar, nachdem sie ihren Mann und die Kinder vor dem Heiligenbild gesegnet hatte. Ein Leben voller Sorgen und Mühen war zu Ende. Die Beisetzung fand bei der Heiliggeistkirche statt, die in der ganzen Stadt für ihr großartiges Gemälde von der Auferweckung des Lazarus bekannt war. In einem Gedicht über das Begräbnis schildert Michail ihr »himmlisches Lächeln«, ihren »leuchtenden Blick«. Auch für Fjodor wurde seine Mutter zu einer Märtyrergestalt, auf die er später in seinen Werken zurückkam – Alexandra Michailowna in *Netotschka Neswanowa*, Arkadijs und Aljoschas Mütter im *Jüngling* und in den *Brüdern Karamasow*.

Zu diesem Zeitpunkt hatten die Eltern bereits ihre endgültige Entscheidung über die Zukunft von Michail und Fjodor getroffen. Sie wußten wohl, daß ihre Söhne auf die Universität wollten. Aber dort konnten sie nur Bildung, keine Berufsausbildung bekommen. Und in der zunehmend kritischen Situation, in der Krankheit und Tod der Eltern drohten, durfte man das nicht außer acht lassen. Es war notwendig, die Zukunft der Kinder zu sichern und den Söhnen eine Ausbildung zu ermöglichen, die ihnen gute Posten im Staatsdienst garantierte. Folglich beschlossen die Eltern, ihre beiden Ältesten von der Internatsschule zu nehmen und sie auf der Ingenieurakademie in Petersburg unterzubringen. Die Vorteile schienen offenkundig. Diese Militärschule war nicht nur gratis, sondern sicherte den Studenten auch ein geregeltes Einkommen für die Zukunft. In einer Zeit, in der Zar Nikolaus es für seine vordringlichste Aufgabe hielt, das Land zu einer uneinnehmbaren Bastion der Autokratie und Orthodoxie zu machen, war es das Vernünftigste, seine Söhne Festungsingenieure werden zu lassen, befand der Doktor. Auf der zareigenen Schule wären sie außerdem vor dem aufrührerischen Geist sicher, der sich insgeheim an den Universitäten auszubreiten begann.

Trotz allem traf dieser elterliche Beschluß die Brüder Dostojewskij hart. Sie wollten doch Dichter werden, keine Offiziere! »Mein Bruder und ich wurden nach Petersburg gebracht, um die Ingenieurakademie zu besuchen, und damit war auch unsere Zukunft dahin«, schreibt Dostojewskij rückblickend. Daß die Brüder kurz nach der Beerdigung ihrer Mutter vom Tode Puschkins erfuhren, machte alles nur noch schlimmer. Wäre die Familientrauer nicht gewesen, Fjodor hätte sich die Erlaubnis erbeten, Trauer um Puschkin zu tragen, erzählt Andrej. In diesem Spätwinter 1837 sah er keinen Hoffnungsschimmer am Horizont.

Daß die Moskauer Jahre traurig ausklangen, heißt aber noch lange nicht, wir könnten den simplen Schluß ziehen, Dostojewskij habe eine unglückliche Kindheit gehabt. »Nie werde ich die Liebe vergessen, die meine Eltern mir in meiner Kindheit schenkten«, schreibt er als alter Mann. Wir sollten uns sehr davor hüten, die traurigen Kindergestalten in seinen Werken mit seinen Erfahrungen in der eigenen Familie gleichzusetzen, in der die Kinder ja mit fürsorglicher Liebe umhegt wurden. Zwar war der ewig von Geldsorgen und von seinem krankhaften Mißtrauen gegen alles und jeden geplagte Vater bestimmt sehr schwierig im Umgang. Aber es ist kaum auszudenken, was ohne die Energie und den Erfolg des Doktors aus dem Sohn geworden wäre. Fest steht jedenfalls, daß Dostojewskij viele glückliche Erlebnisse in seiner Kindheit hatte: die aufopfernde Liebe seiner Mutter, der Zusammenhalt unter den Geschwistern, seine Sommerferien auf dem Land, Besuche in Klöstern und Kirchen. Und vor allem: Bücher, Literatur, Dichtung. Die Liebe dazu hatten die Eltern in ihm geweckt. Sie entwickelte sich zu einer solchen Leidenschaft, daß nicht einmal Drill und militärische Disziplin auf der Ingenieurakademie an ihr rütteln konnten.

2

Petersburg

Der Mensch ist ein Geheimnis...
Ich gehe diesem Geheimnis nach,
weil ich Mensch sein will.

I

Anfang Mai 1837 konnten Michail Andrejewitsch und seine beiden ältesten Söhne endlich die Reise von Moskau nach Petersburg antreten. Sie war lange Zeit verschoben worden wegen eines Halsübels, das Fjodor monatelang geplagt hatte und von dem er für immer die tiefe, heisere Stimme bekam, die auf seinen Lesungen so viel Eindruck machte.

Auch wenn die poesiebegabten Brüder über ihre Einschreibung an der augenscheinlich so uninspirierenden Ingenieurakademie enttäuscht und traurig waren, mußte die Aussicht darauf, Rußlands strahlende Hauptstadt kennenzulernen, des Reiches »Fenster auf Europa«, sie mit gespannter Erwartung erfüllen. »Ich weiß nicht weshalb, aber Petersburg hatte für mich immer etwas Geheimnisvolles«, schreibt Dostojewskij. Die Fahrt von fast einer Woche, Moskau – Petersburg, wurde für die Brüder ein Aufbruch von einer Stadt der Kirchen und Klöster zu einer Stadt der Regierungspaläste und Militärparaden. Mit dem behüteten Leben im Familienkreis hatte es ein Ende. Jetzt begaben sie sich in die unsichere Unabhängigkeit.

Im Reisewagen nahmen zwei romantische Träumer Platz. »Mein Bruder und ich, wir sehnten uns nach einem neuen Leben, wir träumten von Großartigem, von allem, was ›schön und erhaben‹ war. Damals war das noch ein neuer Ausdruck, und er wurde ganz ohne Ironie verwendet«, erinnert Dostojewskij sich später.

Aber es dauerte nicht lange, bis die Realität den beiden verträumten Nachwuchsdichtern den ersten Schreck einjagte. Auf einer Poststation ging der Doktor in ein Wirtshaus, um sich eine Erfrischung zu gönnen. Auf einmal stürzte ein rotgesichtiger, aufgedunsener Feldjäger herein. Nach ein paar Gläsern Wodka stürmte er wieder zu seiner draußen wartenden neuen Troika hinaus und prügelte auf den Kutscher ein – ohne ein Wort, mit bloßen Fäusten. Und der Kutscher blieb seine Antwort nicht schuldig. Aus Leibeskräften ließ er die Peitsche auf die Pferde niedersausen. Völlig verstört vor Angst und Schmerz, zogen sie in vollem Galopp an. Gewalt, die Gewalt erzeugt. So sah die Realität aus. Als hätte sie begonnen, sich am Träumer Dostojewskij zu rächen.

Dieses Erlebnis mit dem Feldjäger blieb ihm sein Leben lang im Gedächtnis haften und schürte seinen unversöhnlichen Haß gegen die Leibeigenschaft. Was wohl mit der Frau des Kutschers geschah, wenn sie am Abend entdeckte, daß ihr Mann geschlagen worden war? überlegte er viele Jahre später im *Tagebuch eines Schriftstellers*. Sollte er je eine philantropische Gesellschaft gründen, würde er einzig und allein diese Pferdetroika als warnendes Emblem nehmen! »Mein erster Eindruck persönlicher Beleidigung kam vom Pferd und dem Feldjäger«, steht in seinen Notizen zu *Schuld und Sühne*. Hier kehrt seine Erinnerung an diese sinnlose Grausamkeit und das unschuldige Leid in Raskolnikows Alptraum vom Bauernklepper wieder, der von seinem Besitzer brutal totgeprügelt wird.

In Petersburg warteten neue Unannehmlichkeiten auf sie. Bei der Ankunft brachte der Doktor seine Söhne an Konorad Kostomarows Vorbereitungsschule unter. Kapitän Kostomarow war ein ehemaliger Lehrer der Ingenieurakademie, und seine Schüler pflegten die Aufnahmeprüfung hervorragend zu bestehen. Am 1. September wurden die neuen Schüler dem Direktor vorgestellt, General Wasilij Scharnhorst. Die Enttäuschung war groß, als Michail wegen schwacher Gesundheit abgewiesen wurde. Er mußte sich mit einem bescheideneren Ableger der Ingenieurakademie in Reval begnügen, dem heutigen Tallinn.

Nicht genug damit, daß die Brüder sich trennen mußten – Fjodor bekam auch nicht den Freiplatz, auf den sein Vater gehofft hatte. Bedingung dafür waren, wie sich herausstellte, großzügige Geschenke an die Prüfer. Diese Episode vermittelte Fjodor einen ersten Einblick in das russische Bestechungssystem, den er nicht so bald vergessen sollte. »Was für eine verrottete Bande!« schreibt er aufgebracht an den Vater. »Wir, die um jeden Rubel einzeln kämpfen, sollen gefälligst blechen, während andere, die Söhne reicher Eltern, umsonst reinkommen. Der Henker soll sie holen!« Zum Glück wurde das Schulgeld, 950 Silberrubel, von der Kumanin-Familie aufgebracht, so daß sein Studium im Januar 1838 beginnen konnte. In der Aufnahmeprüfung kam Fjodor übrigens auf Platz elf unter dreiundzwanzig Kandidaten.

Die Ingenieurakademie war eine der schönsten Schulen in ganz Rußland. Das Haus war von Grünanlagen und Kanälen umgeben und mit römischen Vasen und Statuen geschmückt. Sogar Dostojewskij mußte zugeben, daß dieser Palast ihn gewaltig beeindruckte.

Bekannt war das Gebäude auch für Dinge, die sich hinter den geschlossenen Toren abgespielt hatten. Die Grundsteinlegung war 1797 gewesen, zu Beginn der Regierungszeit von Zar Paul. Auf einem Marmorfries stand in großen Bronzelettern: »Möge das Heiligtum des Herrn deinem Haus auf ewig gleichen.« Ironie des Schicksals: Zar Paul wohnte nur elf Tage darin. Am zwölften, in der Nacht auf den 11. März 1801, wurde er auf Befehl des Thronfolgers Alexander erdrosselt. Das Verbrechen geschah im Schlafzimmer des Zaren, das kurz darauf als Kapelle eingerichtet wurde. Von wundertätigen Ikonen umgeben, hatte sich der neue Zar dann in dieser Kapelle religiös angehauchten Orgien mit sektiererischen Freunden beiderlei Geschlechts verschrieben. Und jetzt stand die Schule unter direktem Schutz seines Bruders und Nachfolgers, Zar Nikolaus, der alles daransetzte, den angehenden Festungsarchitekten seines Landes die bestmögliche Ausbildung zuteil werden zu lassen.

Wie es sich für eine Militärschule gehört, war die Disziplin streng. Laut Reglement war es untersagt, Brillen oder Galoschen zu tragen, denn es durften keine »gesundheitsschwache Personen unter den Studierenden« sein. Der Unterricht fand von acht bis zwölf Uhr vormittags und von drei bis sechs am Nachmittag statt. Abends von sieben bis acht wurden Hausaufgaben gemacht, von acht bis neun gab es Gymnastik, Fechten oder Tanzen. »Wenn Du nur wüßtest, wie sie uns schinden!« klagt Fjodor in einem Brief an den Bruder. »Noch nie habe ich so ochsen müssen. Sie quetschen uns bis aufs Blut aus.«

Die militärischen Fächer waren selbstverständlich am wichtigsten, und in ihnen war Fjodor am schlechtesten. Mit seiner humanistisch (eigtl.: philologisch) ausgerichteten Schulbildung fielen ihm typische Ingenieurfächer wie Topographie und Feldbefestigung, Mathematik und Physik schwer. »Mathematik ist so nützlich wie eine Seifenblase«, versichert er seinem Vater. Mit dieser Einstellung konnte es auch in den Prüfungen nicht immer klappen. »Die Antwort wurde sehr hastig verfaßt«, heißt es zu einer seiner Arbeiten. »Auch wenn sie keine schwerwiegenden Fehler aufweist, hätte eine detailliertere Darstellung nicht geschadet; insgesamt wird deutlich, daß der Schreiber sich mehr Mühe hätte geben können.« Mit Zeichnen und Architektur kam er zu seinem Glück besser zurecht. Die gründliche Einführung in diese Fächer auf der Akademie kam später in seinen durchgängig illustrierten Manuskripten wieder zum Vorschein, die er gerne zum Beispiel mit gotischen Kathedralen ausschmückte.

Noch schwieriger war es, mit Drill und Disziplin fertigzuwerden. »Die Uniform saß überhaupt nicht«, bemerkt einer seiner Schulkameraden, der erzählt, daß Tornister, Mütze und Gewehr von Asketen zur Kasteiung des Fleisches getragenen Eisenklötzen gleichkamen. Während der häufigen Exerzierübungen an brennend heißen Sommertagen wurde der schmale, blasse Träumer in schwarzer Uniform mit roten Schulterklappen oft von Verzweiflung gepackt, wenn der Befehl des Unteroffiziers ertönte: »Stillgestanden! An der Front kennen wir keinen Sonnenschein, meine Herren! Stillgestanden!«

Es konnte auch vorkommen, daß Fjodor sich ordentlich blamierte, beispielsweise einmal, als man ihn als Ordonnanz zum Großfürsten Michail Pawlowitsch schickte und er diesen mit »Euer Hochwohlgeboren« statt mit »Eure Kaiserliche Hoheit« anredete. »Was ist das für ein Idiot?« rief der Großfürst verärgert aus. »Solche Leute pflegen wir sonst nach Sibirien zu schicken!«

Die Ingenieurakademie hatte auch den Ehrgeiz, ihren Schülern eine humanistische Bildung zu vermitteln. Als Lehrer der russischen Literatur hatte die Schule sich Wasilij Plaksin gesichert, der mit seiner Geschichte der russischen Literatur und seinen Kenntnissen der russischen Volksdichtung glänzte. Als Kritiker war er ein Anhänger der romantischen Schule und ein Bewunderer Puschkins, Baratynskijs und Lermontows. Dagegen war er Gogol gegenüber kritisch eingestellt, und es ist kaum anzunehmen, daß der belesene Dostojewskij viel von ihm lernen konnte. Wesentlich interessanter für ihn war Joseph Cournant, sein Lehrer in französischer Literatur. Cournant verfügte nicht nur über ausgezeichnete Kenntnisse der Klassizisten wie Racine, Corneille und Pascal. Er kannte sich auch in der Gegenwartsliteratur gut aus und regte Dostojewskij zur Lektüre von Balzac, Hugo und George Sand an.

Trotzdem konnte der Literaturunterricht dem Privatstudium, das Dostojewskij nun begann, nicht das Wasser reichen. Ein diensthabender Offizier erzählt, der angehende Dichter sei immer mit einem anspruchsvollen Buch in der Hand zu sehen gewesen, ob Zschokkes *Hausandachtsbuch* oder Knigges *Über den Umgang mit Menschen*. Letzteres war ein brauchbares Buch über Takt und guten Ton, ersteres gab Einblick in die christliche Sicht auf etliche Probleme, die er selbst in seiner Dichtung behandeln sollte: unverschuldetes Leid, die Macht des guten Beispiels, die Unterdrückung des Menschen durch seinen Nächsten, Glücksspiel und Selbstmord. Den breitesten Raum nahm allerdings die Literatur ein: Goethe, Schiller, Chateaubriand, George Sand, Hugo, »fast den ganzen Balzac« und »den ganzen Hoffmann russisch und deutsch«.

Die Gewohnheit, nachts zu arbeiten, legte Dostojewskij sich schon auf der Militärakademie zu. Kaum war das Ruhesignal verklungen, da schlich er sich auch schon in ein Eckzimmer im Schloß. Wenn der Wächter vorbeikam und sagte, er solle lieber tagsüber lernen, nahm er brav seine Bücher vom Tisch und ging zu Bett. Aber es dauerte nicht lange, und er saß wieder da. Eingewickelt in eine Wolldecke, beschäftigte er sich vor einem zugigen Fenster mit Blick auf die Fontanka beim flackernden Licht eines Kerzenstummels mit den geheimnisvollen Gestalten der Weltliteratur. Vielleicht entstand hier schon der Plan zu seinem ersten Roman? »Der Mensch ist ein Geheimnis«, schreibt er 1839 an Michail. »Man muß es enträtseln, und wenn du ein ganzes Leben lang enträtselt wirst, so sage nicht, Du hättest die Zeit verloren. Ich gehe diesem Geheimnis nach, weil ich Mensch sein will.«

Bereits in Moskau hatte Fjodor den Ruf weg, ein Einzelgänger und Bücherwurm zu sein, der sich von seinen Klassenkameraden isolierte. Unter den Schülern auf der Ingenieurakademie muß er sich noch deutlicher als Außenseiter gefühlt haben. Die hundertzwanzig Kursteilnehmer, in der Mehrzahl deutscher und polnischer Abstammung, dachten ausschließlich an die ihnen winkende militärische Karriere. »Über meine Mitschüler kann ich nichts Gutes sagen«, klagt er dem Vater. »Was sind das eigentlich für Menschen? Sie rühren keine Bücher an und haben nicht einen Gedanken im Kopf.«

Der Umgangston war rauh; neue Schüler und arme Lehrer wurden rücksichtslos geschnitten. Dostojewskijs Gerechtigkeitssinn wurde oft auf die Probe gestellt. Wir wissen, daß er die »Kleinen« gegen ältere Schüler verteidigte, daß er bei Übungen im Feld Geld für die armen Bauern einsammelte und die Korruption unter den Offizieren an der Schule mutig angriff. Solche »aufrührerischen Tendenzen« waren kaum dazu angetan, seine Beliebtheit bei den Lehrern zu fördern. Im Herbst 1838 fiel er denn auch durchs Examen und blieb sitzen – offenbar ein Racheakt seitens gewisser Lehrer.

Unter seinen Mitschülern galt er als »Mystiker« und »Idealist«. Sie gaben ihm den Spitznamen »Mönch Photius«, teils, weil er sich so interessiert am Religionsunterricht beteiligte, aber vor allem aufgrund seines ungeselligen Wesens und einsiedlerischen Lebenswandels. Darin unterschied er sich nämlich sehr von seinen leichtlebigen Schulkameraden. Tief in Gedanken versunken hielt dieser »Sonderling« sich abseits, ohne seine nähere Umgebung zu beachten. Zwar fungierte er verdienstvoll als Herausgeber der Schülerzeitung und konnte beim Lösen sprachlicher Aufgaben eine große Hilfe sein. Aber an diejenigen, die sich mit ihm anfreunden wollten, stellte er enorm hohe Anforderungen. Entweder sie waren voll und ganz seine Freunde, oder sie blieben Fremde wie fast alle anderen. Kein Wunder, daß er seine Freunde an den Fingern einer Hand abzählen konnte: Iwan Bereschetzkij, mit dem er laufend über Literatur diskutierte, Konstantin Trutowskij, der sein Jugendporträt zeichnete, Alexej Beketow, in den vierziger Jahren Anführer einer der damaligen radikalen Gruppen, und Dmitrij Grigorowitsch, der Dichter wurde.

Dostojewskijs bester Freund wohnte zu dieser Zeit allerdings außerhalb der Ingenieurakademie. Er hieß Iwan Schidlowskij, und der Dichter hatte ihn kurz nach seiner Ankunft in Petersburg kennengelernt.

Schidlowskij war fünf Jahre älter als Dostojewskij und hatte gerade nach abgeschlossenem Universitätsstudium eine Stelle im Finanzministerium bekommen. Genau wie sein Freund ging er völlig in der Welt der Dichtkunst auf. Seine eigenen Gedichte übertrafen allerdings kaum das Mittelmaß. Wenn Dostojewskij sich später äußerte, daß Schidlowskij ein »großer Mensch« für ihn wurde, so lag das eher an dessen träumerischer, vielschichtiger Persönlichkeit. Schidlowskij war eine typisch romantische Figur, mal vom Glauben an Gott und den Wert der Dichtung erfüllt, dann wieder an der Kluft zwischen Ideal und Wirklichkeit verzweifelnd. »Man muß ihn nur anschauen: er ist ein Märtyrer«, so charakterisiert Dostojewskij seinen unglücklich verliebten Freund. »Er ist ausgemergelt; die Wangen sind eingefallen; seine früher feuchten Augen waren trocken und flammten; die geistige Schönheit seines Gesichts nahm zu mit seinem physischen Verfall.«

Mit diesem »schönen, erhabenen Wesen« vertiefte sich der Dichter in endlose Diskussionen über den verschlüsselten Sinn des Lebens und die Macht der Poesie. »Der Verkehr mit Schidlowskij hat mir viele Stunden eines besseren Lebens verschafft«, schreibt er seinem Bruder. »Oh, was für eine offene, reine Seele!« Schidlowskij war dazu verurteilt, im geistigen Hader mit sich selbst an inneren Widersprüchen zugrunde zu gehen. Weder als Kirchenhistoriker noch als Mönch oder Pilger fand er die Harmonie, die er suchte, und er endete in Suff und Armut. Dostojewskij dagegen zog großen Nutzen aus dieser Freundschaft. Zwei Jahre lang lernte er mit seinem enthusiastischen Lehrmeister literarische Meisterwerke kennen, und sicherlich wurde er auch in seinem Vorsatz bestärkt, ein Dichter zu werden. An Schidlowskij selbst konnte er einen Menschentyp studieren, der in seinen Romanen immer wieder auftaucht: die gespaltene Natur in ständigem Kampf zwischen aufrichtigem Gottesglauben und skeptischem Verleugnen.

II

Es will schon etwas heißen, daß sogar Michail Andrejewitsch sich von Schidlowskijs Güte und Freundlichkeit bestricken ließ. Nach des Doktors Abreise aus Petersburg – Michail und Fjodor sollten ihn nie wiedersehen – wurde Schidlowskij so etwas wie der Vormund seiner Söhne.

Und das hatten sie auch nötig, denn mit dem Doktor ging es von nun an rasch bergab. Den Tod seiner Frau verwand er nie. Er versuchte, sich mit dem Dienstmädchen Katja zu trösten, das schon lange bei der Familie war. Mit dieser »feurigen« jungen Frau hatte er auch einen Sohn, der allerdings früh starb. Von da an konnte nur Alkohol die schwermütigen Gedanken des früher so nüchternen Michail Andrejewitsch betäuben. Das Trinken bewirkte eine rapide Verschlechterung seiner ohnehin angegriffenen Gesundheit. Die Augen ließen ihn im Stich, und er hatte mehrere leichte Schlaganfälle.

Die Briefe seiner Söhne machten ihm wenig Freude. Daß Michail nicht in die Ingenieurakadamie aufgenommen wurde, daß Fjodor keinen Freiplatz bekam und in Mathematik und militärischem Drill versagte – das alles traf den armen, ehrgeizigen Mann schwer. Und dann waren da auch noch die ewigen Geldbitten der Söhne – furchtbar lästig. Fjodor war am schlimmsten: er mußte *unbedingt* neue Stiefel für das Manöver haben, er *mußte* einen Koffer für seine Bücher haben, er *mußte* Geld für eigenen Tee haben. Bis zu 140 000 Mann konnten an einer Parade teilnehmen; was, wenn der Zar entdeckte, daß gerade *er* eine verschlissene Mütze trug!

Die verzweifelten Antworten des Doktors sind als Ausdruck von Geiz gedeutet worden. Das ist ein Mißverständnis. Erstens schickte er Fjodor alles, worum der ihn bat, manchmal sogar mehr. Und zweitens waren die drängenden Geldbitten des Sohns eindeutig von Eitelkeit und dem Bestreben, unter seinen viel reicheren Mitschülern nicht unangenehm aufzufallen, dirigiert. Das geht ganz klar aus Pjotr Semjonows Memoiren hervor. »Ich wohnte im selben Lager«, heißt es da, »schlief wie er in einem Zelt... und kam gut zurecht ohne eigenen Tee neben dem, der morgens und abends ausgeteilt wurde, ohne weitere Stiefel als die mir zugeteilten und ohne einen Koffer für meine Bücher, obwohl ich so viel las wie Dostojewskij. Er litt also keine Not; er wollte sich nur nicht von den Kameraden unterscheiden, die sich privat Tee, Stiefel und Bücherkoffer leisteten.«

Die Briefe des Doktors an Fjodor sind eine bewegende Lektüre. Sparsamkeit ist unerläßlich, mahnt er. Aber der Sohn kann den Ernst der Lage nur schwer begreifen und antwortet ironisch: »Ich will aber Ihre Notlage berücksichtigen und gänzlich auf Tee verzichten.«

Ende Mai 1839, wenige Tage vor seinem Tod, schildert Michail Andrejewitsch zum letzten Mal die katastrophalen Verhältnisse draußen auf den »Miniaturherrenhöfen«:

»Der Schnee lag bis in den Mai; wir wußten nicht, womit das Vieh füttern. Die Strohdächer waren schon längst heruntergenommen und als Futter verwendet worden. Seit dem Frühlingsanfang ist kein einziger Tropfen Regen gefallen, nicht einmal Tau. Die Hitze und der fürchterliche Wind haben alles zerstört. Die bestellten Felder liegen schwarz da... nirgends auch nur ein Hälmchen zu sehen. Damit droht nicht nur der Ruin, sondern auch eine regelrechte Hungersnot.«

Über den Tod des Doktors Anfang Juni wurde schon viel geschrieben. Besonders bekannt ist die Version, Michail Andrejewitsch sei von seinen leibeigenen Bauern der Garaus gemacht worden. Auf diese Mär gründete Sigmund Freud seine Interpretation Dostojewskijs, und er kreierte noch eine weitere Legende: Der Sohn soll bei der Entgegennahme der Todesnachricht seinen ersten epileptischen Anfall erlitten haben. Dostojewskij habe sich den Tod seines »geizigen« und »brutalen« Vaters gewünscht, und als er endlich von dessen Ableben erfuhr, habe er sich so gefreut, daß er mit seinem ersten epileptischen Anfall bestraft worden sei. Demnach wäre ein Ödipuskomplex Auslöser für den Beginn seiner Epilepsie gewesen. Der gewaltsame Tod seines Vaters mußte ja ambivalente Impulse in ihm auslösen: befriedigte Rache und heftige Schuldgefühle. Geplagt von solchen »Komplexen«, kam er in seinem letzten Roman in erneuter Gefühlsaufwallung auf den Vatermord zurück.

Wir wollen einmal die dieser Hypothese – wohl die gewagteste, die je über einen Schriftsteller aufgestellt wurde – zugrunde liegenden Fakten näher betrachten.

Es gibt drei Hauptquellen für die Legende eines Mordes an Michail Andrejewitsch. Die erste stammt von Dostojewskijs Tochter Ljubow (Aimée Dostojewskij), die 1920 in ihrem Buch folgendes über den Doktor zu berichten weiß:

44

»Mein Großvater Michail war immer streng gegen seine Leibeigenen gewesen. Je mehr er trank, um so grausamer wurde er, bis sie ihn zuletzt ermordeten. An einem Sommertage verließ er Darowoje, um sein anderes Gut, Tschermachnja genannt, zu besuchen, und kam nicht mehr zurück... Man fand ihn später auf halbem Wege mit den Kissen seines Wagens erstickt. Der Kutscher war mit den Pferden verschwunden. Beim Verhör vor Gericht gestanden die anderen Leibeigenen meines Großvaters, daß es ein Racheakt war.«

Eine zweite Familienversion überliefert Dostojewskijs Bruder, der in allem anderen so zuverlässige Andrej:

»Sein Verlangen nach Alkohol gewann zusehends die Oberhand, er war nur noch selten nüchtern... An dem Tag, als es geschah, arbeitete eine Gruppe von zehn, fünfzehn Männern auf einem sehr entlegenen Feld am Waldrand von Tschermaschnija. Wütend darüber, daß die Bauern das eine oder andere falsch machten – vielleicht kam es ihm auch nur so vor –, verlor mein Vater die Beherrschung, brüllte sie an. Einer der Mutigsten gab ihm eine unverschämte Antwort, und als er sich vor den Folgen fürchtete, rief er den anderen zu: ›Los Leute, wir bringen ihn um!‹ Und mit diesem Ruf gingen alle fünfzehn auf meinen Vater los und brachten ihn natürlich sofort um.«

Schließlich haben wir eine Reihe von Zeugenaussagen, die Bauern aus Darowoje erst in der Mitte der zwanziger Jahre dieses Jahrhunderts ablegten. Hier heißt es, drei Bauern aus Tschermaschnija hätten sich vorsätzlich überlegt, Michail Andrejewitsch zu ermorden. Als Protest gegen seine Strenge weigerten sie sich, zur Arbeit zu gehen, und als er sie holen kam, fielen sie über ihn her. »Selbstverständlich schlugen sie nicht auf ihn ein; sie fürchteten sich, Spuren zu hinterlassen. Statt dessen hielten sie eine Flasche Schnaps bereit, die sie ihrem Herrn den Rachen hinabjagten, und danach erdrosselten sie ihn mit einem Tuch.«

Zunächst einmal fallen einem bei diesen Berichten ihre zahlreichen Widersprüchlichkeiten auf. Sie haben im Grunde nur eins gemeinsam, nämlich die Behauptung, daß Michail Andrejewitsch von seinen Bauern ermordet worden sei. Aber wie es dabei zugegangen sein soll, wird völlig konträr dargestellt, nicht einmal die »Mordwaffen« gleichen sich. Folglich besteht aller Grund, ein klein wenig Quellenkritik zu üben, ehe man sich auf diese Erzählungen verläßt.

Am unglaubwürdigsten ist wohl die Darstellung der Bauern aus Darowoje. Allein schon der Umstand, daß sie sich über die Zustände in einem rivalisierenden Nachbardorf auslassen, dessen Bauern die Behauptung, ihre Vorväter hätten ihren Herrn umgebracht, auf das entschiedenste von sich wiesen, sollte uns skeptisch stimmen. Die Zeugenaussagen dieser alten Männer sind aus zweiter und dritter Hand und daher konfus und widersprüchlich. Die einen verlegen den Vorfall ins Frühjahr, die anderen in den »Spätherbst« – die ganze Geschichte erhält folkloristische Züge. Auch Dostojewskijs Tochter erzählt von längst vergangenen Zeiten, ihre Informationen sind bestenfalls aus dritter Hand. Die vielen Fehler und Mißverständnisse, die ihr gesamtes Buch über den Vater durchziehen, lassen es angeraten erscheinen, ihre Version ebenfalls in Zweifel zu ziehen. Nicht einmal Andrej, der seine Erinnerungen fünfzig Jahre später schrieb, konnte diese Ereignisse aus erster Hand schildern. Da er selbst damals bei der Familie Kumanin in Moskau lebte, konnte er sich nur auf das verlassen, was das Kindermädchen Aljona Frolowna sagte, nämlich, sie habe einen Schrei gehört.

Und was war Dostojewskijs Vater wirklich geschehen? Kürzlich durchgeführte Prüfungen des Archivmaterials in Tula ergeben allen Grund, an folgende Darstellung zu glauben:

Am 6. Juni 1839 fuhr Michail Andrejewitsch zur Inspektion seiner Bauern nach Tschermaschnija. Es war entsetzlich heiß; die Temperatur stieg auf fast vierzig Grad. Die Bauern fuhren gerade Mist aus, ein verzweifelter Versuch, den ausgedörrten Boden zu retten. Der Doktor begegnete vier dieser Bauern und schrie sie wegen irgendeines Fehlers an. Danach fiel er plötzlich um – offenbar infolge der Hitze und Aufregung von einem Schlaganfall getroffen.

Der Kirchvogt meldete diesen Todesfall umgehend der Familie Dostojewskij, und eine Woche nach der Beerdigung kam Maria Fjodorownas Stiefmutter Olga Jakowlewna aus Moskau, um die jüngsten Kinder des Doktors, Wera, Nikolaj und Alexandra zu holen. Vor ihrer Rückfahrt wurde sie zum Nachbarn bestellt, dem Gutsbesitzer Pawel Chotjainz, der nun seit vielen Jahren gegen Michail Andrejewitsch prozessierte. Im Lauf des Gesprächs erzählte er, der Doktor sei wohl keines natürlichen Todes gestorben, sondern von seinen eigenen Bauern umgebracht worden. Er riet Olga Jakowlewna allerdings davon ab, in dieser Sache Schritte zu unternehmen. Schließlich bekämen die Kinder ihren Vater doch nicht wieder, und eine Gerichtsverhandlung würde nur dazu führen, daß sie ihr Erbe verlören, wenn die Bauern nach Sibirien verbannt würden.

Damals lag das erste amtliche Dokument über den Todesfall vor. Der Bericht war vom Amtsgericht in Kaschira erstellt, der Kreisstadt des Bezirks, in dem die Familie Dostojewskij ihren Grundbesitz hatte, und war an Alexander Awerkjew gerichtet, den neuernannten Gouverneur von Tula. Der Gouverneur erhielt diesen Bericht am 16. Juni, und es ist ausgeschlossen, daß Olga Jakowlewna den Inhalt durch eventuelle Bestechungen beeinflussen konnte. Dort heißt es:

»Am Morgen des 6. Juni dieses Jahres verschied unerwartet der 54jährige Hofrat Michail Andrejewitsch Dostojewskij. Herr Dostojewskij verwaltete die Güter seiner verstorbenen Frau im Dorf Darowoje, Kreis Kaschira, und hatte sich auf den Feldern aufgehalten, um seine Bauern zu inspizieren. Von diesem Gericht durchgeführte Untersuchungen geben keinen Grund zu dem Verdacht, daß Herrn Dostojewskijs Tod gewaltsam herbeigeführt wurde. Wie aus Dr. Schönknechts Sterbeurkunde hervorgeht, trat der Tod in Folge eines Schlaganfalls ein, verursacht durch starke hämorrhagische Spannungen, da die übliche Medizin nicht eingenommen worden war.«

Der erste herbeigerufene Arzt war allerdings Dr. Schönrock aus Sarajsk, einem Dorf in der Nähe von Darowoje, das aber zu einem anderen Gouvernement gehörte. Warum schickten die Bauern zuerst nach diesem Arzt, statt gleich den aus der Kreisstadt Kaschira kommen zu lassen, der als einziger dazu berechtigt war, einen gültigen Totenschein auszustellen? Die Antwort kann nur sein, daß Michail Andrejewitsch noch lebte und die Bauern versuchten, ihn zu retten. Aus Furcht, daß der Arzt im entfernten Kaschira nicht schnell genug zur Stelle wäre, beeilten sie sich, Dr. Schönrock herbeizuholen. Sie nahmen offensichtlich an, ihr Herr habe nur einen seiner üblichen Anfälle, und holten daher den behandelnden Arzt.

Da Dr. Schönrock zu einem anderen Gouvernement gehörte und also keine offizielle Sterbeurkunde ausstellen konnte, schickten die Bauern, nachdem der Tod bereits konstatiert worden war, auch noch nach Dr. Schönknecht in Kaschira. Mit dem Leichnam wurde übrigens streng nach Vorschrift verfahren: Man ließ ihn zwei Tage lang draußen auf dem Feld liegen, so lange, bis die Obrigkeit aus Kaschira eintraf. Als Dr. Schönknecht in Begleitung der Gesetzesvertreter endlich am 8. Juni am Ort des Geschehens ankam, konnte er nur die Schlußfolgerung bestätigen, die sein Kollege aus dem Nachbargouvernement über die Todesursache angestellt hatte: Tod infolge eines Schlaganfalls.

Im damaligen Rußland war es keine Seltenheit, daß Gutsbesitzer von ihren Leibeigenen umgebracht wurden, besonders wenn die Dörfer unter Mißernten und Not litten. Im Durchschnitt mußten an die zwanzig Gutsbesitzer jährlich dran glauben. Die Obrigkeit war natürlich hellhörig für alles, was nach einem Bauernaufstand aussah. Wenn also ein Gutseigentümer tot aufgefunden wurde, setzte man einen großen Apparat in Bewegung, um eventuelle Gewalttätigkeiten von seiten der Bauern an den Tag zu bringen. In diesem Fall hatten zwei Ärzte einen natürlichen Tod attestiert. Trotzdem wurde der Fall dem Gouverneur höchstpersönlich vorgelegt, ohne daß Unstimmigkeiten in den Dokumenten nachgewiesen werden konnten. Hätte jemand gewagt, die Fakten zu fälschen, wären Widersprüchlichkeiten unvermeidlich gewesen.

Aber schon einen Monat später, am 6. Juli, tauchte ein Rittmeister namens A. I. Leibrecht in Kaschira auf und äußerte seinen »Verdacht, daß Herrn Dostojewskijs Tod von seinen Bauern gewaltsam herbeigeführt wurde«. Die Behörden verlangten umgehend eine schriftliche Ausführung dieses Verdachts. Daraufhin schrieb Leibrecht, er »habe von Herrn W. F. Chotjainz (ein Verwandter des Nachbarn von Dostojewskij) gehört, daß ein Dienstmädchen des Herrn Dostojewskij seinen Herrn schreien gehört habe, und ihr Bruder habe ihr verboten, es zu sagen; die Bauern des Herrn Dostojewskij seien so erbittert gewesen, als sie den Verstorbenen wuschen, daß sie seinen Leichnam peitschten und sich weigerten, ihn zur Kirche zu tragen«.

Noch am selben Tag wurde beschlossen, die Sache wiederaufzunehmen. Es folgte eine neuerliche Untersuchung, die eindeutig ergab, daß keinerlei Zweifel an Dostojewskijs natürlichem Tod bestand. Trotzdem wurden die Nachforschungen daraufhin nicht eingestellt, denn man wollte sich vergewissern, daß keine aufständischen Bauern im Gouvernement waren.

Daher wandte man sich am 26. Juli an W. F. Chotjainz, um Leibrechts Aussage bestätigen zu lassen. Nun stellte sich aber heraus, daß Chotjainz »alles auf das entschiedenste bestritt«. Da Aussage gegen Aussage stand, ordnete man eine Gegenüberstellung der beiden an. Sowohl Leibrecht als auch Chotjainz weigerten sich, vor Gericht zu erscheinen, und erst anderthalb Monate später, am 12. September, konnte die Gerichtsverhandlung stattfinden.

Während der Gegenüberstellung wiederholte Leibrecht seine frühere Aussage – »alle diese Gerüchte«, wie es im Protokoll heißt. W. F. Chotjainz leugnete hartnäckig weiter und erklärte, Leibrecht habe »ihm das alles nur aus Bosheit anhängen wollen«. Darauf wußte Leibrecht zu erzählen, daß W. F. Chotjainz ihn gebeten habe, zum Polizeidiener zu gehen und zu sagen: »Herr Pawel Petrowitsch Chotjainz (Dostojewskijs Nachbar) bittet Euch (den Polizeidiener), sofort zu kommen, damit dieser strittige Fall aufgeklärt werden kann.«

Damit dürfte klar sein, wer das Gerücht eines Mordes an Michail Andrejewitsch in Umlauf setzte... Leibrecht war als Strohmann des rachsüchtigen Pawel Chotjainz aufgetreten, gegen den der Verstorbene wegen seinen Grund und Boden betreffender Eigentumsstreitigkeiten prozessiert hatte. Die Version vom unrühmlichen Ende des Doktors sollte seinen Kindern zur Schande gereichen und seinen Bauern jahrelange Zwangsarbeit in Sibirien einbringen.

Da Chotjainz nun schon entdeckt war, konnte er auch gleich offen aufs Ganze gehen, und nach einem weiteren Monat verlangte er eine Bestrafung der Bauern. Er leitete also nun selbst ein, wovon er Olga Jakowlewna seinerzeit abgeraten hatte. Seine Absicht ist offenkundig: Indem er einen Prozeß gegen die Bauern anstrengt, will er nicht nur den Namen seines Feindes in Mißkredit bringen, sondern sich auch die günstigste Voraussetzung für eine Aneignung der beiden Dörfer verschaffen, auf die er es schon so lange abgesehen hat und in deren Bereich er nach dem Prozeß gegen die Familie Dostojewskij immer noch einige Höfe besitzt. Aber diesmal hatte der gewiefte Prozeßfuchs Chotjainz kein Glück. Am 16. November verkündete das Amtsgericht von Kaschira erneut seinen Beschluß: »Dieser Todesfall sei dem Urteil Gottes überlassen, da sich kein Schuldiger finden läßt.«

Das Kriminalgericht in Tula war allerdings mit den übersandten Akten nicht zufrieden und beschloß weitere Nachforschungen in der Sache. Ursache für diese außerordentlich gründliche Behandlung war natürlich die schwerwiegende Anklage. In einer von Hungersnot bedrohten Zeit nahmen in ganz Rußland die Brandstiftungen und Morde an Gutsbesitzern gefährlich überhand. Vage Verdächtigungen reichten oft schon aus, um Bauern schuldig zu sprechen und nach Sibirien zu verschicken. In diesem Fall gelang es trotz aller Versuche nicht, die Bauern zu überführen. Man konnte ihnen nicht einmal nachweisen, daß sie über ihren Herrn geklagt hätten, was sonst bei harten Gutsbesitzern sehr oft der Fall war. Daher ging der Prozeß anders aus, als es der feindselige Nachbar erwartet hatte.

Erst Ende Oktober 1840 wurde das endgültige Urteil gefällt. Die Bauern wurden freigesprochen, und Leibrecht wurde ermahnt, »in Zukunft bei solchen Sachen vorsichtiger zu sein«.

Eine Aufforderung zur Vorsicht empfiehlt sich auch für die überwiegende Mehrzahl der Biographen Dostojewskijs. Als grausamer, durch seinen gewaltsamen Tod erniedrigter Bauernschinder hat Michail Andrejewitsch bisher in der Biographie seines Sohnes herhalten müssen. Es ist also durchaus angebracht, einmal hervorzuheben, daß nicht der mindeste Beweis für die Ermordung des Doktors existiert. Ganz im Gegenteil ist jetzt bewiesen, daß zwei Ärzte seinen natürlichen Tod attestierten und daß ihre Aussagen trotz beträchtlicher Anstrengungen eines rachsüchtigen Nachbarn gerichtlich bestätigt wurden.

Immer noch an der Mordtheorie festhaltende Biographen behaupten, Prozeß und Urteil seien durch Bestechungen beeinflußt worden. Allerdings kann man sich schwerlich vorstellen, daß ein Grüppchen ruinierter Bauern es sich leisten konnte, eine Reihe von medizinischen und juristischen Instanzen in beiden Gouvernements zu bestechen. Nicht einmal die reiche Familie Kumanin hätte die Möglichkeit gehabt, wenn sie es versucht hätte. Und die lokale Gerichtsbarkeit hätte es nie gewagt, zur Vertuschung einer nach Bauernaufstand aussehenden Anklage beizutragen, schon gar nicht 1839, als sämtliche Beamten vor dem neuen Gouverneur zitterten, der eine gründliche Revision des gesamten Gouvernements angeordnet hatte.

Es existiert auch noch das Argument, die Todesursache des Doktors sei im Grunde von untergeordneter Bedeutung, da Dostojewskij ja ohnehin an das Gerücht glaubte, sein Vater wäre von Bauern erschlagen worden. Dabei ist eine solche Überzeugung bei ihm nirgends nachweisbar. Dostojewskij muß beide Versionen gekannt haben, und nichts deutet darauf hin, daß er den Mordgerüchten mehr Glauben schenkte als dem offiziellen Bericht, wonach sein Vater einem Schlaganfall erlegen war. Nach dem Echo zu urteilen, das diese Episode in seinen Werken fand, muß der Schriftsteller die Mordanklage im Gegenteil als haltlos betrachtet haben. Unter den als »Mördern« des Doktors namentlich bekannten Bauern ist auch ein gewisser Jefim. Dieser Name taucht als Jefimow in *Netotschka Neswanowa* wieder auf; auch Jefimow wird auf infame Weise des Mordes bezichtigt, aber es endet damit, daß der Beschuldiger entlarvt und der falschen Anklage überführt wird. Und der Verleumder Leibrecht schließlich wird in der leicht abgewandelten Namensform »Lebrecht« am Anfang des *Jüngling* negativ charakterisiert, wo in Form eines Stammbuchs Familienerinnerungen an Meistbietende versteigert werden.

Ebenso fadenscheinig wie das Gerücht eines Mordes ist die Legende, der Schriftsteller habe seinen ersten epileptischen Anfall gehabt, als er die Todesnachricht erhielt. Fjodor war ein großer Hypochonder und pflegte die Brüder über seinen Gesundheitszustand auf dem laufenden zu halten. Im Sommer 1839 weiß er aber von keinem Anfall zu berichten. Wir dürfen nicht vergessen, daß der angehende Schriftsteller damals mit Hunderten von Kursteilnehmern gemeinsam untergebracht war. Einen epileptischen Anfall hätte er nur schwer geheimhalten können. Und wenn der Anfall entdeckt worden wäre, hätte dies unweigerlich zu sofortiger Ausweisung geführt: Epileptiker waren als Offiziere im russischen Heer undenkbar. Daß Dostojewskij weiter auf der Ingenieurakademie blieb, schließt zu der Zeit jede Möglichkeit eines epileptischen Anfalls aus.

Die traditionelle Auffassung von Michail Andrejewitsch als brutalem, tyrannischem Vater, gehaßt vom Sohn, der über seine Ermordung erleichtert ist und sich schließlich mit einem Epilepsieanfall selbst dafür bestraft – das paßt alles schon fast zu gut in psychoanalytische Denkschemata. Wenn bewiesen werden kann, daß Dostojewskij während seiner Zeit in Sibirien nicht unter Epilepsie litt, so würde dies allerdings nur bestätigen – führt Freud an –, daß die Epilepsie seine Strafe war. Mit anderen Worten: In der Verbannung brauchte Dostojewskij sich nicht mit Epilepsie zu bestrafen, weil er schon zur Genüge von seinem väterlichen Zar bestraft wurde.

Auch hier wieder führen die Tatsachen Freuds Theorie geradezu ad absurdum. In eklatantem Widerspruch zu ihr brach Dostojewskijs Epilepsie nämlich nach allem, was wir wissen, ausgerechnet in Sibirien aus! Seine Krankheit – »diese merkwürdigen, an Fallsucht erinnernden Anfälle« – erwähnt er zum ersten Mal gleich nach seiner Entlassung in den Briefen an Michail. Daß diese Krankheit auch wirklich Epilepsie war, wurde erst im Februar 1857 festgestellt. Dagegen wurde jetzt bewiesen, daß die damals gestellte Diagnose zutrifft. Freuds Annahme einer »Hysteroepilepsie« entbehrt jeder Grundlage.

Genausowenig überzeugt die Gleichsetzung Michail Andrejewitschs mit Fjodor Karamasow. »Mir scheint immer, daß Dostojewskij seines Vaters gedachte, als er den Typus des alten Karamasow schuf«, schreibt Ljubow. Freud war ganz ihrer Meinung, und daraus wurde danach schon fast ein Dogma, obwohl die Schriftstellertochter sich nicht einmal auf eine Familienüberlieferung stützen konnte. In Wirklichkeit haben wir es hier – trotz einzelner Berührungspunkte wie aufbrausendes Temperament und Sentimentalität – mit zwei grundverschiedenen Charakteren zu tun. Während Fjodor Karamasow seine Frauen zu Tode quält und schlichtweg vergißt, daß er Söhne hat, war Michail Andrejewitsch familiär gesinnt und sorgte treu und unermüdlich für Frau und Kinder. Wenn Dostojewskij in den *Brüdern Karamasow* seinen Vater im Auge hatte, dann noch am ehesten in Gestalt des stolzen Stabskapitäns Snegirew, der selbst im Suff die Liebe zu seiner Familie und besonders zu seinem kleinen Sohn Iljuscha hochhält.

In Freuds Augen war der »Mord« an Michail Andrejewitsch eine unumstößliche Tatsache. Der »Mord« rief wiederum ein »Trauma« hervor, das schlummernde »Komplexe« im Unterbewußtsein des werdenden Schriftstellers weckte. Jetzt ist aber eindeutig nachgewiesen, daß der »Mord« nichts weiter als ein böswilliges Gerücht war, in die Welt gesetzt, nachdem Fjodor vom Tod seines Vaters erfahren hatte. Das Festhalten an einem »Trauma« ist also genauso ungerechtfertigt wie das Festhalten am Mord.

Weit davon entfernt, seinen Vater zu hassen, empfand Dostojewskij vielmehr offenbar große Achtung für ihn. Es besteht kein Grund, zu bezweifeln, daß er aufrichtig um ihn trauerte. Zwar erwähnt er seinen Vater nur selten in seinen Briefen. Aber wenn man wirklich an jemandem hängt, muß man ihn nicht immer im Munde führen. »Ich habe viele Tränen über den Tod unseres Vaters vergossen«, heißt es in einem Brief an Michail von 1839. Fünf Jahre später schreibt er an seinen Schwager: »Sei versichert, daß ich das Andenken meiner Eltern nicht weniger ehre als Du.« Und noch 1876 bemerkt er in einem Brief an Andrej: »Merke Dir dies, und laß Dich gänzlich von dem Gedanken durchdringen, Bruder Andrej Michailowitsch, daß eben jene Idee – das Streben danach, zu den *besten Menschen* zu gehören (im höchsten Sinn des Wortes) – grundlegend war für unsere Eltern, trotz aller menschlicher Schwächen.« Mit dem Wissen um solche Zitate muß jedweder Versuch, Dostojewskijs Vater mit Fjodor Karamasow zu identifizieren, scheitern – ganz gleich, wie gründlich man sich mit seinen »Schwächen« befaßt.

Freuds Aufsatz *Dostojewskij und die Vatertötung* hat der üblen Nachrede über den Autor Tür und Tor geöffnet, der Legende, er sei ein »rücksichtsloses Talent«, ein egoistischer Tyrann und ruchloser Übeltäter gewesen. Und er hat vor allem verheerende biographisch ausgerichtete Interpretationen seines Werks beflügelt. Wenn Iwan Karamasow ausruft: »Wer hat nicht schon einmal seinen Vater den Tod gewünscht?«, dann wird dieser Ausspruch gleich mit Dostojewskijs angeblichem Haß auf den Vater in Verbindung gebracht. Und wenn Raskolnikow die Pfandleiherin umbringt, ja, dann schwingt natürlich Dostojewskij selbst die Axt über dem Haupt seines Vaters. Schließlich hatte der Schriftsteller nicht umsonst in einem Palais studiert, wo Zar Paul auf Befehl seines Sohnes Alexander gemeuchelt worden war!

III

Obwohl Dostojewskij sich nach dem Tod seines Vaters nicht mehr verpflichtet fühlte, die militärische Ausbildung zu

Ende zu bringen, blieb er doch an der Ingenieurakademie. Mit dem Studium kam er jetzt, da er sich nur noch auf sich selbst verlassen konnte, besser voran. Im Jahresexamen von 1841 wurde er sogar der Dritte seines Jahrgangs. Im Zeugnis wird ihm »großer Diensteifer« bescheinigt. Gleichzeitig wurde er zum Ingenieurfähnrich ernannt, wodurch er berechtigt war, sich eine externe Unterkunft zu suchen. Er fand eine kleine Wohnung in der Karawannaja-Straße, die er mit seinem Klassenkameraden Adolf-Gustav Totleben bezog, einem Bruder des späteren Helden im Krimkrieg.

In den kommenden Jahren wechselte Dostojewskij sehr oft seine Wohnung. Uns sind an die zwanzig Adressen in Petersburg bekannt. Offenbar gefiel es ihm, jedesmal umzuziehen, wenn er ein neues Werk in Angriff nahm. Wie seine Romanhelden hatte er eine Vorliebe für Eckzimmer, und sie lagen immer in der Nähe einer Kirche. So wohnte er fast vier Jahre lang in einem kleinen dreistöckigen Mietshaus in der Nähe der Wladimir-Kirche, nicht weit vom Newskij Prospekt. Die Wohnung bestand aus drei Zimmern, von denen nur eins möbliert war. Die anderen Räume vermietete er an Kameraden weiter, aber kaum einer hielt es länger bei ihm aus.

Im August 1843 konnte er endlich sein Abschlußexamen an der Ingenieurakademie feiern. Im Jahr zuvor war er zum Ingenieurleutnant befördert worden, und die Bahn war frei für eine glatte militärische Karriere. Aber er hatte seit langem das Gefühl, er sei »Dichter und nicht Ingenieur«, und konnte sich aus diesem Grund nicht vorstellen, die Hauptstadt mit ihrem literarischen Leben zu verlassen. Statt als Festungsarchitekt draußen sein Glück zu versuchen, gab er sich mit einer bescheidenden Anstellung als technischer Zeichner in der Ingenieurabteilung von St. Petersburg zufrieden. Auch diese Betätigung war ihm bald so langweilig wie eine »gefrorene Kartoffel«. Für einen Dichter war das nichts!

Als er Gefahr lief, eine Inspektionsfahrt zu einer abgelegenen Festungsanlage antreten zu müssen, ein Auftrag, der mit großen Unkosten und einer mehrmonatigen Unterbrechung der Arbeit an seinem ersten Werk verbunden war, raffte er seinen ganzen Mut zusammen und quittierte den Militärdienst. Es kann gut sein, daß eine kritische Bemerkung von Zar Nikolaus seine Entscheidung mit beeinflußte. »Was für ein Idiot hat das hier gezeichnet?« soll der Zar gesagt haben, als er entdeckte, daß Dostojewskij eine Festung ohne Tore gezeichnet hatte. Jedenfalls wurde das Abschiedsgesuch am 19. Oktober bewilligt.

Nun begann seine literarische Laufbahn, der er froh und zuversichtlich entgegensah. »Wegen meines weiteren Lebens brauchst Du Dir wirklich keine Sorgen zu machen«, schreibt er an Michail. »Ich werde furchtbar viel arbeiten. Ich bin ja jetzt frei.« Seinen Lebensunterhalt würde er schon verdienen: »Puschkin brachte es schließlich so weit, daß er zehn Rubel für jede Verszeile bekam, und Gogol wurde auch gut bezahlt – da wird doch wohl auch auf mich etwas abfallen«, scherzte er. Was seine Berufung anging, hatte er keine Zweifel. »Im Gegenteil«, schrieb er später, »ich war fest davon überzeugt, daß die Zukunft mir gehörte und daß ich Herr über sie war . . . Es war, als brennte ein Feuer in meiner Seele, und an dieses Feuer glaubte ich.« Auch Michail hegte keine Zweifel: »Ich bin sicher, daß er es weit bringen wird«, schreibt er an den Vormund der Familie. »Er hat ein großes, eigenständiges Talent und verfügt über eine umfassende Bildung.«

Für mehrere Jahre wird von nun an die Korrespondenz mit Michail zur wichtigsten Informationsquelle über Dostojewskijs Leben. Nur seine Sommerbesuche in Reval unterbrechen den Briefwechsel. Da er nicht viele Freunde hatte, waren ihm die Briefe seines Bruders besonders lieb. »Du kannst Dir gar nicht vorstellen, wie angenehm mir das Herz bebt, wenn man mir einen Brief von Dir bringt«, schreibt er in einem Neujahrsgruß. »Ich habe mir eine Art von Genuß erfunden: ich spanne mich auf die Folter. Ich nehme Deinen Brief in die Hand, wende ihn einige Minuten lang hin und her, betaste ihn, ob er umfangreich ist, und nachdem ich mich am versiegelten Briefumschlag sattgesehen habe, stecke ich ihn in die Tasche . . . Du kannst dir gar nicht vorstellen, welch einen angenehmen Zustand von Herz, Seele und Gefühlen ich mir damit verschaffe. Ich warte oft eine Viertelstunde; schließlich falle ich gierig über das Paket her, entsiegele es und verschlinge Deine Zeilen, Deine lieben Zeilen!«

Wir besitzen mehrere Beschreibungen Dostojewskijs zu dieser Zeit. Die meisten schildern einen blassen, in sich gekehrten Träumer, einen kränklichen, überspannten Romantiker mit einem Puls von hundertzwanzig. Dr. Alexander Riesenkampf, der einige Monate mit ihm die Wohnung teilte und ihm eine gewisse deutsche Pünktlichkeit nahezubringen suchte, fand ihn »höchst untauglich für die Realitäten des Lebens«. Dr. Riesenkampf schreibt weiter: »Mit seinen Freunden zusammen schien er immer bester Laune zu sein, gesprächig, unbekümmert und mit sich selbst zufrieden. Aber sowie die Gäste gegangen waren, versank er in trübsinnige Gedanken; in seinem einsamen Zimmer grübelte er über seine trostlose Stellung nach und suchte Vergessen im neuen literarischen Plänen, die sämtlich um die Leiden der Menschheit kreisten.«

Bei anderen Bekannten ist nur eine Erinnerung an den strengen Zwanzigjährigen haftengeblieben. »Sein Ausdruck war ernst, und ich kann mir schwerlich vorstellen, daß er mit seinen Kameraden lachte und scherzte«, schreibt Konstantin Trutowskij. Dostojewskij hatte ein äußerst empfindliches und auffahrendes Temperament. Bei der kleinsten Andeutung einer Beleidigung konnte er eine Gesellschaft verlassen, und er war ausgesprochen nachtragend. Seine Freunde wurden also auf eine harte Probe gestellt, und er gab sich wenig Mühe, sie zu behalten. Er wollte »frei, einsam und unabhängig« sein. Am unmöglichsten war er in Gesellschaft von Ausländern, denen er auch nach Möglichkeit aus dem Weg ging. »Was, wenn ich etwa eine Französin heiratete? Dann mußte ich für immer von der russischen Literatur Abschied nehmen.«

Dennoch führte er kein Mönchsdasein. Im Theater und bei Konzerten wurde er oft gesehen. Im Frühjahr 1841 hörte er mit Begeisterung den norwegischen Geigenvirtuosen Ole Bull, und im Jahr darauf war er ständiger Gast bei Franz

Liszts Klavierkonzerten. Manchmal ging er auch so weit, mit seinen Freunden große Gelage im eleganten Hotel de France an der Malaja Morskaja zu veranstalten. Frauenbekanntschaften ließ er sich auch nicht entgehen. Eine Klage an Michail, alle seine »Minnchen, Klärchen, Mariannchen usw.« kosteten ihn ein »furchtbares Geld«, läßt vermuten, daß seine ersten Erfahrungen von durchaus gewöhnlicher Art waren. Allerdings fragt es sich, ob diese kleine Bemerkung nicht doch eher der prahlerischen Phantasie eines Literatur-Dandys entsprang.

Neben Reflexionen über Kunst und Literatur stehen die Geldsorgen im Zentrum seiner Briefe. Zu wenig Geld hatte er eigentlich nicht. Es war nur so, daß ihm das Geld »wie Wasser durch die Finger rann« und »wie Wachs in den Händen schmolz«. Solange er welches hatte, war er die Freigebigkeit in Person und wurde aufs gröbste ausgenutzt. »Laßt sie nur stehlen, davon gehe ich nicht bankrott«, war seine ständige Redewendung. Dabei war er oft kurz davor. »Schick mir um Gotteswillen fünf Rubel, oder wenigstens einen Silberrubel«, schreibt er Ende 1842 an Andrej. »Ich habe seit drei Tagen nichts mehr zum Heizen und besitze nicht eine Kopeke.«

Einige Zeit danach, erzählt Dr. Riesenkampf, trat er plötzlich selbstbewußt und stolz auf. Nach langem Bitten und vielem Hin und Her hatte man ihm endlich fünfhundert Rubel als Vorschuß auf das väterliche Erbe zugeschickt. »Aber schon am nächsten Morgen druckste er herum und bat mich schließlich, ihm fünf Rubel zu leihen.« Es stellte sich heraus, daß der zukünftige Autor des *Spielers* einen Großteil des Geldes beim Billard verloren hatte, während ihm der Rest schlicht gestohlen worden war. Infolge solcher Eskapaden lernte er frühzeitig das zwielichtige Milieu der Wucherer und Pfandleiher kennen, das er in seinen Romanen so anschaulich schildert. Ja, er war sogar kurz davor, ins Schuldgefängnis zu wandern. »Chlestakow wollte gern ins Gefängnis gehen, doch nur auf vornehme Art«, schreibt er über den Helden im *Revisor*. »Wie kann ich aber ohne Hose auf vornehme Art ins Gefängnis gehen?«

Dieser unverbesserlich unpraktische Phantast fühlte sich immer noch nur in der Welt der Bücher zu Hause. »Er hatte eine leidenschaftliche Liebe zur Poesie«, erinnert sich Dr. Riesenkampf, »aber er schrieb ausschließlich Prosa, da er nicht die zum Schreiben gebundener Verse nötige Geduld besaß. In seinem Kopf sprangen die Ideen auf wie Schaumspritzer in einem Wirbelsturm . . . Seine glänzende natürliche Begabung zur Deklamation sprengte den Panzer seiner künstlerischen Selbstbeherrschung; seine heisere Stimme wurde dann überlaut, Schaum stand ihm vor dem Mund, er gestikulierte, schrie und spuckte.« Viele haben seine Fähigkeit geschildert, Freunde mit seiner Begeisterung für die Literatur anzustecken:

»Es war lange nach Mitternacht. Wir waren alle ausgesprochen müde, aber Dostojewskij stand immer noch an der Tür und redete auf uns ein, nervös und aufgeräumt. Seine leise, heisere Stimme schlug einen in Bann; man konnte sich unmöglich losreißen.«

Dostojewskij selbst sah keinen Grund, sein träumerisches Wesen zu verleugnen. Als er später auf seine Jugend zurückblickte, nannte er sich einen »Phantasten und Mystiker«, der die eigenartigsten Erlebnisse gehabt habe:

»In meiner jugendlichen Phantasie sah ich mich bald als Perikles, bald als Marius, dann als einen Christen unter Kaiser Nero, als Teilnehmer an einem Ritterturnier oder als Edward Glendenning in Scotts Roman *Das Kloster*. Ja, was habe ich mir in meiner Jugend nicht alles erträumt! Was erlebte ich nicht alles von ganzem Herzen, mit ganzer Seele, in golden flammenden Tagträumen, die Opiumhalluzinationen gleichkamen!«

Ein angehender Schriftsteller mit dieser Veranlagung konnte dem Einfluß der metaphysisch gefärbten Romantik jener Zeit nicht entgehen. Hoffmann faszinierte ihn mit seiner Beleuchtung der dämonischen und mystischen Seiten des Lebens, mit seiner Darstellung vom Verhältnis des Menschen zu einer Welt übernatürlicher, transzendentaler Mächte. Schon früh hatte ihn Puschkins Hoffmann-inspirierte *Pique Dame* beeindruckt; jetzt war er erst recht begei-

stert von der Fähigkeit dieses deutschen Autors, furchteinflößende Leidenschaften und krankhafte Gefühlszustände
zu schildern, von seiner Konfrontation der romantischen
Poesie mit den unheimlichen Abgründen der Realität. »Ich
habe ein neues Projekt: verrückt zu werden«, schreibt er an
Michail. »Mögen sich nur die Leute wie wild gebärden, mögen sie mich kurieren, mögen sie versuchen, mich vernünftig zu machen!« Besonders gefesselt war er von der Gestalt
des Alban im *Magnetiseur,* den seine okkulten Kräfte dazu
verleiten, sich über die Natur zu erheben und mit Gott zu
wetteifern. »Es ist schrecklich, einen Menschen zu sehen,
der das Unfaßbare in seiner Macht hat, der nicht weiß, was
damit anzufangen ist, und mit einem Spielzeug spielt, das
Gott heißt!« ruft er aus. Offensichtlich beschäftigte den
Jungautor schon das vermessene Streben des Menschen,
Gott zu entthronen und sich an seine Stelle zu setzen.

Andere Briefstellen belegen, daß Dostojewskijs philosophische und ethische Haltung stark an Schelling orientiert
war, dem Philosophen der Romantik *par excellence.* Schel-
lings philosophischer Irrationalismus stand Pate bei Dostojewskijs heftigem Protest gegen die Behauptung des Bruders, »um mehr zu *wissen,* muß man weniger *fühlen*«. »Was
willst du mit dem Wort *wissen* sagen?« fragt er empört.
»Natur, Seele, Liebe und Gott erkennt man mit dem Herzen
und nicht mit dem Verstand.« Für ihn ist das Herz das wahre Mittel zur Erlangung höchster Erkenntnisse. Damit fällt
auch die Trennlinie zwischen Poesie und Philosophie weg:
»Merke Dir, daß der Dichter im Augenblick der Begeisterung Gott erfaßt, folglich die Aufgabe eines Philosophen
erfüllt . . . Folglich ist die poetische Begeisterung nichts anderes als philosophische Begeisterung. Folglich ist die Philosophie nichts anderes als Poesie, als eine höhere Stufe von
Poesie!«

Mit diesem romantischen Gedankengut ausgerüstet,
machte Dostojewskij sich daran, seine ersten Werke zu
schreiben, die romantischen Tragödien *Boris Godunow* und
Maria Stuart. Wir wissen, daß er seine Freunde Anfang 1841
mit Lesungen aus diesen Stücken unterhielt. Später weigerte

er sich, die »kindische Dummheit« dieser ersten Versuche zu akzeptieren, daher ist nichts davon erhalten. Wahrscheinlich spürte er, daß der Einfluß von Puschkins und Schillers gleichnamigen Theaterstücken zu kraß war. Aber die Themen an sich sind höchst charakteristisch für diesen Schriftsteller. In der Tragödie über Boris Godunow, den herausragenden Staatsmann, der von seinem moralischen Gewissen besiegt wird, hat er wohl die Frage Raskolnikows nach dem Recht der starken Persönlichkeit, für eine gute Sache einen Mord zu begehen, vorweggenommen. Und die Tragödie über Maria Stuart muß ihn zu Reflexionen über ein anderes Lieblingsthema veranlaßt haben: Die Rivalität zweier Frauen, die beide von grenzenlosem Haß aufeinander erfüllt sind.

In den vierziger Jahren nun sollte die russische Literatur an einen wichtigen Scheideweg vorstoßen. Die in den dreißiger Jahren dominante deutsche, metaphysisch orientierte Romantik verlor nach und nach ihren Einfluß auf die Autoren. Statt dessen sahen sie ihre Vorbilder in der französischen Sozialromantik bei Schriftstellern wie Balzac, Hugo und George Sand. In der Praxis bedeutete dies einen Schritt in Richtung Realismus. Nach französischem Muster begann man, »physiologische Skizzen« zu entwerfen, in denen das »Lokalkolorit« des entsprechenden Milieus im Vordergrund stand. Auch das soziale Engagement nahm zu. Die Autoren befaßten sich mit der Macht der materialistischen Geldwirtschaft über den Menschen, mit dem traurigen Los der kleinen Beamten in den Amtsstuben der Provinz. Traditionell russische Themen wie Korruption und Leibeigenschaft nahm man schärfer unter die Lupe. Deutlicher als je zuvor ließ sich jetzt im Appell der Literaten, Mitleid mit den Erniedrigten und Beleidigten zu zeigen, eine unterschwellige Kritik an der bestehenden Gesellschaft vernehmen, die kaum etwas zu einer Verbesserung der Zustände unternahm. Mit seiner bahnbrechenden Erzählung *Der Mantel* hatte Gogol 1842 dieser »Tendenzliteratur« den Weg gewiesen. Und jetzt trat einer nach dem anderen ins Rampenlicht, jeder in seiner individuellen Ausprägung.

Dostojewskij sollte die deutsche metaphysische Romantik nie ganz zu den Akten legen. Seine gesamte schriftstellerische Laufbahn hindurch ließ er sich vom Phantastischen, vom Menschen im Ausnahmezustand faszinieren, und sein idealistisch-verklärtes Dichtungskonzept machte sich bis zuletzt geltend. Aber er war auch von hervorstechenden Merkmalen der neuen »naturalistischen Schule« angetan, etwa deren humane Einstellung und sozialkritisches Engagement. Nicht umsonst frequentierte er damals Dr. Riesenkampfs Wartezimmer für arme Patienten, um das »hauptstädtische Proletariat« näher kennenzulernen. In erster Linie beschäftigten ihn die Möglichkeiten der neuen Schule, ein wirklichkeitsnahes Bild des Menschen zu entwerfen. Neben Gogol wird Balzac jetzt zu seinem großen Idol. 1843 stürzt er sich, inspiriert vom Besuch des französischen Dichters in Petersburg, während der Weihnachtsferien auf die Arbeit, *Eugénie Grandet* ins Russische zu übersetzen. »Balzac ist groß!« erklärt er in einem Brief an Michail. »Seine Charaktere sind Schöpfungen eines weltumfassenden Geistes! Nicht der Zeitgeist, sondern ganze Jahrtausende haben in ihrem Ringen in der Seele des Menschen eine solche Entwicklung und Lösung gezeitigt!«

Die Übersetzung der *Eugénie Grandet* von 1844 ist alles andere als ein Meisterwerk. Dostojewskij nimmt sich bei seiner Übertragung etliche Freiheiten, verkürzt hier ein wenig und fügt da ein wenig hinzu – damals war der Anspruch an eine Übersetzung noch lange nicht der, dem Original möglichst nahezukommen. Trotzdem bedeutete diese Übersetzung eine wertvolle Vorbereitung für den angehenden Schriftsteller. Von Balzac lernte er, sich ins Gefühlsleben der Menschen hineinzuversetzen und die Macht des Geldes über ihr Schicksal herauszustellen. Hier begegnete ihm auch die sanftmütig leidende Frau, wie er sie später so oft in seinen Werken schildert.

Bezeichnenderweise begann er gerade zu dieser Zeit seinen ersten Roman *Arme Leute*. Der Titel ist zeittypisch, könnte aber auch als Motto über einem Großteil seiner späteren Werke stehen.

Nicht alle Autoren machen sich mit ihrem Erstling einen Namen, und noch weniger schreiben damit Literaturgeschichte. Dostojewskij gelang beides. *Arme Leute* wurde sowohl von der Kritik als auch von den Lesern begeistert aufgenommen. Beim Tod des Schriftstellers gedachte man nicht nur des berühmten Verfassers »der großen Romane«, sondern auch des früh gereiften Schöpfers der *Armen Leute.*

Dmitrij Grigorowitsch, der damals mit Dostojewskij die Wohnung teilte, berichtete folgendes über die Arbeit am Roman:

»Dostojewskij konnte tage- und nächtelang ununterbrochen am Schreibtisch sitzen. Er verlor kein Wort darüber, woran er gerade schrieb. Auf meine Fragen antwortete er widerwillig und lakonisch, und da ich wußte, wie verschlossen er war, drang ich nicht weiter in ihn. Ich konnte nur eine Menge mit seiner charakteristischen Handschrift bedeckter Bögen sehen: wie Perlen aus der Feder geflossene Buchstaben, wie gemalt ... Und sowie er mit dem Schreiben aufhörte, nahm er gleich das eine oder andere Buch zur Hand.«

So arbeitet ein Dichter, den eine Vision gepackt hat, und Dostojewskij hat selbst erzählt, wie er zu dieser Vision kam.

Eines Abends ging er auf dem Heimweg über die Newa. Auf der Brücke blieb er stehen und blickte weit über den Fluß in die dunstig frostige Ferne, die plötzlich auflohte im Purpur der untergehenden Abendsonne. Die Nacht zog herauf, und der Rauhreif der Schneefläche auf der Newa erglänzte, vom letzten Strahl der Abendsonne beschienen, in Myriaden von diamantenen Funken. Es war naßkalt, die Pferde waren von Dampfwolken umgeben, und die Menschen gingen rasch, um warm zu bleiben. Von den Hausdächern am anderen Ufer stiegen Rauchsäulen empor, und der Rauch bildete seltsame Figuren. Es kam ihm so vor, als entstünden neue Gebäude über den alten, als würde in der Luft eine neue Stadt errichtet. Und vor seinen Augen begann Leben in die hohe schwebende Stadt einzukehren: In beengten Verhältnissen wohnten ein junges Mädchen und ein kleiner Beamter. Ihr Leben war glanzlos, aber ihre reinen Herzen leuchteten. Und es lag etwas so unrettbar Trauriges über diesen armen Menschenkindern, daß es ihm fast das Herz brach.

Dostojewskij hatte die Idee zu seinem ersten Roman. Bis zu seiner »Vision an der Newa« hatte er hauptsächlich in einer Welt romantischer Träume von fernen Zeiten und Ländern gelebt, bevölkert von edlen Rittern und italienischen Schönheiten. Von jetzt an hatte er andere Träume. Er hatte entdeckt, daß es nichts Phantastischeres gibt als die Wirklichkeit. Und mitten in dieser unwahrscheinlichen Realität sah er die Gestalten des armen Schreibers Dewuschkin und der bedauernswerten, elternlosen Warenka.

»Ich vollende gerade einen Roman im Umfange von *Eugénie Grandet*«, schreibt er Ende September 1844. Aber da hatte er sich zu früh gefreut. Nie wieder sollte Dostojewskij Gelegenheit haben, sich so viel Zeit zu nehmen wie mit seinem ersten Roman. Gegen Ende des Jahres arbeitet er ihn vollständig um, und so ging es weiter bis Anfang Mai des nächsten Jahres. »Jetzt bin ich auch damit fertig, und diese Neubearbeitung ist wirklich die allerletzte. Ich habe mir das Wort gegeben, ihn nicht wieder anzurühren.«

Später erzählt er, das Buch habe er »mit Leidenschaft, fast unter Tränen« geschrieben. Über seinen ersten Eindruck äußert sich Grigorowitsch:

»Eines Morgens – es war im Sommer – rief er mich in sein Zimmer. Dort saß er auf einem Diwan, der ihm auch als Bett diente. Vor ihm auf dem kleinen Schreibtisch lag eine ziemlich dicke Kladde mit großen Seiten und kleiner Schrift.

›Bitte setz dich, Grigorowitsch. Ich habe eben mein Manuskript ins Reine geschrieben, und jetzt möchte ich dir gern ein wenig vorlesen. Setz dich, und unterbrich mich nicht‹, sagte er ungewöhnlich lebhaft.

Was er mir vorlas, wurde bald darauf unter dem Titel *Arme Leute* gedruckt. Schon bei den ersten Seiten merkte ich, wie haushoch es meine eigenen Schreibversuche überragte, und meine Überzeugung wuchs, je weiter die Lesung voranschritt. Außer mir vor Begeisterung, wollte ich ihm mehrmals um den Hals fallen; nur seine Abneigung gegen heftige

Gefühlsausbrüche hielt mich zurück. Trotzdem konnte ich nicht stillsitzen und unterbrach den Vortrag mehrmals mit begeisterten Ausrufen.«

Eine mühselige Arbeit hatte ihre erste Anerkennung gefunden. Bald darauf bekam der Verfasser morgens um vier Besuch. Am Abend vorher hatte Grigorowitsch angefangen, dem Lyriker Nikolaj Nekrasow das Manuskript vorzulesen. Sie lasen alles in einem Zug durch und stürzten gleich danach herein, um dem Dichter zu gratulieren und ihn zu umarmen.

Noch am selben Morgen brachte Nekrasow das Manuskript zum bekanntesten russischen Kritiker, dem gefürchteten Wissarion Belinskij. »Wir haben einen neuen Gogol!« sagte Nekrasow, als er zum Kritiker kam. »Ach, bei euch schießen die Gogols doch wie Pilze aus dem Boden«, gab Belinskij skeptisch zurück. Doch als Nekrasow am Abend wiederkam, waren alle Zweifel ausgeräumt. »Schickt ihn mir sofort her!« rief Belinskij.

Für Belinskij bestand die Aufgabe der Kunst vorwiegend darin, aktuelle Gesellschaftsprobleme zu beleuchten, und er begriff sofort, was für ein großes Talent sich hier zu Wort gemeldet hatte. In Dostojewskijs lebendiger Schilderung der Armen und Unterdrückten, in seiner Porträtierung des unbedeutenden Schreibers, der, ohne es zu merken, unter die Räder des Lebens gerät und es nicht einmal wagt, sich zu den Unglücklichen zu zählen – darin entdeckte der Kritiker »den ersten Versuch eines sozialen Romans« in der russischen Literatur. So hatte noch kein russischer Dichter debütiert! Endlich ein gutes Beispiel für gesellschaftskritische Literatur! Lange hatte er in seinem Kampf gegen die gekünstelte und realitätsferne Romantik der Zeit auf so ein Werk warten müssen. »Begreifen Sie eigentlich, was Sie da geschrieben haben?« fragte er streng, als Dostojewskij eintraf, um sein Urteil zu hören. »Sie haben als Künstler aus Ihrem unmittelbaren Gefühl heraus geschrieben. Aber wissen Sie überhaupt, auf was für eine erschütternde Wahrheit Sie uns mit Ihrem Werk aufmerksam machen? Nein, das können Sie unmöglich wissen mit Ihren zwanzig Jahren ... Diese Wahrheit wurde Ihnen als Künstler zuteil, Sie fiel Ihnen in den Schoß. Bleiben Sie dieser Gabe treu, die Ihnen heilig sein sollte – und Sie werden ein großer Künstler!...«

Das war mehr, als sogar der Träumer Dostojewskij zu hoffen gewagt hatte. Berauscht von den Worten des berühmten Kritikers, wankte er auf den Newskij Prospekt hinaus. War er wirklich *so* groß? »Es war der berauschendste Augenblick meines ganzen Lebens«, schreibt er viele Jahre später. »Jedes Mal, wenn er mir während meiner Sträflingszeit einfiel, richtete er mich geistig wieder auf. Noch jetzt denke ich mit Entzücken daran zurück.«

Formal betrachtet, ist Dostojewskijs Erstling wenig sensationell. Für seine Schilderung des Verhältnisses zwischen dem älteren Departementsschreiber Dewuschkin und der jungen Waise Warenka benutzt der Autor das Genre des Briefromans, das damals bereits etwas veraltet wirkte. Auch das Motiv war nicht neu: der kleine Mann. In der damaligen russischen Literatur finden sich Dutzende von Werken, in denen der armselige Petersburger Beamte im Mittelpunkt steht. Ja, erst drei, vier Jahre zuvor hatte das Thema in Gogols *Mantel* seine geniale Ausformung gefunden, in dieser Erzählung vom bettelarmen Akakij Akakijewitsch, der sich unter unmenschlichen Anstrengungen einen neuen Mantel beschafft, nur um ihn kurz darauf zu verlieren.

Daß Dostojewskij, wie so viele Dichter jener Zeit, »aus Gogols Mantel geschlüpft ist«, liegt auf der Hand. Was der Mantel für Akakij Akakijewitsch ist, das ist Warenka für Dewuschkin. Aber gerade in dieser Sujetparallele liegt auch der fundamentale Unterschied. Indem er einen lebenden Menschen an die Stelle eines Gegenstandes setzt, gelingt Dostojewskij etwas vollkommen Neues. Wir erleben, wie Gogols grotesk-komischer Held vermenschlicht wird. Ist der kleine Mann bei Gogol noch nicht in der Lage, seine Menschenwürde zu erkennen, so sieht Dewuschkin, daß er trotz allem »im Herzen und im Denken« ein Mensch ist. Gogol lacht über seinen Helden und bedauert ihn; Dostojewskij weint über seinen Helden und empfindet Sympathie für ihn. In seiner Rezension kommt Belinskij auf diesen Punkt. »Der

Autor möchte über Gogol hinaus«, schreibt er. »Ehre dem Dichter, der die Menschen in Dachstuben und Kellern liebt und den Bewohnern goldener Paläste von ihnen erzählt: ›Dies sind doch auch Menschen, sie sind eure Brüder!‹«

Das Hauptthema der *Armen Leute* ist eben die Armut, Warenkas und Dewuschkins verzweifelter Versuch, sich über Wasser zu halten. Der Schreiber erlebt seine Armut als persönliche und menschliche Tragödie. Zugleich analysiert er sie als eigentümlichen geistigen Zustand. Armut bedeutet Hilflosigkeit und Erniedrigung. Sie beraubt die Menschen ihrer Würde und verwandelt sie in »Lumpenpack« oder »Ratten«. »Arme Menschen sind eigensinnig«, schreibt er an Warenka. Er fühlt sich zur »Freidenkerei« hingezogen. Wie kommt es, daß die einen reich und glücklich sind, während die anderen in Armut dahinvegetieren? Wo liegt der Grund für diese Ungleichheit unter den Menschen? Dewuschkin ist in Wahrheit Dostojewskijs erster »Rebell«. Zitternd und verschreckt murmelt er Gedanken, die Raskolnikow später laut und stolz hinausposaunt.

Aus diesem Hauptthema der Armut ergibt sich ein Nebenmotiv, zu dem der Verfasser in seinen späteren Werken immer wieder zurückkehren wird: der unaufhörliche Kampf des Menschen um Selbstachtung. Ohne Selbstachtung keine Menschenwürde, und ohne sie geht der Mensch zugrunde.

Der demütige Dewuschkin gewinnt seine Selbstachtung einzig und allein zurück, weil er ein Mädchen kennenlernt, das ihn so achtet wie er sich selbst. Und das überzeugt ihn, daß alle Standesunterschiede im Grunde unsinnig sind. Verdient ein armes Geschöpf wie Warenka etwa nicht genausoviel Achtung wie eine Gräfin, oder ist es Freidenkerei, so etwas zu vertreten? – philosophiert er. Diese Frage wird in Dostojewkijs letztem Roman erneut aufgeworfen. Als der heruntergekommene und verzweifelte Maximow behauptet, er sei nichts mehr wert, da antwortet ihm Gruschenka: »Ach was, jedermann ist nützlich. Weiß man denn, wer nützlicher ist, ob der eine oder der andere?«

In Dostojewkijs Gedankenwelt wurde von zentraler Bedeutung, daß der Mensch im Besitz einer Würde ist, die es in der uns bekannten Welt nirgends sonst gibt. Er ist ein leicht zu erniedrigendes Wesen; aber man darf ihn nicht erniedrigen. Geschieht es doch, so ist der Mensch gezwungen, zu erliegen oder sich zur Wehr zu setzen und um seine Selbstachtung zu kämpfen. Das Unglück des »Kellermenschen« besteht eben darin, seine Selbstachtung so vollständig verloren zu haben, daß er daran zugrunde geht.

Warenka und Dewuschkin gehen in diesem Kampf um Selbstachtung unter. Wir werden Zeugen der Tragödie, zu der es kommt, wenn tiefe Gefühle und selbstlose Liebe im Leben verletzt und mit Füßen getreten werden. Am Ende des Buches verstehen wir, warum sie in eine unglückliche Ehe mit ihrem früheren Verführer einwilligt, während er sein Leben in noch ärmlicheren Verhältnissen beenden wird als er, der Untermieter im miesen Küchenwinkel seiner Wirtin, sie bereits gewohnt ist. Aber gerade dieses trostlose Ende weckt unser Mitgefühl mit dem Unglücklichen, eben hierin liegt die tiefe Menschlichkeit dieses Romans, die ihn zu einem würdigen Auftakt der Schriftstellerlaufbahn Dostojewkijs macht. Die Nachwelt sollte ausnahmslos Belinskijs Worten beipflichten.

»Dieses Debüt ist ein deutlicher Fingerzeig dafür, welchen Rang Dostojewskij mit der Zeit in unserer Literatur einnehmen wird. Wenn er sich mit diesem Werk auch noch nicht als ein Gleicher an die Seite seiner Vorgänger gestellt hat, so werden wir doch lange auf ein Talent warten müssen, das näher an sie heranreicht als er.«

3

Traum und Katastrophe

*. . . Und sind wir vielleicht nicht alle
mehr oder weniger Träumer?*

I

Wegen Verzögerungen durch die Zensur wurden die *Armen
Leute* zuerst in einem Almanach gedruckt, der Mitte Januar
1846 herauskam. Aber zu der Zeit war der Roman schon seit
einem halben Jahr *das* große Gesprächsthema in den literarischen Salons der Hauptstadt. »Von den ›Armen Leuten‹
spricht bereits das halbe Petersburg«, jubelt Dostojewskij
drei Monate vor der Veröffentlichung.

Der Ruhm, der dem Schriftsteller nun zuteil wurde, hätte
jedem leicht zu Kopf steigen können. Für den unausgegli-
chenen Dostojewskij wurde er einfach zuviel des Guten.
Jahrelang hatte er im Zusammensein mit reichen Mitschülern vornehmster Herkunft unter seinem Minderwertigkeits-
komplex gelitten. Jetzt kamen sie auf einmal, um ihn zu sehen. Plötzlich war er die Nummer eins und wurde in etwa
vierzig Blättern besprochen. Sein Stolz war maßlos und
grenzte an Überheblichkeit. »Ja, Bruder, ich glaube, mein
Ruhm steht jetzt in seiner höchsten Blüte«, heißt es in einem
Brief an Michail. »Man bringt mir überall unglaubliche
Achtung und kolossales Interesse entgegen. Ich habe eine
Menge höchst vornehmer Menschen kennengelernt. Fürst

Odojeskij bittet mich um die Ehre meines Besuches, und Graf Sollogrub rauft sich vor Verzweiflung die Haare aus. ... Alle betrachten mich als ein Weltwunder. Wenn ich nur den Mund aufmache, so hallt es gleich in allen Ohren nach: Dostojewskij hat das und das gesagt, Dostojewskij will das und das tun. ... Ja, Bruder, wenn ich Dir alle meine Erfolge aufzählen wollte, so würde mir das Papier dazu nicht ausreichen.«

Nicht nur die Besuche von Fürsten und Grafen schmeichelten Dostojewskijs Eitelkeit. Das wichtigste war, daß er *dazugehörte.*

Nekrasow und Grigorowitsch führten ihn in einen der angesehensten literarischen Salons der Stadt ein. Die Zusammenkünfte fanden beim Dichter Iwan Panajew statt, an der Fontanka, Ecke Newskij Prospekt. Im eleganten Aufzug, mit Frack und Zylinder, trat er auf und las aus seinem sensationellen Erstlingsroman. »Er war zu der Zeit ein scheuer Mensch«, erinnert sich einer der Zuhörer, »aber seine Lesungen machten auf alle einen überwältigenden Eindruck.«

Zu Anfang verehrte man Dostojewskij förmlich im Panajew-Kreis. Der große Belinskij war ihm »über alle Maßen gewogen«; ja, »Belinskij liebt mich über alle Maßen«. Der talentierte Turgenjew – »ein hochbegabter Dichter, Aristokrat, schön, reich, klug, gebildet« – »verliebt« sich geradezu in ihn. Laufend erhielt er neue schmeichelhafte Einladungen, sich an verschiedenen literarischen Projekten zu beteiligen.

Berauscht von all diesen Äußerungen der Achtung und Freundschaft, verliebte Dostojewskij sich spornstreichs in Panajews Frau, die schöne Jewdokija Jakowlewna. Bücher und Manuskripte hatten ihm wenig Zeit für sein Gefühlsleben gelassen, und Jewdokija war höchstwahrscheinlich seine erste große Liebe. Endlich hatte er eine Frau kennengelernt, die nicht nur schön, sondern auch gebildet und an Literatur interessiert war. Daß sie oft genug von ihrem Ehemann betrogen wurde, konnte seine Gefühle für sie nur vertiefen. Im übrigen war sie dafür bekannt, es ihm mit gleicher Münze heimzuzahlen. Mit Jewdokija lernte er auch einen Frauentyp kennen, der in seinem Leben und Schreiben einen immer dominanteren Platz einnehmen sollte: die *Femme fatale*.

Jewdokija hat folgendes Porträt vom Auftreten des von der Erscheinung her Sokrates ähnlichen Literaten in diesem eleganten Zirkel hinterlassen:

»Auf den ersten Blick wurde bereits deutlich, daß Dostojewskij unglaublich nervös und empfindlich war. Er war mager, klein, blond und hatte eine kränkliche Gesichtsfarbe: Die kleinen Augen wanderten unruhig von einem Gegenstand zum anderen, und die farblosen Lippen waren steif und verkniffen. Er kannte fast alle unsere Gäste persönlich, aber er war offenkundig verwirrt und nahm nicht am Gespräch teil. Alle bemühten sich um ihn und versuchten, ihm seine Scheu zu nehmen und ihn fühlen zu lassen, daß er dazugehörte.«

Hatte er seine Unsicherheit erst einmal überwunden, so konnte er sich vollkommen verändern. Sein fehlendes Selbstvertrauen wich derselben hemmungslosen Eitelkeit, die wir aus den Briefen an seinen Bruder kennen. Nicht ohne Ironie, aber auch mitfühlend schreibt die weltgewandte Gastgeberin:

»Aufgrund seiner Jugend und Nervosität gelang es ihm nicht, sich den Umgangsformen anzupassen, und er begann, seiner hohen Meinung von sich als Schriftsteller und von seinem literarischen Talent überlaut Ausdruck zu verleihen. Überwältigt von seinem unerwarteten und strahlenden ersten Schritt in der Literatur, überschüttet vom Lob sachkundiger literarischer Kritiker, konnte er gegenüber anderen jungen Autoren, deren Laufbahn einen bescheideneren Anfang genommen hatte, seinen Stolz nicht verbergen. Diese jungen Autoren waren leicht beleidigt, und es schien, als provozierte Dostojewskij sie bewußt mit seinem verletzenden, hochfahrenden Auftreten, als wollte er demonstrieren, daß ihr Talent mit dem seinen gar nicht zu vergleichen sei.«

In einem Kreis junger, ehrgeiziger Schriftsteller, die jeder für sich um den Durchbruch kämpften, konnte so ein Betragen rasch fatale Konsequenzen nach sich ziehen. Mit dem liebenswürdigen, aber ach so eitlen Turgenjew an der Spitze begann man bald, diese »neue, rote Pustel auf der Nase der Literatur« zu verspotten.

Zum endgültigen Bruch kam es im Herbst 1846, als Turgenjew seine Späße augenscheinlich zu weit trieb. Während einer Zusammenkunft machte er sich über einen Provinzler lustig, der sich einbildete, ein Genie zu sein. »Dostojewskij wurde weiß wie eine Wand, begann am ganzen Körper zu zittern und stürzte aus dem Zimmer, ohne Turgenjews Geschichte zu Ende anzuhören«, erzählt Jewdokija. Von dem Tag an stellte er seine Besuche in ihrem Haus ein. »Das sind alles Schurken und Neidhammel«, schreibt er im November an Michail. Ein Vierteljahrhundert später nahm er grausam Rache, indem er Turgenjew als den eingebildeten Salonradikalen Karmasinow in den *Dämonen* öffentlich bloßstellte.

Sicherlich steckte eine gehörige Portion Neid hinter der Ächtung Dostojewskijs. »Die übertriebene Lobpreisung der *Armen Leute*«, schrieb Turgenjew später, »war eine der ersten Schwächen Belinskijs, die deutlich zeigte, daß seine Fähigkeit zur Kritik nachzulassen begann.« Und jetzt zog Belinskijs Schützling angeblich durch die Druckereien und verlangte, daß jede Seite seines tränentriefenden Erstlings mit speziell geprägter Umrandung erscheinen sollte!

Noch 1880 mußte Dostojewskij an die Öffentlichkeit treten, um dieses Gerücht zu widerlegen. Andererseits ist es begreiflich, daß er die Kollegen mit seinem Auftreten verärgerte. »Ich habe ein entsetzliches Laster: ich bin unerlaubt ehrgeizig und eitel«, gibt er in einem Brief an den Bruder zu. Dann bemüht er sich allerdings, seinen »schlechten, abstoßenden Charakter« zu erklären:

»Auch wenn mein Herz in Liebe glüht, kann man aus mir oft kein einziges freundliches Wort herausbringen. In solchen Augenblicken habe ich meine Nerven nicht in der Gewalt. Ich erscheine lächerlich und abstoßend und muß unsäglich darunter leiden, daß mich meine Mitmenschen falsch beurteilen. Man sagt, ich sei trocken und herzlos.«

Sein stürmischer Erfolg mit den *Armen Leuten* machte ihm den Bruch mit dem Panajew-Kreis besonders schwer. Vom Gipfel der Berühmtheit war er plötzlich abgestürzt und zum

»Ritter von der traurigen Gestalt« geworden, wie er in einem Spottvers genannt wurde. Die Reaktion ließ nicht lange auf sich warten: Seiner angegriffenen Gesundheit drohte der Kollaps. Harte Nachtarbeit, übermäßiges Rauchen und wenig Bewegung führten dazu, daß er immer häufiger unter Ohnmachten, Halluzinationen und Depressionen litt. Schon Ende April berichtet er seinem Bruder, er sei »im wahrsten Sinne des Wortes todkrank« gewesen: »Mein gesamtes Nervensystem war auf das heftigste angegriffen; die Krankheit attackierte das Herz und rief Wallungen, Blutandrang und eine Entzündung des Herzgewebes hervor, die sich nur mit knapper Not durch Umschläge und Aderlaß lindern ließ.«

Sein neuer Freund, der Arzt Dr. Stepan Janowskij, meinte später, diese Nervenanfälle mit dazugehöriger Todesangst und Niedergeschlagenheit seien die ersten Anzeichen seiner Epilepsie gewesen. Heute würde man die Leiden wohl eher psychosomatisch nennen. Sicher ist jedenfalls, daß Dostojewskij von da an noch empfindlicher war als vorher. »Petersburg ist für mich die Hölle«, schreibt er, als das Zerwürfnis besiegelt ist. »Es ist so schwer, hier zu leben, so furchtbar schwer.«

Mit Sicherheit hingen seine gesundheitlichen Probleme auch damit zusammen, daß seine Beziehungen zu Belinskij immer komplizierter wurden. Hier kam es zwar erst 1847 zum Bruch, aber schon lange davor standen sie literarisch und ideologisch auf Kriegsfuß.

Bereits in seiner Einschätzung der *Armen Leute* hatte Belinskij gewisse Vorbehalte geäußert, und in seinen Rezensionen der nachfolgenden Werke Dostojewskijs wurde die Kritik immer schärfer. Für Belinskij sollte die Literatur ja Probleme zur Debatte stellen und einen läuternden Einfluß auf die Gesellschaft ausüben. Eben das hatte Dostojewskij mit seinem Erstling bezweckt. Aber in seinen späteren Werken fiel er nach Meinung des Kritikers auf die Romantik mit ihrer Akzentuierung des Individuellen und Krankhaften zurück. Während er sich zu einem Vorkämpfer des kritischen Realismus naturalistischer Schule gemausert hatte, war Dostojewskij ein idealistischer Romantiker geblieben, der auf seinem Recht bestand, Phantasien und utopische Visionen als Gestaltungsmittel einzusetzen. Er weigerte sich, seine Dichtung vor den Karren der Politik zu spannen. Was nicht bedeutet, daß er der realistischen Schreibweise abgeneigt war. Aber der Realismus war für ihn in erster Linie ein Mittel zur Erforschung der menschlichen Seele. Für Belinskij dagegen war er inzwischen zur einzig gültigen Methode geworden. Nur mit Hilfe einer aktuellen Wiedergabe der Realität könne der Künstler sein Ziel erreichen: Das Volksleben zu schildern und zu analysieren, um so aufzuzeigen, wie die Gesellschaft beschaffen sei und wie sie verbessert werden solle.

Nach und nach wurde es immer offenkundiger, daß der revolutionäre Kritiker und der utopische Dichter getrennte Wege gingen. Und der »rasende Wissarion« hielt mit seiner Enttäuschung und Verdammung nicht hinterm Berg. »Das Phantastische hat in unserer Zeit seinen Platz in den Irrenanstalten, nicht in der Literatur, und es sollte unter die Obhut von Ärzten gestellt werden, nicht unter die von Dichtern«, lautet sein Urteil über den *Doppelgänger*. »Was für ein entsetzlicher Unsinn!« äußert er sich zur mystisch-phantastischen *Wirtin*. »Jedes neue Werk von Dostojewskijs Hand ist ein neuerlicher Fall . . . Wir sind diesem Genie gehörig auf den Leim gegangen, das ist jetzt klar.«

Belinskijs schroffe Kritik war eine herbe Enttäuschung für Dostojewskij – nicht zuletzt vor dem Hintergrund der enthusiastischen Aufnahme seines Erstlings in der Presse. Man hatte ihn fallengelassen wie eine heiße Kartoffel. Vielleicht war er doch nur eine Eintagsfliege in der Literatur? Vielleicht wurde er doch kein neuer Gogol? In *Netotschka Neswanowa* hat er seine nagenden Zweifel am eigenen Können und seine bittere Enttäuschung über die Ungerechtigkeit früherer Freunde geschildert:

»Ein Talent bedarf der Teilnahme, es will verstanden sein. Du aber wirst dann erst sehen, wie die Leute sind, die dich umgeben, sobald du nur annähernd etwas erreicht hast. Was sich in dir durch mühevolle Arbeit, Entbehrungen, Hunger und schlaflose Nächte herausgearbeitet hat, das werden sie geringschätzen, verachten oder überhaupt nicht beachten. Sie werden dich nicht ermutigen, dich nicht trösten, diese deine zukünftigen Freunde. Sie werden dir auch nicht sagen, was in dir gut und echt ist, wohl aber werden sie mit boshafter Freude deine Fehler hervorheben . . .«

Trotzdem besteht Grund zu der Annahme, daß vorrangig ideologische Differenzen zum Zerwürfnis zwischen Belinskij und Dostojewskij führten.

Als sie sich im Frühjahr 1845 kennenlernten, stand Belinskij noch unter dem Einfluß französischer utopischer Sozialisten wie Henri de Rouvroy de Saint-Simon, Félicité-Robert de Lamennais, Charles Fourier und Etienne Cabet. Die Utopisten waren begeistert von der moralischen Botschaft des Evangelismus. Christus war für sie ein göttliches Wesen, auf die Erde herabgesandt, um Nächstenliebe und Brüderlichkeit zu verkünden. Sie hatten sich vorgenommen, seine Lehre von reaktionären Entstellungen der Kirche zu befreien und sie für das Volk, die Entrechteten und Verfolgten zu verwirklichen. Die Utopisten entwarfen einen christlichen Sozialismus, der lehrte, Gott habe den Menschen zur Mitarbeit an der Vollendung seines Schöpfungswerks ausersehen. Die menschliche Natur war für sie nicht böse, sondern »schön«, »vollkommen«, die Menschenseele ein »Abglanz des Göttlichen«. Sozialismus war für sie nicht etwa ein Weg zur Revolution, sondern eher eine moderne Bergpredigt, die den Gedanken der Nächstenliebe in einer vom Wettstreit um Macht und Geld geprägten Zeit verkündete. »Gott hat gesagt, die Menschen sollen Brüder sein«, heißt es bei Saint-Simon. »In diesem hohen Gebot ist alles Göttliche der christlichen Religion enthalten.«

Eben diese humanitäre Einstellung lag den *Armen Leuten* und auch allen anderen Betätigungen Dostojewskijs in den vierziger Jahren zugrunde. Aber Belinskij ging weiter. Schon um 1845 löste er sich vom christlichen Sozialismus der französischen Utopisten. Wachsende Sympathien brachte er nun der Religionskritik und der Profanisierung des Göttlichen entgegen, die Linkshegelianer wie David Friedrich Strauß und Ludwig Andreas Feuerbach proklamierten. Und mit der Aufkündigung jedes Glaubens an die Göttlichkeit Christi ging ein Mißtrauen gegen die Verkündigung einer moralischen Botschaft Christi einher.

Statt wie vorher auf der christlichen Lehre, basierte Belinskijs Sozialismus von da an auf atheistischem Gedankengut. Im Gegensatz zum »haßfreien Sozialismus« der Utopisten zog Belinskijs revolutionärer Sozialismus gegen das Christentum zu Felde, denn diese Religion hatte schließlich einer Gesellschaft das moralische Rüstzeug geliefert, die verschwinden mußte, damit die neue kommunistische Gesellschaft entstehen konnte. Schon 1845, noch bevor er Dostojewskij kennengelernt hatte, schrieb er an Alexander Herzen, in den Wörtern »Gott« und »Religion« sähe er nichts als »Finsternis, Dunkelheit, Ketten und die Knute«.

In seinen Erinnerungen schreibt Dostojewskij, »der leidenschaftliche Sozialist« Belinskij habe schon bei ihrer ersten Begegnung das Gespräch auf den Atheismus gebracht, und er habe »dessen Lehre mit Hingabe übernommen«. Aber diese Worte muß man unter Berücksichtigung des Traumas deuten, das Dostojewskijs spätere »revolutionäre« Tätigkeit ihm einbrachte. Von Schuldgefühlen geplagt, neigte der Schriftsteller offenbar dazu, seine ideologische Übereinstimmung mit Belinskij zu übertreiben. Schließlich war er von der menschlichen Willensfreiheit und von der Unsterblichkeit der Seele fest überzeugt und konnte daher schwerlich seinem Lehrmeister auf dessen Weg hin zu Atheismus und Kommunismus folgen. Auch wenn sich das Christliche in Dostojewskijs Jugendwerken kaum bemerkbar macht, deutet doch nichts darauf hin, daß er den Glauben seiner Kindheit verloren hätte. Vielmehr wissen wir, daß er ein eifriger Kirchgänger war, regelmäßig fastete und zu seinen Freunden oft von der christlichen Liebe und Barmherzigkeit sprach. »Dostojewskijs wirksamste Medizin gegen Krankheiten der Seele war immer das Gebet«, schreibt Janowskij, »und er betete nicht nur für Unschuldige, sondern auch für offenkundige Sünder.« Bezeichnenderweise schildern mehrere Augenzeugen, daß Dostojewskij sich wand und krümmte, wenn Belinskij gegen das Christentum wetterte und dabei sogar so weit ging, Christus einen »Lumpenhund« zu nennen.

Auch wenn Dostojewskijs christlicher Sozialismus nicht ohne revolutionäre Botschaft war, sein Abstand zu Belinskijs rebellischem Atheismus lag doch klar auf der Hand. Abstoßen mußte ihn vor allem die Auffassung des Kritikers, der Mensch trüge eigentlich keine Verantwortung für seine Missetaten, sondern werde ganz einfach von einer ungerechten Gesellschaft gezwungen, Böses zu tun. In der »Legende vom Großinquisitor« greift Dostojewskij diese These auf, es gäbe weder Verbrechen noch Sünde, sondern nur Hunger und Hungrige.

Überhaupt bestehen auffällige Parallelen in den Gedanken Belinskijs und Iwan Karamasows. Wenn Iwan sich weigert, eine zukünftige Weltharmonie zu akzeptieren, die mit sinnlosem Leid erkauft werden muß, so mutet das an wie ein Echo auf Belinskij, als er Anfang der vierziger Jahre gegen Hegels Versöhnungslehre zu Felde zog. »Was nützt mir die Überzeugung, daß die Vernunft triumphieren und in Zukunft alles gut sein wird, wenn das Schicksal mich den Sieg des Zufalls, der Unvernunft und der tierischen Triebe erleiden ließ?« fragt Belinskij 1841. »Nicht einmal das Glück will ich geschenkt haben, wenn ich nicht um alle meine Mitmenschen unbesorgt sein kann. Es heißt, die Disharmonie sei eine Bedingung der Harmonie; das mag für Musikliebhaber vorteilhaft und angenehm sein, aber nicht für die vom Schicksal dazu Bestimmten, die Idee der Disharmonie zu verkörpern.«

Die Diskussion mit Belinskij wurde essentiell für Dostojewskijs Entwicklung. Der Kritiker säte bei ihm Zweifel an christlichen Grundwerten und regte seine Beschäftigung mit existentiellen Problemen entscheidend an. Der Mensch, der plötzlich seinen Glauben verliert und sich entschließt, »seine Eintrittskarte zurückzugeben«, sollte ein häufig wiederkehrendes Motiv in seinen Werken werden. An Belinskij konnte Dostojewskij einen Menschentyp studieren, der einen radikalen Schlußstrich unter seine Vergangenheit zog. »Und ich habe alles verbrannt, was ich seinerzeit anbetete.«

Sein Zerwürfnis mit dem Belinskij-Kreis führte dazu, daß Dostojewskij sich nach neuen Brüdern im Geiste umsehen mußte. Die fand er im sogenannten Beketow-Kreis, den er im September 1846 zum ersten Mal besuchte, kurz nachdem Belinskij seine scharfe Verurteilung des *Doppelgängers* veröffentlicht hatte.

Treibende Kraft in diesem Kreis war Dostojewskijs ehemaliger Studienkollege Alexej Beketow mit seinen jüngeren Brüdern Andrej und Nikolaj, die Naturwissenschaften studierten und später Professoren der Botanik bzw. Chemie wurden. Wie der Schriftsteller waren sie allesamt große Anhänger des utopischen Sozialismus, so daß es hier öfter, um es in den Worten eines Teilnehmers auszudrücken, zu »edlen Ausfällen gegen Unterdrückung und Ungerechtigkeit« kam. Die Mitglieder bemühten sich sogar, nach Fouriers Theorien zu leben, und gründeten eine Wohngemeinschaft. Natürlich hatte der abgebrannte Dostojewskij diesen Vorschlag gemacht. Für fünfundzwanzig Silberrubel im Monat bekam er ein eigenes Zimmer und außerdem ein warmes Essen und Tee. Nach seinen Briefen an den Bruder zu urteilen, war diese Wohngemeinschaft eine hervorragende Einrichtung, jedenfalls für ihn, der sich ab und zu größere Summen aus der Gemeinschaftskasse nahm. »Es sind tüchtige, kluge Menschen mit feiner Herzensbildung und edlem, festem Charakter. Der Umgang mit ihnen hat mich geheilt«, weiß er Ende November zu berichten.

Von den Schriftstellern im Beketow-Kreis freundete Dostojewskij sich besonders mit dem Lyriker Alexej Pleschtschejew und mit den Brüdern Majkow an, dem Kritiker Walerjan und dem Lyriker Apollon. Pleschtschejew begeisterte ihn mit seinem feurigen Eintreten für die Ideale eines christlichen Sozialismus, Walerjan Majkow hingegen tröstete ihn und richtete ihn auf, indem er ihn gegen Belinskijs Angriffe verteidigte, und zwar auf eine Art, die weitestgehend den Ansichten des Schriftstellers zu seinem Werk entsprach.

Dostojewskij habe Gogol zwar viel zu verdanken, schreibt Majkow, aber bei ihm läge der Akzent nicht auf dem Sozialen, sondern auf dem Psychologischen, nicht auf dem äußeren Milieu, sondern auf dem menschlichen Innenleben: »Gogol und Dostojewskij beschreiben beide die reale Gesellschaft. Aber während Gogol in erster Linie ein sozialer Schriftsteller ist, tut Dostojewskij sich vor allem als psychologischer Dichter hervor. Für den einen ist das Individuum als Repräsentant einer bestimmten Gesellschaft oder eines gewissen Milieus von Bedeutung; für den anderen ist die Gesellschaft nur unter dem Aspekt interessant, welchen Einfluß sie auf die individuelle Persönlichkeit hat.«

Majkow erwähnt einen charakteristischen Wesenszug der Romane Dostojewskijs: Die Gesellschaft wird im Bewußtsein seiner Figuren, also perspektivisch gebrochen, geschildert. Für Belinskij war dies eine Abweichung von den Grundsätzen der naturalistischen Schule. Majkow dagegen begrüßte diese subjektive Wiedergabe von Realität als eine Erneuerung der Literatur, und er verurteilte Belinskijs autoritäre Tendenz, dem Dichter das Recht auf eine seiner Individualität entsprechende Entwicklung streitig zu machen.

Das Verständnis, das Dostojewskij von diesem »vornehmen und begabten« Kritiker erfuhr, kam ihm bei seinem Versuch, sich in jener Krisenzeit zu sammeln, sehr zu Hilfe. Daher empfand er es als schmerzlichen Verlust, als Majkow, der vielleicht als einziger das Besondere an seinem Jugendwerk verstanden hatte, im Sommer 1847 unerwartet durch einen Unfall ums Leben kam.

Als der Beketow-Kreis Anfang 1847 durch den Umzug der Brüder nach Kasan auseinanderging, hatte Dostojewskij bereits mit einem neuen Zirkel Bekanntschaft geschlossen, dessen Zusammenkünfte bei Nikolaj, dem Vater der Brüder Majkow und einem namhaften Mitglied der Akademie der Künste, stattfanden. Der Gastgeber hatte seine prunkvolle Wohnung in der Morskaja-Straße selbst ausgeschmückt, und seine neoklassizistischen Frauenporträts waren Stadtgespräch.

In diesem hochgebildeten Kreis erhielt Dostojewskij vorzügliche Einblicke in Kunst und Philosophie des Altertums. Möglicherweise träumte er hier, wo der Geist der Antike so lebendig war, zum ersten Mal vom Goldenen Zeitalter, einer Ära der Unschuld und Glückseligkeit, des Friedens und der Versöhnung, in der die Menschheit den Krieg, die Sünde und das Böse noch nicht kannte. Beflügelt von den Ideen der utopischen Sozialisten, hielt Dostojewskij die Realisierung seines Traums für möglich. »Die Zeit der Prüfungen ist um, vor uns liegt das Goldene Zeitalter!« konnte er bei Pierre Joseph Proudhon lesen. Im Licht dieses Glaubens müssen wir sein »revolutionäres« Engagement in den vierziger Jahren sehen.

Aber Frieden und Versöhnung im Goldenen Zeitalter sollten noch lange auf sich warten lassen. Auch im hochgeistigen Musentempel der Familie Majkow konnte der sensible Dichter unvermittelt von rasenden Wutausbrüchen übermannt werden, die ihn im nachhinein zu peinlichen Entschuldigungen bei der Gastgeberin zwangen: »Ich beeile mich, Sie um Verzeihung zu bitten«, schreibt er im Mai 1848. »Ich habe das Gefühl, Ihr Haus gestern abend in einem so aufgeregten Zustand verlassen zu haben, wie es keineswegs schicklich ist... Ich trat rein instinktiv die Flucht an, da ich eine Schwäche meiner Natur verspürte, die in gewissen ›Grenzmomenten‹ zum Vorschein kommen kann, und dann gerade in *hyperbolischen* Äußerlichkeiten.«

Dostojewskijs langsam, aber sicher voranschreitende Entfremdung vom Belinskij-Zirkel hatte auch finanzielle Ursachen. 1846 hatte Nekrasow die vom Untergang bedrohte Zeitschrift *Der Zeitgenosse* gekauft, die mit Belinskij an der Spitze bald zum führenden radikalen Periodikum Rußlands avancierte. Aber im Unterschied zu seinen Kollegen gelang es Dostojewskij nicht, sich von der konkurrierenden Zeitschrift, den *Vaterländischen Annalen,* zu lösen. Er hatte sich bereits angewöhnt, Vorschüsse auf begonnene Arbeiten zu verlangen, und wurde bald vom berechnenden Herausgeber der Zeitschrift, Andrej Krajewskij, abhängig.

Nachdem er eine Zeitlang mit dem väterlichen Erbe und fetten Honoraren verhältnismäßig gut gelebt hatte, war in den Briefen des Schriftstellers nun wieder vermehrt von Geldsorgen die Rede. »Ach, wann werde ich diese Schulden endlich los!« klagt er im Dezember 1846. »Krajewskijs System hält mich in Knechtschaft und Abhängigkeit. Auf diese Art geht alles vor die Hunde, Talent und Jugend, Hoffnung und Schaffensfreude.« Bezeichnend ist der Ratschlag, den er gegen Ende seines Lebens einem jungen Autor erteilt: »Denken Sie an eines: Sie dürfen nie darauf verfallen, Ihren Geist zu verkaufen... Nehmen Sie nie Vorschüsse. Ich selbst habe mein Leben lang darunter gelitten... Geben Sie nie ein Werk in Druck, ehe es abgeschlossen ist. Es ist das Schlimmste, was Sie tun können... Es bedeutet Mord an den eigenen Ideen.« Trotzdem kann man sich fragen, ob im Grunde genommen der Zeitdruck durch Ablieferungsfristen seinem Schreiben nicht sogar zugute kam, da er ihn permanent unter die Spannung setzte, die zur Freisetzung der in ihm brodelnden Kräfte nötig war.

Finanziell war Dostojewskij wenig damit geholfen, daß er sein Geld gerne an Leute verteilte, die noch etwas ärmer waren als er. So organisierte er im Sommer 1847 eine Sammlung zugunsten eines Säufers, der durch eine Vorstadt von Petersburg zog und den Sommergästen das Angebot machte, sich für Geld selbst »zu peitschen«.

In dieser Situation war es schwierig, sich auf ein neues großes Projekt zu konzentrieren. Um die Gläubiger einigermaßen auf Abstand zu halten, mußte er jede Arbeit annehmen, die sich ihm bot – Korrekturlesen, Zeitungsaufträge.

So schrieb er im Frühjahr 1847 vier Glossen für die *St. Petersburger Zeitung*. Diese Artikel bezeugen, daß Dostojewskij bereits in jungen Jahren über ein großes journalistisches Talent verfügte. In persönlichem, amüsantem Plauderton machte er die Leser mit seinen Reflexionen zum Tagesgeschehen in der Hauptstadt vertraut.

Abgesehen von satirischen Schilderungen der damaligen literarischen Zirkel sind in diesen Artikeln seine Betrachtungen über Petersburg am interessantesten. Der später so slawophile Schriftsteller vertritt hier eine »europäische« Position: Rußland müsse sich den Westen zum Vorbild nehmen, um seine Rückständigkeit zu überwinden. Gegen die Tendenz der Slawophilen, den Kreml als Hochburg der russischen Nationalität zu betrachten, setzt er sein Bild der Stadt am Newa-Fluß, Trägerin von Zar Peters »großer Idee« und Symbol für den Wunsch Rußlands, westliche Aufklärungsgedanken zu übernehmen.

Obwohl Dostojewskij schon seit langem ein Verfechter der Bauernbefreiung war, deutet in diesen Artikeln so gut wie nichts auf seine spätere Überzeugung hin, das russische Volk sei im Besitz besonderer moralischer Tugenden und Qualitäten. »Was ist das Volk?« fragt er in einer Glosse. »Das Volk ist unwissend, ihm fehlt es an Bildung, und es sucht sich seine Führer in der ›gebildeten Schicht‹.« Diese Überzeugung steht in striktem Gegensatz zu der, die er während seines Zuchthausaufenthalts annehmen sollte. Dagegen ist seine Auffassung von den Intellektuellen als Führern des Volks bezeichnend für die ungeduldigen »Westler« der vierziger Jahre. Eben dieser Gedanke von der führenden Rolle der Intelligentsia brachte ihn mit dem radikalen Petraschewskij-Zirkel in Verbindung.

II

Michail Butaschewitsch-Petraschewskij war lediglich ein halbes Jahr älter als Dostojewskij, aber schon in ganz Petersburg für sein sonderbares und provokantes Verhalten bekannt. Einmal soll er in Damenkleidern zum Gottesdienst erschienen sein und sich zu den betenden Frauen gesellt haben. Man ärgerte sich über ihn, nicht zuletzt, weil die Dame einen Bart hatte, und rief die Polizei. »Meine Gnädigste, Sie sind doch sicher ein verkleideter Mann?« fragte der Wachtmeister.

»Und Sie, mein Herr, sind bestimmt eine verkleidete Frau«, konterte Petraschewskij und tauchte in der Menge unter. Dieses Original nahm sowieso kaum einer ernst. Man tuschelte, er hätte »mehr Verstand als Vernunft«, wenn er in seinem weiten Umhang vorüberging, einen viereckigen Zylinder auf dem Kopf, und es hieß, er wolle um jeden Preis auffallen und etwas Besonderes sein.

Seine Schulbildung hatte er auf der berühmten kaiserlichen Schule in Zarskoje Selo erhalten. Schon damals war er unter den Lehrern für seine Aufsässigkeit berüchtigt. Später folgten juristische Studien an der Petersburger Universität, die ihm eine Stellung als Übersetzer am Außenministerium einbrachten. Genau wie Dostojewskij wurde er frühzeitig von Fouriers utopischem Sozialismus gefesselt. Die beiden hatten sich im Frühjahr 1846 flüchtig kennengelernt, als Petraschewskij den jungen Autor auf der Straße anhielt und nach der Idee zu seinem neuen Buch fragte. Aber erst im Jahr darauf begann Dostojewskij allmählich, seine Freitagstreffen zu besuchen.

Den Petraschewskij-Zirkel eine revolutionäre Vereinigung in unserem heutigen Wortsinn zu nennen, wäre eine Übertreibung. In einem Brief an Alexander Herzen schrieb Michail Bakunin, dieser Kreis sei »die unschuldigste und harmloseste Gesellschaft«, die Mitglieder »systematische Widersacher aller revolutionären Bestrebungen und Taten«. Von einer festen Organisation konnte gar keine Rede sein. »Sie hatten nur das eine gemeinsam: eine von Lebenserfahrungen noch unberührte Jugend«, erzählt ein Memoirenschreiber über die Versammlungsteilnehmer.

An diesen Freitagabenden geschah nichts anderes, als daß sich zehn, zwanzig Menschen mit höchst unterschiedlichem Hintergrund in Petraschewskijs ärmlicher Wohnung trafen, um aktuelle Fragen zu diskutieren. Es war aufregend, sich als Liberaler zu fühlen. Besonders bei einem Glas Wein, und davon hatte der Gastgeber stets genug, wenn auch nicht immer bester Qualität. Wenn die Debatte einmal zu hitzig wurde, rief man die Gemüter mit einem Bronzeglöckchen zur Ordnung. Auf ihre alten Tage erinnerten sich die Teilnehmer noch an diese Glocke als an eine »furchtbare Waffe der Revolution«.

Nach und nach wurden die Diskussionen dann auch radikaler, gleichzeitig nahm die Teilnehmerzahl zu. Man wagte sich an gefährliche Themen wie Bauernbefreiung, Justizreform oder Kampf gegen die Zensur, oft mit einem »sachkundigen« Vortrag zur Einführung.

Ein immer wiederkehrendes Diskussionsthema waren die gewaltigen sozialen Unterschiede im Land. »Was für Zustände herrschen denn in Rußland?« fragt der temperamentvolle Nikolaj Mombelli in seinem Referat. »Millionen von Menschen leben in größtem Leid, ohne die elementarsten Menschenrechte, sei es aufgrund ihrer Abstammung oder aufgrund fehlender Existenzmittel – und gleichzeitig geht eine kleine Kaste Privilegierter im Luxus und an Selbstsucht zugrunde.« Der Zar sollte selber einmal versuchen, was für ein Spaß es war, sich kärglich von Strohbrot zu ernähren, dem täglichen Brot einfacher Bauern im Gouvernement Witebsk, meinte Mombelli.

Einige Gäste ergingen sich auch gar zu gerne darin, das zukünftige Paradies auszumalen, wenn dieses »wurmstichige, jahrhundertealte Gerüst« einstürzte und alle Menschen »in Reichtum, Überfluß und Freude« lebten. Dagegen wollten nur wenige praktische Unternehmungen zur Verwirklichung ihrer Visionen diskutieren. Und der Gastgeber lehnte jeden Gedanken an einen Aufruhr ab, der ja doch nicht mit Sicherheit gelingen würde. Ja, er erklärte sich sogar bereit, jeden umzubringen, der sich zum »Diktator der Revolution« ausrief.

Glücklicherweise hatte Petraschewskijs Wohnung viele Zimmer. Das beste Trostpflaster war eine ansehnliche Büchersammlung, die er sich durch seine Kontakte im Außenministerium beschafft hatte. Zu einer Zeit, in der jedes vierte eingeführte Buch von der Zensur verboten wurde, durften die Gäste hier in allem schwelgen, was das Ausland an gesellschaftskritischer Literatur zu bieten hatte. Bücher radikaler Autoren wie David Friedrich Strauß, Louis Blanc und Pierre Joseph Proudhon machten nun einen wesentlichen Teil von Dostojewskijs Lektüre aus.

Trotzdem und obwohl sie sich gegenseitig Achtung und Sympathie entgegenbrachten, kam es nie zu einer engeren Beziehung zwischen Dostojewskij und Petraschewskij. Genau wie Belinskij entwickelte Petraschewskij sich nämlich rasch vom utopischen Fourieristen zum materialistischen Sozialisten. Einige Jahre zuvor hatte er mit der Herausgabe

seines *Taschenwörterbuchs einiger in die russische Sprache einge-
gangener Fremdwörter* großes Aufsehen erregt. Das Buch war
nämlich in Wirklichkeit eine Art sozialistische Enzyklopädie,
deren Mitarbeiter unter dem Vorwand, Wörter wie »Materialismus«, »Naturrecht« und »Mystizismus« zu erklären,
eine gnadenlose Kritik der gesamten russischen Gesellschaft
geliefert hatten. Eine Restauflage des zweiten Bandes wurde
später von den Behörden konfisziert und verbrannt; in diesem »giftigen« Buch hatten sie eine Mischung aus »Sozialismus, Kommunismus und anderen Irrlehren der Zeit« entdeckt.

Seinen christlichen Glauben hatte Petraschewskij zu dem
Zeitpunkt längst über Bord geworfen. Christus war in seinen Augen nichts weiter als der »wohlbekannte Demagoge,
dessen Karriere ein recht betrübliches Ende nahm«, und in
Diskussionen verdammte er die Religion als Hindernis für
den Fortschritt. Obwohl Dostojewskij seine Ansicht teilte,
daß der Intelligentsia die Rolle des Volksaufklärers zufalle,
konnte er solch blasphemische Äußerungen über die Religion schwerlich tolerieren. Genausowenig konnte er akzeptieren, daß Petraschewskij Rechtsreformen den Vorrang gab
vor einer Abschaffung der Leibeigenschaft. Im Grunde fühlte der Schriftsteller sich diesem atheistischen Zirkel von
Scheinrevoluzzern nie so recht zugehörig. Anfangs vergingen Monate, bevor er wieder einmal zu einem Treffen erschien.

Indessen bestärkten die revolutionären Ereignisse in
Westeuropa vom Winter und Frühling 1848 Dostojewskijs
politisches Engagement.

Die Nachricht von der Februar-Revolution hatte für panik-
artige Stimmung im Winterpalais gesorgt. Das Gerücht ging
um, der Zar sei höchstpersönlich in den Ballsaal gestürzt
und habe seine tanzenden Offiziere auf ihre Pferde beordert: »Satteln Sie die Pferde, meine Herren! In Frankreich
wurde die Republik ausgerufen!« Tagtäglich kamen neue
Meldungen über die immer größer werdende Freiheit westlicher Völker, und der Freiheitsdrang war ansteckend. Die
Geheimpolizei meldete eine Vervierfachung der Anzahl von

Bauernaufständen. Als im Herbst 1848 während der Überschwemmung in Petersburg Kanonen Warnschüsse abfeuerten, waren viele überzeugt, die Revolution sei ausgebrochen. Als Folge davon wurde das zaristische Regime immer rigider. Pläne zur Aufhebung der Leibeigenschaft legte man auf Eis, und die Zensur verfuhr so streng wie nie zuvor; sogar das Wort »Fortschritt« sollte aus dem offiziellen Vokabular verbannt werden.

Unter den Intellektuellen brodelte es. Immer mehr trafen sich bei Petraschewskij. Vom Herbst 1848 an zählte auch Dostojewskij zu den regelmäßigen Besuchern.

Unser Wissen über Dostojewskijs Engagement im Petraschewskij-Kreis ist lückenhaft. Ein fest verwurzeltes Mißtrauen hielt den Dichter zu dieser Zeit davon ab, Briefe zu schreiben. Außerdem war der wichtigste Briefpartner, sein Bruder Michail, kurz zuvor nach Petersburg gezogen. Nach seiner Verhaftung tendierte Dostojewskij verständlicherweise dazu, seine Beteiligung herunterzuspielen. »Alle die mich kennen, wissen, daß ich kein Schwätzer bin«, schreibt er. »Ich rede nicht gerne lange und laut, nicht einmal mit meinen wenigen Freunden, und schon gar nicht unter Leuten, wo ich als wortkarg, schweigsam und ungesellig bekannt bin.« Vor der Ermittlungskommission wollte er daher nur zugeben, dreimal über die menschliche Persönlichkeit und den Egoismus gesprochen zu haben.

Wenn man nach den Erinnerungen anderer geht, war Dostojewskij bei den Zusammenkünften wesentlich aktiver. Unter anderem wissen wir, daß er aufrührerische Gedichte von Derschawin und Puschkin las und außerdem gerne aus seinen Werken vortrug. Der Grund, weshalb er sich dem Kreis doch nur halbherzig anschloß, war der gleiche wie bei Belinskij: Seine abweichenden Ansichten von der Aufgabe der Literatur. Es gefiel ihm nicht, dafür kritisiert zu werden, daß er die Literatur nicht als Propagandamittel in den Dienst der sozialen Entwicklung stellte. Als Antwort auf solche Vorwürfe führte der Dichter an, die Kunst sei nicht zweckgebunden, und eine politische Tendenz zerstöre die dichterische Freiheit und schade der künstlerischen Qualität.

Sicherlich nahm Dostojewskij auch Anstoß an der Tendenz des Petraschewskij-Kreises, Vorbilder für die russische Gesellschaft in westlichen sozialistischen Doktrinen zu suchen. Das kasernenartig durchregulierte Leben in Fouriers Familienverbänden war seiner Meinung nach »schlimmer als Zwangsarbeit«. Hatte Petraschewskij denn nicht selbst solch ein »Kollektiv« für seine Bauern eingeführt, nur um zu erleben, daß sie es einen Tag, bevor sie einziehen sollten, in Brand setzten? Sozialistisch ausgerichtete Institutionen gab es noch von früher her zur Genüge in Rußland! Warum nicht lieber die kooperativen kommunalen Gemeinschaftsformen ausbauen, die schon seit Jahrhunderten auf russischem Boden praktiziert wurden? Hier war die Grundlage einer neuen, russischen Form der sozialen Gemeinschaft. Dann brauchte man keinen politischen Sozialismus zu importieren, der ihnen früher oder später eine unfreie, hierarchische Gesellschaftsstruktur aufzwängen würde.

Statt fremde Organisationsformen einzuführen, sollte Rußland sich jetzt lieber darauf konzentrieren, seine eigene unwürdige Institution abzuschaffen: die Leibeigenschaft. In Dostojewskijs Augen war die Leibeigenschaft ein moralisch verwerfliches gesellschaftliches Übel, und er gab es nie auf, die Gewalttaten und Übertritte anzuprangern, die einem Recht des Menschen, andere Menschen zu besitzen, entsprangen. Vielen Gästen mußte der leidenschaftliche Dichter als idealer politischer Agitator erscheinen. »Bis auf den heutigen Tag sehe ich Fjodor Michailowitsch an einem der Abende bei Petraschewskij vor mir«, schreibt Ippolit Debu viele Jahre später. »Ich höre ihn noch erzählen, wie ein Unteroffizier im Finnischen Regiment Spießruten laufen mußte, weil er sich am Kompaniechef für seine barbarische Behandlung der Soldaten gerächt hatte, oder wie die Gutsbesitzer ihre leibeigenen Bauern behandelten.« Pjotr Semjonow zeichnet ein genau gleiches Porträt des Dichters aus jener Zeit: »Ein *Revolutionär* war Dostojewskij nie und konnte es auch nicht sein, aber als Gefühlsmensch ließ er sich beim Anblick von Gewalt, die gegen Erniedrigte und Beleidigte verübt wurde, leicht zu Erbitterung und Haß hinreißen. So war es auch, als er von einem Unteroffizier im Finnischen Regiment hörte, der Spießruten laufen mußte. Nur bei solch einem Anstoß konnte Dostojewskij fähig sein, mit roter Fahne durch die Straßen zu ziehen, und das war etwas, das sich nicht viele im Petraschewskij-Kreis zutrauten.«

Solche Stimmungen sind verständlich beim jungen Dostojewskij, der einen brutal prügelnden Feldjäger beobachtet hatte und außerdem von der Härte seines Vaters gegen die Bauern wußte. Von den theoretisierenden Möchtegern-Revolutionären im Petraschewskij-Kreis wagten es doch nur wenige, aktiv gegen die Leibeigenschaft zu kämpfen. Einer davon war der schweigsame und stolze Nikolaj Speschnjow, der dem Dichter seine ersten Lektionen in konspirativer Tätigkeit erteilen sollte.

Speschnjow frequentierte den Petraschewskij-Kreis seit Dezember 1847, als er von einem fünfjährigen Auslandsaufenthalt zurückkehrte. Dem reichen Kosmopoliten war sein Ruf schon vorausgeeilt. Die Frauenherzen, die er auf seinen Reisen durch Europa erobert hatte, sollten zahllos sein, genau wie seine konspirativen Kontakte. Neben dem utopischen Sozialismus wußte er auch über Geheimbünde Bescheid und kannte sich im Kommunistischen Manifest aus. Es ging sogar das Gerücht, er habe als Freiwilliger im sogenannten »Sonderbunds-Krieg« in der Schweiz mitgekämpft.

Mit seiner unergründlichen Miene und seiner geheimnisvollen Überlegenheit konnte Speschnjow – so wie Stawrogin in den *Dämonen* – solchen Gerüchten nur neue Nahrung bieten. »Er war hochgewachsen, seine Gesichtszüge wie gemeißelt«, schreibt eine seiner Verehrerinnen, »die dunkelbraunen Locken fielen ihm gewellt über die Schultern, und die großen braunen Augen waren voll leiser Wehmut.« Andere meinten, mit seiner »aufsehenerregenden männlichen Schönheit« hätte er Christusfiguren Modell stehen können. Sogar ein Anarchist wie Bakunin begeisterte sich für diesen »kühlen« und »gelassenen« Mann, »Gentleman vom Scheitel bis zur Sohle«. »Er hat eine große Macht über seine Mitmenschen«, notierte sich Bakunin, »alle sehen zu ihm auf und erwarten sich etwas Besonderes von ihm.« Und Dostojewskij meint Jahre später: »Ein merkwürdiges Schicksal hat dieser Mensch! Wo und unter welchen Umständen er auch erscheint, überall bringen ihm selbst die unzugänglichsten Menschen Ehrfurcht und Achtung entgegen.«

Auf den schwatzhaften Salonradikalismus im Petraschewskij-Zirkel sah dieser »erste russische Kommunist« verächtlich herab. Schön und häßlich, gut und böse, edel und niedrig waren seiner Ansicht nach pure »Geschmackssache«. Rußland brauchte keine endlosen, auf eine Reform von oben spekulierenden Diskussionen, sondern eine sozialistische Umwälzung von unten und die Errichtung eines starken Staates, der »Brot für alle« garantieren konnte. In einer seiner Reden erklärte er, in Rußland sei es ja nur möglich, Mundpropaganda zu machen: »Und deswegen, meine Herren, da uns nun einmal nur das gesprochene Wort bleibt, habe ich vor, ohne die geringste Scheu oder Scham auch Gebrauch davon zu machen und für Sozialismus, Atheismus, Terrorismus und alles, was gut ist, zu agitieren. Und Ihnen rate ich das gleiche.«

Trotz seiner Autorität und seines hohen Ansehens schlossen sich nur wenige Speschnjow an, und im Dezember 1848 brach er alle Verbindungen mit Petraschewskij ab. Im Revolutionsjahr gelang es ihm dann allerdings, eine Handvoll Anhänger um sich zu scharen, die er nun in einer »Russischen Gesellschaft« zusammenschließen wollte. Dazu gehörte unter anderen Dostojewskij.

Es ist schwer verständlich, was der tiefreligiöse Dostojewskij an diesem »geheimnisvollen Gast« fand. Aber Speschnjows Charisma, das im Vergleich mit den »Schwätzern« im Petraschewskij-Kreis nur gewinnen konnte, muß einen überwältigenden Eindruck auf den Träumer gemacht und ihn für die Realität geblendet haben. Endlich ein Mann der Tat! Und in der Frage, die für den Schriftsteller jetzt an erster Stelle stand – die Aufhebung der Leibeigenschaft –, deckten sich ihre Ansichten weitgehend. Dostojewskij hoffte zwar auf eine Reform von oben – vom Zar. Aber wenn es nicht dazu kam? »Dann muß es eben zu einer Revolte kommen«, soll er in einer Diskussion ausgerufen haben.

Das Ziel von Speschnjows »Russischer Gesellschaft« war es, die Vorbedingungen für eine politische Umwälzung zu schaffen. Den Mitgliedern wurde aufgetragen, Unzufriedenheit mit der Regierung zu verbreiten und Kontakte mit unzufriedenen Bevölkerungsgruppen aufzunehmen – Studenten, Dissidenten, Bauern und Soldaten. Weiter mußten die Mitglieder einen Treueeid leisten, der sie zum bewaffneten Kampf verpflichtete, sobald das »Exekutivkomitee« sein Signal zur Revolution gegeben hatte. Und schließlich sollten sie neue Organisationsmitglieder anwerben. Diese Taktik – mitsamt der Androhung von Todesstrafe für Verräter an der »Sache« – kennen wir aus den *Dämonen,* die unter dem Eindruck des Prozesses gegen Netschajew geschrieben wurden. Später gab Dostojewskij zu, in seiner Jugend hätte er ohne weiteres ein »Anhänger Netschajews« werden können. »Ich hätte den Verstand verloren, wenn die Katastrophe, die mein Leben änderte, nicht eingetreten wäre«, schreibt er. »Ich war von einer Idee besessen, verglichen mit der schienen Gesundheit und Sorgen Bagatellen zu sein.«

Eines Januarabends 1849 besuchte Dostojewskij überraschend seinen Freund Apollon Majkow, der auch hin und wieder im Petraschewskij-Kreis verkehrt hatte. Er hatte ein »wichtiges Anliegen«: Ob Majkow sich einer geheimen Gesellschaft anschließen wolle? »Petraschewskij«, meinte Dostojewskij, »ach, der ist nichts als ein Narr, ein Schaumschläger und Schwätzer – bei ihm kommt nie was Vernünftiges raus.« Folglich hatte eine Gruppe »seriöser Menschen« jetzt einen geheimen Handlungsplan entworfen. »Mit welchem Ziel?« fragte Majkow erschrocken. »Natürlich mit dem ziel, eine Umwälzung in Rußland herbeizuführen«, antwortete Dostojewskij. »Wir schaffen uns gerade eine Druckerpresse an ... alles ist bereit.«

»Dostojewskij saß da wie der sterbende Sokrates im Kreise seiner Jünger«, schreibt Majkow. »Im Nachthemd mit aufgeknöpften Kragen, und sprach so beredt von der Heiligkeit des Unternehmens und unserer Pflicht, das Vaterland zu retten, daß ich schließlich zu lachen und zu spaßen anfing.« Ob er denn wirklich nicht begriff, wie gefährlich das war?

Daß solch ein Vorgehen zum Scheitern verurteilt war und er nur zusehen mußte, so schnell wie möglich seinen Kopf aus der Schlinge zu ziehen? »Lassen Sie das nur meine Sorge sein«, erwiderte Dostojewskij düster. »Aber Sie sollen wissen, daß nur sieben Menschen Kenntnis davon haben. Sie sind der achte – einen neunten darf es nicht geben!«

Der Schriftsteller wußte sehr wohl, daß er seine Zukunft aufs Spiel gesetzt hatte. Speschnjows starke Persönlichkeit zog ihn in ihren Bann, und er fühlte sich immer unfreier. Dr. Janowskij weiß aus dieser Zeit zu berichten, daß Dostojewskij immer niedergeschlagener, reizbarer und empfindlicher wurde. Er konnte wegen der nichtigsten Bagatelle Streit anfangen und klagte oft über Schwindelanfälle. Als Janowskij ihm versicherte, diesen Symptomen läge nichts Organisches zugrunde und sie würden bald vorübergehen, protestierte Dostojewskij: »Oh nein, die gehen nicht so schnell vorüber, sie werden mich noch lange plagen, denn ich habe Geld von Speschnjow angenommen (er nannte eine Summe von etwa fünfhundert Silberrubeln), und jetzt bin ich an *ihn* und *seine Sache* gebunden. So eine Summe kann ich nie zurückbezahlen, und er wird das Geld auch gar nicht nehmen, so ist er nämlich... Verstehen Sie denn nicht, ich habe mir meinen eigenen Mephistopheles aufgehalst!«

Am drückendsten war der Gedanke, daß er *Geld* angenommen hatte. Dieses entscheidende Argument kommt auch zur Sprache, als Pjotr Werchowenskij in den *Dämonen* zu Kirillow kommt, um ihn an sein Selbstmordversprechen zu erinnern: »Sie haben eine Pflicht auf sich genommen, haben ihr Wort gegeben, haben Geld genommen. Das können Sie keinesfalls in Abrede stellen...«

III

Man sollte meinen, die vielen Enttäuschungen und die enorme nervliche Belastung, der Dostojewskij damals ausgesetzt war, hätten seinen Schaffensdrang erlahmen lassen. Dabei ist jedoch seine Jugenddichtung die vielfältigste und reichste seines gesamten Schaffens. Zwölf Werke schreibt er in den Jahren nach seinem Erstling. Die meisten sind allerdings kurz, und kaum eins kann sich mit den *Armen Leuten* messen. Alles in allem belegen sie aber auf überzeugende Weise die Spannbreite seines Erzählens und den Willen des jungen Schriftstellers, sich und seine Eigenheiten zu behaupten.

In den *Armen Leuten* hatte Dostojewskij seine Figuren mit Sympathie und Mitgefühl geschildert. Im *Doppelgänger,* der einige Wochen später erschien, ist er nicht mehr Philantrop, sondern Psychologe. Hier hat er mit seiner Erkundung der Abgründe menschlicher Seelen begonnen. Und was er ans Licht holt, läßt nicht mehr viel Raum für Mitleid.

Der Doppelgänger ist eine Studie des Verfolgungswahns. Der Autor beobachtet das unaufhaltsame Abgleiten eines Menschen in geistige Umnachtung. Aber er wählt eine problematische Erzählform: Die Außenwelt wird durch die Augen eines Geisteskranken gesehen, und es läßt sich nicht immer mit Sicherheit sagen, welche Haltung der Autor zu ihm einnimmt. Daher ist der *Doppelgänger* eines seiner umstrittensten Werke. »Die Idee war ganz ausgezeichnet«, schreibt er dreißig Jahre später, »und nie habe ich etwas Seriöseres in die Literatur eingebracht als diese Idee. Aber die Form der Erzählung war äußerst unglücklich gewählt.«

Die Verbindungslinien zu Dostojewskijs Erstlingsroman sind unübersehbar. Dewuschkin schildert seine Angst, als er zum Verhör durch seinen Vorgesetzten, die »Exzellenz«, gerufen wird, wie folgt: »Das Herz erzitterte in meiner Brust, ich weiß selbst nicht, wie es kam, daß mir der Schreck so in die Glieder fuhr, wie noch nie zuvor in meinem Leben. Ich saß wie angewachsen auf meinem Stuhl – ich rührte mich nicht, als ginge es mich gar nichts an, ich war gleichsam nicht da.«

Hier beschreibt Dostojewskij bereits die Angst, die im nächsten Roman zur Bewußtseinsspaltung der Hauptfigur und zum Auftreten des Doppelgängers führt. Auch Goljädkin ist ein unterdrückter kleiner Beamter, verkrüppelt durch die Staatsbürokratie und voller Angst, die Gunst seines Vorgesetzten zu verlieren. Aber bei ihm rufen die Demütigungen Geisteskrankheit hervor. Trotzdem ist es zweifelhaft, ob sein Wahnsinn ausschließlich soziale Ursachen hat. Im Unterschied zu seinem bedauerlichen Kollegen in den *Armen Leuten* ist Goljädkin wohlhabend. Er hat nicht unter Armut zu leiden, sondern nur unter dem eitlen und entwürdigenden Ehrgeiz, in eine höhere gesellschaftliche Position zu gelangen. Zwar ist er schon ein Stück weit aufgestiegen – zum Rat, was dem militärischen Rang eines Stabskapitäns entspricht. Aber er ist und bleibt ein Untergebener, und dann verliebt er sich auch noch in die Tochter seines Vorgesetzten. Verdient er es da etwa nicht, weiter aufzusteigen?

Aus einem Hauptmotiv der *Armen Leute,* dem Ringen um Selbstachtung, wird im *Doppelgänger* geltungssüchtiges Streben nach Erfolg. Und das ist in Dostojewskijs Augen etwas ganz anderes. Denn während Selbstachtung eine Grundbedingung der Menschlichkeit ist, kann Geltungssucht zu Hochmut führen, und Hochmut kommt vor dem Fall.

In einer Gesellschaft, die für jeden fest umrissene Rollen parat hat, hält Goljädkin sich für etwas Besseres. Er sieht sich gerne als Held, weiß aber, daß ihm dieser Part nicht zukommt. Im Kampf um die Beförderung wird er vom Neffen seines Vorgesetzten ausgestochen, der ihn auch im Kampf um dessen Tochter aus dem Felde schlägt. Er wird von der feinen Gesellschaft ausgeschlossen, der er in seiner Einbildung schon angehörte.

Als seine verbissenen Versuche, sich Geltung zu verschaffen, scheitern, da erscheint sein Doppelgänger. Die einen halten ihn für einen Menschen aus Fleisch und Blut, die anderen für ein Phantom, eine Ausgeburt des schwindenden Realitätssinns Goljädkins. Letztere haben sicherlich recht; aber für Goljädkin senior ist Goljädkin junior vollkommen real. Er verkörpert Wunschdenken und Alptraum in einem.

Zunächst ist junior der höfliche, demütige Diener, ganz so, wie auch senior zu Beginn seiner Karriere war. Aber sowie der Doppelgänger sich in Goljädkins Vertrauen eingeschlichen und alle seine Geheimnisse ausgekundschaftet hat, fängt er an, ihn aufs schändlichste zu betrügen. Mit seiner siegessicheren Überlegenheit verkörpert er die unterdrückten Wünsche in Goljädkins Unterbewußtsein, zugleich den Komplex an Schuldgefühlen, der ihnen auf dem Fuße folgt.

Der Untergang läßt nicht lange auf sich warten. Goljädkin kann sich nicht durchsetzen, ohne mit dem Moralkodex zu brechen, der ihn niederhält. Aber sein primitiver Ehrgeiz und Geltungsdrang entziehen ihm das Mitleid, das Dostojewskij seinem Dewuschkin im Debütroman so reichlich mitgibt. Satirisch ausgeleuchtet, wird Goljädkin eher zu einem pathologischen Fall, der seine Probleme weitgehend sich selbst zuzuschreiben hat. Obwohl es die Intention des Autors war, die vernichtende Einengung des einzelnen im russischen Gesellschaftssystem aufzuzeigen, liest sich der Roman heute wie die Erzählung vom Zusammenbruch eines kranken Menschen, ohne die Gesellschaftskritik und menschliche Sympathie, die Belinskij sich vom Verfasser der *Armen Leute* wieder erhofft hatte.

In *Ein schwaches Herz* von 1848 begibt sich Dostojewskij erneut in die trostlose Welt der Beamten. Dabei interessiert ihn die Psychologie wieder mehr als das soziale Milieu. Auch hier erzählt der Autor von einem Beamten, der wahnsinnig wird. Aber diesmal mit mehr Sympathie, und mit einer originelleren Handlung: die Hauptfigur geht aus *Dankbarkeit* zugrunde.

Kann ein Mensch denn überhaupt vor lauter Dankbarkeit den Verstand verlieren? Durchaus, wenn er sie nicht ausdrücken kann, wenn er sich unwürdig vorkommt und hinter seiner Dankbarkeit Minderwertigkeitsgefühle und unterwürfiger Gehorsam stecken.

Wie fast immer bei Dostojewskij, ist auch der Ausgangspunkt dieser Erzählung der ihm nur allzu gut bekannten Realität entnommen. Das Modell für Wasja Schumkow, jenes »schwache Herz«, das meint, sein Glück nicht verdient zu haben, war ein junger Schriftstellerkollege namens Jakow Butkow. Dostojewskij war gut mit ihm bekannt; sie arbeiteten beide für die Zeitschrift *Vaterländische Annalen*.

Butkow kam aus ärmlichsten Verhältnissen in einem russischen Provinzdorf. Anfang der vierziger Jahre hatte er sich als Autodidakt zu Fuß nach Petersburg begeben, um vom Schreiben zu leben. In seinen ersten Erzählungen schildert er, wie verkommene Schreiber in ihren elenden Winkeln gegen den Hunger ankämpfen, wie sie vor ihren »Exzellenzen« in den Amtsstuben rundum im Departement zittern. Die Geschichten waren im Geschmack der damaligen Zeit, und der allmächtige Herausgeber der Zeitschrift, Andrej Krajewskij, versprach sich viel von seinem fleißigen, wenn auch ein wenig verträumten Beitragslieferanten.

Doch dann brach auf einmal das Unglück über ihn herein: Butkow wurde zum Militärdienst einberufen. Und das war kein Spaß im zaristischen Rußland, wo die Dienstzeit ganze fünfundzwanzig Jahre betrug. Zum Glück wußte Krajewskij Abhilfe und kaufte ihn vom Militärdienst frei. Butkow war außer sich vor Freude: Der Verleger hatte sein Leben gerettet! Aber Krajewskij ließ sich seine Wohltätigkeit teuer bezahlen. Innerhalb kürzester Zeit war Butkow in ein erbärmliches Abhängigkeitsverhältnis geraten. Der Verleger überhäufte ihn mit eiliger, schlecht bezahlter Arbeit und ließ ihn schließlich in einem Armenhospital sterben.

»Ein schwaches Herz« – so bezeichnet Dostojewskij gleich mehrere Figuren in seiner Jugenddichtung. Dieser Ausdruck ist bei ihm immer mit der Tyrannisierung armer wehrloser Geschöpfe verknüpft. Seine »schwachen Herzen« lassen sich so weitgehend von ihrem Schicksal unterjochen, daß ihnen sogar das Glück als unrechtmäßige Abweichung von der normalen Ordnung der Dinge erscheint. Es kommt ihnen so vor, als bekämen sie es nur geliehen, und sie werden von dem Wunsch geplagt, es mit Zins und Zinseszins zurückzuzahlen. Dem unterdrückten Menschen, den Schuld- und Minderwertigkeitsgefühle verfolgen, wird sogar das Glück vergällt.

Wie soll dann der Mensch in die Lage versetzt werden, sein Glück anzunehmen? Nun, indem alle Menschen glücklich werden. Wasja ist einer von vielen Träumern bei Dostojewskij, die meinen, das menschliche Recht auf Glück könne nur verwirklicht werden, wenn Feinde einander in die Arme sinken. Glück ist nichts für einen allein. Nur die universelle brüderliche und schwesterliche Liebe kann Glück und Harmonie für alle Menschen garantieren.

So belegt *Ein schwaches Herz* den Einfluß des christlich-utopischen Sozialismus auf Dostojewskij. Schon zu Beginn seines Schreibens träumte er von einem hoch über Petersburgs kalten Sümpfen schwebenden Utopia. Am Ende seiner Erzählung gibt der Autor den Blick auf diese Vision frei. Im blutigen Purpur der Abendsonne sieht Wasjas Freund eine neue Stadt entstehen, ein tausendjähriges Reich, in dem auch die schwachen Herzen glücklich sein dürfen.

In dieser Erzählung begegnen wir einer Kombination der beiden Menschentypen, die schon seine ersten Werke dominieren: der Beamte und der Träumer.

»Wissen Sie, was ein Träumer ist, meine Herren?« fragt Dostojewskij in einem Artikel von 1847. Und er gibt selbst folgende Charakteristik dieses »geschlechtslosen Wesens«:

»Der Träumer ist ein Petersburger Alpdruck, er ist die personifizierte Sünde, eine Tragödie – schweigsam, geheimnisvoll, finster, wild, von Grauen, Katastrophen, Peripetien, Intrigen und Auflösungserscheinungen erfüllt, und das ist kein Scherz. Vielleicht sind Sie selbst schon einmal solch einem geistesabwesenden Menschen begegnet, mit flackerndem, verschleiertem Blick, oftmals blassem, verquältem Gesicht, immer in Anspruch genommen von irgendeiner übermenschlichen Aufgabe, häufig von immensen Anstrengungen scheinbar gänzlich erschöpft, aber in Wahrheit richtet er nicht das geringste aus . . .«

Daß Dostojewskij sich trotzdem diesem Träumer verwandt fühlte, das stellt sich am Ende der Beschreibung heraus: „Und sind wir vielleicht nicht alle mehr oder weniger Träumer?« Es besteht kein Zweifel, der Schriftsteller kannte diesen Typus aus eigener Erfahrung. Und in seinen *Weißen Nächten* hat er 1848 die Geschichte eines Träumers erzählt, wie sie uns aus der gesamten romantischen Literatur geläufig ist.

Was nicht heißen soll, daß der Träumer der *Weißen Nächte* mit Dostojewskij identisch ist. Während der Held dieser Erzählung sein Leben in Tagträumen vertrödelt, war der junge

Dichter für seinen Arbeitseifer bekannt. Der Träumer richtet nichts aus; sein Autor hatte sich bereits einen Namen gemacht. Und während der Träumer allein wohnt und weder Freunde noch Bekannte hat, lebte Dostojewskij damals in einer Wohngemeinschaft. Genau besehen, unterschied sich der ehrgeizige und verschlossene Schriftsteller sogar sehr von seinem gutmütigen, offenherzigen Helden.

Aber bis zu einem gewissen Grad ähnelt er ihm doch. Und verglichen mit der ein Jahr zuvor verfaßten Skizze fällt seine Verurteilung des Träumers nun wesentlich zurückhaltender aus. In den *Weißen Nächten* haben wir es mit keinem gesellschaftskritischen Autor mehr zu tun. Hier begegnen uns weder verkommene Schreiber noch furchteinflößende Exzellenzen. Die ganze Erzählung fließt dahin auf einer Wolke von Musik, Liebe und romantischer Phantasie. Gegenständliches spielt eine untergeordnete Rolle in diesem sicherlich lyrischsten seiner Werke.

Die Handlung ereignet sich im Lauf einiger »weißer« Juninächte voll zauberischer, nahezu überirdischer Schönheit. Der namenlose Träumer trifft die junge Nastjenka unten in der Stadt an einem Kanalufer. Sie wartet auf einen Freund, der nicht erscheint. Sie erzählen sich voneinander, der Träumer verliebt sich und meint, die Seligkeit des romantischen Traums könne sich für ihn erfüllen. Er, der das wirkliche Leben zuvor als elend und grau ansah, wäre auf einmal bereit, all seine »phantastischen Jahre« für einen einzigen Tag dieses elenden wirklichen Lebens zu opfern.

Aber auch der Traum von Wirklichkeit ist kurz und unsicher. Nastjenkas Freund taucht wieder auf, und der Träumer zieht sich aufs neue in seine Einsamkeit zurück. Er war also doch nur dazu bestimmt, für eine kleine Weile ihrem Herzen nahe zu sein. Seine Trauer äußert sich indirekt, nicht in lauten Klagen über sein unglückliches Geschick. Nein, er ist glücklich, ein Geschenk empfangen zu haben, das nur die Seligkeit eines Augenblicks zu sein vermag. »Du lieber Gott! Eine ganze Minute voll Seligkeit! Ist das vielleicht wenig, und wenn es auch für ein ganzes Menschenleben ist?« So läßt der Autor seine Erzählung ausklingen.

Eigentlich bricht sich hier ja das Pathos der Resignation Bahn, das Pathos des gebrochenen Herzens. Und die Worte werden rückblickend, fünfzehn Jahre später, von einem »Kellermenschen« ausgesprochen, der mit Nietzsche meint, daß man nur weiterträumen kann, wenn man sich dessen bewußt ist. Die Verzweiflung über den Wirklichkeitsverlust droht in die Selbstverachtung verletzter Eigenliebe umzuschlagen, und damit weist die Erzählung auch auf die gefährlichen Seiten des Phantasierens in der Einsamkeit hin.

Dostojewskij sah im Träumen die Gefahr der Realitätsflucht. Aber er war sich auch der Notwendigkeit des Träumens bewußt. Ihm gefielen Menschen, deren Sehnsucht sich nicht mit leicht Erreichbarem stillen ließ. Von frühester Jugend an kannte er den Schmerz der Einsamkeit und Isolation, der ihn sein Leben lang begleiten sollte. Aus diesem Schmerz entstand seine Sehnsucht nach einer Versöhnung aller Menschen, einem Verschmelzen der ganzen Welt. Denn in der Sehnsucht liegt immer eine Hoffnung. Sehnen kann man sich nach etwas noch nie Dagewesenem, an das man glauben und auf das man hoffen will.

Nur war der Abstand zwischen Traum und Wirklichkeit viel zu groß. Das hatte der Träumer in den *Weißen Nächten* erfahren müssen, und jetzt war Dostojewskij selbst an der Reihe. Der Traum führte ihn in die Rebellion; die Katastrophe rückte immer näher.

Im Winter 1848/49 bekam der Petraschewskij-Kreis einige Ableger. Die Mitglieder dieser neuen Gruppe gehörten dem linken Flügel des Kreises an. Durch die Bildung von Splittergrüppchen hofften sie, ihre Eigeninteressen besser durchsetzen zu können. Außerdem wollten sie sich sicherer gegen Unterwanderung abschirmen. Petraschewskij war dafür bekannt, daß er die unterschiedlichsten Leute zu seinen Zusammenkünften einlud, und der Verdacht auf Bespitzelung wurde immer gravierender.

Die radikalste dieser Splittergruppen hielt ihre Treffen in Sergej Durows und Alexander Palms Wohnung ab. Pleschtschejew und Dostojewskij hatten die Gruppe ins Leben gerufen. Auch Speschnjow verkehrte hier, auf Einladung Dostojewskijs.

Nach außen hin war der Durow-Zirkel ein künstlerisch orientierter Club, dessen Mitglieder zusammenkamen, um literarischen Lesungen und musikalischen Darbietungen zu lauschen. Aber es dauerte nicht lange, bis Speschnjow eine wahrhaft revolutionäre Glut entfacht hatte. Dem allgemeinen Ärger über die Zensur und über die Leibeigenschaft machte man sich immer mutiger und beredter Luft. War es nicht bald an der Zeit, den Worten Taten folgen zu lassen? »Man kann drei Wege gehen, um ein politisches Ziel zu erreichen«, verkündete Speschnjow. »Den Weg der Intrige, der Propaganda oder der Gewalt. Sollte ich handeln, so würde ich letzteren wählen, und das Mittel wären Bauernaufstände.«

In seinen Bemühungen, den Durow-Kreis zu radikalisieren, wurde Speschnjow bald die Unterstützung seiner Jünger zuteil. Die Offiziere Nikolaj Mombelli und Nikolaj Grigorjew schrieben mit wahrem Feuereifer Artikel gegen die Regierung, während Pawel Filippow vorschlug, Broschüren und Aufrufe illegal zu verbreiten. Speschnjow pflegte Verbindungen zu radikalen Zeitschriften im Ausland und half nur zu gerne von der Zensur verfolgten Autoren. Bei Speschnjow las Grigorjew auch in Anwesenheit Dostojewskijs die *Rede eines Soldaten,* ein aufwieglerisches Pamphlet, in dem der Zar höchstpersönlich verspottet wird. Ansonsten deutet einiges darauf hin, daß Dostojewskij der sich nun anbahnenden Verschwörung genau wie sein gemäßigterer Bruder ablehnend gegenüberstand. Aber wir wissen auch, daß er verurteilt wurde für seine »Teilnahme an Beratungen über das Schreiben regierungsfeindlicher Artikel und deren Verbreitung mittels einer privaten Lithographiepresse«.

Unterdessen gingen die Treffen bei Petraschewskij sozusagen als Plenumsversammlungen weiter. Auch hier wurde der Sprachgebrauch immer provokanter. »Nein, Zar Nikolaus ist kein Mensch«, beteuerte Mombelli, »er ist ein Ungeheuer, ein wildes Tier – er ist eben der Antichrist der Apokalypse.« Petraschewskij ließ sich auch nicht lumpen. »Wir haben die bestehende soziale Ordnung bereits zum Tode verurteilt«, erklärte er am 7. April zur Feier von Fouriers Geburtstag. »Bleibt uns nur noch, das Todesurteil zu vollstrecken.«

Genau das dachten sich die Behörden – über den Petraschewskij-Kreis. Schon im März 1848 hatte der Innenminister Lew Perowsij wegen Petraschewskijs unvorsichtiger Agitation während der Adelswahlen in Petersburg Verdacht geschöpft. Iwan Liprandi, einer seiner leitenden Beamten, wurde beauftragt, die Zusammenkünfte zu überwachen. Anfang 1849 gelang es ihm, einen Denunzianten in den Petraschewskij-Kreis einzuschleusen, einen Verwandten namens Pjotr Antonelli, der regelmäßig ausführliche Diskussionsprotokolle ablieferte. Aus Antonellis Berichten wissen wir, daß Dostojewskij auf zweien der letzten Treffen im Kreis anwesend war, am 1. und am 15. April. Und auf dem letzten dieser Treffen las er Belinskijs verbotenen Brief an Gogol vor, den ihm Pleschtschejew zugeschickt hatte. Diesen Brief hatte er zuvor zweimal bei Palm und Durow vorgetragen.

Belinskijs Brief ist ein leidenschaftlicher Angriff auf Gogols Verteidigung der Leibeigenschaft in *Ausgewählte Stellen aus dem Briefwechsel mit meinen Freunden.* »Daß Sie Ihre Lehre auf die orthodoxe Kirche gründen«, schreibt Belinskij, »das kann ich noch verstehen, denn diese ist immer Fürsprecherin der Knute und Dienerin der Despotie gewesen; aber warum haben Sie Christus mit hineingezogen? Was hat Er mit der Kirche, und besonders der orthodoxen Kirche, gemein?« Nein, was Rußland braucht, schreibt Belinskij, »sind nicht Gottesdienste (davon hat es genug abgehalten!) und auch keine Gebete (die hat es zur Genüge aufgesagt!) – was Rußland braucht, ist die Erkenntnis der eigenen Menschenwürde im Volk.«

Solche Worte sprachen dem jungen Dostojewskij aus der Seele. Die Leibeigenschaft war und blieb mit wahrem Christentum unvereinbar.

Seine Lesung weckte großen Enthusiasmus bei den Zuhörern. »Die ganze Gesellschaft war wie gebannt«, schreibt

Antonelli in seinem Bericht. Dostojewskij selbst erwähnt mit keinem Wort seinen Erfolg als Verkünder von Belinskijs Ansichten. Er führt im Gegenteil an, den *gesamten* Briefwechsel zwischen Gogol und Belinskij gelesen zu haben, *ohne* für einen der beiden Partei zu ergreifen. Aber wir wissen, daß er kurz nach der Lesung den Brief für weitere Abschriften weitergab, einen Brief, der, in den Worten der Staatsanwaltschaft, »voll der dreistesten Äußerungen gegen die höchste Obrigkeit und die orthodoxe Kirche« war.

Von Liprandi wurde Perowskij über die Aktivitäten des Petraschewskij-Kreises auf dem laufenden gehalten. Zugleich war er darum bemüht, den Sachverhalt vor der Geheimpolizei oder Dritten Abteilung an der Speziellen Kanzlei Seiner Kaiserlichen Majestät zu verbergen: Der Innenminister wollte selbst als Retter des Vaterlandes dastehen. Außerdem hatte er nicht übel Lust, seinen Rivalen aus der Dritten Abteilung eine Lektion in puncto administrative Effizienz zu erteilen. Es handele sich wirklich um eine höchst brisante Angelegenheit, versicherte er dem Zaren. Es kursierten sogar Gerüchte von einem Anschlag auf das Leben Seiner Majestät! Binnen kurzem sollte alles aufgedeckt werden.

Verständlicherweise wurde der Zar ungeduldig. Er nahm Verbindung mit Graf Alexander Orlow auf, Chef der Dritten Abteilung und eigentlicher Kanzler des Landes. Am 20. April erhielt Liprandi Order, die Ermittlungen einzustellen und sein Beweismaterial vorzulegen. Er ging sogleich zum Stabschef der Dritten Abteilung, General Leontij Dubelt, und überreichte ihm drei Hefte mit Namen und Adressen der Teilnehmer am Petraschewskij-Kreis sowie einer ausführlichen Beschreibung der Aktivitäten jedes einzelnen. Wie Graf Orlow war auch General Dubelt aufgebracht darüber, daß man ohne das Wissen der Dritten Abteilung Nachforschungen angestellt hatte. Er wollte sich vom Innenministerium seine Kreise nicht stören lassen.

Diese Rivalität zwischen Innenministerium und Geheimpolizei war nicht ohne Bedeutung für die Effektivität der weiteren Ermittlungen.

Bereits am Tag darauf schickte Graf Orlow einen ausführlichen Bericht an Zar Nikolaus. Der Rapport über Petraschewskij, diesen »Vorkämpfer des Kommunismus und neuer Ideen«, spornte den »Gendarm Europas« zu raschen und geheimem Handeln an. Nicht einmal General Iwan Nabokov, Kommandant der Peter-Pauls-Festung, wurde von den bevorstehenden Verhaftungen in Kenntnis gesetzt. Als Antwort auf den Polizeibericht schrieb der Zar an Graf Orlow:

»Ich habe es durchgelesen. Es ist eine ernste Angelegenheit, denn selbst wenn alles nur erlogen ist, wäre es doch auch strafbar und in höchstem Grade degoutant.

Veranlasse die Festnahmen, die dir notwendig erscheinen. Aber versuche, jedes Aufsehen wegen der erforderlichen großen Anzahl an Truppen zu vermeiden.

Nabokov darf nicht vorher davon unterrichtet werden. Am besten wird er direkt von mir benachrichtigt. Richte es so ein.

Gott sei mit dir! Gottes Wille geschehe!«

Noch am selben Tag, dem 22. April, ließ Graf Orlow folgende geheime Arrestorder ausstellen:

An Major Tschudinow, St. Petersburger Polizeidivision.

Auf Befehl des Kaisers gebe ich Ihnen hiermit Order, den Leutnant a. D. Fjodor Michailowitsch Dostojewskij zu arretieren, wohnhaft im Hause Scheils an der Malaja Morskaja, Ecke Wosnesenskij Prospekt, in der Bremers Wohnung, dritte Etage. Die Festnahme soll morgen früh um vier Uhr erfolgen. Sämtliche Papiere und Bücher sind zu versiegeln und zusammen mit Dostojewskij zur Dritten Abteilung an der Speziellen Kanzlei Seiner Kaiserlichen Majestät zu bringen.

Achten Sie während der Arrestation genauestens darauf, daß kein Schriftstück versteckt wird. Möglicherweise findet sich bei Dostojewskij eine so große Menge an Papieren und Büchern, daß sie unmöglich mit einem Mal zur Dritten Abteilung gebracht werden können. In dem Fall verwahren Sie diese in einem zu versiegelnden Zimmer, worauf Sie Dostojewskij unverzüglich zur Dritten Abteilung bringen.

Falls Dostojewskij bei der Versiegelung von Papieren und Büchern den Einwand erhebt, sie gehörten einer anderen Person, ist der Einwand nicht zu berücksichtigen; auch diese sind zu versiegeln.

Bei der Ausführung des Ihnen anvertrauten Auftrags haben Sie strikteste Sorgfalt und Vorsicht unter Ihrer persönlichen Verantwortung walten zu lassen.

Der Stabschef der Geheimpolizei, Generalleutnant Dubelt, wird dafür sorgen, daß ein Offizier der St. Petersburger Polizei sowie die nötige Anzahl an Gendarmen Sie begleitet.

Generaladjutant Graf Orlow

»Gott gebe Ihnen Glück in allem«, hieß es im Begleitschreiben Orlows an Dubelt. Dostojewskij war schließlich, so stand es im Bericht, »einer der Wichtigsten« von den jetzt zu Arretierenden. Aber die Festnahme verlief undramatisch.

Früh am Morgen des 23. April 1849 kam der Schriftsteller von einem Besuch bei Grigorjew in seine Wohnung an der Isaak-Kathedrale zurück. Höchstwahrscheinlich war wieder über die Hausdruckerei diskutiert worden, die jetzt bei Nikolaj Mordwinow zur Inbetriebnahme bereitstand. Kurz nach seiner Heimkehr wurde er von Säbelrasseln geweckt. »Ingenieurleutnant a. D. Dostojewskij? Seine Kaiserliche Majestät hat Order gegeben, Sie umgehend zu verhaften!« Die Wohnung wurde durchsucht, alle Bücher und Papiere wurden beschlagnahmt. Auf dem Tisch lag eine alte Münze, für die die Polizei ein besonderes Interesse an den Tag legte. »Sie wird doch nicht falsch sein?« fragte Dostojewskij, der sich eben erst angekleidet hatte. »Hm, am besten nehmen wir sie etwas näher in Augenschein«, brummte der Polizist. Gemeinsam gingen sie zum Wagen hinaus, der sogleich zum Büro der Geheimpolizei an der Fontanka losfuhr. Kurze Zeit später saß der Schriftsteller zusammen mit dreiunddreißig weiteren Verhafteten in der Peter-Pauls-Festung hinter Schloß und Riegel.

4

Auf dem Schafott

*Ich war schuldig,
dessen bin ich mir vollkommen bewußt.
Man überführte mich der Absicht (doch nicht mehr)
zu regierungsfeindlichen Aktionen;
ich wurde gerecht und nach dem Gesetz
verurteilt...*

I

In der Peter-Pauls-Festung, wenige hundert Meter vom Winterpalais entfernt, wurde Dostojewskij im Alexander-Ravelin untergebracht, Zelle 9. In diesem Ravelin war der Sohn Peters des Großen, Alexander, auf Befehl des Vaters zu Tode gefoltert worden. Später saßen dort mehrere revolutionäre Dekabristen gefangen, von denen fünf gehängt wurden. Einer von ihnen bezeichnete die Festung als ein »abscheuliches Mahnmal des Absolutismus, mit dem Kaiserpalast im Hintergrund«.

Jetzt sollten die Petraschewskij-Anhänger ihren Ungehorsam gegen den Zaren büßen. An Flucht war nicht zu denken. Aus der Peter-Pauls-Festung war noch keiner entkommen, und die strengsten Sicherheitsvorkehrungen herrschten im Alexander-Ravelin. In diesen finsteren Kerker wurden nur die gefährlichsten politischen Verbrecher geworfen, und nur auf Befehl des Zaren persönlich. Selbst die Wachhabenden in der Festung ahnten nicht, was in diesem »geheimen Haus« vorging. Die Leichen toter »Nummern« wurden bei Nacht und Nebel fortgeschafft und gleich von der Polizei übernommen. Hier konnte der Festungskommandant nach Belieben verfahren, ohne die geringste Kontrolle durch andere Instanzen. Zum Alexander-Ravelin hatte nicht einmal der Innenminister Zutritt.

Die schmutzigen, feuchten Kasematten waren kalt und dunkel. Nur an klaren Tagen konnte man einen schmalen Streifen Himmel sehen. Das Reglement war streng, besonders in den ersten drei Monaten: Da wurden die Gefangenen gänzlich von ihrer Umwelt isoliert und bekamen nicht einmal Erlaubnis, in den Gefängnishof zu gehen. Die Luft in den Zellen war klamm und stickig, das Essen erbärmlich, und das Trinkwasser »schmeckte merkwürdig«. So gut wie alle bekamen schlimme Magenbeschwerden. Am schlechtesten ging es Petraschewskij, der Blut zu spucken begann und darum ersuchen mußte, »von dem Essen zu bekommen, welches die Soldaten sich zubereiten«. Überall wimmelte es von Flöhen, Läusen und Kakerlaken, und in den Zellen fühlten sich Ratten heimisch. Die Gefangenen durften sich nicht richtig waschen; im Lauf der Monate bedeckte sie »ein schmutziger schwarzer Film wie Fischschuppen«. Obendrein waren die Kasematten so hellhörig, daß man rund um die Uhr das Stöhnen und Seufzen anderer vernahm, ganz zu schweigen von Klopfzeichen, der einzigen Kommunikationsmöglichkeit der Gefangenen untereinander. Aber vor allen Dingen wurde die Einsamkeit und Eintönigkeit zu einer schweren psychischen Belastung. Alles war darauf angelegt, die Gefangenen zu zermürben, und einige brachen wirklich zusammen. Zwei starben.

Dostojewskijs Gesundheit war schon vor seiner Inhaftierung angegriffen. Den ganzen März über hatte er gekränkelt und war zum Teil bettlägerig gewesen. Daher grenzt es an ein Wunder, daß es ihm gelang, die nächsten Monate zu überstehen. Er litt unter Hämorrhoiden, Atemnot, Skrofulose, »krankhaften Träumen« und nervösen Schlafstörungen. »Ich schlafe etwa fünf Stunden und wache jede Nacht an die viermal auf«, schreibt er an Michail. »Am unangenehmsten sind die Stunden der Abenddämmerung! Um 9 Uhr ist es bei uns schon ganz finster . . . Im Menschen steckt unglaublich viel Zähigkeit und Lebenskraft; ich hatte nie erwartet, daß ich so viel davon habe; nun weiß ich es aus Erfahrung.«

Die ersten Hafterleichterungen erhielten die Gefangenen erst Mitte Juli. Es kam neues Bettzeug, und man durfte jetzt Briefe schreiben sowie Geld und Bücher empfangen. Dostojewskij konnte wieder seinen Tee und seine Pfeife genießen. Er durfte sogar täglich einen Spaziergang im Gefängnisgarten machen, wo »an die siebzehn Bäume« standen.

Am wichtigsten war aber, daß man ihm jetzt erlaubte, in seiner Kasematte eine kleine Kerze anzuzünden. Nach alter Gewohnheit vergeudete er nicht die Zeit. Er stürzte sich auf das Studium der Stücke Shakespeares, freute sich über eine Übersetzung von Charlotte Brontës *Jane Eyre* und nicht zuletzt über seine eigene meisterhafte Studie der Kinderseele, *Netotschka Neswanowa,* die gerade in den *Väterländischen Annalen* erschienen war, allerdings ohne daß der Name des Verfassers angegeben wurde. Nach einer Weile steckte er mitten in Entwürfen zu »drei Erzählungen und zwei Romanen«. Es sagt einiges über seinen unbeugsamen Lebenswillen, daß er jetzt *Ein kleiner Held* schrieb, die Erzählung von der ersten Liebe eines Jungen, eines seiner unbeschwertesten Werke. »Diese Maschine ist vorläufig noch im Gange«, schreibt er mit Galgenhumor an den Bruder; aber: »Es ist übrigens unsagbar schwer, nur zu denken, ewig zu denken, ohne alle äußeren Eindrücke, die die Seele beleben und nähren! Ich lebe gleichsam unter einer Glocke, aus der man die Luft herauspumpt.«

Daß Dostojewskij immer noch Luft hatte, beweist sein mutiges Auftreten im viermonatigen Ermittlungsverfahren, das nun eingeleitet wurde.

II

Kurz nach den Festnahmen setzte der Zar eine geheime Untersuchungskommission zur »Enttarnung aller Teilnehmer an diesem verbrecherischen Unternehmen« ein. Jetzt sollte wahrhaftig ein Exempel statuiert werden, damit die revolutionäre Brut im Heiligen Russischen Reich wußte, was ihr blühte.

Formell wurde die Untersuchungskommission von General Iwan Nabokov geleitet, einem Vorfahren des später so berühmten Verfassers von *Lolita*. Es war eine praktische Entscheidung. Als Kommandant der Peter-Pauls-Festung konnte Nabokov am leichtesten die Behandlung der Gefangenen ganz nach ihrer Bereitschaft zur Zusammenarbeit abstimmen. Aber er war keine große Leuchte. In seinen Augen war jeder, der in seiner Festung landete, automatisch für die strengste Strafe des Gesetzes vorgesehen. Daher wurde die Kommission in der Praxis von Fürst Pawel Gagarin geleitet, der zu den hervorragendsten Senatoren des Landes zählte. Die übrigen Mitglieder waren Fürst Wasilij Dolgorukow, der seinerzeit an der Aufdeckung des Dekabristenaufstandes beteiligt gewesen war, dann der Favorit des Zaren, General Jakow Rostowtschew, Vorsteher der militärischen Unterrichtsanstalten im Reich, und schließlich General Leontij Dubelt, als Leiter der Geheimpolizei der Schrecken ganz Petersburgs. An der Spitze dieser »Inquisitoren«, so wurden sie genannt, stand der Zar persönlich – als »Großinquisitor«.

Laut Liprandi bestand kein Zweifel, daß die Aktivitäten der Anhänger Petraschewskijs mit Leichtigkeit eine Revolution in Rußland hätten herbeiführen können: Man hatte es mit einer Verschwörung zu tun, die eine »grundlegende Erschütterung der gesamten gesellschaftlichen und staatlichen Ordnung« zum Ziel hatte. In seinem Eifer, »die Revolutionäre« zu überführen und den Ernst der Sache zu betonen, ging Liprandi allerdings zu weit. Die ersten Männer des Zaren konnten schwerlich zugeben, daß das von ihnen regierte Land *so* kurz vor der Revolution gestanden hatte. Auch war es nicht nach dem Geschmack der Geheimpolizei, viel Aufhebens um eine Sache zu machen, zu deren Aufdeckung sie selbst nichts beigetragen hatte. Die Folge war, daß Liprandi nicht in die Untersuchungskommission aufgenommen wurde und diese überhaupt nicht mit dem erwarteten gewissenhaften Tatendrang zur Sache ging. Vielmehr kam es ihr darauf an, die Anzahl der Schuldigen soweit als möglich zu reduzieren. Im Heiligen Russischen Reich konnte es sich doch nur um eine »Handvoll bedeutungsloser junger Männer« handeln, die davon träumten, »die heiligen Rechte der Religion, des Gesetzes und des Eigentums über den Haufen zu werfen«.

Trotzdem kam es zu einem groß angelegten Prozeß, der mehr als sieben Monate dauerte. Eine Menge Papier wurde verbraucht: über neuntausend Bögen; die wichtigsten Prozeßdokumente erschienen in drei dicken Bänden. Fast dreihundert Menschen waren involviert. »Nehmt ruhig die halbe Hauptstadt fest, wenn nur die Verschwörer überführt werden«, schrieb der Zar an die Untersuchungskommission. Aber viele erwiesen sich rasch als unschuldig, darunter auch Dostojewskijs Brüder Michail und Andrej. Schließlich waren es nur noch um die zwanzig, die vor das Kriegsgericht gestellt wurden. Daß sie alle mit dem Leben davonkamen, hatten sie in erster Linie ihrer Zähigkeit und Ausdauer zu verdanken. Während manche Dekabristen zusammengebrochen waren, traten die »Petraschewzen« mutig vor die furchteinflößende Kommission.

Petraschewskij ging mit gutem Beispiel voran. Auf Tafeln aus Mauerputz schrieb er Ratschläge und aufmunternde Worte an seine Freunde, und während der Verhöre kam es vor, daß er durch sein offensives Auftreten vom Angeklagten zum Ankläger wurde. Als man ihn fragte, welches Vorgehen ihm bei den Ermittlungen denn am liebsten sei, antwortete er furchtlos:

»Es gibt zwei Arten der Prozeßführung: Die erste ist in unseren Gesetzen verankert, und Katharina die Große hat sie mit folgenden Worten zusammengefaßt: ›Besser zehn Schuldigen vergeben als einen Unschuldigen verurteilen.‹ Die andere wurde von Kardinal Richelieu erfunden, der folgendes sagte: ›Gebt mir zehn vom Beschuldigten geschriebene Wörter, und ich verurteile ihn für ein Verbrechen, auf das die Todesstrafe steht.‹ Natürlich wünsche ich mir ein Gerichtsverfahren wie das erste, aber hier wird ganz offensichtlich auf die zweite Möglichkeit hingearbeitet. Dubelt hat sich nämlich erlaubt, in seiner Anklage zu erklären: ›Wir wissen, daß Sie eine Anzahl Schriftstücke verbrannt haben, die Asche habe ich selbst gesehen.‹ Stünde Kardinal Richelieu von den Toten auf, so würde er sich gewiß als ein Schüler Dubelts betrachten. Denn er gründete seine Anklagen immer noch auf die eine oder andere Tatsache. Dubelt dagegen gründet seine Anklage auf ein Restchen Asche, das übrigblieb, nachdem ich meine Pfeife geraucht hatte.«

Berichte von solch verwegenem Gebaren sollen sogar den Zaren dazu veranlaßt haben, am Verhör Petraschewskijs teilzunehmen. Vom Telegrafenapparat im Winterpalais wurden Leitungen in die Peter-Pauls-Festung gelegt, aber die dem Gefangenen verpaßten elektrischen Schläge ließen seine Antworten nur noch dreister ausfallen. Rasend vor Wut soll der Zar diesem Gefangenen einen Giftbecher gereicht haben. Aber Petraschewskij schöpfte Verdacht: Als er seine Finger hineinsteckte, spürte er einen stechenden Schmerz wie von einer Verbrennung. Man weigert sich zwar unwillkürlich, diese Geschichte zu glauben, sie wird jedoch in einem Brief von Natalja Fonwisina erzählt, die Petraschewskij kurze Zeit später in Tobolsk traf und die Brandwunden zu sehen bekam.

Dostojewskij legte ähnlichen Mut an den Tag. Er versuchte nie, seine eigene Haut zu retten und Schuld auf seine Freunde abzuwälzen, sondern wollte sie im Gegenteil schützen, indem er die Schuld für Handlungen auf sich nahm, die ihn leicht direkt aufs Schafott hätten bringen können. Sogar als General Rostowtschew ihm schmeicheln wollte, indem er sagte, der Verfasser der *Armen Leute* könne unmöglich in eine so zwielichtige Sache verwickelt sein, und ihm die Freilassung in Aussicht stellte, wenn er sich kooperativ verhielte, hielt der Schriftsteller zu seinen Mitangeklagten und schwieg. Mutig waren auch seine Worte über den Anführer der Gruppe: »Ich habe Petraschewskij immer um seiner Ehrlichkeit und seiner edlen Gesinnung willen geachtet.«

In seiner ausführlichen, fünfzig Seiten langen Rechtfertigung vor der Untersuchungskommission gibt Dostojewskij seine Teilnahme an den Treffen im Petraschewskij-Kreis offen zu. Aber er bestreitet, daß dieser vielstimmige Kreis ein gemeinsames revolutionäres Ziel verfolgte. Der Zirkel habe aus Träumern bestanden, macht der Dichter geltend, aus jungen Menschen, die von der »Schönheit« und »Menschenliebe« in Fouriers »friedlichem System« fasziniert waren. »Mein ganzer Liberalismus bestand darin, das Beste für mein Vaterland zu wollen, zu wünschen, daß es sich zur Vollkommenheit hin entwickelte«, beteuerte er vor der Untersuchungskommission. Nur falls es verboten sei, »sich etwas Besseres zu wünschen«, sei er damit einverstanden, ein »Freidenker« genannt zu werden.

Sicherlich sei er an sozialen Fragen interessiert, aber doch nie Sozialist geworden. »Sozialismus«, schreibt er, »ist Chaos – Alchimie statt Chemie, Astrologie statt Astronomie; und doch glaube ich, daß ein vorübergehendes Chaos sich zu etwas Harmonischem, Vernünftigem und Wohltätigem weiterentwickeln kann, genau wie die Chemie sich aus der Alchimie entwickelt hat und die Astronomie aus der Astrologie.«

Aber obwohl er die letzten politischen Ereignisse in Frankreich mitdiskutiert habe (wer habe das nicht?), bedeute das noch lange nicht, daß er ein Widersacher der Alleinherrschaft in seinem Heimatland war. »Ausgeschlossen! Nichts käme mir lächerlicher vor als eine republikanische Regierung in Rußland.«

Ja, auch über die Zensur habe er gesprochen, gab Dostojewskij zu. Er habe über die »unsinnige Strenge« der Zensur geklagt in einer Zeit, da nicht einmal mehr ein Nationaldichter wie Puschkin vor ihr sicher war. Er hatte die Tendenz der Behörden angegriffen, alle Neuerscheinungen mißtrauisch zu betrachten und die mindeste Andeutung einer negativen Schilderung der russischen Realität zu verurteilen:

»Ist es denn möglich, nur mit hellen Farben zu malen? Wie soll die helle Seite des Bildes sichtbar werden ohne die dunkle? Ist ein Bild ohne Licht *und* Schatten überhaupt möglich? Vom Licht haben wir nur eine Vorstellung, weil es Schatten gibt. Man verlangt von uns, nur von den guten Taten eines Helden zu schreiben. Aber ohne die schlechten Taten kann man die guten unmöglich erkennen; die Begriffe *gut* und *böse* haben ja ihren Ursprung darin, daß das Gute und das Böse immer zusammen existierten, nebeneinander.«

In seiner Verteidigungsschrift begnügte Dostojewskij sich nicht damit, offen aufzutreten und sich zu seinen Ansichten zu bekennen; er äußerte auch unverblümt Kritik an dem System, das seine Richter repräsentierten.

Trotz der Furchtlosigkeit dieser und anderer Aussagen liegt es aber auf der Hand, daß Dostojewskij bemüht war, seine Rolle im Petraschewskij-Kreis so weit wie möglich herunterzuspielen. Seine Darstellung enthält zwar keine Unwahrheiten, aber er war weit davon entfernt, die ganze Wahrheit preiszugeben. So erwähnte er den Durow-Kreis mit keinem Wort, bis er von der Untersuchungskommission unter Druck gesetzt wurde, und auch da versuchte er noch, ihn als harmloses Beisammensein schöngeistiger Kunstfreunde hinzustellen. Dasselbe, als man ihn wegen der Druckerei verhörte. Er habe nur etwas von einer *Lithographiepresse* gehört, sagte er – von *Drucken* sei nie die Rede gewesen! Es war gar nicht so leicht, einen schwachen Punkt bei ihm zu finden. »Ein kluger, selbständiger, raffinierter und schwieriger Charakter«, lautet General Rostowtschews Urteil.

Wegen mangelnder Kooperativität der Arrestanten und weil sie sich selbst nur halbherzig bemühte, gelang es der Untersuchungskommission nicht, die Aktivitäten des Petraschewskij-Kreises in vollem Umfang aufzudecken. So wurde Speschnjows »Russische Gesellschaft« nicht entdeckt, obwohl man ein Exemplar des Treueeids fand, den die Mitglieder unterschreiben mußten. Die Geheimdruckerei stöberten die Gendarmen auch nicht auf; Mordwinows Verwandten war es nämlich gelungen, die versiegelte Tür aus den Angeln zu heben und die ganze Druckerpresse verschwinden zu lassen. »Die gesamte Verschwörung löste sich in Luft auf«, meinte Dostojewskij dazu, als er Jahre später eine in Leipzig herausgegebene Darstellung des Prozesses las.

Wie weit ging eigentlich Dostojewskijs Engagment im Petraschewskij-Kreis? Auf diese Frage können wir kaum eine verläßliche Antwort bekommen, wenn wir uns an seine eigenen Angaben halten. In den späteren Erinnerungen neigte er dazu, seine revolutionäre Vergangenheit aufzubauschen. Er bestand darauf, daß er als »politischer Verbrecher« nach Sibirien geraten war, und meinte, er hätte durchaus Terrorist werden können. Andererseits versuchte er, seine Rolle im Schreiben für die Untersuchungskommission zu bagatellisieren – aus nur allzu verständlichen Gründen. Er schob alle Schuld auf den schädlichen Einfluß französischer revolutionärer Literatur, die sich seiner Gedanken und seines Herzens bemächtigt habe. Zugleich versicherte er, daß man diesen jugendlichen Übermut nicht ernst nehmen dürfe. Er habe sich auf einen Weg verirrt, von dem er nun so rasch wie möglich herunterkommen wolle. Daher vermuten einige, seine Mitwirkung im Petraschewskij-Kreis sei rein zufällig gewesen, schon in seiner Jugend habe er den Sozialismus gehaßt und sich an den Treffen quasi nur aus selbstquälerischem Antrieb beteiligt.

Apollon Majkows Erzählung vom »sterbenden Sokrates«, der verkündete, alles sei »zum Umsturz bereit«, entkräftet diese verharmlosende These. Ohne jeden Zweifel beteiligte Dostojewskij sich an der Anschaffung einer geheimen Druckerpresse zur Verbreitung regierungsfeindlicher Propaganda. Auch wenn er dabei seine Vorbehalte und Skrupel gehabt hatte, so war er doch mitschuldig an einem schweren Verbrechen, das vor einem Militärgericht als revolutionär galt. Dostojewskij wußte genau, weswegen er in der Peter-Pauls-Festung saß, und nichts deutet darauf hin, daß er zum Verräter an der Sache wurde – weder während der Verhöre noch auf dem Schafott.

Andererseits wäre es übertrieben, Dostojewskij als eine Art Vorkämpfer der Oktoberrevolution zu betrachten und zu behaupten, sein Engagement sei bewußt »klassenkämpferisch« gewesen. Der Schriftsteller konnte zwar in hitzigen Diskussionen aufwieglerische Reden schwingen; er war leicht erregbar. Aber die meisten Quellen besagen eindeutig, daß er eher für eine Reform von oben eintrat und auch an keine andere Möglichkeit glaubte. Später äußerte er, er sei nie Anhänger der extremen Ideen im Petraschewskij-Kreis gewesen, nach denen eine Verfassung mit gewaltsamen Mitteln eingeführt werden sollte. In politischer Hinsicht war Dostojewskij zu jener Zeit ein typischer Anhänger der Ideen Fouriers von einem Sozialismus »ohne Haß und Kampf«, dem etwaige Anschläge auf die Regierung und das Recht auf Eigentum fernlagen. Nur war für das Militärgericht schon allein dieses »sich etwas Besseres wünschen« ein Verbrechen, ja, ein ganz in der Nähe revolutionärer Taten angesiedeltes Verbrechen.

Nach fünfmonatiger Arbeit konnte die Untersuchungskommission am 17. September dem Zar ihren abschließenden Bericht vorlegen. Das Ergebnis war mager. Es war nicht geglückt, eine geheime Verschwörung oder eine organisierte Propaganda-Gesellschaft aufzudecken. Die Untersuchungskommission bezeichnete das Ganze als eine »Ideenverschwörung« und hatte keine Vorstellungen vom Strafmaß.

Von dieser Kommission wurde die Anklage an ein gemischtes Gericht weitergeleitet, bestehend aus drei Generaladjutanten und drei Senatoren. Der Gerichtsvorsitzende war Generaladjutant Wasilij Perowskij, ein Bruder des Innenministers. Aufgrund des von der Untersuchungskommission vorgelegten spärlichen Materials fürchtete der Zar, das Urteil könne zu milde ausfallen. Er wünschte ein hartes Urteil, damit seine »Begnadigung« den größtmöglichen Effekt erzielte. Also verlieh er dem gemischten Gericht den Status eines Militärgerichts und verlangte, daß nach militärischem Strafgesetz verfahren wurde. Da die meisten Angeklagten reine Zivilisten waren, bedeutete das einen Verstoß gegen russische Gesetze; aber in diesem Fall heiligte der Zweck die Mittel, befand der Zar. Das wichtigste war, daß die »Missetäter« verurteilt wurden, und zwar möglichst streng. Dazu war ein Militärgericht immer noch am besten geeignet. Schließlich hatte auch diese »Ideenverschwörung« beabsichtigt, die bestehenden Gesetze und die Staatsordnung des Vaterlandes umzustürzen; und vor einem Militärgericht galt eine verbrecherische Absicht als genauso schlimm wie deren Ausführung. Ausgehend von solchen Überlegungen, wurden denn auch fünfzehn der dreiundzwanzig zum Tode verurteilt, sechs kamen mit der Verbannung davon und zwei wurden freigelassen – einer davon hatte während der Untersuchungshaft den Verstand verloren. Als das Militärgericht am 16. November seine Arbeit getan hatte, war über Dostojewskij folgendes Urteil gefällt worden:

»Das Militärgericht befindet den Angeklagten Dostojewskij für schuldig, die Kopie eines verbrecherischen, im März dieses Jahres vom Angeklagten Petraschewskij erhaltenen Briefes von Belinskij in verschiedenen Versammlungen vorgelesen zu haben: Zuerst beim Angeklagten Durow, dann beim Angeklagten Petraschewskij, und den Brief danach dem Angeklagten Mombelli zwecks Anfertigung weiterer Abschriften überlassen zu haben. Weiter war Dostojewskij während der Verlesung eines aufrührerischen Schriftstücks von Leutnant Grigorjew, *Rede eines Soldaten,* beim Angeklagten Speschnjow zugegen. Daher verurteilt das Militärgericht unter Berufung auf das Militärische Strafgesetzbuch Teil V, Buch 1, Paragraphen 142, 144, 169, 170, 172, 174, 176, 177 und 178 Ingenieurleutnant a. D. Dostojewskij – wegen unterlassener Berichterstattung über den verbrecherischen Brief des Schriftstellers Belinskij zur Religion und zur Regierung und über Leutnant Grigorjews bösartige Schrift – zum Verlust seiner Dienstgrade und aller bürgerlichen Rechte sowie zum Tode durch Erschießen.«

Vom Militärgericht wurde die Angelegenheit an eine Kontrollinstanz weitergereicht, das Generalauditoriat, das aus Personen wesentlich niedrigeren Ranges zusammengesetzt war. Diese Versammlung konnte der Zar noch leichter manipulieren, und so bekam er auch seinen Willen: Alle einundzwanzig wurden zum Tode verurteilt. Denn, wie das Generalauditoriat feststellte: Obgleich man keine Geheimgesellschaft habe finden können, so wäre eine solche gewiß gegründet worden, hätte man den Verbrechern nicht rechtzeitig Einhalt geboten. Zugleich wurde aber auf eine Reihe mildernder Umstände hingewiesen. Viele Teilnehmer hatten bereut, alle waren junge, ungefestigte Seelen, und ihre Taten hatten dank des hellhörigen Eingreifens von seiten der Behörden noch keine schädlichen Folgen gezeigt. Dessen eingedenk, nahm sich das Generalauditoriat dem Zar gegenüber heraus, mildere Urteile vorzuschlagen; so wurde empfohlen, Dostojewskij mit achtjähriger Zwangsarbeit und dem Verlust bürgerlicher Ehrenrechte davonkommen zu lassen. Zar Nikolaus willigte ein und reduzierte die Strafe sogar noch weiter: »Zu vier Jahren Zwangsarbeit und anschließendem Dienst als gemeiner Soldat«, lautet sein handschriftlicher Vermerk auf den Urteilspapieren des Schriftstellers vom 19. Dezember.

Das Urteil des Zaren ist als »grausam streng« bezeichnet worden. In Wirklichkeit fiel es verblüffend milde aus. In Rußland war es feste Regel, daß ein zur Zwangsarbeit Verurteilter auch seine bürgerlichen Rechte verlor. Indem er Dostojewskij gestatte, nach dem Zuchthausaufenthalt als Soldat Dienst zu tun, machte der Zar eine aufsehenerregende Ausnahme von dieser Gepflogenheit, und es ist gut möglich, daß der Schriftsteller recht hat, wenn er später schreibt, der Kaiser habe damit Rücksicht auf seine »Jugend und (sein) Talent« genommen. Fest steht jedenfalls, daß eine entsprechende Anklage auf umstürzlerische oder revisionistische Aktivitäten heutzutage wesentlich strenger behandelt würde, zumindest in Dostojewskijs Vaterland.

Grausam war hingegen das Schauspiel, das der Zar nun inszenierte; teils um seinen ungehorsamen Untertanen einen gehörigen Schrecken einzujagen, teils, um seine Gnade und Güte zu demonstrieren. »Wir haben die bestehende Sozialordnung bereits zum Tode verurteilt«, hatte Petraschewskij gesagt. »Bleibt uns nur noch, das Todesurteil zu vollstrecken.« Statt dessen wurde das Todesurteil nun über ihn und seine Mitangeklagten verhängt. Aber was die Exekution betraf, hatte der Zar sich etwas ganz Besonderes einfallen lassen.

Bis zur Verlesung seiner Begnadigung sollten alle miteinander für todgeweiht gelten. Erst im allerletzten Moment –

kurz vor dem letzten Kommando – sollte den Sündern die Strafmilderung des Zaren verkündet werden. Der Zar beteiligte sich selbst mit großem Eifer an der Ausarbeitung von Instruktionen für den genauen Ablauf dieses teuflischen Menschenexperiments. Diese Instruktionen umfassen einen sorgfältig ausgearbeiteten Kostenvoranschlag: Transport der Gefangenen zum Hinrichtungsort, sieben über den Häuptern der Adligen zu brechende Degen (zum Zeichen ihrer verlorenen Adelswürde), acht Paar Fußketten und zweiundzwanzig Leichenhemden. Der Zar fand es angebracht, die reichsten Verbrecher für einen Großteil der Ausgaben aufkommen zu lassen. Petraschewskij und Speschnjow mußten für die Inszenierung seiner Tragikomödie dreitausend Rubel herausrücken. Nur der Bauer, der das Schafott aufbaute, wurde allergnädigst vom Zar bezahlt.

Sogar die Ratgeber des Zaren waren über die kaiserliche Rachsucht entsetzt. Ein Gesuch des Thronfolgers, das Ganze um einen Tag zu verzögern, wurde brüsk abgewiesen. Andere deuteten an, daß es vielleicht nicht nötig sei, die Gefangenen in Leichenhemden zu stecken und den Soldaten den Befehl zum Anlegen der Gewehre zu geben – auch sie wurden abgeschmettert. Nur in einem Punkt ließ sich der Zar überreden, von seinem ursprünglichen Befehl abzuweichen: Sie brauchten am Hinrichtungsplatz doch keine Gräber auszuheben. Selbst wenn die Todesstrafe vollzogen würde, ginge es nicht an, die Leichen auf einem Exerzierplatz der Hauptstadt zu begraben! »Gräber werden nicht gegraben«, lautete der endgültige Befehl des Zaren.

III

Früh am Morgen des 22. Dezember wurden die Inhaftierten von Rufen und Schritten in den Korridoren geweckt. Jetzt würden sie bestimmt endlich ihr Urteil erfahren. Und es konnte doch unmöglich höher ausfallen als auf einige Monate Verbannung!

Dostojewskij wurden seine Privatkleider angezogen, und man setzte ihn in eine schwarze Kutsche. Von berittenen

Gendarmen mit gezogenem Säbel eskortiert, fuhr der Wagen mit zwanzig anderen aus der Peter-Pauls-Festung.

Es war ein kalter, bewölkter Morgen; ab und an fiel Schnee. Die Fenster waren zugefroren; die Gefangenen hatten keine Ahnung, wohin die Fahrt ging. Als Speschnjow ein kleines Guckloch in die dicke Eisschicht zu hauchen begann, wurde ihm das vom Gefangenenwärter schroff untersagt. Dank der detailliert ausgeführten Planung des Zaren kennen wir aber doch die Fahrtroute: zuerst über die Newa, ungefähr dort, wo Dostojewskij wenige Jahre zuvor seine grandiose Vision erlebt hatte, dann am Flußufer entlang bis zum Zeughaus, und schließlich auf der Litejnaja und der Wladimirskaja zum Exerzierplatz des Semjonowskij-Regiments.

Als die Gefangenen aus dem Wagen stiegen, kam ihnen ein Priester in vollem Beerdigungsornat entgegen, mit Kreuz und Bibel in Händen. »Heute werdet ihr das gerechte Urteil erfahren«, sagte der Priester, »folgt mir.« Unter Trommelwirbel stapften sie an den Spalieren aufgestellter Soldaten vorbei durch den Schnee. Die Truppen hatte man sorgfältig aus den Regimentern ausgewählt, die Offiziere unter den Verurteilten hatten. Das war eine besonders infame Idee des Zaren: Die Offiziere sollten von ihren eigenen Soldaten »hingerichtet« werden.

Dreitausend Menschen waren stumme Zeugen des makabren Spektakels, hauptsächlich solche, die auf dem Weg zur Arbeit vorbeikamen. Die Stimmung war gedrückt; man empfand Mitleid mit »den Unglücklichen«, und niemand wußte, weshalb sie hingerichtet werden sollten. Nur einige wenige Offiziere hatte man von der Begnadigung in Kenntnis gesetzt. Erst später am Tag brachte das Regierungsorgan die Nachricht vom »Gnadenbeweis des Zaren«. Für die Petraschewskij-Leute sah alles nach einer bevorstehenden Hinrichtung aus. Mitten auf dem Platz war ein mit schwarzem Tuch verkleidetes Schafott errichtet worden, viermal vier Meter groß und zwei Meter hoch. Drei Pfähle hatte man in die gefrorene Erde gerammt. Hinter dem Schafott standen etliche Pferdewagen – offenbar mit leeren Särgen beladen.

Das alles war einfach *zu* unfaßbar. Stimmte es wirklich, daß sie in wenigen Minuten nicht mehr unter den Lebenden sein sollten? Dostojewskij fuhr zusammen und flüsterte Durow zu: »Sie können doch unmöglich soweit gehen, uns hinzurichten!« Aber Durow zeigte wortlos auf die wartenden Wagen.

Wie der Schriftsteller das Schafott bestieg, wird unterschiedlich berichtet. Die einen sagen, er sei raschen, energischen Schrittes gegangen, die anderen, er habe, von einem »mystischen Entsetzen« gepackt, von den Vorgängen so gut wie nichts wahrgenommen. Er selbst hat später geäußert, nie werde er der Behauptung Glauben schenken, daß es möglich sei, ruhigen Herzens zu seiner eigenen Hinrichtung zu gehen.

Auf dem Schafott wurden die Gefangenen in zwei Reihen aufgestellt, den Truppen zugekehrt. Links standen die neun, die ins Zuchthaus sollten, rechts die übrigen zwölf; Alexander Palm, der zu guter Letzt nur degradiert worden war, kam in den Hintergrund.

Jetzt wurden wohl bald die ersten drei mit Petraschewskij an der Spitze zu den Pfählen geführt. Eine Erinnerung an den *Letzten Tag eines Gerichteten* von Victor Hugo fuhr Dostojewskij durch den Kopf – die Literatur war auch noch in diesem Moment seine treue Begleiterin. Er soll sogar dem Nebenmann ein paar Worte über seine neueste Erzählung gesagt haben.

»Präsentiert das Gewehr!« Wieder hallte der unheilverkündende Trommelwirbel über den Semjonow-Platz. »Die Mützen ab!« Ein Offizier trat zum Schafott vor. Hastig begann er, den Gefangenen, die bei zwanzig Grad Minus in Sommerkleidung barhäuptig warteten, ihre Urteile zu verlesen. »Und kalt war es! Bitterkalt!« erinnerte sich Dostojewskij später.

»Nach Durchsicht der vom Militärgericht behandelten Akten befindet das Generalauditoriat sämtliche Angeklagten der Anklage für schuldig, wenn auch in unterschiedlichem Ausmaß; sie verfolgten alle das Ziel, die bestehenden Gesetze und die Staatsordnung des Vaterlandes umzustürzen, und wurden daher zum Tode durch Erschießen verurteilt.«

Nacheinander wurden die Verurteilten aufgerufen. Nicht lange, und Dostojewskij hörte seinen Namen:

»Ingenieurleutnant a. D. Dostojewskij, siebenundzwanzig Jahre, für die Beteiligung an verbrecherischen Plänen, für die Weiterverbreitung eines Privatbriefes mit dreisten Äußerungen gegen die Orthodoxe Kirche und die Höchste Obrigkeit, sowie für den Versuch der Vervielfältigung regierungsfeindlicher Schriften mittels einer Lithographiepresse – verurteilt zum Tode durch Erschießen.«

Dostojewskij bekreuzigte sich und nahm ohne die geringste Reue Abschied vom Leben. Aber dann ging plötzlich die Sonne am Morgenhimmel auf. In der Ferne konnte er die fünf goldenen Kuppeln der Kirche der Darstellung der heiligen Muttergottes im Tempel erkennen. Die Kuppeln glänzten in der Morgensonne. Diesen Anblick betrachtete er später als richtungweisend für sein ganzes weiteres Leben. Die heilige Muttergottes, glänzend in den Strahlen der aufgehenden Sonne, *sie* hatte Fürbitte für ihn geleistet und ihm das Leben gerettet. Zwanzig Jahre später, im Roman *Der Idiot,* gibt er folgende Beschreibung dessen, was er in seinen vermeintlichen letzten Minuten erlebte:

»In der Nähe befand sich eine Kirche, und ihre vergoldete Kuppel glitzerte im hellen Sonnenschein. Er erinnerte sich, daß er starr auf diese Kuppel und auf die Strahlen, die sie zurückwarf, geblickt hatte, daß er sich von ihnen gar nicht mehr losreißen konnte: es war ihm, als müßten diese Strahlen sein neues Wesen sein, als müßte er nach drei Minuten auf irgendeine Weise mit ihnen verschmelzen... Die Ungewißheit und das Grauen vor diesem Neuen, das gleich kommen mußte, waren entsetzlich; er sagte aber, daß ihn nichts in diesem Augenblick mehr quälte als der beständige Gedanke: Wie, wenn ich nicht zu sterben brauchte! Wenn ich ins Leben zurückkehren könnte – welch eine Unendlichkeit täte sich da vor mir auf! Und alles das wäre mein! Ich würde aus jeder Minute eine ganze Ewigkeit machen, ich würde nichts verlieren, würde jeden Augenblick zählen, keinen einzigen nutzlos vergeuden! Er sagte, dieser Gedanke habe ihn zuletzt in eine derartige Wut gebracht, daß er schließlich wünschte, man möchte ihn doch schneller totschießen.«

Endlich waren alle Urteile verlesen. Der Offizier faltete die Papiere zusammen, steckte sie in die Tasche und stieg vom Schafott. Den Verurteilten wurden weiße Hemden mit Kapuzen und langen Ärmeln übergezogen. Petraschewskij hatte etwas für ausgefallene Kleidung übrig, aber das ging ihm nun doch zu weit. »Meine Herren!« rief er und schlenkerte mit den langen Ärmeln. »Wie lächerlich sind wir doch in diesen Clownskostümen!«

Der Priester bestieg nun das Schafott und wandte sich mit einem Bibelwort an die Gefangenen: »Der Tod ist der Sünde Sold.« Dennoch, versicherte ihnen der Geistliche, sei mit dem leiblichen Tod nicht alles vorbei. Durch festen Glauben und Sündenbekenntnisse könnten sie noch das ewige Leben erlangen. Nur einer der Verurteilten trat zum Beichten vor, aber alle küßten das Kreuz.

»Ich begriff nichts, bis ich das Kreuz sah«, erinnerte sich Dostojewskij viele Jahre später, als er den Semjonow-Platz wiedersah. »Sie konnten doch unmöglich mit dem Kreuz Scherz treiben...! Solch eine Tragikomödie konnten sie doch gar nicht aufführen... Das begriff ich... Der Tod war unumgänglich. Wenn er doch nur so rasch wie möglich käme... Und dann wurde ich auf einmal von der tiefsten Gleichgültigkeit erfaßt. Ja, genau! Gleichgültigkeit, und nichts anderes. Ich machte mir weder aus dem Leben etwas noch aus den Menschen um mich. Alles schien so bedeutungslos vor diesem entsetzlichen Moment, da ich ins Unbekannte, in die Dunkelheit eingehen sollte...«

»So, jetzt hast du deine Schuldigkeit getan, Pfaffe«, rief einer der Generäle. »Mehr hast du hier nicht zu suchen!« Der Priester verzog sich.

Dostojewskij nahm Abschied von Durow und Pleschtschejew. »Wir werden Christus sehen«, flüsterte er Speschnjow zu, der mit spöttischem Lächeln erwiderte: »Eine Handvoll Erde!« Speschnjow war durch den Gefängnisaufenthalt stark gealtert. Seine ehemalige Schönheit war dahin.

Mit übergestülpten Kapuzen wurden Petraschewskij, Mombelli und Grigorjew, die ersten drei, vom Schafott herabgeführt. Petraschewskijs Galgenhumor war bis zuletzt nicht umzubringen: »Mombelli, treten Sie doch ein wenig auf der Stelle, sonst kommen Sie noch mit Schnupfen in den Himmel!« Ihm selbst gelang es gerade noch, sich die Kapuze herunterzureißen, ehe er an den Pfahl gebunden wurde. Er wollte dem Tod ins Auge sehen.

Drei Kommandos von je sechzehn Mann wurden in fünfzehn Schritt Abstand von den Verurteilten aufgestellt. Die Soldaten legten die geladenen Gewehre an. Eine halbe Minute verstrich in unerträglicher, furchtbarer Spannung. Was war mit den Schüssen? Plötzlich schwenkte jemand ein Tuch, und die Soldaten senkten die Gewehre. In großer Geschwindigkeit kam ein Wagen auf den Platz gebraust. Ein versiegelter Brief an Generaladjutant Sergej Sumarokow – die Begnadigung des Zaren. Als die drei zum Tode Verurteilten von den Pfählen losgebunden wurden, hatte Grigorjew den Verstand verloren.

Nun trat Generaladjutant Sumarokow vor und verlas den allergnädigsten Beschluß des Zaren. Zunächst kam keine Freude über die Begnadigung auf. »Wer hat darum gebeten?« meinte Durow aufgebracht. »Sie hätten uns genausogut erschießen können«, war Debus Kommentar. Alle waren von Gleichgültigkeit befallen. Nur Palm ließ ein »Lang lebe Kaiser Nikolaus!« hören. Aber kurz darauf brach er in Tränen aus, weil er seinen Freunden nicht folgen durfte. Petraschewskij gab seine rebellische Haltung nie auf. Als Schmiede kamen, um ihn in Ketten zu legen, protestierte er lautstark. An einen Adligen durfte nicht Hand angelegt werden; er verlangte, daß das Verfahren wiederaufgenommen wurde! Dann griff er selbst zum Hammer und befestigte seine Fußketten. Mit den schweren Eisen an den Füßen schleppte er sich von einem zum anderen, um sich von den Freunden zu verabschieden.

Danach wurde er in eine Trojka gesetzt und direkt vom Richtplatz in die lebenslange Verbannung geschickt. Viele Zuschauer weinten.

»Seine Hinrichtung wäre der Ausdruck einer Laune des Systems gewesen – und nichts als eine Laune des Systems war es, daß er überlebte und ein Gigant der Weltliteratur wurde«, schreibt ein dänischer Historiker. Fest steht jedenfalls, daß Dostojewskijs Lebensgeister nach einer ärztlichen Untersuchung in der Peter-Pauls-Festung wiederkehrten. »Ich kann mich nicht erinnern, je einen so glücklichen Tag erlebt zu haben. Ich ging durch meine Zelle im Alexander-Ravelin und sang in einem fort, sang laut, so froh war ich über das mir geschenkte Leben.«

Jetzt schreibt er seinen Abschiedsbrief an Michail, eine ergreifende Beichte, eine Hymne an das Glück, das sich nur durch Leid erkaufen läßt:

Peter-Pauls-Festung, 22. Dezember
Mein liebster Bruder und Freund! Nun ist alles überstanden! Ich bin zu vier Jahren Festungshaft verurteilt (wahrscheinlich in der Festung Orenburg) und muß danach als gemeiner Soldat dienen. Heute, am 22. Dezember, wurden wir alle nach dem Semjonower Platz gebracht. Dort verlas man uns das Todesurteil, ließ uns das Kreuz küssen, zerbrach über unseren Köpfen den Degen und kleidete uns fürs Begräbnis an (weiße Hemden). Dann stellte man drei von uns an die Pfähle, um das Todesurteil zu vollstrecken. Ich war der sechste in der Reihe; wir wurden in Gruppen von je drei Mann aufgerufen, und so war ich in der zweiten Gruppe und hatte nicht mehr als eine Minute noch zu leben. Ich dachte an Dich, mein Bruder, und an die Deinen; in dieser letzten Minute standest Du allein vor meinem Geiste; da fühlte ich erst, wie sehr ich Dich liebe, mein geliebter Bruder! Ich hatte noch Zeit, Pleschtschejew und Durow, die neben mir standen, zu umarmen und von ihnen Abschied zu nehmen. Schließlich wurde Retraite getrommelt, die an den Pfahl Gebundenen wurden zurückgeführt, und man las uns vor, daß Seine Kaiserliche Majestät uns das Leben schenke. Dann wurden die endgültigen Urteile verlesen ...

Nun kannst Du, was mich betrifft, ruhiger sein, lieber Bruder! Ich bin nicht verzweifelt und habe nicht den Mut verloren. Leben gibt es überall, das Leben ist in uns selbst, nicht außer uns. Ich werde von Menschen umgeben sein, werde unter ihnen *Mensch* sein und es immer bleiben. Sich vom Unglück nicht beugen, nicht umwerfen lassen, was auch immer geschehe, das nenne ich Leben, das ist die Aufgabe unsres Daseins. Das habe ich eingesehen, dieser Gedanke ist mir in Fleisch und Blut übergegangen. Ja, wahrlich, der Kopf, der von schöpferischen Gedanken erfüllt war, der von Empfindungen bewegt und an stärkstes seelisches Erleben gewöhnt war, dieser Kopf ist schon von meinen Schultern getrennt; geblieben sind nur die Erinnerungen und Gedanken, die zwar schon geboren sind, aber noch nicht Gestalt angenommen haben. Darunter leide ich natürlich, aber noch habe ich ja mein Herz und mein Fleisch und Blut, die imstande sind, zu lieben und zu leiden, zu wünschen und sich zu erinnern. Und das ist ja der eigentliche Inhalt unseres Daseins. *On voit le soleil!*«

Allerdings kommen auch schwermütige Gedanken in diesem Brief zum Ausdruck. Die Vorstellung, ihm könne die Möglichkeit genommen werden, seine zur Gestaltung drängenden Ideen festzuhalten, jagt ihm Angst ein. Lieber wolle er lebenslang ins Zuchthaus gehen, wenn er nur eine Feder führen dürfe! Aber sein Lebenswille siegt doch über die Furcht vor dem, was ihm bevorsteht. Die grauenhafte Scheinhinrichtung auf dem Exerzierplatz des Semjonowskij-Regiments hat ihm eine vertiefte Einsicht in den Wert des Lebens gegeben:

»Ich blicke zurück auf die Vergangenheit und denke an die verlorene Zeit, die dahingegangen ist in Irrungen, Verfehlungen, Trägheit, Unkenntnis des Lebens; warum habe ich den Wert des Lebens nicht besser erkannt, wie oft habe ich mich an meinem Herzen und meiner Seele vergangen!! Mein Herz blutet. Das Leben ist ein Geschenk, das Leben ist ein Glück, jede Minute kann zur Ewigkeit des Glückes werden. *Si jeunesse savait!* Nun gestaltet sich mein Leben neu, es wurde neu geboren in neuer Form. Bruder! Ich schwöre Dir, daß ich die Hoffnung nicht aufgeben werde, daß mein Herz und meine Sinne rein bleiben werden. Ich werde zum Besseren wiedergeboren. – Das ist meine ganze Hoffnung, mein ganzer Trost.«

Noch am selben Tag erhielt Dostojewskij die Nachricht, daß er im ersten Konvoi nach Sibirien fahren mußte. Seine Bitte um ein Abschiedstreffen mit Michail wies man zunächst ab. Eine Bittschrift der Angehörigen aller Inhaftierten wurde dann doch bewilligt, und am Heiligabend 1849 nahmen die Brüder Abschied. Ihr gemeinsamer Freund Alexander Miljukow war auch anwesend und schrieb später eine ergreifende Schilderung dieser Abschiedsszene. Dostojewskij kam zusammen mit Durow herein. Beide steckten in Sträflingskleidung: Schaffelljacke und Filzstiefel. Miljukow berichtet:

»Der ältere Bruder hatte Tränen in den Augen, und seine Lippen zitterten, aber Fjodor Michailowitsch war gefaßt und suchte ihn zu trösten.

›Wein nicht, lieber Bruder‹, sagte er. ›Du weißt doch, das hier ist kein Begräbnis, ich komme nicht in den Sarg. Die Gefangenen sind keine wilden Tiere, sondern Menschen, vielleicht besser als ich, würdiger als ich... Ja, wir sehen uns bestimmt wieder, ich zweifle nicht daran... Und ihr müßt schreiben und mir Bücher schicken; ich darf doch lesen... Und sobald ich entlassen werde, fange ich an zu schreiben. Ich habe in diesen Monaten vieles erlebt, habe einiges durchgemacht und werde sicherlich noch mehr in mich aufnehmen und erleben. Du wirst sehen, eine Unmenge an Stoff kommt da auf mich zu.‹«

Kurze Zeit später wurde der Schriftsteller zur Schmiede abgeführt, wo man ihm eiserne Fußketten anlegte. Die Ketten wogen zehn Pfund; es war schmerzhaft und schwierig, sich darin zu bewegen. Über vier Jahre sollte er diese Ketten tragen, in ihnen arbeiten und schlafen. Schließlich setzte man ihn neben einen Schutzmann in einen offenen Schlitten. Zwei seiner Gefährten, Durow und Jastrschembskij, kamen auf andere Schlitten. Angeführt von einem Feldjäger, machten sie sich auf die lange Schlittenfahrt nach Sibirien.

Sibirien

Ich ersehnte die Freiheit,
ich wünschte sie mir so bald wie möglich zurück;
ich wollte erneut versuchen,
meine Kräfte im Kampf zu proben.

I

Sein Leben lang war Dostojewskij ein ausgesprochener Stadtmensch. Er wurde auch als »Barde der modernen Großstadt« bezeichnet. Die Fahrt nach Sibirien war seine erste große Reise durch das Vaterland. Von der Rückfahrt abgesehen, sollte es auch die letzte sein.

Die dreitausend Kilometer lange Schlittenfahrt über endlose Schneeflächen konnte auch unmöglich Reiselust in ihm wecken. Die anstrengenden Etappen ohne Aufenthalte und Bewegungspausen waren beinahe unerträglich. Peinlich war es auch, wenn die Einwohner eines »ganzen Dorfes« zusammenströmten, um den Gefangenentransport zu begaffen. Doch am schlimmsten war die Kälte. »Das Herz stand schier still vor Kälte; nicht einmal danach, in einer beheizten Stube, kehrte die Wärme wieder in den Körper zurück.« Als sie über den Ural fuhren, sank die Temperatur auf minus vierzig Grad. »Da standen wir an der Grenze zwischen Europa und Asien, mitten im heulenden, peitschenden Schneesturm. Vor uns lag Sibirien und ein ungewisses Schicksal;

hinter uns – unsere ganze Vergangenheit; ich war sehr traurig, Tränen traten mir in die Augen.«

Erst am 9. Januar, nach über zweiwöchiger strapaziöser Fahrt, erreichten sie Tobolsk – die Schwelle zum Totenhaus. Von diesem Sammelplatz aus wurden die Gefangenen aus dem ganzen Reich den verschiedenen sibirischen Zuchthäusern zugewiesen. Die Neuankömmlinge wurden in einen großen Saal geführt, in dem man die Gefangenentransporte vorbereitete. An die dreihundert Menschen waren hier zusammengepfercht – Männer, Frauen und Kinder aller Volksgruppen und Altersstufen. Manche wurden in Ketten gelegt, andere kahlgeschoren. Mit Grauen sah Dostojewskij die gebrandmarkten »Lebenslänglichen« in dieser »Hölle auf Erden«. Apathisch hockten sie angekettet in ihren feuchten stickigen Zellen. Im Gesicht eines berüchtigten Schwerverbrechers stand »die furchtbarste geistige Abstumpfung, eine entsetzliche Mischung aus Blutrünstigkeit und unersättlicher Begierde« geschrieben.

Die Anhänger Petraschewskijs behandelte man kaum besser als zu längeren Strafen verurteilte Kriminelle. Als der erschöpfte Jastrschembskij die enge dreckige Zelle sah und nebenan zechende und kartenspielende Gefangene grölen hörte, kamen ihm Selbstmordgedanken. Aber der Schriftsteller entdeckte ungeahnte Kräfte in sich. »Dostojewskij war klein und schmächtig und sah sehr jung aus«, notierte ein Arzt am Ort. »Er wirkte seltsam gelassen, trotz der enorm schweren Eisenketten an Armen und Beinen.«

Dostojewskijs Gefaßtheit und sein Vermögen, in Krisensituationen Mut zu schöpfen, kam seinen Mitgefangenen zugute, die er jetzt tröstete und aufrichtete. Er besorgte Tee und Kerzen und zauberte auch noch ein Kistchen Zigarren herbei, das ihm der Bruder zum Abschied geschenkt hatte. »Die Nacht verbrachten wir größtenteils in freundschaftlichem Gespräch«, erzählt Jastrschembskij. »Dostojewskijs angenehme Stimme, seine große Liebenswürdigkeit, ja sogar seine Launen – wie die einer Frau – wirkten beruhigend auf mich, so daß ich meinen verzweifelten Entschluß schließlich aufgab.«

Große Unterstützung erfuhren die Anhänger Petraschewskijs auch durch die Sympathie, die ihnen die Dekabristen und deren Angehörige entgegenbrachten. Dutzende dieser Aufständischen lebten nun schon seit fast einem Vierteljahrhundert als Verbannte in Sibirien, wo sie in Bergwerken gearbeitet hatten. Aber sie waren nicht allein. Unter unvorstellbaren Entbehrungen waren viele Ehefrauen ihren Männern in die Verbannung gefolgt. Und jetzt kamen sie zu den frisch Verurteilten und brachten Grüße, Essen und Kleider von den Dekabristen: Natalja Fonwisina, Josefina Murawjewa und Praskowja Annenkowa mit ihrer Tochter Olga, die später Konstantin Iwanow heiratete, einen Studienfreund Dostojewskijs von der Ingenieurakademie.

Über ihre Freundin Maria Franzewa, Tochter des Staatsanwalts in Tobolsk, gelang es Natalja Fonwisina, ein Treffen mit den Anhängern Petraschewskijs zu arrangieren. Es fand beim Gefängnisinspektor statt, und die Sträflinge erhielten jeder ein Evangelium, das einzige Buch, das sie im Zuchthaus lesen durften. In jedem Einband steckte ein Zehnrubelschein, und den konnten sie gut brauchen. Der Schriftsteller bekam bald zu spüren, daß Geld in der Gefangenschaft noch mehr bedeutete als in der Freiheit. »Wir begegneten diesen großen Märtyrerinnen, die ihren Männern freiwillig nach Sibirien gefolgt waren«, schreibt er dankbar. »Obwohl sie selbst ohne Schuld waren, hatten sie die gleichen Entbehrungen erduldet wie ihre Männer, fünfundzwanzig lange Jahre. Unser Treffen währte eine Stunde. Sie gaben uns ihren Segen für die Weiterfahrt...«

Am 20. Januar wurden Durow und Dostojewskij nach Omsk weitergeschickt. »Sie sollen angeschmiedet bleiben und keinerlei Privilegien erhalten«, heißt es in der Order des Generalgouverneurs von Westsibirien. Trotzdem war es der energischen Olga gelungen, ihnen den Transport mit Pferden zu ermöglichen. Die letzten sechshundert Kilometer zu Fuß zurückzulegen, hätte den »kleinen«, »schmächtigen« Schriftsteller mit Sicherheit überfordert.

Kurz vor Tobolsk, am Ufer des Flusses Irtysch, wo später auch Raskolnikow seine Verbrechen sühnen sollte, erreichte

Durow und Dostojewskij ein letzter Gruß der Dekabristen und der freien Welt. Mit Maria hatte sich Natalja bei einer Kälte von dreißig Grad unter Null am Straßenrand aufgestellt. Der Schlitten hielt, und die Gefangenen durften aussteigen. Dostojewskij war »mager, klein von Wuchs und nicht besonders schön«, erinnert sich Maria. Die schweren Eisenketten klirrten und rasselten. »Wir nahmen hastig Abschied, da wir befürchten mußten, von den anderen Reisenden mit ihnen gesehen zu werden, und konnten ihnen nur noch sagen, sie sollten den Mut nicht verlieren, denn auch dort würden sich gute Menschen ihrer annehmen.«

Als Durow und Dostojewskij am 23. Januar das Zuchthaus zu Gesicht bekamen, müssen sie sich diese Worte ins Gedächtnis gerufen haben. Das Zuchthaus oder der *Ostrog* lag am Rande der Festung von Omsk, die im frühen achtzehnten Jahrhundert zur Verteidigung gegen Steppennomaden errichtet, aber bald darauf zu einem Militärgefängnis umgebaut worden war. Wenn man von außen kam, sah der Ostrog wie ein großer Hof aus, zweihundert Schritt lang und hundertfünfzig Schritt breit, ein unregelmäßiges Sechseck, umgeben von einem hohen Palisadenzaun. Jeder Zaunpfahl bedeutete einen Tag, und die Gefangenen freuten sich maßlos, wenn sie endlich eine Seite des Sechsecks hinter sich hatten. Spähten sie durch die Zaunritzen, so konnten sie gerade mal ein winziges Stück Himmel und einen hohen, von Steppengras überwucherten Erdwall sehen. »Diesseits des Zaunes lag eine eigene, besondere Welt, die keiner einzigen anderen glich; hier gab es besondere Gesetze, besondere Tracht, besondere Sitten und Gebräuche, es war ein Totenhaus lebend Begrabener, ein Leben wie nirgendwo sonst auf der Welt; auch die Menschen waren hier anders.« Und vor allem kam es darauf an, den Mut nicht zu verlieren.

Wenig deutete nämlich darauf hin, daß sich »gute Menschen« ihrer annehmen würden. Der Festungskommandant, Oberst Alexej de Grave, erwies sich zwar als recht human – ein Empfehlungsschreiben Natalja Fonwisinas hatte offenbar gewirkt. Aber dafür war der dem Zuchthaus vorgestellte Stabsoffizier, »Platzmajor« Wasilij Kriwzow, noch brutaler als sie befürchtet hatten: Ein versoffener Tyrann, der sie gleich mit Beleidigungen überhäufte und ihnen für die geringste Verfehlung Peitschenhiebe androhte. Überall hatte der »Achtäugige« seine strengen Blicke. »Hier bin ich euer Zar, und euer Gott sowieso!« brüllte er sie auf seinen Inspektionsrunden an. Wehe dem armen Gefangenen, der nicht auf der linken Seite schlief oder es wagte, im Schlaf zu reden! »Sein gerötetes, boshaftes Gesicht wirkte äußerst niederschmetternd auf uns«, schreibt Dostojewskij. »Es war, als griffe eine giftige Spinne nach einer armen Fliege, die schon im Netz gefangen saß.« Kriwzow wurde ein paar Jahre später entlassen und endete als Stadtstreicher in Omsk.

In der Wachstube wurde Dostojewskij eine Seite des Schädels kahlgeschoren. Hier bekam er auch seine Sträflingskleidung ausgehändigt, grau mit einer gelben Raute auf dem Rücken. Dann führte man ihn zu einer der niedrigen Barakken, die als Kasernen für die Zuchthausgefangenen dienten. Auf den ersten Blick sah es dort wenig anheimelnd aus, was sich auch mit den Jahren nicht besserte.

»Ich erinner mich genau, wie ich eines Abends im Januar im Ostrog eintraf. Es dämmerte bereits, die Gefangenen waren von der Arbeit zurückgekehrt und stellten sich gerade zum Appell auf. Ein Unteroffizier mit langem Schnurrbart öffnete mir die Tür, und ich betrat dieses seltsame Haus, in dem ich so viele Jahre zubringen und so vieles durchmachen sollte, wovon ich rein gar nichts wüßte, hätte ich es nicht selbst erlebt. Zum Beispiel hätte ich mir niemals vorstellen können, was für eine Qual es bedeutete, daß ich während meiner ganzen Gefangenschaft nicht eine Minute allein sein durfte. Während der Arbeit stand ich unter ständiger Bewachung; im Ostrog war ich mit zweihundert Leidensgefährten zusammen und kein einziges Mal allein. Im übrigen war man genötigt, sich mit weit Schlimmerem abzufinden.«

Die Kaserne war ein großes, verfallenes Gebäude mit dreckigem Boden und undichter Decke. Der Schmutz sammelte sich in dicken Schichten auf dem Fußboden; im Winter war es eiskalt und im Sommer drückend heiß. Die harten, kahlen Bretterpritschen mußten für dreißig Mann reichen. Darauf lagen die Gefangenen dicht an dicht wie die Heringe im Faß. An den Abenden gab es Lärm und Krawall in den Baracken – Kettenklirren und -rasseln, Fluchen, wüstes Gelächter, Qualm und Ruß. Im matten Licht der Talgkerzen sah man geschorene Schädel, gebrandmarkte Gesichter, zerlumpte Kleider, Elend und Demütigung. Es wimmelte von Flöhen, Läusen und Kakerlaken. In einer Ecke stand ein großer Kübel, der seinen üblen Geruch im ganzen Gebäude verbreitete. Es war der »Abtrittkübel«, der hundert Jahre später auch von Alexander Solschenizyn beschrieben wurde.

Mit einer Gleichsetzung beider Erfahrungsberichte muß man jedoch vorsichtig sein. Trotz gewisser Parallelen – Freiheitsentzug, Strafarbeit, ständige Zählappelle – zeigt Dostojewskij in seinen *Aufzeichnungen aus einem Totenhaus* ein wesentlich harmloseres Bild vom Zuchthaus des Zaren, als Solschenizyn mit seinen Enthüllungen *Ein Tag im Leben des Iwan Denissowitsch* von Stalins Konzentrationslager. Grund dafür ist wohl kaum die Zensur, denn die war in den sechziger Jahren des neunzehnten Jahrhunderts nicht strenger als hundert Jahre danach. Sondern die Tatsache, daß Veränderungen im Totenhaus so gut wie nie Verbesserungen bedeuteten. Während für Solschenizyn alias Schukow jeder Tag erneut zum Überlebenskampf wird, kann Dostojewskij alias Gorjantschikow sich sattessen. Ist er der Gefangenenkost überdrüssig, besteht jederzeit die Möglichkeit, an besseres Essen heranzukommen: Fleisch kostet im Ostrog nur ein paar Kopeken das Pfund. Der »gute Tag«, den Solschenizyn im Lager seines Helden beschreibt, hätte für Dostojewskijs Hauptfigur mit Sicherheit einen ungewöhnlich harten Tag bedeutet.

Aber auch was Dostojewskij zu berichten weiß, ist selbstverständlich schlimm genug – und außerdem bis ins kleinste Detail autobiographisch. Kürzlich vorgenommene Untersuchungen der Gefängnisprotokolle von Omsk belegen, daß Dostojewskij nicht einmal die Namen der Sträflinge veränderte, mit Ausnahme seines eigenen. Wegen der erforderlichen Rücksichtnahme auf die Zensur war die Realität allerdings noch brutaler als im Buch geschildert. Seine »Aufzeichnungen« sind trotz allem künstlerisch umgestaltet, und die Person des Autors verschwindet weitgehend hinter der Darstellung einer fiktiven Figur. »Es kommt immer noch vor, daß ich von dieser Zeit träume, und kein Traum ist furchtbarer«, bekennt er im *Tagebuch eines Schriftstellers*. »Vielleicht hat man ja auch bemerkt, daß ich bis auf den heutigen Tag kein Wort über mein Leben im Zuchthaus geschrieben habe. Die *Aufzeichnungen aus einem Totenhaus* entstanden vor fünfzehn Jahren unter dem Namen einer erdachten Person, eines Verbrechers, der seine Frau ermordet haben soll. Lassen Sie mich an dieser Stelle hinzufügen, daß die Ansicht, ich sei wegen Mordes an meiner Frau verbannt worden, immer noch weit verbreitet ist.«

Die künstlerische Gestaltung mindert allerdings keineswegs den realistischen Eindruck vom Totenhaus. Daß dieser erschreckende Bericht des Schriftstellers immer noch nichts an Aktualität eingebüßt hat, zeigt folgende Leserreaktion eines norwegischen Strafgefangenen:

»Jedesmal, wenn ich einen Roman von Dostojewskij lese, verschlägt es mir fast den Atem. Und zwar wegen seiner Fähigkeit, die Zustände auf der Schattenseite des Lebens und das tragische Schicksal von Außenseitern zu beschreiben. Er tut das mit einem so packenden, ungeschminkten Realismus, daß ich den Geschmack von Blut, den Angstschweiß und Ekel spüre und mir übel wird von dem Gestank, den er beschreibt. Noch mehr trifft das für seine Aufdeckung der Triebe zu, die den Menschen im Innersten beherrschen, für seine psychologischen Beobachtungen.

Auf dieser letztgenannten Ebene spricht mich das Totenhaus am meisten an. Denn obwohl eine Ewigkeit zwischen dem sibirischen Ostrog um 1850 und dem norwegischen Gefängnis Ullersmo 1982 liegt – die beiden sind eigentlich absolut nicht vergleichbar –, erkenne ich doch geschilderte Empfindungen genau wieder, Hoffnung, Zweifel, Verzweiflung. Wenn die Tür hinter einem ins Schloß fällt, ist das ein Gefühl, als würde der Sargdeckel über einem zugeschlagen. Man lebt, aber eigentlich vegetiert man nur dahin und ist so gut wie tot. Das Leben verstreicht, und man ist nicht einmal Zuschauer. Der Zug fährt ab, man bleibt allein auf dem Bahnsteig zurück. Die Freunde können es sich nicht leisten, Zeit an einen zu verschwenden; und auch das Abschiednehmen von der Familie muß einmal aufhören.«

Im Buch lernen wir ein Sammelsurium der verschiedensten Menschen aus dem gesamten russischen Imperium kennen: Soldaten, Bauern, Adlige, Sektierer, Tataren, Zigeuner, Juden und Polen. Verbrecher aller Art kommen darin vor – von Schmugglern, Falschmünzern und Straßenräubern bis hin zu Rebellen, Sittlichkeitsverbrechern und Mördern. Von letzteren hatten manche zehn, zwölf Menschenleben auf dem Gewissen und kamen ihm wie wilde Tiere vor. Im übrigen unterteilt der Schriftsteller seine Mitgefangenen in zwei Kategorien: die Gesprächigen und die Schweigsamen.

Letztgenannte Sträflinge, die Schweigsamen, interessierten Dostojewskij am meisten. Er ordnet sie wiederum drei Gruppen zu: die Guten und Fröhlichen, die Finsteren und Bösen, schließlich die Verzweifelten.

»Gute und Fröhliche« gab es nicht viele, aber unter ihnen gewann der Schriftsteller seine wenigen Freunde. Einer davon war Alej, ein Mohammedaner, dem Dostojewskij mit seinem Neuen Testament Russisch schreiben und lesen beibrachte. Wie freute er sich, als Alej ihm versicherte, »Isa« sei ein »heiliger Prophet«. »›Was hat dir denn am meisten gefallen?‹ – ›Da, wo er sagt: du sollst vergeben, du sollst lieben, du sollst niemanden kränken und auch deine Feinde lieben. Ach, wie schön er das gesagt hat!‹« Dieser junge Tatar widerlegte ja geradezu die Theorie von der Dominanz des Milieus!

Aber spannender waren die »Finsteren und Bösen« und die »Verzweifelten« – Leute wie der Tatar Gasin, diese »gewaltige Riesenspinne von Menschengröße«, der sich auf langsame Kindermorde spezialisiert hatte; dann der unmoralische Spitzel Aristow, »ein mit Zähnen und Magen ausgerüsteter Fleischklumpen, erfüllt von einer unersättlichen Gier nach den niedrigsten, viehischsten Genüssen« – und nicht zuletzt das furchtlose Energiebündel Petrow, der geborene revolutionäre Führer, fähig, seine Anhänger, ohne mit der Wimper zu zucken, auf die Barrikaden und in den Untergang zu führen. Von diesem Petrow wird ihm gleich am ersten Tag seine Bibel entwendet. Am Abend gibt er den Diebstahl zu, aber ohne die mindeste Reue oder Verlegenheit. Gewissensbisse waren im Ostrog eine Seltenheit. »So einer ist imstande, einen Menschen wegen fünfundzwanzig Kopeken umzubringen, nur um sich ein Achtel Branntwein zu beschaffen, während er ihn bei anderer Gelegenheit mit hunderttausend Rubeln unbehelligt passieren ließe«, lautet Dostojewskijs Kommentar. Sein früherer Glaube an den von Natur aus guten Menschen verflüchtigte sich allmählich in diesem Totenhaus. Er sah, daß dieses »göttliche« Wesen in Wahrheit zutiefst sündig und verdorben war. Das Böse war also doch nicht nur ein Resultat ungünstiger, gesellschaftlicher Umstände, sondern vor allem ein geistiges Phänomen, erkannte er jetzt.

Das tägliche erzwungene Zusammensein mit den abgestumpften Gefangenen war für den Autor eine großartige Gelegenheit, die Psyche von Schwerverbrechern zu studieren. Diese Kenntnis wird später zu einer unerschöpflichen Quelle seiner Romane. So verkörpert Raskolnikow einen stolzen, machthungrigen Gefangenentyp, der »Blutvergießen in Übereinstimmung mit dem Gewissen« nicht scheut. Der Wollüstling Swidrigajlow erinnert an den gänzlich verkommenen Adeligen Aristow, der sich durch nichts von der Befriedigung seiner primitiven Begierden abhalten läßt. Petrow, der Mann mit der ungeheuren, ungenutzt verpuffenden Energie, kehrt wieder als Stawrogin, ungekrönter König der Revolutionäre in den *Dämonen*.

Und Dmitrij in den *Brüdern Karamasow* weist Züge des Vatermörders Iljinskij auf.

Eindeutig am stärksten beeindruckt war der Schriftsteller von Orlow, einem »Bösewicht, wie man sie selten findet«, der nach einem Spießrutenlauf nahezu bewußtlos ins Lazarett geschafft wurde, aber schon am nächsten Tag wieder bei Kräften war. »Man sah sofort, daß dieser Mensch sich uneingeschränkt in der Gewalt hatte; er verachtete Qualen und Strafen und fürchtete sich vor nichts auf der Welt. Nichts war an ihm zu sehen als grenzenlose Energie, Tatendurst, Rachgier und der Drang, das angestrebte Ziel zu erreichen.«

Dieser »den absoluten Sieg über alle leiblichen Begierden« verkörpernde Mann war ein Fall für sich. »Ich kann mit aller Bestimmtheit sagen, daß ich nie im Leben einem Menschen von so eiserner Willenskraft begegnet bin.« Der Autor beschäftigte sich eine ganze Woche lang mit ihm und versuchte, »das Gespräch auf seine Erlebnisse zu bringen«:

»Bei solchen Fragen umdüsterte sich sein Gesicht, wenn er mir auch immer offen Rede und Antwort stand. Als er jedoch innewurde, daß ich an sein Gewissen appellieren und wenigstens eine Spur von Reue in ihm wachrufen wollte, warf er mir einen so unbeschreiblich verächtlichen und hochmütigen Blick zu, als hätte ich mich vor seinen Augen unversehens in einen kleinen törichten Bengel verwandelt, mit dem man nicht reden könne wie mit einem Erwachsenen. Sogar etwas wie Mitleid spiegelte sich in seinen Zügen... Im Grunde konnte er gar nicht anders als mich verachten und auf mich herabsehen als auf eine unterwürfige, schwächliche, jämmerliche Kreatur, die ihm in keiner Hinsicht das Wasser reichen konnte.«

Wie Dostojewskij hier die Größe nicht nur der »frommen« Gefangenen, sondern auch der brutalsten Verbrecher erkannte, das führte bald zu einer Umstrukturierung seines gesamten Menschenbilds. Das Verbrechen wird zu einem wesentlichen psychologischen Motiv in seinem Werk. Vor seinem Zuchthausaufenthalt tauchte der Verbrecher in seinem Schreiben nur gelegentlich auf; sein Thema waren die Beamten und die Träumer gewesen. Aber in seinen späteren großen Romanen steht der Verbrecher im Mittelpunkt jedes neuen Entwurfs. Und was das wichtigste ist: Der Schriftsteller empfindet nicht mehr lediglich Mitleid mit dem Opfer, er hat auch gelernt, sich mit dem Täter zu identifizieren.

Kurz nach seiner Ankunft teilte man Dostojewskij zur täglichen Arbeit in der 55. Strafkompanie ein. Im Gefängnisprotokoll findet sich unter der Rubrik »Fjodor Dostojewskij, 28

Jahre« folgende Frage: »Welche Tätigkeit kann er verrichten, kann er lesen und schreiben?« Die Antwort lautet lakonisch: »Grobe Arbeiten; lesen und schreiben kann er.« Gleichzeitig wurde festgehalten, daß er »eine kleine Narbe über der linken Augenbraue« hatte und sich »gut führt«.

Was nicht heißen soll, die Zuchthausleitung sei zufrieden mit ihm gewesen. Als »der Achtäugige« ihn dabei erwischte, daß er nicht zur Arbeit gegangen war, konnte der Festungskommandant Dostojewskij nur mit Mühe und Not vor einer körperlichen Züchtigung bewahren. Auch als er im Winter 1852 bei der Aufführung eines Theaterstücks durch die Gefangenen Regie führte, setzte es wüste Beschimpfungen und Drohungen. Ein andermal, als er gerade erst aus dem Lazarett gekommen war und gegen einen Befehl protestierte, soll der Platzmajor den Vollzug einer Strafe angeordnet und dies seinen ersten epileptischen Anfall herbeigeführt haben. Das erzählt sein Jugendfreund Alexander Riesenkampf, der zu der Zeit im Lazarett von Omsk Dienst tat. Diese Darstellung wird von einem Barackennachbarn Dostojewskijs bestätigt, der berichtet, daß der Schriftsteller wegen einer Beschwerde über das Essen zu fünfzig Stockhieben verurteilt wurde und zwei Wochen im Lazarett lag. Kurze Zeit später sei er von der Fallsucht heimgesucht worden. Seine Mitsträflinge hätten ihn mit ihren Kleidern festgebunden, wenn er sich hilflos auf seiner Pritsche wand.

Die Verläßlichkeit solcher Aussagen ist schwer nachprüfbar. Sie scheinen oft aus zweiter oder dritter Hand zu stammen, und andere Quellen widersprechen ihnen. Fest steht jedoch, daß er häufig Strafvollstreckungen an anderen beiwohnte. Bis zu zwölftausend Spießrutenhiebe konnten über einen Mann verhängt werden, aber die meisten brachen nach weniger als der Hälfte zusammen. Nach je tausend Schlägen wurden sie zur »Behandlung« mit uringetränkten Laken ins Lazarett gebracht. In einem solchen Fall konnte Dostojewskij die Tür zum Krankensaal aufreißen und die Feldschere mit zitternder Stimme anflehen: »Kinder, liebe Kinder! Seid gut zu ihm... nehmt euch des Unglücklichen an...«

Sein Mitleid mit all den Unglücklichen im Ostrog nahm mit den Jahren zu. »Wo mögen sie jetzt wohl sein, die vielen, die dort gefangen waren?« fragte er nachdenklich, als ihm ein Bekannter 1876 von einem Besuch im Zuchthaus erzählte.

Trotzdem war der Schriftsteller bei seinen Mitgefangenen nicht sehr beliebt. Er war schweigsam, nachdenklich und lächelte nie, erzählt ein Memoirenschreiber, der ihn mit einem »Wolf in der Falle« vergleicht. Seine Mütze zog er tief in die Stirn, sein Blick war finster und verbittert; den Kopf hielt er gesenkt, die Augen auf den Boden geheftet; sein Gesicht war ausgemergelt und von schwerer Krankheit gezeichnet. »Die Sträflinge schätzten ihn nicht sonderlich, hatten aber Respekt vor seiner moralischen Überlegenheit; mürrisch und nicht ohne Neid auf seine Vorzüge sahen sie ihn schief an und mieden ihn. Als er das merkte, mied er sie ebenso, und nur äußerst selten, wenn er Schwierigkeiten hatte oder sehr niedergeschlagen war, konnte er auch einmal einen Mitgefangenen ansprechen.« Daß der Schriftsteller hin und wieder durch Herbeirufen eines Aufsehers die Gemüter zu beruhigen suchte und es ablehnte, sich den ungeschriebenen Gesetzen in der Baracke zu beugen, trug weiter zu seiner Unbeliebtheit bei. »Was stellst du dir vor? Bist du vielleicht hergekommen, um im Zuchthaus neue Gesetze einzuführen?«

Besonders sein Verhältnis zu den politischen Gefangenen war nicht unbelastet. In den Augen der Polen war er hochmütig und verachtete alles Nichtrussische. Ausländern gegenüber hatte er zwar schon immer eine gewisse Skepsis an den Tag gelegt, aber hier im Ostrog drohte diese in Haß umzuschlagen, während sein Nationalbewußtsein zugleich ungeheuren Aufschwung nahm. »Von den Franzosen«, proklamierte er, »kann man wenigstens noch sagen, daß sie anständigen Menschen ähneln, aber Engländer und Spanier sind bloße Karikaturen.« Sein Haß auf die Polen war immens. »Wüßte ich, daß auch nur ein Tropfen polnisches Blut in meinen Adern fließt, würde ich auf der Stelle einen Aderlaß verlangen«, fauchte er sie an.

Und doch war für sein Überleben ein gewisses Maß an Anpassung unerläßlich. Von den Gefangenen lernte er, seinen persönlichen Besitz zu verstecken und seine Knöchel so zu schützen, daß sie von den Ketten nicht wundgescheuert wurden. Er aß wie die anderen *Tjura,* eine Art Brei aus in Wodka eingeweichten Brotkrusten, er lernte, wie man durch Bestechung der Aufseher an Frauen herankam – es mußte mit Fußketten und im Beisein von Vorgesetzten geschehen. Und beim Bad in der »Badestube« war der Unterschied zwischen Mördern und Staatsverbrechern gering. Berühmt ist Dostojewskijs apokalyptische Schilderung dieser nackten Wahrheit:

»Als wir die Tür zur Badestube öffneten, glaubte ich, geradewegs in die Hölle gelangt zu sein. Stellen Sie sich einen Raum vor, zwölf Schritt lang und zwölf Schritt breit, in dem an die hundert Menschen zusammengepfercht waren, auf keinen Fall weniger als achtzig, denn die Sträflinge waren in zwei Gruppen aufgeteilt, und insgesamt waren wir zu zweihundert Mann ins Bad geführt worden. Brodelnde Dampfschwaden, die einem die Augen benebelten, Ruß, Schmutz, drangvolle Enge, daß man nirgends einen Fuß hinsetzen konnte... Auf dem Schwitzbrett hoben und senkten sich gleichzeitig an die fünfzig Badequaste, alle waren wie im Rausch. Jeden Augenblick gab es frischen Dampf. Dies war keine Hitze mehr, dies war die reinste Höllenglut. Und alle diese Menschen brüllten und lachten laut, dazu klirrten die hundert auf dem Boden schleifenden Ketten. Andere, die vorübergehen wollten, verfingen sich in fremden Ketten, stießen an die Köpfe der unten Sitzenden, stürzten hin, fluchten und rissen noch die anderen mit sich. Das Schmutzwasser floß von allen Seiten. Alle waren in einer merkwürdig berauschten und erregten Stimmung, sie grölten und schrien unaufhörlich... Die geschorenen Köpfe und die vom Schwitzen krebsrot angelaufenen Leiber der Sträflinge wirkten noch häßlicher als sonst. Auf einem von Dampf erhitzten Rücken treten die von Knuten- und Stockschlägen herrührenden Narben meistens besonders deutlich hervor, und so hatte man den Eindruck, als ob alle diese

Rücken mit frischen Wunden bedeckt wären. Entsetzliche Narben! Mir lief ein Schauer den Rücken hinunter, als ich sie sah. Jedesmal, wenn neues Wasser auf die Steine gegossen wurde, quoll der Dampf in dicken, heißen Schwaden durch die ganze Badestube, dann hub alles an, zu johlen und zu schreien. Immer wieder tauchten aus den Dampfwolken die zerschundenen Rücken, die halbgeschorenen Köpfe, die verkrümmten Beine und Arme auf... Mir kam der Gedanke, daß, sollten wir uns alle miteinander in der Hölle wiederfinden, diese der Badestube hier sehr ähnlich sein müsse.«

Während die anderen Zuchthäusern zugeteilten »Petraschewzen« binnen kurzem mehrere Hafterleichterungen durchgesetzt hatten, konnte in der Festung, wo Durow und Dostojewskij gelandet waren, von Vergünstigungen gar keine Rede sein. Zwar fragte man auf Initiative der Dekabristen hin beim Generalgouverneur von Westsibirien an, wie die neuen Gefangenen behandelt würden. Die Antwort war kurz und bündig: »nach dem Gesetz«. Etwas anderes war auch nicht zu erwarten. Schließlich hatte der Zar persönlich befohlen, Diensterleichterungen dürften bei guter Führung nur durch kaiserliche Gnade bewilligt werden, »und keinesfalls durch die Nachsicht der nächsten und unmittelbaren Vorgesetzten, weshalb zuverlässige Staatsdiener zur strengen und unnachgiebigen Aufsicht über die Sträflinge zu ernennen sind«. Der Zar selbst sah keinen Grund, seine Gnadenbeweise zu überhasten. Als der Festungskommandant 1852 darum ersuchte, Durow und Dostojewskij leichtere Strafarbeit zuteilen und sie von den Fußketten befreien zu dürfen, wurde sein Antrag glattweg abgelehnt. Es nützte nichts, ihnen »gute Führung, Gehorsam und Fleiß« zu bescheinigen.

Die Folge war, daß Dostojewskij eine ebenso strenge Behandlung wie Mördern und Gewaltverbrechern zuteil wurde, jedenfalls in den ersten Jahren. Alles geschah auf militärisches Kommando. Das Bewußtsein, daß man ihnen die Strafarbeit aufzwang und sie dabei von bewaffneten Wachtposten beaufsichtigen ließ, war fast schlimmer als die eigentliche Arbeit, die schon hart genug war. Ziegelsteine schleppen und Alabaster brennen und stoßen gehörte zu den üblichen Tätigkeiten. Das Stehen in eiskaltem Wasser, wenn Lastkähne auf dem Irtysch entladen wurden, ging besonders in die Knochen. Seine rheumatischen Schmerzen wurden unerträglich, und einmal erlag er fast einer Lungenentzündung. Noch schwerer auszuhalten als die Strafarbeit waren die Ketten. Demütigend war es, mit Fußketten in den belebtesten Straßen der Stadt Schnee zu schaufeln. Während eines Besuchs des Fürsten Michail Wolkonskij klagte er auch, wie hart es sei, in der Nacht zwischen zwei Mördern angekettet zu liegen. Als junger Mann hatte er sich immer gefürchtet, in einen todesähnlichen Schlaf zu fallen; hier im Ostrog fühlte er sich lebendig begraben. Daß er mit dem Leben davonkam, hatte er nur seiner herausragenden Fähigkeit zur Bewältigung von Krisensituationen, seiner Zähigkeit und Energie zu verdanken. »Der Mensch ist ein Wesen, das sich an alles gewöhnt«, schreibt er. »Mir scheint, das ist die beste Definition, die man von ihm geben kann.«

Eine Hilfe in diesem harten Leben war Iwan Troitzkij, Oberarzt am Militärhospital in Omsk. Dort wurde der kränkliche Dostojewskij häufig eingeliefert. Troitzkij war bemüht, seine Aufenthalte so angenehm wie möglich zu gestalten. So versah er ihn beispielsweise mit Zeitungen und Büchern, vor allem mit Dickens' Werken. Wenn der Schriftsteller, was selten genug der Fall war, das Gefängnis verlassen durfte, so besuchte er seinen ehemaligen Schulfreund Konstantin Iwanow, den jetzigen Adjutanten des Leiters der Festungsbauarbeiten. Es war ein nützlicher Kontakt: Iwanow lieh ihm Geld und setzte hin und wieder Vergünstigungen für ihn durch. Außerdem pflegte Dostojewskij seine Bekanntschaft mit Oberst Iwan Schdan-Puschkin, Inspektor der Kadettenschule in Omsk, auf der er später seinen Stiefsohn anbrachte. Überhaupt war der Schriftsteller jetzt ein Meister in der Kunst geworden, sich bei »einflußreichen Persönlichkeiten« Gehör zu verschaffen, die ihm im bevorstehenden Kampf um seine Rehabilitierung förderlich sein konnten.

Die Stadt Omsk, Zentrum der militärischen und zivilen Verwaltung von Westsibirien, machte im übrigen einen trostlosen Eindruck auf ihn: »Sommers hat man unter der Hitze und den Sandstürmen zu leiden. Von der Natur habe ich fast nichts gesehen. Das Nest ist unglaublich schmutzig, von Militär übervölkert, und die Einwohner sind gänzlich verdorben.« Wer diesen gottverlassenen Winkel »das Athen Sibiriens« nannte, müsse schon eine recht lebhafte Phantasie besitzen!

Daß die vier Jahre im Ostrog für Dostojewskij ungleich qualvoller wurden als für die anderen, lag nicht nur an seiner schwachen Gesundheit, sondern auch an seinem beklemmenden Gefühl völliger Isolation. Von seinem eingeschüchterten Bruder bekam er in diesen Jahren keinen einzigen Brief, und er selbst hatte kaum die Möglichkeit, zu schreiben. Nur selten stieß er auf Mitgefühl, wie das eine Mal, als er ein Almosen von einem Bauernmädchen bekam: »Da, du ›Unglücklicher‹, nimm die Kopeke um Christi willen.« Ansonsten tröstete er sich nur mit dem Gefängnishund Scharik. Schmerzhaft wurde ihm die Distanz zu den anderen Gefangenen bewußt, deren Haß auf die Intelligenzler und die Oberschicht. »Ihr Adligen habt eiserne Schnäbel, ihr habt uns zerhackt«, war der übliche Spruch. »Früher, als ihr Herren wart, habt ihr das Volk gepeinigt, und jetzt, wo es euch schlecht geht, wollt ihr unsere Brüder sein.«

In dem unzensierten Brief, den er dem Bruder kurz nach seiner Entlassung schickte, kommt der unerträgliche Druck zur Sprache, der aus seiner Zwischenstellung resultierte: verurteilt von der Obrigkeit und gehaßt von seinen Mitgefangenen. »Der Haß gegen den Adel ist grenzenlos; sie empfingen uns, wie wir alle vom Adel sind, feindselig und voller Schadenfreude. Sie hätten uns am liebsten aufgefressen, wenn sie nur gekonnt hätten.«

Dostojewskij blieb genügend Zeit, über diese Feindseligkeit nachzugrübeln, darüber, daß »nichts schwieriger ist, als im Volk Vertrauen zu gewinnen«. Er kam zu dem Schluß, daß der jahrhundertealte Haß des Volkes auf den Adel seine Berechtigung hatte. Diese Einsicht brachte ihm Schuldgefühle ein, und damit begann der aufreibende Prozeß einer Umwertung aller Werte, den er im Brief an Michail aus der Peter-Pauls-Festung vorhergesehen hatte. Ihm stand eine »Wiedergeburt« bevor:

»In meiner völligen geistigen Vereinsamung ließ ich mein ganzes vergangenes Leben zu erneuter Prüfung Revue passieren. Ich untersuchte jedes kleinste Detail. Ich dachte gründlich über meine Vergangenheit nach. Allein wie ich war, urteilte ich streng über mich, unbarmherzig. Manchmal dankte ich sogar dem Schicksal, daß es mich in die Einsamkeit gesandt hatte, denn ohne sie hätte ich mich nie so streng beurteilt und mein Leben dieser neuerlichen Prüfung unterzogen.«

Ergebnis dieser Revision war, daß der ehemalige Aufständische auf einmal Respekt vor der Autorität des Zaren und Glauben an das wohltätige Wirken der Kirche im russischen Volk bekam. Indem er das große Leid auf sich nahm, zu sühnen, was er jetzt als seine Jugendsünden betrachtete, erlebte er die läuternde Kraft des Leidens und war überzeugt, daß das russische Volk nach Leid geradezu verlange.

Nicht minder wichtig war seine neugewonnene Überzeugung, daß die gebildeteren Schichten der russischen Gesellschaft sich mit dem Volk vereinen müßten. Die Kluft, die Peter der Große durch seine aufgezwungene Europäisierung zwischen der breiten Masse und den wenigen Auserwählten geschaffen hatte, müßte überbrückt werden. Früher, im Petraschewskij-Kreise, hatte er sich als Aufklärer gesehen. Aber was für ein Recht hatten eigentlich die Intellektuellen, sich zu Volksführern aufzuschwingen? Noch im Bodensatz dieses einfachen Volkes wurden Qualitäten bewahrt, die die selbsternannten »Führer« aus der Intelligentsia längst verloren hatten: Glaube an Gott, Bewußtsein der eigenen Sünde. Die Intelligentsia hatte dem Volk gar nichts zu geben; umgekehrt schon eher. Während andere im Zusammensein mit Räubern und Mördern eine menschenverachtende Haltung eingenommen hätten, wuchs Dostojewskijs Menschenliebe nur noch mehr: »Welch wunderbares Volk! Meine Zeit habe ich überhaupt nicht unnütz verbracht. Lernte ich auch nicht

Rußland kennen, so habe ich doch das russische Volk kennengelernt, und zwar so gut, wie kaum ein anderer.«

Mit stolzer Freude entdeckte er die große Begabung seiner Mitgefangenen für Musik und Schauspielerei und vor allem eine verblüffende Frömmigkeit und Demut in ihrem Elend. An einem sanftmütigen Altgläubigen, der gegen die Bekehrungsanstrengungen der Regierung protestierte und eine Kirche in Brand gesteckt hatte, konstatierte er die bewunderungswürdige Fähigkeit, »für seinen Glauben einzustehen«, zum »Leiden um des Glaubens willen«. »Er weinte, und immer wieder hörte ich ihn sagen: ›Verlaß mich nicht, Herr, Herr, gib mir Kraft! Ihr meine kleinen Kinderchen, meine lieben, kleinen Kinderchen, niemals werden wir uns wiedersehen!‹«

Das Gefühl, vom Staat geächtet zu sein, sorgte dafür, daß sich die Sträflinge um so stärker an Gott klammerten. Beim Fastengottesdienst erlebte der Schriftsteller seine Mitgefangenen demütig ins Gebet vertieft:

»Die Gefangenen beteten sehr andächtig, und alle spendeten sie jedesmal ihr armseliges Scherflein für eine Kerze oder gaben etwas in die Kollekte. Immerhin bin auch ich ein Mensch, mögen sie dabei gedacht oder empfunden haben, vor Gott sind wir alle gleich . . . Wir empfingen das heilige Abendmahl nach der Frühmesse. Als der Geistliche mit dem Kelch in den Händen die Worte sprach: ›. . . Herr, sei mir Sünder gnädig! . . .‹ warfen sich fast alle mit klirrenden Ketten zu Boden, bezogen sie doch diese Worte buchstäblich auf sich selbst.« Und Belinskij hatte behauptet, die Russen seien ein »zutiefst atheistisches Volk«!

Sogar unter diesen Mördern und Missetätern fand der Schriftsteller eine gute Portion Menschlichkeit, etwas vom göttlichen Funken. Auch für ihr Denken und Handeln war eine Unterscheidung zwischen Gut und Böse maßgeblich. Und dieser Erfahrung entsprang Dostojewskijs Glaube, der Mensch bewahre selbst in der niedersten Verkommenheit eine Hoffnung auf Barmherzigkeit, einen Traum vom Erlöser. Das russische Volk sollte nicht danach beurteilt werden, wie es derzeit war, sondern nach seinen Möglichkeiten.

Wenn Menschen aus dem einfachen Volk im »Totenhaus« solch eine Frömmigkeit an den Tag legten, wie groß mußte ihre moralische Überlegenheit dann erst jenseits des Palisadenzauns sein? Wie moralisch überlegen mußte der einfache Mann sein, für den alle Verbrecher »Unglückliche«, reuige Sünder waren, wenn sie ihre Strafe abbüßten? Oder Bauern wie Marej, der ihn einmal in der Kindheit getröstet hatte? Wußte man, ob jener kahlgeschorene, gebrandmarkte Bauernverbrecher, der mit heiser lallender Stimme zotige Lieder grölte, nicht auch so ein Marej war? Es war höchste Zeit, daß man sich dem Volk zuwandte und es mit all seinen Eigenheiten lieben lernte. Und dieser Weg zurück zum Volk führte über die »Wahrheit im Volk«: Man mußte die orthodoxe Lehre akzeptieren, zu der es sich bekannte. Dostojewskij hatte nationalrussisches Terrain betreten, und er sollte es nie mehr verlassen.

Aber auch wenn Dostojewskij sich zu einem unerschütterlichen Glauben an das russische Volk und seine nationalen Qualitäten durchgerungen hatte, kann man schwerlich sagen, daß die Jahre im Zuchthaus einen entscheidenden Wandel seiner religiösen Haltung bewirkt hätten. In einem Brief an Natalja Fonwisina formuliert er sein »Glaubensbekenntnis« nach der Entlassung wie folgt:

»Ich glaube, daß es nichts Schöneres, Tieferes, Sympathischeres, Vernünftigeres, Mutigeres und Vollkommeneres gibt als den Heiland; ich sage mir mit eifersüchtiger Liebe, daß es dergleichen nicht nur nicht gibt, sondern auch nicht geben kann. Ich will noch mehr sagen: Wenn mir jemand bewiesen hätte, daß Christus außerhalb der Wahrheit steht, und wenn die Wahrheit *tatsächlich* außerhalb Christi stünde, so würde ich es vorziehen, bei Christus und nicht bei der Wahrheit zu bleiben.«

Vielen gilt dieses Glaubensbekenntnis als Beweis für Dostojewskijs endlich erfolgte Umkehr. Hätte der Schriftsteller jedoch wirklich im Zuchthaus zu unerschütterlichem Glauben gefunden, so hätte er sich kaum mit Überlegungen der Art befaßt, was wäre, wenn »mir jemand bewiesen hätte, daß Christus außerhalb der Wahrheit steht«. Für einen an

Christi Wort »Ich bin der Weg, die Wahrheit und das Licht« Glaubenden wäre diese Problemstellung allein schon undenkbar. Dostojewskijs »Glaubensbekenntnis« ist eher ein »Zweifelsbekenntnis«: Christus ist zwar das ästhetische Ideal, aber der Schriftsteller selbst ist immer noch ein »Kind des Unglaubens und der Zweifelsucht«. Allerdings hatte sich sein Verlangen nach Glauben durch das Zusammensein mit Sträflingen aller Anschauungen gesteigert. Und sein Glaube nahm in dem Maß zu, in dem er diese Menschen als Gläubige erlebte.

Im Januar 1854 waren die vier Jahre im Zuchthaus von Omsk endlich vorüber. Eines Tages Mitte Februar ging Dostojewskij frühmorgens durch die Baracken und verabschiedete sich von seinen Mitgefangenen. Manche drückten ihm als gutem Freund die Hand, für andere war er immer noch der »Herr« und kein Kamerad. Ja, einige kehrten ihm sogar den Rücken zu und antworteten nicht auf seinen Abschiedsgruß.

Durow, mit dem der Schriftsteller während all der Jahre so gut wie gar keinen Kontakt gehabt hatte, wurde zur selben Zeit entlassen. Das Zuchthaus hatte einen gebrochenen Mann aus ihm gemacht – »im Ostrog war er verlöscht wie eine Kerze«. Nur unter größter Anstrengung gelang es ihm zur Schmiede zu wanken, um sich die Ketten entfernen zu lassen. Dann kam Dostojewskij an die Reihe. »Freiheit, ein neues Leben, Auferstehung von den Toten . . . was für ein herrlicher Augenblick!«

Den ersten Teil seiner Strafe hatte er abgebüßt. Doch was kam jetzt auf ihn zu? Schon Anfang November 1853 hatte der Generalgouverneur eine Anfrage an das Verteidigungsministerium gerichtet, was weiter mit Dostojewskij zu geschehen habe. Die Antwort fiel alles andere als ermutigend aus. Der Brief war nämlich beim Leiter der Dritten Abteilung gelandet, und Graf Orlow hatte den widerspenstigen Schriftsteller durchaus nicht vergessen. Nach einer ganzen Weile kam die Order, er sei als gemeiner Soldat in das Siebente Sibirische Linienbataillon einzureihen. Diese Abteilung war nach Semipalatinsk verlegt worden, unweit der

Oben:
Der linke
Flügel des
Armen-
hospitals, wo
Dostojewskij
seine Kind-
heit und
Jugend ver-
brachte.

Unten:
Fjodor
Dostojewskij.

Dostojewskijs Vater Michail
Andrejewitsch (1789 – 1839).

Dostojewskijs Mutter Maria
Fjodorowna (1800 – 1837).

Moskau mit Blick über den Kreml.
Lithografie aus der ersten Hälfte des 19. Jahrhunderts.

Das Dreieinigkeitskloster St. Sergius
außerhalb von Moskau.

Das Haus der Familie Dostojewskij in Darowoje.
Fotografie.

Newskij Prospekt. Lithografie, 19. Jahrhunderts.

Die Ingenieurakademie in Petersburg. Fotografie.

chinesischen Grenze. Und während seine Zuchthausstrafe immerhin auf vier Jahre begrenzt gewesen war, hatte man das Ende seiner Wehrpflicht auf unbestimmte Zeit ausgesetzt.

II

Nach einem angenehmen Erholungsaufenthalt bei der gastfreundlichen Familie Iwanow fuhr Dostojewskij weiter ins öde Semipalatinsk. Sein Weg führte ihn über die kirgisische Steppe, eine karge Landschaft ohne Bäume oder Hügel. Nur ein einziges Mal unterbrachen Kamelkarawanen und Nomadenzelte die Eintönigkeit. Und trotzdem wurde die Fahrt für den entlassenen Sträfling zu einem Erlebnis. Im Alter konnte er seinen Freunden erzählen, nie habe er sich so glücklich gefühlt wie damals, als er am Fluß Irtysch entlangfuhr, »reine Luft um mich her und Freiheit im Herzen«.

Semipalatinsk, zur Zeit Peters des Großen gegründet, lag am rechten Irtyschufer. Mit seinen flachen, umzäunten Holzhäusern sah es eher wie ein Dorf aus. Eine abseits gelegene Kirche war das einzige steinerne Gebäude. Über die Hälfte der fünf- bis sechstausend Einwohner waren Mohammedaner. Es gab sieben Moscheen am Ort. Minarette beherrschten das Stadtbild, was dem orthodoxen Dostojewskij nicht sonderlich zusagte. Um Läden war es schlecht bestellt, eine Buchhandlung gab es gar nicht, und nur ein Dutzend Abonnenten hielt sich Zeitungen aus »Rußland«. Wenn montags die Post kam, fragte man zwar nach Nachrichten vom Krimkrieg, aber das Interesse hielt sich in Grenzen: Nach Sewastopol war es beruhigend weit. Von einem kulturellen Leben konnte schon gar keine Rede sein; in der ganzen Ortschaft war nur ein Klavier vorhanden. Als die Bataillonsschreiber sich einmal mit Dostojewskijs Hilfe an eine Theateraufführung wagten, kam es zu einem Skandal, weil die Schauspieler in der Pause schlüpfrige Lieder sangen. Die Damen ergriffen die Flucht, nur der angetrunkene Bataillonschef blieb schenkelklopfend mit seinen Offizieren hokken. In diesem staubigen, verschlafenen Provinznest befaßte man sich vorwiegend mit Klatsch, Kartenspiel und Wodka.

Das Siebente Sibirische Linienbataillon bestand fast nur aus entlassenen Sträflingen, verbannten Bauern und Männern, die man dazu gebracht hatte, die Wehrpflicht für andere abzuleisten. Die Moral war niedrig, die Unzufriedenheit groß; im Grunde war es ein Strafregiment, nicht zuletzt für Dostojewskij. Die Form seiner Strafe hatte sich zwar geändert, aber er stand immer noch als Staatsverbrecher »unter allerstrengster Bewachung«. »Sagen Sie mir doch bitte, wann wir endlich ganz frei oder wenigstens so frei wie die anderen Menschen sein werden?« fragte er Natalja Fonwisina. »Vielleicht erst dann, wenn wir die Freiheit nicht mehr brauchen? Was mich betrifft, so will ich entweder alles oder nichts. In der Soldatenuniform bin ich der gleiche Sträfling wie vorher.«

Dennoch – bei seiner Ankunft in Semipalatinsk am 2. März 1854 kam ihm das Leben mit einem Mal leichter vor, im Vergleich zum Zuchthaus als das reinste Paradies. In der ersten Zeit mußte er zwar immer noch in einer Baracke wohnen, aber hier lagen wenigstens Filzmatratzen auf den Pritschen, und niemand stand mehr rund um die Uhr mit geladenem Gewehr hinter ihm.

Das Sträflingsdasein hatte seine Spuren hinterlassen, aber nach außen hin war er unverändert – schweigsam und verschlossen. »Er war mittelgroß und schmalbrüstig«, erzählt einer seiner Zimmergenossen aus der 1. Kompanie. »Sein Gesicht sah mit den rasierten, eingefallenen Wangen ganz krank aus und machte ihn älter, als er war. Er hatte graue Augen und einen ernsten, düsteren Blick. In der Baracke sahen wir Soldaten ihn nie lächeln... Keinem erzählte er von seiner Vergangenheit; er war überhaupt nicht sehr gesprächig. Sein einziges Buch war das Evangelium, das er sorgsam hütete; er schien große Stücke darauf zu halten. In der Baracke schrieb er nie, als Soldat hatte man auch kaum Freizeit. Nur selten ging er aus, die meiste Zeit saß er allein in Gedanken versunken da.« Und doch gab es einige Soldaten, denen der verdrießliche Neue sympathisch war. »Von ganzer Seele empfand ich, daß der gemeine Soldat Dostojewskij – immer mürrisch und griesgrämig – ein unendlich guter

Mensch war, den man in sein Herz schließen mußte«, erinnert sich ein siebzehnjähriger Soldatensohn. Übrigens ahnte wohl kaum einer dieser Soldaten, daß ihr Bataillon um einen bekannten Schriftsteller verstärkt worden war.

Der Dienst konnte schon sehr anstrengend sein. Unter der kirgisischen Bevölkerung am Ort herrschte brodelnde Unruhe; die Aufmerksamkeit der Russen durfte nicht nachlassen. Dostojewskij mußte marschieren, exerzieren und häufig an Paraden und Inspektionen teilnehmen. Ein einziges Mal war er auch bei einer Spießrutenbestrafung zugegen, was noch am selben Tag zu einem heftigen Anfall führte. Selbst entging er solchen Strafen, nur einmal verpaßte ihm ein Unteroffizier einen Schlag in den Nacken. Das war für ihn offenbar demütigend genug. Als er später davon erzählte, zitterte er vor Groll am ganzen Körper. Ansonsten war er ein vorbildlicher Soldat, der sich vor nichts drückte. »Im Dienst war er immer korrekt und pünktlich«, erinnert sich der Kompaniechef, »es gab nie etwas an ihm auszusetzen.«

Es dauerte nicht lange, bis dem ehemaligen Adeligen und berühmten Schriftsteller einige Erleichterungen zugestanden wurden. Unter anderem wurde er vom Wachdienst befreit und erhielt Erlaubnis, sich eine Wohnung zu nehmen.

Im Frühjahr 1854 zog er in den russischen Stadtteil, wo er für fünf Rubel im Monat bei einer Soldatenwitwe wohnte. Das Zimmer war dunkel und unwirtlich, und eine Heerschar von Flöhen und Kakerlaken störten seine Arbeitsruhe. Um so mehr Gefallen fand er an den quirligen Töchtern der Witwe, die Essen kochten und Wäsche wuschen. Die Mutter versuchte offensichtlich, aus deren Jugend und Schönheit Kapital zu schlagen. »Es ist eine große Ehre für sie, einem adeligen Herrn den Haushalt zu führen. Nicht jede hat das Glück, mit einem Beamten ins Bett zu dürfen.«

Sein Kompaniechef übernahm die Verantwortung für Dostojewskijs privates Wohnen. Zwar sollte ihn ein Unteroffizier überwachen, aber der ließ sich bereitwillig bestechen. Nachdem er fünf Jahre lang permanent unter Bewachung gestanden hatte, konnte der Schriftsteller endlich wieder die Freuden des Alleinseins genießen.

Doch die größte Veränderung nach dem Zuchthaus bestand darin, daß er jetzt wie früher lesen und schreiben konnte. Vier Jahre lang war das Neue Testament beinahe seine einzige Lektüre gewesen; an Literatur war er nicht herangekommen. Was hatte er nicht alles aufzuholen!

In den ersten Briefen an seinen Bruder häuften sich daher die Bitten um Bücher: »Wähle die billigsten und kompaktesten Ausgaben aus!« Er braucht Werke über Geschichte, Sozialökonomie, Physik und Physiologie, er will die Kirchenväter studieren, Kant und Hegel. Seine Bücherwünsche sind von imponierender Bandbreite; das Sträflingsleben hatte seine intellektuellen Interessen durchaus nicht verkümmern lassen: »Die Bücher sind mein Leben, meine Nahrung, meine Zukunft!« Voller Neugier und Konkurrenzeifer stürzt er sich auf Neuerscheinungen seiner Kollegen – auf Theaterstücke von Ostrowskij, Romane von Turgenjew und Pisemskij. Wer war denn dieser »L. T.«, der kürzlich *Knabenjahre* im *Zeitgenossen* veröffentlicht hatte? Der gefiel ihm; aber ob es sich nicht um eine literarische Eintagsfliege handelte? »Mir scheint, daß er kaum vieles schaffen wird (vielleicht irre ich mich auch).« Hier irrte Dostojewskij allerdings: Tolstoj sollte über neunzig dicke Bände hinterlassen. Die anderen Neuheiten imponierten ihm nicht sonderlich. Turgenjew fehlte es an Substanz, Ostrowskij hatte keine Ideale, und Pisemskij war ein Vielschreiber. Er würde sich bestimmt Gehör verschaffen!

Schon im Ostrog hatte er mit über hundert Aufzeichnungen zu Sprache, Leben und Charakter der Sträflinge in aller Stille seine Wiederkehr als Literat vorbereitet. Seine geplanten *Aufzeichnungen aus einem Totenhaus* sollten kein kleiner Erfolg werden! Aber zuerst mußte er sich durch gute Führung das Publikationsrecht verdienen. »In sechs Jahren, vielleicht auch früher, werde ich ja sicher die Erlaubnis bekommen, meine Werke zu drucken«, schreibt er gleich nach seiner Entlassung an Michail. »Es kann ja vieles anders werden, ich schreibe jetzt aber keinen Unsinn. Du wirst von mir noch hören.« Auch einige Jahre später verleiht er diesem felsenfesten Glauben an sein eigenes Talent Ausdruck: »Noch kennt keiner meine Fähigkeiten oder den Umfang meines Talents.«

Von seinen hartnäckigen Versuchen, wieder zur Literatur zurückzukehren, zeugt eine nationalistische Ode, die er ein paar Monate nach seiner Ankunft in Semipalatinsk schrieb – *Zu den europäischen Ereignissen von 1854*. Mit Hilfe seiner militärischen Vorgesetzten gelang es ihm, das Gedicht an General Dubelt in Petersburg zu übersenden. Doch obgleich die Ode vor patriotischem Zorn über die Kriegserklärung der Westmächte schäumt und dem Gedanken einer Renaissance des Oströmischen Reichs unter russischer Oberhoheit huldigt, gelangte sie nie über die geräumigen Archive der Dritten Abteilung hinaus.

Traurig und niedergeschlagen setzte der Schriftsteller sein monotones Leben in der Einöde fort. Am schlimmsten war wohl, daß die Post so unglaublich lange brauchte; Briefe waren bis zu zwei Monate unterwegs. Grund dafür war, daß alle Korrespondenz genauestens registriert und der Dritten Abteilung zur Zensur vorgelegt wurde. Nur sehr selten ergab sich die Gelegenheit, Briefe Bekannten mitzugeben und so die Zensur zu umgehen. Auch die Armut war drückend. Begab er sich in Gesellschaft, konnte er nie seinen Soldatenmantel ausziehen: Seine Hosen waren schmutzig und verschlissen. Um seine Finanzen aufzubessern, machte er Hausbesuche und gab Privatstunden. Als Lehrer war er streng und unerbittlich, aber wenn die Schüler ihre Aufgaben endlich gelöst hatten, belohnte er sie gerne mit einer Tüte Bonbons. Auf Süßigkeiten war er selbst ganz versessen. Von dem überreichlichen Schnapskonsum in der Stadt suchte er sich allerdings nach Möglichkeit fernzuhalten. »Wer säuft, hat keine Achtung vor der menschlichen Würde, weder in sich noch in anderen.« Das Glücksspiel stellte schon eine größere Verlockung für ihn dar, und nur sein Geldmangel hielt ihn davon ab. »Oh, wie sie gestern gespielt haben . . . da ging's heiß her! Hätte ich nur Geld besessen . . . Dies teuflische Spielen ist ein großes Unglück . . . Ich sehe wohl, daß es eine scheußliche Leidenschaft ist, aber der Drang ist nahezu unwiderstehlich!«

Hin und wieder konnte er sich über ein Wiedersehen mit Bekannten von früher freuen: mit dem Geographen Pjotr Semjonow, der bald darauf durch seine Erforschung des Tschienschan-Hochlands berühmt wurde, oder dem Ethnographen Tschokan Walichanow, dem ersten kaukasischen Wissenschaftler. Dostojewskij versprach sich viel von dessen heimatkundlichen Forschungen und seinem Einsatz für kulturelle und ökonomische Beziehungen zwischen »der Steppe« und Rußland.

Wichtiger für ihn wurde ein neuer Freund, Baron Alexander Wrangel, der im November 1854 als Distriktanwalt nach Semipalatinsk kam. Der einundzwanzigjährige Jurist war ein großer Bewunderer Dostojewskijs und persönlich bei der Scheinhinrichtung am Semjonow-Platz zugegen gewesen. Später hatte er den Schriftstellerbruder Michail kennengelernt, der nun die Gelegenheit wahrnahm, ihm Geschenke und Geld mitzugeben. Gleich nach seiner Ankunft schickte er nach Dostojewskij. So schildert Wrangel ihre Begegnung:

»Dostojewskij wußte weder, wer ihn eingeladen hatte, noch aus welchem Grund. Daher war er bei seiner Ankunft äußerst reserviert. Er trug einen grauen Soldatenmantel mit rotem Stehkragen und roten Schulterstreifen. Er wirkte finster. Das kränklich blasse Gesicht war mit Sommersprossen übersät, die blonden Haare trug er kurzgeschnitten. Er war wenig über mittelgroß und betrachtete mich aufmerksam mit seinen klugen blaugrauen Augen. Es war, als wolle er mir in die Seele blicken, um herauszufinden, was für ein Mensch ich sei. Später gestand er, daß er sich große Sorgen gemacht hatte, als man ihm die Nachricht überbrachte, ›der Distriktanwalt‹ wolle ihn sprechen. Doch nachdem ich mich entschuldigt hatte, ihn nicht zuerst besucht zu haben, und ihm die Briefe, Pakete und Grüße überbrachte, veränderte er sich schlagartig und faßte Vertrauen.«

Diese Begegnung war der Auftakt einer langen, treuen Freundschaft. Viele wunderten sich, daß der neue Distriktanwalt, dieser ausgesprochene Gentleman, der sich seines hohen Adelsranges durchaus bewußt war, mit einem einfachen Soldaten Umgang pflegte, und warnten ihn vor einer

Beeinflussung durch den ehedem so revolutionären Sträfling. Wrangel tat sein möglichstes, damit die führenden Persönlichkeiten der Stadt den Schriftsteller besser kennenlernten. Zu guter Letzt ließ sich auch der Militärgouverneur Pjotr Spiridonow höchstpersönlich zu einer Begegnung überreden: »Also dann her mit ihm, aber daß es mir ja in aller Einfachheit abläuft; er soll im Soldatenmantel erscheinen.« Danach dauerte es nicht mehr lange, und die Häuser der Stadt standen Dostojewskij offen. Er war überall gern gesehen; besonders Frauen nahm er durch sein Schicksal für sich ein. Einer von ihnen – einer einfachen Bäuerin, bei der er sein Brot kaufte – schrieb er lange Liebesbriefe, die später verlorengingen.

Im Sommer war es so heiß in Semipalatinsk, daß man Spiegeleier im Sand braten konnte – nicht von ungefähr hieß die Stadt im Volksmund »Sandkasten des Teufels«! Den beiden Freunden erschien es daher ratsam, sich ein Sommerhäuschen außerhalb der Stadt zu mieten. Dort, im »Kosakengarten«, machten sie sich mit Vergnügen daran, Gemüse und Blumen zu pflanzen. Dostojewskij goß mit wahrer Inbrunst Dahlien und Nelken; die Gartenarbeit erinnerte ihn an seine Kindheit in Darowoje. Wrangel nahm ihn auch auf Ausritte mit. Aber trotz der eigenwilligen Schönheit der Steppe war der Schriftsteller von den landschaftlichen Reizen, die sich ihm boten, nicht sehr angetan. Die Natur machte keinen Eindruck auf ihn, erinnert sich Wrangel; sein »ausschließliches Interesse galt dem Studium des Menschen«. Nur der Anblick des grandiosen Sternenhimmels verschaffte ihm die gleiche tröstliche Ruhe, wie Aljoscha sie in den *Brüdern Karamasow* empfindet.

Am liebsten ging er mit aufgeknöpftem Mantel und der Pfeife im Mund grübelnd im Zimmer auf und ab und redete mit sich selbst. »Er hatte laufend neue Ideen im Kopf«, meint Wrangel dazu, der sich für die Naturwissenschaften interessierte und gelehrte Abhandlungen über Geographie und Archäologie las; aber das war nichts für Dostojewskij. »Legen Sie doch endlich diesen Professorenkram weg!« sagte er und schlug gleich darauf vor, sich die Übersetzung von

Hegels Geschichtsphilosophie und Carus' Seelenlehre vorzunehmen.

Über Politik wurde oft diskutiert. Dostojewskij hatte eine Kehrtwendung zum Konservatismus gemacht und vertrat jetzt die Ansicht, vorläufig sei es lachhaft, an die Einführung einer konstitutionellen Regierung in Rußland zu denken. Inzwischen sorgten die neuesten politischen Ereignisse für Unruhe. Der Krimkrieg ging schlecht aus für Rußland. Der Koloß auf tönernen Füßen war nach dreißig Jahren reaktionärer, unfähiger Regierung ins Wanken geraten. Am 18. Februar 1855 starb Zar Nikolaus, nach Meinung vieler von eigener Hand. Die Todesbotschaft erreichte Semipalatinsk am 12. März, und noch am selben Tag wohnten Dostojewskij und Wrangel der Totenmesse in der Kathedrale bei.

Der Tod des Zaren und der Ausgang des Krimkriegs waren schlechte Nachrichten für den patriotischen Dichter. Aber zugleich konnten jetzt alle Intellektuellen, die seit der letzten Thronbesteigung ihr Leben in Sibirien fristeten, neue Hoffnung schöpfen. Vielleicht stand eine Amnestie bevor? Baron Wrangel versuchte sofort, seinem Schriftstellerfreund zu helfen. Ob man nicht gegenüber General Dubelt oder Fürst Orlow eine Bemerkung über Dostojewskij fallenlassen könne? fragte er seine Schwester in einem Brief. Es wäre doch grundverkehrt, wenn dieser hochbegabte Mann als Soldat in Sibirien enden müßte!

Mit gespannter Erwartung verfolgte Dostojewskij diese Bemühungen. Denn obwohl sein Soldatenstatus besser war als der eines Sträflings, blieb er doch immer noch vom literarischen Leben ausgeschlossen. Mit einer neuen Ode tröstete er die Kaiserinwitwe in ihrer tiefen Trauer: »Nie wäre er so groß geworden ohne Dich!« Dieses Werk zeigte der Dichter Generalgouverneur Gustav Gasfort, der die »warmen patriotischen Gefühle« darin registrierte und es an die Adressatin weiterleitete. Dostojewskij, heißt es in Gasforts Begleitschreiben, »ist tüchtig im Dienst und tiefunglücklich über sein Verbrechen«. Ob es nicht möglich sei, bei dem neuen Zaren zu bewirken, daß er ihn als Belohnung für seine gute Führung zum Unteroffizier befördere?

Dostojewskijs »warme patriotische Gefühle« blieben nicht ohne Lohn. Ein Bekannter der Familie Wrangel, Prinz Peter von Oldenburg, überreichte das Gedicht der Kaiserinwitwe, und am 20. November 1855 wurde der Schriftsteller, »in Anbetracht seiner guten Führung und seines großen Diensteifers«, zum Unteroffizier befördert. Aber auch wenn Dostojewskij damit als erster der Anhänger Petraschewskijs eine Beförderung erreichte, hatte er immer noch nicht das Recht auf Publikation, immer noch keine Freiheit. Dabei brauchte er die Freiheit jetzt mehr denn je. Er trug sich nämlich mit Heiratsplänen.

III

Kurz nach seiner Ankunft in Semipalatinsk hatte Dostojewskij Alexander Isajew kennengelernt, einen versoffenen ehemaligen Zollbeamten. »Er war verantwortungslos wie ein Zigeuner, eitel, stolz und ohne jede Selbstbeherrschung«, schrieb er über diesen Mann, der mit seiner heuchlerischen Sentimentalität Vorbild für die Figur des Marmeladow in *Schuld und Sühne* wurde. Ganz ohne Achtung für Isajew war Dostojewskij allerdings nicht. Er hatte großes Verständnis für solche »edlen« und »ehrgeizigen«, aber leider heruntergekommenen Gestalten. »Fjodor Michailowitschs Nachsicht gegenüber anderen Menschen kannte keine Grenzen«, schreibt Wrangel. »Er fand Entschuldigungen für ihre schwächsten Seiten – alles erklärte er durch Mängel in der Erziehung und schlechte Umwelteinflüsse. Oft fand er auch Ursachen in ihrem Charakter und Temperament. ›Gott hat sie doch so geschaffen‹, pflegte er zu sagen.«

Isajews Frau galt im besonderen Dostojewskijs Nachsicht und Mitgefühl. Maria Dmitrijewna Isajewa war die Tochter eines Schulinspektors aus Astrachan und eine geborene de Constant: Es hieß, ihr Großvater sei während der Französischen Revolution nach Rußland geflohen. Ihre Ehe mit dem kleinen Beamten war in jeder Hinsicht unglücklich, sowohl für sie als auch für ihren siebenjährigen Sohn Pascha. Die bessere Gesellschaft der Stadt hatte die Familie längst wegen zahlloser skandalöser Szenen abgeschrieben. Nur Dostojewskij hielt zu ihnen. Tagelang redete er dem arbeitslosen Trinker gut zu, unterrichtete seinen Sohn und munterte seine tuberkulöse Frau auf. Er versuchte auch, Wrangel zum Mitkommen zu bewegen, aber der Freund ließ sich nicht herab, mit den zwielichtigen Gestalten zu verkehren, die in diesem Haus aus und ein gingen.

Dostojewskij bemitleidete Maria und wollte ihr gerne helfen. So wie die Mutter im *Jüngling* war sie eins dieser »hilflosen Wesen«, in die man sich nicht unbedingt verliebte, für die man aber unwillkürlich Sympathie empfand. »Sie tun einem leid und ziehen einen dadurch an«, erklärt Wersilow, »und da kann es passieren, daß man nie wieder loskommt.«

Daß Maria im Zusammenleben mit Isajew viel zu leiden hatte, fachte Dostojewskijs Sehnsucht erst recht an. Liebe war für ihn gleichbedeutend mit Aufopferung. Waren Schmerzen und Qualen der Preis, so steigerte das die Intensität des Empfindens. Binnen kurzem wurde sein Mitleid zu einer Leidenschaft, die ihm nicht nur Freude, sondern auch Kummer einbringen sollte. »Ich habe zumindest gelebt«, schreibt er später. »Wenn ich auch litt, so durfte ich doch aufleben.«

Maria Dmitrijewna war eine schmale, blasse Blondine, schwindsüchtig und heißblütig – aufbrausend, hysterisch und launisch, eine gefährliche Kombination aus Katerina Iwanowna und Nastasja Filippowna. »Diese Dame ist noch jung, 28 Jahre, sie ist schön, wohlerzogen, sehr klug, freundlich, bezaubernd, graziös und hat ein zartes, edles Herz«, versicherte er seinem Bruder nach anderthalbjähriger Bekanntschaft mit ihr. Wegen der Tapferkeit, mit der diese heroische Frau ihr hartes Los trug, bewunderte er sie maßlos. Sie war ein »Ritter im Rock« und erinnerte ihn manchmal an seine Mutter.

Aber ihre Beziehung war vom ersten Augenblick an von Mißverständnissen getrübt. Mitleid füreinander war, wie sich herausstellen sollte, ein schwacher Ersatz für gegenseitige Liebe. Offenbar wurden sie beide das Gefühl nicht los, den anderen aus Mitleid zu lieben, und begannen sich vielleicht aus diesem Grund zu hassen. Wrangel, der das zweifelhafte Vergnügen hatte, das Drama aus nächster Nähe mitzuerleben, schreibt:

»Sie war gut zu ihm, aber wohl kaum, weil sie viel für ihn empfand. Eher tat ihr der unglückliche Mann leid, den das Schicksal so unsanft behandelt hatte. Es kann sein, daß sie später auch an ihm hing, aber nie war sie auch nur im mindestens in ihn verliebt. Sie wußte, daß er unter einer Nervenkrankheit litt und kein Geld hatte. Sie sagte, er sei ein Mann ›ohne Zukunft‹. Aber Fjodor Michailowitsch nahm ihr Mitgefühl als Liebesbeweis und verliebte sich mit der ganzen Glut eines Jünglings in sie.«

Dennoch wurde Dostojewskij von Zweifeln geplagt, ob diese *Femme fatale* ihn wirklich liebe. Vielleicht schmeichelte ihr nur die Aufmerksamkeit eines seinerzeit berühmten Schriftstellers? Oder hielt sie lediglich Ausschau nach einem neuen Versorger für sich und ihren Sohn? Diese Zweifel an ihrer Liebe wuchsen immens, als Isajew 1855 eine Anstellung als Gasthausinspektor fand und die Familie mit sich nach Kusnezk nahm, einem sechshundert Kilometer von Semipalatinsk entfernten Kaff. Dostojewskij war dem Wahnsinn nahe, als er von dem Umzug erfuhr. Hatte sie doch gerade erst »bewiesen«, daß sie ihn liebte! »Das Schrecklichste ist, daß sie ihr Einverständnis zur Abreise gegeben hat«, klagt er Wrangel, »sie hat sich nicht einmal dagegen gewehrt.«

Ende Mai brach die Familie Isajew nach Kusnezk auf. Dostojewskij und Wrangel begleiteten sie ein Stück Wegs. Wrangel machte den angehenden Gasthausinspektor mit Champagner betrunken, so daß der Schriftsteller und Maria in trauter Zweisamkeit den Mondschein genießen konnten. »Die Abschiedsszene werde ich nie vergessen«, schreibt Wrangel. »Dostojewskij schluchzte wie ein kleines Kind.«

Aber damit endete nur der erste Akt seines Liebesdramas. Die Fortsetzung läßt sich schwer in allen Einzelheiten schildern. Von Dostojewskijs langen Briefen – laut Wrangel »ganze Kladden voll« – ist nur einer erhalten geblieben; auch Marias Briefe sind verlorengegangen. Zwar erwähnt der Autor das Verhältnis auch, wenn er an andere schreibt, aber in diesen Briefen wurden ganze Passagen von seiner zweiten Frau Anna Grigorjewna sorgfältig getilgt.

Ein Blick in Dostojewskijs ersten und einzig erhaltenen Brief an Maria läßt den Grund für Annas Eifersucht zu einem gewissen Grad erahnen. Er liest sich wie eine flammende Liebesbeteuerung, geschrieben in blindem, dankbarem Gefühlsüberschwang. »Sie sind eine bewunderungswürdige Frau, Sie haben ein Herz von ungewöhnlicher kindlicher Güte«, heißt es darin. »Schon der Umstand allein, daß eine Frau mich so freundschaftlich behandelt hat, war ein großes Ereignis in meinem Leben. Denn selbst der beste Mann ist manchmal, mit Verlaub zu sagen, nur ein Klotz. Das weibliche Herz, das weibliche Mitleid, die weibliche Teilnahme, die unendliche Güte, von der wir keine Ahnung haben und die wir in unserer Dummheit oft gar nicht bemerken, sind unersetzlich. All das habe ich in Ihnen gefunden!«

Mit größtem Verständnis geht er auf Marias Klagen über ihr hartes Los ein. Wenn er ihr doch nur helfen könnte! Als sie ihre Mühe mit einer alten kranken Großmutter erwähnt, gerät er ganz außer sich. Sein sonst nie nachlassendes Mitleid mit den Schwachen, Hilflosen wird ganz von seiner verzehrenden Leidenschaft übermannt:

»Ihre Großmutter sehe ich lebhaft vor Augen. Die schlechte Alte! Wie sie Ihnen zusetzt und das Leben vergällt. Soll sie doch bis an ihr Lebensende bei ihren Schoßhündchen bleiben. Ich hoffe, daß es Alexander Iwanowitsch gelingen wird, von ihr das Testament zu erpressen und sie selbst nicht ins Haus zu lassen. Man muß sie überreden, daß es auch für sie das beste ist; sonst müßte sie sich schriftlich verpflichten, binnen dreier Monate zu sterben (und für jeden Monat 1000 Rubel zu zahlen); nur unter dieser Bedingung dürfen Sie sie aufnehmen. Werden Sie sich denn in der Tat bei Ihrer schwachen Gesundheit mit all den Schoßhündchen abgeben müssen? Solche alten Weiber sind ja wirklich unerträglich!«

Die Briefe aus Kusnezk bereiteten ihm auch sonst mehr Sorgen als Freude. Marias Klagen über Krankheit und Armut nahmen mit der Zeit überhand. Der Schriftsteller geriet in Verzweiflung, wurde mit einem Mal abergläubisch und suchte Wahrsagerinnen auf. »Er magerte zusehends ab«, berichtet Wrangel. »Er war finster, reizbar, nur noch ein Schatten seiner selbst und mußte sogar seine Arbeit an den *Aufzeichnungen aus einem Totenhaus* abbrechen.«

Wrangel schlug ihm vor, ein Treffen der beiden auf halbem Wege zwischen Kusnezk und Semipalatinsk zu arrangieren. Dostojewskij war von der Idee begeistert, fürchtete aber, keine Genehmigung für eine so weite Reise zu erlangen. Mit Hilfe des Militärarztes brachte es Wrangel jedoch fertig, das Gerücht auszustreuen, der Schriftsteller sei schwerkrank und dürfe die nächsten Tage nicht gestört werden. In größter Hast jagten sie dann zu dem vereinbarten Treffen davon. Vergebens! Dostojewskij war unsagbar verzweifelt, als er bei seinem Eintreffen nur die Nachricht vorfand, Maria könne wegen einer Erkrankung ihres Mannes nicht kommen.

Da traf Mitte August 1855 die Nachricht ein, daß Isajew verstorben war. Der Sohn erstickte fast in Tränen, und Maria litt unter Einsamkeit und Schlaflosigkeit. Aber am schlimmsten war doch die Armut. Wer sollte jetzt sie und ihren Sohn versorgen? Sogar für die Beerdigung ihres Mannes hatte sie Schulden machen müssen. »Die Not zupfte mich am Ärmel, ich hielt die Hand auf und nahm . . . Almosen!« schreibt sie. Ob er sie nicht bedaure?

Und ob! Jetzt mobilisierte er seine ganze Energie, um Maria zu helfen. Er nahm Kredit auf und schickte ihr Geld, er bemühte sich, Pascha an der Kadettenschule in Omsk unterzubringen. Aber ihr Herz zu gewinnen, gelang ihm nicht. Vielmehr steigerte sich mit jedem Tag die Angst, sie könne demnächst einen anderen nehmen. Die Heiratswilligen mußten doch Schlange stehen, um die schöne Witwe zu erobern, diesen »himmlischen Engel«. Und siehe da – nach kurzer Zeit bat sie ihn unschlüssig um Rat: Was solle sie antworten, wenn »ein älterer Herr mit guten Eigenschaften, ein wohlsituierter höherer Beamter« um ihre Hand anhielt?

Dostojewskij fand sich unverhofft in der gleichen Situation wie Dewuschkin in den *Armen Leuten* wieder, der hilflos zusehen muß, wie seine geliebte Warenka den alten, wohlhabenden Bykow heiratet. Genau wie Dewuschkin wurde er während der Hochzeitsvorbereitungen seiner Angebeteten zum Laufburschen degradiert. Jetzt mußte er ihr rasch beistehen, damit sie ihre Witwenrente ausbezahlt bekam und wieder heiraten konnte. In seinem Erstling hatte er sich doch tatsächlich sein eigenes Schicksal prophezeit! Er, der einzige, der ein Anrecht auf sie hatte! »Gott bewahre uns vor diesem furchtbaren, erschütternden Gefühl«, schreibt er am 23. März 1856 an Wrangel. »Groß sind die Freuden der Liebe, aber die Leiden sind so schrecklich, daß es besser wäre, nie zu lieben.«

Die gleiche verzweifelte Stimmung herrscht auch in den Briefen an seinen Bruder vor. Diese Frau war ihm jetzt alles, und das machte ihn taub für etwaige Einwände. »Ich lebe und atme nur für sie . . . Sie hat versprochen, meine Frau zu werden. Sie liebt mich und hat es bewiesen. Aber jetzt ist sie gänzlich allein, ohne jede Hilfe . . . Wie bin ich unglücklich! Es ist furchtbar! Ich bin ganz ausgelaugt, erschlagen! Meine Seele schmerzt. Lange habe ich gelitten, sieben Jahre, und die schlimmsten Qualen ertragen, die man sich vorstellen kann, doch alles hat seine Grenzen! Ich bin doch nicht aus Stein!« Gleichzeitig bittet er seinen Bruder, den Geschwistern nichts von seiner Liebe zu sagen. »Vernünftige Ratschläge« fürchtet er mehr als alles andere.

Maria genoß ihre Macht und spielte weiter mit Dostojewskijs »unvergleichlicher Eifersucht«. Zart und beruhigend versicherte sie ihm, daß der gutsituierte höhere Beamte gar nicht existiere. Sie habe nur seine Hingabe auf die Probe stellen wollen! Wahrscheinlich war es eher ein Versuch, mit ihm zu brechen, ohne ihn zu sehr zu verletzen. Wenig später breitete sie sich nämlich schwärmerisch über ihre Treffen mit einem »jungen, sympathischen Lehrer von edlem Gemüt« aus. Von den *Armen Leuten* geriet der Autor unversehens in die *Weißen Nächte:* Ein jüngerer Rivale war aufgetaucht! »Dostojewskij verschmachtete vor Eifersucht«, erzählt Wrangel, »es war unheimlich, mitanzusehen, wie sich sein umwölkter Sinn auf seinen Gesundheitszustand auswirkte.« Um der Verzweiflung Worte zu verleihen, mußte der Schriftsteller zum Griechischen greifen: »Eheu!« – o weh – ist ein immer häufiger wiederkehrender Ausruf in seinem Tagebuch aus der Zeit.

Als nächstes mußte er endlich die Ungewißheit beenden. Im Sommer 1856 nimmt er während einer Dienstreise nach Barnaul das Risiko auf sich, ohne Beurlaubung nach Kusnezk zu fahren. »Ich habe sie gesehen!« jubelt er in einem Brief an Wrangel. »Was für eine edle, was für eine engelgleiche Seele!« Aber in die Wiedersehensfreude mischte sich der erste Wermutstropfen: Sie konnte nur bestätigen, daß sie den Schullehrer liebte, einen unscheinbaren Jüngling namens Nikolaj Wergunow. »Sie weinte, küßte meine Hände, aber sie liebt einen andern«, mußte Dostojewskij verzweifelt feststellen. Trotzdem – ohne Hoffnung wollte sie ihn nicht entlassen. »Aber sie sagte mir: ›Weine nicht, sei nicht traurig, noch ist nicht alles entschieden; du und ich und kein anderer!‹ Das sind genau ihre Worte. Ich verbrachte dort zwei unvorstellbare Tage, voll unerträglicher Leiden und Glückseligkeit! Gegen Ende des zweiten Tages reiste ich *hoffnungsfroh* ab.«

Aber kurz darauf erhielt er einen Brief nach dem anderen, worin schwarz auf weiß stand, daß sie doch den anderen liebte – den Lehrer! Was wollte sie denn nur mit dem – er war doch fünf Jahre jünger als sie und verdiente nur dreihundert Rubel im Jahr! Was hatte ein ungehobelter Sibirjake einer kultivierten, gebildeten Frau wie ihr zu bieten? Wollte sie sich denn ein zweites Mal wegwerfen? Mußte dieser junge Spund ihr nicht über kurz oder lang vorwerfen, sie habe auf seine Jugend spekuliert, um ihre Wollust zu befriedigen? Vielleicht standen dem »reinen, heiligen Engel« Kränkungen dieser Art bevor! »Mein Herz zerspringt bei dem Gedanken. Ich liebe ihr Glück mehr als das meinige. Ich habe mit ihr über all das gesprochen . . . Sie hörte mich an und war verblüfft. Doch bei Frauen gewinnt das Gefühl sogar über den gesündesten Menschenverstand die Oberhand.«

Eine Begegnung zwischen Dostojewskij und Wergunow brachte natürlich auch keine Klärung. »Ihm bin ich nahegekommen«, erfährt Wrangel vom Freund, »er weinte bei mir, aber er kann auch nichts anderes als weinen!« Begriff dieser Lehrer denn gar nicht, daß er drauf und dran war, nur um seines eigenen Glücks willen das Leben einer Frau zu zerstören? Er war doch mittellos und so viel jünger! Aber Wergunow war nur beleidigt ob solcher Vorhaltungen, und Maria verteidigte ihn ganz entschieden.

Zögernd mußte der Schriftsteller erkennen, daß er auch die zweite Runde verloren hatte. Aber *sie* durfte auf gar keinen Fall der Not und Armut preisgegeben werden! Ob Wrangel nicht versuchen könne, etwas für diesen Lehrer zu tun? »Loben Sie ihn um alles in der Welt . . . Offenbar besitzt er einen Rang . . . Das alles ist für *sie, für sie allein*«, schließt er seine verzweifelte Bitte.

Unterdessen quälte Maria ihre Verehrer und sich selbst um deretwegen. Dieses ans Sadomasochistische grenzende Spiel machte ihr ein Vergnügen, das Dostojewskijs Empfinden ähnlich war. Auch er litt, doch aus seiner Qual schöpfte er Begeisterung: Spannung, Tränen, Leidenschaft, Verletzungen und Begehren – all das vereinte sich zu inbrünstigem Auskosten der Intensität des Lebens. Manchmal empfand er, daß er sie jetzt noch mehr liebe als zuvor, eben weil sie ihn gepeinigt und betrogen hatte.

In Marias Augen war und blieb Dostojewskij ein Mann ohne Zukunft. Könnte er seine soziale Stellung doch durch Beförderung zum Offizier verbessern! Dann würde er »allen und jedem vorgezogen«, schreibt er an Wrangel. Schließlich war es wirklich zuviel verlangt, daß eine solche Frau einen einfachen Unteroffizier zum Mann nahm.

Da Wrangels Vorfühlen in Petersburg vorerst ergebnislos blieb, ergriff Dostojewsij selbst eine gewagte Initiative, um weiterzukommen. Auf der Ingenieurakademie hatte er Eduard Totleben kennengelernt, der mit seiner tapferen Verteidigung Sewastopols in ganz Europa von sich reden gemacht hatte und jetzt ein Favorit des Zaren war. Am 24. März 1856 schrieb der Autor einen langen Brief an den Generaladjutanten, in dem er von seiner »traurigen Geschichte« Rechenschaft ablegt.

»Ich war schuldig, dessen bin ich mir vollkommen bewußt. Man überführte mich der Absicht (doch nicht mehr) zu regierungsfeindlichen Aktionen; ich wurde gerecht und nach dem Gesetz verurteilt.« Aber seither hätten sich seine Ansichten sehr geändert, und es erscheine ihm hart, für etwas büßen zu müssen, das längst aus der Welt geschaffen sei, »das sich in mir ins Gegenteil verkehrt hat«. Der Militärdienst könne doch unmöglich sein Lebenszweck sein? Dagegen habe er einen nicht unbeträchtlichen Erfolg als Schriftsteller aufzuweisen. Wenn er nur wieder eine Druckgenehmigung bekäme! »Den Beruf des Schriftstellers halte ich seit jeher für einen ehrenvollen und nützlichen, und ich hege die Überzeugung, daß ich nur auf diesem Gebiet gewinnbringend wirken kann . . .«

Wrangel wandte sich unverzüglich an Totleben, den Dostojewskijs Brief zutiefst bewegt hatte und der versprach, seinen Einfluß auf Zar Alexander II. geltend zu machen. Und als der Zar obendrein eine Ode zu seiner Krönung übersandt bekam, in der Jesus Christus als sein Vorbild für Liebe und Vergebung beschworen wurde, da kamen die Dinge endlich ins Rollen. Im Spätherbst faßte der Zar folgenden Beschluß:

»Seine Majestät geruhen zu befehlen, der Kriegsminister möge schriftlich die Beförderung des Fjodor Dostojewskij zum Fähnrich in einem Regiment der Zweiten Armee veranlassen. Sollte ihm dies Schwierigkeiten bereiten, so ist er mit einem Rang 14. Klasse zu verabschieden und in ziviler Stellung zu beschäftigen. In beiden Fällen soll er sich mit Literatur befassen dürfen und erhält die Genehmigung, seine Schriften rechtmäßig zu drucken.«

Dostojewskij wurde am 26. Oktober 1856 zum Offizier ernannt. Endlich hatte sich sein Wunsch erfüllt; aber die Freude war nicht ungetrübt: Die Behörden hatten beschlossen, den Schriftsteller weiter unter Sicherheitsbewachung zu stellen. Erst, wenn er sich »in jeder Hinsicht einwandfrei« führte, kam eine Druckgenehmigung in Frage.

Im April 1857 war es dann endlich soweit: Dostojewskij erhielt grünes Licht für die Veröffentlichung neuer Werke.

Ein kleiner Held – die Erzählung, an der er während seiner Haft in der Peter-Pauls-Festung gearbeitet hatte – wurde im August desselben Jahres veröffentlicht. Zu der Zeit war seine Arbeit an zwei neuen Kurzromanen schon weit fortgeschritten: *Onkelchens Traum* und *Das Gut Stepantschikowo und seine Bewohner,* die beide 1859 erschienen.

Diese Bücher können seinen frühen Werken kaum das Wasser reichen und haben bei weitem nicht das Niveau der Romane, die später folgten. Sie sind in der Tat so schwach, daß ihr Autor später gar nicht gern an sie erinnert wurde. »Je mehr Kürzungen, desto besser«, schreibt er im Herbst 1873 einem Kollegen, der eine Bühnenfassung von *Onkelchens Traum* plante. Und der Name des Verfassers durfte keinesfalls auf den Plakaten erscheinen!

Was an diesen Werken noch am positivsten auffällt, ist, daß sie Dostojewskijs imposante Bandbreite und Ideenvielfalt belegen. Und indem sie zeigen, aus was für einem unermeßlichen Reservoir seine Phantasie schöpfen konnte, verraten sie auch eine Menge über des Autors künstlerische Qualitäten. Die qualvollen Erlebnisse im Totenhaus kaum überwunden, begab er sich schon an zwei humoristische Skizzen aus dem Landleben. *Onkelchens Traum,* eine Farce, erzählt von dem Versuch, ein junges Mädchen an einen trübsinnigen alten Fürsten zu verheiraten. *Das Gut Stepantschikowo* dagegen schildert die Tyrannei eines Schmarotzers in Form einer Komödie mit gelegentlichen Ausfällen gegen den Lehrmeister Gogol.

Darüber hinaus nehmen diese beiden Bücher einiges vom späten Dostojewskij vorweg: Ersteres, indem es den Typus einer stolzen, sich freiwillig opfernden Frau einführt; letzteres mit seiner Darstellung eines gedemütigten Menschen, der sich auf einmal für die aufgestauten Erniedrigungen rächt. Doch das humoristische Genre lag diesem Schriftsteller nicht. Von einzelnen Skandalszenen abgesehen, ist sein Witz umständlich. Hinzu kam, daß Dostojewskij sich aus begründeter Furcht vor der Zensur notgedrungen von der russischen Realität fernhalten mußte. In einer von politischen Reformideen bewegten Zeit schrieb er Idyllen von senilen Fürsten und edlen Gutsbesitzern, ohne die brennenden Probleme seines Landes auch nur zu erwähnen.

Infolgedessen bekam Dostojewskij trotz des Wohlwollens und der Hilfsbereitschaft von Zeitschriftenredaktionen die größten Schwierigkeiten, seine Romane unterzubringen. Nikolaj Nekrasow vom *Zeitgenossen* und Michail Katkow vom *Russischen Boten* konnten über diese hoffnungslos veraltete Prosa nur die Köpfe schütteln. »Dostojewskij ist als Schriftsteller vollkommen erledigt«, lautete Nekrasows trauriger Kommentar. »Er ist ausgebrannt.« Als diese Manuskripte schließlich und endlich in weniger einflußreichen Zeitschriften für weitaus geringere Honorare gedruckt wurden, erschien keine einzige Besprechung. Eine enttäuschende Wiederaufnahme seiner so vielversprechenden Schriftstellerlaufbahn! Konnte er sich damit profilieren zu einer Zeit, da Turgenjew eben *Ein Adelsnest* veröffentlicht hatte und Gontschwarow mit seinem *Oblomow* berühmt geworden war? Daß man in den literarischen Zirkeln der Hauptstadt über die »Huldigungsoden« an Macht und Alleinherrschaft des Zaren dieses früher so radikalen Dichters herzog, machte alles noch schlimmer. Dostojewskij sollte einen harten Kampf um seine Rückkehr zur Literatur ausfechten. Die Gefühle und Gedanken, die im Dunkel des Zuchthauses in ihm gereift waren, brauchten Jahre, ehe sie Früchte trugen.

Immerhin war er doch wenigstens Offizier geworden, was seine Chancen bei Maria erhöhte. »Ich denke an nichts anderes mehr. Sie nur sehen, sie hören! Ich bin ein unglückseliger Wahnsinniger! Liebe in dieser Form ist Krankheit. Ich fühle das.« Und in einem Brief an Michail: »Wie das enden soll, weiß ich nicht. Ich hätte den Verstand verloren, oder es wäre noch schlimmer gekommen, hätte ich sie nicht wiedergesehen . . . Sie ist ein Engel Gottes, der mir auf meinem Weg begegnet ist, und das Leid schmiedet uns zusammen.«

Eine Frau zwischen zwei Männern . . . ein Motiv, das Dostojewskijs gesamte Jugenddichtung durchzieht, angefangen bei den *Armen Leuten* über *Die Wirtin* bis *Weiße Nächte*. Diese Konstellation kannte er besser als manch anderer, sowohl aus der Literatur als auch aus der Realität. In einem

Brief an Wrangel, der damals unglücklich in die Ehefrau des Generals Gerngross verliebt war, betont er das Aussichtslose einer Beziehung, die nicht auf gegenseitiger Liebe beruht. Diese Frau sei seiner nicht wert, schreibt er; er müsse sich in ihr getäuscht haben. Könne er denn wirklich nicht einsehen, daß sie nur mit ihm spiele? Und ob er denn gar nicht sehe, wie hoffnungslos naiv er sich in diesem Spiel gebärde? »Sie werden sie glücklich machen, wenn Sie sie in Frieden lassen. Sie ist, da bin ich sicher, ganz dieser Meinung.«

Anderen gute Ratschläge zu geben, war allerdings leichter, als sie selbst zu befolgen. Deshalb fuhr er fort, Marias Mitleid als Erwiderung seiner Liebe auszulegen. Er konnte ja so gut verstehen, daß ihr die Entscheidung schwerfiel und sie mit ihm *und* dem Schullehrer »gut Freund« sein wollte. Aber jetzt mußte er eine endgültige Antwort haben, und zwar keine abschlägige!

Ende November trifft er wieder in Kusnezk ein, und zwar im Gala seiner Offiziersuniform. Es läßt sich nur mutmaßen, was am meisten auf Maria wirkte: seine Beförderung oder sein Versprechen, Pascha eine gute Erziehung angedeihen zu lassen. Jedenfalls gab sie ihr Jawort; »denn sie liebt mich, davon bin ich überzeugt«, wie er Wrangel versichert. Zugleich macht er sich erneut Sorgen um seinen armen Rivalen. Könnte Wrangel nicht ein Wort für ihn beim Generalgouverneur einlegen, so daß er zumindest ins höhere Lehramt aufrückte? Das hatte dieser prächtige junge Mann, der ihm jetzt »lieber als ein Bruder« geworden war, wahrhaftig verdient!

Das Ringen um Marias Gunst war hart gewesen, aber jetzt, als er den Sieg davontrug, empfand er nichts als Erschöpfung und Gleichgültigkeit. Die Spannung war verflogen, sein Sieg kam zu spät, und der Preis war zu hoch: Jetzt galt es, sowohl seinem Rivalen als auch dem Stiefsohn eine Ausbildung zu ermöglichen. Die Briefe, die er Anfang Dezember bei seiner Rückkehr nach Semipalatinsk schreibt, verraten keinerlei Begeisterung über die bevorstehende Hochzeit. Statt dessen enthalten sie nüchterne Kalkulationen notwendiger Ausgaben und phantasievolle Spekulationen, woher noch Geld zu beschaffen wäre. Er besaß nämlich nichts als eine Matratze und ein Kopfkissen. Maria müsse unbedingt neu ausgestattet werden, erklärt er dem Bruder – Stoff für ein schönes Kleid, eine Pelerine, ein halbes Dutzend holländischer Taschentücher und zwei Häubchen, »am liebsten mit blauen Bändern, nicht teuer, aber hübsch«.

Die Familie Kumanin, von jeher letzte Rettung in der Not, nahm zunächst eine ablehnende Haltung gegenüber seinen Heiratsplänen ein. Kaum war er aus dem gröbsten Schlamassel heraus, da wollte er auch schon einen anderen Menschen mit sich ins Verderben ziehen! Trotzdem schickten sie ihm schließlich sechshundert Silberrubel. Ein paar hundert bekam er auch von seinen Geschwistern, und den Rest borgte er sich bei Bekannten in der Stadt.

Am 6. Februar 1857 wurde die Heiratsurkunde in Kusnezk ausgestellt. »Beide sind mündig und im heiratsfähigen Alter«, steht im Kirchenbuch, »der Bräutigam ist vierunddreißig Jahre, die Braut neunundzwanzig, und beide sind in vollem Besitz ihrer geistigen Kräfte.«

Der kirchlichen Trauung am 15. Februar wohnten nur wenige Gäste bei. Einer der Trauzeugen war Wergunow. Die Atmosphäre muß angespannt gewesen sein: Vor dem Altar stand die Braut zwischen Bräutigam auf der einen und dessen Rivalen auf der anderen Seite. Dostojweskij plagten Zweifel und Unsicherheit. Wenn sie es sich nun in letzter Minute anders überlegte und aus der Kirche lief, Wergunow hinterher? Oder wenn er selbst den Verstand verlor? In diesem Moment muß der Schriftsteller das Drama antizipiert haben, das er zwölf Jahre später im *Idioten* schildern sollte, wo Nastasja Filippowna im letzten Moment vor der Trauung mit Fürst Myschkin mit Rogoschin auf und davon geht.

Das Verhältnis zwischen Dostojewskij und Maria hatte zwar kein ganz so tragisches Nachspiel wie das im Roman geschilderte. Aber traurig ging es auch aus; die Weichen dafür wurden schon auf der »Hochzeitsreise« zurück nach Semipalatinsk gelegt.

Die nervlichen Belastungen der letzten Tage waren äußerst hoch gewesen, und jetzt stellte sich die Reaktion ein.

Auf dem Rückweg erlitt Dostojewskij während eines Aufenthalts in Barnaul einen schweren Anfall, der bald als »echte Epilepsie« diagnostiziert wurde. Schon seit seiner Zeit im Ostrog hatte er den Verdacht, an Fallsucht zu leiden. Die Ursache seien, so meinte er, seine erschütternden Erlebnisse auf dem Semjonow-Platz gewesen. Bei genauerem Nachdenken fiel ihm jetzt ein, daß er in Sibirien mehrere Anfälle gehabt hatte, unter anderem, weil ihn die Bataillonskameraden zum Trinken nötigten. Aber die Ärzte hatten ihm nicht glauben wollen; jetzt erst wurde die Krankheit konstatiert. Wenn er nicht vorsichtig war, warnte ihn der Arzt, konnte er an »Spasmen der Kehle« ersticken. Er mußte so rasch wie möglich sachkundigen Rat von Spezialisten einholen.

Die ärztliche Diagnose brachte ihm jedenfalls Gewißheit. Und seine Krankheit war ein guter Grund, den Militärdienst zu quittieren. Ein Epileptiker konnte unmöglich als Offizier Dienst tun. Aber für seine Ehe war dieser Anfall, quasi in der Hochzeitsnacht, ein schlechtes Omen. Eine Vorstellung von dem Entsetzen, das Maria beim Anblick ihres verzerrten, bewußtlosen Mannes gepackt haben muß, gibt uns Dostojewskij in seiner Beschreibung eines Anfalls von Fürst Myschkin im *Idioten*, bei dem sogar Rogoschin außer Fassung gerät:

»Es ist bekannt, daß epileptische Anfälle urplötzlich auftreten. In diesem Augenblick wird das Gesicht außerordentlich entstellt, besonders die Augen. Krämpfe und Zuckungen erfassen den ganzen Körper und alle Gesichtszüge. Ein schauerlicher Aufschrei, den man sich gar nicht vorstellen kann und der sich mit nichts vergleichen läßt, entringt sich der Brust; in diesem Aufschrei scheint plötzlich alles Menschliche zu verschwinden, und es ist für den Beobachter ganz unmöglich oder wenigstens sehr schwer, sich vorzustellen und zuzugeben, daß dieser Mensch so schreien könne. Man hat vielmehr den Eindruck, als schreie jemand anders, der sich im Innern dieses Menschen befindet. Viele haben wenigstens ihren Eindruck so zusammengefaßt, bei vielen aber weckt der Anblick eines Menschen im epileptischen Zustand ein entschiedenes und unerträgliches Grauen, das sogar etwas Mystisches an sich hat. Man muß annehmen, daß ein solches Gefühl plötzlichen Grauens, verbunden mit allen anderen entsetzlichen Eindrücken dieses Augenblicks, Rogoschin erstarren machte und so den Fürsten vor dem unvermeidlichen Stich mit dem Messer bewahrte, das sich schon auf ihn herabsenkte. Dann, ehe er noch erraten hatte, daß es sich um einen Anfall handelte – er sah bloß, daß der Fürst vor ihm zurückwich und plötzlich hinstürzte, rückwärts die Treppe hinab, und mit aller Wucht mit dem Nacken gegen die steinernen Stufen schlug –, stürzte Rogoschin Hals über Kopf hinab, rannte an dem Liegenden vorüber und lief wie von Sinnen aus dem Gasthause.«

Mit einem Mal packte Maria die Reue, und die behielt sie nicht für sich. Warum nur hatte sie nicht den jungen Lehrer diesem alternden Epileptiker vorgezogen? Wie konnte eine Frau mit Selbstachtung überhaupt einen ehemaligen Sträfling lieben, einen Mann, der vier Jahre mit Dieben und Mördern im Zuchthaus verbracht hatte? »Eine Frau, die sich trauen läßt, rächt sich später immer an ihrem Mann.« Zynische Worte von Pjotr Werchowenskij in den *Dämonen*, die aber durchaus auf Dostojewskijs bitteren Erfahrungen aus seiner Ehe mit Maria beruhen. »Mein Leben ist hart und bitter«, schreibt er Ende 1858. Immer öfter quälen ihn jetzt Vorahnungen eines baldigen Todes, und sein »himmlischer Engel« taucht in den Briefen schon längst nicht mehr auf.

Das Eheleben mit der launischen, eifersüchtigen Maria führte zu einer rapiden Verschlechterung seiner Gesundheit. Die Anfälle traten in immer kürzeren Abständen ein, jedes Mal mit schmerzlicheren Folgen: vollständige Erschöpfung, lang anhaltende Gedächtnislücken und schwere Depressionen. Im Dezember 1858 schrieb ihm sein Bataillonsarzt in Semipalatinsk folgendes Attest:

»Der Patient ist 35 Jahre und von eher schwacher Konstitution. 1850 hatte er seinen ersten Epilepsieanfall, der sich in Schreien, Gedächtnisverlust, Zuckungen, Schaum um den Mund und Atembeschwerden mit schwachem und schnellem Puls äußerte. Der Anfall dauerte 15 Minuten. Darauf folgten gewöhnliche Erschöpfung sowie die Wiedererlangung des Bewußtseins. 1853 hatte er wieder einen Anfall, und seither stellen sie sich regelmäßig gegen Monatsende ein. Zur Zeit fühlt Herr Dostojewskij sich äußerst entkräftet: er leidet häufig an Nervenschwäche infolge eines organischen Hirnleidens.

Obgleich Herr Dostojewskij seit vier Jahren sozusagen ohne Unterbrechung an Epilepsie leidet, hat sein Zustand sich nicht gebessert; folglich kann er nicht im Dienst Seiner Majestät verbleiben.«

Am 17. April 1857 hatte Dostojewskij seinen ererbten Adelstitel zurückerlangt, ein Gunstbeweis, den er als »vollständige Vergebung« seines Verbrechens interpretierte. Ausgerüstet mit der neuen ärztlichen Bescheinigung, reichte er am 16. Januar 1858 sein Abschiedsgesuch ein mit der Bitte, sich in Moskau niederlassen zu dürfen. Darauf erhielt er allerdings den Bescheid, daß er als ehemaliger Staatsverbrecher nicht ohne weiteres mit der Erlaubnis rechnen könne, in die Hauptstadt ziehen zu dürfen. Also wählte er Twer (das heutige Kalinin) zum neuen Wohnort, eine Stadt mit guten Verkehrsverbindungen nach Moskau und Petersburg. Erst ein Jahr später, am 18. März 1859, wurde er im Rang eines Leutnants verabschiedet. Aber, so entschied der Zar, der Schriftsteller habe weiterhin unter geheimer Überwachung zu stehen.

Am 2. Juli 1859 brachen sie endlich zu zweit von Semipalatinsk auf. Unterwegs machten sie in Omsk Halt, um Pascha abzuholen, den Dostojewskij an der Kadettenschule untergebracht hatte. Der Stiefsohn entwickelte sich bereits zum Sorgenkind und sollte ihm bald viel Kopfzerbrechen bereiten. Weiter ging die Fahrt über Tjumen, Jekaterinburg (das heutige Swerdlowsk), Nischnij Nowgorod (das heutige Gorkij) und Wladimir. Das Wiedersehen mit Europa war ein großartiges Erlebnis:

»Eines schönen Tages gegen fünf Uhr nachmittags, als wir Ausläufer des Uralgebirges passierten, hatten wir die Grenze zwischen Asien und Europa erreicht ... Wir stiegen aus dem offenen Wagen, und während ich mich bekreuzigte, dankte ich Gott dafür, daß er mich endlich das gelobte Land schauen ließ. Dann holten wir ein Fläschchen Orangenlikör hervor, stießen auf den Abschied von Asien an und gingen in den Wald, wo wir Erdbeeren im Überfluß pflückten.«

Ein Leidensjahrzehnt war zu Ende. Jetzt stand Dostojewskijs Wiederauferstehung als Künstler und Prophet bevor.

Die Ausgangssituation war vielversprechend. Die Bedeutung seiner Verbannung läßt sich kaum überbewerten. Seine leidvollen Erfahrungen – vier Jahre im Zuchthaus mit den gefährlichsten Verbrechern des ganzen Landes zusammengewohnt und -gearbeitet und das gleiche Schicksal erlitten zu haben wie die Dekabristen, die Helden der russischen Jugend – verschafften ihm Gehör und Autorität. Als man ihn später fragte, mit welchem Recht er sich zum Sprachrohr des Volkes mache, konnte er einfach die Hosenbeine hochkrempeln und auf die Narben von seinen Ketten zeigen: »Hier ist mein Recht!« Und es wurde still. Dostojewskij war nicht nur ein großer Dichter, sondern auch ein großer Märtyrer, der wie Christus als Staatsverbrecher angeklagt und abgeurteilt worden war.

Wichtiger noch war seine Konsequenz aus diesen Erfahrungen: Umwertung aller Werte und Wiedergeburt. »Damals kam mir das Schicksal zu Hilfe«, äußerte er sich später, »das Zuchthaus hat mich gerettet . . . Ich wurde ein vollkommen neuer Mensch . . . Oh, das Zuchthaus und Sibirien waren ein großes Glück für mich . . . Nur dort durfte ich ein gesundes und glückliches Leben führen, dort fand ich auch zur Klarheit über mich selbst und lernte Christus verstehen . . .«

Einer Dame, die ihr Entsetzen über die Qualen ausdrückte, die er durchlitten hatte, gab er eine ähnliche Antwort: »Sie irren sich, ich habe wirklich keinen Grund, zu klagen. Es war eine gute Schule. Sie bestärkte mich im Glauben und weckte meine Liebe zu denen, die alle Leiden mit Geduld ertragen. Sie festigte auch meine Liebe zu Rußland und öffnete mir die Augen für die überragenden Eigenschaften des großen russischen Volkes.«

6

Die Heimkehr

Das Wort, das Wort ist etwas Großes!

I

»Ich habe die Bürden des Familienlebens auf mich genommen und trage sie«, schreibt Dostojewskij, als er endlich nach anderthalbmonatiger Reise in Twer ankommt. »Aber ich habe durchaus nicht das Gefühl, das Leben wäre zu Ende, und auch nicht etwa den Wunsch zu sterben.«

Optimismus konnte er auch gut gebrauchen, denn abgesehen von einem rührenden Wiedersehen mit Michail Ende August hatte ihm diese »unvorstellbar langweilige Stadt« wenig Erfreuliches zu bieten. »Nebelig, kalt, Häuser aus Stein, menschenleer, keine Interessen – nicht einmal eine ordentliche Bibliothek. Ein regelrechtes Gefängnis!« Die Preise waren viel zu hoch, die Menschen selbstzufrieden – vom ersten Tag an mißfiel ihm alles gründlich. Nicht verwunderlich, daß er später seine *Dämonen* in dieser ungeliebten Stadt spielen ließ.

Es war kaum der angemessene Ort für einen Schriftsteller, der von einem glänzenden *Comeback* träumte. Wohl wissend, daß mehrere Anhänger Petraschewskijs seit langem ihre volle Freiheit wiedererlangt hatten, nahm Dostojewskij eine Wohnung in der Nähe der Post und machte sich sogleich an die Arbeit, die Aufhebung seiner Verbannung aus den Hauptstädten zu erwirken. Alte und neue Kontakte mit

»einflußreichen Personen« nutzte er intensiv. Durch Baron Wrangel ließ er Gerneraladjudant Totleben wieder einen Brief zukommen: Er sei darauf angewiesen, in Petersburg zu wohnen; zum einen wegen dringend erforderlicher ärztlicher Hilfe, zum anderen, um seinen Stiefsohn dort auf einer Schule unterzubringen, aber vor allem, um zur Literatur zurückkehren zu können. »Eduard Iwanowitsch! Retten Sie mich auch dieses Mal! Gebrauchen Sie Ihren Einfluß, so wie vor drei Jahren . . . All meine Hoffnung ist auf Sie gerichtet. Ich weiß, daß ich Ihnen zur Last falle. Aber vergeben Sie einem kranken, unglücklichen Mann. Ja, ich bin immer noch unglücklich.« Ein ähnlicher Brief ging an den Chef der Geheimpolizei, Fürst Dolgorukow.

Nicht lange, und der geschäftige Schriftsteller hatte sich auch die Gunst Graf Pawel Baranows gesichert, des Generalgouverneurs von Twer, der ihm dazu riet, eine Bittschrift direkt an Zar Alexander II: zu richten. Er wollte das Schreiben dann selbst durch seinen Vetter weiterleiten, Graf Wladimir Adlerberg, damals Hofminister. Der durch regelmäßige Polizeiberichte über Dostojewskij bestens informierte Generalgouverneur konnte ihm »besonders gute« Führung bescheinigen.

»Ich, ein ehemaliger Staatsverbrecher, erkühne mich, meine demütige Bitte vor Ihren erhabenen Thron niederzulegen«, beginnt Dostojewskij seinen Brief an den Zaren. »Schenken Sie mir ein neues Leben und die Möglichkeit, nach meiner Genesung meiner Familie und vielleicht auf irgendeine Weise auch meinem Vaterland nützlich zu sein . . . Ich weiß, daß ich der Wohltaten Eurer Kaiserlichen Majestät unwürdig und der Letzte unter jenen bin, die hoffen dürfen, Eure Kaiserliche Gnade zu verdienen. Doch ich bin unglücklich, und Sie, unser Herrscher, sind grenzenlos barmherzig. Verzeihen Sie meinen Brief und strafen Sie mit Ihrem Zorn nicht einen Unglücklichen, der Gnade Bedürfenden.«

Es vergingen Wochen; die Mühlen der Bürokratie mahlten langsam. Sein mehrgleisiges Vorpreschen verzögerte die Sache nur. »Die Situation ist schwierig und betrüblich«, klagt er Anfang Oktober dem Bruder. »Ich frage mich, ob mein

Unglück jemals enden und Gott mir nicht bald die Möglichkeit geben wird, euch alle zu umarmen und ein neues, besseres Leben zu beginnen!«

Schließlich – Ende November – erhielt er Bescheid, der Zar habe »allergnädigst« seine Übersiedlung genehmigt, »allerdings dergestalt, daß die bereits begonnene geheime Überwachung Dostojewskijs in Petersburg fortgesetzt wird«.

Mitte Dezember 1859 war Dostojewskij wieder in Petersburg. Fast auf den Tag genau zehn Jahre waren vergangen, seit er die Stadt mit Ketten an den Füßen verlassen hatte. Große Veränderungen waren nicht nur in seinem Leben und seinen Überzeugungen, sondern auch in der russischen Gesellschaft eingetreten. Auch Rußland hatte damit begonnen, sich von seinen Ketten zu befreien. Die sechziger Jahre des neunzehnten Jahrhunderts sind auch »der russische Frühling« genannt worden. Der neugekrönte Zar hatte Reformen im großen Stil angekurbelt. Über hundert Zeitungen und Zeitschriften wurden gegründet, die Zensur gelockert, Frauen an den Universitäten zugelassen. Zum ersten Mal konnte man jetzt in der russischen Presse die Leibeigenschaft offen kritisieren. Gespannt erwartete man ein Manifest zur Aufhebung dieser überholten Einrichtung.

In den Vereinigten Staaten war ein Bürgerkrieg zur Durchführung einer vergleichbaren Reform nötig gewesen. Der Zar wollte sein Problem mit einem Federstrich lösen. Durch sein Manifest vom 19. Februar 1861 wurden 40% der Bevölkerung bzw. 20–25 Millionen Bauern von der Leibeigenschaft befreit. Rußland jubelte. »Etwas Erhabeneres, etwas Heiligeres als diese Herrschertat ist in der gesamten tausendjährigen Geschichte Rußlands noch nicht dagewesen!« lautete Dostojewskijs Kommentar. Die großen Bauernmassen waren endlich kein Freiwild mehr, für Gutsbesitzer zum Kauf und Verkauf freigegeben.

Als sich jedoch herausstellte, daß die zahllosen armen Bauern ihr eigenes Land *kaufen* sollten, war die Enttäuschung groß. Zwar gewährte ihnen der Staat langfristige Darlehen, was aber nicht verhinderte, daß sie unweigerlich in noch größere Armut gerieten. Eine gewisse Form von Hörigkeit wurde auch dadurch aufrechterhalten, daß das Land Gemeineigentum einer Bauernkommune, nicht Privateigentum einzelner Bauern wurde. Der radikale Emigrant Alexander Herzen hatte die Reform ursprünglich mit den Worten begrüßt: »Galiläer, du hast gesiegt!« Doch nun schrieb er in seinem Blatt *Die Glocke*, es sei nichts als die »Befreiung zu Hunger und Obdachlosigkeit«. In kurzer Zeit kam es in ganz Rußland zu Hunderten von Bauernaufständen. Das Land machte eine bewegte Zeit durch; manche sprachen sogar von »revolutionären Verhältnissen«.

Dostojewskij beobachtete diese dramatischen Umwälzungen mit gemischten Gefühlen, und er hielt mit seiner Meinung nicht lange hinterm Berg. Mit aller Energie und Redegewandtheit stürzte er sich in den Kampf um Fortschritt. Er rechnete sich eine »große Erneuerung« für Rußland aus. Diese Zeit der Reformen war in seinen Augen »kaum weniger bedeutend als die Epoche Peters des Großen«. Im Mittelpunkt aller Überlegungen standen der russische Bauer und die Zukunft des Landes. Zu beiden Fragen hatte sich der Schriftsteller eine unabhängige, eigenständige Position erarbeitet.

Bereits Ende 1858 hatte Michail die Genehmigung eingeholt, eine literarische und politische Wochenschrift mit dem Namen *Die Zeit* herauszugeben. Aber erst nach der Rückkehr seines energischen Bruders wurde der Plan ernsthaft in Angriff genommen. Als alter Journalist hatte Dostojewskij seit langem auf ein Forum gehofft, in dem er sich vor dem breiten russischen Publikum äußern konnte. Er hatte das Bedürfnis, die vielen Gedanken loszuwerden, die sein Hirn während der Zeit in Sibirien gespeichert hatte. An der Meinungsbildung in dieser »Zeit der großen Reformen« mitzuwirken, schien ihm eine verlockende Herausforderung zu sein.

Von dem neu erwachten politischen Interesse im Lesepublikum ermutigt, beschlossen die beiden Brüder 1860, ihr Zeitschriftenkonzept zu erweitern. *Die Zeit* wurde eine sogenannte »dicke« Monatsschrift, die sich mit einer Reihe von

Themen auseinandersetzte, von Außenpolitik und Ökonomie bis hin zu Philosophie und Literatur. Als ehemaliger Sträfling konnte Dostojewskij nicht der Herausgeber sein; doch obwohl Michail Redakteur und offiziell Herausgeber wurde, war Fjodor die treibende Kraft des Unternehmens. Er war es auch, der im September 1860 die weltanschaulichen Richtlinien der Zeitschrift verkündete.

Die darin enthaltene Ideologie ist als *Potschwennitschestwo* bezeichnet worden. Dieses Schlagwort, das sich vom russischen Wort für »Erde« oder »Boden«, *Potschwa,* herleitet, sollte ausdrücken, daß die »ziviliserten « russischen Gesellschaftsschichten zu ihrem nationalen, im Volk verwurzelten Fundament zurückfinden müßten. Die Reformen Peters des Großen seien den Russen teuer zu stehen gekommen: Sie hätten die Kluft zwischen der »gebildeten« Bevölkerung und der großen Masse vertieft. Erst später hätten die Russen begonnen, ihre nationalen Charakteristika zu erkennen:

»Wir wissen, daß wir unmöglich Europäer werden *können,* daß wir gar nicht imstande sind, uns in das Korsett einer westlichen Lebensform zu zwängen, die in Europa auf der Basis nationaler Eigenheiten entstand, uns jedoch fremd ist und widerstrebt – so wie es uns unmöglich wäre, einen fremden, nicht nach unseren Maßen geschneiderten Anzug zu tragen. Endlich haben wir erkannt, daß auch wir eine eigene, in höchstem Grade ursprüngliche Nationalität besitzen und daß unsere Aufgabe darin besteht, uns eine neue Form zu modellieren, unsere ureigenste Form, aus unserer Heimaterde erschaffen und im Geist des Volkes Früchte tragend.«

Trotz dieser neuen Einsicht solle man aber nicht so weit gehen, die Reformen Peters des Großen zu verwerfen. Vielmehr sei es höchste Zeit, daß die Russen sich endlich ihre wichtige internationale Aufgabe vergegenwärtigten:

»Wir wissen, daß wir uns nicht länger hinter einer chinesischen Mauer vom Rest der Menschheit abschirmen können. Wir sehen voraus, und zwar mit Ehrfurcht, daß unser zukünftiges Wirken und Handeln in höchstem Maße von allgemeinmenschlichen Werten bestimmt sein wird und daß die

174

russische Idee höchstwahrscheinlich sogar zur Synthese all jener Gedanken wird, die Europa mit so großer Festigkeit und Tapferkeit in seinen einzelnen Nationen zur Ausreifung gebracht hat; sämtliche Widersprüche und Feindseligkeiten dieser einzelnen Gedanken untereinander werden dann durch das russische Volk zu Einklang und Vollkommenheit geführt.«

Ideengeschichtlich schloß sich Dostojewskijs Programm an die Ansichten der Slawophilen in den vierziger Jahren an, jedoch ohne deren Verherrlichung von Aristokratismus und Isolationismus. Im Unterschied zu den Slawophilen lehnte Dostojewskij Anleihen beim Westen nicht ab, solange diese nicht im Widerspruch zu der im russischen Volk verwurzelten Kultur standen. Auch war es nicht sein Anliegen, die Zustände vor Peter dem Großen zu idealisieren. Wären die Russen nicht mit Westeuropa in Kontakt gekommen, hätten sie die Distanz zwischen Volk und Intellektuellen nicht erkannt. Andererseits griff er die Europhilen wegen ihrer Gleichgültigkeit gegenüber der russischen Kultur und wegen ihrer materialistischen Gesellschaftsauffassung an. Sein Programm war eindeutig idealistisch und wies jeden Gedanken an Klassenkampf weit von sich. Er schreibt: »Grundlage für die Weiterentwicklung unseres Lebens darf nicht wie überall in Westeuropa die Feindschaft zwischen einzelnen Klassen sein, oder gar die Feindschaft zwischen Siegern und Besiegten. Wir sind nicht Westeuropa. Sieger und Besiegte gibt es bei uns nicht und wird es bei uns nie geben.«

Der russische Bauer war nicht aufrührerisch und revolutionär, sondern demütig und fromm, Träger von Idealen, die in der radikalen, vom Westen beeinflußten Intelligentsia verlorengingen. In einer Zeit der Spaltungen und unversöhnlichen Gegensätze schien es unerläßlich, zur russischen Heimatscholle zurückzukehren, was dann auch seine Wirkung auf Westeuropa nicht verfehlen werde. Nachdrücklich propagierte Dostojewskij Rußlands Rolle als Versöhner aller konkurrierenden Ideen, die das westeuropäische Geistesleben prägten. Nicht, daß er die Illusion einer Verschmelzung von europäischer Zivilisation und urtümlich russischem Geist hegte. Nein: Der Geist des russischen Volkes mit seinen hehren Idealen wie »allumfassende Menschlichkeit« und »Versöhnung aller« sollte die europäische Zivilisation *beeinflussen*. Mit ihrer besonderen Begabung, sich in fremde Kulturen einzuleben und andere Menschen zu verstehen, müßten die Russen in der Lage sein, die Gegensätze in Europa zu versöhnen und in einer umfassenden *Synthese* zu vereinen. Diese »russische Idee« dominierte von nun an Dostojewskijs gesellschaftspolitische Erwägungen, in denen er seine große Achtung vor der westlichen Kultur mit seiner neu gewonnenen Liebe zum russischen Volk zu kombinieren trachtete.

Die Zeitschrift der Brüder Dostojewskij mußte mit Angriffen von links wie von rechts fertig werden. Trotzdem gewann sie in kurzer Zeit über viertausend Abonnenten. Grund für diesen Erfolg war in erster Linie Dostojewskijs großes Talent zum Redakteur, seine Fähigkeit, der Zeitschrift ein modernes, liberales Profil zu geben. Im Lauf wenniger Monate hatten einige der namhaftesten russischen Schriftsteller in der *Zeit* veröffentlicht: der Dramatiker Ostrowskij, der Satiriker Saltykoow-Schtschedrin, der Romancier Pomjalowskij und überdies Lyriker wie Nekrasow, Majkow und Polonskij.

Das größte Plus der Zeitschrift war aber doch Dostojewskij selbst, der außer seinen *Aufzeichnungen aus einem Totenhaus* und den *Erniedrigten und Beleidigten* eine Reihe von Artikeln schrieb. Die meisten erschienen anonym, und Sprachanalysen mittels EDV haben ergeben, daß Wissenschaftler bisher geneigt waren, dem Autor mehr Beiträge zuzuschreiben, als er in Wirklichkeit verfaßte. Trotzdem bleiben über zwanzig Artikel, die sein journalistisches Können und seine Meisterschaft unter Beweis stellen.

Dostojewskijs Versuch einer thematischen »Umorientierung« mit *Onkelchens Traum* und *Das Gut Stepantschikowo* war nicht sonderlich geglückt. Für sein »zweites Debüt« kehrte er daher wohlweislich zu der »humanen« Richtung zurück, die er vor fünfzehn Jahren mit der Publikation seiner *Armen*

Oben:
Der Feldjäger.
Aquarell von
A. Orlowskij,
1820.

Unten:
Weiße Nächte.
Dobuschinskij,
1922.

Fjodor Dostojewskij. Porträt
von K. Trutowskij, 1847.

Michail Dostojewskij. Porträt
von K. Trutowskij, 1847.

Wissarion Belinskij.
K. Gorbunow, 1843.

M. W. Butaschewitsch-
Petraschewskij.

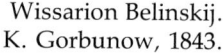 

N. A. Speschnjow.

S. F. Durow.

Auszug aus Antonellis Rapport, Geheimagent der 3. Abteilung.

Beginn der Order zur Arretierung Dostojewskijs.

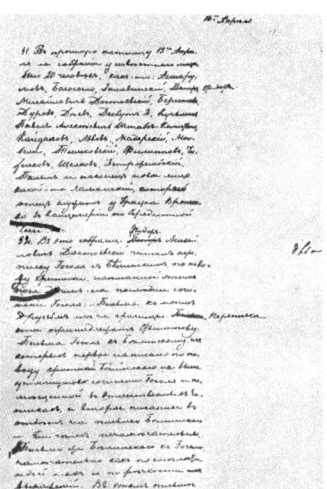

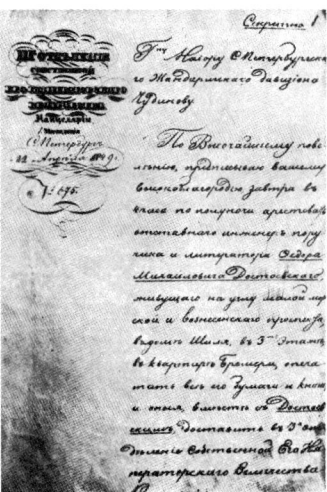

Die Peter-Pauls-Festung.
Peter-Pauls-Festung. Der Alexej-Ravelin.

Leute eingeschlagen hatte. Ein neuerwachtes Interesse für diese Thematik zeigt sich bereits in seiner Auswahl von Übersetzungen für die *Zeit.* »Die der Kunst des neunzehnten Jahrhunderts zugrunde liegende Idee ist die Rehabilitierung des sozial unterdrückten Parias«, schreibt er in einem redaktionellen Kommentar zur Übersetzung von Hugos *Notre-Dame de Paris.* So war auch die erste Übersetzung, die er für die *Zeit* aussuchte, Elizabeth Gaskells *Mary Barton. A Tale of Manchester Life,* Enthüllungen über Armut und Elend in der modernen Industriestadt, die in ganz Europa Aufsehen erregt hatten. Die Botschaft des Buches, die Armen und Entwurzelten zu verteidigen und den Bedürftigen, Gestrandeten zu helfen, spricht auch aus Dostojewskijs eigenen Veröffentlichungen in der *Zeit.*

Den größten Erfolg hatte er selbstverständlich mit den *Aufzeichnungen aus einem Totenhaus,* in denen die gefährlichsten Schwerverbrecher des Landes von einem frisch Zurückgekehrten beschrieben wurden. Das Werk nahm direkt Stellung zur damaligen Debatte über die Dringlichkeit von Reformen im russischen Rechts- und Gefängniswesen, und die Aussage, daß es keine größere Qual für den Menschen gibt, als seiner Freiheit beraubt zu werden, mußte ja in einer Phase der Liberalisierung auf fruchtbaren Boden fallen. Aber was ihm seinen bleibenden Wert garantierte, war doch die künstlerische Meisterschaft seines Autors. »Im Verfasser vermeinte man einen neuen Dante zu sehen, hinabgestiegen ins Inferno«, schrieb ein zeitgenössischer Kritiker in seinen Erinnerungen, »und dieses Inferno war um so schlimmer, als es nicht nur in der dichterischen Phantasie, sondern auch in der Realität existierte.«

Erniedrigte und Beleidigte wurde ein ähnlich großer Publikumserfolg. Schon der Titel war genial gewählt – bis in unsere Tage kann er als so etwas wie ein »Markenzeichen« für diesen Schriftsteller gelten. Die Handlung war augenscheinlich auch auf die Eroberung großer Lesermassen zugeschnitten. Mit atemloser Spannung folgte man von einer Fortsetzung zur nächsten der Erzählung von Nataschas aufopferungsvoller Liebe, vom stolzen jungen Mädchen Nelly, ihrem dämonischen Vater, Fürst Walkowskij, und zu guter Letzt von Iwan Petrowitsch, dem verständnisvollen Dichter und Träumer, der – wie konnte es bei Dostojewskij anders sein – seinem Rivalen hochherzig den Vortritt ließ.

Die Kritiker beschäftigten mehr die melodramatischen Effekte dieses Romans. Von nun an klaffte das Urteil von Lesern und Kritikern über Dostojewskijs Werk immer weiter auseinander. Zu seiner Zeit war er in erster Linie ein Publikumsschriftsteller, und er war stolz darauf. Erst nach seinem Tod begannen die Kritiker ernstlich zu bemerken, daß die Leser mit ihrer Wertschätzung recht hatten. Das gilt nicht zuletzt für die Beurteilung der *Erniedrigten*. Obwohl Dostojewskij diesmal zugeben mußte, er habe einen »Feuilletonroman« und ein »recht wildwucherndes Dichtwerk« fabriziert, sind doch schon Züge seiner großen Romane darin angelegt. Es mag genügen, auf Fürst Walkowskij hinzuweisen, der offenkundig eine Vorstudie zum »großen Sünder« in Dostojewskijs Werk ist.

Kurz vor der Veröffentlichung dieser neuen Romane hatte der Schriftsteller eine zweibändige Ausgabe seiner früheren Werke besorgt. Daher nahmen mehrere Kritiker die Gelegenheit wahr, eine zusammenfassende Charakteristik des Autors vorzulegen. Bekannt wurde besonders ein Artikel des revolutionären Belinskij-Schülers Nikolaij Dobroljubow: »Demütige Menschen«. Für diesen Kritiker war Achtung vor der Menschenwürde das zentrale Thema Dostojewskijs, sein »Mitleid mit dem Menschen, der nicht in der Lage ist oder nicht einmal das Recht zu haben meint, ein wahrhaft selbständiger Mensch zu sein«.

Diese Beurteilung erinnert deutlich an Belinskijs Kritik der *Armen Leute* eine halbe Generation früher. Aber jetzt wie damals sollte sich bald herausstellen, daß die Radikalen an Dostojewskij als sozialem Schriftsteller einiges auszusetzen hatten. Enttäuscht mußten sie feststellen, daß die Selbstverschuldung von Elend im letzten Roman des Autors seine soziale Botschaft immens gefährde.

Was Dostojewskij von der radikalen Kritik trennte, war seine abweichende Auffassung vom Wesen der Kunst.

Schon in Sibirien hatte er an einer literaturtheoretischen Schrift gearbeitet, die leider verlorenging. Während lebhafter Diskussionen mit seinen Mitarbeitern der *Zeit* entwickelte er jetzt erneut Interesse für dieses Projekt. Vor allem idealistisch orientierte Kritiker wie Nikolaj Strachow und Apollon Grigorjew beeinflußten seine ästhetische Position. Beide lieferten ihm Rückendeckung für seine Auffassung vom Künstler als Propheten, für seinen Glauben an die Bedeutung künstlerischer Intuition und schöpferischer Freiheit. Solche Gedanken entwickelte er in einer Reihe gegen Dobroljubow gerichteter Artikel weiter.

Damals machten sich zwei konträre Richtungen in der russischen Literaturkritik bemerkbar. Die eine verkündete, Kunst sei weit über Zeitprobleme und Alltag erhaben; die andere sprach der Kunst jedes Lebensrecht ab, wenn sie ihren Ausgangspunkt nicht in der konkreten Realität nahm und durch Aufdeckung von Not und Ungerechtigkeit zur Errichtung einer neuen Gesellschaft beitrug. Die Literatur habe in erster Linie ein brauchbares *Werkzeug* zu sein.

Dostojewskij nahm einen eigenständigen dritten Standpunkt ein. Als Realist bezweifelte er nicht, daß die Realität wichtigste Quelle der Literatur sein müsse. Aber seine Auffassung von Realität war vielschichtiger als die unter den materialistisch orientierten Kritikern vorherrschende. Für ihn existierte offenbar kein prinzipieller Unterschied zwischen Wirklichkeit und Phantasie. Die Realität ging weit über das Konkrete hinaus.

»Ich habe meine eigenen Ansichten über die Realität in der Kunst«, schreibt er zur Legitimierung des Phantastischen in der Literatur. »Was die Mehrzahl phantastisch und unwahrscheinlich nennt, ist für mich manchmal Realität im eigentlichsten und wahrhaftigsten Sinn: die wahre Realität. Die Protokollierung alltäglicher Begebenheiten ist für mich alles andere als Realismus, eher das Gegenteil. Schlagen Sie eine beliebige Zeitung auf, so werden Sie unweigerlich Berichte über die realsten und zugleich sonderbarsten Ereignisse finden, die unsere Autoren als phantastisch abtun würden: Sie bringen kein Interesse für solche Nachrichten auf.

Und doch ist dies die lebendige, zutiefst bedeutungsvolle Realität, schließlich handelt es sich um *Tatsachen*. Sie ereignen sich tagtäglich, jede Minute – und sind keineswegs Ausnahmen.«

Die Forderung der Radikalen, die Realität so zu schildern, »wie sie ist«, betrachtete Dostojewskij als unsinnig. Die Realität werde notwendigerweise vom wahrnehmenden Subjekt gefärbt. Was für den einen nicht existent sei, könne für einen anderen durchaus Wirklichkeit sein. Aufgabe des Dichters sei es, die Grenzen der sogenannten Realität zu sprengen. Innerhalb der sichtbaren »Realität« befinde sich ein eigener Bereich, das Phantastische, das dem Künstler keineswegs fremd sei. Charakteristisch für ihn ist folgender Ausspruch: »Das Phantastische sollte so eng mit dem Realen verwoben sein, daß Sie gar nicht umhinkommen, es zu glauben.«

Dostojewskijs eigenes Schreiben läßt sich treffend mit dem Ausdruck kennzeichnen, den er selbst in seinen Aufzeichnungen verwendet: »phantastischer Realismus«. Unter diesem Begriff ist nicht lediglich Realitätsschilderung mit einem Einschlag phantastischer Elemente zu verstehen. Er bezeichnet auch Dostojewskijs Mißtrauen gegen jede Spielart von Realismus, die sich dem Naturalismus oder »Faktizismus«, wie er es in seinen Notizen nennt, nähert. Statt dessen sollte der Autor von einer Botschaft, gerne moralischer Natur, durchdrungen sein. Dostojewskij schreibt: »In der Poesie ist Leidenschaft unerläßlich, eine Idee, ein leidenschaftlicher Zeigefinger. Gleichgültigkeit und dokumentarische Wiedergabe von Wirklichkeit sind dagegen keinen Pfifferling wert und ohnehin gänzlich bedeutungslos.«

Die Forderung radikaler Kritiker, die Kunst habe einer bestimmten politischen Richtung zu dienen, bedeutete für Dostojewskij nichts anderes, als ihr eine »unwürdige Bestimmung« aufzuerlegen. Literatur stand und fiel mit ihrem Grad an »künstlerischer Freiheit«, erklärte er Dobroljubow. Wenn Utilitaristen behaupteten, mit der Form müsse man es nicht so genau nehmen, Hauptsache, der Zweck sei gut und die Absicht deutlich, so war das für Dostojewskij ein Widerspruch in sich. Nur künstlerisch wertvolle Literatur konnte ihren Zweck erfüllen.

Aber was besagt die Bezeichnung »künstlerisch« überhaupt? Dostojewskij gibt folgende Definition: »Ist ein Romanautor künstlerisch, so verfügt er über solch ein Können, seine Gedanken in Figuren und Bilder zu fassen, daß der Leser, wenn er den Roman aus der Hand legt, diese Gedanken voll und ganz verstanden hat... Folglich bedeutet Künstlertum nichts anderes als die Fähigkeit, gut zu schreiben.« Ein untalentierter Dichter hingegen könne nie einer Sache dienen. Dostojewskij vergleicht ihn mit einem hinkenden Soldaten, der zur Eroberung einer Festung abkommandiert wird.

Auch die Forderung radikaler Kritiker, Literatur müsse den Menschen und der Gesellschaft um jeden Preis »Nutzen« bringen, findet Dostojewskij unpräzise und unbefriedigend. Denn woher wollten sie so sicher wissen, was sich als nützlich herausstellen sollte? Wer konnte schon mit Sicherheit sagen, welchen Nutzen die *Ilias* der Menschheit gebracht hatte? Nein, konstatiert Dostojewskij: Hier stehen wir vor Größen, die sich nicht präzise messen lassen. Wenn man manchmal meine, die Kunst werde der Realität nicht gerecht und diene keinem nützlichen Zweck, läge das nur daran, daß niemand mit Exaktheit wissen könne, welche Wege die Kunst gehe, um Nutzen zu bringen. Das Schöne sei ein Ideal; und da der Mensch nie imstande sein werde, das Ideale zu erfassen, dürfe er der Kunst auch weder Wege noch Ziel vorschreiben.

Aus dieser Auffassung folgt, daß die Literatur *frei* sein muß. Dostojewskij vermerkt: »Je freier die Kunst sich entfalten darf, desto eher wird sie ihren angemessenen und nützlichen Weg finden. Und da das Ziel der Kunst von dem des Menschen untrennbar ist, wird sie der Menschheit um so mehr Nutzen brigen, je freier sie sich entfalten kann.« Mit anderen Worten: Die Kunst wird dem Menschen dienen, solange man nicht versucht, ihre Freiheit einzuschränken.

An sich hat Dostojewskij ja gar nichts gegen Dobroljubows *Wunsch*, die Literatur möge gesellschaftliche Probleme schildern. Doch wo dieser Anspruch zu einer *Forderung* wird, zieht er die Grenze. Solch eine Forderung offenbare nämlich mangelndes Verständnis für der Kunst eigene Gesetzmäßigkeiten, für die Freiheit der Inspiration. »Es bedeutet schlichtweg, daß man die Kunst nicht als organisches Ganzes anerkennen will«, schreibt Dostojewskij.

Mit ihrer Forderung, die Kunst müsse unbedingt dem Allgemeinwohl dienen, offenbarten die Materialisten ihre Verständnislosigkeit für die Sehnsucht des Menschen nach Schönheit. Daß Dostojewskij der Schönheit einen so hohen Stellenwert beimaß, ist auf den Einfluß Schillers zurückzuführen, der das ästhetische Prinzip im Menschen hochhält und eine Synthese des Guten mit dem Schönen herbeisehnt. »Wir glauben daran, daß die Kunst ihr eigenes integrierendes und organisches Leben hat«, schreibt Dostojewskij. »Kunst ist ebensosehr ein menschliches Grundbedürfnis wie Essen und Trinken... Der Mensch dürstet nach Schönheit und akzeptiert sie bedingungslos, einfach um ihrer selbst willen.«

Dieser Auffassung von der Bedeutung des Schönen für den Menschen begegnen wir auch in Dostojewskijs Romanen. »Der Mensch kann ohne Brot und ohne die Wissenschaft leben«, sagt Stepan Trofimowitsch in den *Dämonen,* »aber nicht ohne die Schönheit«. An anderer Stelle heißt es: »Die Schönheit ist Selbstzweck, weil es in der Menschheit immer ein Bedürfnis nach Schönheit und ihrem Ideal geben wird. Hat ein Volk das Ideal der Schönheit und seinen Schönheitsdurst bewahrt, so garantiert dies seine höchste Entwicklung.«

Die Schönheit wird also zum Mittel erklärt, das menschliche Leben reicher und besser zu gestalten. Wie Schiller ist Dostojewskij bereit, Schönheit mit dem Guten und moralisch Integren zu identifizieren. Ja, bei ihm wird das Schöne zu einer beinahe religiösen Kategorie. Er spricht davon, daß die Schönheit »die Welt erlösen« solle. Jesus habe diese Schönheit verkörpert und den Menschen mit seinen Worten, er lebe nicht vom Brot allein, an dem Ideal teilhaben lassen.

Zwei neue Romane und eine umfangreiche journalistische Tätigkeit trugen dazu bei, daß Dostojewskij in kurzer Zeit seine Position unter den berühmtesten Schriftstellern des Landes wiedergewann. Er nahm sich eine Wohnung in der Nähe der Zeitschriftenredaktion, wo er in der Regel gegen drei Uhr nachmittags erschien, mehr oder weniger ausgeruht nach seiner Nachtarbeit. Er schrieb wie nie zuvor. »Wenn ich gerade an etwas schreibe, denke ich an nichts sonst, auch wenn ich esse oder schlafe, ja sogar im Gespräch mit anderen.« Kein Wunder, daß er seinen Journalistenkollegen überanstrengt und abgearbeitet vorkam. »Er war etwas über mittelgroß und wirkte älter als seine vierzig Jahre, wie er so mit krummem Rücken gebeugt herumhastete«, schreibt einer von ihnen. »Seine Augen wanderten rastlos von einem zum anderen, zwischen den buschigen Augenbrauen lag eine tief eingegrabene Sorgenfalte, und sein prüfender, bohrender Blick war unsereinem nicht ganz geheuer.«

Nicht lange, und der Schriftsteller hatte sich ein neues Forum in den literarischen Salons der Hauptstadt geschaffen.

Der bedeutendste Zirkel hielt seine Treffen bei Dostojewskijs Jugendfreund Alexander Miljukow ab. »Fjodor Michailowitsch nahm in diesem Kreis wie selbstverständlich den ersten Rang ein«, schreibt Nikolaj Strachow. »In den Augen aller war er der große Autor und führend nicht allein wegen seines Bekanntheitsgrades, sondern auch wegen seines Ideenreichtums und der Leidenschaft, mit der er seine Ideen vorzutragen wußte.« In hitzigen Diskussionen geriet er manchmal so in Glut, daß man ihn wüst schreien hörte. In solchen Momenten starrten alle gebannt auf seine eindrucksvollen Augen, die hohe Stirn und die markanten, fast bäuerischen Gesichtszüge.

In dieser ersten Zeit hatte Dostojewskij Oberwasser. »Mein Name ist Millionen wert!« frohlockt er glücklich und selbstbewußt. Seine Notizbücher quollen über von Plänen für neue Werke – seine einzigartigen Erfahrungen hatten ihm Erkenntnisse über die russische Volksseele beschert, die nur er weitergeben konnte. Auch die Gunst des Publikums beflügelte ihn. Aber über seine Sträflingszeit wollte er nicht klagen. »Wenn ich Sie betrachte, wird mir klar, welche Leiden Sie erdulden mußten«, stellte eine Dame fest. »Leiden? Was für Leiden?« gab der Schriftsteller zurück und wechselte schleunigst das Thema.

Nein, gebrochen war er noch lange nicht. »Sehen Sie, wir sind doch nicht untergegangen!« flüsterte er Alexander Palm lächelnd während einer Lesung zu. Alte Freunde fanden ihn fröhlicher und energievoller denn je. Er war keine Spur verbittert und wollte nichts davon hören, daß die Anhänger Petraschewskijs ungerecht behandelt worden seien: »Das Volk hat unsere Verurteilung gewollt.«Vom ersten Tag an beteiligte er sich eifrig am literarischen Leben in Petersburg. Besonders aktiv war er im Literaturfonds, auch »Gesellschaft zur Unterstützung Notleidender Autoren« genannt. Als Schriftführer wurden ihm hier die Augen über das Elend unter den russischen Autoren geöffnet, und er tat alles, um zu helfen. Eine Vielzahl von Briefen sind erhalten, die von der großen Dankbarkeit verarmter Kollegen für seinen aufopferungsvollen Einsatz zeugen.

Berühmt wie er war, wurde er auch häufig gebeten, sich an philanthropischen oder volksaufklärenden Veranstaltungen zu beteiligen. So gab er im April 1860 sein schauspielerisches Debüt im *Revisor*. Dostojewskij suchte sich die Rolle des neugierigen Postvorstehers aus – »eine der komischsten Rollen nicht nur bei Gogol, sondern im gesamten russischen Theaterrepertoire«. Das Publikum kam in den Genuß, einen glänzenden Komiker zu sehen, »dem es in vollem Umfang gelang, ein echt gogolsches Gelächter hervorzulocken«, um mit dem Intendanten zu sprechen.

Solche Erfolge veranlaßten Dostojewskij, seinen lange gehegten Plan eines Bühnenstücks wieder aufzunehmen – ein Plan, der nie verwirklicht wurde, ihn aber bis zu seinem Tod beschäftigte. Anregungen dazu fand er auch bei Alexandra Schubert, verheiratet mit seinem Jugendfreund Stepan Janowskij und als eine der besten Schauspielerinnen Petersburgs hochangesehen. Das Studium der Frauenseele war jetzt zu einer seiner »Lieblingsbeschäftigungen« geworden, seit er mit seiner schwindsüchtigen Frau nicht mehr zusammenlebte, und die lebhafte, dunkelhaarige Schönheit faszinierte ihn sehr. Als sie wenig später ihren Mann verließ, um ihre Theaterkarriere in Moskau fortzusetzen, war er sogar versucht, ihr zu folgen. Seine Briefe an sie lassen auf eine enge Freundschaft schließen, aber aus einem Verhältnis konnte nichts werden. »Ich bin so froh, daß ich jetzt sicher weiß, ich bin nicht in Sie verliebt«, heißt es in seinem letzten Brief an sie. »Es bedeutet, daß ich Ihnen noch ergebener sein kann, ohne um mein Herz fürchten zu müssen.« Von verzehrender, alles verschlingender Leidenschaft blieb er diesmal verschont.

Angezogen fühlte er sich auch von Jelena Stakenschneider, die bis zu seinem Tod seine treue Bewunderin blieb. Äußerlich hatte die Natur sie stiefmütterlich behandelt – sie war verwachsen und ging an Krücken. Dafür appellierte sie desto stärker an Dostojewskijs Mitgefühl, das bei ihm leidenschaftliche Formen annehmen konnte. Für Jelena besaß Dostojewskij vor allem Lebensweisheit. Unter anderem schildert sie, wie er Anfang der sechziger Jahre zugunsten von Sonntagsschulen aus seinen Werken las, zusammen mit namhaften Autoren wie Benediktow, Schewtschenko, Majkow und Polonskij. Und zwar »mit schwacher, eintöniger Stimme«, berichtet sie. Seine Vortragskunst hatte offenbar noch nicht ihren Gipfel erreicht. Trotzdem bedachte man den heimgekehrten Märtyrer mit stürmischem Applaus, als er einige *Aufzeichnungen aus einem Totenhaus* vortrug.

Im Salon Jelena Stakenschneiders an der Snamenskaja hatte der Schriftsteller auch Gelegenheit, die damalige junge Generation kennenzulernen – die *Nihilisten*. Zu diesen jungen Menschen, die jede Autorität ablehnten, fühlte er sich unwillkürlich hingezogen, wobei er eine seltsame Mischung aus Achtung und Abneigung empfand. Ihr auf die Spitze getriebener Materialismus, ihre Forderung, alle geistigen Werte in sozial Nutzbringendes umzusetzen, widerstrebten ihm zutiefst; aber ihre Parole »alles ist erlaubt« und ihre Bereitschaft, Grenzen zu überschreiten, faszinierten trotzdem seine rebellische Seele.

Einen richtigen Schrecken jagten sie ihm im Mai 1862 ein, als plötzlich eine Proklamation vor seiner Tür lag. Die Broschüre trug den Titel »Das junge Rußland« und war vom »Zentralen Revolutionskomitee« unterzeichnet. Die Russen sollten als erste »den Sozialismus verwirklichen«, hieß es in dieser Proklamation, die versicherte, die Revolution stehe bereits vor der Tür: »Bald, sehr bald kommt der Tag, an dem wir die große Fahne, die Fahne der Zukunft entrollen, die rote Fahne. Mit dem gellenden Ruf ›Es lebe die russische soziale und demokratische Republik!‹ werden wir dann zum Winterpalais marschieren und alle darin Wohnenden vernichten.« Der jugendliche Freiheitsdurst war also in Umstürzlertum ausgeartet. Und das war die Blüte der russischen Jugend!

Um die Zeit wurden in Petersburg mehrere Brände gelegt. Die berühmten weißen Nächte dieser Stadt färbten sich blutrot. Die Feuer brannten über zwei Wochen lang und zerstörten ganze Stadtteile. Tausende von Brandopfern bevölkerten die Straßen, und im In- und Ausland wuchs das Entsetzen. Manche wollten etwas von einer Provokation durch die Regierung erfahren haben, aber die meisten gaben den Nihilisten alle Schuld. Verschreckt suchte Dostojewskij seinen radikalen Schriftstellerkollegen Nikolaj Tschernyschewskij auf, der jede Verantwortung für die Proklamation und die Feuersbrunst von sich wies. Die Obrigkeit ordnete unverzüglich Gegenmaßnahmen an: Die Universität wurde geschlossen, Zeitschriften wurden beschlagnahmt und mehrere Schriftsteller festgenommen, unter ihnen Tschernyschewskij.

Schlecht erging es auch der *Zeit,* die die Studenten mutig gegen die Anklage der Brandstiftung verteidigt hatte. Die Artikel wurden von der Zensur verboten, Michail lud man zum Verhör vor. Fjodor wurde das Pflaster wohl auch zu heiß. Als die Brände gelöscht waren, begab er sich auf seine erste Auslandsreise. Er wollte Europa kennenlernen, solange er noch »Kraft, Feuer und Poesie« im Herzen hatte.

Eigentlich sollte es eine schon Anfang Mai von der Geheimpolizei genehmigte »Badereise« werden, damit Dostojewskij Ärzte im Ausland konsultieren konnte. Doch nach seinen Briefen und Reisebeschreibungen zu urteilen, blieb ihm zu Arztbesuchen nicht viel Zeit. Alles deutet darauf hin, daß seine Begründung für den Visumsantrag nur ein Vorwand war, um ins Ausland zu kommen. Die zwei, drei hektischen Monate jenseits der russischen Grenze wurden vor allem eine Studienreise, die ihn zu einer gnadenlosen Pauschalverdammung Westeuropas veranlaßte.

Viele Jahre waren vergangen, seit Dostojewskij im Armenkrankenhaus von Reisen in ferne Länder geträumt hatte. In der Zwischenzeit war seine Begeisterung merklich abgekühlt. Schon in seinen ersten Jahren in Petersburg entwikkelte er einen regelrechten Auslandshaß. Diese Abneigung gegen alles Fremdländische hatte er während seiner Sträflingszeit in Sibirien noch vertieft. Seine Hochachtung vor dem westlichen Geistesleben behielt er zwar bei, aber Gesellschaft und Menschen widerstrebten ihm. Als er am 7. Juni 1862 in den Auslandszug stieg, war von seinen jugendlichen Schwärmereien über das »Leben in Venedig« nicht mehr viel übrig.

Seine Reise führte ihn nach Berlin, Dresden, Wiesbaden, Baden-Baden, Köln, Paris, London, Luzern, Genf, Genua, Florenz, Mailand, Venedig und Wien – einige dieser Städte besuchte er zweimal. Man sollte meinen, daß er wenigstens *etwas* Erfreuliches auf der Reise erlebte. Aber nein, er fand genau das, was er suchte: Die »Winteraufzeichnungen über Sommereindrücke«, die er in der ersten Ausgabe der *Zeit* von 1863 veröffentlichte, sind vermutlich die vernichtendste Schilderung des Westens, die ein Russe je verfaßt hat.

Schon vor der Grenze kriselt es. Neben ihm im Waggon sitzt nämlich »ein Vollblut-Engländer«, der Dostojewskijs Vorurteilen über diesen so förmlichen und phlegmatischen Menschenschlag voll und ganz entspricht.

»Während der Reise sagte er zu keinem einzigen von uns auch nur eine Silbe, in welcher Sprache auch immer. Am Tage las er unausgesetzt in einem Buch von jenem kleinsten englischen Druck, den nur Engländer ertragen können, ja sogar noch wegen der Bequemlichkeit loben, und abends zog er, sobald es zehn Uhr wurde, sogleich seine Stiefel aus und weiche Pantoffeln an. Diese Gewohnheit schien er sich ein- für allemal zugelegt zu haben, und er sah offenbar keinen Grund, sie auf einer Reise zu durchbrechen.«

Auch die Russen kriegen ihr Fett weg. Oder besser gesagt: die Russen, die sich vom Westen beeindrucken lassen. Ohne Pardon verhöhnt er die Landsleute, die sich im Ausland niedergelassen haben und »ihre Muttersprache vergessen und auf die katholischen Pater hören«. Grimmig fällt er auch über die russischen Touristen her, die angesichts vermeintlicher »Sehenswürdigkeiten« Bauklötze staunen: »Unermüdlich gaffen sie die Fleischmassen eines Rubens an und glauben artig, das seien die drei Grazien, weil der Reiseführer es von ihnen verlangt. »So läßt *er* sich nie und nimmer bluffen! Nicht einmal der Kölner Dom gefällt ihm: »Ich fand, er sah aus wie eine Galanterieware, eine riesige zusammengeklöppelte Schnurrpfeiferei von der Sorte, die man als Briefbeschwerer auf einen Schreibtisch stellt, wenn auch gut über fünfhundert Fuß hoch.«

Ansonsten interessieren Dostojewskij vor allem die Menschen und die gesellschaftlichen Verhältnisse, nicht die Museen oder die Natur. Aber gerade in diesem Punkt nehmen die Enttäuschungen kein Ende. An der Grenze zu Frankreich tauchen vier schweigende Männer im Abteil auf, offenbar »Spione«, Geheimpolizisten. Als ob er zu Hause nicht genug von der Sorte hatte!

In Paris wiederum wird er von seiner Hotelwirtin aufs gründlichste überprüft: Größe, Haar- und Augenfarbe, Narben und besondere Kennzeichen. Da war er ja wirklich in ein Land der Freiheit geraten!

»Paris ist die sittlichste Stadt auf dem ganzen Erdenrund«, bemerkt der Schriftsteller. Ebenso ironisch schildert er die bürgerliche Tugend und Ordnung, die sich zur Begleitung der plätschernden Springbrunnen am Palais-Royal blicken läßt. Denn hinter der bourgeoisen Tugendhaftigkeit lauerten Geldgier und Habsucht. Sich ein kleines Vermögen zusammensparen, so viele Dinge wie möglich besitzen – das sei das moralische Credo des Parisers.

Daß der Geiz mit Edelmut und Redegewandtheit übertüncht werde, mache ihn um so widerwärtiger. »Die Franzosen haben alle ein bewundernswert edles Gehabe. Selbst das erbärmlichste Französlein, das für einen Viertelrubel bereit ist, seinen leiblichen Vater an Sie zu verkaufen, und Ihnen obendrein ungebeten noch einen Rabatt gibt, hat in derselben Minute, in der es seinen Vater verkauft, eine so sichere, selbstverständliche Haltung, daß Sie in Zweifeln befangen stehen und sich nur wundern können.« Derselbe gehässige Tonfall kommt in seinen Briefen aus Paris vor: »Der Franzose ist leise, ehrbar und höflich, aber grundfalsch, und Geld ist für ihn alles. Ideale kennt er nicht. Von einem Franzosen kann man keine Überzeugungen erwarten, nicht einmal Überlegungen. Das allgemeine Bildungsniveau ist erschreckend niedrig...«

Scharfsinnig analysiert Dostojewskij die stolze französische Parole »Freiheit, Gleichheit, Brüderlichkeit«. Dieses Schlagwort gehöre überhaupt nicht in so eine materialistische Gesellschaft, in der man nur frei sein könne, wenn man eine Million besäße! Gleichheit vor dem Gesetz sei daher Illusion, Brüderlichkeit ebenso. Da alle nur darauf aus seien, ihr Scherflein zusammenzuraffen, bliebe für mitmenschliche Gefühle nicht mehr viel übrig. »Zu Brüderlichkeit und Gemeinschaftssinn muß man sich instinktiv hingezogen fühlen«, schreibt Dostojewskij. Das sei im egoistischen, materialistischen Frankreich nicht möglich. Auch glaubt der Schriftsteller an keine Veränderung. Der Besitztrieb sei unter den Bauern und Arbeitern genauso fest verwurzelt wie im Bürgertum. Dagegen habe auch der Sozialismus keine Chance. Keiner sei nämlich gewillt, ein Fitzelchen seiner Freiheit um der Genügsamkeit willen zu opfern. »Mit anderen Worten: Wo auch immer auf der Welt der Sozialismus verwirklicht werden mag – in Frankreich gewiß nicht.«

Während im gutbürgerlichen Paris für ihn immer noch Ruhe und Ordnung vorherrschen, sieht er im industrialisierten London die Gegensätze aufeinanderprallen. Auf den

Straßen registriert er vornehme Kleidung und elegante Kutschen Seite an Seite mit Schmutz und Lumpen. Die Themse scheint ihm verdreckt, die Luft verunreinigt, die Stadt durch Trunksucht und rohe Frauenmißhandlung entstellt. Besonders entsetzt war der Schriftsteller über die Kinderprostitution:

»Dort im Hay-Market habe ich Mütter gesehen, die ihre kleinen Töchter zu diesem Gewerbe anleiteten. Und diese vielleicht zwölfjährigen Mädchen fassen einen an der Hand und bitten einen, mit ihnen zu gehen. Einmal sah ich in dem Gewimmel der Straße ein Kind, ein Mädchen von höchstens sechs Jahren, bestimmt nicht älter, in Lumpen gekleidet, schmutzig, barfuß, ausgemergelt und blaugeschlagen. Ihr Körper, den man durch die zerrissenen Lumpen sah, war mit blutigen Striemen bedeckt. Das Kind ging, ohne zu wissen wohin... Vielleicht war es hungrig. Niemand beachtete es. Doch was mich am meisten betroffen machte, waren der Kummer und die furchtbare Verzweiflung in seinem Gesicht. Der Anblick dieses kleinen Geschöpfes, das schon so viel Fluch und Jammer mit sich herumtrug, hatte etwas Unwirkliches und schmerzte sehr.«

Auch als er die Weltausstellung mit »allen leuchtenden Errungenschaften der Zivilisation« besucht, beschleichen ihn Verstimmung und Abscheu. Schaudernd weicht er zurück vor dem Hochmut, der die »kolossalen Dekorationen« des Kristallpalastes schuf. Hier habe etwas seine Vollendung erreicht, stellt Dostojewskij fest, hier habe der Geist des Menschen einen Götzentempel der Technologie errichtet:

»Dies ist ein biblisches Bild, es hat etwas von Babylon, hier wird wahrhaftig eine Prophezeiung aus der Apokalypse wahrgemacht. Man spürt, daß es einer enormen geistigen Kraft bedarf, um sich nicht vom Eindruck besiegen zu lassen, sich nicht vor diesen vollendeten Tatsachen zu beugen und Baal nicht für Gott zu halten.«

Wie so viele andere russische London-Reisende nahm auch Dostojewskij die Gelegenheit wahr, dem in ganz Europa für seine unversöhnliche Kritik der zaristischen Alleinherrschaft bekannten Herzen einen Besuch abzustatten. Sie hatten einander schon im Herbst 1846 kennengelernt, doch damals hatte Herzen »keinen sehr vorteilhaften Eindruck« davongetragen. Diesmal verstanden sie sich offenbar besser – beide nahmen sie eine skeptische Haltung ein, was den Willen und die Fähigkeit des europäischen Bürgertums anging, Gerechtigkeit in Westeuropa zu schaffen. »Gestern stattete Dostojewskij einen Besuch ab«, vermerkt Herzen lakonisch. »Er ist recht naiv und nicht ganz klar im Kopf, aber sehr sympathisch. Er hat einen begeisterten Glauben an das russische Volk.« Trotz unterschiedlicher Ansichten über das Zarentum richteten beide ihre Hoffnungen auf den russischen Bauern, der noch nicht vom zersetzenden Egoismus der westlichen Zivilisation angesteckt war und wie eh und je in der sozialen Gemeinschaft von Bauernkommunen lebte. Ansonsten wissen wir wenig über dieses Treffen. Herzens Name war in Rußland verboten, Dostojewskij konnte ihn also in seinen Briefen nicht erwähnen.

Noch weniger ist über die Begegnung bekannt, die der Schriftsteller laut Polizeibericht mit Bakunin hatte, dem Mann, der für seine revolutionären Aktivitäten in Europa mehrfach zum Tode verurteilt worden war. Er war vor kurzem aus Sibirien geflohen und sah jetzt neuen Aufgaben entgegen. »Eine zerstörerische Leidenschaft ist eine konstruktive Leidenschaft« – mit dieser Parole hatte er es zum führenden Anarchisten seiner Zeit gebracht. Dostojewskij hatte sich schon immer mit Schaudern zu solchen Demagogen hingezogen gefühlt, und seine Erfahrungen im Gespräch mit Bakunin waren mit Sicherheit für seine spätere Auseinandersetzung mit den Nihilisten in seinem Roman *Die Dämonen* von Bedeutung.

Der letzte Abschnitt von Dostojewskijs Auslandsreise, eine Fahrt rheinaufwärts, dann Aufenthalte in der Schweiz und Italien, gestaltete sich offenbar angenehmer. In Genf begegnete er Strachow, und gemeinsam überquerten sie am Mont-Cenis-Paß die Alpen. Dann ging es weiter über Turin, Genua und Livorno, bis sie Mitte August endlich in Florenz ankamen und im Hotel Pension Suisse in der Via Tornabuoni Quartier nahmen. Von dort war es nicht weit zum Gabinetto-Scientifico-Lietterario di G. P. Vieusseux, wo Dostojewskij im Lauf einer Woche eine Menge Bücher verschlang, unter anderem Hugos *Die Elenden.*

In Florenz wurde es auch langsam Zeit für ein paar Museumsbesuche. Aber abgesehen von Raffaels *Madonna della Sedia* konnte den Schriftsteller nicht viel beeindrucken. Kaum hatte er die Uffizien betreten, als er auch schon auf dem Absatz wieder kehrtmachte. Seine Begeisterung für Städte und Flüsse hielt sich ebenfalls in Grenzen. Die schnurgeraden Straßen in Turin erinnerten ihn bloß an Petersburg, und den Arno in Florenz fand er gar nicht schöner als die Fontanka daheim. Sein Haß auf alles Ausländische lauerte immer im Hintergrund. Einmal beim Abendessen erschreckte er Strachow, als er einen Kellner grob anschnauzte. »Glauben Sie etwa, ich bin kein Mensch?« murmelte der dem großen Verkünder von Brüderlichkeit und Menschenliebe hinterher.

Schönere Erinnerungen knüpften sich für Strachow an ihre vielen Gespräche. Unter anderem erinnerte er sich an Dostojewskijs Skepsis all denen gegenüber, die behaupteten, daß »zweimal zwei vier ist«. Verbarg sich hinter dieser zählebigen Behauptung nicht eine Verherrlichung der Vernunft um ihrer selbst willen? Solche Leute seien sich bestimmt nicht dessen bewußt, daß es ein Stadium des Leidens gebe, in dem zweimal zwei *nicht* vier sei. Er für sein Teil neigte eher der These zu, daß zweimal zwei fünf sei! Solche Gespräche wurden oft bei einem Glas Rotwein vor dem Schlafengehen geführt. »Aber Fjodor Michailowitsch war in dieser Hinsicht sehr maßvoll«, versichert Strachow. »Ich kann mich nicht erinnern, ihn in zwanzig Jahren ein einziges Mal betrunken gesehen zu haben.« Epilepsie und Alkohol vertrugen sich eben nicht; diese bittere Erfahrung hatte der Schriftsteller ja in Sibirien machen müssen.

Anfang September 1862 berührte Dostojewskijs Fuß endlich wieder russischen Boden. Mit neuer Energie stürzte er sich in die gesellschaftspolitische Debatte. »Die Rettung Rußlands ist im Volk zu suchen, in der Scholle«, schreibt er Ende des Jahres in einem programmatischen Artikel. Im

Lauf weniger Monate hatte *Die Zeit* ein immer ausgeprägter nationalistisches Profil angenommen. Daher traf es alle wie ein Schlag aus heiterem Himmel, als die Zeitschrift Ende Mai 1863 auf einmal von den Behörden mit der Begründung verboten wurde, sie habe einen »jedem patriotischen Gefühl« zuwiderlaufenden Artikel publiziert.

Die Ursache für das Verbot der Zeitschrift war deren halbherzige Reaktion auf den Aufstand in Polen.

Im Januar 1863 hatte sich Polen zum bewaffneten Kampf gegen das Russische Reich erhoben. Die Polen wollten ihre nationale Unabhängigkeit und ihre früheren Grenzen wiederhaben. Doch die Hilfe der Westmächte blieb aus, und binnen kurzem war der Aufstand niedergeschlagen. Herzen war einer der wenigen, die sich für die Sache der Polen stark machten. »Wir wünschen die Unabhängigkeit Polens, weil wir die Freiheit Rußlands wünschen«, schrieb er in der *Glocke*.

In Rußland waren die Meinungen geteilt. Herzen stieß auf Zustimmung unter den Revolutionären, während Reaktionäre den brutalen Strafaktionen der Obrigkeit beipflichteten. Die Liberalen waren unentschlossen – viele träumten von einem Kompromiß.

Man könnte annehmen, Dostojewskij sei die Entscheidung leichtgefallen. Sein Polenhaß wurzelte tief, und sein Festhalten an der »russischen Idee« schloß jede Sympathie mit einer Rebellion gegen den Zaren aus. Doch die Frage war äußerst diffizil. Einerseits würde die Zeitschrift ihren Kredit bei der Leserschaft verspielen, wenn sie der offiziellen Politik zustimmte; andererseits handelte sie sich mit einer Sympathiekundgebung für Polen garantiert ein Verbot ein. Zugleich war es unumgänglich, in diesem Konflikt, der so viele Russen beschäftigte, Farbe zu bekennen.

Nach langen Diskussionen erhielt Strachow den Auftrag, die Meinung der Redaktion zu veröffentlichen. Sein Artikel sollte die politischen Aspekte des Problems tunlichst meiden und statt dessen versuchen, es philosophisch auszuloten. Strachows Artikel erschien in der Aprilausgabe unter dem Titel »Eine verhängnisvolle Frage«.

Sein Grundtenor lautete, der polnische Kampf gegen die Russen sei eigentlich ein Kampf zwischen zwei Zivilisationen – der falschen europäischen und der wahren russischen. Die endgültige Lösung der Polenfrage sei erst zu erwarten, wenn die Russen einen »geistigen Sieg« über Polen davongetragen hätten. Folglich sollten sie sich jetzt in erster Linie ihrer kulturellen Besonderheiten bewußt werden und ihre eigene Kultur weiterentwickeln.

In einer überhitzten Atmosphäre, in der die große Masse sich zu Zar und Vaterland bekannte, brachte man für solch nebulöse Spekulationen wenig Verständnis auf. Einige unglückliche Formulierungen wurden zudem dahingehend mißverstanden, daß die Russen die Überlegenheit der Polen auf kulturellem Gebiet neidlos anerkannten. Es nützte nichts, daß *Die Zeit* ihren patriotischen Geist herauszukehren suchte, indem sie die Artikelworte »die berühmte polnische Zivilisation trägt den Tod im Herzen« besonders fett druckte. In Moskau herrschte eine so große Erbitterung über diesen Artikel, der obendrein auch noch mit »ein Russe« unterzeichnet war, daß der Zar nicht zögerte, die Zeitschrift zu verbieten.

Für Michail war das Ende der *Zeit* ein harter Schlag. Er hatte erst kürzlich seinen Tabakladen verkauft und war bar jeder Mittel, um seine große Familie zu versorgen. Auch Fjodor nahm sich das Ganze sehr zu Herzen. Seine epileptischen Anfälle wurden immer häufiger und heftiger und traten nun schon im Abstand von wenigen Tagen auf.

Strachow weiß von einem Ereignis Ostern 1863 zu berichten. Der Schriftsteller hatte ihn spätabends besucht und bald begonnen, sich mit Feuereifer über ein Thema auszulassen, das ihn sehr beschäftigte:

»Er sprach irgendeinen erhabenen und freudigen Gedanken aus, und als ich seinen Worten mit der einen oder anderen Bemerkung zustimmte, wandte er sich begeistert mir zu – seine Inspiration hatte offensichtlich ihren Gipfelpunkt erreicht. Einen Augenblick hielt er inne, als suchte er nach Worten, und öffnete bereits den Mund. Ich betrachtete ihn mit gespannter Aufmerksamkeit. Ich spürte, daß er jetzt etwas Wichtiges sagen und ich in gewisser Weise eine Offenbarung hören werde. Aber da stieß er schon unvermittelt einen seltsamen, langgezogenen Schrei aus und fiel bewußtlos zu Boden.«

Von einem ähnlichen Anfall dieser »heiligen Krankheit« berichtet Dostojewskij aus seiner Zeit in Sibirien. Auch damals war gerade Ostern. Ein alter Freund besuchte den Schriftsteller, und bald waren sie in einen Disput vertieft. Dostojewskij regte sich über den Atheismus seines Freundes auf. »Es gibt einen Gott, es gibt einen Gott!« rief er schließlich außer sich vor Erregung. In dem Augenblick riefen die Kirchenglocken zur Osterfrühmesse, und das Zimmer hallte vom Glockenläuten wider. »Und ich fühlte, wie der Himmel zur Erde kam, und ich fand wirklich Gott und ward mich von Ihm erfüllt. ›Ja, Gott gibt es!‹ rief ich – und weiter weiß ich nichts mehr.« Solche ekstatischen Erlebnisse überzeugten ihn davon, daß Mohammed die Wahrheit sagt, wenn er im Koran von seiner Zeit im Paradies erzählt. »Er war bestimmt im Paradies, und zwar während eines Anfalls der gleichen Fallsucht, unter der ich leide.«

Es existiert eine umfassende wissenschaftliche Literatur zu Dostojewskijs Epilepsie. Die meisten Forscher meinen, die Krankheit sei durch eine organische Störung in der Schläfengegend verursacht worden und charakterisieren die Anfälle als psychomotorisch. Daß ein Kranker während solcher Anfälle Momente höchster Euphorie erlebt, ist allerdings so selten, daß in medizinischen Abhandlungen häufig von der »sogenannten Dostojewskij-Epilepsie« die Rede ist. »In manchen Augenblicken«, erzählte er Strachow, »erlebe ich ein im gewöhnlichen Zustand unvorstellbares Glück, von dem sich andere Menschen keinen Begriff machen können. Dann befinde ich mich in vollendeter Harmonie mit mir und der ganzen Welt, und es ist ein so starkes, strahlendes Gefühl, daß man für wenige Minuten dieser Glückseligkeit zehn Jahre, ja, das ganze Leben hingeben könnte.«

Dostojewskij hat also selbst dieses flüchtige »Eintreten der höchsten Harmonie« erlebt, das er in den *Dämonen* von Kirillow beschreiben läßt: »Schrecklicher als alles ist die entsetzliche Klarheit, dann die Glut. Hielte es länger als fünf Sekunden an, ertrüge es die Seele nicht. Diese fünf Sekunden sind für mich wie ein Leben, und für sie würde ich bereitwillig mein ganzes Leben hingeben, denn sie sind es wert.«

Auch seinen Fürsten Myschkin läßt der Schriftsteller über diese seligen Sekunden räsonnieren:

»Er dachte daran, daß es in seinem epileptischen Zustand eine Pause unmittelbar vor dem Anfall gab (falls der Anfall ihn im Wachen überraschte), wenn plötzlich, inmitteln allen Kummers, aller seelischen Finsternis und Niedergeschlagenheit, sein Hirn für Momente aufloderte und alle seine Lebensgeister in ungestümem Drang mit einem Mal angespannt wurden. Das Lebensgefühl, das Bewußtsein seiner selbst wurde in diesem blitzartig auftretenden Momenten beinahe verzehnfacht. Geist und Herz erhellte ein ungewöhnliches Licht, all seine Erregungen, alle Zweifel, alle Unruhe wurden auf einmal besänftigt, lösten sich in eine heitere, von klarer, harmonischer Freude und Hoffnung erfüllte Ruhe auf. Aber diese Momente, dieses Aufblitzen war nur eine Vorahnung jener endgültigen Sekunde (es war nie mehr als eine Sekunde), mit welcher der eigentliche Anfall begann. Diese Sekunde war unerträglich. Wenn er später, schon in normalem Zustande, über diesen Augenblick nachdachte, sagte er oft zu sich selbst: dieses Aufblitzen und Aufflammen eines höheren Selbstempfindens und Selbstbewußtseins, also auch eines ›höheren Seins‹, sei nichts anderes als Krankheit, Störung des normalen Zustandes; wenn dem aber so sei, dann sei es auch durchaus kein höheres Dasein, sondern müsse im Gegenteil zum niedersten gezählt werden. Und doch kam er zuletzt zu der höchst paradoxen Schlußfolgerung: Was tut es denn, daß es eine Krankheit ist? Was kümmert es mich, daß diese Spannung unnormal ist, wenn das Resultat selbst, wenn der Augenblick des Empfindens, schon in gesundem Zustande betrachtet, sich als höchste Harmonie und Schönheit erweist, wenn er eine bisher unerhörte und ungeahnte Empfindung von grenzenloser Fülle, Frieden und ekstatischer anbetender Verschmelzung mit der höchsten Synthese des Lebens bietet? Diese unklaren Ausdrücke schienen ihm selbst sehr verständlich, wenn auch noch viel zu schwach. Daran aber, daß er wirklich ›Schönheit und Gebet‹, wirklich die ›höchste Synthese des Lebens‹ war, konnte er nicht zweifeln, konnte er auch keinerlei Zweifel zulassen.«

Dmitrij Mereschkowskij fragt sich, ob diese Anfälle die sterbliche Hülle Dostojewskijs nicht empfindsamer und transparenter machten als die anderer, so daß er sehen konnte, was ihnen verborgen blieb. »Wer weiß«, meinte er, »vielleicht rühren wir hier an das Ureigenste und Tiefste in Dostojewskijs Wesen, an das wahre Rätsel seiner leiblichen und seelischen Beschaffenheit?« Auch einzelne Mediziner haben Verbindungslinien zwischen den religiösen Erlebnissen des Schriftstellers und seinem Krankheitserlebnis gezogen. Das Erlebnis einer »Aura« müsse ja Spuren hinterlassen – es sei für seine gesamte Weltsicht entscheidend geworden. Hinter Dostojewskijs scheinbar so realistischer Psychologie läge demnach eine metaphysische, *mystische* Auffassung des Daseins und der Menschen.

Der epileptische Alltag mit schlimmen Kopfverletzungen und demütigendem Wasserlassen steht in deutlichem Kontrast zu solchen Aura-Schilderungen. In der Regel kündigten sich seine Anfälle nicht vorher an. Oft hatte er nur das Gefühl, daß alles sich zu Dunkelheit verdichtete, bevor er hinschlug und das Bewußtsein verlor. Der Gedächtnisverlust war schlimm genug – er konnte das Aussehen seiner Freunde, die Namen seiner erdichteten Figuren vergessen. Einer seiner Briefpartner ist immer noch unbekannt, ganz einfach, weil der Dichter sich nicht an dessen Namen erinnern konnte. Dostojewskijs ausführliche Romanentwürfe sind nicht nur ein Indiz für seine seriöse künstlerische Arbeit. Die Notizbücher waren einfach notwendig für einen Künstler, der seinen Arbeitstag beginnen konnte, ohne sich zu erinnern, woran er eigentlich schrieb.

Am lästigsten waren jedoch die auf einen Anfall folgenden Depressionen. Er fühlte sich wie ein Verbrecher, der irgendeine grausame Untat begangen hatte, vielleicht sogar eine der Art, wie er sie Stawrogin in den *Dämonen* beichten läßt. »Wenn Sie wüßten, wie traurig und schwermütig ich noch wochenlang nach einem solchen Anfall sein kann!« klagt er in einem Brief an Turgenjew.

Auf seiner Auslandsreise war Dostojewskij eine leichte Verbesserung seines Gesundheitszustands aufgefallen. Im nächsten Jahr wollte er daher wieder auf Reisen gehen, um Ärzte in Berlin und Paris zu konsultieren. »Hier in unserem Land haben wir keine Spezialisten für diese Krankheit, und die Ärzte geben mir so viele widersprüchliche Ratschläge, daß ich schon längst jedes Vertrauen in sie verloren habe.« Folglich wandte er sich an den Militärgouverneur von Petersburg, der sein Gesuch in einem langen Schreiben an die Dritte Abteilung unterstützt:

»Die Epilepsieanfälle, an denen er seit langer Zeit leidet, sind noch nie so häufig aufgetreten wie jetzt, insbesondere im letzten Monat. Sein Gedächtnis läßt mit jedem Anfall nach. Er erkennt seine Bekannten nicht wieder und erinnert sich nicht mehr an die Bücher, die er gelesen hat; im Laufe weniger Tage kann er vollkommen vergessen, wovon sie handeln. Außerdem wird er nach jedem Anfall von einer unerträglichen Niedergeschlagenheit geplagt, die ohne weiteres in Wahnsinn oder Verzweiflung münden könnte. Daher hat Dostojewskij nun vor, bei bekannten europäischen Epilepsiespezialisten Rat einzuholen, speziell bei Professor Trousseau, Doktor Herpin und Doktor Romberg, und sich eventuell einer mehrmonatigen Behandlung zu unterziehen.«

Der wichtigste Anlaß für seine neue Reise ins verhaßte Westeuropa im August 1863 war allerdings eine neue Liebe – die leidenschaftlichste, die er je erlebte.

III

Apollinaria oder Polina Suslowa war die Tochter eines Bauern, der sich aus der Leibeigenschaft freigekauft hatte und jetzt als Gutsverwalter beim steinreichen Grafen Scheremetew angestellt war. Die Kinder erbten die Energie und Tatkraft ihres Vaters, besonders die jüngste Tochter Nadjeschda, die später den medizinischen Doktortitel in Zürich erlangte und eine der ersten Ärztinnen Rußlands wurde. Aber auch Polina besuchte Vorlesungen und hatte zudem literarische Ambitionen. Wie so viele der damaligen Studenten hegte sie Sympathien für die Emanzipation der Bauern und der Frauen. Wieder einmal war der Schriftsteller einer *Femme fatale* begegnet. »Leidenschaftlich, aufbrausend und wild«, so beschreibt sie ihr späterer Gatte, der junge Philosoph und Dostojewskij-Forscher Wasilij Rosanow.

Zu der Zeit war Dostojewskij bei den Studenten sehr beliebt, nicht zuletzt bei den Frauen. Er wurde oft zu ihren Leseabenden eingeladen, und eines Abends – es muß im Frühherbst 1861 gewesen sein – war auch Polina anwesend. Der Autor las aus seinen *Aufzeichnungen aus einem Totenhaus,* und die junge Frau von Anfang zwanzig lauschte gebannt. Schön war er zwar nicht, wie er so vor ihr stand – blaß, kränklich und düster –, aber dafür war er ein leibhaftiger Märtyrer der Unterdrückung, die sie selbst in der radikalen Studentenbewegung bekämpfte.

In Polina verliebte sich Dostojewskij aus ganz anderen Gründen als in Maria. Polina war keine nervöse Leidende mit unheilverkündenden roten Flecken auf den Wangen, keine Frau, die an sein Mitleid appellierte. Im Gegenteil – sie strotzte vor Gesundheit und war zudem umwerfend schön, eine heißblütige Schönheit mit großen Katzenaugen und stolz in den Nacken geworfenem Kopf, umrahmt von dichten roten Flechten.

Rosanow war der Ansicht, die leidenschaftliche Polina gleiche niemand anderem als einigen Heldinnen Dostojewskijs. Als Beispiel führte er gerne Fürst Walkowskijs Erinnerungen an seine Jugendliebe in *Erniedrigte und Beleidigte* an: »Nein, eine verderblichere Frau als sie gab es auf der ganzen Welt nicht . . . Sie war derart wollüstig, daß selbst ein Marquis de Sade noch von ihr hätte lernen können . . . Ja, sie war ein Teufel in Menschengestalt, aber zugleich von bestrickender Schönheit.«

Polinas Charakter war noch schillernder als der Marias. Sie war herrschsüchtig und fanatisch und sah in ihren Mitmenschen entweder Schurken oder Heilige. Aber sie konnte auch kindlich und verträumt sein, steckte voll naivem Enthusiasmus und besaß ein »weites Herz«. Kein Wunder, daß der Schriftsteller in mittleren Jahren bald von dieser charmanten und aufregenden jungen Frau fasziniert war, die zu allem Überfluß auch noch ein Sproß russischer Bauern war. Sein lebensfroher Optimismus bei der Rückkehr nach Petersburg läßt sich weitgehend durch sein Verhältnis zu Polina erklären. Sie schmeichelte seinem männlichen Stolz und gab ihm in gewisser Weise den Glauben an die Liebe wieder.

Einen intimen Charakter nahm das Verhältnis nach allem, was wir wissen, erst an, nachdem Dostojewskij 1862 von seiner ersten Auslandsreise zurückgekehrt war. Polina fühlte sich von der Aufmerksamkeit des berühmten Dichters sicherlich geschmeichelt; außerdem wuchs damit ihr Ansehen unter den Kommilitonen, was ihr viel bedeutete. In ihren hochfliegenden Gedanken konnte sie die kühnsten Pläne schmieden, unter anderem, den Zar zu ermorden: »Eine einzige Handbewegung, und schon gehörst du zu den Berühmtheiten, den Genies, den großen Erlösern der Menschheit« – so begründete sie ihren Plan.

Sexuell wurde das Verhältnis allerdings eine Katastrophe. Der große Schriftsteller konnte ihre Erwartungen in keiner Hinsicht erfüllen. Schon beim ersten Stelldichein ging ihr der meilenweite Unterschied zwischen dem Liebhaber und dem Märtyrer Dostojewskij auf. Das Ergebnis war eine nie verheilte seelische Wunde.

»Damals war die freie Liebe Mode gewesen«, schreibt Aimée Dostojewskij in ihrem Buch über den Vater. »Jung und hübsch, folgte Pauline eifrig dem Zug der Zeit, trieb sich im Dienste der Venus von einem Studenten zum anderen und glaubte so der europäischen Zivilisation zu dienen.«

Für diese Schilderung Polinas als leichtsinnige Person existieren keinerlei Belege. Aimées kritische Haltung rührt aller Wahrscheinlichkeit nach von der sehr verständlichen Eifersucht ihrer Mutter her. Bei allem Gerede über »freie Liebe« konnten die Studenten jener Zeit überaus puritanisch sein.

So hatte die prinzipientreue Polina beschlossen, sich vor ihrem zweiundzwanzigsten Lebensjahr mit keinem Mann einzulassen, und es besteht kein Grund, an ihren Worten zu zweifeln, daß Dostojewskij ihr erster Liebhaber war.

Es wurde ein traumatisches Liebeserlebnis. Der Grund dafür ist am ehesten in Dostojewskijs Vorstellung zu suchen, Liebe sei untrennbar mit Leid und Schmerzen verbunden. Er konnte nur schwer lieben, ohne zugleich Schmerz zuzufügen. Liebe bedeutete für ihn Verletzen und Verletztwerden. Bei seiner Begegnung mit Polina muß die Liebe bald in wollüstige Grausamkeit umgeschlagen sein. Die stolze Polina war empört über ihre Unterwerfung, empört über den Triumph des dominanten, seines Besitzes sicheren Mannes. Und von *dem* Mann hatte sie sich etwas »Erhabenes« erwartet! Dieses Erlebnis wurde für sie zu einer ähnlich vernichtenden Erfahrung, wie sie Dostojewskijs von der Ich-Figur so zynisch behandelte Lisa in den *Aufzeichnungen aus einem Kellerloch* durchmacht:

»Schließlich überwand ich mich doch und hob den Kopf; einmal mußte ich es ja doch tun ... Und dann – ich bin noch jetzt fest davon überzeugt, daß gerade weil ich mich schämte, ihr in die Augen zu sehen, gerade darum in meinem Herzen plötzlich ein anderes Gefühl sich entzündete und aufflammte ... die Lust zu beherrschen und zu besitzen. Meine Augen glühten vor Leidenschaft, und ich preßte krampfhaft ihre Hände. Wie haßte ich sie in diesem Augenblick, und wie begehrte ich sie zugleich! Das eine Gefühl entfachte das andere. Es glich fast einer Rache! ... Auf ihrem Gesicht stand zuerst etwas wie Verwunderung geschrieben, vielleicht sogar Angst, doch nur einen Augenblick. Ekstatisch, leidenschaftlich umarmte sie mich.

Eine Viertelstunde später lief ich in wütender Ungeduld im Zimmer auf und ab und trat immer wieder zum Wandschirm, um durch eine Spalte zu Lisa hinzusehen. Sie saß auf dem Fußboden, den Kopf ans Bett gelehnt, und ich glaube, sie weinte. Aber sie ging nicht, und das war es, was mich ärgerte. Jetzt wußte sie endlich alles bis aufs letzte. Ich hatte sie ein für allemal beleidigt, aber ... Lieben bedeutete für mich – tyrannisieren und moralisch überlegen sein. Mein ganzes Leben lang habe ich mir keine andere Liebe vorstellen können, und sogar jetzt glaube ich noch zuweilen, daß die Liebe eben in dem von der geliebten Person freiwillig eingeräumten Recht, sie zu tyrannisieren, besteht.«

Obwohl wir uns unbedingt davor in acht nehmen sollten, Dostojewskij mit seinem Kellermenschen gleichzusetzen, deutet vieles darauf hin, daß Polina sich in einer ähnlichen Situation wie Lisa befand. Auch hat Dostojewskij, und dafür gibt es Belege, die Auffassung seiner Hauptfigur geteilt, in der Liebe könne es keine Gleichheit geben. »Im Verhältnis zwischen Mann und Frau ist eins von beiden unweigerlich unterlegen und wird sich erniedrigt fühlen«, stellte er später fest. Und das sei gewöhnlich die Frau: »Für die Frau bedeutet die Ehe immer Sklaverei. Schon allein die Tatsache, daß sie sich hingegeben hat, macht sie zur Sklavin, und von da an wird sie vom Manne stets abhängig sein.«

Als er diese Theorie umsetzen wollte, traf Dostojewskij allerdings auf den Widerstand Polinas. Sie war selbst eine Herrschernatur, und die demütigende Rolle einer Sklavin lehnte sie ab. Hier liegt der Hauptgrund für ihre späteren Konflikte und wohl auch der Ursprung für ihren Haß auf Männer und ihre Rachegelüste. »Solltest du je heiraten, so wirst du deinen Mann am dritten Tage hassen und verlassen«, sagte ihr Dostojewskij später einmal. »Du verzeihst mir nie, daß du dich mir einmal hingegeben hast, und rächst dich dafür. Ein echt weiblicher Wesenszug.«

In Polinas Tagebuch finden sich viele bittere Hinweise auf ihr erniedrigendes Verhältnis mit Dostojewskij. Er redete grundsätzlich nicht mit ihr über seine literarischen Pläne oder über das, woran er gerade schrieb, was ihn beschäftigte. Für ihn war sie nichts weiter als die Geliebte, über die er nach Belieben verfügen konnte. Nicht, daß sie sich ihrer Gefühle für ihn geschämt hätte. Aber daß er sie so gar nicht für voll nahm, sondern nur als Lustobjekt ausnutzte, das konnte sie nicht akzeptieren. Der Entwurf zu einem Brief, den sie ihm im Sommer 1863 geschrieben haben muß, blieb erhalten:

»Du ärgerst Dich darüber, daß ich geschrieben hätte, ich errötete über meine Liebe zu Dir. Niemals werde ich so etwas schreiben . . . Niemals bin ich wegen meiner Liebe zu Dir errötet; sie war schön, sie war herrlich! Daß ich wegen unseres früheren Verhältnisses errötet sei, das konnte ich Dir allerdings schreiben; aber das ist ja für Dich nichts Neues, das habe ich nie verhehlt, und oft genug vor meiner Abreise ins Ausland war ich gewillt, unsere Beziehung abzubrechen. Für Dich dagegen waren unsere Beziehungen gewiß einwandfrei. Du hast Dich gegeben wie ein Mann, der von großen, wichtigen Dingen beansprucht wird, aber darüber doch nicht vergißt, das Leben zu genießen. Ein berühmter Arzt oder Philosoph hat ja gesagt, einem Manne müsse es freistehen, sich einmal im Monat zu betrinken. Sei mir nicht böse, daß ich mich so ungeniert ausdrücke. Du weißt ja, daß ich noch nie viel auf Formen gegeben habe.«

Mehrere ähnliche Spitzen lassen sich auf ihr erstes Liebeserlebnis zurückführen. »Er war der erste, der den Glauben in mir zerstörte«, schreibt sie in ihr Tagebuch. »Ich hasse ihn. Was habe ich wegen ihm gelitten, als es gar keinen Grund gab, zu leiden.« Aus ihren bitteren Erfahrungen zieht sie folgenden Schluß: »Ich sehe jetzt deutlich, daß ich nie mehr lieben, nie mehr Glück in der Liebe finden kann. Jede Liebkosung würde mich unweigerlich an diese Erniedrigung, diesen Schmerz erinnern.«

Polina war enttäuscht über die triebhafte, brutale Leidenschaft desselben Mannes, der erst vor kurzem in seinen *Erniedrigten und Beleidigten* über die ideale Liebe so viele Tränen der Rührung vergossen hatte. Er hatte sich ja als ein ebenso wüster Rohling wie alle anderen erwiesen! Er wollte sich nicht einmal von seiner schwindsüchtigen Frau scheiden lassen! Sie hatte gute Lust, ihrem alternden Liebhaber den Laufpaß zu geben. Jedenfalls brach sie ihre Verbindungen zu anderen Freundinnen des Schriftstellers ab. »Ich kann mich nicht genug wundern über A's Schweigen«, schreibt Jekaterina Korsini im Dezember 1862 aus Düsseldorf an Dostojewskij. »Was ist denn mit ihr? Und wo steckt sie?« Das Paar traf sich trotzdem weiter, und für den Sommer

1863 planten sie sogar eine gemeinsame Auslandsreise. Wegen des Verbots der *Zeit* und der anschließenden Versuche, die Zeitschrift wieder auf die Beine zu stellen, mußte Dostojewskij seine Abreise allerdings verschieben. Polina wollte nicht länger warten und brach im Frühsommer von Petersburg nach Paris auf.

Im August konnte sich auch Dostojewskij endlich freinehmen, nachdem ihm der Literaturfonds eine größere Summe geliehen und seine Werke als Unterpfand akzeptiert hatte. Das Geld sollte ihm sehr zustatten kommen, denn jetzt ergriff den Schriftsteller bald die Spielleidenschaft.

Schon während seiner ersten Auslandsreise hatte er in Deutschland mit dem Roulette Bekanntschaft gemacht. Damals hatte er Anfängerglück gehabt und seine Reisekasse um einige hundert Franc aufbessern können.

Als er jetzt den prunkvollen Kursaal in Wiesbaden betrat, war er fest entschlossen, sein Glück zu einer Erfolgsserie auszubauen, ganz gleich, wie sehr er sich nach Polina sehnte. Oder ahnte er vielleicht voraus, was ihn in Paris erwartete, und ließ sich deshalb so lange in »Roulettenburg« aufhalten?

Dostojewskij ging methodisch vor. Vier Tage lang beobachtete er nur und studierte Spiel und Spieler. Und sehr bald kam er zu dem Ergebnis, daß er allein den Schlüssel zum Gewinn besaß. Im Grunde war es doch kinderleicht: Man mußte nur systematisch setzen und einen kühlen Kopf behalten. »Das ist alles«, schreibt er an seine Schwägerin; »unter diesen Umständen kann man unmöglich verlieren und muß einfach gewinnen. Es handelt sich nur darum, daß der Mensch, der dieses Geheimnis kennt, auch die Kraft und die Fähigkeit hat, es richtig anzuwenden.«

Seine geringe Selbstbeherrschung prädestinierte ihn zu einem typischen »Systemspieler«. Ließ sich nur eine »Tendenz« der Roulettekugel ausfindig machen, beendete sie zum Beispiel zehnmal nacheinander ihren wilden Tanz auf Rot, ja, dann hieß es eben stur auf Schwarz setzen! Daß das Roulettespiel keinem System gehorcht, daß jede Runde unabhängig ist von allen anderen »Jeus« vorher und nachher, daß die Bank auf lange Sicht notgedrungen gewinnen muß – all das war ihm leeres Geschwätz von Feiglingen mit kleinlichen Krämerseelen. Auch auf die Warnungen anderer Spieler seiner Zeit wollte er nicht hören: »Wehe dem, der im verlockenden Goldgeklimper der Spielsäle das teuflische Lachen des triumphierenden Dämons überhört!« Statt dessen faßte er Vertrauen zu allerlei Spielhandbüchern, in denen die Kasinos als das »Deutsche Kalifornien« bezeichnet und todsichere Tips gegeben wurden, wie die Spieler mit »unfehlbaren Systemen die Bank sprengen« könnten.

»The best way to avoid losing at Roulette is to stop playing the game«, schreibt ein amerikanischer »Gambling«-Spezialist. Aber Dostojewskij schien als Spieler einen Vertrag mit dem Schicksal geschlossen zu haben, daß Durchhalten sich früher oder später auszahle. Jeder Wahrscheinlichkeitsrechnung zum Hohn behauptete er, das Roulette *müsse* einem Spieler auf lange Sicht Gewinn bringen. Dieser verhängnisvolle Irrtum sollte ihm im Lauf der Jahre die schlimmsten Demütigungen bescheren. Und doch hielt er unbeirrbar an seinem Glauben fest. Noch im *Jüngling* verleiht er seiner Überzeugung Ausdruck, man müsse »im Glücksspiel zwangsläufig gewinnen, wenn man nur versteht, kühl und berechnend zu bleiben«.

In früheren Dostojewskij-Biographien ist seine Spielsucht als Folge seiner Armut und als Wunsch, sich ein großes Vermögen zu beschaffen, erklärt worden. Dabei kam aber der Wunsch, zu gewinnen, tatsächlich an zweiter Stelle. »Den Kampf lieben sie, nicht den Sieg«, heißt es bei Blaise Pascal. Dostojewskij hätte dem nur beipflichten können. »Die Hauptsache ist das Spiel an sich«, schreibt er später an Majkow. »Wenn Sie wüßten, wie es einen mitreißt!« Und hatte ihn das Spiel um des Spielens willen gepackt, war es nur der *Verlust*, der ihn befriedigen konnte. Höchstwahrscheinlich trieb ihn wie viele Mit-Spieler ein unbewußtes Bedürfnis, zu verlieren und sich dadurch selbst zu bestrafen. Und das gelang ihm auch in bemerkenswertem Ausmaß, wenn er einmal wieder sein »letztes Hemd verspielt« hatte, wie er sich ausdrückte.

Zu Anfang ging auch diesmal alles gut. Als er sich am fünften Tag an den grünen Tisch setzte, gewann er nach eigener Aussage über zehntausend Franc. Das Geld hatte er nach Hause getragen, entschlossen, am nächsten Tag nach Paris weiterzufahren. Aber er hielt die Spannung nicht aus, und einen Tag später hatte er die Hälfte verloren.

»Glück im Spiel, Pech in der Liebe«, hatte ein Franzose geschmunzelt, als Dostojewskij seinen Gewinn einkassierte. Und in der Tat: Die impulsive Polina war nicht gerade eine Solveig, die ihre Zeit mit dem Warten auf den alternden Abenteurer Peer Gynt zubringt. Während der Schriftsteller in Wiesbaden über seinen Systemen grübelte, genoß sie die Freuden der großen Liebe in den Armen eines spanischen Medizinstudenten namens Salvador. Mit seinem unkomplizierten Charakter und feurigen Charme hatte er sie im Sturm erobert. Das war etwas anderes als ein Abhängigkeitsverhältnis mit einem rücksichtslosen Rohling! »Du kommst etwas zu spät«, teilte sie Dostojewskij mit, als er schließlich und endlich im verregneten Paris eintraf.

Die Reaktion des Schriftstellers auf diese Begrüßung läßt sich in Polinas Tagebuch genau nachlesen:

»Er senkte den Kopf. ›Polja‹, sagte er nach kurzem Schweigen. ›Ich muß alles wissen. Laß uns irgendwo hingehen, und du erzählst mir, was passiert ist – sonst sterbe ich.‹«

Kaum waren sie in seinem Zimmer, da fiel er ihr zu Füßen, umfing ihre Knie und sagte: »Ich habe dich verloren, ich wußte, daß es so kommen würde. Hast du dich ihm ganz hingegeben? Bist du glücklich? Wärst du bereit, mit ihm bis ans Ende der Welt zu gehen?« »Nein«, antwortete Polina weinend, »er empfindet nichts mehr für mich.« »Ach Polja, warum mußt du so unglücklich werden! Daß du einen anderen lieben würdest, darauf war ich vorbereitet. Es war doch nur ein Irrtum, daß du mir deine Liebe geschenkt hast, weil du nämlich so ein weites Herz hast. Du hast gewartet, bis du dreiundzwanzig warst. Du bist die einzige Frau, die keine Forderungen stellt. Aber was nützt das schon: Mann und Frau sind grundverschieden – er nimmt, sie gibt.«

Dostojewskij nahm sich die Niederlage sehr zu Herzen. Diesmal hatte er alles verloren. In der Liebe hatte er versagt; wieder wurde er mit einem jüngeren, siegreichen Rivalen konfrontiert. Wenn er nur ein Treffen mit ihm arrangieren, sich mit ihm aussprechen könnte! Aber nicht einmal diese schwache Genugtuung war ihm vergönnt. Als Salvador bekommen hatte, was er wollte, zog er sich nämlich zurück und schickte einen Freund mit der Nachricht zu Polina, er sei an Typhus erkrankt. Was nicht verhindern konnte, daß er tags darauf gesund und munter von Polina gesichtet wurde. Er hatte sie aufs schändlichste belogen! »Als ich in mein Zimmer kam, erlitt ich einen hysterischen Anfall«, erzählt Polina, »währenddessen ich schrie: ›Ich werde ihn töten!‹«

Eine dramatische Schilderung davon, wie dieser Racheakt durchgeführt werden sollte, liefert Dostojewskijs Tochter: »Eines Tages um sieben Uhr morgens erschien sie bei meinem Vater, weckte ihn und erklärte ihm, indem sie ein riesiges, ganz neues Messer zückte, das sie soeben gekauft hatte, ihr französischer Liebhaber sei ein Elender, sie wolle ihn bestrafen und ihm dieses Messer in die Kehle stoßen; sie sei eben auf dem Wege zu ihm, wollte aber zuerst noch meinen Vater sehen, um ihm im voraus von dem Verbrechen zu berichten, das sie zu begehen im Begriffe sei. Ich weiß nicht, ob mein Vater sich durch die vulgäre Komödie täuschen ließ, jedenfalls riet er Pauline, ihr großes Messer in Paris zu lassen und ihn nach Deutschland zu begleiten.«

Zu diesem Zeitpunkt hatte Dostojewskij sich längst mit seiner gewohnten Rolle als Tröster und verständnisvoller Freund der Frau, die er an einen jüngeren Rivalen verloren hatte, abgefunden. Von Mitleid mit Polina erfüllt, ihre unglückliche Liebe aus tiefstem Herzen beklagend, versicherte er ihr, dieser spanische Herzensbrecher könne unmöglich ein »richtiger Mann« sein, und es sei doch unvernünftig, »um seinetwillen deine ganze Zukunft aufs Spiel zu setzen«. Zugleich schlug er ihr eine gemeinsame Italien-Reise vor und versprach, er werde »wie ein Bruder« zu ihr sein.

Daß sich hinter Dostojewskijs beschwichtigendem Gebaren eine unbändige Wut verbarg, zeigt eine Szene, die sich wenig später beim päpstlichen Nuntius in Paris ereignete. Zweimal hatte er vergebens bei Monsigneur vorgesprochen, um ein Visum für Rom zu bekommen. Als ihm ein Abt bei seinem dritten Anlauf verkündete, Monsigneur säßen über seinem Kaffee und dürften nicht gestört werden, fuhr der Schriftsteller fuchsteufelswild von seinem Stuhl auf: »Sagen Sie Ihrem Monsigneur, ich spucke in seinen Kaffee! Wenn er nicht sofort meinen Paß unterzeichnet, renne ich seine Tür ein und breche einen Skandal vom Zaun!« »Ja, ich muß mich wohl ein wenig aufgeregt haben«, meinte Dostojewskij verwirrt lächelnd, als er die Episode Jahre später Baron Wrangel erzählte. Wie so viele andere Ereignisse in seinem Leben konnte er auch dieses gleich für seine Dichtung verwenden, und zwar im *Spieler.*

Daß Polina der »brüderlichen« Absprache mit Dostojewskij zugestimmt hatte, bedeutete noch lange nicht, daß sie ihren treulosen Spanier vergaß. »Ich hänge trotzdem sehr an ihm und würde mein halbes Leben dafür geben, wenn er eine Spur Reue zeigte.« Auch bedeute die Vereinbarung nicht, daß sie Dostojewskij etwa entgegenkam. Konnte sie ihren verletzten Stolz schon nicht an Salvador rächen, dann ließ sie ihren Unmut eben am Schriftsteller aus. *Er* sollte jetzt für Salvadors Vergehen büßen! »Auf der Reise sagte er mir, er hege wieder Hoffnungen«, schreibt sie hämisch, als die beiden Anfang September in Baden-Baden ankommen. »Ich antwortete ihm nicht, wußte aber, daß daraus nichts werden könne. Es gefällt ihm, daß ich mich so rasch entschlossen habe, Paris zu verlassen, aber er ist im Irrtum, wenn er darauf Hoffnungen begründen will! Ganz im Gegenteil.«

Gefoltert von Polinas Unnahbarkeit, ließ der Schriftsteller sich wieder in die Spielsäle treiben, um erneut dem, wie er es nannte, »Aufruhr der Leidenschaften« zu verfallen. Das Roulette simulierte die Befriedigung, die ihm Polina verweigerte, und mehr als das. Er hatte darin ein sicheres Mittel zur Pflege seines seelischen Masochismus entdeckt. Wie alle Spieler versuchte er, seine tieferliegenden Beweggründe rationalisierend zu verdrängen: Er brauchte doch so dringend

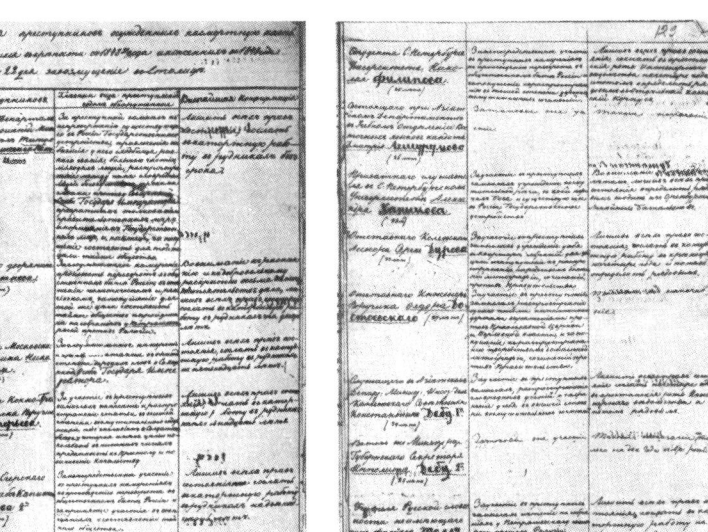

Aus der Namensliste ›zum Tode verurteilter Verbrecher‹.
Von der Scheinhinrichtung auf dem Semjonow-Platz.

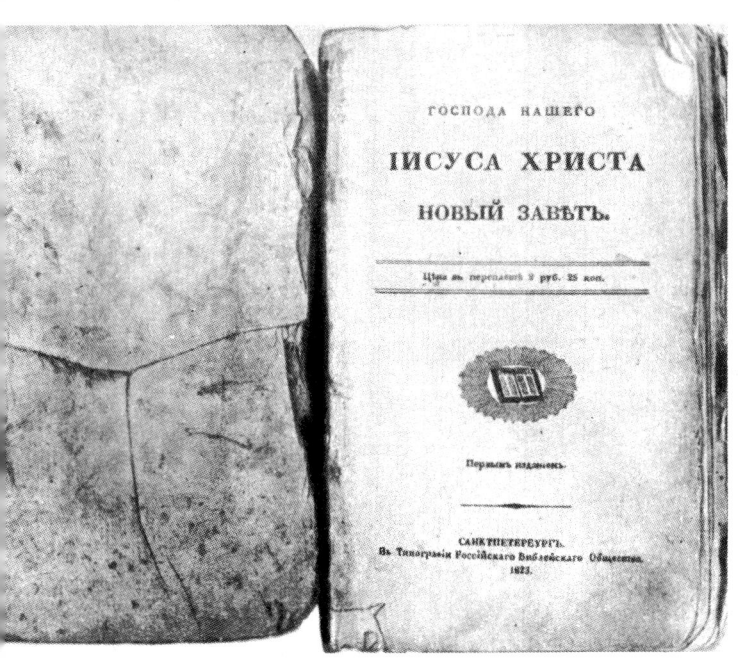

Titelseite des Neuen Testaments,
das Dostojewskij im Januar 1850 geschenkt bekam.

Linke Seite:
Der Anfang von Dostojewskijs Brief an den Bruder
vom 22. Dezember 1849.

Palisadenzaun um das Zuchthaus von Omsk.
Fotografie von 1897.

Sträflinge. N. Karasin, 90er Jahre des vorigen Jahrhunderts.

Geld! Aber in Wirklichkeit war es das Spiel selbst, die Spannung und nicht zuletzt das unbewußte Herbeisehnen von Verlust, Strafe und Qual, was ihn zu immer halsbrecherischeren Einsätzen bewegte. Und Polina hatte nichts gegen das Spielen. Sie merkte bald, daß sein Scheitern ihr noch größere Macht über ihren Begleiter sicherte.

»The gaming-tables draw hither much disreputable society, and must be considered as a very serious disadvantage to the place«, steht in einem Reiseführer über das Baden-Badener »Conversationshaus«. Aber von solch philisterhaften Mahnungen ließ sich Dostojewskijs pathologische Besessenheit schon gar nicht bremsen. Nach seinen aufwühlenden Erlebnissen in Paris fiel es ihm allerdings schwerer denn je, sich an das »unfehlbare System« zu halten. Nachdem er einen raschen Gewinn über sechshundert Franc eingestrichen hatte, verlor er rapide und verließ den Spielsaal um dreitausend Franc ärmer, als er gekommen war.

Er war nachlässig gekleidet und nahm jeden neuen Verlust entsetzlich schwer, erzählt Fürst Pawel Wjasemskij, dem das zweifelhafte Vergnügen zuteil wurde, dem Schriftsteller unter all den unverschämten, geldgierigen Hasardeuren zu begegnen.

In verzweifelten Briefen bettelte Dostojewskij nun darum, das Geld zurückzubekommen, das er seinem Bruder und seiner Frau übermütig aus Paris geschickt hatte. Schließlich trug er seine letzten Groschen ins Kasino. »Mit vier Zwanzigfrancstücken gewann ich in einer halben Stunde fünfunddreißig«, berichtet er. »Dieses einzigartige Glück beflügelte mich aufs neue, ich setzte alle fünfunddreißig auf einmal – und verlor. Nachdem wir die Wirtin bezahlt hatten, blieben uns nur noch sechs Fünfundzwanzigfrancstücke für die Reise. In Genf brachte ich meine Uhr zum Pfandleiher.« Solche Erlebnisse waren es wohl, die ihn zum Vergleich der Spielhöllen mit der Badestube in seinen *Aufzeichnungen aus einem Totenhaus* veranlaßten. Trotzdem tröstete er sich in einem Brief an die Schwägerin: »Es passiert so viel in diesem Leben, und gäbe es derartige Erlebnisse nicht, wäre es schlichtweg zu langweilig.«

Überaus problematisch gestaltete sich auch sein Verhältnis zu Polina, die mit ihm kokettierte und ihn unter ständigen Ermahnungen an ihre Vereinbarung aufreizte. Nach ihren Enttäuschungen in Paris hatte sich die früher so kindliche Polina in eine herzlose *Femme fatale* verwandelt, die ihre Macht über den liebeshungrigen Begleiter und die Rache an ihrem treulosen Geliebten in vollen Zügen genoß. Denn je dezidierter sie ihm die kalte Schulter zeigte, desto leidenschaftlicher erglühte er. Die Italien-Reise sollte sich zu einem verhängnisvollen Zweikampf entwickeln.

In Petersburg war er Herr der Lage gewesen. Damals hatte er sie beherrscht und gequält. Jetzt waren die Rollen von Opfer und Täter vertauscht. Die Unterlegene war Siegerin geworden. Daß sie ihn mit Salvador betrogen hatte, fachte seine Liebesglut erst recht an, und die Qual verwandelte sich in Lust. »Wer liebt, überlegt nicht«, sagte er viele Jahre später einem Freund. »Wissen Sie, wie man liebt? Wenn Ihre Liebe rein ist und Sie das Reine an Ihrer Frau lieben, auf einmal jedoch entdecken, daß sie in Wirklichkeit leichtsinnig und amoralisch ist, werden Sie dieses Amoralische an ihr lieben, dieses Widerwärtige und Schmutzige, das Sie so abscheulich finden: genau so ist die Liebe.«

Von dem qualvollen Schwanken Dostojewskijs zwischen Hoffnung und Hoffnungslosigkeit erzählt Polinas Tagebuch. Eines späten Abends in Baden-Baden haben sie gemeinsam Tee getrunken. Sie zieht sich die Schuhe aus, legt sich aufs Bett, bittet ihn, sich zu ihr zu setzen, nimmt seine Hand und hält sie lange fest:

»Ich sagte ihm, ich sei in Paris grob und ungerecht gegen ihn verfahren und es habe den Anschein gehabt, als dächte ich ausschließlich an mich; ich hätte aber auch an ihn gedacht, es nur nicht sagen wollen, um ihn nicht zu verletzen. Plötzlich stand er auf und wollte gehen, stolperte jedoch über einen Schuh, der vor dem Bett lag, wandte sich um und setzte sich wieder.

›Wohin wolltest du?‹ fragte ich.

›Ich wollte nur das Fenster schließen.‹

›Tu es doch, wenn du willst!‹

›Nein, es ist nicht nötig. Du ahnst nicht, was eben in mir vorging‹, sagte er mit sonderbarem Gesichtsausdruck.

›Was?‹ Ich sah ihn an; sein Gesicht war sehr bewegt.

›Ich wollte eben deinen Fuß küssen.‹

›Ach, wozu?‹ erwiderte ich in großer Verlegenheit, fast erschrocken, und zog geschwind den Fuß zurück.

›Ich bekam plötzlich Lust und entschloß mich, ihn zu küssen.‹

Danach fragte er, ob ich schlafen wolle, ich aber meinte, lieber wollte ich noch ein Weilchen mit ihm aufbleiben. Als ich müde wurde und mich ausziehen wollte, fragte ich, ob das Stubenmädchen käme, das Geschirr abzuräumen. Er verneinte. Darauf sah er mich so an, daß ich mich genierte und ich ihm das auch sagte. ›Ich geniere mich auch‹, meinte er mit sonderbarem Lächeln. Ich verbarg mein Gesicht im Kopfkissen. Ich fragte nun wieder, ob das Stubenmädchen nicht bald käme, und er versicherte, es käme nicht.

›Dann geh jetzt in dein Zimmer, ich will schlafen‹, sagte ich.

›Sofort!‹ erwiderte er, zögerte aber noch immer. Dann küßte er mich leidenschaftlich und machte sich mit dem Anzünden einer Kerze zu schaffen. Meine Kerze brannte nieder.

›Du wirst im Dunkeln liegen‹, sagte er.

›Nein, ich habe noch eine ganze Kerze.‹

›Die habe doch ich jetzt!‹‹

›Ich habe noch eine.‹

›Du bist nie um eine Antwort verlegen‹, sagte er lächelnd und ging. Er hatte die Tür nicht geschlossen und kam bald wieder unter dem Vorwand, das Fenster schließen zu wollen. Er kam in meine Nähe und riet mir, mich auszuziehen.

›Ja, ich ziehe mich schon noch aus‹, sagte ich und gab ihm zu verstehen, daß ich nur auf sein Weggehen wartete.

Er ging wieder hinaus, kam aber noch einmal unter einem anderen Vorwand herein. Dann erst ging er endgültig und schloß die Türe hinter sich.«

Solche Szenen unterdrückter Sinnlichkeit machen deutlich, wie der Schriftsteller auf seiner Reise mit Polina schmachtete. »Genießen wollen wir allemal«, sagt die Hauptfigur im *Spieler* zu seiner Polina, »und gar erst wilde, grenzenlose Macht über ein Wesen – und wenn's auch nur eine Fliege ist – ist doch ein ganz besonderer Genuß.« Es demütigte ihn, diese Frau mehr oder weniger entkleidet nachts um eins verlassen zu müssen – kannte sie denn nicht die Redensart: »Russen treten nie den Rückzug an«? Doch wenn er besonders niedergeschlagen war, munterte sie ihn durchaus auch manchmal ein wenig auf. Dann konnte sie auf einmal wieder zärtlich und liebevoll sein, sich an ihn schmiegen und – weinen. Er war doch trotz allem lieb und gut! Und was hatte er nicht alles für sie getan!

Eines Tages, als sie in Turin beim Essen saßen, fiel Dostojewskij ein kleines Mädchen auf, das gerade von einem Lehrer unterrichtet wurde. »Denke nur, da gibt es so ein kleines Mädchen mit einem alten Mann«, sagte er zu Polina, »und mit einem Mal erklärt irgendein Napoleon, die ganze Stadt müsse dem Erdboden gleichgemacht werden! Immer ist es so auf der Welt zugegangen!«

Auch das Zusammensein mit Polina verschaffte dem Schriftsteller reichlich Gelegenheit zu der Feststellung, wie wenig Barmherzigkeit im Menschen stecke. »Es geht mir nicht gut«, klagte er, als sie endlich in Rom ankamen. »Ich sehe mir alles an, pflichtschuldigst, als müsse ich ein Pensum bewältigen . . . Aber du sollst wissen, auf die Dauer geht es nicht an, einen Mann so zu quälen. Schließlich bekommt er genug davon und gibt seine Bemühungen auf.« Daß die Leidenschaft trotzdem noch nicht abgekühlt war, geht aus Polinas Schilderung einer Begegnung mit der Familie Herzen auf ihrer Überfahrt nach Neapel hervor. Als Dostojewskij sie als eine »entfernte Verwandte« vorstellte, rächte sie sich, indem sie mit Herzens jungem Sohn flirtete, und brachte ihren eifersüchtigen Begleiter damit zur Raserei.

Während seines rastlosen Umhervagabundierens mit Polina, immer in Angst, wegen Geldknappheit aus dem Hotel geworfen zu werden, kam dem Schriftsteller die Idee zum *Spieler*. Abgebrannt wie er war, versuchte er gleich, das ungeschriebene Buch an einen Verleger in Petersburg zu verkaufen. »Ich habe noch nie im Leben ein Werk (mit Ausnahme der ›Armen Leute‹) anders als gegen Vorausbezahlung verkauft«, schreibt er aus Rom an Strachow. »Ich bin ein Proletarier unter den Schriftstellern, und wenn jemand meine Arbeit will, so muß er mich im voraus bezahlen. Ich selbst verdamme diesen Modus. Aber ich habe ihn nun einmal eingeführt und werde ihn wohl nie wieder abschaffen.«

In diesem wie aus einem Guß geschriebenen Roman eines jungen Mannes, der »nicht wagt, zu glauben«, hat er nicht nur seine Erfahrungen in den Spielhöllen, sondern auch sein aufreibendes Verhältnis mit Polina verarbeitet. Stimmungen, wie die Hauptfigur sie durchmacht, muß er in diesem qualvollen Zusammensein häufig durchlebt haben:

»Und wieder stellte ich mir die Frage: Liebst du sie, oder liebst du sie nicht? Und wieder wußte ich mir darauf nichts zu antworten, oder richtiger, ich sagte mir wieder einmal, wohl zum hundertsten Mal, daß ich sie haßte. Ja, sie war mir verhaßt! Es gab Augenblicke . . . wo ich mein halbes Leben dafür hingegeben hätte, sie erwürgen zu können! Ich könnte schwören, daß es mir eine wollüstige Freude bereitet hätte, ihr ein scharfes Messer in die Brust zu stoßen. Aber ich könnte auch schwören, daß es nur eines einzigen Wortes von ihr bedurft hätte, und ich hätte mich vom Schlangenberg herabgestürzt, auch das mit wollüstigem Vergnügen . . . Sie begreift natürlich, daß ich mir ihrer Unnahbarkeit und Unerreichbarkeit für mich, der ganzen Unmöglichkeit der Erfüllung meiner phantastischen Träume vollkommen bewußt bin, und dieser Gedanke muß für sie ein Genuß sein. Denn wie könnte sie, die doch so vorsichtig und klug ist, sonst so unbekümmert und ungeniert im Verkehr mit mir sein? Ich glaube, sie hat bisher ungefähr ebenso auf mich herabgesehen wie jene Kaiserin im Altertum, die sich in Gegenwart ihres Sklaven entkleidete, da sie ihn ja gar nicht für einen Menschen hielt. Ja, sie hat mich schon mehr als einmal nicht für einen Menschen gehalten . . .«

Nach einer sechswöchigen Fahrt trennten sich in Turin endlich ihre Wege. Polina zog unverzüglich nach Paris weiter, um ihren geliebten Salvador aufzuspüren, während Dostojewskij einen Abstecher nach Bad Homburg machte, um wieder einmal sein Glück im Spiel zu versuchen – diesmal mit dem Vorschuß, den er auf seinen *Spieler* bekommen hatte.

Unter der Ägide von François Blanc war Homburg zur führenden Kasinostadt Europas geworden. Legendäre Glücksspiel-Heroen wie der Spanier Thomas Garcia oder der Malteser Vincento Bugeja hatten den Ort zu einem Mekka der Hasardeure gemacht. Hunderttausende von Francs konnten hier in wenigen Minuten den Besitzer wechseln. Doch früher oder später zogen die Spieler gegenüber der Bank immer den kürzeren. »Mettez rouge ou mettez noire, c'est toujours Banc qui gagne«, hieß es nicht ohne Galgenhumor unter den Spielern von Homburg. Als er 1877 starb, hinterließ Blanc denn auch ein Vermögen von knapp hundert Millionen. Sicherlich nannte Dostojewskij seine »geizige und geldgierige« Frauenfigur im *Spieler* nicht von ungefähr *Blanche* . . .

Unter den großen Spielern waren die Russen für ihre Leidenschaft bekannt. Allen voran Gräfin Kiseljowa, die täglich zwölf Stunden am Spieltisch saß und im Jahr Riesensummen verschleuderte. Der mittellose Dostojewskij mußte hier eine äußerst bescheidene Rolle spielen. Seine kläglichen Einsätze wurden kaum registriert – kein einziges Mal wird der Schriftsteller in den *livres des jeux* der Spielbank erwähnt. Und doch starrte gewiß keiner mit größerer Ungeduld auf die kapriziöse Roulettekugel. Die Höhenflüge, die Thomas De Quincey im Opium suchte, fand Dostojewskij beim Glücksspiel. Hier konnte man noch das Schicksal herausfordern! Hier konnte er endlich bis zur äußersten Grenze gehen! Obwohl sein Vorschuß rasch dahinschmolz, hing er wie eine Klette am masochistischen Vergnügen, das ihm das Spielen bereitete.

Doch Pech in der Liebe brachte ihm noch lange kein Glück im Spiel. Seine Verluste am grünen Tisch veranlaßten ihn, erneut beschämende SOS-Rufe in Briefen nach Ost und West auszusenden. Erst nachdem Polina Uhr und Halskette verpfändet hatte, konnte er sich auf die Rückreise begeben, und eine weitere, in Dresden geliehene Summe – wahrscheinlich vom Schriftsteller Alexej Tolstoi – brachte ihn endlich zurück nach Petersburg.

Bei ihrem Abschied in Turin spürten wohl beide, Polina und Dostojewskij, daß ihr Verhältnis auseinanderging. Zwar blieben sie lange Zeit in Kontakt, aber ihre Briefe belegen eindeutig, daß die Leidenschaft verflog. »Apollinaria ist eine große Egoistin«, schreibt Dostojewskij im Frühjahr 1865 an ihre Schwester. »Ich liebe sie immer noch, liebe sie sehr, doch ich möchte sie schon nicht mehr lieben. Sie ist einer solchen Liebe *nicht wert*. Sie tut mir leid, denn ich sehe voraus, daß sie ewig unglücklich sein wird. Nirgends wird sie einen Freund und ihr Glück finden. Wer vom andern alles fordert und sich selbst von allen Verpflichtungen lossagt, wird niemals glücklich werden.«

Mit dieser Prophezeiung sollte der Schriftsteller recht behalten. Polinas späteres Leben – zuerst als Anhängerin der radikalen Populisten oder »Narodniki« in den siebziger Jahren, dann als Frau des zwanzig Jahre jüngeren Rosanow, schließlich als reaktionäre Nationalistin mit antisemitischen Tendenzen – wurde eine einzige große Tragödie. Ihr ungestümes Temperament blieb ihr allerdings bis zuletzt treu. Als Rosanow ihr ins Elternhaus schrieb, um die Scheidung in die Wege zu leiten, schilderte ihr Vater sie so: »Eine Feindin des Menschengeschlechts hat sich in meinem Haus eingenistet, und ich kann nicht mehr darin leben.«

Trotz allem war das Verhältnis zwischen Dostojewskij und Polina viel mehr als eine bloße »Episode«. Bei ihm war es nicht ausschließlich Leidenschaft, bei ihr nicht ausschließlich Haß und Rache. Zwischen ihnen entstand auch geistige Nähe – beide liebten sie den russischen Bauern und verachteten die westliche Zivilisation. Und, was das wichtigste war: Sie empfanden beide tiefes Mitgefühl füreinander. Polinas Bedeutung für den Schriftsteller bezeugen fast ein Dutzend Frauengestalten in seinen Werken – von der Polina im *Spieler* bis zu Gruschenka und Katerina Iwanowa in den *Brüdern Karamasow*. »Meine ewige Freundin« nennt er sie in seinem letzten Brief.

7

Krisenjahre

Alles um mich ist kalt und leer geworden . . .

I

Nur eine Katastrophe konnte Dostojewskij von den Spieltischen in Homburg losreißen: Man rief ihn ans Sterbebett seiner Frau.

Über Maria Dmitrijewnas Leben nach Sibirien ist ziemlich wenig bekannt. Dafür existieren aber eine Reihe phantastischer Geschichten, alle jedoch ins unzuverlässige Zwielicht der Legende getaucht. Auch diesmal schießt die Schriftstellertochter den Vogel ab, die zu berichten weiß, daß Nikolaj Wergunow, Marias junger sibirischer Geliebter, Dostojewskij während der Rückreise nach Rußland geradezu verfolgte und kurze Zeit darauf sein Verhältnis mit dessen Frau wiederaufnahm.

Glaubwürdiger klingen Informationen, nach denen der Schriftsteller die erste Zeit in Petersburg mit Maria zusammenlebte. Nikolaj Strachow erinnert sich an ihre »Blässe und zerbrechliche Erscheinung«. Doch der Umzug wurde ihr zum Verhängnis. Mit ihrem Schwager Michail auszukommen, fiel ihr besonders schwer, denn der hatte die Ehe des Bruders mit der schwindsüchtigen Person immer für einen großen Fehler gehalten.

Da Maria spürte, daß man sie nicht akzeptierte, wurde sie mißtrauisch und verschlossen. Immer häufiger kam es zu heftigen Szenen zwischen den Eheleuten, und schließlich lebten sie getrennt. Das feuchte Petersburger Klima führte außerdem zu einer weiteren Verschlimmerung ihrer Krankheit, so daß sie ins Provinzstädtchen Wladimir zog.

Von da an ging es rapide bergab. Stundenlang konnte sie apathisch in ihrem Lehnstuhl sitzen, um plötzlich aufzuspringen und ruhelos im Zimmer umherzuwandern. Dann wieder blieb sie stehen und drohte dem Bild ihres Mannes mit der Faust: »Sträfling! Elender Sträfling!«

Als Dostojewskij Ende Oktober 1863 endlich in Wladimir ankam, traf er Maria in schlechterem Zustand als je zuvor an. Im November zogen beide nach Moskau um, wo Maria vom Schwager ihres Mannes, Dr. Alexander Iwanow, rund um die Uhr betreut wurde. Doch ihr Gesundheitszustand verschlechterte sich zusehends. Zum körperlichen Verfall kamen zahlreiche seelische Probleme. Unter anderem wurde sie von seltsamen Halluzinationen geplagt: »Die Teufel, seht doch die Teufel!« Erst wenn der Doktor das Fenster öffnete und sie mit einem Taschentuch hinausscheuchte, beruhigte sie sich – für eine Weile.

»Maria Dmitrijewna denkt unablässig an den Tod, sie ist traurig und oftmals verzweifelt«, schreibt Dostojewskij im Januar. »Solche Stunden sind sehr schwer für sie. Ihre Nerven stehen unter Hochspannung. Sie hat Schmerzen in der Brust und ist so dünn wie ein Streichholz geworden. Schrecklich! Es tut weh, sie anzusehen.«

Nicht einmal von ihrem Sohn wollte sie etwas wissen. Als Pascha endlich zu Besuch kam, schickte sie ihn fort. Zu der Zeit war er schon zu einem Nichtsnutz und Tagedieb herangewachsen. Das Bewußtsein, als Vater versagt zu haben, machte Dostojewskij viel Kopfzerbrechen. Er fühlte sich für seinen Stiefsohn verantwortlich und mahnte ihn immer strenger, sich zusammenzunehmen. »Wer auf dieser Welt nichts tun will, kann nie etwas anderes als ein Schurke und Tagedieb werden«, warnte er ihn. »Bemühe dich stets, in möglichst kurzer Zeit möglichst viel zu tun.«

An dieses Rezept hielt er sich selbst. Krank und elend, das Husten und Röcheln seiner sterbenden Frau im Ohr, saß er nachts wach und schrieb an seinem düstersten Werk: *Aufzeichnungen aus einem Kellerloch.*

Optimismus und Lebensfreude, die ihn in den ersten Jahren nach seiner Rückkehr erfüllt hatten, sind jetzt gänzlich verschwunden. Voller Ingrimm verfaßt er ein zynisches Manifest über seinen Bruch mit der Vergangenheit.

Alle Träume seiner Jugend hat er nun aufgegeben. Die Illusionen entpuppten sich als Lügen, weit weg vom Schlamm und Elend der Realität. Der Träumer der *Weißen Nächte* ist ein galliger Antiheld geworden, stolz und einsam sich selbst behauptend, voll bitterer Verachtung für seine Mitmenschen. Dieses Werk ist ein heftiger Protest gegen jedes Bestreben, den Menschen zu einem nützlichen Gemeinwesen zu machen, und es verwirft höhnisch die Behauptung, er könne durch äußere Einflüsse zum Besseren gewandelt werden.

Der Anlaß für Dostojewskijs Abrechnung mit seiner Vergangenheit war Tschernyschewskijs gerade erschienener Tendenzroman *Was tun?* In diesem Buch legt der Autor seine materialistische Weltanschauung anhand von Träumen eines goldenen Zeitalters mit lauter guten, glücklichen Menschen dar. Wenn man sich nur fragte, was einträglich sei, und seinen »vernünftigen Egoismus« zu befriedigen suche, werde sich die Gesellschaft in ein Paradies verwandeln, meinte Tschernyschewskij. Die Menschen seien nämlich vernunftbegabte Egoisten, die einsehen müßten, daß ihren Interessen am besten gedient sei, wenn sie denen anderer dienten. Lieb dich selbst, dann liebst du auch die anderen! Das Buch wurde im Handumdrehen zur Bibel der damaligen Radikalen, aber Dostojewskij sah sich veranlaßt, diese naive Zukunftsvision glücklicher Menschen in Kristallpalästen zu erschüttern. Wie lachhaft erschien dem selbstgerechten Zyniker das Argument, es gäbe keinen Unterschied zwischen nützlich und gut!

Die Menschheit, meint Dostojewskij, läßt sich nur in ganz geringem Maß nach einem »vernünftigen«, vorgefaßten Plan organisieren. Die menschliche Natur ist nämlich irrational und launisch. Das Leben läßt sich nicht nur mit dem Verstand regulieren; man muß auch die Willensfreiheit berücksichtigen. Daher weigert sich sein Kellermensch, ein soziales System zu akzeptieren, das dem Wohl aller dienen soll. Der höchste Wert des Lebens ist für ihn nicht Genuß oder Glück, sondern Freiheit. Besser als verordnetes Glück erscheint ihm die freie Wahl von Leid. Gegen die Ansicht der Utilitaristen, Reichtum und Sicherheit seien der höchste Lebensinhalt, setzt der Kellermensch sein Programm: Ich will meinen eigenen unvernünftigen Impulsen folgen, ich hasse den Ameisenbau, ich weigere mich, in einem nach Vernunftgründen eingerichteten Kristallpalast zu hausen. Zum Henker mit der gesamten wohlgeordneten Zivilisation!

Und doch – Dostojewskij fiel es nicht leicht, seinen früheren Glauben an sozialistische Glückssysteme zu verwerfen. Des Kellermenschen leidenschaftliche Verteidigung seiner Gedankenfreiheit, der sarkastische Tonfall seiner Selbstrechtfertigungen verraten, daß er mit seiner eigenen Ideologie bei weitem nicht zufrieden ist. Mit Recht befürchtete der Autor, der Tenor seiner Abrechnung werde zu »scharf und wild« ausfallen. Die Zensur bestätigte seine Bedenken. »Was soll man nur mit diesen Zensorenschweinen anfangen?« klagt er resigniert seinem Bruder. »Dort, wo ich alles verhöhnte und mich *zum Schein* sogar der Gotteslästerung anheimgab, haben sie mir alles durchgehen lassen. Aber als ich davon ausgehend nachwies, daß man notwendigerweise an Gott glauben muß, haben sie mir alles gestrichen. Man könnte meinen, diese Zensoren hätten sich gegen die Regierung verschworen!«

In seinem Notizbuch entwarf er seine Konzeption des Kellermenschen: »Ich bin stolz darauf, der erste zu sein, der einen wahrhaftigen Repräsentanten der *russischen Mehrheit* beschrieben hat, der erste, der die häßliche und tragische Seite seines Charakters zeigt. Die Tragik liegt eben gerade in seiner Erkenntnis des Häßlichen... Ich habe als Einziger die Tragödie des Kellerlochs vorgeführt, eine Tragödie, die im Leid besteht und in der Erkenntnis, daß es etwas unerreichbares Besseres gibt, sowie nicht zuletzt in der Erkenntnis dieser Figuren, daß alle Menschen gleich sind und es daher nicht verlohnt, sich zu bessern.«

Mit ihrer Aufdeckung niederster Instinkte der menschlichen Natur, mit ihrem Verschmelzen von Idee und Figur bilden diese *Aufzeichnungen aus einem Kellerloch* einen komprimierten Prolog zu Dostojewskijs späteren Ideenromanen. »Du solltest in diesem Genre weiterschreiben«, lautete Apollon Grigorjews Rat. Schon im nächsten Werk des Autors wird die hochmütige Selbstbestätigungssucht des Kellermenschen von Handlungsunfähigkeit in Tatkraft umgesetzt und der Schritt von der Theorie zur Praxis vollzogen: Raskolnikows Idee ist flügge geworden, er bewaffnet sich mit der Axt.

Maria ging es nun immer schlechter. »Meine Frau liegt *buchstäblich* im Sterben«, schreibt Dostojewskij Anfang April 1864. »Täglich erwarten wir jetzt ihren Tod. Ihre Qualen sind furchtbar und quälen auch mich, denn . . .«

Er vollendet den Satz nicht – vermutlich von Schuldgefühlen geplagt. Zwar hatten sie in den letzten Jahren kaum noch Gemeinsamkeiten gehabt, doch als er sie jetzt dahinscheiden sah, verspürte er Gewissensbisse. Bald darauf folgte der Blutsturz, der sie ins Grab brachte. Am Abend des 15. April, als alles vorüber war, schrieb er ein zweites Mal an den Bruder: »Versprich mir, sie in guter Erinnerung zu behalten. Sie hat so viel gelitten, daß ich mir nicht vorstellen kann, wie man sich nicht mir ihr versöhnen könnte.«

Seine eigene Aussöhnung mit Maria beschrieb er später in einem Brief an Wrangel:

»O mein Freund, sie liebte mich grenzenlos, ich liebte sie auch über alle Maßen, und doch lebten wir nicht glücklich miteinander . . . Wir konnten nicht aufhören, einander zu lieben, ja, je unglücklicher wir waren, desto mehr hingen wir aneinander. Das mag sonderbar scheinen, aber es war so. Sie war die aufrichtigste, großmütigste, edelste Frau, die ich je kennengelernt habe. Als sie gestorben war, konnte ich – obgleich ich das ganze Jahr beim Anblick ihres Hinsiechens die furchtbarsten Qualen ausgestanden hatte, obgleich ich ihren Wert wohl kannte und mir schmerzlich bewußt war, was ich mit ihr zu Grabe tragen würde – mir doch gar nicht vorstellen, wie traurig und öde mein Leben werden würde, nachdem man ihr Grab zugeschüttet hatte. Und nun ist schon ein Jahr vergangen, dieses Gefühl aber ist geblieben, es läßt nicht nach...«

Dostojewskijs Verzweiflung über den Verlust Marias kommt auch in seinen am Tag nach ihrem Tod aufgezeichneten scharfsinnigen Reflexionen über den Sinn der Liebe zum Ausdruck. Sie führen ihn zuletzt auf die moralische Stärke, die ihm bei allen Prüfungen des Lebens half, sein »irdisches Gleichgewicht« zu finden:

»16. April. Mascha liegt vor mir aufgebahrt. Werde ich Mascha je wiedersehen?

Es ist unmöglich, einen Menschen nach dem Gebot Jesu zu *lieben wie sich selbst*. Dazu unterliegt der Mensch viel zu klar dem irdischen Gesetz der Persönlichkeit. Das *Ich* steht dem im Wege. Dies brachte allein Christus fertig, doch Christus war ein ewiges, ein von der Ewigkeit gesetztes Ideal, dem der Mensch zuwiderstrebt und nach dem Gesetz der Natur zuwiderstreben muß...

Folglich eifert der Mensch auf der Erde einem Ideal nach, das im Gegensatz zu seiner Natur steht. Sieht der Mensch, daß er das Gebot, einem Ideal nachzueifern, nicht erfüllt hat, sein Ich also nicht der Liebe zu den Menschen oder einem anderen Wesen geopfert hat (ich und Mascha), leidet er und nennt es Sünde. Folglich muß der Mensch unablässig leiden, und dieses Leid wird ausgeglichen durch die himmlische Freude am Eifer, das Gebot zu erfüllen, indem man sich opfert. Eben dies ist das irdische Gleichgewicht. Ohne es wäre die Welt sinnentleert.«

Das Jahr 1864 brachte für Dostojewskij eine nicht abreißende Kette von Unglücksfällen.

Die *Zeit* war infolge eines Mißverständnisse verboten worden, und die Brüder Dostojewskij hofften hartnäckig, das Blatt retten zu können, zumindest unter neuem Namen. Fjodor schlug vor, es in *Die Wahrheit* umzubenennen und meinte, die Redaktion könne gegenüber ihren alten Abonnenten das Gesicht wahren, wenn sie folgendes Schlagwort auf die Titelseite setzte: »Die Zeit fordert Wahrheit.«

Bald sollte sich herausstellen, daß für diese Zuversicht kein Grund bestand. Die Obrigkeit betrachtete die Brüder Dostojewskij seit langem mit Argwohn und war durchaus nicht geneigt, eine neue Publikation mit der »schädlichen« Tendenz der *Zeit* zuzulassen. Der liberale Geist aus dem ersten Regentschaftsjahr Zar Alexanders war gewichen. Als Michail im Januar 1864 endlich Erlaubnis bekam, eine Zeitschrift mit dem schmachvoll unrussischen Titel *Epoche* herauszugeben, so nur, weil er einen deutlichen ideologischen Rechtsschwenk weg von der *Zeit* angekündigt hatte.

So, wie das Programm dieser neuen Zeitschrift formuliert war, garantierte es eine regierungstreue Linie. Sozialkritik und politische Satire sollten verbannt, außenpolitische Ereignisse aus dem Blickwinkel der Obrigkeit betrachtet werden. »Die Außenpolitik soll unter dem Gesichtspunkt russischer Interessen und des Wohls unserer Gesellschaft behandelt werden«, heißt es in diesem Programm; »große Ereignisse des Vorjahres, patriotische Begeisterung in unserer Gesellschaft und die große Kraft unseres Volkes werden die Eckpfeiler der redaktionellen Beschäftigung mit sämtlichen außenpolitischen Fragen sein...«

Nach dem Erfolg der *Zeit* war es nicht sehr verlockend, eine Zeitschrift auf die Beine zu stellen, die sich weitgehend dazu verpflichtet hatte, Sprachrohr der Regierung zu sein. Von Anfang an herrschte in der Redaktion das Gefühl, dies könne nicht gutgehen. Das Verzögern ihrer Genehmigung sowie Michails Ungeschicklichkeit in praktischen Dingen machten alles noch schlimmer. Als Ende März endlich die erste Nummer vorlag, war es zu spät, um neue Abonnenten zu werben. Die *Epoche* machte sogleich riesige Verluste, und die primitive Ausstattung der Zeitschrift bracht Fjodor zur Verzweiflung.

Als der Schriftsteller Ende April nach Petersburg zurückkehrte, versuchte er trotz allem, sein ehrgeiziges Ziel zu verwirklichen: Aus der *Epoche* die führende Zeitschrift Rußlands zu machen. Seine Bitten um Beiträge großer Namen wie Turgenjew oder Ostrowskij blieben allerdings erfolglos, und das Niveau der Zeitschrift sank. *Der Zeitgenosse* bespöttelte die reaktionären »Idioten« und »Mondkälber« der *Epoche,* die mit großem Verzug »Sammelbände« ohne aktuelles Profil in die Welt schickten. Dostojewskij antwortete mit dem *Krokodil,* einer Satire, die von vielen als boshafter Angriff auf den eingesperrten Tschernyschewskij verstanden wurde: Ein Mann, der von einem Krokodil verschlungen wurde, verkündet trotzdem weiter seine sozialistischen Theorien aus dem Bauch des Tiers – also aus der Peter-Pauls-Festung. »Es tat weh, Dostojewskij zu jener Zeit anzusehen«, stellt ein Memoirenschreiber fest. »Er ähnelte einem vergifteten Raubtier, das immer noch seine Zähne zeigte.«

Michail ertrug die vielen Sorgen nicht – den ewigen Kampf mit verfallenen Wechseln, die ständige Gefahr, im Schuldgefängis zu landen. Am 10. Juli erlag er einer Lungenentzündung. Es war ein schwerer Verlust für Dostojewskij. »Nun stand ich mit einem Mal ganz allein da, und mich packte das Entsetzen«, heißt es in einem Brief an Wrangel. »Mein ganzes Leben war mitten entzweigebrochen, es hatte buchstäblich keinen Zweck mehr... Alles um mich ist kalt und leer geworden.« Ähnlich finster klingt ein Brief an seinen Bruder Andrej nach Michails Tod: »Dieser Mensch hat mich mehr geliebt als alles auf der Welt, ja sogar mehr als seine Frau und seine Kinder, die er vergötterte... Vor mir habe ich jetzt nur noch die Epilepsie und ein kaltes, einsames Alter.«

Daß Michail eine vielköpfige Familie sowie Schulden in Höhe von fünfundzwanzigtausend Rubeln hinterließ, machte alles noch schlimmer. Von der Familie bekam Dostojewskij zu hören, er sei an Michails Unglück schuld. Hatte denn nicht er den Bruder überredet, seinen Tabakladen zu verkaufen und diese dumme Zeitschrift ins Leben zu rufen?

Solche Vorwürfe wie auch der Wunsch, das Andenken an seinen Bruder unbefleckt zu erhalten, bewegten Dostojewskij dazu, großzügig dessen Schuld und die Versorgung seiner Familie auf sich zu nehmen. »Natürlich stehe ich jetzt in ihrem Dienst«, schreibt er an Andrej. »Aber für solch einen

Bruder bin ich bereit, meinen Kopf und meine Gesundheit herzugeben.«

Von seiner Tante Alexandra Kumina bekam er zwei Wechsel über insgesamt zehntausend Rubel, und mit diesem Geld – ein Großteil wanderte sofort in die Kasse der Gläubiger – versuchte er, die *Epoche* am Leben zu erhalten, im Vertrauen darauf, daß die Zahl der Abonnenten sich am Jahresende erhöhen werde. »Damals hing alles von der Zeitschrift ab«, schrieb er später. »Hatte sie Erfolg, würden alle Schulden bezahlt und die Familie vor Armut bewahrt werden können. Die Zeitschrift einzustellen, wäre einem Verbrechen gleichgekommen.«

Dostojewskijs Schriftstellerkollegen konnten über diesen verzweifelten Kampf nur die Köpfe schütteln. Hätte er wenigstens Erlaubnis gehabt, offiziell als Herausgeber zu firmieren! Statt dessen wurde ein in der Literatur völlig unbekannter Mensch genannt, der die Zeitschrift noch reizloser machte. Im September dann starb Apollon Grigoriew, der herausragendste Mitarbeiter des Blattes, gebrochen durch Alkohol und Schulden. Drei Todesfälle in sechs Monaten! Er selbst kam nicht dazu, auch nur eine Zeile zu schreiben. Seine Zeit wurde von der Redaktionsarbeit, dem Redigieren und den Verhandlungen mit Beitragsschreibern und Zensurbehörden verschlungen. Und zu all dem kamen noch die Sorgen um seinen trunksüchtigen Bruder Nikolaj und den schmarotzerhaften Stiefsohn Pascha. Er schlief kaum drei Stunden täglich.

II

Dostojewskijs schon fast übermenschliche Bemühungen, die *Epoche* zu retten, waren nicht allein ökonomisch motiviert. Die Zeitschrift war ihm auch eine wichtige Kontaktstelle für neue Freundschaften geworden, die sein Interesse am Tagesgeschehen wachhielten und seine Einsamkeit linderten.

Bevorzugt pflegte der Schriftsteller seine Kontakte zu den Mitarbeiterinnen der *Epoche*. Er gefiel sich in der Rolle des Förderers junger Autorinnen, auch wenn er als Talentsucher wenig Erfolg hatte. Der erotische Aspekt war wohl ohnehin wichtiger. Nach dem Verlust Marias und dem Bruch mit Polina hielt er allmählich wieder Ausschau nach einer geeigneten Heiratskandidatin. Eine der jungen Frauen, die auf ihn zukamen, nannte sich Marfa Brown.

Armut und Abenteuerlust hatten Marfa als Sechzehnjährige zum Aufbruch nach Westeuropa bewogen. »Ich war schon immer der Meinung, das Leben sei dazu da, einem aufregende Erlebnisse zu bescheren«, erklärte sie Dostojewskij später. Aus ihrer Europareise wurde allerdings eine wenig erbauliche Odyssee von Land zu Land und von einem Mann zum anderen, auch nachdem sie einen Matrosen aus Baltimore geheiratet hatte, und nach jahrelanger Pilgerfahrt war sie nun wieder in der Heimat, wo sie auf Rat und Hilfe des Schriftstellers hoffte, der »ein so hohes Ansehen bei den klugen Leuten« genoß.

Dostojewskij schmeichelte ihr Brief, und er nahm sich ihrer an, als sie im Spätherbst 1864 auf der Suche nach Arbeit in der Redaktion auftauchte. Er hatte etwas übrig für Abenteurer, die im Roulettespiel des Lebens kein Risiko scheuten. Sicherlich hatte er auch Mitleid mit der Bohemienne Marfa. Fest steht, daß er sie zum Jahreswechsel besuchte, als sie im Krankenhaus lag, und manches deutete darauf hin, daß er ihr vorschlug, mit ihm zusammenzuziehen. Obwohl Marfa so ihre Bedenken hatte, ob sie ihn »in physischer Hinsicht« befriedigen könne, war sie zweifellos froh, einen Mann gefunden zu haben, der sie auch in ihrem Elend attraktiv fand. Überhaupt erinnert ihr Verhältnis in gewisser Weise an das zwischen Fürst Myschkin und Nastasja Filippowna. Dennoch kam es wohl kaum zu einer tieferen geistigen Gemeinschaft zwischen den beiden. Marfas Briefe, in denen sie dem Schriftsteller »Ruhe, Toleranz und praktisches Urteilsvermögen« attestiert, lassen nicht gerade auf ein vertieftes Verständnis seiner Persönlichkeit schließen.

Als Dostojewskij weibliche Nähe und Sympathie in den höchsten aristokratischen Kreisen suchte, hatte er auch nicht viel mehr Glück.

Im Herbst 1864 bekam er aus einem kleinen Dorf im Gouvernement Witebsk zwei Erzählungen zugeschickt. Diese

Geschichten, die eine über unglückliche Liebe, die andere über einen Mönch auf Wahrheitssuche, waren unverkennbar von einer Frau geschrieben, die sich hinter einem männlichen Pseudonym verbarg.

Dostojewskij war beeindruckt. Allerdings hatte er auch ein paar kritische Anmerkungen zu diesen Erstlingswerken. »Denken Sie daran, daß es zu den größten Fertigkeiten eines Autors zählt, streichen zu können«, schreibt er. »Wer *Eigenes* streichen kann, der wird es weit bringen.« Aber daß die Erzählungen verdienten, gedruckt zu werden, stand für ihn außer Frage. »Sie sind ein Poet«, schloß er. »Lesen Sie seriöse Bücher. Das Leben wird das Seine dazutun. Und außerdem muß man einen Glauben haben. Ohne Glauben kommt nichts dabei heraus.«

Die Erzählungen hatte Anna Korwin-Krukowskaja geschrieben, eine einundzwanzigjährige Schönheit mit funkelnden Augen und langen blonden Haaren. Dabei war Annas Äußeres nicht ihr einziger Vorzug, sie war auch zweifellos die begabteste unter den Frauen, die Dostojewskij kennenlernte.

Als Tochter eines steinreichen Gutsbesitzers und Generals hatte Anna zu Hause eine ausgezeichnete Erziehung genossen. Lange Zeit hatte sie von Rittern, vom Mittelalter und von eigenen Bühnenerfolgen geträumt. Dann lernte sie die radikalen Petersburger Studenten kennen und wollte Medizin studieren. Aber ihre Schwester Sofia (Sonja), verheiratete Kowalewskaja, war es, die sich auf akademischem Gebiet hervortat. Sie sollte an der Stockholmer Hochschule der Welt erste Mathematikprofessorin werden.

Anna erhielt dagegen nicht die Erlaubnis, zu studieren. Auch geriet der gebieterische General in große Wut, als er erfuhr, daß sie für einige Erzählungen Honorar bekommen hatte. »Bei einem Mädchen, das fähig ist, ohne Wissen von Vater und Mutter mit einem unbekannten Mann in Korrespondenz zu treten und von ihm Geld anzunehmen, kann man sich auf alles gefaßt machen«, lautete sein strenges Urteil. »Jetzt verkaufst du deine Erzählungen und morgen vielleicht dich selbst!«

Trotzdem ließ er sich besänftigen, als Anna ihm die Geschichten vorlas. Sie bekam schließlich die Erlaubnis, mit Dostojewskij zu korrespondieren – allerdings unter der Bedingung, daß die Briefe vorher zensiert wurden. Ja, sie durfte den Schriftsteller sogar treffen, wenn sie das nächste Mal nach Petersburg fuhr. »Wohlgemerkt«, sagte der General seiner Frau, »auf deine Verantwortung. Dostojewskij gehört nicht in unsere Gesellschaftskreise. Was wissen wir schon von ihm? Nur, daß er Journalist und ein ehemaliger Sträfling ist. Wirklich, eine schöne Empfehlung! Man muß ihm gegenüber sehr vorsichtig sein.«

Als Dostojewskij Anfang März 1865 endlich Anna in Petersburg besuchen durfte, hatte die Mutter alle erdenklichen Vorsichtsmaßnahmen getroffen, um zu verhindern, daß die beiden allein blieben. Infolgedessen wich Dostojewskijs gute Laune bald dem Mißmut. Er druckste herum, kratzte sich am Bart und sah nur noch alt und krank aus. Bei seinem nächsten Besuch, als Anna und Sofia allein zu Hause waren, erging es ihm besser. Die fünfzehnjährige Sofia verliebte sich Hals über Kopf in den Schriftsteller, »nicht nur wegen seiner Genialität, sondern auch wegen allem, was er erlitten hatte«.

Bald wurde Dostojewskij ein Hausfreund der Familie Korwin-Krukowskij. Drei-, viermal in der Woche konnte er seine Besuche abstatten – vielleicht dämmerte ihm hier eine letzte Hoffnung, die *Epoche* retten zu können. Aber der General hatte ja so recht gehabt mit seiner Feststellung, Dostojewskij gehöre nicht in diese hochnoblen Kreise. Besonders auffallend trat das einmal bei einer Gesellschaft zutage, als er sich in eklatantem Widerspruch zu den gängigen Umgangsformen mit Anna in eine Ecke verzog und ihr lebhaft den Hof machte. Die Mutter mußte ihn schließlich darauf hinweisen, daß ihre Tochter auch die Pflicht habe, sich um die anderen Gäste zu kümmern. Damit war Dostojewskijs gute Laune dahin. Beleidigt, finster, von Eifersucht geplagt mußte er zusehen, wie Anna »mit engelsgleichem Lächeln« einen eingebildeten, selbstzufriedenen Offizier unterhielt, der seit langem als eine gute Partie für sie ausgesucht worden war. »Das Evangelium ist offenbar nicht für Salondamen geschrieben«, platzte er schließlich heraus. »Dort heißt es, der Mann solle Vater und Mutter verlassen und seiner Frau anhangen. So faßte Christus die Ehe auf. Was sagen wohl die Mütter dazu, die nur daran denken, ihre Töchter so vorteilhaft wie möglich zu verheiraten?«

Sofia Kowalewskaja überlieferte mehrere Beispiele, wie Dostojewskij ähnlich ins Fettnäpfchen trat. Ganz entsetzt war die Dame des Hauses, als er frisch von der Leber weg Stawrogins zukünftige Verbrechen in den *Dämonen* erzählte. Und das vor den Ohren ihrer Töchter!

Der Versuch des Schriftstellers, seine Schüchternheit hinter einer aggressiven Maske zu verbergen, konnte für seine Umgebung überhaupt recht unangenehm werden. Er mußte immer im Mittelpunkt stehen. »Fjodor Michailowitsch duldete nicht, daß mehrere miteinander sprachen«, erinnert sich Sofia Kowalewskaja. »Er redete nur in Monologen und einzig unter der Bedingung, daß ihm alle Anwesenden sympathisch waren und mit gespannter Aufmerksamkeit zuhörten.«

Verärgert und mürrisch wurde er auch manchmal im Gespräch mit Anna, die revolutionäre Sympathien hegte und später, bei der Belagerung von Paris im Jahr 1871, eine bekannte Kommunardin wurde. Am schwierigsten wurde es, wenn das Gespräch auf die Nihilisten und ihre Kritik an Puschkin kam. Einige Jahre zuvor hatte der Schriftsteller eine Zeit vorausgesehen, da sogar das Gedächtnis an Puschkin mit Füßen getreten werde. »Die Jugend wird es mit Sicherheit erleben müssen«, war seine Befürchtung; »für uns wäre es besser, nicht so lange zu leben.« Und jetzt hatten die nihilistischen Kritiker tatsächlich den russischen Nationaldichter mit Schmutz beworfen. Sofia erzählt:

»›Die ganze heutige Jugend ist abgestumpft und geistlos!‹ schrie Dostojewskij. ›Ihr sind geputzte Stiefel mehr wert als Puschkin!‹

›Puschkin ist in der Tat für unsere Zeit veraltet‹, antwortete meine Schwester, wohl wissend, daß ihn nichts so aufbrachte wie eine unehrerbietige Bemerkung über Puschkin.

Außer sich vor Zorn nahm Dostojewskij dann seinen Hut und erklärte, es sei sinnlos, mit Nihilisten zu diskutieren, nie mehr werde er seinen Fuß über unsere Schwelle setzen. Am nächsten Tag erschien er natürlich wieder, als sei nichts geschehen.«

Aus all dem konnte sich jedoch nie mehr entwickeln als vergebliches Werben. Zu Herzen geht die Erzählung der eifersüchtigen Sofia, wie sie einmal die Schwester im vertrauten Gespräch mit Dostojewskij auf dem Sofa belauschte. »›Liebe Anna, versuchen Sie, mich zu verstehen‹, sagte er, ›ich habe mich auf den ersten Blick in Sie verliebt. Eigentlich schon vorher, denn als ich Ihre Briefe las, ahnte ich etwas davon. Und ich liebe Sie nicht wie ein Freund, sondern leidenschaftlich, mit meinem ganzen Wesen«.

Sofia erzählt weiter: »Mir wurde schwarz vor Augen. Das Gefühl einer bitteren Vereinsamung, einer furchtbaren Kränkung erfaßte mich plötzlich, und alles Blut, das anfangs zum Herzen strömte, stürzte in heißen Wellen zum Kopf.« Dabei wollte ihn Anna nicht einmal haben! »Er ist gut, klug, ja genial«, erklärte sie Sofia. »Aber ich liebe ihn nicht, wie er mich liebt. Ich liebe ihn nicht so, daß ich mir vorstellen könnte, ihn zu heiraten... Er braucht eine Frau, die ihm ihr ganzes Leben zu Füßen legt und nur für ihn da ist. Das kann ich nicht, ich will mein eigenes Leben! Außerdem ist er so furchtbar nervös und anspruchsvoll. Er reißt mich förmlich an sich und saugt mich aus: Ich bin nie ich selbst, wenn er da ist.«

Trotzdem kam es zu keinem Bruch zwischen ihnen. Sie schrieben einander und trafen sich oft in den späten siebziger Jahren, als Anna längst den französischen Kommunarden Jaclart geheiratet hatte. Aber bei ihr war nie von Liebe die Rede, und man kann sich fragen, ob Dostojewskij vielleicht übertrieb, als er später erzählte, Anna habe ihm ihr Jawort gegeben, aber er habe ihr Heiratsversprechen nicht angenommen. Seine Charakterisierung Annas trifft schon eher zu:

»Anna Wasiljewna ist eine der besten Frauen, die mir je begegnet sind. Sie ist außerordentlich klug, kultiviert, literarisch gebildet und hat ein wundervolles, gutes Herz. Sie ist ein Mädchen mit hohen sittlichen Qualitäten; aber ihre Überzeugungen stehen in diametralem Gegensatz zu meinen, und sie ist viel zu geradlinig, um sich von ihnen abbringen zu lassen. Deshalb wäre unsere Ehe wohl kaum glücklich geworden.«

Seine zweite Frau Anna Grigorjewna konnte ihm darin nur beipflichten. »Anna Wasiljewna fehlte jene Bereitschaft zum Nachgeben, die in jeder guten Ehe unentbehrlich ist, besonders in der Ehe mit einem so kranken und reizbaren Menschen wie Fjodor Michailowitsch.«

Im übrigen hatte er genug anderes zu tun, als auf Brautschau zu gehen.

Das ganze Land litt unter einer Wirtschaftskrise. Eine Zeitschrift nach der anderen mußte ihr Erscheinen einstellen. Auch mit der *Epoche* ging es immer weiter bergab. Die Suche nach Abonnenten für das Jahr 1865 war völlig fehlgeschlagen, und im März mußte die Zeitschrift nach der dreizehnten Nummer kapitulieren.

Neue Schulden, neue Sorgen. »O mein Freund«, schreibt er an Wrangel, »wie gerne ginge ich wieder ebensoviel Jahre ins Zuchthaus, nur um meine Schulden zu bezahlen und mich wieder frei zu fühlen... Und dabei kommt es mir immer vor, als finge ich erst an zu leben. Ist das nicht lächerlich? Zäh wie eine Katze.«

Neun Leben hätte er wahrhaftig gut brauchen können. Als die Zeitschrift geschlossen wurde, belief sich seine Schuldenlast auf 15000 Rubel. Wieder ging es auf die demütigende Wanderung von einem Geldverleiher zum nächsten. Wechsel kaufte er von Leuten aller Stände – von Kaufmannsfrauen, Anwälten, ja sogar von einem Bauern mit dem stolzen Namen Semjon Puschkin. Und sobald die Wechsel verfielen, tauchte die Polizei auf und drohte, seine gesamte Habe zu konfiszieren. »Ihnen wird auferlegt, sich zur festgesetzten Zeit in Ihrer Wohnung aufzuhalten«, heißt es in einem Schreiben vom 5. Juni 1865, »andernfalls die Pfändung in Ihrer Abwesenheit vorgenommen wird.« Kurz, er lebte jeden Tag unter dem Damoklesschwert des Schuldgefängnisses. Kein Wunder, daß Geld und Geldnot eine so wichtige Rolle in seinen Werken aus dieser Zeit spielen.

Seit langem hatte er jetzt den Plan verfolgt, einen Roman mit dem Arbeitstitel *Die Trinker* zu schreiben. Das Entwürdigende und Verheerende der Trunksucht, das ihm erst kürzlich auf der Beerdigung Apollon Grigorjews an einigen heruntergekommenen Säufern ins Auge gefallen war, hatte ihn nachhaltig beeindruckt. Hier fand er reichlich Stoff für eine soziale Erzählung über Menschen, die ins Elend gerieten. Aber wie sollte er sich die nötige Arbeitsruhe verschaffen, wenn die Gläubiger ihn unentwegt heimsuchten und drohten, ihn ins Schuldgefängnis zu bringen?

Um Zeit zum Schreiben zu gewinnen, war eine zweite Auslandsreise unerläßlich. Das Geld dafür wollte er aus dem Verkauf seiner Idee für *Die Trinker* auftreiben, doch Krajewskij winkte ab – dieser Roman »über das betrüblich aktuelle Problem der Trunksucht« war offenbar nicht nach seinem Geschmack. Darauf bat Dostojewskij um Beurlaubung von seinem Sitz im Literaturfonds, damit er sich dort selbst um Förderung bewerben konnte. Allerdings sprach man ihm nur eine völlig unzureichende Summe leihweise zu. Um seine Flucht vor den Gläubigern zu verwirklichen, sah er sich gezwungen, einem zwielichtigen Spekulanten namens Fjodor Stellowskij die Verlagsrechte an einer dreibändigen Ausgabe seiner Werke zu verkaufen. Sie einigten sich auf dreitausend Rubel, einen lächerlich geringen Betrag im Hinblick auf Dostojewskijs Popularität. Außerdem enthielt der Vertrag eine bedenkliche Zusatzklausel: Lieferte der Autor nicht vor dem 1. November nächsten Jahres einen neuen Roman ab, sollte Stellowskij das Recht zufallen, die nächsten neun Jahre alle seine Werke unentgeltlich zu verlegen. Das grenzte an ein Hasardspiel mit der eigenen Schriftstellerei! Bitter war auch, daß Stellowskij nach wenigen Tagen das meiste Geld wiederbekam. Er hatte sich nämlich etliche von Dostojewskijs verfallenen Wechseln angeeignet und benutzte nun Strohmänner, um das Geld einzutreiben.

Ende Juli 1865 konnte der Schriftsteller endlich mit 175 Rubeln in der Tasche Rußland verlassen. In Wiesbaden bezog er das Hotel Victoria in Bahnhofsnähe. Von da aus waren es nur wenige hundert Meter zum Kursaal. In einem Brief an Turgenjew berichtet er vom Erfolg seiner Spiele:

»Vor zwei Jahren gewann ich in Wiesbaden in einer Stunde nahezu 12 000 Franc. Auch wenn ich mir diesmal nicht vornahm, meine Finanzen aufzubessern, hätte ich doch gern tausend Franc gewonnen, um in den nächsten drei Monaten etwas zum Leben zu haben. Aber im Lauf von fünf Tagen in Wiesbaden habe ich alles verloren, ich bin pleite bis aufs letzte Hemd – sogar meine Uhr habe ich verspielt, und im Hotel schulde ich Geld.«

Er bettelt Turgenjew um hundert Taler an, bekommt aber nur fünfzig – eine Schuld, die er erst zehn Jahre später zurückzahlen sollte. Ein Besuch Polinas ist eine einzige Peinlichkeit: Er schickt sie fort mit der Bitte, Geld zu beschaffen. Baron Wrangel, inzwischen an der russischen Botschaft in Kopenhagen angestellt, hört wegen Urlaubs in Petersburg seine SOS-Rufe nicht. Auch Herzen gibt nicht die erwünschte Antwort auf seinen unfrankierten Bittbrief. Der Hotelwirt verweigert ihm Essen und Licht: »Sie haben es nicht verdient!« Während die Hotelgäste im Speisesaal sitzen, ist er auf lange Spaziergänge angewiesen. Und als er merkt, daß Spazierengehen nur seinen Appetit anregt, schließt er sich in seinem dunklen Hotelzimmer ein.

Eine miserable Lage – aber offenbar beflügelnd für Dostojewskijs Schaffenskraft. Nie schrieb er besser, als wenn er alles verloren und sein Schuldgefühl mit der gnadenlosen Strafe der Roulettekugel gelindert hatte. Während seines Aufenthalts in Wiesbaden machte er sich denn auch an die Arbeit zu einem Meisterwerk der Weltliteratur: *Schuld und Sühne*. Aus den *Trinkern* wurde die psychologische Studie eines Verbrechens. Die Situation im Roman erinnert auffallend an seine eigene im Hotel Victoria. Auch Raskolnikow wohnt allein in einem elenden Zimmer, auch er bekommt kein warmes Essen, bleibt die Miete schuldig und muß sich an der Wirtin vorbei die Treppen hinaufschleichen.

Als Wrangel ihm endlich etwas Geld schickte, nahm es der Hotelwirt gleich an sich, der ihm mit einer Anzeige bei der Polizei drohte. Es schien an der Zeit, nach Hause zu fahren: Besser in Petersburg im Schuldgefängnis sitzen als im verhaßten Wiesbaden! Zu guter Letzt eilte ihm der russische Priester der Stadt zu Hilfe, löste ihn aus und setzte ihn in einen Zug.

Die Heimreise führte über Kopenhagen, wo er ein fröhliches Wiedersehen mit seinem Freund aus Sibirien feierte. »Er war magerer geworden und schien gealtert«, erinnert sich Wrangel. Er gab Dostojewskij den Rat, eine Stellung im Staatsdienst anzunehmen: »Besser ein sicherer Rubel als die Aussicht auf eine Million.« Sie hatten sich unendlich viel zu erzählen über alte Zeiten und gemeinsame Bekannte beiderlei Geschlechts. Als Wrangel über die Treulosigkeit und den Leichtsinn seiner damaligen Geliebten klagte, tröstete ihn Dostojewskij mit folgenden Worten:

»Wir wollen immer zutiefst dankbar sein für die Tage und Stunden des Glücks und der Zärtlichkeit, die eine geliebte Frau uns geschenkt hat. Du kannst nicht verlangen, daß sie immer nur für dich lebt und für dich da ist – es wäre unwürdig und egoistisch, solche Gefühle müssen wir unterdrücken.«

Offenbar hatte er sein Verhältnis mit Polina abgeschlossen. Viele Jahre später soll sie ihn in seiner Wohnung in Petersburg aufgesucht haben, ohne daß er sie erkannte.

Als er Mitte Oktober wieder in Petersburg eintraf, gelang es ihm, *Schuld und Sühne* an Michail Katkow zu verkaufen, den Herausgeber des konservativen *Russischen Boten*. Die Veröffentlichung begann im Januar 1866. Der Autor war sich klar darüber, daß dieses Werk »vielleicht mein bestes sein wird«. Wenn er jetzt nur die Ruhe fand, sich auf den Roman zu konzentrieren, und ihm nicht alles aus Zeitmangel mißlang! »Einen Roman zu schreiben, ist eine dichterische Tätigkeit, die Fantasie und Gemütsruhe erfordert.« Aber die Gläubiger quälten ihn, eine Belastung, die seine Epilepsieanfälle vermehrte, und außerdem plagten ihn Fieber und Hämorrhoiden. Allein schon der Gedanke an die Vereinbarung mit Stellowskij brachte ihn zur Verzweiflung. Anna Korwin-Krukowskaja klagt er, er sei gezwungen, den einen Roman tagsüber und den anderen nachts zu schreiben. »Ich bin sicher, daß kein einziger unserer Schriftsteller der Vergangenheit oder Gegenwart je unter den Bedingungen geschrieben hat, unter denen ich immer schreiben muß. Turgenjew wäre beim bloßen Gedanken krepiert.«

Zusätzlich zu seinen Mühen mit dem Roman erlebte er am 4. April eine Tragödie, die ihn schwer traf. Der junge Nihilist Dmitrij Karakosow hatte ein Attentat auf den Zaren, das »Väterchen« der Russen, verübt! Als Dostojewskij diese Neuigkeit erzählte, war er so erschüttert, daß er am ganzen Leib zitterte. »Jemand hat auf den Zaren geschossen!« In seinen Augen war der Zar mit dem Volk so verbunden, »wie ein Vater mit seinen Kindern verbunden ist.« Also versuchter Vatermord! War der Sohn, der seine Hand gegen den Vater erhob, nicht Sinnbild des Menschen, der seine Hand gegen Gott erhob? Karakosow – Karamasow. Beiden Namen liegt das turkotatarische Wort *kara,* schwarz, zugrunde, eine Botschaft des Anarchismus, der geistigen Verfinsterung.

Um die zur Fertigstellung von *Schuld und Sühne* nötige Ruhe zu haben, wollte Dostojewskij den Sommer auf dem Gut der Familie Korwin-Krukowskij verbringen, in sicherem Abstand von aufdringlichen Gläubigern. Der General geriet allerdings in Wut, als ihm zu Ohren kam, dieser zweifelhafte Mann wolle einen Roman in der Nähe seiner Töchter fertigschreiben, und ließ ihn wissen, daß er nicht sehr willkommen sei. Statt dessen fuhr der Schriftsteller nach Moskau, wo er selbst den Druck seines Romans überwachen konnte.

Der Sommer 1866 war sehr heiß, und bald wurde es unmöglich, in der Stadt weiterzuarbeiten. Als sein Schwager Alexander Iwanow – verheiratet mit der Schwester Wera – in sein Landhaus nach Ljublino fuhr, begleitete Dostojewskij ihn daher. In den zwei Monaten draußen auf dem Land und doch nur wenige Kilometer vom Stadtkern entfernt konnte er sich von all dem Ärger und den Geldsorgen erholen. In einem Backsteinhaus in der Nähe der Familie Iwanow fand er einen ruhigen Arbeitsplatz, wo er jeden Tag an den letzten Romankapiteln schrieb. Erst zum Abendessen erschien er unter der Verwandtschaft, tadellos angezogen mit gestärktem Hemd, grauer Hose und blauer Jacke. Sein Bart war zwar etwas schütter geworden, aber wenn er beim Tischgespräch aufblühte, mußten alle zugeben, daß er für sein Alter noch jung aussah.

Ljublino war ein heiterer Ort, an dem sich reichlich Möglichkeiten zu reizvollen Ausflügen und erholsamen Angeltouren boten. Die Berichte über Dostojewskij aus diesem Sommer zeichnen Seiten seiner Persönlichkeit, die vom üblichen Bild des düsteren, reizbaren Dichters abweichen. Er wurde fröhlich und ausgelassen, tanzte und sang. Das lag wohl vor allem daran, daß auf dem Land die Jugend in der Überzahl war. Um ihn her wimmelte es von Kindern, und er spielte mit allen. »Wissen Sie, ich habe kleine Kinder so schrecklich gern«, sagte er lächelnd. »Das ist wohl eine meiner Schwächen.« Iwanow hatte eine große Kinderschar, die meisten schon halb erwachsen, und dazu besuchten ihn viele seiner Studenten aus Moskau. Der Schriftsteller fühlte sich pudelwohl inmitten der Jugend, scherzte und flirtete, schrieb komische Gedichte, erzählte Gruselgeschichten, veranstaltete Konzerte und Theateraufführungen. Er soll einen eindrucksvollen König im *Hamlet* abgegeben haben, den Kopf in ein Laken gehüllt.

Besonders gern hatte er seine Nichten, die zwanzigjährige Sonja, die er sein »Herzenskind« nannte, und die achtzehnjährige Mascha, eine Vorzugsschülerin von Nikolaj Rubinstein. Stundenlang spielte sie am Klavier die Lieblingskomponisten ihres Onkels, Mozart und Beethoven – die *Pathétique* versetzte ihn immer »in eine Welt dahingeschwundener Gefühle«. »Bei Beethoven ist überall Leidenschaft und Liebe«, sagte Dostojewskij. »Er ist der Poet des Glücks, der Liebe, der melancholischen Liebe.« Ihn für Chopin zu interessieren, gelang Mascha allerdings nicht. Er konnte die »schwindsüchtige« Musik dieses Komponisten nicht leiden, und außerdem war er doch Pole.

Draußen in Ljublino, in einem Kreis, der im Sympathie entgegenbrachte und den er später im *Ewigen Gatten* schildern sollte, kam sein einnehmendes Wesen so recht zur Geltung. Er unterhielt die jungen Leute gern und begeisterte sie allesamt mit seinem Konversationstalent. N. von Vogt, der Dostojewskij als Sechzehnjähriger kennenlernte, schildert ihn folgendermaßen:

»Fjodor Michailowitsch sprach langsam und ruhig, konzentriert – man konnte deutlich erkennen, daß sein Kopf große Gedanken wälzte. Die kleinen grauen Augen durchbohrten die Zuhörer. In der Regel sahen diese Augen gutmütig drein, aber es kam auch vor, daß sie geheimnisvoll und boshaft zu funkeln begannen, besonders wenn er Fragen ansprach, die ihn innerlich sehr berührten. Doch in allem, was er sagte, schien immer ein Hauch Geheimnis zu stecken. Es war, als wollte er etwas offen aussprechen, aber im selben Moment verbarg er seine Gedanken im Innersten seiner Seele. Ab und zu erzählte er etwas Fantastisches, ganz Unglaubliches, und dann konnte er wundervolle Bilder entstehen lassen, an die sich seine Zuhörer noch lange erinnerten . . .«

Wenn Spiel und Gespräch am lebhaftesten waren, konnte es auch vorkommen, daß Dostojewskij sich plötzlich in Gedanken versunken von der Gesellschaft entfernte. »Es war, als würde ihn irgend etwas quälen«, erzählt einer der Gäste. Ihm war etwas eingefallen, und nun hatte er es eilig, zu *Schuld und Sühne* zurückzukehren. Wenn die jungen Leute ihn dann später abholen wollten, war er verdrießlich und böse und scheuchte sie fort. Er mochte nicht von seiner Arbeit erzählen. Es verlangte auch keinen sehr, danach zu fragen: Ein verschreckter Diener wußte zu berichten, der Herr ginge nachts im Zimmer auf und ab und rede davon, daß er einen Mord begehen wolle.

III

Woran er schrieb, hatte er bereits erzählt, als er seinen Roman dem *Russischen Boten* vorschlug. Das Exposé ist nicht nur ein genialer Reklameschachzug, sondern auch eine exemplarische Erläuterung seines Romankonzepts:

»Ein junger Mann bürgerlicher Herkunft ist von der Universität relegiert worden und lebt in äußerster Armut. Aufgrund seines Leichtsinns und seiner Unbeständigkeit wird er Opfer gewisser merkwürdiger, ›unreifer‹ Ideen, die in der Luft liegen, und plant, sich mit einem Gewaltakt aus seiner elenden Lage zu befreien. Er ist fest entschlossen, eine alte Frau umzubringen, die Wuchergeschäfte betreibt . . . Die Alte ist niederträchtig, taub, krank, geizig, nimmt Blutzins, sie ist boshaft und quält ihre junge Schwester, die für sie arbeitet, bis aufs Blut. ›Sie taugt zu nichts, für was lebt sie eigentlich?‹ – ›Bringt sie denn irgendwem Nutzen?‹ usw. Diese Fragen verwirren den Verstand des jungen Mannes. Er will sie ermorden und ausrauben, um seiner Mutter, die auf dem Land lebt, zu helfen und um seine Schwester von einem Gutsbesitzer zu befreien. Sie ist nämlich Gesellschafterin bei einer Gutsbesitzerfamilie, und der Herr des Hauses stellt ihr nach.

Durch einen Zufall begünstigt, kann er sein Vorhaben rasch und unentdeckt ausführen. Fast ein Monat vergeht bis zur endgültigen Katastrophe. Gegen ihn besteht kein Verdacht, das ist auch ganz unmöglich. Aber in diesem Monat wird der gesamte psychologische Prozeß des Verbrechens aufgerollt. Unlösbare Probleme türmen sich vor dem Mörder auf, ungeahnte, unerwartete Gefühle bedrängen sein Herz. Die göttliche Wahrheit und die irdischen Gesetze siegen, und es endet damit, daß er nicht umhin kann, sich zu stellen.«

Katkow witterte einen Bestseller und schickte umgehend dreihundert Rubel als Vorschuß auf den Roman. Er behielt recht. Die Leser nahmen das Werk mit großer Begeisterung, wenn auch leicht beunruhigt auf. Strachow schreibt in seinen Erinnerungen:

»Der Roman *Schuld und Sühne* machte einen außergewöhnlichen Eindruck. 1866 las man nur diesen einen Roman, nur über dieses Buch wurde unter den Lesehungrigen geredet. Und wenn sie darüber redeten, jammerten sie gewöhnlich über seine suggestive Kraft, über den beklemmenden Eindruck, der bewirkte, daß Nervenstarke nahezu krank wurden und Nervenschwache gezwungen waren, die Lektüre aufzugeben.«

Zu denen, die den Roman beiseite legen mußten, gehörte Turgenjew. Die ersten Kapitel beeindruckten ihn zwar, aber dann meldeten sich bei ihm rasch Einwände. Seiner Ansicht nach war Dostojewskij zu sehr auf sich selbst bezogen. Über dem Roman läge ein säuerlicher Verwesungsgeruch, der ihn an eine Krankenhausatmosphäre erinnere. »Der erste Teil *Schuld und Sühne* ist hervorragend«, schreibt er an den Lyriker Afanasij Fet, »aber der zweite Teil riecht nach moderiger Eigenanalyse.« Das endgültige Urteil über den Roman fiel schließlich in einem Brief vom Spätherbst 1866: »Ich habe aufgegeben, *Schuld und Sühne* zu lesen – das Ganze ähnelt einem chronischen Magendrücken – Gott bewahre uns davor in Zeiten der Cholera!«

Überhaupt waren viele zeitgenössische Leser von Dostojewskijs finsterer Schilderung der russischen Realität schockiert. »Das ist doch kein Roman, das sind die Aufzeichnungen eines Untersuchungsrichters, eine unsägliche ›Daguerrotypie‹«, erboste sich Iwan Borisow in einem Brief an Turgenjew. Dostojewskijs krasse Schilderung stinkender Treppenhäuser, dreckiger Hinterhöfe und düsterer Kneipen sowie die Tatsache, daß er einen Trinker, ein Straßenmädchen und einen Mörder zu seinen Hauptfiguren machte, reizten außerdem den Ästheten und Kritiker Nikolaj Achscharumow zum Vergleich seines ersten Eindrucks bei der Lektüre mit dem Gefühl, das »ein drückender, furchtbarer Traum« hinterläßt.

Mindestens ebenso explosiv schlug die Ausformulierung von Raskolnikows nihilistischen Ideen ein, seine Theorie, der Zweck heilige die Mittel. Viele meinten, der Autor habe damit einen Nerv der Zeit getroffen. Wieder einmal wurde ein russischer Nihilist bloßgestellt, Turgenjews Basarow verwandt, nur wesentlich fanatischer und verblendeter. Vertreter der radikalen Literaturkritik leugneten hartnäckig, daß Raskolnikows Ideen in Rußland verbreitet seien und daß dieser Held die damalige studierende Jugend repräsentiere. Trotzdem geht aus ihren Rezensionen deutlich hervor, daß sie der Ansicht waren, Dostojewskij habe die junge Generation angeprangert.

Typisch ist die Haltung, die *Der Zeitgenosse* zum Roman einnimmt. Nach Dobroljubows Tod war Grigorij Jelisejew Chefkritiker dieses radikalen Blattes geworden, und bereits im Februar 1866, nach der Veröffentlichung der ersten Romankapitel, griff er den Autor von *Schuld und Sühne* heftig an. Jelisejew zufolge hatte Dostojewskij diesmal ein außergewöhnlich schlechtes Buch geschrieben. In seiner Rezension heißt es:

»... Sie haben es hier mit einem Helden zu tun, der von irgendeiner Leidenschaft besessen ist; der Verfasser müht sich schreibend ab und verwendet alle Kraft darauf, diese Leidenschaft des langen und breiten zu schildern. Dabei kommt etwas Kindisches, Untalentiertes, Verwässertes und Rhetorisches heraus. Beleg nicht nur für die ungenügende Beobachtungsgabe des Autors, sondern auch für seine unzulängliche künstlerische Methode und mangelnde Erfahrung im Schildern von Leidenschaften, und dies versetzt den Leser in grauenhafte Langeweile; die Person des Helden wird überhaupt nicht deutlich. Aber der Autor ist begeistert über den Unsinn, den er geschrieben hat, wahrscheinlich bildet er sich ein, ein Kenner des Menschenherzens zu sein, nichts Geringeres als ein Shakespeare.«

Nicht genug damit, daß Dostojewskij die Kunst verraten habe – so Jelijesew weiter –, viel schlimmer: Er habe die Realität und die Studenten verraten. In polemischer Absicht habe er einen Roman geschrieben, ohne sich die notwendige Frage zu stellen, ob es die beschriebenen Zustände in der Realität gäbe. Wo fände sich denn schon ein Student, der für ein paar lumpige Rubel eine Pfandleiherin umbrächte? Doch wohl nirgends. Folglich sei Dostojewskijs Roman »das dümmste und niederträchtigste Hirngespinst, die denkbar erbärmlichste Fantasterei«. Habe nicht Belinskij seinerzeit Dostojewskij gewarnt, das Fantastische gehöre in die Irrenhäuser, nicht in die Literatur, fragt der Rezensent und fährt fort: »Wer weiß, was Belinskij zu dieser neuen Ausgeburt der Phantasie unseres Herrn Dostojewskij gesagt hätte, eine Ausgeburt, die dazu führt, daß eine ganze Gruppe junger Menschen schlichtweg des Raubmordes bezichtigt wird!«

Mit diesem Ausruf schließt Jelisejew seinen Artikel. Selten hat wohl ein Rezensent mit seiner Beurteilung so weit danebengelegen. Dostojewskijs Roman war alles andere als Fantasterei. Zahlreiche Quellen belegen den ungeheuren Einfluß, den die Lektüre auf viele junge Männer ausübte: Sie planten auf einmal ähnliche Verbrechen. Ja, noch während der Roman in Druck war, wurde in Moskau ein Doppelmord begangen, der bis ins Detail Raskolnikows Mord an der Pfandleiherin und ihrer Schwester glich. Sogar das äußere Erscheinungsbild des Täters war Raskolnikow nicht unähnlich: »große schwarze, ausdrucksvolle Augen, lange, dichte, zurückgekämmte Haare.«

Wir wissen, daß Dostojewskij diese Episode später als Beispiel dafür anführte, daß sein »Idealismus« realistischer sei als der »Realismus« anderer Autoren. »Mit ihrem Realismus läßt sich nicht einmal ein Hundertstel tatsächlich eingetroffener Ereignisse erklären. Aber wir mit unserem Idealismus haben doch die Zukunft vorausgesehen.«

Schuld und Sühne unterscheidet sich allerdings in mancher Hinsicht von zeitgenössischen realistischen Romanen. Realistisch ist Dostojewskijs Buch nur insoweit, als es soziale Not und Armut beschreibt. Versteht man dagegen unter Realismus die Wiedergabe einer von fantastischen Elementen freien Wirklichkeit, so ist dieser Begriff hier sicherlich fehl am Platz. Man muß wohl auf die deutschen Romantiker zurückgreifen, um ein Werk zu finden, in dem Traum und Wirklichkeit so nahtlos ineinander übergehen wie in diesem Roman. Von seltsamen Zufällen im Handlungsablauf ganz zu schweigen. Immer wieder stolpern die passenden Figuren auf der Straße oder im Gasthaus übereinander, ja, manche werden sogar mir nichts, dir nichts Nachbarn.

So etwas wäre in einem Buch des Realisten Tolstoj ausgeschlossen. Dostojewskij hatte eben alles in allem einen anderen Realismusbegriff als seine Schriftstellerkollegen. Er wandte sich gegen die damalige Tendenz, »die Wirklichkeit zu kopieren« und an der Oberfläche zu bleiben. Für ihn waren nicht Aussehen und Verhalten der Menschen das Wesentliche, sondern die inneren, unsichtbaren Triebfedern

Maria Dmitrijewna –
Dostojewskijs erste Ehefrau.

Dostojewskij,
im Jahre 1859 fotografiert.

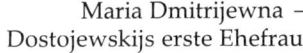

Semipalatinsk.
Fotografie aus den späten 50er Jahren des 19. Jahrhunderts.

ВРЕМЯ
ЖУРНАЛЪ
ЛИТЕРАТУРНЫЙ И ПОЛИТИЧЕСКІЙ
ТОМЪ I

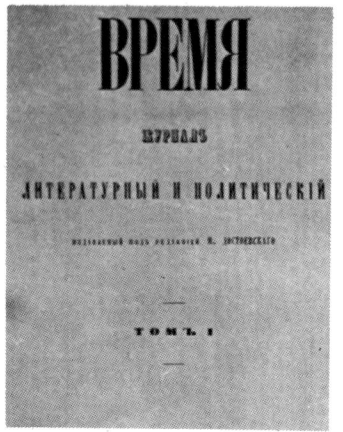

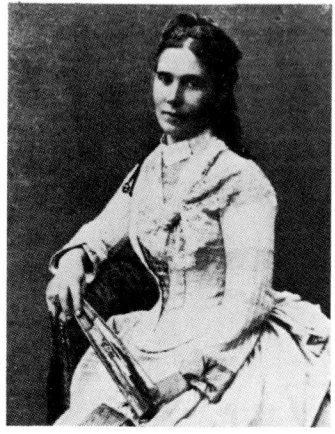

Titelseite der ersten Ausgabe der Zeitschrift ›Die Zeit‹.

Apollinaria Suslowa.

Stadtbrand in Petersburg.
Lithografie aus den 60er Jahren des 19. Jahrhunderts.

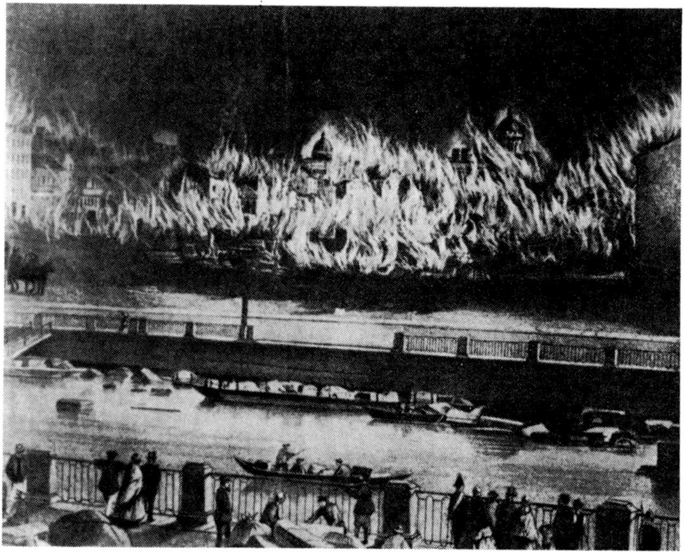

Fjodor Dostojewskij. Erniedrigte und Beleidigte.
Fotografie von 1861. W. Knjasew, 1884.

Anna Korwin-Krukowskaja, verheiratete Jaclart.

Fjodor
Dostojewskij.
Fotografie
von 1861.

ihrer Handlungen. Aufgabe des Dichters war es, »den Menschen im Menschen zu finden«. Um solch einen Realismus zu erreichen, mußte er manchmal aus dem Absurden und Phantastischen schöpfen.

Der Vorwurf, Dostojewskij habe ein Zerrbild der radikalen Jugend entworfen, taucht in allen damaligen radikalen Zeitschriften auf.

Im Witzblatt *Der Funke* geschieht der Angriff auf den Autor in Form einer satirisch-humoristischen Erzählung mit dem Titel *Der Doppelgänger. Fjodor Strischows Abenteuer.* Der Text ist Dostojewskij gewidmet, und eine Fußnote besagt: »Der Verfasser hat Dostojewskij imitiert, bei dem er Verschiedenes für seine Erzählung entliehen hat.« Diese etwas langatmige Geschichte handelt kurz gesagt davon, daß Fjodor Strischow (also Fjodor Dostojewskij) einen Doppelgänger hat, der zur Zeitschrift kommt, wo der Roman *Untat und Vergeltung* gedruckt wird. Er meint, die Tendenz des Romans müsse noch deutlicher kenntlich gemacht werden, und schlägt etliche Ergänzungen vor. Es genüge nicht, daß Raskolnikow der Tochter einer Wirtin ein Heiratsversprechen gegeben hat, obwohl er sie nicht liebt – es müsse klipp und klar gesagt werden, daß »Nihilisten die Liebe verdammen und nur die Zigarre gelten lassen«. So und ähnlich wird aus Raskolnikow die Karikatur eines Nihilisten. Dostojewskij selbst wolle diese Tendenz angeblich mit Szenen kaschieren, die an *Aufzeichnungen aus einem Totenhaus* und *Erniedrigte und Beleidigte* erinnern.

Der Rezensent der *Woche* muß zugeben, daß der Roman eine hervorragende psychologische Analyse der Raskolnikow-Figur liefere. Aber was nütze das schon, wenn die Tendenz so aufdringlich sei? Dostojewskijs Unzufriedenheit mit der jungen Generation sei schließlich sein Problem – vielen Dichtern vor ihm sei es ebenso ergangen. In diesem Zusammenhang wird der neue Roman mit *Väter und Söhne* verglichen. Aber während Turgenjew »eine aufrichtige Darstellung« geleistet habe, »ohne sich in dreckige Unterstellungen zu flüchten«, lasse Dostojewskij sich zu einem Schlag unter die Gürtellinie hinreißen, indem er deutlich genug darauf hinweise, daß »liberale Ideen und die Naturwissenschaften junge Männer zum Mord und junge Mädchen zur Prostitution verleiten«.

Aus diesen Rezensionen geht klar hervor, daß *Schuld und Sühne* das Mißgeschick widerfuhr, fast durchweg mit den vielen antinihilistischen Romanen der Zeit über einen Kamm geschoren zu werden. Die Kritiker sind so erbost über das, was sie als ungerechtfertigte Angriffe Dostojewskijs auf die junge Generation begreifen, daß sie andere Seiten dieses Romans gänzlich übersehen; Seiten, die gerade bei den Radikalen Anerkennung verdienten, etwa die Anprangerung des akuten sozialen Elends in der Gesellschaft und der verheerenden Auswirkungen dieses Elends auf den Menschen. Für Dmitrij Pisarew steht genau dies im Mittelpunkt seiner großen Auseinandersetzung mit *Schuld und Sühne*.

Seit dem Tod Dobroljubows und Grigorjews war Pisarew der einflußreichste Kritiker Rußlands. Im Unterschied zu seinen radikalen Kollegen erkannte er sogleich die Bedeutung dieses Romans und schrieb eine sechzigseitige, auf zwei Artikel verteilte Rezension.

Pisarew wird gerne als Nihilist *par excellence* geschildert, als Prototyp des Basarow in *Väter und Söhne*. Man könnte daher annehmen, *er* sei über die angebliche »Verleumdung« durch diesen Autor ganz besonders gekränkt gewesen. So weist er auch klipp und klar die Vermutzung zurück, Raskolnikows Theorie könne etwas mit den Ideen gemein haben, die damals die radikale Jugend begeisterten. Dagegen legt er größeres Gewicht auf die Charakterisierung Raskolnikows als Verlierer im Kampf ums Dasein. Von seiner Umwelt niedergedrückt, verlöre er bald jedwede Hoffnung auf eine bessere Zukunft und verfalle in Apathie. Erst in dieser ausweglosen Lage bemächtige sich seiner die seltsame Theorie vom Recht des Auserwählten, die Schranken des Gesetzes zu überschreiten.

Die Theorie des Übermenschen sei ganz einfach ein Produkt der schwierigen Verhältnisse, gegen die anzukämpfen Raskolnikow gezwungen sei und die ihn völlig auslaugten. Sein einziger wirklicher Beweggrund zum Mord an der

Pfandleiherin sei sein armseliges Dahinvegetieren in aussichtslosen Verhältnissen. Das Verbrechen werde nicht begangen, weil Raskolnikow sich durch vage philosophische Spekulationen von der Zulässigkeit und Notwendigkeit desselben überzeugen lasse. Vielmehr habe sich Raskolnikow umgekehrt von seinen Spekulationen überzeugen lassen, weil die Umstände ihn zum Verbrechen drängten. Die Theorie wäre demnach so etwas wie ein Vorwand. »Raskolnikow hat seine Theorie auf Bestellung gefertigt«, schreibt Pisarew und bestreitet entschieden, daß dieser Romanheld ein Geisteskranker mit einer fixen Idee sei, wie es in einer anderen Rezension hieß. Wie sollte es sonst möglich sein, seinen Gedanken bis in feinste Verästelungen zu folgen? Alle Gedanken und Hoffnungen Raskolnikows seien ja in höchstem Grade einleuchtend motiviert! Nein, schreibt Pisarew, »die Ursache seiner Krankheit ist nicht in seinem Hirn, sondern in seinen leeren Taschen zu suchen.«

Ungemein eindringlich geht Pisarew auf die Armut Raskolnikows ein, der, wie er nachweist, unmöglich von dem elenden Honorar für gelegentliche Privatstunden hätte leben können. Unter so ungünstigen Lebensbedingungen sei dieser Protagonist zum Scheitern verurteilt. Der materialistisch orientierte Kritiker führt sich ganz konkret die Situation vor Augen:

»Weder mit Fleiß noch mit gewissenhaftem Arbeitseifer, weder mit großem Kraftaufwand noch mit Energie hätte er sich eine warme Mahlzeit verschaffen können, um seinen Hunger zu stillen, Kleider, die ausreichenden Schutz böten gegen Kälte, Feuchtigkeit und Schmutz oder eine Behausung, wo seine Lungen die nötige Frischluftzufuhr bekämen.«

Raskolnikow hat laut Pisarew recht, wenn er meint, seine Schwester nicht durch ehrliche Arbeit retten zu können. Aber könnte es ihm mit unehrlichen Mitteln gelingen – durch den Mord an der Pfandleiherin? In seiner Verzweiflung und Erschöpfung vergißt er, sich diese Frage zu stellen, und begeht daher einen Mord, der nicht nur moralisch verwerflich, sondern auch völlig zwecklos ist:

»Nehmen wir einmal an, es gelänge ihm, die Pfandleiherin umzubringen, und weiter, er fände unermeßliche Reichtümer in ihrer Schatulle. Nehmen wir an, er habe alle Spuren glücklich verwischt, alles sei bis ins kleinste Detail nach Plan verlaufen. Und was dann? Wie hätte er das Geld je ausgeben können? Unter Aufbietung aller erforderlichen Vorsicht und Geduld wäre es Raskolnikow vielleicht gelungen, von der Polizei nicht verdächtigt zu werden. Doch unter gar keinen Umständen wäre es ihm gelungen, die Menschen hinters Licht zu führen, für die er die Beute aus dem Raubmord bestimmt hatte.«

Auf diese Weise wurde Pisarews Rezension nicht nur eine Anklage gegen die Gesellschaft, in der Raskolnikow lebt, sondern nahm auch revolutionären Appellcharakter an: Für menschenwürdiges Leben in einer neuen Gesellschaft! Innerhalb der etablierten Gesellschaft sei das Individuum zum Untergang verurteilt, ganz gleich, ob es sich an die Gesetze halte oder nicht. Daß Sonja und ihre christliche Botschaft Raskolnikow noch Rettung bringen können, lehnt Pisarew als bloße Illusion ab. Wenn der Held sich zuletzt »unter die Vormundschaft eines gutmütigen, sehr beschränkten und völlig unkritischen Mädchens namens Sonja Marmeladowa begibt, die ihn wie eine zweite Nymphe Egeria bereitwillig zum Christentum zu bekehren sucht« –, so läge das wohl ausschließlich an seinem charakterlichen Verfall während der Qualen, die er aus Furcht vor Strafe und aus Angst, er könne Mutter und Schwester Schaden zuzufügen, erdulden müsse.

Bis hierher ist für Pisarew alles sonnenklar. Aber bei einem Punkt stutzt er: Woher konnte Raskolnikow bloß seine absonderliche, »geistesschwache« Theorie haben, der Auserwählte sei zum Morden berechtigt? Verächtlich weist Pisarew den Gedanken weit von sich, diese ungeheuerliche Theorie sei ein Produkt neuer sozialistischer Ideen und daher unter der radikalen Jugend seiner Zeit verbreitet.

Nicht genug damit, daß Raskolnikows Theorie jede Verankerung in der Gegenwart fehle – sie sei auch vollkommen unhaltbar. Mit seiner Behauptung, Menschen wie Kepler und Newton hätten das Recht und die Pflicht gehabt, zu töten, wenn sich jemand ihren Entdeckungen zum Wohle der Menschheit in den Weg stellte, werde Raskolnikow den Forschern nicht gerecht. Die Wissenschaft gehöre nämlich einer Sphäre an, die mit Gewalt und Blutvergießen nichts gemein habe. Ein Wissenschaftler, der zu Gewalt greife, um die Widersacher seiner Lehre auszurotten, befördere sich selbst vom Wissenschaftler zum Schurken. Und zum *dummen* Schurken obendrein, denn in seinem Fall seien es nicht Einzelpersonen, die seiner Lehre im Wege stünden, sondern die Verhältnisse, die es seinen Widersachern ermöglichten, die wissenschaftliche Wahrheit zu unterdrücken. Diese Verhältnisse seien nicht durch Gewalt zu ändern, sondern nur durch die unermüdliche Verkündung der wissenschaftlichen Wahrheit. »Aus Liebe zu dieser Wahrheit«, schreibt Pisarew, »sind außergewöhnliche Menschen wie Kepler und Newton zeitweise zu Märtyrern geworden, aber nie wurden sie aus Liebe zu einer Idee Straftäter – aus dem einfachen Grund, daß Verbrechen keinen Menschen überzeugen und folglich auch einer Idee, in deren Namen sie geschehen, nicht im geringsten dienlich sind«.

Es steht außer Frage, daß Pisarew wesentliche Seiten von Dostojewskijs Roman ausgeleuchtet hat. Daß er als Humanist spricht, geht sowohl aus seiner Widerlegung von Raskolnikows Theorie hervor wie auch aus seinem Verweis auf das menschliche Elend als Grundmotiv des Romans. Trotzdem ist seine Kritik unzulänglich. Pisarew fehlt es an Verständnis für eine dem Leid entspringende geistige Suche sowie für immaterielle Aspekte des Buches, die sich mit Begriffen wie Sünde, Sühne und Läuterung umreißen lassen. Sicherlich unterschätzt er auch die Züge von Hybris, die am Charakter Raskolnikows auffallen. »Aus dem Gesicht des jungen, bildschönen Raskolnikow mit seiner milchweißen Haut und dem pechschwarzen Haar blickt Luzifer«, bemerkt Alf Larsen. »Der Hochmutsteufel ist in den Menschen gefahren, er will sich zum Herren über seine Mitmenschen aufschwingen, die ›anderen‹ aus dem Weg räumen und alles *haben*. Er ist der großen Versuchung erlegen.«

Welche Haltung Dostojewskij zu seiner Figur, dem Raskolnikow, einnimmt, wird von der zeitgenössischen Kritik besonders aufmerksam geprüft. Nach Achschamurow ist Raskolnikow ein durch und durch abgebrühter Krimineller ohne die geringsten Gewissensbisse, daß unschuldige Menschen für die von ihm begangene Tat büßen sollen. Der Autor neige jedoch dazu, dies zu vergessen, und statte seinen Helden mit einer Vielzahl positiver Eigenschaften aus, die bei einem solchen Kriminellen fehl am Platze seien. Weiter heißt es: »Die an sich völlig korrekte Analyse wird von einer falschen Nuance getrübt, und diese falsche Nuance verleiht Raskolnikow den Nimbus eines gefallenen Engels, der ihm gar nicht zukommt.«

Auch Strachow geht ausführlich auf die Einstellung des Verfassers zu seinem Protagonisten ein. Seiner Ansicht nach steht außer Zweifel, daß Dostojewskij einen waschechten Nihilisten porträtierte. Er habe den Nihilismus »in einer fortgeschrittenen Phase seiner Entwicklung, in der es so gut wie gar nicht mehr weitergeht«, beschrieben. Die Vorzüge dieses Romans seien eben das Gespür seines Autors für marode geistige Entwicklung seiner Zeit und seine präzise Diagnose: »Der Verfall sittlicher Grundwerte – das ist das Thema seines neuen Romans *Schuld und Sühne*«, erklärt Strachow.

Aber obgleich Dostojewskij die Folgen nihilistischer Irrlehren erschreckend ausgemalt habe, bedeute das noch lange nicht, er habe einen durchschnittlichen antinihilistischen Roman verfaßt. Seine Sicht auf Raskolnikow unterscheidet sich nach Strachows Auffassung von der zeitgenössischer antinihilistischer Autoren auf ihre Protagonisten. Bis dahin hatte man die Nihilisten durchweg zu Karikaturen gemacht und als »Personen mit dürftigem Verstand und schalem Herzen« hingestellt, und oft genug hatten die Verfasser sich damit begnügt, ihre freiheitlichen Bestrebungen ins Lächerliche zu ziehen – ob in Gestalt eines jungen Mädchens, das seine Zöpfe abschneidet, oder eines jungen Mannes, der einer Dame den Handkuß verweigert. Sogar der arrogante Basarow hat mehr abstoßende als anziehende Seiten, und danach waren immer mehr den Karikaturisten zum Opfer gefallen. Raskolnikow dagegen sei ein hochintelligenter Mann und ein Charakter, den eine gefährliche Theorie ins Unglück stürze. Dostojewskij ließe sich nicht dazu harab, die wohlfeile Karikatur eines Nihilisten zu liefern, sondern stelle sich eine viel bedeutsamere Aufgabe: die *Tragödie* des Nihilismus aufzuzeigen. Bei ihm werde der Nihilismus dem Leser nicht bloß als ein betrübliches, doch komisches Phänomen präsentiert, sondern in seiner ganzen Tragik offenbart – »als eine seelische Verstümmelung infolge grausamen Leids«.

Dies erreiche Dostojewskij nicht nur durch seine Wahl eines Protagonisten, der über einen scharfen Verstand und ein reiches Innenleben verfüge, sondern auch, indem er ihm Sympathie entgegenbringe. »Es ist offenkundig«, meint Strachow, »daß der Autor seinen Helden mit großem Mitgefühl schildert. Er lacht nicht über die junge Generation, sondern weint über sie.«

Absicht dieses Romans sei es, zu zeigen, wie in der menschlichen Seele die Theorie mit dem Leben ringe, und wie das Leben siegt. Allerdings hätte sich Strachow einen klarer akzentuierten Sieg des Lebens gewünscht; er bedauert, daß der Autor Raskolnikows Bekehrung nicht deutlicher ausmalt. In diesem Zusammenhang kommt der Rezensent auf die Frage, ob sich innerhalb des Romans tatsächlich eine vollständige Läuterung Raskolnikows feststellen läßt. Auch heute noch meinen manche Forscher, Dostojewskij habe Raskolnikow aus lauter Sympathie für seinen Protagonisten mit so guten Argumenten gegen die Ordnung der Dinge ausgestattet, daß Sonjas Antwort darauf nicht überzeugt, genau wie es heißt, Sosimas Antwort auf Iwans Anklagen in den *Brüdern Karamasow* sei unzureichend.

Im großen und ganzen stellt sich Strachow aber doch positiv zu diesem Roman. Dem Autor sei es gelungen, einen russischen Menschen treffend und lebensnah zu beschreiben, welcher ohne Zögern den Weg zu Ende geht, den ihm sein irreführender Verstand vorgezeichnet hat. In dieser Fähigkeit, ein Ziel zu verfolgen, ohne einzulenken oder auf halbem Wege innezuhalten, sieht Strachow einen wertvollen russischen Charakterzug, und er schließt seine Besprechung mit der Hoffnung, diese Eigenschaft werde sich bald in bewundernswerten Taten offenbaren und nicht, wie in diesem Roman, in den Untergang führen.

Es soll nicht unerwähnt bleiben, daß Dostojewskij von Strachows Rezension hellauf begeistert war. »Sie sind der einzige, der mich wirklich verstanden hat«, erklärte er ihm.

8

Heirat und Flucht

Der Altersunterschied ist ungeheuer groß
(20 und 44),
doch ich komme immer mehr zu der Überzeugung,
daß wir glücklich miteinander sein werden.
Sie hat ein gutes Herz und weiß zu lieben.

I

Als Dostojewskij Ende September 1866 nach Petersburg zurückkehrte, hatte er *Schuld und Sühne* noch nicht beendet. Größere Sorgen bereitete ihm allerdings seine Vereinbarung mit Stellowskij. Seine Frist lief am 1. November ab, doch er hatte noch keine Zeile dieses Romans geschrieben. Verzweifelt bemühte er sich, einige Monate Aufschub zu erlangen. Er erklärte sich sogar bereit, einen größeren Betrag als Buße zu zahlen. Stellowskij lehnte kategorisch ab. Seiner Meinung nach konnte Dostojewskij jetzt unmöglich seiner Verpflichtung nachkommen. Nun hatte er seinen Autor endlich da, wo er ihn haben wollte! Die nächsten neun Jahre hätte er also mit einem schreibenden Sklaven ausgesorgt.

Auch die Freunde glaubten kaum, Dostojewskij könne das Wunder vollbringen, in vier Wochen einen Zweihundert-Seiten-Roman zu schreiben. Aber vielleicht konnte er das Thema umreißen und ihnen zum Ausarbeiten geben, um zum Schluß alles selbst zusammenzuflicken? Dieses Anerbieten schlug Dostojewskij aus. Er konnte sich nicht vorstellen, ein von fremden Federn verfaßtes Werk zu signieren. Da kam Miljukow auf die glänzende Idee, der Schriftsteller solle sich doch einen Sekretär nehmen. Über einen Kollegen trat er mit Pawel Olchin in Kontakt, einem der besten Stenografen der Stadt, und dieser gab den Auftrag an seine begabteste Schülerin weiter, die zwanzigjährige Anna Grigorjewna Snitkina. Ob sie sich vorstellen könne, als Sekretärin für den Dichter Dostojewskij zu arbeiten? Und ob sie das konnte! Dostojewskij war der Lieblingsautor ihres kürzlich verstorbenen Vaters gewesen, und auch sie hatte seine *Aufzeichnungen aus einem Totenhaus* mit tränenfeuchten Augen gelesen. Sie war eine solche Bewundererin seiner Bücher, daß sie in der Schule sogar den Spitznamen »Netotschka« getragen hatte – nach einer seiner Heldinnen. Die Vorstellung, den Dichter jetzt persönlich kennenlernen und ihm vielleicht gar bei seinem schweren Schaffen helfen zu dürfen, ließ ihr Herz höher schlagen. Zudem war das Honorar gar nicht so übel – dreißig Rubel –, was ihrem Sinn fürs Praktische entgegenkam.

Am 4. Oktober 1866 stand sie um kurz vor halb zwölf an der Malaja-Meschtschanskaja-Straße, Ecke Stoljarnij-Gasse, und sah zu Dostojewskijs Wohnung hoch. Ein wenig anheimelndes Mietshaus, bewohnt von kleinen Kaufleuten und Gewerbetreibenden – ihr kam Raskolnikows düstere Behausung aus *Schuld und Sühne* in den Sinn. Auch die erste Begegnung mit dem Dichter verlief nicht gerade vielversprechend.

»Beim ersten Anblick hatte Dostojewskij auf mich den Eindruck eines ziemlich alten Mannes gemacht; kaum aber hatte er zu sprechen begonnen, war er in meinen Augen sogleich jünger geworden, und ich dachte, er möchte schwerlich mehr als fünfunddreißig bis siebenunddreißig Jahre alt sein. Er war mittelgroß und hielt sich sehr gerade. Sein hellbraunes kastanienfarbenes, sogar etwas rötliches Haar war stark pomadisiert und sorgfältig gekämmt. Was mich aber besonders beeindruckte, waren seine Augen: Das eine war braun, das andere hatte eine zur Größe des ganzen Auges erweiterte Pupille, und die Regenbogenhaut war überhaupt nicht zu sehen. Diese Verschiedenheit der Augen gab Dostojewskijs Blick einen eigenartig-rätselhaften Ausdruck. Sein blasses, kränkliches Gesicht kam mir außerordentlich bekannt vor, wahrscheinlich, weil ich früher einmal sein Bild gesehen hatte. Er trug ein ziemlich abgenutztes Jackett aus blauem Tuch, dafür aber ein schneeweißes Hemd.«

Der Schriftsteller plazierte Anna an einem kleinen Tisch in seinem Arbeitszimmer und wanderte rastlos im Zimmer auf und ab, eine Zigarette nach der anderen rauchend. Nicht einmal der starke Tee brachte Leben ins Gespräch. Dostojewskij war geistesabwesend und müde und erzählte von einem kürzlich erlittenen epileptischen Anfall. Er war zwar nicht sehr zuversichtlich, was die Stenografie betraf, aber auf einen Versuch sollte man es schon ankommen lassen. »Gut, versuchen wir es gleich einmal«, erwiderte Anna, »wenn Ihnen aber die Arbeit mit meiner Hilfe nicht gelingt, so sagen Sie es mir ganz offen. Seien Sie versichert, daß ich es Ihnen gar nicht übelnehmen werde, wenn aus der Sache nichts wird.«

Er griff zu einer Zeitschrift und diktierte im Eiltempo munter drauflos. Anna mußte ihn unterbrechen und darum bitten, in normaler Redegeschwindigkeit zu sprechen. Ach, wie ging das doch langsam! Und dann brachte sie es auch noch fertig, einen Punkt auszulassen! Wie war denn so etwas möglich! Nein, er war bestimmt zu müde, um gleich mit dem Diktieren anzufangen. Wenn sie um acht Uhr abends wiederkäme, könnten sie mit dem Roman beginnen.

Als Anna aufbrechen wollte, fiel ihm ein, daß er sich doch gar zu unwirsch aufgeführt hatte, und er versuchte es mit einem Kompliment zum Abschied, das ihm aber auch nicht so richtig gelingen wollte:

»›Ich war sehr angenehm berührt, als mir Olchin für diese Arbeit eine Dame und nicht einen Mann vorschlug, und wissen Sie warum?‹

›Warum denn?‹

›Weil der Mann doch ganz sicher ein Trinker gewesen wäre, was bei Ihnen hoffentlich nicht der Fall ist.‹

Das amüsierte mich sehr, ich hielt aber mein Lachen zurück:

›Ich trinke ganz bestimmt nicht, davon können Sie überzeugt sein‹, antwortete ich.«

Als Anna am nächsten Vormittag wiederkam, hatte sie eine schöne Reinschrift des Anfangs von »Roulettenburg« bei sich – so der Arbeitstitel des *Spielers*. Allerdings bezweifelte sie immer noch, daß bei dieser Zusammenarbeit etwas herauskommen werde. Und ihr war es auch schon fast gleichgültig. Warum sollte sie sich in dieser ungemütlichen Wohnung von dem Griesgram alles mögliche diktieren lassen? »Sie wäre wohl entsetzt gewesen, wenn ihr jemand an diesem Tage vorhergesagt hätte, daß sie vierzehn Jahre lang Dostojewskijs Werke stenografieren würde«, plaudert die Tochter aus.

Doch nach und nach klappte es besser mit der Zusammenarbeit. Dostojewskijs Skepsis gegenüber der Stenografiekunst nahm in dem Maße ab, wie der Manuskriptberg wuchs. Jeden Tag arbeiteten sie vier Stunden, noch nie war ihm die Arbeit so rasch von der Hand gegangen. Dieser *Spieler* würde wohl doch gar nicht so übel werden! Anna fiel es zwar schwer, die moralische Schwäche und unbändige Spielleidenschaft der Hauptfigur zu akzeptieren. Aber Dostojewskij versicherte ihr, man könne sehr wohl willensstark sein und dennoch nicht die Kraft besitzen, der Verlockung des Roulettes zu widerstehen. Diesbezüglich sollte sein Roman dann eher eine Vorhersage seiner Zukunft als sein Abschied von der Vergangenheit sein.

Auch auf menschlicher Ebene kamen er und seine Sekretärin sich näher. Sie war doch eigentlich recht schmuck, wie sie da saß, jung und lächelnd, mit ovalem Gesicht, hoher Stirn und strahlenden grauen Augen. Fromm war sie bestimmt auch; noch vor wenigen Jahren hatte sie den Plan gehabt, ins Kloster zu gehen. Und welches Interesse sie an seinen Romanfiguren zeigte! Immer häufiger erzählte er ihr Begebenheiten aus seinem Leben, nicht zuletzt von der Scheinhinrichtung auf dem Semjonow-Platz – seiner Erfahrung nach beeindruckte das junge Frauen. Doch nun zur

Zukunft – was für einen Rat könne sie ihm da geben? Solle er nach Konstantinopel gehen, sich für immer dem Roulette verschreiben – oder vielleicht ein zweites Mal heiraten und eine Familie gründen? Es wäre wohl das beste für ihn, zu heiraten und im Familienleben sein Glück zu finden, befand Anna.

»›Sie glauben also, daß ich noch heiraten kann? Daß es jemanden gibt, der mich haben will? Was für eine Frau soll ich mir denn nehmen: eine kluge oder eine gute?‹

›Natürlich eine kluge.‹

›O nein, wenn ich schon wählen soll, nehme ich lieber eine gute, die Mitleid mit mir hat und mich liebt.‹«

Und warum sie sich keinen Mann suche? Anna antwortete, ihr machten in der Tat zwei Freier den Hof, ohne jedoch zu erwähnen, daß sie mit dem einen schon verlobt war. Zwar achte sie beide sehr hoch, aber wenn sie einmal einen zum Mann nehme, komme für sie nur eine Liebesheirat in Frage.

»Unbedingt nur aus Liebe!« pflichtete Dostojewskij ihr bei. »Achtung allein genügt nicht für eine glückliche Ehe!«

In einem lila Kleid, das den Schriftsteller erröten ließ, brachte ihm Anna genau an seinem Geburtstag, dem 30. Oktober, die letzte Abschrift. Doch als er am Tag darauf bei Stellowskij vorsprach, war der Vogel ausgeflogen. Um zu verhindern, daß das Manuskript fristgemäß abgeliefert wurde, hatte er Petersburg verlassen. Auch im Verlagsbüro wollte keiner das Manuskript entgegennehmen. Erst spät abends, kurz vor Ablauf der festgesetzten Zeit, gelang es Dostojewskij, von einem Distriktpolizisten eine Empfangsbestätigung für das Paket zu erhalten. Mit Annas Hilfe hatte er in sechsundzwanzig Tagen einen ganzen Roman geschrieben! Und der Zeitdruck war dem Werk nur zugute gekommen, hatte die Spannung erhöht und das Erzähltempo beschleunigt. Kein Wunder, daß er Anna wenige Tage später aufsuchte, um den Vertrag mit ihr zu verlängern.

Anna Grigorjewna wohnte in Peski, das damals am Rande von Petersburg lag, nicht weit vom Smolnijkloster. Ihr Vater, Grigorij Snitkin, war ukrainischer Herkunft und hatte als Verwalter der Zarenpaläste gedient. Ihre Mutter, Maria Anna, stammte aus der gebildeten finnland-schwedischen Familie Miltopäus und sprach besser Schwedisch als Russisch. Ihr Urgroßvater war im siebzehnten Jahrhundert Rhetorikprofessor an der Akademie von Åbo gewesen, ihr Vater war Landvermesser im Verwaltungsbezirk St. Michel, wo auch Anna Grigorjewna als Kind häufig zu Besuch gewesen war. Draußen in Peski hatte die Familie Snitkin einige Parzellen erworben und Mietshäuser darauf errichtet. Zwar waren die Häuser mit Hypotheken belastet, aber Anna galt doch als ein »schönes Mädchen mit Vermögen«. Da ein Haus ihr gehörte, kannte sie sich gut in Geldangelegenheiten aus. Es war überhaupt bekannt, daß sie Sinn fürs Praktische hatte und Alltagsprobleme vernünftig anpacken konnte. Das Gymnasium hatte sie mit Auszeichnung abgeschlossen, und jetzt ließ sie sich zur Stenografin ausbilden, um ihren Eltern nicht zur Last zu fallen.

Dostojewskij wurde in Peski ein guter Empfang bereitet. Bald hatte er das ganze Haus für sich eingenommen. Zwar war er ärmlich gekleidet, hatte falsche Zähne und sah kränklich aus; aber all das appellierte stark an Annas Mitleid. Wenn er auch nicht schön war, so hatte er doch Charme, zum Beispiel, wenn er hingebungsvoll zur Begleitung eines Straßenmusikanten *La donna è mobile* sang. »Er war noch jung!« gab Anna lächelnd zur Antwort, als ihre Tochter später wissen wollte, wie ein junges Mädchen sich in einen fünfundzwanzig Jahre älteren Mann verlieben konnte. »Wenn du wüßtest, wie jung dein Vater noch war! Er lachte, scherzte, amüsierte sich über alles wie ein junger Mensch. Dein Vater war viel interessanter, viel heiterer als die jungen Leute seiner Zeit, die nach der damaligen Mode Brillen trugen und wie alte Zoologieprofessoren aussahen.« Wie banal und nichtssagend erschienen doch alle ihre jungen Verehrer, verglichen mit diesem tiefsinnigen, in Gedanken versunkenen Mann, der drei Wochen gebraucht hatte, um ihren Namen zu lernen! Was ihr nicht gefiel, war, wenn er im Zusammensein mit ihr den senilen Alten mimte; die fünfundzwanzig Jahre mußten reichen.

Als Anna am 8. November bei ihm erschien, um den Schluß von *Schuld und Sühne* in Angriff zu nehmen, fand sie den Schriftsteller in einer seltsam gehobenen Stimmung vor. Sein Gesichtsausdruck war ungewöhnlich lebhaft, fast begeistert, als sei er auf einmal viel jünger geworden. Im Traum habe er vor einer Truhe gesessen und seine Manuskripte geordnet, als ihm unter den Papieren etwas entgegenblinkte: ein winziger, aber hell funkelnder Diamant! Und nun konnte er sich einfach nicht erinnern, was er mit ihm gemacht hatte. Aber ein guter Traum war es gewesen!

Anna verstand nicht viel von Träumen. Sie träumte nur von Katern und von Lehrerinnen. Interessierter war sie, als Dostojewskij von dem neuen Roman erzählte, an dem er in den letzten Tagen gearbeitet hatte. Die Handlung stand in groben Zügen schon fest, nur der Schluß bereitete ihm noch Kopfzerbrechen. Hier spielte nämlich die Gesinnung eines jungen Mädchens die entscheidende Rolle. Ob Anna ihm wohl helfen könne?

»>Wer ist denn der Held Ihres Romans?‹

›Ein Künstler, kein junger Mensch mehr, kurz – in meinem Alter.‹

›Erzählen Sie, erzählen Sie, bitte‹, sagte ich.

Die Antwort auf meine Bitte war eine glänzende Improvisation. Nie, weder vorher noch später, habe ich Fjodor Michailowitsch so voll unmittelbarer Inspiration erzählen hören wie damals. Je länger er sprach, um so klarer wurde es mir, daß er sein eigenes Leben erzählte und nur die Personen und Umstände veränderte. Alles, was er mir früher vorübergehend flüchtig und in Bruchstücken mitgeteilt hatte, war nun hier vereint. Die ausführliche, zusammenhängende Erzählung erklärte mir vieles von den Beziehungen zu seiner verstorbenen Frau und den Verwandten . . .

›In einem entscheidenden Augenblick seines Lebens begegnet der Künstler einem jungen Mädchen Ihres Alters oder vielleicht um ein bis zwei Jahre älter als Sie. Nennen wir sie Anja, um nicht immer die ›Heldin‹ sagen zu müssen. Anja ist ein hübscher Name . . . Aber ist es überhaupt möglich, daß dieses Mädchen mit seinem so ganz anders gearteten Charakter und trotz des großen Altersunterschiedes meinen Künstler je liebgewinnen könnte! Wäre es psychologisch nicht ein Ding der Unmöglichkeit? Darüber würde ich gern Ihre Meinung hören, Anna Grigorjewna.‹

›Warum halten Sie es denn für unmöglich? Wenn Ihre Anja, wie Sie sagen, kein eitles kokettes Wesen ist, sondern ein gutes, teilnahmsvolles Herz hat, warum sollte sie Ihren Künstler nicht liebgewinnen? Was macht es, daß er krank ist und arm? Und wo ist da ein Opfer ihrerseits? Wenn sie ihn liebt, wird sie selbst glücklich sein, und sie wird es nie zu bereuen haben.‹ Ich sprach leidenschaftlich. Fjodor Michailowitsch sah mich voller Erregung an.

›Und Sie glauben im Ernst, sie könnte ihn aufrichtig und fürs ganze Leben liebgewinnen?‹

Er schwieg, als schwankte er.

›Versetzen Sie sich für einen Augenblick in ihre Lage‹, sagte er mit zitternder Stimme. ›Stellen Sie sich vor, dieser Künstler wäre ich, ich hätte Ihnen meine Liebe gestanden und Sie gebeten, meine Frau zu werden. Was würden Sie mir antworten?‹

Fjodor Michailowitschs Gesicht drückte eine solche Verlegenheit aus, eine solche Herzensqual, daß ich begriff: Das ist nicht einfach ein literarisches Gespräch, und mit einer ausweichenden Antwort würde ich seine Eigenliebe und seinen Stolz tief verletzen. Ich blickte in das mir so teuer gewordene, erregte Gesicht Fjodor Michailowitschs und sagte:

›Ich würde Ihnen antworten, daß ich Sie liebe und mein Leben lang lieben werde!‹«

Anna beschrieb diesen Heiratsantrag vierzig Jahre später, zu einer Zeit, als sie ihren Mann die »Sonne meines Lebens« nannte. Dennoch wirkt das Ende ihrer Schilderung authentisch und überzeugend: Als Dostojewskij sich von seiner Verlobten verabschiedete, bemerkte er mit einem Lächeln, jetzt habe er endlich seinen »kleinen Diamanten« gefunden. »Sie irren sich, Fjodor Michailowitsch!« lachte Anna. »Sie haben keinen Diamanten, sondern einen simplen Kieselstein gefunden.« Aber gerade so einen »simplen Kieselstein« hatte der Schriftsteller am nötigsten.

Zu Anfang war es weder auf seiner noch auf ihrer Seite die ganz große Liebe. Anna war vom Aussehen her alles andere als eine Polina Suslowa und intellektuell gewiß keine Anna Korwin-Krukowskaja. So gesehen war sie nicht mehr und nicht weniger als ein Ersatz. Die Einsamkeit bedrückte den Autor jetzt allmählich, außerdem hatte er den Wunsch, Vater zu werden. In diesem Jahr hatte er bereits zwei anderen Frauen vergeblich den Hof gemacht. Nun hatte er endlich eine gefunden, die ihm Kinder schenken und nur für ihn dasein würde. Mit ihrer Arbeit am *Spieler* hatte sie ihm zudem bewiesen, wie wertvoll sie für sein schriftstellerisches Schaffen sein konnte. Das wichtigste war allerdings, daß sie so offensichtlich – anders als Maria und Polina – bereit war, sich ihm unterzuordnen.

Bei Anna war noch weniger Leidenschaft im Spiel als bei ihm. Für sie war es eine »intellektuelle Liebe«, entstanden aus ihrem Mitleid mit einem talentierten Mann. Entscheidend für ihre Wahl war außerdem die Aussicht, einem der berühmtesten Schriftsteller Rußlands helfen zu dürfen. Sie hatte ein starkes Bedürfnis, sich für andere nützlich zu machen, und hier war wirklich jemand auf ihre Fürsorge angewiesen. Ein zusätzliches Plus war, daß sie zugleich ihren Ehrgeiz befriedigen konnte. Sie war sich vollkommen bewußt: Von nun an ging sie in die russische Literaturgeschichte ein.

Unglücklicherweise fehlte ihr der geistige Horizont für solche Berühmtheit. Die Tiefen in der Dichtung ihres Mannes blieben ihr verborgen. Im Unterschied zu den meisten anderen Frauen in seinem Leben wurde sie auch nicht in seinen Romanen verewigt, wenn man von der Widmung in den *Brüdern Karamasow* absieht. Ihre Erinnerungen und Tagebuchaufzeichnungen geben ein Bild davon, wie fern sie eigentlich dem Genie an ihrer Seite stand. Sie berichtet hauptsächlich von Alltagsbegebenheiten, Familienstreitigkeiten und Eifersuchtsszenen, Lebensmittelpreisen und Geldsorgen. Maxim Gorkij erwähnt in diesem Zusammenhang ihre »verblüffende seelische Begrenztheit und geistige Armut«. Seine literarischen Vorhaben besprach Dostojewskij mit anderen Frauen, vorzugsweise mit seiner Nichte Sonja Iwanowna, die im übrigen in Annas Alter war.

Trotzdem wurde diese Ehe von vielen als eins der wichtigsten Ereignisse russischer Literaturgeschichte betrachtet. Fest steht, daß Anna eine große, beglückende Rolle in Dostojewskijs Leben spielte. Mit ihrem zähen Durchhaltevermögen und ihren praktischen Fähigkeiten brachte sie es mit den Jahren fertig, Ordnung in das alltägliche Chaos zu bringen, so daß er sich voll und ganz auf seine Schreibarbeit konzentrieren konnte. Zu Recht sagte Leo Tolstoj, »das Leben russischer Dichter wäre anders verlaufen, hätten sie alle Frauen wie Anna Grigorjewna gehabt.« Auch Dostojewskijs Werk wäre nach allem, was wir wissen, ohne Anna ganz anders geworden: viel dürftiger.

Wie zu erwarten war, erregte die Verlobung unter Dostojewskijs zahlreichen Verwandten größtes Mißfallen. Wie konnte er sich erdreisten, so eine Entscheidung zu treffen, ohne vorher ihre Zustimmung einzuholen! Seine Schwägerin Emilia Fjodorowna war der Ansicht, er sei in erster Linie verpflichtet, Michails Hinterbliebene zu unterstützen. Was wurde nun aus seinen Unterhaltszahlungen? Pascha hatte schon davon geträumt, nach dem Tod seines Stiefvaters die Verlagsrechte zu übernehmen. Und jetzt kam dieses Mädel daher und durchkreuzte alle Pläne! Es konnte ja gar nicht gutgehen – ein alter Mann und ein blutjunges Ding!

Überall wurde Anna schief angesehen. Für eine stolze, selbständige junge Frau war das kränkend. Die ewigen Intrigen belasteten auch bald ihr Verhältnis zu Dostojewskij. Besonders schlimm war es, als er einmal ohne Wintermantel in Peski erschien: Ein kurz zuvor abgehaltener Familienrat hatte beschlossen, den könne er in Erwartung eines neuen Vorschußhonorars auf seinen Roman ruhig verpfänden. Indigniert schreibt Anna in ihren Erinnerungen:

»Ich war über die Herzlosigkeit dieser Verwandten im höchsten Grade empört und sagte ihm, ich verstünde seinen Wunsch, den Verwandten zu helfen, fände jedoch, er dürfe ihnen nicht seine Gesundheit und vielleicht sogar sein Leben opfern.

Anfangs sprach ich ruhig und gefaßt, aber mein Zorn nahm mit jedem Wort zu; meine Selbstbeherrschung war dahin, und ich redete wie eine Wahnsinnige, ohne meine Worte zu überlegen, versuchte ihm zu beweisen, daß er mir, seiner Braut, gegenüber Pflichten habe, versicherte, ich würde seinen Tod nicht überleben, weinte, jammerte und gebärdete mich wie eine Hysterikerin. Fjodor Michailowitsch war darüber sehr bestürzt, umarmte mich, küßte meine Hände und bat, ich möge mich beruhigen. Meine Mutter hörte mich weinen und beeilte sich, mir ein Glas Zuckerwasser zu bringen. Das beruhigte; ich schämte mich und bat Fjodor Michailowitsch um Entschuldigung. Er erzählte mir, er habe im vorigen Winter fünf- bis sechsmal seinen Pelz versetzen und im Herbstmantel ausgehen müssen.

›Ich bin an das Verpfänden so gewöhnt, daß ich auch diesmal gar keinen Anstoß daran genommen habe. Hätte ich gewußt, daß du es so tragisch nimmst, hätte ich Pascha niemals erlaubt, den Pelz zum Pfandleiher zu tragen‹, versicherte er.«

Dostojewskij mußte versprechen, daß sich so etwas nie wieder ereignete und daß er im Haus blieb, bis der Vorschuß kam und der Mantel eingelöst wurde. Aber sonst stand außer Frage, wer von den beiden dominierte: Der Schriftsteller wachte beflissen über Annas Tugend und hielt sie von all den französichen Romanen fern, die auf seinem Schreibtisch lagen. Ein Dichter muß alles erfahren, aber ein junges Mädchen doch nicht! Behütende Fürsorglichkeit spricht auch aus einem seiner ersten Briefe an Anna:

»Gott hat dich mir anvertraut, damit nichts von den Keimen und Reichtümern Deiner Seele und Deines Herzens verlorengeht, sondern alles reich und üppig blüht und gedeiht; er gab Dich mir, damit ich meine schweren Sünden durch Dich sühne, indem ich Dich Gott darbiete – gebildet, orientiert, bewahrt, errettet vor allem, was niedrig ist und den Geist abtötet.«

Trotzdem wollte er nicht als Annas Vormund fungieren, damit sie ihr Haus verkaufen und ihre Mitgift erhöhen könne. Das hätte nur zu noch massiverem Drängen der Gläubiger geführt. Aber dagegen, daß sie seine Finanzen zu regeln versuchte, hatte er nichts einzuwenden. Die Wechselzinsen waren ein Faß ohne Boden, und dazu kamen die Unterhaltsansprüche seiner Angehörigen. Anna machte sich energisch an die Arbeit, die Fäden dieses Knäuels zu entwirren. Zum Glück war Katkow entgegenkommend – er hatte nicht vergessen, daß ihm der Raskolnikow-Roman fünfhundert neue Abonnenten eingebracht hatte. Erst als Dostojewskij in Moskau einen größeren Vorschuß auf seinen nächsten Roman abgeholt hatte, konnte das Hochzeitsdatum festgesetzt werden.

Am 15. Februar 1867 wurde das Paar in der Dreifaltigkeits-Kathedrale zu Petersburg getraut. Genau zehn Jahre zuvor hatte Dostojewskij zum ersten Mal in einer kleinen, schäbigen Kirche in Kusnezk geheiratet. Aber diese Hochzeit hatte mit der ersten wenig gemein. Damals wurde er von der Vorstellung verfolgt, alles könne in einem Skandal enden. Diesmal bestand kein Grund zur Sorge: Die Kirche war strahlend hell erleuchtet, der Gesang herrlich und die Braut ihm untertan; sie achtete darauf, daß er als erster den Teppich vor dem Priester betrat. Während der Hochzeitsfeier in der neuen Wohnung der Brautleute am Wosnesenskij-Prospekt nahm die Begeisterung des Dichters kein Ende: »Seht nur, welch ein prächtiges Wesen! Sie ist ein wundervolles Menschenkind; sie hat ein goldenes Herz!« Auch Anna war zufrieden – trotz der großen Ausgaben für die Hochzeit. »Fjodor Michailowitsch war ein Freund freigebiger Bewirtung, und darum gab es Champagner, Backwerk und Obst im Überfluß«, erinnerte sie sich. »Erst um Mitternacht gingen die Gäste auseinander, und wir beide saßen lange zusammen und ließen alle Ereignisse dieses wunderbaren Tages noch einmal Revue passieren.«

Die ersten Ehemonate sollten für Anna eine Tortur werden. Es war schon schwierig genug, sich auf den Arbeitsrhythmus ihres Mannes einzustellen, der darauf hinauslief, daß er tagsüber schlief und nachts arbeitete. Schlimmer war noch, daß er infolge der champagnerreichen Hochzeitsbesuche bald einen epileptischen Doppelanfall bekam, der seine

Frau in tiefste Verzweiflung stürzte. So schildert sie diesen Vorfall rückblickend:

»Plötzlich brach er mitten in der Rede ab, wurde blaß, erhob sich vom Diwan und neigte sich langsam zu mir herüber. Erstaunt blickte ich in sein verändertes Gesicht. Plötzlich aber ertönte ein schrecklicher, kaum noch menschlich zu nennender Schrei, eher ein Geheul, und Fjodor Michailowitsch sank immer weiter nach vorn . . . Zu meinem unaussprechlichen Schmerz wiederholte sich eine Stunde später der Anfall, und diesmal mit solcher Heftigkeit, daß er noch bei Bewußtsein vor Schmerzen laut schrie. Das war grauenhaft! . . . Ich hörte sein stundenlang andauerndes Stöhnen, sah sein vom Leiden bis zur Unkenntlichkeit verzerrtes Gesicht und die wie im Wahnsinn erstarrten Augen, doch ich verstand seine unzusammenhängenden Worte nicht; das alles machte mich glauben, mein teurer, lieber Mann sei dem Irrsinn verfallen . . . Die gedrückte Stimmung, die immer nach einem Anfall einsetzte, hielt über eine Woche an: ›Mir ist, als ob ich mein allerteuerstes Geschöpf in der Welt verloren, als ob ich jemanden beerdigt hätte – so ist meine Stimmung‹. So pflegte er seine Verfassung nach dem Anfall zu charakterisieren.«

Aber die größte Zerreißprobe der Ehe ging doch von Dostojewskijs Angehörigen aus. In der Wohnung der Neuvermählten gaben sich die Besucher tagein, tagaus die Klinke in die Hand, und Anna hatte sie gefälligst zu bewirten und zu unterhalten. Die Verwandtschaft mäkelte an der unerfahrenen Hausfrau herum, und sie mußte sich etliche Schikanen und Kränkungen gefallen lassen, besonders von Pascha, der inzwischen sogar zu seinem Stiefvater gezogen war. Es zeigte sich, daß Dostojewskij es nicht fertigbrachte, seine junge Frau ausreichend in Schutz zu nehmen, und so kam es zu heftigen Auftritten.

Eins wurde immer offensichtlicher: Wollten sie ihre Ehe vor dem Schiffbruch bewahren, mußten sie so bald wie möglich aus Petersburg fort, am besten ins Ausland. Das Benehmen der Verwandtschaft ihres Mannes wurde Anna einfach zuviel. Schließlich bedrängten sie ihn auch noch, er solle doch den Sommer mit ihnen in Pawlowsk verbringen! Da war es doch besser, ins Ausland zu reisen. Aber wo sollten sie das Geld hernehmen? Die Gläubiger wurden immer ungeduldiger, und Drohungen mit dem Gerichtsvollzieher und dem Schuldgefängnis waren an der Tagesordnung. Eine Zeitlang spielte Dostojewskij mit dem Gedanken, freiwillig ins Schuldgefängnis zu gehen; vielleicht bekäme er dort ja Stoff zu neuen Aufzeichnungen aus einem Totenhaus. Aber unsicher war es doch, ob er unter den Bedingungen, ohne seine Freiheit, überhaupt schreiben konnte. Unterdessen saßen ihm die Gläubiger weiter im Nacken. Die siebentausend Rubel, die er für die Buchausgabe von *Schuld und Sühne* bekommen hatte, verschwanden im Handumdrehen und veranlaßten nur diejenigen, die noch keine Rückzahlungen erhalten hatten, dazu, ihn mit neuer Vehemenz zu bedrängen. Doch Anna wußte Rat. Kurz entschlossen zog sie los und verpfändete ihre Mitgift – Möbel, Klavier und Silbersachen –, und mit diesem Geld trat das Ehepaar nun seine verspätete Hochzeitsreise ins Ausland an.

Die Abreise kam unerwartet – nicht nur für Dostojewskijs überrumpelte Verwandte, sondern auch für die örtliche Polizeibehörde. Deren Chef schickte sofort die geheime Meldung an die Auslandsabteilung, »der polizeilich überwachte Leutnant a. D. Fjodor Michailowitsch Dostojewskij« sei »am 14. April ins Ausland gereist«. Wer ihm den Paß gegeben habe, und für wie lange. Der Polizeipräsident brauchte sich kein Bein auszureißen. Vier Monate später erhielt er Bescheid, die Geheimpolizei habe die Auslandsreise genehmigt.

II

Als Dostojewskij am Karfreitag 1867 Petersburg verließ, konnte er nicht ahnen, welch eine Odyssee ihm bevorstand. Geplant hatten seine Frau und er eine dreimonatige Reise. Statt dessen wurde ein Auslandsaufenthalt von vier Jahren und drei Monaten daraus. Für den Schriftsteller wurden diese Wanderjahre bald so etwas wie ein Exil. Sie sollten die schwerste Zeit werden, die er je durchmachte.

Die Unannehmlichkeiten begannen schon in Berlin, wo sie sich nach der tagelangen anstrengenden Zugreise ausruhten. Gleich loderte der Haß aufs Ausland im Schriftsteller wieder auf. Im Hotel Union bekamen sie keinen Samowar, und außerdem schwitzte man so unter den gräßlichen deutschen Federbetten. Ein Versuch, sich in einem ordentlichen russischen Dampfbad abzureagieren, glückte nur zum Teil. Über die Deutschen konnte er sich pausenlos aufregen. Zwar beherrschten weder Anna noch er die Sprache, aber wenn man sie nicht verstand, waren immer die Deutschen schuld.

Sein Ärger über die Deutschen wirkte sich auch ungünstig auf das Zusammensein mit Anna aus. Dostojewskij wurde unwirsch und griesgrämig, und auf einem Spaziergang Unter den Linden machte er eine abfällige Bemerkung über ihre Handschuhe. Wütend und verzweifelt lief Anna zum Hotel zurück, wo sie auf und ab ging und Ängste ausstand, daß er sie jetzt nach Rußland zurückschicken werde. Oder ging er vielleicht ins Wasser? Als er endlich wiederkam, versicherte er ihr beruhigend, dies käme für einen Russen nie in Frage: »Man muß schon sehr wenig Stolz haben, um sich in die Spree zu stürzen und in diesem winzigkleinen Flüßchen zu ertrinken.«

Die Szene liefert das Grundmuster, nach dem ihre Ehe von da an ablief, jedenfalls in den ersten Jahren. Nach dem Tagebuch zu urteilen, das Anna in den ersten Monaten führte, verging kaum ein Tag, an dem sie sich nicht in die Haare gerieten, und immer brachte irgendeine Bagatelle das Faß zum Überlaufen. Glücklicherweise verging auch kein Tag ohne Versöhnung. »Ich bin sehr, sehr glücklich«, schreibt Anna an eine Freundin. »Wie kann man nicht glücklich sein mit einem Mann wie Fjodor Michailowitsch? Ein so großartiger, liebenswürdiger und herzensguter Mensch! Die Leute kennen ihn nur nicht gut genug. Er kann zwar auch finster und reizbar sein, aber wenn sie nur wüßten, wieviel menschliche Güte und Wärme sich dahinter verbirgt! Je besser man ihn kennenlernt, desto mehr ist man von ihm gefesselt . . .«

Von Dresden hatte sich der Schriftsteller viel erwartet. Er hatte schon bei früherer Gelegenheit die Parkanlagen und die Gemäldegalerie bewundert und hoffte jetzt auf Inspirationen für sein Schreiben. Statt dessen kam er in eine triste Stadt, die noch vom eben zu Ende gegangenen Sächsisch-Preußischen Krieg gezeichnet war. Die Krankenhäuser waren mit verletzten Soldaten überfüllt, das Straßenbild prägten Invalide und Besatzungstruppen.

Die berühmte Gemäldegalerie im Zwinger mit annähernd zweieinhalbtausend Exponaten war allerdings unversehrt geblieben. Sobald sie im schönen, aber teuren Hotel Stadt Berlin Quartier bezogen hatten, eilten sie zur Galerie, um die Bilder in Augenschein zu nehmen. Als Dostojewskij sich nicht mehr an den Weg erinnerte, bat er einen Passanten um Auskunft:

›»Bitte, mein Herr, wo ist die Gemäldegalerie?‹

›Die Gemäldegalerie?‹

›Ja, die Gemäldegalerie.‹

›Die Königliche Gemäldegalerie?‹

›Ja, die Königliche Gemäldegalerie.‹

›Ich weiß es nicht.‹«

Anna wunderte sich über die vielen Gegenfragen dieses Mannes, der ja doch keine Antwort wußte. Aber für Dostojewskij war diese Episode nur ein neuerlicher Beweis dafür, daß mit dem ganzen Menschenschlag nichts anzufangen war: »Unglaublich, wie dumm sie sind, diese Deutschen.«

Im Zwinger nahm er Anna gleich zur *Sixtinischen Madonna* mit. Raffaels Gemälde war in seinen Augen »die höchste Offenbarung des menschlichen Geistes«. Stundenlang konnte er vor diesem Bild der Mutter Gottes sitzen. Mit dem Jesuskind auf dem Arm schien sie ihm durch die Luft entgegenzuschweben. Ihr Gesicht war auf seltsame Art von »Kummer« geprägt, während das Gesicht des Sohns »keine kindlichen Züge« aufwies. Hier fand er die Bestätigung seiner Worte in einem Jugendbrief, daß unter Raffaels Pinsel »Götter entstanden«. Auch später, nachdem ihm die Gräfin Sofia Tolstaja zu seinem Geburtstag im Jahr 1879 eine Kopie geschenkt hatte, konnte er in die Betrachtung dieses Bildes versinke. »Der erste Blick Dostojewskijs beim Erwachen«, schreibt seine Tochter, »galt dem sanften Antlitz dieser Madonna, die er als Frauenideal betrachtete.« Ein Bild Raffaels war für ihn wie ein Wunder. Aber ein Wunder, das etwas Erschreckendes an sich hatte. »Die Schönheit ist etwas Furchtbares und Grauenhaftes«, sagt Mitja in den *Brüdern Karamasow*, »furchtbar, weil sie unbestimmbar ist; bestimmen kann man sie aber nicht, weil Gott uns nichts als Rätsel aufgegeben hat.«

Auch die anderen Renaissancegemälde beeindruckten ihn tief: *Der Zinsgroschen* von Tizian, *Maria mit dem Kinde* von Murillo, *Die Heilige Nacht* von Correggio, *Christus* von Annibale Carracci – ganz zu schweigen von *Acis und Galatea* von Claude Lorrain, einer Darstellung des »Goldenen Zeitalters«, die mehrmals in Dostojewskijs Werken erwähnt wird. »Alle Kunsteindrücke halten Seele und Gemüt lebendig«, gab er in einem Brief an Majkow zu. Es ist anzunehmen, daß er nun, unter dem Eindruck der Verherrlichung des schönen Menschen bei den Renaissancemalern, die Idee zu seinem Roman *Der Idiot* bekam, in dem eben »der vollkommen schöne Mensch« im Mittelpunkt stehen sollte.

Ansonsten ging es mit seiner Arbeit schlecht voran. Kurz vor seiner Abreise hatte er versprochen, einen größeren Artikel über seine Bekanntschaft mit Belinskij zu verfassen. Aber jetzt entdeckte er auf einmal, wie schwierig es war, im Ausland zu schreiben. Inspiration, Stimmung, Ideen – all das fehlte ihm. Sein zwiespältiges Verhältnis zum Thema spielte wohl auch eine Rolle. Zwar hatte er großen Respekt vor dem Kritiker Belinskij, und er verdankte ihm ja auch vieles. Aber dessen zersetzende Religionskritik konnte er ihm schwer verzeihen, und seine eigene jugendliche Radikalität wurde ihm immer fremder. Wir wissen nicht, wie der Autor zum Schluß seine widerstreitenden Gefühle unter einen Hut brachte. Als das Manuskript endlich abgeliefert wurde, hatte der Verleger Bankrott gemacht, und der Artikel tauchte später nicht mehr auf. Aber es besteht kaum ein Grund zu der Annahme, seine Beurteilung Belinskijs sei positiver gewesen als diejenige, die in seinen Briefen von der Auslandsreise zum Ausdruck kommt. Hier erscheint Belinskij als eine entwurzelte, typisch westeuropäische Gestalt, »ein räudiger Hund«, der, wäre er noch am Leben, als Dauergast allerlei revolutionärer Kongresse im Ausland geendet hätte.

Das langsame Voranschreiten seiner Arbeit lag wohl auch daran, daß er noch nicht unter Termindruck stand. Der Rubel war damals harte Währung: Für einen Rubel bekamen sie fast einen Taler und über drei Francs. Annas sparsame Mutter meinte daher, sie könnten im Ausland von fünfundzwanzig Kopeken am Tag leben. Das erwies sich bald trotz Annas Wachsamkeit als unmöglich. Nicht lange, und sie mußten aus dem Hotel ausziehen und sich eine billigere Unterkunft suchen. In der Johannesstraße fanden sie schließlich eine Dreizimmerwohnung bei Madame Zimmermann, einer Schweizerin, die auch Bettwäsche und Geschirr zur Verfügung stellte.

Hier gewöhnten sie sich gleich an einen festen Tagesablauf. Anna war eindeutig die Frühaufsteherin von den beiden. Erst um elf Uhr weckte sie ihren Mann mit einem einfachen Frühstück und Kaffee. Während er zum Arbeiten daheimblieb, machte sie einen kleinen Spaziergang in eins der vielen Museen oder auch einen Ausflug in die Umgebung. Nachmittags um drei trafen sie sich gerne zum Essen im »Italienischen Dörfchen« oder auf der »Brühlschen Terrasse« – beide mit herrlicher Aussicht auf die Elbe. Darauf folgte ihr täglicher Spaziergang im Großen Garten. Hier nahmen sie oft ihren Nachmittagstee in der Großen Wirtschaft, der aber selten genug nach Dostojewkijs Geschmack war: entweder war der Tee zu dünn, oder es gab keine Marmelade dazu.

Die Musik ließ sich dagegen wirklich hören: Mozart, Beethoven, Mendelssohn-Bartholdy. Nur wenn Wagner angestimmt wurde, nahm der Schriftsteller seinen Hut und ging. Er konnte »diesen langweiligen deutschen Schlingel trotz seiner großen Berühmtheit« nicht ausstehen. Wie haßte er doch all die aufgeblasenen Deutschen! Mißmutig und mürrisch begab er sich auf den Rückweg und klagte Anna gegenüber: Warum mußten die deutschen Alleen immer so verdammt gerade sein? Und warum lag dieser dumme Teich ausgerechnet hier?

Die Abende verbrachten sie in der Wohnung. Er beschäftigte sich meistens mit russischen Büchern, die in seiner Heimat verboten waren, besonders gerne mit Herzens Werken, während sie Tagebuch führte und dabei ihre Stenografie übte. Erschöpft von den touristischen Aktivitäten des Tages, legte sie sich früh schlafen, während der Autor aufblieb und schrieb. Erst nachts um zwei weckte er Anna, um ihr Gutenacht zu sagen, und das anschließende Schäferstündchen war für beide der krönende Abschluß des Tages.

Nur selten wurde dieser Stundenplan geändert, zum Beispiel, wenn sie einen Gang in den Zoologischen Garten machten oder sich in den Vergnügungspark vorwagten, wo die braven Deutschen tapfer auf Scheiben schossen. So etwas könne *er* doch bestimmt nicht, meinte Anna. Sie schien glatt zu vergessen, daß Dostojewskij »Leutnant a. D.« des russischen Heeres war! Gereizt nahm er die Herausforderung an. »Na, was sagst du nun?« triumphierte er, als er ins Schwarze getroffen hatte. Hatte er nicht immer gesagt, daß die Frau der natürliche Feind ihres Mannes war!

Seine Meinung über die Frauen war überhaupt alles andere als schmeichelhaft. Anna versuchte hartnäckig, die »Frauenfrage« mit ihm zu diskutieren. Sie selbst verteidigte eifrig Rechte und Unabhängigkeit der Frauen. Aber nach seinen Erlebnissen mit Polina hatte der Schriftsteller genug von diesem Gerede, das für ihn lediglich der Modeerscheinung Nihilismus entsprang. Schließlich war die Frau dem Mann ein für allemal unterlegen, besaß sie doch weder seine unbeugsame Zähigkeit noch sein unerschütterliches Durchhaltevermögen, wenn es ein vorgefaßtes Ziel zu erreichen galt. Solche Aussprüche kränkten Anna begreiflicherweise. Zählte man zwei und zwei zusammen, so war doch sonnenklar, wer von den beiden über mehr Charakterstärke verfügte!

Eine größere Belastung bedeutete allerdings ihre gegenseitige Eifersucht. Dostojewskij war alles andere als begeistert, als Anna an dem von einem Stenografielehrer organisierten Treffen unter Berufskollegen teilnahm. Und mit so etwas kam sie auch noch in die Zeitung! Davon wollte er in Zukunft nichts mehr wissen. Anna fiel es ihrerseits schwer, sich damit abzufinden, daß er und Polina sich immer noch schrieben. Kurz nach seiner Ankunft in Dresden hatte er Polina von seiner Heirat mit einem »jungen und recht hübschen Mädchen, 20 Jahre alt, aus guter Familie, mit glänzenden Abgangszeugnissen vom Gymnasium« geschrieben. Anna fing Polinas Antwort ab und stellte sich in ihrer Verzweiflung so, als nehme sie an, der Brief sei von seiner Nichte Sonja:

»Lange, lange saß er lesend über der ersten Seite, als könne er gar nicht begreifen, was da stand. Dann las er endlich den ganzen Brief und wurde flammend rot; seine Hände zitterten. Ich tat, als kenne ich den Brief nicht, und fragte, was Sonjetschka denn schreibe. Er antwortete, der Brief sei nicht von Sonjetschka, und dabei lächelte er so bitter. Es lag etwas wie Verachtung oder Mitleid in diesem Lächeln, ich weiß nicht recht was, aber auf jeden Fall war es traurig und hilflos. Noch lange danach war er entsetzlich verwirrt und verstand kaum, was ich zu ihm sagte.«

Was genau den Schriftsteller so verwirrte, wissen wir nicht, da Anna später sämtliche Briefe Polinas verbrannte. Während des ganzen Auslandsaufenthalts hatte sie eine Heidenangst, daß Polina wieder auftauchte und ihr den Mann wegnahm. Vielleicht trafen sie sich ja sogar schon heimlich?

Annas Verdacht scheint unbegründet. Tatsächlich lebten die Dostojewkijs in trauter Zweisamkeit. Weder nahmen sie am berühmten Theaterleben der Stadt teil, noch waren sie in der griechisch-katholischen Kapelle in der Wienerstraße anzutreffen. Genausowenig wie für die Ausländer hatte der Schriftsteller für die Russen im Ausland übrig. Die dachten allesamt, sie könnten erst glücklich werden, wenn sie ihre Herkunft ganz und gar vergaßen! »Wie kann ein Russe überhaupt das Leben im Auslande ertragen? Bei Gott, ohne die Heimat ist es *eine Qual!* Ich brauche Rußland für meine Arbeit, für *mein Dichten,* um überhaupt leben zu können. Hier fühle ich mich wie ein Fisch auf dem Trockenen...«

Er wurde immer patriotischer, und als ihn die Nachricht eines weiteren Attentats auf den Zaren erreichte, lief er spornstreichs in des russische Konsulat, um seiner Empörung Ausdruck zu verleihen. Natürlich war da ein Pole zugange gewesen – dieser »Scheißkerl Beresowski«.

Nach drei Wochen fing Dostojewskij an, er wolle nach Homburg, um sein Glück im Roulette zu versuchen. Anna glaubte zwar nicht, er werde etwas gewinnen, aber es war trotz allem besser, ihn fahren zu lassen, als ihn ständig grimmig und gereizt um sich zu haben. Am 16. Mai machte er sich dann auf den Weg, über Leipzig. Wieder ging er auf seine rastlose Jagd von einem Spielsaal zum anderen, aufgescheucht »aus krankhafter Sehnsucht nach Schwindligkeit, aus jenem ›Turmgefühl‹, der Lust, sich über den Abgrund zu beugen«, wie Stefan Zweig meint.

Der Schriftsteller fuhr mit dem Vorsatz ab, nach zirka drei Tagen wiederzukommen. Doch in der Nähe des Roulettes gab er gewöhnlich alle guten Vorsätze auf. Zehn Tage dauerte sein Aufenthalt, danach war er pleite. Von seinem Treiben in Homburg erzählt er in den Briefen an Anna:

Homburg, Sonnabend, 18. Mai 1867
10 Uhr morgens

Denk Dir: Ich hatte schon am Morgen angefangen zu spielen und gegen Mittag 16 Imperial verloren. Geblieben waren nur noch 12 und einige Taler. Nach dem Mittagessen ging ich mit dem festen Vorsatz hin, äußerst vernünftig zu sein, und habe Gott sei Dank alle 16 verspielten zurück, und *darüber hinaus* 100 Gulden hinzugewonnen. Und ich hätte 300 gewinnen können, sie waren schon in meinen Händen, aber ich riskierte zuviel und habe sie vertan. Wenn man vernünftig ist, d. h. wie aus Marmor, kalt und vorsichtig, kann man ganz gewiß, *ohne jeden Zweifel,* gewinnen, *soviel man will.* Aber man muß lange Zeit spielen, viele Tage, muß sich mit wenigem begnügen, wenn es nicht läuft, und darf sich nicht gewaltsam auf eine Chance stürzen. Einer der Spieler hier ist bereits mehrere Tage dabei, er spielt mit schrecklicher

Kaltblütigkeit und *unmenschlicher* Berechnung, und die Bank beginnt ihn schon zu fürchten: Er scheffelt das Geld und trägt jeden Tag mindestens 100 Gulden weg. – Kurz, ich werde mich bemühen, unmenschliche Kraft aufzubringen, um vernünftiger zu sein, aber andererseits bin ich einfach nicht imstande, noch mehrere Tage hierzubleiben. Ohne Übertreibung, Anna: Mir ist all das so zuwider, d.h. schrecklich, daß ich am liebsten wegliefe, und wenn ich dann noch an dich denke, drängt mein ganzes Wesen zu Dir. Ach Anna, wußte ich nicht vorher schon, wie sehr ich Dich brauche! Wenn ich an Dein heiteres Lächeln denke, die freudige Wärme, die sich in Deiner Gegenwart in mein Herz ergießt, dann zieht es mich unwiderstehlich zu Dir...

21. Mai

Hör zu: Mit dem Spielen bin ich fertig, ich möchte schnellstens zurückkommen. Schicke mir umgehend, sofort, wenn Du diesen Brief bekommst, *zwanzig* (20) Imperial. Umgehend, am selben Tag, in derselben Minute, hörst Du? Erstens muß ich die Uhr einlösen (sie kann doch nicht für 65 Gulden verloren sein), dann im Hotel bezahlen, dann die Fahrt, was übrig bleibt, bringe ich alles mit, beunruhige Dich nicht, jetzt werde ich nicht mehr spielen... Gib um Gottes Willen dem Bankier die Adresse ganz genau an, *Hombourg* und nicht *Hambourg,* schreibe die Adresse auf ein Stück Papier!

24. Mai

Anna, Liebe, mein Freund, meine Frau, verzeih mir, nenne mich nicht Schuft! Ich habe ein Verbrechen begangen, ich habe alles verspielt, was Du mir geschickt hast, alles, alles bis auf den letzten Kreuzer! Anna, wie soll ich dir jetzt in die Augen sehen, was wirst Du jetzt sagen! Eines, und nur *eines* entsetzt mich: Was wirst Du sagen, was von mir denken? Einzig Dein Urteil fürchte ich! Kannst Du, wirst Du mich jetzt noch achten? Was aber ist Liebe ohne Achtung! Damit geriete unsere ganze Ehe ins Wanken. O meine Freundin, verurteile mich nicht endgültig. Das Spiel ist mir verhaßt, nicht erst jetzt, schon gestern, vorgestern, ich habe es verflucht. Als ich gestern Dein Geld erhalten hatte, ging ich mit dem Gedanken in den Spielsaal, wenigstens etwas von dem, was ich verloren hatte, zurückzugewinnen. Ich habe so fest an einen kleinen Gewinn geglaubt. Zuerst verlor ich nur wenig, doch als ich dann immer wieder verlor, wollte ich es zurückgewinnen, und als ich noch mehr verlor, spielte ich schon *notgedrungen* weiter, um wenigstens das für die Abreise erforderliche Geld zurückzubekommen, und – habe alles verloren – alles! Anna, ich bitte nicht um Mitleid, sei lieber unvoreingenommen; aber ich habe schreckliche Angst vor Deinem Urteil. Für mich fürchte ich nichts. Im Gegenteil, jetzt, nach einer solchen Lehre, bin ich plötzlich völlig ruhig ob meiner Zukunft. Jetzt heißt es arbeiten und nochmals arbeiten, und ich werde beweisen, was ich vermag!...

Wieder einmal hatte er alles »bis aufs letzte Hemd« verspielt. Nirgends konnte er sich mehr Geld leihen. Es folgten Schuldgefühle, Befriedigung und Schaffensdrang. Die Kur in Homburg hatte gewirkt – die Spielsäle wurden wohl nicht umsonst »Kursaal« genannt! Nur hätte seine Demütigung vielleicht noch etwas vollständiger ausfallen können: »Ach, wenn ich Dich sehen könnte in dem Augenblick, da Du diesen Brief liest!« endet er sein Schreiben an Anna. Ja, dann wäre die Kur erst recht komplett.

Als er mit Straßenstaub an den Schuhen und ohne Uhr schließlich wieder in Dresden eintrifft, merkt er allerdings, daß er seine »Kur« zu früh abgebrochen hat: Die Inspiration will sich nicht einstellen. Anscheinend hat er die äußerste Grenze noch nicht erreicht. Also drängt er nun darauf, daß sie in die Schweiz fahren, mit einem Abstecher in die Kasinostadt Baden-Baden.

Vielleicht brächte ein mehrwöchiger Aufenthalt mit bedächtigem Systemspiel ihnen eine willkommene Aufbesserung der Reisekasse. Und als ihm Anna Ende Juni schließlich erzählt, sie erwarte ein Kind, da verspürt er ein noch stärkeres Bedürfnis, den großen Coup zu landen. Was, wenn es ein Mädchen würde – dann müsse er doch für eine anständige Mitgift sorgen!

Anfang Juli brechen sie auf. Die Fahrtroute geht über Frankfurt am Main, Darmstadt, Heidelberg und Karlsruhe. In Baden-Baden mieten sie zwei winzige Zimmer über einer Schmiede. Aber es ist hauptsächlich Anna, die der Lärm stört – er sitzt ja die meiste Zeit im »Conversationshaus« am Roulettetisch. »In drei Tagen gewann ich ungewöhnlich leicht 4000 Francs«, schreibt er in einem Brief an Majkow. Aber was hilft's, bei seinem ungezügelten Temperament! »Überall und in allen Dingen muß ich über die Stränge schlagen, so ist es mein Leben lang gewesen.« Die sieben Wochen in Baden-Baden wurden zur Hölle. Der anfängliche Gewinn verflüchtigte sich sofort wieder, und dann kam Dostojewskij als Bittsteller zu Anna, um ihr mehr Geld abzuringen. Wenn er nichts mehr zum Spielen bekäme, verlöre er noch den Verstand! Anna hat eine dieser Szenen in ihrem Tagebuch verewigt:

»Ich glaube, ich schlief ziemlich lange; als ich plötzlich die Augen öffnete, sah ich Fedja am Kopfende meines Bettes stehen. Er war furchtbar verstört. Mir war sofort klar, daß er die zehn Goldstücke verspielt hatte, die ich ihm gab, und so war es auch. Ich beschwor ihn, nicht gleich zu verzweifeln, und fragte ihn, ob ich ihm noch mehr Geld geben sollte. Er bat mich um weitere fünf, die ich ihm sofort gab. Er dankte mir überschwenglich, als ob ich ihm eine Wohltat erwiesen hätte... Er versprach mir, so bald wie möglich zurückzukommen... Aber um elf Uhr kam Fedja und war ganz verstört... Er bat mich um Verzeihung für Gott weiß was, sagte, er sei meiner nicht würdig, ich sei ein Engel, er aber ein Schuft. Ich konnte ihn nur mit Mühe trösten.«

Auf der Straße begegnete er zufällig seinem Schriftstellerkollegen Iwan Gontscharow, der auch nach Baden-Baden gekommen war, um sein Glück zu versuchen. Aber er spielte vorsichtigerweise nur mit Silberstücken. »Er verurteilte mich dabei wohl entsetzlich: ›Warum ich alles und nicht wie er nur die Hälfte verloren habe?‹«

Von Gontscharow erfuhr er, daß Turgenjew, der sich jetzt in Baden-Baden niedergelassen hatte, ihn tags zuvor gesichtet habe. Dostojewskij hatte sich lange davor gedrückt, ihm einen Besuch abzustatten. Die alte Schuld von fünfzig Talern war noch nicht aus dem Weg geräumt, und jetzt konnte er sie nicht bezahlen. Im übrigen war es ungerecht, daß er diesem Mann etwas schuldete, der doppelt so hohe Honorare einstrich und nicht einmal die Hälfte seiner Verpflichtungen hatte.

Am 10. Juli überwand er sich dennoch zu einem Anstandsbesuch. Die beiden prallten heftig aufeinander: Dostojewskij griff sofort Turgenjews Bewunderung für Deutschland und seine Abkehr vom Vaterland an. »Wenn Rußland heute vom Erdboden verschwinden sollte, so würde das keinen Verlust für die Menschheit bedeuten, und schon gar keinen schmerzlichen« – das sei doch wohl die Botschaft seines letzten Romans, »Rauch«.

Wie konnte ein Russe so etwas von sich geben? »Ein Buch wie dieses sollte von Bütteln verbrannt werden!« äußerte Dostojewskij aufgebracht. »Sie hassen Rußland und glauben nicht an seine Zukunft!« Und er geriet noch mehr in Wut, als Turgenjew ihm auseinandersetzte, vor den Deutschen könne man nur den Hut ziehen; es sei einfältig, einen russischen Nationalcharakter entwickeln zu wollen. Ihm ging auf, daß Turgenjew jedweden Kontakt zu seiner Heimat verloren hatte. »Ich riet ihm, sich zur Bequemlichkeit aus Paris ein Fernrohr kommen zu lassen«, schreibt Dostojewskij an Majkow. »›Wozu?‹ fragte er mich. ›Die Entfernung ist so groß‹, entgegnete ich. ›Sie müssen uns schon durch ein gutes Fernrohr betrachten – sonst können Sie unmöglich irgend etwas erkennen.‹«

Tags darauf kam Turgenjew morgens um zehn zu Dostojewskij, wohl wissend, daß der um die Zeit noch nicht aufgestanden und zu sprechen war. Er ließ seine Visitenkarte da, und damit begann die legendärste Feindschaft der russischen Literaturgeschichte. Von nun an grüßten sie einander nur, wenn gar kein Weg daran vorbeiführte, und dann so kühl wie möglich.

Es half nicht viel, daß der Schriftsteller seine Frau mit an den Spieltisch nahm. Die Verluste blieben trotzdem nicht aus, gefolgt von Canossagängen von Pfandleiher zu Pfandleiher. Als erstes mußten die Eheringe dran glauben, dann kamen die Hochzeitsgeschenke an die Reihe, zuletzt die Kleider – nur gut, daß die Witterung so mild war. Rührend ist Annas Tagebuchnotiz vom 6. Juni:

»Ich nahm meine Ohrringe und meine Brosche ab und sah sie mir lange, lange an, als sähe ich sie zum letztenmal. Das war mir sehr schmerzlich, da Fedja sie mir geschenkt hat und sie mir so teuer sind. Fedja sagte mir, es tue ihm weh und er schäme sich, mir diese Dinge wegnehmen zu müssen, aber es sei nicht zu ändern, und wir hätten ja gewußt, daß es so kommen würde. Heimlich nahm ich von meinen Ohrringen Abschied und küßte sie.«

Solche Erlebnisse müssen sehr dazu beigetragen haben, Anna in ihrer haushälterischen Sparsamkeit zu bestärken, eine Eigenschaft, die im Zusammenleben mit Dostojewskij unbedingt notwendig war. Erst als ihre Vorsicht in Geiz umschlug, sollte das nachteilige Folgen für ihren Mann haben.

Wenn alles verpfändet war, pflegte sich oft ein kleiner Gewinn einzustellen, oder jemand schickte ihnen etwas Geld aus Rußland, und sie konnten das eine oder andere wieder auslösen. Das war dann im Nu verspielt, und schon ging es wieder zum Pfandleiher. Anna konnte sich nicht mehr auf der Straße sehen lassen: Kleid und Schuhe waren verschlissen.

Dostojewskij wurde immer finsterer zumute. Er schob alle Schuld auf seine Mitspieler. Sie lenkten ihn ab, schubsten ihn an oder waren gräßlich parfümiert. Er rächte sich dafür mit streitsüchtigem Schimpfen und Zetern. Bald war er im ganzen Spielsaal berüchtigt. »Er sah entsetzlich aus: hochrot, mit blutunterlaufenen Augen, wie ein Betrunkener«, notiert Anna im Tagebuch.

Schließlich war es auch hier mit dem Kredit aus. Nicht einmal Gontscharow konnte ihm noch etwas vorstrecken. Weinend kam der »arme Fedja« zu seiner Frau gelaufen: »Ich habe deine letzten Habseligkeiten genommen, sie dir entrissen und – alles verloren.«

Am 23. August brachen sie von Baden-Baden in Richtung Genf auf. In Basel legten sie einen kurzen Aufenthalt ein, um »Der Leichnam Christi im Grabe« von Holbein d.J. zu sehen. Ihren Eindruck von diesem erschütternden Bild schildert Anna wie folgt:

»Gewöhnlich wird der tote Christus mit leidverzerrtem Antlitz dargestellt, jedoch mit einem nicht im geringsten geschundenen Körper. Hier aber ist der Körper Christi ausgemergelt, Knochen und Wirbel sind zu sehen, die Hände und die Füße sind von Wunden durchbohrt, aufgedunsen und blau wie bei einem Toten, der bereits in Verwesung übergeht. Auch das Gesicht ist furchtbar gequält, mit halbgeöffneten Augen, leer und ausdruckslos. Nase, Mund und Kinn sind blau angelaufen, das Bild sieht einem wirklichen Toten so ähnlich, daß ich nicht gern allein damit in einem Raum geblieben wäre. Mag sein, daß es erstaunlich lebensecht ist, aber ästhetisch ist es keineswegs, in mir weckte es nur Widerwillen und Entsetzen. Fedja aber war begeistert, er stieg sogar auf einen Stuhl, um es von nahem zu betrachten . . .«

»Vor diesem Bild kann man seinen Glauben verlieren«, lautete Dostojewkijs Urteil. Sein Mund verzog sich, das ganze Gesicht überliefen nervöse Zuckungen – ein epileptischer Anfall schien sich anzukündigen. Und seinen Ausspruch legte er später Fürst Myschkin in den Mund, als der eine Kopie des Bildes bei Rogoschin zu sehen bekommt. Wie sollte man an die Auferstehung dieses verwesenden Menschen glauben? Wie das Gesetz des Todes überwinden, wenn nicht einmal Er es überwinden konnte? Vielleicht war Christus letzten Endes doch nicht göttlich? Und Gott existierte nicht? Erneut stellte sich dem Schriftsteller diese Frage. Immer stärker zog es ihn nun zu seinem nächsten großen Roman *Der Idiot* hin.

Bei ihrer Ankunft in Genf besaßen sie nur noch 18 Francs und mußten als erstes den Pfandleiher der Stadt aufsuchen. Dann fanden sie eine Unterkunft bei den Schwestern Raymondin an der Ecke Rue Guillaume-Tell und Rue Philibert-Berthelier. Das geräumige Zimmer hatte eine schöne Aussicht auf die Ile Rousseau und auf die Rhônebrücken. Überhaupt gefiel es ihnen auf Anhieb in Genf. Da Französisch gesprochen wurde, konnten sie sich viel besser verständigen als in Deutschland. Außerdem genossen die Ärzte dort einen guten Ruf, was im Hinblick auf Annas bevorstehende Niederkunft wichtig war.

Dagegen bedeutete es Dostojewskij nicht viel, daß Genf der Aufenthaltsort vieler russischer Emigranten war. Gelegentlich traf er Herzen auf der Straße, oder er stattete dem radikalen Dichter Nikolaj Ogarjow einen Besuch ab, besonders wenn er knapp bei Kasse war. Aber im allgemeinen ging das Paar nicht unter die Leute; so ersparten sie sich auch die Peinlichkeit, immer wieder für Vater und Tochter gehalten zu werden.

Außerdem reizte es ihn gar nicht, auszugehen. Seine Freunde konnten nicht verstehen, wie er es fertigbrachte, sich mit dem majestätischen Montblanc direkt vor der Tür zu langweilen. Aber das Klima war seiner Gesundheit nicht zuträglich. Besonders der Nordwind – »la brise« – war eine Plage. »Tagelang stürmt es hier, und selbst an den gewöhnlichsten Tagen wechselt das Wetter drei- bis viermal. Und dies soll ich mit meinen Hämorrhoiden und meiner Epilepsie aushalten!«

Vor den aufgeblasenen Schweizern verlor er jeden Respekt. So viele Rowdys und krakeelende Trunkenbolde hatte er selbst in London nicht gesehen. Diese Stadt war stolz auf ihre Freiheit; aber die Freiheit bestand augenscheinlich nur darin, daß alle sich betrinken und Lieder grölend durch die Straßen ziehen durften. Dummheit, Niedertracht und Roheit, wo er hinsah. »In dieser gemeinen Republik hat die Spießbürgerlichkeit den Gipfel erklommen«, schreibt er entmutigt an Majkow. »Wenn Sie wüßten, wie grob die Sitten in dieser Stadt sind, wenn Sie wüßten, was hier für Gut und Böse gilt! Dieser geistige und kulturelle Tiefpunkt, das ewige Saufen, die kleinlichen Schurkereien, die in Handel und Wandel nahezu Gesetz sind!«

Nein, in dieser »langweiligen, düsteren und protestantisch-dummen Stadt« konnte man höchstens arbeiten, und auch das nicht so richtig. Dostojewskij stürzt sich wieder auf die Lektüre von Balzac, Hugo, Dickens und George Sand, und Mitte September steckt er in den Vorbereitungen zum

Idioten. Aber er kommt für sein Gefühl viel zu langsam voran; die Gefahren eines langen Auslandsaufenthalts werden ihm bereits bewußt. »In unserem Handwerk ist die Wirklichkeit die Hauptsache, hier aber ist die Wirklichkeit schweizerisch!« klagt er Sonja. Wenig später schildert er sein einförmiges Leben in folgenden Worten:

»Ich stehe spät auf, heize den Kamin (es ist fürchterlich kalt), wir trinken Kaffee, dann gehe ich an die Arbeit. Um vier Uhr gehe ich in ein Restaurant, wo ich für zwei Franken (mit Wein) zu Mittag esse. Anna Grigorjewna zieht es vor, zu Hause zu essen. Nach dem Essen gehe ich in ein Café, trinke Kaffee und lese die ›Moskauer Zeitung‹ und ›Die Stimme‹ von A bis Z. Um mir Bewegung zu machen, gehe ich eine halbe Stunde in den Straßen der Stadt spazieren und begebe mich dann wieder nach Hause und an meine Arbeit. Ich heize wieder den Kamin, wir trinken Tee, und ich arbeite weiter. Anna Grigorjewna versichert, sie sei ungeheuer glücklich.«

Eine willkommene Abwechslung in diesem täglichen Einerlei war der Friedenskongreß, den die Ligue Internationale de la Paix et la Liberté vom 9. bis 12. September im Palais électoral veranstaltete. Alarmiert von der bedrohlichen Aussicht auf einen neuen Krieg zwischen Deutschland und Frankreich, hatten sich tausend Pazifisten aus fünfzehn Ländern versammelt – Liberale, Anarchisten und Revolutionäre.

Ehrenpräsident des Kongresses war niemand Geringerer als Garibaldi, von der Menge als »Held der Demokratie und Freiheit« gefeiert. Dostojewskij war selbst beim Trubel zugegen, der Garibaldis Ankunft begleitete, fühlte sich aber sonst fremd unter diesen Menschen. Sie kamen ihm ein wenig wie Spukgestalten seiner revolutionären Vergangenheit vor. Als er erfuhr, daß der Eintritt nur 25 Centimes kostete, nahm er trotzdem am 11. September Anna zu einer Versammlung mit. Allerdings hatte Garibaldi Genf da bereits verlassen, nach scharfen Attacken auf das Papsttum als politische Institution. Entgegen hartnäckiger Behauptungen seiner Biographen hörte Dostojewskij auch Bakunin nicht, »den berühmten russischen Revolutionär«, der tags zuvor die Unfreiheit in Rußland gebrandmarkt und die Errichtung der Vereinigten Staaten von Europa propagiert hatte.

Doch es waren noch genügend Radikale da. Geschlagene zehn Stunden lang ließ sich das Ehepaar Dostojewskij mit Phrasen und Floskeln bombardieren. Die meisten Reden wurden laut Protokoll »mit größter Lebhaftigkeit« gehalten: Stimmen bebten, Glas ging zu Bruch, und die Stimmung im Publikum wechselte rasch von »bravos longs« zu »murmures«. Der Wortführer hatte seine liebe Not, die Gemüter mit einem Glöckchen in Schach zu halten – genau wie im Petraschewskij-Kreis. Insgesamt vermittelte die eine Versammlung einen komprimierten Eindruck der Streitigkeiten auf dem »Friedenskongreß«. »Was die Redner verkündeten, war nicht Frieden, sondern Krieg«, hält Anna fest. Ihr Mann urteilt noch härter in seinem Bericht:

»Es ist wirklich unglaublich, was diese Herren Sozialisten und Revolutionäre, die ich bisher nur aus Büchern kannte und hier zum erstenmal in der Wirklichkeit sah, von der Tribüne herab vor 500 Zuhörern zusammenlogen! Die Komik, die Schwäche, der Unsinn, die Uneinigkeit und Widersprüchlichkeit spotten jeder Beschreibung. Und dieses kopflose Gesindel soll also die unglückseligen Arbeitermassen aufwiegeln! Es ist zu traurig. Angefangen haben sie damit, daß zur Errichtung des Friedens auf Erden der christliche Glaube ausgetilt werden müsse. Alle großen Staaten müßten zerschlagen und in kleine aufgeteilt werden; alles Kapital vernichtet, jedes Eigentum zum Gemeingut erklärt werden usw. Dies alles wird ohne Beweis vorgebracht; wie sie es vor zwanzig Jahren gelernt haben, so plappern sie es heute noch nach. Und vor allem Feuer und Schwert – erst wenn dann alles ausgerottet ist, wird ihrer Meinung nach Frieden sein.«

Wenn die Radikalen jetzt wirklich das gleiche wie vor zwanzig Jahren verkündeten, so hatte Dostojewskij sich auf jeden Fall gründlich verändert seit der Zeit, als er im Petraschewskij-Kreis verkehrte. Die Entwicklungen der letzten Jahre hatten seine Slawophilie kräftig geschürt. Immer öfter geißelte er die bedeutenden westlich orientierten Reformen Peter des Großen. »Unsere Verfassung beruht auf der Liebe des Monarchen zum Volk und der Liebe des Volkes zum Monarchen«, schreibt er an Majkow. »Hier im Ausland bin ich, was Rußland betrifft, entschiedener Monarchist geworden . . . Das Volk, das unverfälschte Volk, schenkt dem Zaren und hat allen unseren Zaren seine Liebe geschenkt; es glaubt an ihn und vertraut auf ihn. Für das Volk ist dies ein Mysterium, ein Sakrament, etwas Geweihtes und Unantastbares. Die Westler verstehen davon nicht eine Silbe. Sie prahlen, ihre Weltanschauung beruhe auf Tatsachen, haben aber die wichtigste und mächtigste Tatsache in unserer Geschichte übersehen . . .«

Die wichtigste Tatsache im Leben der Dostojewskijs war jedenfalls die Armut. Zwar trafen gelegentlich kleinere Geldbeträge von Freunden oder Verwandten ein, und dann konnte der Schriftsteller auf den Putz hauen und Birnen, Rosinen und Krebse kaufen, vielleicht sogar etwas Kleidung. »Man muß kaufen, solange man Geld hat«, erklärte er zu Annas Verzweiflung, »ist es erst ausgegeben, hat man weder Geld noch Kleider.« Dieses Philosophie machte beiden das tägliche Leben schwer. Theaterbesuche kamen nie in Frage, und Dostojewskij tobte, wenn Anna unfrankierte Briefe von ihrer Mutter bekam – das bedeutete nämlich eine Extraausgabe von 90 Centimes. Aber am schlimmsten waren diese verflixten Bettelbriefe von Pascha und von Michails Witwe, Emilia Fjodorowna. Hatte er denn nicht genug für sie getan? Sie glaubten wohl, er sei *verpflichtet*, für sie aufzukommen! Am besten schrieb er sein Testament möglichst bald, sonst stand Anna noch eines Tages ohne Existenzgrundlage da.

Sah es besonders düster aus, machte der Schriftsteller einen Ausflug nach Saxon-les-Bains, um das Geld für die Miete im Spiel zu gewinnen. Anna hatte längst eingesehen, daß Proteste nichts nützten. Außerdem war das Spielen ein gutes Mittel, ihn an sich zu binden. Sie wußte, er würde am Ende in ihre Arme flüchten. Daran, daß er eines Tages den ganz großen Coup landen würde, glaubte sie nicht. Die Briefe des Spielers Dostojewskij künden immer eindringlicher von der Tragödie der Spielsucht:

Saxon-les-Bains, Sonntag, 6. Oktober 1867
1/2 8 Uhr abends

Anna, geliebte Freundin, ich bin ein Esel – schlimmer noch! Gestern abend gegen 10 hatte ich einen Nettogewinn von 1300 Francs. Heute – keine Kopeke mehr. Alles, alles habe ich verspielt! Und nur deshalb, weil mich der Schuft von Lakai im Hotel des Bains nicht geweckt hat, wie ich befohlen, damit ich den 11-Uhr-Zug nach Genf erreichte. Ich habe bis halb zwölf durchgeschlafen. Da war nichts zu machen, ich mußte um 5 fahren, so ging ich um 2 Uhr zum Roulette und habe alles, alles verspielt. Nur 14 Francs sind mir geblieben – gerade so viel, um zurückzufahren . . .

Saxon-les-Bains, Montag, 18. November 1867

Anna, meine Liebste, ich habe alles verspielt, alles, alles! O mein Engel, sei nicht traurig und mach Dir keine Sorgen. Sei gewiß, nun endlich kommt die Zeit, da ich Deiner würdig sein und Dich nicht mehr bestehlen werde wie ein widerlicher, gemeiner Dieb! Jetzt wird der Roman, allein der Roman uns retten, wenn du wüßtest, wie ich darauf baue! Du kannst sicher sein, ich werde mein Ziel erreichen und Deine Achtung verdienen. Nie, nie werde ich spielen. Genauso war es vor zwei Jahren in Wiesbaden: Auch damals war die Lage verzweifelt, aber die Arbeit hat mich gerettet. Mit Liebe und mit Hoffnung gehe ich jetzt an die Arbeit – und in zwei Jahren wirst Du staunen!

Aufs neue tat die Medizin ihre Wirkung: Die am grünen Tisch erworbenen Qualen und Schuldgefühle schlugen in enormen Arbeitseifer um. Bei seiner Rückkehr nach Genf setzt er sich hin und schreibt hundert Seiten des *Idioten* in dreiundzwanzig Tagen. Mehr als jedes seiner Werke wurde dieser Roman ein Akt der Befreiung, der Läuterung von der vernichtenden Schuld, die er sich – so empfand er es – mit seiner selbstzerstörerischen Spielsucht auflud.

Doch bald trat ein Ereignis ein, das selbst seinen Roman in den Schatten stellte: Annas Niederkunft. Mitte Dezember mieteten sie eine größere Wohnung bei Mme Josslin in der

Rue du Montblanc, neben der englischen Kirche. Beide konnten es kaum erwarten. Wurde es ein Junge, sollte er Michail heißen nach dem Schriftstellerbruder; ein Mädchen wollten sie Sonja nennen, nach Dostojewskijs Nichte und nach der Heldin aus *Schuld und Sühne*. Der angehende Vater hatte schon eine Hebamme gefunden. Täglich trainierte er, wie er sie so schnell wie möglich zu Anna bringen konnte.

Endlich, am 5. März nachts um zwei, kam das Kind zur Welt. Es war eine schwere Geburt; Anna lag über vierundzwanzig Stunden in den Wehen, doch die Reaktion ihres Mannes hielt sie schriftlich fest:

»Er warf sich vor meinem Bett auf die Knie und küßte mir die Hände. Die ersten zehn Minuten waren wir so betäubt vor Glück, daß wir nicht wußten, ob uns ein Knabe oder ein Mädchen geboren war. Wir hörten nur eine Frauenstimme sagen: ›Ein Junge, nicht wahr?‹ – und kurz darauf eine andere: ›Ein Mädchen, ein entzückendes Mädchen!‹ . . . Die Hebamme sagte mir, sie habe während ihrer ganzen langjährigen Praxis keinen Vater gesehen, der so außer sich vor Freude war über sein neugeborenes Kind. Wieder und wieder schüttelte sie den Kopf: ›Oh, diese Russen, diese Russen!‹«

Dostojewskijs Staunen über die »Engelsseele«, die da auf die Erde herabgeflogen war, äußert sich in Schatows Worten in den *Dämonen*: »Sie waren zwei, und auf einmal kam ein drittes Menschenkind, ein vollkommenes Geschöpf, ein neuer Gedanke und eine neue Liebe. Seltsam ist das, kaum begreiflich. Auf der ganzen Welt gibt es nichts, was darüberstünde.« Und dann, o Wunder, ähnelte Sonja ihm »auf unerhörte, ja sogar lächerliche Weise«. »Das Kind ist erst einen Monat alt und hat vollkommen meinen Gesichtsausdruck, ganz meine Physiognomie, bis hin zu den Falten auf der Stirn – es liegt da, so als ob es einen Roman verfaßte!«

Aber die Freude war von kurzer Dauer. Eines Tages, als sie Sonja im Jardin Anglais spazierenfuhren, holte sich die Kleine eine Lungenentzündung, an der sie starb – erst drei Monate alt. »Er schluchzte und weinte wie eine verzweifelte Frau«, berichtet Anna. »Er beugte sich über den erkalteten

Leib seines kleinen Lieblings und bedeckte das blasse Gesichtchen und die Händchen mit heißen Küssen. Nie mehr habe ich ihn in so wilder Verzweiflung gesehen!« Das bezeugen auch Dostojewskijs Worte an Majkow:

»Sie fing gerade an, mich zu erkennen und zu lieben, und lächelte immer, wenn ich mich ihr näherte. Wenn ich ihr mit meiner komischen Stimme Lieder vorsang, hörte sie gern zu. Sie weinte nicht und verzog nicht das Gesicht, wenn ich sie küßte; sie hörte auf zu weinen, wenn ich mich näherte. Und jetzt sagt man mir zum Trost, daß ich sicher noch mehr Kinder haben werde. Aber Sonja! Wo ist Sonja, wo ist dieses kleine Geschöpf, für das ich willig Kreuzesqualen auf mich genommen hätte, wäre sie nur am Leben geblieben!«

Sonja wurde auf dem Kinderfriedhof in Pleinpalais beerdigt. Die Zeit danach war schwer erträglich. Die Eltern weinten, und die Nachbarn klopften an die Wand, weil sie sich belästigt fühlten. Wie herzlos sich die Leute hier im Westen fremder Trauer gegenüber verhielten! Nie würde der Schriftsteller vergessen, wie die Tochter ihn angeschaut hatte, als er kurz vor ihrem Tod zum Zeitunglesen ausgegangen war. »O Gott, wenn solch ein holdes Vögelchen dich so vertrauensvoll und glücklich ansieht, dann mußt du dich ja schämen, es zu betrügen!« sagt Fürst Myschkin im *Idioten*.

Aus Rußland trafen immer schlechtere Nachrichten ein. Sein Schwager Alexander Iwanow starb, und dessen Hinterbliebene mahnten Dostojewskij an die Schulden, die er bei ihm hatte. Der Stiefsohn hatte sich im Staatsdienst nicht bewährt und führte sein Schmarotzerleben weiter. Die Schwägerin Emilia Fjodorowna klagte über ausbleibende Unterhaltszahlungen. Das alles bedrückte ihn so, daß seine epileptischen Anfälle wieder schlimmer wurden. Anna stand Todesängste aus, er könne seine Zahnprothese schlucken und daran ersticken. Und sie fürchtete nicht nur um sein Leben, sondern sah auch verstärkt die Möglichkeit geistiger Umnachtung voraus. »Er klagte, der Irrenanstalt werde er kaum entgehen«, schreibt Anna. »Sollte dieses Unglück eintreffen, dürfe ich ihn nicht verlassen, sondern müsse ihn in die russische Heimat zurückbringen.«

Würde er seine Schriftstellerlaufbahn tatsächlich als Idiot beenden?

III

Eine schleichende Furcht vor Schwachsinn und Geisteskrankheit ist mit Sicherheit nicht das einzige, was Dostojewskij mit dem Helden seines neuen Romans verband. *Der Idiot* ist vermutlich sein autobiographischstes Werk.

Fürst Myschkin teilt seine Herkunft als Sohn eines verarmten Adligen und einer Kaufmannstochter, seine Religiösität und seine Epilepsie wie seine schöne Handschrift und große Kinderliebe mit seinem Erfinder. Außerdem haben sowohl Autor als auch Protagonist einen vierjährigen »Kuraufenthalt« hinter sich, und zwar im sibirischen Zuchthaus respektive in einer Schweizer Klinik. Dostojewskij läßt Myschkin seine eigenen Erlebnisse auf dem Schafott erzählen und stellt ihn zwischen zwei Frauen, ähnlich denen, die er liebte: Polina (Nastasja Filippowna) und Anna Korwin-Krukowskaja (Aglaja). Und als ob das noch nicht genügte, macht er den Helden zum Sprachrohr seiner eigenen Ansichten über Kunst und Religion, wie wir sie fast wortwörtlich in seinen Briefen aus der Zeit, da das Buch geschrieben wurde, wiederfinden.

Die Tatsache, daß dieser Roman weitgehend ein idealisiertes Selbstporträt entwirft, erklärt wohl bis zu einem gewissen Grad seine schwierige und mühevolle Entstehung. In den Notizbüchern des Autors findet sich ein wahres Labyrinth komplizierter, teilweise konfuser Varianten. Er selbst schreibt, er habe sich täglich »mit sechs verschiedenen Plänen« abgeplagt, und sein Kopf sei ihm allmählich vorgekommen wie »eine Windmühle«. Am meisten fürchtete er die Mittelmäßigkeit: »Ein Werk soll entweder sehr gut oder sehr schlecht, doch beileibe nicht mittelmäßig sein. Eine Mittelmäßigkeit im Umfange von dreißig Druckbogen ist etwas ganz Unverzeihliches.« Als Anna später seine Arbeitsweise beschrieb, hatte sie nicht zuletzt den *Idioten* vor Augen:

»Wenn die strengen Kritiker wüßten, unter welchen Verhältnissen Fjodor Michailowitsch zu schreiben gezwungen war! Wie oft kam es in den letzten vierzehn Jahren vor, daß zwei, drei Kapitel bereits in einer Zeitschrift veröffentlicht waren, das vierte in der Druckerei gesetzt wurde, das fünfte per Post dem ›Russischen Boten‹ zuging, die übrigen aber noch nicht geschrieben, sondern nur konzipiert waren. Und wie oft erkannte mein Mann, wenn er ein bereits gedrucktes Kapitel seines Romans las, plötzlich klar seinen Fehler und geriet in Verzweiflung, wenn er sich bewußt wurde, daß er das geplante Werk verdorben hatte.«

Daß und wie Dostojewskij sich mit Entwürfen und Varianten herumschlug, fand genügend Berücksichtigung in der Forschung. Hier soll nur festgehalten werden, daß er von Anfang an vorhatte, einen positiven Helden zu konzipieren. In *Krieg und Frieden* hatte sich Tolstoj an eine vergleichbare Aufgabe gewagt. Er hatte den mühsamen Läuterungsweg des gutmütigen Pierre Besuchow bis zu moralischer Vervollkommnung beschrieben. Durch die Begegnung mit einem einfachen russischen Bauern überwindet er seinen Egoismus und findet zum Glauben an das Leben und die Mächte, die es lenken. In seinem Ehrgeiz fühlte Dostojewskij sich zweifellos von Tolstoj herausgefordert. Auch er sah sich jetzt in der Lage, sein Idealbild des russischen Menschen zu präsentieren.

Dabei ging Dostojewskij allerdings anders vor als die meisten Autoren, die sich der schwierigen Aufgabe stellten, einen positiven Helden zu erfinden. Er machte seinen Protagonisten nicht interessant, indem er ihn karikierte oder indem er ans Mitleid der Leser appellierte, wie Cervantes mit Don Quijote oder Hugo mit Jean Valjean. Ähnlich wie Tolstoj eine »Auferstehung« zu schildern, stand für ihn auch außer Frage. Das »Gesetz der Persönlichkeit«, das Pierre durch seine Begegnung mit dem einfachen russischen Volk überwinden sollte, war für Dostojewskij unüberwindlich. Allein Jesus Christus hatte vermocht, sein Ich zu überwinden und war dadurch befähigt, seinen Nächsten zu lieben wie sich selbst.

Das Vorbild für Dostojewskijs »absolut guten Menschen« wird also Christus, oder besser gesagt der heilige russische

»Trottel« – *Jurodivyj*. Für diese heiligenähnliche Gestalt, den »Narren in Christus«, ist charakteristisch, daß er aus freien Stücken Geistesschwäche vortäuscht, um seinen geistigen Stolz zu besiegen. Seine scheinbare Schwäche und Demut erweisen sich allerdings als »unerhörte Kraft«. Gerade durch seine einfältige Bescheidenheit bleibt dieser heilige Irre der Sieger und stellt seine prophetische Gabe unter Beweis.

Selbstverständlich war sich Dostojewskij der Schwierigkeiten bewußt, die eine Transponierung dieser Christusgestalt auf alltägliche Verhältnisse mit sich brachte. Darüber schreibt er an seine Nichte:

»Die Grundidee ist die Darstellung eines wahrhaft vollkommenen und schönen Menschen. Und dies ist schwieriger als irgend etwas in der Welt, besonders aber heutzutage. Alle Dichter, nicht nur die unsrigen, sondern auch die europäischen, die die Darstellung des *Positiv*-Schönen versucht haben, waren der Aufgabe nicht gewachsen, denn sie ist unendlich schwer. Das Schöne ist das Ideal; aber weder bei uns noch im zivilisierten Europa hat das Ideal bisher feste Gestalt angenommen. Es gibt auf der Welt nur einen einzigen absolut guten Menschen: Christus, und folglich ist die bloße Existenz dieser einen unendlich guten Gestalt ein unfaßbares Wunder. Das ganze Johannes-Evangelium ist über diesen Gedanken entstanden: Es sieht das Wunder in der Fleischwerdung, in der Erscheinung des Schönen.«

Aus diesem Zitat geht deutlich hervor, wie bedeutsam das Johannes-Evangelium für Dostojewskijs Sicht der Jesusgestalt wurde. In seinen Vorarbeiten zum Roman findet sich unmittelbar nach der Notiz »Das Evangelium des Johannes« folgende Feststellung: »Der Fürst ist Christus.« Eine Untersuchung der Unterstreichungen in Dostojewskijs Exemplar des Evangeliums belegt seine Vorliebe für die Schriften des Johannes. Von 177 Anmerkungen kommentieren sechs den ersten Brief des Johannes, 16 die Offenbarung des Johannes und 58 – ein Drittel – das Evangelium des Johannes. Zum Vergleich sei angeführt, daß im Matthäus-Evangelium 13, im Lukas-Evangelium sieben und im Markus-Evangelium nur zwei Anmerkungen zu finden sind.

Teilweise erklärt Dostojewskijs orthodoxer Glaube diese Bevorzugung der Schriften des Johannes. Die Bedeutung des Johannes für die Orthodoxie ist mehrfach betont worden. So stehen in Wladimir Solowjows *Kurzer Erzählung vom Antichrist* Papst Paul II. für den Katholizismus, Professor Ernst Pauli für den Protestantismus und Starez Johannes für die Orthodoxie. Damit beziehen sich die drei verschiedenen Verkörperungen des Christentums auf je einen Apostel: der Katholizismus auf Petrus, der Protestantismus auf Paulus und die Orthodoxie auf Johannes.

Aber es gibt auch persönlichere Gründe dafür, daß Dostojewskij das Johannes-Evangelium besonders schätzte. Ihn zog vor allem die Lehre an, dem Menschen begegne in Jesus die geistige Offenbarung Gottes. Von großer Wichtigkeit war außerdem, daß dieses Evangelium nur ein Gebot kennt, nämlich das Liebesgebot, sowie die Definition der Sünde als einer Abweisung Jesu.

Es ist anzunehmen, daß Dostojewskij erst spät zu seiner Überzeugung von der Göttlichkeit Christi gelangte. Im Petraschewskij-Kreis hatte er wie die meisten anderen Jesu als ethisches Ideal, als Vorgänger einer nahe bevorstehenden, veränderten Gesellschaft betrachtet. Jesus war ein edler Träumer, ein Reformator, aber kaum ein Gott für ihn gewesen. Die metaphysische Dimension seines Christusbildes fehlte noch. Erst während seiner Sträflingszeit begriff der Schriftsteller, wieviel von seiner Anerkennung dieser metaphysischen Dimension abhing. Später hielt er die arianische »Irrlehre«, die Jesus jede Göttlichkeit abspricht, für das erste Glied in der Kette des europäischen Säkularisierungsprozesses, dem entgegenzuarbeiten er als seine Aufgabe ansah. Von da an wurde die Lehre von der Gottwerdung Jesu Christi in seinen Augen zum zentralen Aspekt des gesamten Christentums. »Nicht die Moral, nicht die Verkündung Christi erlöst die Welt, sondern eben der Glaube an die Fleischwerdung des Wortes.«

Die Tendenz seiner Unterstreichungen in den Schriften des Johannes ist klar erkenntlich. Nicht die guten Taten sprechen Dostojewskij an, und schon gar nicht das Fehlen des Bösen. Entscheidend für ihn ist die Liebesbotschaft. Wie kein zweiter Evangelist erkennt Johannes, was für ein Wunder doch ein Heiland ist, der in einer schlechten Welt Liebe predigt. Besonders augenfällig sind Dostojewskijs Hervorhebungen folgender Stellen:

»Ein neu Gebot gebe ich euch, daß ihr euch untereinander liebet, wie ich euch geliebt habe, auf daß auch ihr einander liebhabet.« (Joh. XIII, 34.)

»Das ist mein Gebot, daß ihr euch untereinander liebet, gleichwie ich euch liebe.« (Joh. XV, 12.)

»Wer seinen Bruder liebt, der bleibt im Licht, und ist kein Ärgernis bei ihm.« (1. Joh. II, 10.)

»Ihr Lieben, lasset uns einander liebhaben; denn die Liebe ist von Gott, und wer liebhat, der ist von Gott geboren und kennt Gott.« (1. Joh. IV, 7.)

»Niemand hat Gott jemals gesehen. Wenn wir uns untereinander lieben, so bleibt Gott in uns, und seine Liebe ist völlig in uns.« (1. Joh. IV, 12.)

»Lasset uns lieben, denn er hat uns zuerst geliebt. So jemand spricht: ›Ich liebe Gott‹, und hasset seinen Bruder, der ist ein Lügner. Denn wer seinen Bruder nicht liebt, den er sieht, wie kann er Gott lieben, den er nicht sieht?

Und dies Gebot haben wir von ihm, daß wer Gott liebt, daß der auch seinen Bruder liebe.« (1. Joh. IV, 19–21.)

In unserer Zeit kann es nicht schaden, sich ins Gedächtnis zu rufen, daß diese Liebesbotschaft bar jeder Sinnlichkeit ist. Dasselbe gilt weitgehend für die Verwendung der Botschaft im Roman. Fürst Myschkin, hören wir, fehlt jede Erfahrung im Umgang mit Frauen. Er gehört ganz entschieden zu den 144000, die in einem von Dostojewskij angestrichenen Absatz der Offenbarung des Johannes beschrieben werden (XIV, 1–7): »Diese sind's, die mit Weibern nicht befleckt sind«, unterstreicht Dostojewskij, »denn sie sind Jungfrauen – und folgen dem Lamme nach, wo es hin geht. Diese sind erkauft aus den Menschen zu Erstlingen Gott und dem Lamm.« Jedenfalls ist verständlich, daß der alternde Lew Nikolajewitsch Tolstoj von seinem Namensvetter in Dostojewskijs Roman äußerst angetan war.

Dostojewskij faßte die Liebesbotschaft in erster Linie als ein Gebot auf, Mitgefühl und Mitleid zu zeigen. »Mitleid – da haben wir das ganze Christentum«, schreibt er aphoristisch in seinen Aufzeichnungen zum *Idioten*. In der Endfassung des Romans wird dieser Gedanke noch stärker betont: »Das Mitleid ist wichtigstes und vielleicht einziges Gesetz für das Leben der gesamten Menschheit.«

Wenn wir nun Dostojewskijs Christusbild mit seiner Darstellung des Fürsten Myschkin vergleichen, fallen unübersehbare Parallelen ins Auge. Schon das Äußere des Helden weist Züge auf, die an den auf russischen Ikonen dargestellten Christus erinnern. Wir erfahren, Myschkin sei »von etwas über mittlerem Wuchs, mit sehr blondem, dichtem Haar, eingefallenen Wangen und einem dünnen, fast ganz weißen Spitzbärtchen.« Genau wie der Christus des Johannes-Evangeliums kommt er »von oben«, aus den Schweizer Bergen in das flache Rußland. Auch sein Vorleben in der Schweiz erinnert in manchem an Christus. Wie wir erfahren, versammelte er die Kinder gerne um sich und unterwies sie. Sein Verhältnis zur »sündigen« Marie ist deutlich inspiriert von Jesu Verhältnis zu Maria Magdalena und zur Ehebrecherin. Schließlich wird seine Vorliebe für den *Esel* erwähnt, ein Tier, das biblische Assoziationen etwa an Demut und Unterwürfigkeit weckt.

Wichtiger noch ist sein Auftreten in Petersburg. Hier wird Dostojewskijs »Fürst Christus« vom ersten Augenblick an Lehrer und Beichtvater. Die Ursache dafür ist nicht etwa, daß er durch Wunder und gute Taten auffällt, sondern daß er anders ist als die anderen, ein geheimnisvoller Außenseiter, fremd in dieser Welt, genau wie der Christus des Johannes-Evangeliums. Er vertritt eher *Einstellungen* als Taten, und mit diesen Einstellungen ist er der Repräsentant einer Welt mit neuer Gesinnung. Unschuldig ist er wie ein Lamm, ein »Idiot«, der an ein Reich Gottes auf Erden glaubt. Leidenschaften wie Habgier oder Eifersucht sind ihm wesensfremd. Im Unterschied zu seiner Umwelt legt er auch keinen Wert darauf, sein »Recht« auf Geld und Macht zu verfechten. Er gehört zu denen, »die reinen Herzens sind«, und

Der Heumarkt in Petersburg, wo Raskolnikow den Boden küßt. Lithografie aus den 50er Jahren des 19. Jahrhunderts.

Seite aus einem Notizbuch zu *Schuld und Sühne*.

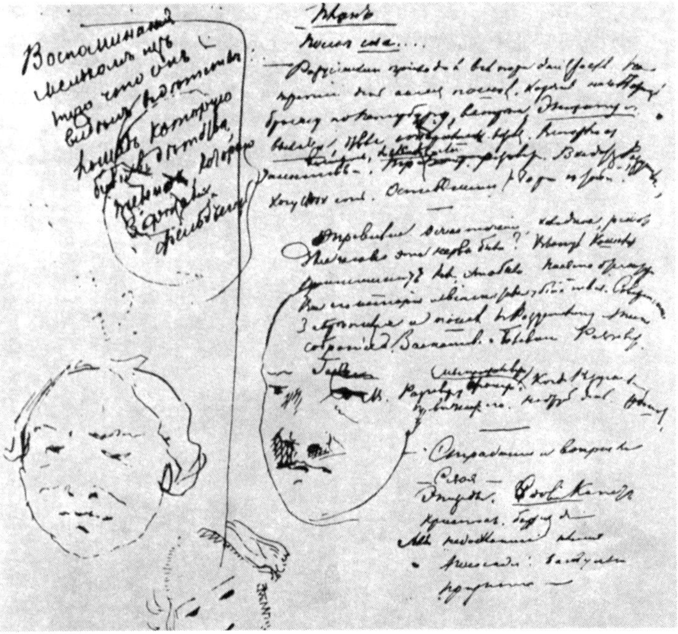

Schuld und Sühne (links). Raskolnikow und Sonja (rechts).
Auf dem Heumarkt (unten).

Alle Holzschnitte wurden von Torsten Billman geschaffen.

Anna Grigorjewna,
die zweite Frau Dostojewskijs. Fotografie von 1863.

Einer der Spielsäle von Wiesbaden.

Aus den Spielsälen in Homburg.

Spielsaal in Baden-Baden.

empfindet Mitleid ohne Haß, Liebe ohne Grausamkeit, er bringt Opfer, ohne Stolz zu empfinden. Seine Haupttugend läßt sich am besten mit dem russischen Wort *Smirenije* charakterisieren, das für die Bezwingung aller Leidenschaften, für Demut und geistigen Frieden steht und daher den Gegenpol zur griechischen *Hybris* – Stolz, Eigennutz, geistiger Aufruhr – bildet. Am Fürsten Myschkin begegnen wir einer *passiven* Tugend, die man nur im demütigen Leiden erlangt.

Durch die Verkündung eines Ideals, das die Gesinnung über die Handlung stellt, in dem Taten den Gefühlen, mit denen sie ausgeführt werden, untergeordnet sind, macht Dostojewskij sich zum Fürsprecher einer Auffassung des Christentums, die auf einen westlichen Leser befremdlich wirken kann. Während unsere Theologen stets auf den Wert guter Taten und die Bedeutung einer Distanzierung von schlechten Taten pochten, verlagert Dostojewskij das Schwergewicht auf die mitleidige Einstellung des Menschen zu seinem Nächsten. Oder, in Worten aus dem Römerbrief, die der Schriftsteller in seinem Evangelium unterstrichen hat: »Die brüderliche Liebe untereinander sei herzlich. Einer komme dem anderen mit Ehrerbietung zuvor.« (Röm. XII, 10.)

Daß die Handlung der Gesinnung untergeordnet wird, hat natürlich Auswirkungen auf den Sündenbegriff. Die formalistische Auffassung, Sünde sei die Übertretung eines Gebots, muß der Ansicht weichen, Sünde sei fehlende Nächstenliebe. Folglich erscheinen sündhafte Taten als verzeihlicher denn sündhafte Gesinnungen. Während wir gewohnt sind, alle möglichen und unmöglichen Einstellungen und Meinungen zu tolerieren, daraus resultierende Handlungen aber um so strikter zu verurteilen, sind Handlungen in Dostojewskijs Augen lediglich eine Folge von Einstellungen und daher weniger verwerflich.

Gewiß fällt es hier vielen schwer, dem Autor zu folgen. Ist der verlorene Sohn weniger zu tadeln als sein mißgünstiger Bruder? Oder, um das Problem auf die Spitze zu treiben, ist ein Mann, der mit einem Gebet auf den Lippen einen Mord begeht, weniger zu tadeln als ein anderer, der ohne ein Gebet um Vergebung zusticht? Dostojewskij scheint beide Fragen mit einem Ja zu beantworten. Die erste Kategorie von Sündern hat zumindest den *Willen,* an Gott zu glauben.

Im Roman wird Dostojewskijs Überzeugung anschaulich illustriert. Hier geißelt er streitsüchtige Nihilisten und verstockte Atheisten. Es sind dies verlorene Menschen, die nur an sich selbst und nicht an Gott glauben, Leute, an denen Christi Gebot der Liebe zu Gott und den Menschen spurlos vorübergegangen ist. Seine Unterstreichungen im Evangelium lassen keinen Zweifel aufkommen, daß diese »Unterlassungssünde« seiner Ansicht nach die eigentliche Todsünde ist. Seine Verurteilung solcher Menschen bezeugen unter anderem folgende angestrichene Bibelstellen:

»Denn es wäre ihnen besser, daß sie den Weg der Gerechtigkeit nicht erkannt hätten, denn daß sie ihn erkennen und sich kehren von dem heiligen Gebot, das ihnen gegeben ist.

Es ist ihnen widerfahren das wahre Sprichwort: ›Der Hund frißt wieder, was er gespieen hat‹; und: ›Die Sau wälzt sich nach der Schwemme wieder im Kot.‹« (2. Petrus II, 21–22)

»Wenn ich mit Menschen- und mit Engelszungen redete, und hätte der Liebe nicht, so wäre ich ein tönend Erz oder eine klingende Schelle.« (1. Kor. XIII, 1)

»Und der Frevler wird auftreten nach der Wirkung des Satans mit allerlei lügenhaften Kräften und Zeichen und Wundern und mit allerlei Verführung zur Ungerechtigkeit unter denen, die verloren werden, dafür daß sie die Liebe zur Wahrheit nicht haben angenommen, auf daß sie selig würden.« (2. Thess. III, 9–10)

»So jemand den Herrn nicht liebhat, der sei verflucht. Maran atha!« (1. Kor. XVI, 22)

Auf der anderen Seite bringt Dostojewskij größte Toleranz gegenüber Dieben, Schlägern und Trunkenbolden auf, gegenüber Leuten also, die man gerne als Pöbel bezeichnet, die sich aber im Grunde nichts Schlimmeres als verwerfliche Handlungen zuschulden kommen lassen. Solange man nur Fäuste und Äxte einsetzt, nicht *Gedanken,* gerät Dostojewskijs Welt noch nicht aus den Fugen. Genau wie sein Vorbild ist Fürst Myschkin ein Freund der Zöllner und Sünder. In Gesellschaft des rohen Gauners Lebedew und des versoffenen Diebs Iwolgin fühlt er sich wohler als bei dem gesellschaftlich hochangesehenen, erfolgreichen General Jepantschin. Und nicht soziale oder moralische Kriterien veranlassen ihn dazu, die unschuldige Aglaja der erfahrenen Nastasja Filippowna vorzuziehen. Seine Entscheidung zwischen beiden wird eher von der Überlegung beeinflußt, welche dieser Frauen ihn am dringendsten braucht. Nastasja Filippownas zweifelhaftem Ruf begegnet er sehr nachsichtig. Seine Haltung scheint vom Verhalten Christi zur Sünderin im Haus des Pharisäers inspiriert zu sein, im übrigen wieder eine Bibelstelle, die Dostojewskij in seinem Evangelium unterstrich: »Derhalben sage ich dir: Ihr sind viele Sünden vergeben, denn sie hat viel geliebt; welchem aber wenig vergeben wird, der liebt wenig.« (Luk. VII, 47)

Das leitet über zu einem anderen zentralen Begriff in diesem tiefreligiösen Buch: dem der *Vergebung*. Es überrascht nicht, daß unter Dostojewskijs angestrichenen Bibelstellen Christi Worte in Matthäus XVIII, 22 zählen, wir sollten »nicht siebenmal, sondern siebzigmal siebenmal« vergeben. So vergibt Fürst Myschkin auch alles und jedes – Ohrfeigen, Spötteleien und Verleumdungen. Er findet Gründe für alles, für ihn ist kaum eine Sünde unverzeihlich. In dieser Problematik kommt allerdings auch Dostojewskijs Eigenheit zum Ausdruck: Während andere sich bemühen, ihren Mitmenschen zu verzeihen, quälen sich Dostojewskijs Figuren mit der viel schwereren Aufgabe ab, sich selbst zu verzeihen.

Dies genau ist Nastasja Filippownas Problem. Von ihrer Umwelt, insbesondere von ihrem Verführer, ist ihr eine tiefe seelische Wunde zugefügt worden; doch als Vergeltung für diese Wunde wünscht sie nur, aufs neue verletzt zu werden. Zuerst straft sie sich für diese Verletzung mit Schuldgefühlen, zuletzt wird der Tod zur endgültigen Wunde, die sie sich selbst zufügt, um sich für die Schuldgefühle zu bestrafen. Sie liebt ihre Erniedrigung und ihre Schuld mehr als die Vergebung, die Fürst Myschkin ihr anbietet, und sucht schließlich Rogoschins Messer, um ein für allemal die Verachtung, die sie für andere und für sich selbst empfindet, zu rechtfertigen.

Das Finale, in dem Fürst Myschkin sich bemüht, Rogoschin am Bett der ermordeten Nastasja Filippowna zu trösten, ist zweifellos eine der stärksten Schlußszenen der Weltliteratur. Aber fast sämtliche Interpreten deuten es auch als Beweis für die totale Niederlage der Maximen Fürst Myschkins in einer von profanen Leidenschaften regierten Welt. Was hat er denn schon erreicht mit seiner Weigerung, sich kränken zu lassen und damit, daß er seinen Idealen wie Liebe, Demut und Vergebung nachlebte? Nastasja Filippowna wird ermordet, Aglajas Glück zerstört: Daß sie einen zwielichtigen Polen heiratet und bei einem katholischen Priester Zuflucht sucht, muß in Dostojewskijs Augen das denkbar grausigste Schicksal dargestellt haben.

Trotzdem stellt sich die Frage, ob wir nicht einen zu pragmatischen Maßstab anlegen, wenn wir dem Fürsten vorwerfen, er habe keine sichtliche Verbesserung der Verhältnisse erreicht. »Auf das Ergebnis kommt es an!« lautet ein Schlagwort. Doch diese Regel wurde von Menschen aufgestellt, denen Taten wichtiger sind als Einstellungen. Von Leuten, die behaupten, zwischenmenschliche Beziehungen mußten auf rationaler Basis ablaufen, und die nur die Köpfe schütteln können, wenn Dostojewskij seine arme Bäuerin mit einer Spende von sechzig Kopeken für »einen, der ärmer ist« als sie zu Sosima schickt. Welcher Posten in einem Sozialhaushalt läßt sich schon mit sechzig Kopeken abdecken? Höchstwahrscheinlich haben diese Kritiker auch nicht viel übrig für das Verwirrung stiftende Gastspiel des Fürsten Myschkin in Petersburg. Wäre er doch in seiner Schweizer Klinik geblieben; dann hätten Aglaja und Nastasja Filippowna bestimmt nicht so übel enden müssen.

Dem Autor des *Idioten* fällt es offenkundig nicht leicht, gegen rationalistisch beeinflußte Kritiker zu polemisieren. Hier wie in den *Brüdern Karamasow* wird an ihnen vorbeigeredet. Trotzdem wäre es übereilt, diesen Roman mit dem Eindruck wegzulegen, die menschliche Güte habe versagt und die Welt verlange nur nach Taten, nicht nach Überzeugungen.

Natürlich läßt sich argumentieren, Fürst Myschkin sei ein einziger Versager, genau wie Christus ein Versager war, wenn wir ihn allein an seinen Ergebnissen messen. Weder Christus noch Fürst Myschkin sind in der Lage, zu verhindern, daß die Menschen sich gegenseitig verletzen; alles, was sie zuwege bringen, ist, dem Menschen sein besseres Ich als Spiegelbild vorzuhalten. Doch wenn man auf die Macht der Überzeugung und des vorgelebten Beispiels Wert legt, so erweist sich ihr Wirken als recht erfolgreich. Der Fürst kann die Welt zwar nicht verändern; aber wie sähe eine Welt voller Myschkins aus? Eben dies könnte die Botschaft des Romans sein. Ideale sind unerreichbar; aber nach Geringerem zu streben, ist nicht der Mühe wert.

9

In der Fremde

Ich habe entsetzliches Heimweh.
Könnte ich nur fort aus Westeuropa!
Hier schleiche ich umher und beäuge alles
wie ein wildes Tier...
Es ist wahrlich schrecklicher als die Verbannung
nach Sibirien. Wenn Sie wüßten,
welch ein Haß auf den Westen sich seit vier Jahren
in mir angestaut hat...

I

Nach dem Tod ihrer kleinen Tochter hielten sie es nicht mehr lange in Genf aus. Am liebsten wollte Dostojewskij für immer fort aus dieser elenden Schweiz, wo ihm die Menschen und das Klima so zuwider waren. Könnte er doch mit Anna nach Frankreich fahren! Aber ihre Reisekasse war so gut wie leer, weshalb sie sich Anfang Juni 1868 statt dessen in Vevey niederließen, einem bekannten Kurort weiter unten am Genfer See, wo Gogol seinerzeit an den *Toten Seelen* gearbeitet hatte. »Niemals werde ich jenen ewig traurigen Tag vergessen, an dem wir unsere Sachen auf den Dampfer bringen ließen und dann ein letztes Mal zum Grab unseres lieben Mädchens gingen, um Abschied zu nehmen und einen Abschiedskranz niederzulegen«, schreibt Anna.

Das Wetter war so grau und trüb wie ihre Stimmung, als sie nach Vevey übersetzten. Dostojewskij versank in eine tiefe Depression und konnte mit Klagen und Hadern über sein Leben nicht mehr an sich halten:

»Er dachte zurück und erzählte mir von seiner traurigen, einsamen Jugend nach dem Tod seiner zärtlich geliebten Mutter; der Spott seiner Literaturkollegen fiel ihm wieder ein, die zuerst sein Talent anerkannt hatten, ihn dann jedoch grausam kränkten. Dunkle, qualvolle Erinnerungen an die Jahre der Zwangsarbeit brachen sich Bahn, traurige Erinnerungen an seine unglückliche Ehe mit Maria Dmitrijewna, die ihm mit ihrem ›wunderlichen, mißtrauischen und krankhaft-überspannten Charakter‹ nicht das Familienglück geschenkt hatte, das er sich erhoffte, und auch keine Kinder. Und jetzt, da ihm endlich dieses ›große und einzige menschliche Glück – ein Kind zu haben‹ zuteil geworden war und er die Möglichkeit hatte, es so recht zu erleben und zu genießen, da schonte sein böses Schicksal ihn nicht und entriß ihm das Wesen, das ihm so teuer war! Es war das einzige Mal, daß er von den bitteren Kränkungen sprach, die das Leben ihm zugefügt hatte.«

In Vevey bezogen sie Quartier an der Rue Simplon, Ecke Rue du Centre. Dostojewskij hatte auf einen ruhigen Wohnort gehofft, um den *Idioten* zu beenden. Jedenfalls mußte er zugeben, daß die Aussicht großartig war. »Nicht einmal im vornehmsten Ballett wird man solche Dekorationen finden, wie hier am Ufer des Genfer Sees, nicht einmal im Traum kann man etwas Schöneres erblicken.« Doch was nützte es, daß der Ort »ein Panorama, das in ganz Europa seinesgleichen sucht« aufzuweisen hatte, wenn das Klima seine Nerven reizte, die Seenähe ihm Zahnschmerzen einbrachte und keine einzige russische Zeitung in den Cafés auslag? Zu allem Überfluß wimmelte es in der Stadt auch noch von durchtriebenen, gaunerhaften Schweizern. »Die Deutschen sind freilich schlimmer, aber die hier haben es auch faustdick hinter den Ohren.«

Daß er Sonja verloren hatte, verleidete ihm die Schweiz nur noch mehr. Ein Besuch von Annas Mutter tröstete ihn wenig. Der Sommer in Vevey war wohl die schwerste Zeit ihrer Ehe. »Für uns war das Leben gleichsam stehengeblieben«, schreibt Anna. »Alle unsere Gedanken, alle unsere Gespräche kreisen um die Erinnerungen an Sonja und an jene glückliche Zeit, als sie durch ihr Dasein unser Leben erhellte. Jedes Kind, das uns entgegenkam, erinnerte uns an den Verlust, und um unsere Herzen nicht zu martern, gingen wir in den Bergen spazieren, wo wir solche Begegnungen, die uns aus der Fassung brachten, meiden konnten.«

Dostojewskij schrieb weiter am *Idioten,* aber selbst die Arbeit linderte nicht seinen Schmerz. Auch fehlten ihm frische Eindrücke aus Rußland immer dringlicher. In Vevey sah er nicht einen kümmerlichen Emigranten auf der Straße. Und Post aus Rußland – das war das Schlimmste – kam immer seltener. Ging die Dritte Abteilung nun schon so weit, seine Briefe zurückzuhalten? Er hegte seit längerem den Verdacht, daß der russische Priester in Genf für die Geheimpolizei arbeitete, und Ende Juli erfuhr er aus einem anonymen Brief, er stünde weiterhin unter Polizeiüberwachung.

Später sollte sich herausstellen, daß bereits im Jahr zuvor ein Geheimschreiben der Dritten Abteilung an alle Grenzübergangsstellen ergangen war: Der Schriftsteller sei »aufs gründlichste zu untersuchen«, wenn er aus dem Ausland zurückkäme. Falls sich illegale Besitzstücke bei ihm fänden, heißt es in dem Rundschreiben, sei er unverzüglich zu verhaften und der Dritten Abteilung vorzuführen.

Er wußte nicht, ob er darüber lachen oder weinen sollte. Was für ein Gedanke – ihn, den Erzpatrioten, zu verhaften, der seinen Zaren in einem Ausmaß liebte, das ihn sogar die Überzeugungen seiner Jugend verraten ließ! »Widerwärtig ist das!« erbost er sich in einem Brief an Majkow. »Wissen sie denn wirklich nicht, daß die Nihilisten und Liberalen im *Zeitgenossen* mich nun schon seit über fünf Jahren mit Schmutz bewerfen, daß ich mich längst mit ihnen entzweit habe, daß ich diese Mistkerle von Polen hasse und mein Vaterland über alles in der Welt liebe! Was für Schufte!«

Wenig später stieß der Schriftsteller zufällig auf ein Buch, das man in Rußland gerade verboten hatte: *Die Mysterien des*

Zarenpalastes unter Kaiser Nikolaus I. Der Autor, ein Skandalschreiber, nannte sich Paul Grimm. Die Geschichte spielt vorwiegend 1855, und zu seinem großen Entsetzen mußte Dostojewskij feststellen, daß er eine Hauptrolle darin spielte: Nachdem er seine Zuchthausstrafe abgebüßt hat, kehrt er im Buch nach Petersburg zurück, um sich an einer neuen Verschwörung gegen den Zaren zu beteiligen. Er weigert sich, seine Mitverschwörer preiszugeben, wofür er mißhandelt und in die Peter-Pauls-Festung eingesperrt wird. Seine Frau Natascha kann den Zar zu seiner Begnadigung bewegen, doch diese kommt zu spät: Dostojewskij ist auf seinem zweiten Transport nach Sibirien bereits gestorben. Das Buch endet damit, daß seine Frau ins Kloster geht und der Zar Selbstmord begeht.

Mit seinem abstrusen Inhalt erregte das Buch großes Aufsehen. Isoliert und mißtrauisch, brachte Dostojewskij es mit den Gerüchten, er werde überwacht, in Verbindung. Eindeutig eine erneute Provokation! Auf jeden Fall schadete es seinem Ansehen ungemein, wenn seine Vita für antizaristische Umtriebe mißbraucht wurde. Er hatte schon vor, gegen diese freche Verleumdung zu protestieren, doch zu guter Letzt beschloß er, das Buch zu ignorieren.

Als der Herbst ins Land zog, wurde den Eheleuten endgültig klar, daß sie die Schweiz baldmöglichst verlassen mußten. Annas Gesundheit war angegriffen; die häufigen Überfahrten zu Sonjas Grab zehrten an ihren Kräften. Und mit dem Roman ging es gar nicht gut voran. Als Russe war Dostojewskij an einen weiten Horizont gewöhnt; von den Bergen um den Genfer See fühlte er sich eingeengt. »Sie bedrücken mich und beschränken meine Gedanken«, klagte er Anna. »Ich kann in diesem Land nichts von Belang schreiben.« Bezeichnenderweise verliert Stawrogin in den *Dämonen* hier in der Schweiz, wo die Berge Blicke und Gedanken verstellen, seinen Glauben.

Sie beschlossen, den Winter unter sonnigem italienischem Himmel zu verbringen. Anfang September reisten sie ab, vorläufiges Reiseziel war Mailand. Die kürzeste Route führte sie über den zweitausend Meter hohen Simplon. Während sich die Postkutsche im Schneckentempo die Steigungen hochplagte, nahmen die beiden die Abkürzung über Fußwege und pflückten Alpenblumen in dem schönen Herbstwetter. Weiter führte sie die Reise durch die wildesten Gebirgsschluchten, mit schäumenden Wasserfällen und abschüssigen Steilhängen zu beiden Seiten der Straße. »Die lebhafteste Phantasie kann sich nicht ausmalen, wie schön die Bergstraße über den Simplon nach Italien ist«, schreibt Dostojewskij an seine Nichte.

Anna hatte angefangen, Italienisch zu lernen, und als sie unten in Domo d'Ossola ankamen, konnte sie sich als Dolmetscherin bewähren. Fjodor hatte nämlich ein Geschäft betreten, um seiner Frau ein Kettchen zu kaufen. Doch als der Händler behauptete, diese Halskette »stamme nahezu aus den Zeiten Vespasians«, und dreitausend Franc dafür verlangte, konnte sich nicht einmal Fjodor Michailowitsch ein Lächeln verkneifen.

Anna erinnerte sich später besonders gerne an diese Fahrt. Das Wetter war herrlich, und es kam ihnen so vor, als lächle ihnen das Leben wieder zu, als ließen sie alle Sorgen jenseits der Alpen zurück. Auch auf ihren Mann wirkten die Klimaveränderung und die abwechslungsreichen Reiseeindrücke wohltuend. Seine Stimmung besserte sich, und die lombardische Bevölkerung erinnerte ihn sogar an die russischen Bauern: der gleiche demütig-sanfte Blick, die gleiche Bescheidenheit und Genügsamkeit.

In Mailand wohnten sie in einer Gasse, die so schmal war, daß die Leute sich mit ihren Nachbarn gegenüber von Fenster zu Fenster unterhalten konnten. Das war etwas ganz anderes als am Newskij Prospekt! Als erstes besichtigten sie den Dom, den zu bewundern Dostojewskij nie müde wurde. »Das einzig Sehenswerte in der Stadt ist der berühmte Mailänder Dom«, schreibt er an Sonja, »er ist aus Marmor erbaut, riesengroß, gotisch, ganz durchbrochen und phantastisch wie ein Traum.« Auch die Aussicht vom Kirchturm mit all den gotischen Skulpturen genoß er sehr.

Trotzdem – auf die Dauer war Mailand nicht das Richtige. Der kalte Herbstregen hinderte den Schriftsteller an seinen

Spaziergängen, und russische Zeitungen gab es auch nicht in der Stadt. Nun war fast ein halbes Jahr vergangen, seit er zuletzt ein russisches Buch gelesen hatte! Vielleicht war es schon an der Zeit, daß *er* seinen Rat an Turgenjew befolgte und sich ein großes Fernrohr besorgte, um das Geschehen in der Heimat besser verfolgen zu können?

Sein einziger Trost waren die Briefe aus Rußland, von Sonja, Majkow und Strachow. Sehr erfreut war er über die Nachricht, daß seine Freunde eine neue Zeitschrift planten – *Die Morgenröte,* mit dem gleichen liberal-slawophilen Konzept wie *Die Zeit* und *Die Epoche.* Wieder erwachte der Journalist in Dostojewskij. Er wollte sich unbedingt beteiligen; doch vorher mußte er dem *Russischen Boten* die letzten Fortsetzungen seines *Idioten* abliefern. Die Verwirklichung seiner ehrgeizigen Romanidee kam ihm zwar immer mißglückter vor, aber er brachte es trotzdem noch fertig, jeden Monat gut fünfzig Seiten zu schreiben.

Nachdem sie zwei, drei verregnete Herbstmonate in Mailand überstanden hatten, reisten sie weiter gen Süden bis Florenz.

In Dantes Geburtsort, damals die Hauptstadt des neuen Italien, spendete die Sonne ihnen noch Wärme. Mitten im Winter konnten sie sich auf ihren Spaziergängen im Giardino Boboli über blühende Rosen freuen. Ja, Florenz an sonnigen Tagen, das war »ein wahres Paradies«. »Man kann sich keinen schöneren Eindruck vorstellen als den dieses Himmels, dieser Luft und dieses Lichtes... Die Sonne, der Himmel und dann all diese *Wunder der Kunst* sind einfach göttlich.«

Von ihrer kleinen Wohnung in der Via Guicciardini hatten sie es nicht weit zum Palazzo Pitti, wo sie oft und ausgiebig die »Kostbarkeiten« bestaunten. Besonders begeistert war Dostojewskij von Raffaels *Madonna della Sedia* (Madonna im Sessel). »Dieses Bild hatte ich früher schon eine ganze Woche betrachtet, aber wirklich gesehen habe ich es erst jetzt«, schreibt er. Auch die Uffizien besuchte er oft, besonders angezogen von der Venus von Medici. Was für eine geniale Statue!

Überhaupt machten Dostojewskij die Kunstschätze jetzt viel mehr Vergnügen als bei seinem ersten Florenzbesuch. Die Kirchenkunst gefiel ihm ausnehmend gut, die gotische Kathedrale Santa Maria del Fiore und die alte marmorverkleidete Kapelle il Battistero mit ihren drei berühmten Bronzetoren. Ganz bezaubert war er von dem zweiten von Lorenzo Ghiberti gefertigten Tor. Michelangelos Worte, dieses Tor verdiene die Bezeichnung »Tor zum Paradies«, konnte er gut verstehen. Sollte er je reich werden, wollte er sich eine große Fotografie dieses Tors anschaffen und in sein Arbeitszimmer hängen. Reich wurde er nie, und die Fotografie kam nie weiter als bis zu Wersilows Arbeitszimmer im *Jüngling*.

Im Januar 1869 war *Der Idiot* abgeschlossen. Aber trotz der effektvollen Schlußszene wurde der Roman kein Erfolg, und es war absehbar, wie schwierig es werden würde, ein angemessenes Honorar für die Buchausgabe zu bekommen. Unterdessen wuchs sein Schuldenberg. Mitunter konnte er noch über seine chronische Geldnot scherzen – er nannte Anna und sich »Mr. und Mrs. Micawber« –, doch die Armut wurde drückender. Jetzt mußte er sich rasch an einen neuen Roman machen, der ihm wieder den Erfolg von *Schuld und Sühne* bringen sollte.

Erneut wurde Dostojewskij fester Kunde im Gabinetto Scientifico-Lettarario di G.P. Vieusseux, eine ausgezeichnete Leihbibliothek, zu deren früheren Kunden Heine, Lamartine, Longfellow und Cooper gehörten.

Besonders die Schriften Voltaires und Diderots hatten es ihm angetan. Er wollte ein Mammutwerk mit dem Titel *Die Atheisten* in Angriff nehmen, »ein wirkliches Poem« über einen zweifelnden Russen, der nach zahlreichen religiösen Verirrungen schließlich zur russischen Kirche und zum russischen Boden findet. Doch obwohl sich einige Vorstudien dazu durchaus im Ausland machen ließen, wurde ihm immer deutlicher bewußt, daß dieses Werk eine bessere Kenntnis vom Leben in der Heimat erforderte. »Ich muß unbedingt nach Rußland zurück«, heißt es in einem Brief an Sonja Anfang Februar 1869. »Hier werde ich bald gar nichts mehr schreiben können. Mir fehlt das Material, mir fehlen die russischen Menschen, die russische Wirklichkeit, die mir die nötigen Ideen liefert.«

Sein Plan der *Atheisten* sollte nach und nach mit dem anderen Plan, *Das Leben eines großen Sünders* zu schreiben, zusammenfallen; ein groß angelegtes Werk »von mindestens dem Umfang, den *Krieg und Frieden* hat«. Darin wollte er einen Mann in mittleren Jahren schildern, der eines Tages plötzlich seinen Glauben verliert und sich danach durch große Leiden zur Demut durchkämpfen muß. »Das Thema, das alle Teile durchzieht, hat mich bewußt oder unbewußt mein Leben lang gequält, nämlich die Frage nach der Existenz Gottes.« Diesen Roman schrieb Dostojewskij nie; die epische Form, die er sich vorgestellt hatte, war auch höchst untypisch für seinen dramatischen, spannungsgeladenen Erzählstil. Aber die Grundidee sowie einzelne Figuren sollten seine folgenden Romane bereichern.

Im Spätwinter stellte sich heraus, daß Anna wieder ein Kind erwartete. Die Freude war bei beiden groß. Fjodor war sich diesmal sicher, daß es ein Junge würde, hielt aber auch einen Mädchennamen bereit. Wenn nur alles gut ablief! Seine Besorgnis um Anna ging so weit, daß er ihr die Seiten aus *Krieg und Frieden* vorenthielt, auf denen Tolstoj den Tod der Gräfin Bolkonskaja im Kindbett beschreibt. »Ich warte in Angst und Beben, Hoffnung und Freude«, heißt es in einem Brief an Strachow.

»Dostojewskij liebte es nicht, Reisebekanntschaften zu machen, die zu nichts verpflichten«, stellte Aimée in ihrem Buch über den Vater fest. »Wenn ihm ein Mensch gefiel, so schenkte er ihm sein Herz und blieb sein Freund für immer, aber er fand es unnütz, seine Freundschaft an alle Vorübergehenden zu verschwenden.«

So lebte die Familie Dostojewskij in Florenz denn auch in vollständiger Isolation, nicht nur von den Italienern, sondern auch von der vielköpfigen russischen Kolonie. Kein einziger Russe konnte von Begegnungen mit dem Schriftsteller in dieser Zeit berichten. Infolge ihrer Abgeschiedenheit kamen sich die Eheleute noch näher. Doch je näher der

Geburtstermin rückte, desto besorgniserregender war diese Einsamkeit doch auch für beide; denn wie sollte der weltfremde Dichter für Hebamme und Amme sorgen, wenn er keine Menschenseele kannte und sich nicht einmal in der Landessprache verständlich machen konnte?

Im Mai kam Annas Mutter wieder angereist, um ihnen zu helfen. Aus Platzmangel zogen sie in eine andere Wohnung an der Piazza del Mercato Nuovo um. Draußen lärmte und sang man die ganze Nacht, und wenn Fjodor gegen fünf Uhr morgens ins Bett fiel, erwachte der Marktplatz zum Leben; Marktschreier und Esel übertönten einander. Diese Stadt schien nie zur Ruhe zu kommen!

Es wurde Zeit, daß sie in den Norden zurückfuhren. Doch auf welcher Strecke? Frankreich war ausgeschlossen, weil viel zu teuer. Zurück in die Schweiz wollten sie auch nicht, dort war es ja kälter als in Lappland! Dagegen reizte sie Prag, damals das Zentrum der Slawophilen in Europa. Dostojewskij hatte schon länger die Bestrebungen verfolgt, ideologische Einigkeit unter den slawischen Völkern herzustellen, und bedauerte zutiefst, daß er nicht am großen Slawistentreffen im Sommer 1867 in Moskau teilnehmen konnte.

Jetzt lockte ihn die Aussicht, neueste Ansichten über Wesen und Bestimmung der Slawen kennenzulernen. In der *Morgenröte* hatten ihm die ersten Kapitel von Nikolaj Danilewskijs geschichtsphilosophischem Werk *Rußland und Europa* sehr zugesagt, ein Versuch, der slawophilen Lehre neue Grundlagen zu schaffen. An den Autor erinnerte er sich gut aus dem Petraschewskij-Kreis. Nun hatte also diesen damals so »wütenden Fourieristen« eine wahre Liebe zum heimischen Boden und Wesen ergriffen, was ihn zu einem »bedeutenden Menschen« machte.

In seinem vielbeachteten Aufsatz operierte Danilewskij mit vier verschiedenen kulturhistorischen Typen und ihren jeweiligen Vertretern: die Religiösen (Juden), die Kulturellen (Griechen), die Politischen (Römer) und die Sozialökonomischen (das moderne Westeuropa). Nun sei die Zeit des slawischen Volks gekommen, das einen viel breiter gefächerten kulturhistorischen Typus verkörpere: Nur die Slawen seien nämlich in der Lage, eine Kultur zu schaffen, die diese vier Aspekte vereinen und dadurch auf allen Gebieten das Höchste erreichten werde. Aufgrund ihrer Besonderheit seien die Slawen berufen, den Kulturtypus abzulösen, der jetzt von der westeuropäischen Zivilisation repräsentiert werde.

Dostojewskij faszinierten diese Vorstellungen, die er jedoch aus seiner nationalistischen und religiösen Überzeugung heraus interpretierte. Unter anderem befürchtete er, Danilewskij gehe am Kern der spezifisch russischen Bestimmung vorbei, nämlich »der Welt einen russischen Christus zu offenbaren, den diese nicht kennt und der seinen Ursprung in unserem orthodoxen Glauben hat«. Er selbst war überzeugt, die historische Aufgabe der Slawen sei nur unter Anerkennung der russischen Führungsrolle durchführbar. »Vom russischen Geist wird jetzt eine umwälzende Erneuerung der ganzen Welt vorbereitet«, verkündet er Majkow. »Ich glaube leidenschaftlich, daß dies etwa im Lauf eines Jahrhunderts geschehen wird. Soll diese große Sache jedoch mit dem Sieg gekrönt werden, ist es unabdingbar, daß das großrussische Recht und die großrussische Führungsrolle ein für allemal in der gesamten slawischen Welt anerkannt werden.«

Fjodor und Anna hatten gehofft, noch im Frühjahr, bevor die große Hitze einsetzte, abreisen zu können. Aber das Reisegeld aus Rußland ließ auf sich warten, während die Temperatur unerbittlich anstieg. Im Juli hatten sie bis zu 36 Grad am Tage und 26 Grad nachts. Der eingeschlossene Marktplatz speicherte die Hitze wie ein Backofen. »Wir fühlten uns wie auf der obersten Bank in einer russischen Badestube«, schreibt Dostojewskij. Arme Anna! Obendrein bekamen sie noch Besuch von einer Tarantel, einer *piccola bestia,* die im Nu unter der Matratze verschwand. »Sie wurde erst am nächsten Morgen gefunden und unschädlich gemacht«, erinnerte sich Dostojewskij später. »Doch bevor es dazu kam, hatte ich die ganze Nacht in dem unbehaglichen Bewußtsein zugebracht, daß eine *piccola bestia* in meinem Schlafzimmer übernachtete. Zwar soll der Biß einer Tarantel selten tödlich sein, doch aus meiner Zeit in Semipalatinsk wußte ich von einem Fall, da ein Kosake trotz ärztlicher Behandlung nicht mit dem Leben davonkam.« Hatte nicht Swidrigajlow sich die Ewigkeit wie eine kleine verrußte Badestube auf dem Land vorgestellt, wo in allen Ecken Spinnen krabbelten?

Als es August wurde, konnten sie endlich ihre Zelte abbrechen, nachdem Anna von einem Arzt gründlich untersucht worden war. Bis Prag war es weit, über tausend Kilometer, aber sie nahmen sich Zeit. Ihr erster Aufenthalt war in Bologna, wo sie sich Raffaels *Heilige Cäcilie* ansahen. »Er war glücklich, das Kunstwerk im Original zu sehen«, schreibt Anna. »Es kostete mich viel Mühe, meinen Mann von diesem herrlichen Gemälde loszureißen, und ich fürchtete, wir könnten den Zug versäumen.« Venedig wurde für den Architekturstudenten Dostojewskij zum Erlebnis. Vier Tage lang wanderte er um den Markusplatz, stundenlang blieb er vor dem Markusdom stehen – »ein wunderbares, unvergleichliches Bauwerk!«

Weniger lustbetont verlief die Dampferüberfahrt von Venedig nach Triest. Dostojewskij machte sich Sorgen wegen des hohen Seegangs, den Anna jedoch gut überstand. Wien gefiel ihnen; Fjodor fand die Stadt »schöner als Paris«. Begeistert waren sie auch von Prag, wo sie zehn Tage nach ihrer Abreise aus Florenz eintrafen. Allerdings erwartete sie eine Enttäuschung: Nach drei Tagen mußten sie die Suche nach einer erschwinglichen möblierten Familienwohnung aufgeben. Möbel und Geschirr für ein halbes Jahr zu kaufen, wäre viel zu teuer gewesen, und so entschlossen sie sich zur Rückfahrt nach Dresden, wo sie sich auskannten. Damit war auch ihre Rundreise durch Europa beendet.

II

Als sie Mitte August 1869 nach Dresden zurückkehrten, fanden sie eine geräumige Wohnung im Englischen Viertel, genauer in der Victoriastraße 5. Kurz darauf kam Annas Mutter, um beim bevorstehenden freudigen Ereignis zu helfen.

Die Tochter Ljubow wurde am 26. September geboren. Der Name bedeutet »Liebe« – sie selbst nannte sich später »Aimée«, »geliebt«. Zum zweiten Mal erlebte Dostojewskij Vaterfreuden. Wie sie ihm ähnelte! An Majkow, der auch diesmal Pate sein durfte, schrieb er überglücklich: »Vor drei Tagen wurde mir eine Tochter, Ljubow, geboren. Alles verlief gut, und das Kind ist groß, gesund und eine Schönheit.« Annas trockener Kommentar lautet: »Natürlich konnten nur die Augen eines verliebten und begeisterten Vaters in dem rosigen Fleischklops eine ›Schönheit‹ erblicken.«

Jedenfalls war Dostojewskikj ein sehr liebevoller Vater. Er beschäftigte sich unentwegt mit der Kleinen, badete sie, trug sie auf den Armen und sang sie in Schlaf. »Herrjemine, haben Sie wirklich nicht vor, zu heiraten und Kinder zu bekommen, verehrter Nikolaj Nikolajewitsch?« schreibt er an Strachow. »Ich schwöre Ihnen, daß darin drei Viertel des menschlichen Lebensglücks bestehen, und das restliche Viertel ist dagegen kaum von Belang.«

Der Familienzuwachs hatte nicht nur sonnige Seiten. So mußten sie zum Beispiel ihre Kleider verkaufen und verpfänden, um die Hebamme zu bezahlen – an derartige Unannehmlichkeiten waren sie längst gewöhnt. Noch größere Schwierigkeiten bereitete ihnen die Bürokratie bei Fjodors Gedächtnis: Von seiner Hauswirtin erfuhr der Schriftsteller, er müsse sich unverzüglich bei den Behörden melden. Sein Besuch auf dem Polizeirevier verlief ausgesprochen peinlich – er konnte sich einfach nicht an den Mädchennamen seiner Frau erinnern! Die Polizisten beäugten ihn zwar mißtrauisch, entließen ihn aber schließlich, damit er sie selber fragte.

»Wie heißt du?« herrschte er sie an, als er heimkam. »Ich? Ich heiße Anna«, antwortete sie verblüfft. »Das weiß ich auch. Ich frage nach deinem Mädchennamen.« »Und warum willst du den wissen?« »Nicht ich will ihn wissen, sondern die Polizei. Diese Deutschen sind ein kurioses Völkchen: Jetzt wollen sie unbedingt herauskriegen, welchen Namen du vor deiner Heirat hattest, und ich hab's vollkommen vergessen.«

Anna schlug ihm vor, den Namen auf ein Stück Papier zu notieren, damit er ihn nicht wieder vergaß. Dostojewskij befolgte ihren Rat und zeigte auf der sächsischen Behörde stolz seinen Zettel vor.

Nach einem zeitweiligen Leben in äußerster Isolation kam die Familie jetzt wieder mit der russischen Kolonie in Kontakt. Zwar begegnete der Schriftsteller diesen reichen Familien, die Rußland freiwillig den Rücken gekehrt hatten, um in den »Genuß« europäischer Zivilisation zu kommen, immer noch skeptisch. Andererseits hatte er eine Schwäche für Lob und Anerkennung, und es war ihm durchaus nicht unangenehm, daß seine russischen Bewunderer ein gewisses Aufhebens von ihm machten. Nach dem Sonntagsgottesdienst ging er daher gerne mit Anna zum russischen Priester der Stadt, wo sie Gelegenheit zu Gesprächen und Diskussionen mit den meisten ihrer Landsleute fanden.

Doch sein eigentliches Leben führte er nach wie vor in der Welt der Literatur. Nach dem Abschluß seines *Idioten* hatte er eine kleine Erzählung für die *Morgenröte* begonnen, etwas »zur Erholung«, während er auf Inspirationen für *Das Leben eines großen Sünders* wartete. Nach und nach entwickelte sich diese Erzählung allerdings zu einem größeren und eigenständigen Werk, in dem es auch um das Thema Eifersucht geht und das von der ersten bis zur letzten Seite die Handschrift des Meisters verrät.

Oberflächlich betrachtet, ist diese *Der ewige Gatte* betitelte Erzählung eine Dreiecksgeschichte. Es wurde festgestellt, sie beginne da, wo *Madame Bovary* aufhört. Doch darüber hinaus erfaßt Dostojewskij einen neuen Aspekt der Problematik: Der Mensch kann seiner Schuld nicht entrinnen; früher oder später holen ihn Taten aus der Vergangenheit ein und verlangen Sühne.

Der ehemalige Wüstling Weltschaninow wird eines Tages von quälenden Erinnerungen an die vielen Gemeinheiten überfallen, mit denen er als junger Mann sein Gewissen belastete. Seine späte Reue macht sich zu Beginn als scheinbar grundlose, vage Angst bemerkbar, um später die konkrete Gestalt eines Mannes mit Trauerflor anzunehmen. Seine

Schuldgefühle sind auf mysteriöse Weise mit diesem Mann, seinem ehemaligen Freund Trusozkij, verknüpft. Vor zehn Jahren hatte Weltschaninow nämlich bei ihm gewohnt und war der Liebhaber von dessen mittlerweile verstorbener Frau geworden. Trusozkij taucht nun mit seiner Tochter, die in Wirklichkeit Weltschaninows Kind ist, in Petersburg auf. Er ist gekommen, seinen Rivalen zu töten, ohne daß ihm diese Absicht etwa bewußt wäre.

Die Schilderung der Rache deckt beklemmende Angst auf und erzählt zugleich von der Bindung der beiden Hauptfiguren aneinander. Trusozkij als ewiger Ehemann ist nämlich unlösbar an Weltschaninow, den ewigen Liebhaber, gebunden – beide fühlten sich zu derselben Frau hingezogen. Der Liebhaber läuft Gefahr, zum ewigen Gatten herabgewürdigt zu werden, der wiederum im Liebhaber ein für ihn unerreichbares Ideal sieht.

So gesehen gewinnt der gehörnte Ehemann, diese traditionell komische literarische Figur, eine neue, tragische Dimension. Und die Tragödie ist nicht weniger erschreckend dadurch, daß sich alle Vorgänge im Inneren der Figuren abzuspielen scheinen. In dieser Hinsicht ist *Der ewige Gatte* eng mit dem *Doppelgänger* verwandt: In beiden Werken wird die phantastische Realität im Inneren des Menschen dargestellt, beide Male haben die Protagonisten das Gefühl, verfolgt zu werden. Die Erzählung *Der ewige Gatte* ist durchweg in gespenstisches Zwielicht getaucht, das Weltschaninows Träume als Projektionen seiner Schuldgefühle kennzeichnet. Möglicherweise liegen diesem Kurzroman Dostojewskijs schmerzhafteste Erinnerungen an seine Beziehung mit Maria zugrunde, in der er selbst Liebhaber *und* Hahnrei war.

Als Ljuba größer wurde, konnten sie allmählich wieder die Aktivitäten ihres letzten Dresden-Besuchs aufnehmen. Sie besichtigten die Kunstgalerie, hörten Freiluftkonzerte auf der Brühlschen Terrasse und gingen im Großen Garten spazieren. »Da ich nachts doch nicht schlafen kann und also am Schreibtisch sitze und arbeite, stehe ich erst um ein Uhr auf«, schreibt Dostojewskij an Sonja. »Ich arbeite von drei bis fünf. Danach mache ich einen Spaziergang von einer halben Stunde zur Post und gehe durch den Königlichen Garten zurück – immer denselben Weg. Das Mittagessen nehmen wir zu Hause ein. Um sieben Uhr mache ich noch einen Spaziergang und gehe wieder durch den Königlichen Garten zurück. Zu Hause trinke ich Tee und mache mich gegen halb elf an die Arbeit. Ich arbeite bis fünf Uhr morgens. Danach gehe ich zu Bett, und Schlag sechs Uhr schlafe ich ein. Das ist mein ganzes Leben.«

Während dieser Spaziergänge dürfte ein norwegischer Schriftsteller kaum seinen Blicken verborgen geblieben sein, der später ein großer Bewunderer Dostojewskijs werden sollte. Gemeint ist Henrik Ibsen, der zu dieser Zeit ganz in der Nähe wohnte, dasselbe Café frequentierte und im selben Park spazierenging. Nichts deutet jedoch darauf hin, daß die beiden zugeknöpften Herren je Verbindung miteinander aufnahmen.

Selten genug kam etwas Abwechslung in dieses eintönige Leben. Eines Tages besuchten die Eheleute eine Versteigerung der Besitztümer einer verblichenen Herzogin. Unter den Kostbarkeiten fiel Dostojewskij ein herrliches Kristallservice auf. Das mußte er haben! Zwar konnte er sich das ganze Service nicht leisten, doch er besprach sich gleich mit einer französischen Dame dahingehend, daß sie jeder die Hälfte nehmen wollten. Die ersten Angebote wurden ausgerufen. Die vorsichtigen Deutschen begnügten sich mit geringfügigen Überbietungen, während der Schriftsteller jedesmal um einen halben Taler erhöhte. Mit Grausen sah Anna seine Spielleidenschaft überhand nehmen; was, wenn die Französin einen Rückzieher machte? Der Hasardeur Dostojewskij gab sich erst zufrieden, als er alle überboten hatte.

Beim Roulettespiel war ihm das Glück allerdings immer noch nicht hold. Kaum hatte man im April 1870 die Saison eröffnet, da nahm er auch schon den Zug nach Homburg, um seine »Nerven zu stärken«. In dem einzigen von diesem Ausflug bewahrten Brief erzählt er von einer anstrengenden Zugfahrt und einem miserablen Hotel du Parc, in Bahnhofsnähe. Außerdem bittet er Anna, den Brief zu verstecken, damit die Schwiegermutter nicht herausbekommt, wo er sich aufhält.

Allerdings mußte er sich jetzt sputen, wenn er den großen Coup am grünen Tisch landen wollte. Ihm konnte unmöglich verborgen geblieben sein, daß die Behörden längst verfügt hatten, alle Spielkasinos in Deutschland zu schließen.

Im nächsten Frühjahr beeilt er sich daher noch einmal, fortzukommen – mit Annas Segen und hundertzwanzig Talern in der Tasche. Der Schwiegermutter wird erzählt, er müsse »in einer literarischen Angelegenheit« nach Frankfurt, aber sein wahres Reiseziel steht außer Zweifel: Im *Bade-Blatt für Wiesbaden* vom 22. bis 29. April 1871 ist nachzulesen, ein »v. Dostoiewsky, Hr., Dresden« sei im Taunushotel abgestiegen. Es sollte sein letzter Aufenthalt in der Kasinostadt werden.

Das mitgebrachte Geld verschwand schon bei seinem ersten Besuch im Spielsaal. Mit zitternder Hand schickte er nun ein Telegramm an Anna: »Schreiben Sie mier«; die deutsche Orthographie blieb ihm immer fremd. Es war das vereinbarte Signal dafür, daß er alles verloren hatte und sie ihm mehr Geld nachschicken müsse. Was Anna getreulich befolgte – 30 Taler; zugleich äußerte sie sich bekümmert darüber, wie das alles enden werde.

Die Worte verfehlen nicht ihre Wirkung auf Dostojewskij. Dieses Geld will er *nicht* verspielen. In der Nacht zuvor hat er außerdem seinen Vater im Traum gesehen, ein warnendes Vorzeichen! Trotzdem zieht es ihn unwiderstehlich in den Spielsaal. Anfangs gibt er sich damit zufrieden, sein Geld in Gedanken zu setzen. Und das geht hevorragend! Zehnmal rät er die richtigen Zahlen sogar Zero! Doch als er derart beflügelt von seinen Trockenübungen ernsthaft mit dem Spielen beginnt, ist sein Geld im Nu weg.

Spät am Abend wankt er auf die Straße. »Ein Spieler spielt immer, und sei es vor dem sterbenden Christus am Kreuze«, hatte er einmal auf der Ingenieurakademie in Zschokkes Andachtsbuch gelesen. Jetzt wollte er den russischen Geistlichen in der Stadt aufsuchen – etwa um zu beichten? Nein, es wird wohl eher die Aussicht auf eine kleine Leihsumme gewesen sein, die ihn hintrieb. Ihm war früher in solchen Situationen priesterliche Hilfe zuteil geworden. Verwirrt wie er war, schlug er den falschen Weg ein und merkte auf einmal, daß er vor der Synagoge der Stadt gelandet war. »Mir war, als hätte man mich mit kaltem Wasser übergossen«, schreibt er an Anna. »Nein, zu dem Priester gehe ich nicht, nie im Leben, das schwöre ich Dir!«

Also mußte sie ihm noch einmal dreißig Taler schicken, damit er sein Hotelzimmer bezahlen und im Zug dritter Klasse zurückfahren konnte. Das Geld würde er gewiß nicht verspielen! So schlecht durfte sie nicht von ihm denken! Sowie er dieses Geld in Fingern hatte, würde er Wiesbaden auf der Stelle verlassen. Und wenn die Mutter sich darüber entsetzte, daß Anna ihre Kleider verpfändete, solle sie einfach sagen, er habe in einem epileptischen Anfall eine Matratze ruiniert und brauche daher zusätzlich Geld.

Anfang Mai – nach über einer Woche am Spieltisch – traf er niedergeschlagen in Dresden ein, ohne Geld, ohne Zigaretten, aber wie üblich mit frischen Arbeitskräften. Er hatte wieder seine »Nerven gestärkt«.

In ihren Erinnerungen stellt Anna folgende Betrachtungen über die Spielsucht ihres Mannes an:

»Anfangs erschien es mir seltsam, daß Fjodor Michailowitsch, der so tapfer viele verschiedene Leiden in seinem Leben ertragen hatte (Festungshaft, Schafott, Verbannung, den Tod des geliebten Bruders, der Gattin), nicht die Willenskraft aufbringt, sich zu beherrschen, bei einer bestimmten Höhe des Verlusts haltzumachen, nicht den letzten Taler zu riskieren. Ich sah darin sogar eine gewisse Erniedrigung, die seines erhabenen Charakters unwürdig war, und es schmerzte und kränkte mich, diese Schwäche bei meinem geliebten Mann zu entdecken. Doch bald begriff ich, daß dies nicht einfach ›Willensschwäche‹, sondern eine den Menschen verschlingende Leidenschaft war, etwas Elementares, gegen das selbst ein starker Charakter nicht ankämpfen kann.

Man mußte sich damit abfinden, die Spielsucht als eine Krankheit ansehen, gegen die es kein Mittel gibt...

Eines muß ich mir zugute halten: Niemals warf ich meinem Mann die Verluste im Spiel vor, niemals stritt ich mit ihm aus diesem Anlaß (mein Mann schätzte diese Charaktereigenschaft sehr), ohne Murren gab ich ihm unser letztes Geld, obwohl ich wußte, daß meine Sachen, falls sie nicht fristgemäß eingelöst wurden, für immer verloren waren, und ertrug die Unannehmlichkeiten von seiten der Wirtin und der kleinen Gläubiger.

Doch in tiefster Seele schmerzte es mich zu sehen, wie Fjodor Michailowitsch selbst unter diesem Spielzwang litt: Blaß und erschöpft kehrte er vom Roulette zurück und bat um mehr Geld. Dabei konnte er sich kaum auf den Beinen halten. Dann ging er wieder, doch nach einer halben Stunde kehrte er noch niedergedrückter zurück, um Geld zu holen, und das so lange, bis er unseren letzten Heller verspielt hatte.

Wenn kein Geld mehr da war, wurde Fjodor Michailowitsch oft so deprimiert, daß er zu weinen begann, vor mir auf die Knie fiel, mich anflehte, ich möge ihm die Qual verzeihen, die er mir zufügte, und in äußerste Verzweiflung geriet. Mich kostete es dann viele Anstrengungen, Überzeugungs- und Überredungsversuche, um ihn zu beruhigen, unsere Lage als nicht so hoffnungslos hinzustellen und einen Ausweg zu ersinnen . . .«

Annas Erinnerungen sind eine bewegende Lektüre, und es besteht kein Zweifel daran, daß sie ihrem Mann eine große Stütze war, wenn die Spielsucht ihn am schlimmsten heimsuchte. Aber ihre spätere Behauptung, er habe wegen der Kinder zu spielen aufgehört und sei schlagartig von der Krankheit geheilt worden, ist wohl ein Trugschluß. Zwar schreibt Dostojewskij aus Wiesbaden:

»Anna, mein lieber Schutzengel! Mir ist ein großes Glück widerfahren. Der Alptraum, der mich seit fast zehn Jahren *gequält* hat, ist nun zu Ende. Zehn Jahre lang, oder seit ich nach dem Tod meines Bruders von Schulden überschwemmt wurde, habe ich ernsthaft und mit Leidenschaft diesen Traum eines großen Gewinns verfolgt. Doch jetzt ist es vorbei! Das war das *allerletzte* Mal!«

Solche Beteuerungen hatte er allerdings schon häufiger abgegeben. Außerdem wissen wir, daß er selbst bestritt, beim Spielen käme es aufs Gewinnen an, und doch jedesmal der Versuchung erlag, wenn er in die Nähe eines Spielkasinos kam. Seine Spielleidenschaft muß tief verwurzelt gewesen sein, ein Produkt seines Bedürfnisses nach Leid und Selbstbestrafung; sie ließ sich nicht ohne weiteres durch Willenskraft bezwingen. Daß er während seiner späteren Kuren in Deutschland nicht mehr spielte, lag kaum an seiner »Heilung«, sondern vielmehr an einer unabänderlichen Tatsache: Um den Jahreswechsel 1872/73 wurden sämtliche Spielkasinos geschlossen. Erst nach Hitlers Machtergreifung öffnete man sie wieder.

Was Dostojewskij bei seinem letzten Aufenthalt in Wiesbaden am meisten aufregen mußte, war das hemmungslose Feiern des deutschen Siegs über Frankreich – Konzerte, Feuerwerk; Bier floß in Strömen. Er war für die Franzosen gewesen und hatte den Krieg als einen Kampf zwischen »der rohen Kraft der Deutschen« und »dem nationalen Geist der Franzosen« angesehen. Wenn die dummen deutschen Professoren forderten, »Paris muß bombardiert werden«, dachte er an die Worte des Evangeliums, wer zum Schwert greife, werde auch durchs Schwert umkommen. Gleichzeitig verfolgte er die russische Aufrüstung mit größtem Interesse. »Gelingt es uns, genügend Eisenbahnen und Festungen zu errichten? Werden wir uns noch eine Million Gewehre beschaffen können?« Vor Deutschland mußte man wahrhaftig auf der Hut sein. Schon gingen Gerüchte um, Rußland sei als nächstes Angriffsziel vorgesehen! Der Krieg hatte ihn gewiß nicht zum Pazifisten gemacht: »Ohne Krieg erstarrt der Mensch in Reichtum und Komfort und verliert die Fähigkeit, edel zu denken und zu fühlen; er verroht und verfällt in Barbarei.«

Die Gründung der Pariser Kommune muß ihn erschreckt haben. Wenn es dem atheistischen Westen nun gelang, eine neue Gesellschaft ohne den Glauben an Christus aufzubauen? Was konnte der russische Messianismus dann noch bewirken? Zu seiner Erleichterung fiel die Pariser Kommune, womit die westliche Zivilisation für ihn wieder einmal bewiesen hatte, daß sie die Probleme der Menschheit nicht lösen konnte. O nein, auf Vernunft allein ließ sich die neue Welt nicht errichten. Die Kommune von Paris war der Schwanengesang westlicher Zivilisation. Nun endlich war der Weg frei für Rußlands »neuen Gedanken«, den einzigen, der die Menschheit auf den richtigen Pfad der Erneuerung lenken konnte. »Die Berufung ganz Rußlands ist die Orthodoxie, das *Licht aus dem Osten,* ein Licht, welches den Menschen des Westens zufluten soll, den Menschen, die Christus verloren haben. Das gesamte Unglück Europas, ausnahmslos alles, liegt nur daran, daß Christus in der römisch-katholischen Kirche verlorenging und die Menschen von da an meinten, ohne Ihn auskommen zu können.«

Immer stärker sehnte er sich nun in die Heimat zurück, um Rußlands Berufung verkünden zu können. »Könnten wir doch nur so rasch wie möglich nach Rußland heimkehren!« klagt er in einem Brief an Anna. »Wenn doch dieser verfluchte Auslandsaufenthalt und diese Träume endlich zu Ende wären! Oh, wie verhaßt wird mir diese Zeit in der Erinnerung einmal sein.«

Die Hoffnung auf eine baldige Heimreise hatte ihn nie verlassen, war aber immer wieder an Geldmangel gescheitert. Und nun führte der Krieg zu einer beträchtlichen Verteuerung aller Waren, nirgends war mehr Kredit zu bekommen. Die Folge war, daß die Familie Dostojewskij oft regelrecht Not litt. So mußten sie die Taufe ihrer Tochter aufschieben, weil sie es sich nicht leisten konnten, die Zeremonie zu bezahlen. Es kam sogar vor, daß dem Schriftsteller das Geld fehlte, seine Manuskripte zum Druck abzuschikken, und er seine Hose verpfänden mußte, um ein Telegramm aufgeben zu können.

Und wenn er nun gezwungen war, den Rest seines Lebens unter diesen stumpfsinnigen Deutschen zuzubringen? Dann wäre er bestimmt verloren, außerstande, zu schreiben. Daß seinem *Idioten* kein Erfolg beschieden war, nahm er als schlechtes Zeichen. Ging es nicht doch bergab mit seinem schriftstellerischen Können? Würde er bald ebenso untalentiert sein wie Turgenjew – dieser »verbrauchteste aller verbrauchten Schriftsteller«? Beim bloßen Gedanken daran lief es ihm kalt den Rücken hinunter. Jede Neuerscheinung aus Turgenjews Feder war ja eine neue Katastrophe! Nicht etwa, daß er befürchtete, wie dieser ein Deutscher zu werden. Dafür haßte er die Deutschen viel zu sehr. Nein, er brauchte Rußland, um weiterschreiben zu können. Und um dorthin zurückkehren zu können, brauchte er Geld.

Kurz nach seiner Ankunft in Dresden hatten sich ihm einige Möglichkeiten für zusätzliche Einnahmen eröffnet, die seinen Traum vielleicht wahrmachen konnten.

Aus Petersburg erfuhr er, Stellowskij habe eine Sonderausgabe von *Schuld und Sühne* auf den Markt geworfen. Laut Vertrag war er damit verpflichtet, dem Autor einen größeren Betrag zu zahlen, doch er weigerte sich schlichtweg.

Dostojewskijs Freunde mühten sich vergebens. Schließlich riet ihm Majkow, selbst zu kommen und die Sache in die Hand zu nehmen. Mißtrauisch wie er war, sah Dostojewskij in dem Telegramm allerdings eine Falle. Vielleicht wollte Stellowskij ihn ins Schuldgefängnis befördern, um dann das Honorar mit aufgekauften alten Wechseln zu bezahlen? So etwas sah ihm ähnlich! Das Ende vom Lied war, daß er einen Anwalt anheuerte; es sollten jedoch Jahre vergehen, ehe Stellowskij seinen Verpflichtungen nachkam.

Die Hoffnung auf ein noch so kleines Erbe von seiner Tante Kumanina ging genausowenig in Erfüllung. Alexandra Fjodorowna, die reiche Schwester seiner Mutter, war lange krank gewesen, und als sie 1869 starb, stellte sich heraus, daß sie einem Kloster 40 000 Rubel hinterlassen hatte. Dostojewskij war empört. Ein in ihrem geistesgestörten Zustand geschriebenes Testament konnte doch unmöglich rechtskräftig sein? Einem Kloster Geld zu schenken, während er in Deutschland am Hungertuch nagte! Zwar waren ihm bereits 10 000 Rubel als Vorschuß auf sein Erbe ausgezahlt worden, ja, er war wohl auch einverstanden gewesen, damit keine weiteren Ansprüche mehr erheben zu wollen. Aber dieses Geld war doch für die Finanzierung der Zeitschrift seines Bruders draufgegangen! Hier mußte man offensichtlich einen Prozeß anstrengen, um das Testament anzufechten. »Die Dostojewskijs sind die ältesten und weitestgehend berechtigten Erben der Tante.«

Um dieses Geld sollte es einen langwierigen, bösen Streit geben. Alte Freundschaftsbande lösten sich mit der Zeit mehr oder weniger auf, besonders mit seinem Bruder Nikolaj und der Schwester Alexandra, die beide in großer Armut lebten. Am schmerzhaftesten für ihn war das Zerwürfnis mit seiner Nichte Sonja, die er wie seine eigenen Kinder liebte »und vielleicht noch ein bißchen mehr«. Ihr hatte er die Zeitschriftenausgabe des *Idioten* gewidmet; als jedoch ein paar Jahre später die Buchausgabe vorlag, war die Widmung verschwunden. Etwas von diesem peinlichen Streit, der sowohl juristische als auch moralische Seiten hatte, klingt in einer Intrige im *Jüngling* nach.

Im April 1871 hatten sie vier Jahre im Ausland verbracht. Aus Rußland trafen immer schlechtere Nachrichten ein. Annas Haus verkam allmählich, und sie selbst erwartete im Sommer ein Kind. Wenn sie jetzt nicht zurückkehrten, mußten sie womöglich noch ein Jahr in der Fremde leben. Ein unerträglicher Gedanke! Ende Juni endlich kam ein größeres Honorar vom *Russischen Boten* an. Sie konnten ihre verpfändeten Habseligkeiten auslösen, die Schulden bezahlen und packen.

Am Abend des 17. Juli setzten sie sich in den Zug nach Berlin. Die Zollkontrollen an der Grenze waren in ganz Europa berüchtigt. Jeder fremde Lesestoff, den die Zollbeamten fanden, wurde für gewöhnlich beschlagnahmt; alles wurde untersucht, bis hin zu Regenschirmen und Mäntelfutter. Auch wenn Dostojewskij, anders als Georg Brandes, keinen Revolver mitnahm, fürchtete er sich doch vor einer Durchsuchung und verbrannte etliche seiner Manuskripte. »Warum sollte ich meine Papiere der Polizei ausliefern? Da gingen sie ja doch verloren«, meinte er. »Nein, besser ist es, sie selbst zu verbrennen!« Die gründliche Untersuchung dauerte dann auch so lange, daß sie fast den Zug nach Petersburg verpaßten. Glücklicherweise kam Ljuba ihnen zu Hilfe. Sie stimmte ein so langanhaltendes Schreikonzert an, daß selbst die gewissenhaften Zollbeamten kapitulieren mußten.

»Noch einen langen, quälenden Tag mußten wir in dem dumpfen Eisenbahnabteil verbringen«, erinnert sich Anna. „Doch das Bewußtsein, daß wir jetzt über russischen Boden fuhren, umgeben von unseren russischen Landsleuten, stimmte uns so froh, daß wir alle Beschwerlichkeiten der Reise vergaßen. Überglücklich fragten wir einander: Ist es denn wirklich wahr, daß wir endlich wieder in Rußland sind? So wundersam war für uns die Erfüllung unseres langgehegten Traums.«

Das Leben in der Fremde war zu Ende, lange, von Auslandshaß und Heimweh erfüllte Jahre der Not und des Verzichts. Doch es war auch eine ertragreiche, fruchtbare Zeit gewesen, die Dostojewskij die Ruhe verschafft hatte, das meiste von dem zu überdenken, was die Grundlage seiner späteren Werke werden sollte. Strachow mißt diesem Auslandsaufenthalt folgende Bedeutung bei:

»Ich bin vollkommen überzeugt, daß diese vier Jahre, die Fjodor Michailowitsch im Ausland verbrachte, seine beste Zeit waren. Tiefe, reine Gedanken und Empfindungen reiften im Dichter. Er arbeitete mit Feuereifer und litt oft bittere Not, führte aber dennoch ein ruhiges, glückliches Familienleben fern von allem, was sein Denken, seine geistige Versenkung stören konnte. Die Geburt seiner Kinder, die Sorge für die Kinder, die selbstvergessene Anteilnahme der Eheleute an den Sorgen und Nöten des anderen, ja sogar der Tod ihres ersten Kindes – all dies waren reine und läuternde Erfahrungen. Ohne jeden Zweifel konnten sich die christlichen Züge, die seinen Geist charakterisierten, am prägnantesten im Ausland und gerade unter den Verhältnissen, die er dort erdulden mußte, entwickeln. Als er nach Petersburg zurückkehrte, blieb diese große Veränderung keinem seiner Bekannten verborgen. Er versuchte immer, das Gespräch auf religiöse Themen zu lenken. Sogar seine Redeweise hatte sich verändert. Er drückte sich in einem freundlicheren, nahezu demütigen Tonfall aus. Auch seine Gesichtszüge zeigten Spuren dieser neuen Gemütsverfassung, und oft erschien ein sanftes Lächeln auf seinen Lippen... Die besten christlichen Gefühle waren jetzt in ihm lebendig – eben die Gefühle, die immer häufiger und mit größerer Klarheit in seinen Werken zum Ausdruck kamen. So kehrte er aus dem Ausland zurück...«

Und was diese Rückkehr ermöglicht hatte, waren die Honorare für Dostojewskijs neuen Roman – *Die Dämonen*.

III

Die Briefe, die Dostojewskij aus dem Ausland schrieb, geben beredtes Zeugnis von seinem Heimweh ab. Über hundert, meist sehr lange, sind erhalten geblieben. Alle durchzieht die gleiche Schwermut: Westeuropa langweilt ihn grenzenlos. Während seine Schriftstellerkollegen während ihrer Reisen zumindest eine gewisse Neugier an den Tag legen, läßt Dostojewskij im großen und ganzen kalt, was er sieht, wenn er es nicht gleich in Grund und Boden verdammt. Die großartigen Schweizer Berge werden mit wenigen Zeilen abgetan, das gleiche gilt für die Kunstschätze in Florenz. Und wenn der große Erforscher der Seelen auch einmal – was selten genug vorkommt – die Menschen in seiner Umgebung studiert, fallen seine Erkenntnisse erschreckend oberflächlich aus: Die Deutschen sind dumm, die Schweizer eingebildet, die Italiener machen Krach. Viel mehr scheint dazu nicht zu sagen zu sein.

Westeuropa interessiert ihn offenbar lediglich im Zusammenhang mit Rußland, wo für ihn wiederum alles und jedes von Interesse war: Geistesleben und Prozesse, Militärwesen und Eisenbahnbau, Verbrechen und politische Unruhen. Jeden Monat bekommt er zwei Zeitschriften zugeschickt, und in seinem Stammcafé in Dresden liest er jeden Tag drei russische Zeitungen »vom ersten bis zum letzten Wort«. Dazu findet er dann oft noch in den ausländischen Zeitungen Mitteilungen, die in den russischen nicht gedruckt werden dürfen.

Daß er die Vorgänge in seiner Heimat so genau mitverfolgte, lag nicht zuletzt an seiner Beunruhigung über die ideologische Entwicklung der Jugend. War die russische Jugend bereit, den hochmütigen Westlern die »russische Idee« zu verkünden, oder ließ sie sich vielmehr von der gottlosen Botschaft des westlichen Sozialismus verführen? Mit Grausen überlegte er, was geschehen konnte, falls die junge Generation die gleichen folgenschweren Fehler beging, die ihm in den vierziger Jahren unterlaufen waren.

Die Zeichen der Zeit ließen nichts Gutes ahnen. Im Herbst 1869 bekam die Familie Besuch von Annas jüngerem Bruder, Iwan Snitkin. Der Schüler an der Moskauer Landwirtschaftsschule wußte von Unruhen unter den Studenten zu berichten. Einer seiner Studienkollegen, Iwanow, war allerdings ein sympathischer junger Mann und hatte ihm auch bei den Reisevorbereitungen geholfen.

Dostojewskijs Bestürzung war groß, als er wenige Wochen später las, eben dieser Iwanow sei in einem Park in der Nähe der Landwirtschaftlichen Hochschule ermordet worden. Fünf Männer hatten den Mord begangen. Zwei von ihnen hatten das Opfer in eine Höhle gelockt, wo der Rest der Bande wartete. Einer packte ihn an den Händen, einer würgte ihn, und der dritte schoß ihn in den Kopf. Iwanow konnte den Schützen nur noch in den Finger beißen, bevor er in einem Teich im Park verschwand. Wenig später wurde die Leiche in einem durchsichtigen Eisblock gefunden.

Hinter dem Mord an Iwanow am 21. November 1869 stand der junge Student Netschajew, einer von vielen damaligen Nihilisten, nur viel gefährlicher als die anderen. Er war erst seit kurzem aus dem Ausland zurückgekehrt, wo er zu den ergebensten Jüngern Bakunins gezählt hatte. Mit einem Mandat von Bakunins fiktiver »Alliance révolutionnaire européenne« ausgestattet, gelang es ihm, eine Reihe von »Fünf-Mann-Gruppen« für eine Terrororganisation zu gründen, die er »Volksjustiz« nannte und deren Wahrzeichen die Axt war. Sein Ziel war, am 19. Februar 1870, dem neunten Jahrestag der Aufhebung der Leibeigenschaft, in ganz Rußland einen Aufstand vom Zaun zu brechen. Die Gruppen operierten unabhängig voneinander, aber Netschajew war Drahtzieher. Iwanov hatte man offenbar aus dem Weg geräumt, weil er diese diktatorischen Tendenzen nicht akzeptieren wollte. Nach dem Mord gelang es dem »Führer«, ins Ausland zu entkommen. »Die Bluthunde der Regierung haben mich nicht zu fassen bekommen«, schreibt er in einem Aufruf »An die russischen Studenten«. »Das Schicksal will, daß ich diese verrottete Regierung überlebe! Rußlands Zukunft liegt bei uns!« Erst 1872 wurde er in Zürich verhaftet und an die russischen Behörden ausgeliefert.

Wahrscheinlich verfaßte Netschajew gemeinsam mit Bakunin den *Katechismus eines Revolutionärs*, der das vollständige Programm der Bewegung enthielt. Diesem »Katechismus« zufolge sollten die Herrschenden allesamt ausgerottet werden, sofern sie sich nicht im Dienst der Revolution verwenden ließen. Als Beispiele nennt das Buch »eine Menge hochgestellter Schafsköpfe oder Personen, welche sich weder durch Verstand noch durch Energie auszeichnen, vermöge ihrer Position jedoch mit Reichtum, Verbindungen, Einfluß und Macht gesegnet sind. Diese muß man auf jede erdenkliche Weise ausnutzen – sie in sein Netz verspinnen, ihre Begriffe verwirren, sich so weit als irgend möglich ihrer schmutzigen Geheimnisse bemächtigen und sie dadurch zu seinen Sklaven machen . . .« Auch die »nichtssagenden, geist- und seelenlosen Frauen« sollten ausgenutzt werden – sie seien besonders leicht zu kompromittieren, meinte Netschajew.

Dostojewskij merkte gleich, daß er hier auf sein ureigenstes Thema gestoßen war. Seit Jahren hatte er nun gegen das schleichende Gift des Nihilismus gepredigt. Offenbar mit gutem Grund! Der grauenhafte Mord in der dunklen Herbstnacht war für ihn keine zufällige Begebenheit. Wieder einmal hatte die Verwerfung des christlichen Volksglaubens zu Persönlichkeitsverfall, Mord und Verbrechen geführt. In *Schuld und Sühne* hatte er den Nihilismus als Problem eines einzelnen angeprangert. Jetzt sah er die Zeit für eine Abrechnung mit dem Nihilismus als gesellschaftlichem Übel gekommen. Er wollte einen politischen Roman über »das größte und wichtigste Problem unserer Zeit« schreiben und die revolutionäre Bewegung mit einem politischen Pamphlet

»geißeln«. »Sollen die Nihilisten und Westler doch hinausposaunen, ich sei reaktionär! Zum Henker mit ihnen, ich werde jetzt gründlich meine Meinung sagen – bis zum letzten Wort.« Könnte er jetzt nur zwei, drei Jahre Zeit bekommen, so würde er unter Garantie einen Roman schreiben, den man noch in hundert Jahren las.

In Dostojewskijs letztem Roman stand ein in die Heimat zurückgekehrter Russe im Mittelpunkt, den demütiges Mitleid, *Smirenije,* auszeichnete. *Die Dämonen* erzählen ebenfalls von heimgekehrten Russen. Die meisten von ihnen haben jedoch ihre russischen Tugenden eingebüßt. Besessen von ausländischen Ideen, verwarfen sie die russische *Smirenije* und ergaben sich statt dessen der westlichen *Hybris,* dem hochmütigen Glauben, der Mensch käme auch ohne Gott zurecht und sei zur Auflehnung gegen alles Heilige berufen. »Solange es Gott gibt, ist der Mensch ein Sklave«, hieß es bei diesem Schweizer, Bakunin. »Der Mensch ist rational, gerecht, frei – folglich gibt es keinen Gott.« Von daher verwundert es nicht, daß Kirillow von dem Gedanken besessen ist, das Prinzip der Selbstüberhebung auf die Spitze zu treiben, indem er durch seinen Selbstmord zum »menschlichen Gott« werden will. Wohin führten sie denn, diese Ideen vom freien, gottlosen Menschen? »Zuerst befürworte ich schrankenlose Freiheit, schließlich ende ich bei der absoluten Despotie«, gibt Schigaljow zu, der Theoretiker des Nihilismus in den *Dämonen.*

Von diesen »besessenen« Menschen sollte Dostojewskijs Buch handeln. In seiner Ausgabe des Neuen Testaments hatte er das Gleichnis des Lukas-Evangeliums angestrichen, wie Jesus die bösen Geister aus einem besessenen Menschen trieb. Dieser Abschnitt diente ihm auch als Epigraph für den Roman:

»Es war daselbst eine große Herde Säue auf der Weide auf dem Berge. Und sie baten ihn, daß er ihnen erlaubte in sie zu fahren. Und er erlaubte es ihnen.

Da fuhren die Teufel aus von dem Menschen und fuhren in die Säue; und die Herde stürzte sich von dem Abhange in den See und ersoff.

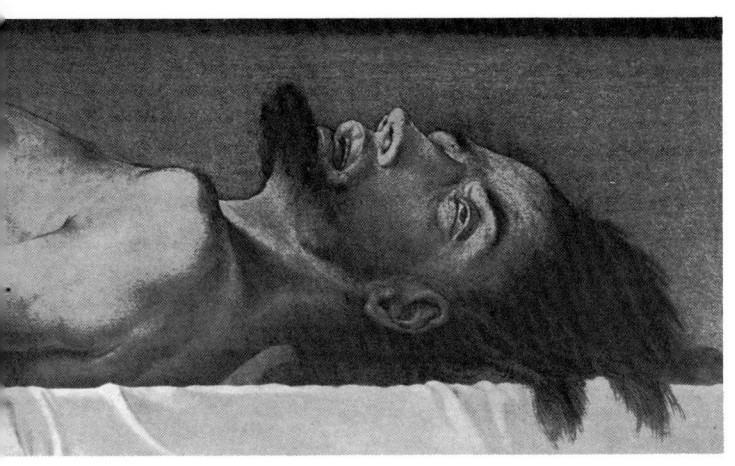

Der Leichnam Christi im Grabe (Ausschnitt).
Holbein d. J., 1521.

Der Friedenskongreß in Genf.

Anna Grigorjewna. 1871
in Dresden aufgenommene
Fotografie.

Sergej Netschajew. Fotografie
aus den siebziger Jahren des
vorigen Jahrhunderts.

Florenz. Der Boboli-Garten.

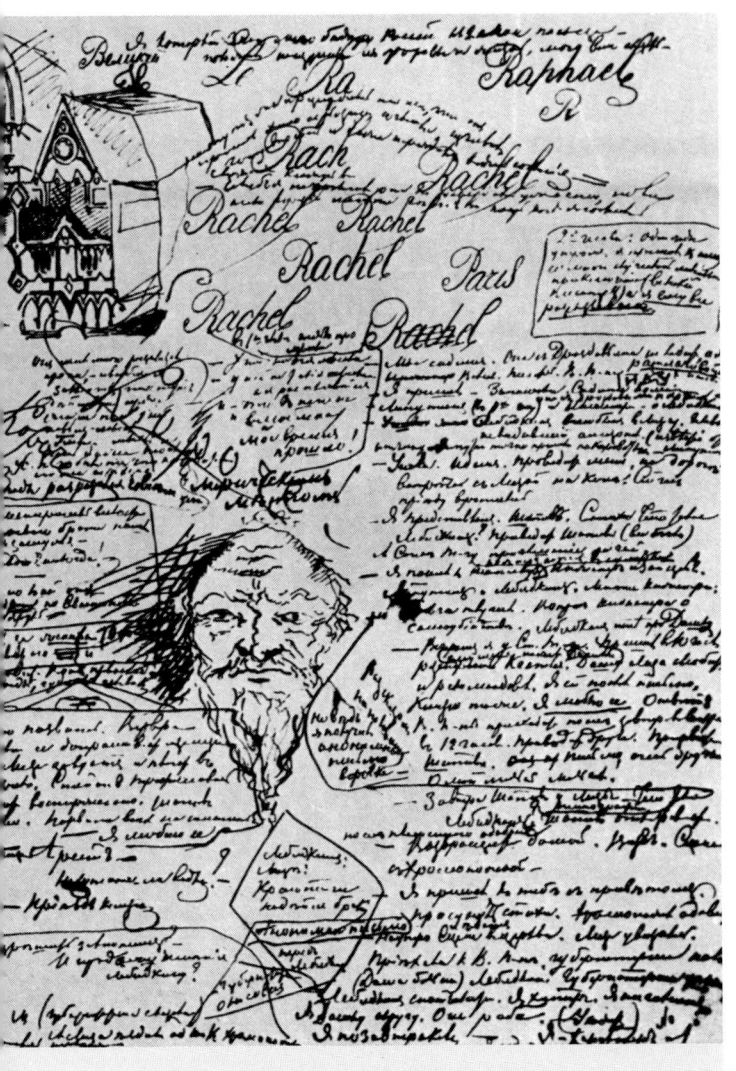

Eine Seite aus Dostojewskijs Notizbuch
mit Aufzeichnungen zu den *Dämonen*.

Bade-Blatt

für

Wiesbaden.

Erscheint jeden Sonntag. Vom 15. Juni bis 15. Septbr. wird Dienstags, Mittwochs, Donnerstags und Freitags ein Extrablatt der angekommenen Fremden ausgegeben. — Abonnements: 3 Thlr. mit Preisgericht 3 Thlr. In den Monaten October bis 15. Juni pr. Jahr. In den Monaten October bis Mai Monats-Abonnements 10 Sgr. u. 2 Sgr. Bringerlohn. — In den Monaten Juni bis September: Monats-Abonnement 1 Thlr. u. 10 Sgr. Bringerlohn. Vierteljahrs-Abonnement 1 Thlr. 15 Sgr.

u. 10 Sgr. Bringerl.; Nachf.-Abonnement 12 Sgr. Bringerlohn. — Einzelne Nummern 6 Pfg., tägl. Lieten 1 Sgr. — Für die Inserti. Petitzeile oder deren Raum Bureau u. Redaction: Hôtel Wirth

Cette feuille paraît chaque Dimanche. Du 15 juin au 15 septembre quotidiens indique le mouvement

Fremdenliste. Liste des Etrangers.

Herausgegeben vom Cur-Verein der Stadt Wiesbaden und nach amtlichen Quellen zusammengestellt.

Annoncen-Annahme.

Wiesbaden: in der Expedition; — Frankfurt a. M. und Hamburg: G. L. Daube & Comp.; — Frankfurt a. M, Leipzig, Berlin Hamburg, Basel, Paris: Haasenstein & Vogler; — Frankfurt a. M: Hermann'sche Buchhandlung, Jäger'sche Buchhandlung; — Berlin Messe: — Leipzig, Bern, Stuttgart, Cassel, Cöln: Sachse & Comp.; — Paris: Havas, Lafitte Ballier & Comp., 8 place de la bours Orsin & Comp., 61 boulevard Sébastopol. — Leipzig: H. Engler, Ritterstrasse 45.

№ 18. Vom 22. bis 29. April.

Wir ersuchen die verehrlichen Curgäste unserer Stadt, ihre Namen und Titel zum Zwecke der Aufnahme in u deutlich angeben zu wollen. Für undeutlich geschriebene oder uns ungenau aufgegebene Namen, dien von Seiten der Fremden selbst oder durch Verschulden der Quartierträger, können wir keinerlei Verantw übernehmen. Ebenso verwahren wir uns gegenüber dem häufig unterlassenen An- oder Abmeldungen der Fremden Vorwürfe, da alle uns zugehenden Mittheilungen sofort und gewissenhaft berücksichtigt werden. In Fällen wo uns t keine Notizen zukommen, können wir selbstverständlich nicht verantwortlich gemacht werden.

Die Redacti

Es liegt im Interesse der verehrlichen Fremden, welche Briefe oder Sendungen erwarten, nach Ankunft ihre bei hiesigem Postamte anzuzeigen.

Wiesbaden, 1871.

Die Redacti

Les etrangers dont le nom ou la demeure seraient oubliés ou incorrectement indiqués sont priés d'en faire part au bureau du „Cur-Verein", Hôtel Wirth, Taun

Verzeichniss der angekommenen Fremden. (Mouvement des Etrangers.)

Gast- d. Badehäusern.

(Hôtels et Etablissements de Bains.)

Adler.

v. Bentivegni. Hr. Obristlieutenant, Berlin
v. Bünau, Hr. Hauptmann, Görlitz
Bernstein, Hr. Arzt, Wesel
v. Beerfelde, Hr. Lieuten., Frankreich
Bährer, Hr. Kfm., Dillenburg
Brunke, Hr. Kfm., Paris
Biell, Hr. Stadtrath m. Fr., Brandenburg, 2 P.
v. Caspari, Hr. Hauptmann, Kulm
Detmering, Hr. Ministerial-Secretär, Schwerin
Freytag, Hr., Berlin
Friedberger, Hr. Kfm., Berlin
Gordan, Hr., Frankfurt
Güterbock, Hr. Geh. Commerzien-Rath m. Bed., Berlin, 2 P.
v. Glasenapp, Hr. Obrist, Stolp
Graeff, Hr. Hauptm. m. Bed., Gorze, 2 P.
Henrich, Hr. Kfm., Mainz
Henoch, Hr. m. Fr. m. Bed., Berlin 3 P.
v. Heermsieck, Hr. Lieut., Abbeville
v. Haustein, Frau Baron, Bauern
Hammacher, Hr., Lille
Juncke, Hr. Kfm., Düsseldorf
Kopoth-Burau, Hr. Graf, Major mit Bed., Burau, 2 P.
Kivstein, Hr. Kfm., Stettin
Lind, Fri., Stuttgart
v. Maassen, Hr. Geh. Ober-Regier.-Rath a. D., Berlin
v. Májo, Hr. Kfm., Wien
Melfer, Hr. Kfm., Berlin
Mendel, Hr. Kfm., Carlsruhe
Quadt, Hr. Major, Königsberg
v. Rosenberg-Lipinsky, Hr. Prem.-Lieuten., Berlin

Rossel, Hr. Major, Schwerin
v. Rieben, Frl., Bauern
Rettig, Hr. Kfm., Erdburg
Rhodius, Hr., Siegen
v. Straienheim, Hr. Frhr., Lieuten., Dresden
v. Saldern-Ahlimb, Hr. Hauptmann, Coblenz
Schwarzschild, Hr. Kfm., Frankfurt
v. d. Schulenburg, Hr. G– Erfurt
Stockinger, Fr. u. Toc
Teyke, Hr. Lieuten., B
Thein, Hr. Lieuten., P
v. Thümen, Hr. Berli
v. Taurhnitz, Hr. Frhr., t
Wachenhusen, Hr. Dr.– Berlin
Wurzer, Hr. Hauptm., V
Wredo, Hr. Kfm., Stettin
Wintzer, Hr. Kfm., Bielø
v. Zétzewitz, Hr. Rittmstr.,

Alleesaal.

Emden, Hr. Eisenbahn-Adm Brüssel
Krauskopf, Hr. m. Fam. m Petersburg, 4 P.
Lewis, Hr. m. Gem. u. Frl. England, 3 P.
Ment, Lady m. Kind u. Bed., land, 3 P.
Stavenhagen, Hr. m. Fr. Bed., Hamburg, 5 P.
Thomson, Hr. Rentner, England

Bären.

Brasch, Hr. Rentner m. Fr., Stralsund, 2 P.
Braune, Hr. Prem.-Lieuten., Berlin
Claussius, Hr. Geh.-Rath, Bonn
v. Gabain, Hr. Hauptm., Cöln
v. Jagemann, Hr. Obrist, Frankreich
v. Moltke, Frau Gräfin, Holstein
v. Moltke, Hr. Baron m. Fam., München, 4 P.
Nagel, Hr., Hamburg
Peiffer, Hr. Dr. m. Fam. u. Bed., Berlin, 4 P.

Rieger, Hr. Kfm. mit Schwestern, Stralsund, 3 P.
Schmid, Hr. Sec.-Lieuten. m. Bed., Rheinbach, 2 P.
Tappenbeck, Hr. Consul m. Fam. u. Bed., Pard, 4 P.
v. Veron, Hr. N——
v. Viet——

Taunushotel.

Brehon, Hr., Paris
Bünviler, Hr., Paris
v. Ditmar, Hr. General-Major, Livland
v. Dostoiewsky, Hr., Dresden Wesel
Hüber, Hr. Lieuten., Cöln
Iven, Hr. Kfm., Cöln
Linz, Hr. Kfm., Coblenz
Merrem, Hr. Gerichtsassessor, Coblenz
Pelzer, Hr. Lieuten., Cöln
v. Papen, Hr. Offizier m. Fr., Paderborn, 2 P.
Schäfer, Frau m. Tocht., Elberfeld, 2 P.

Wilson, Frau, Newyork

Berliner Hof.

Barge, Hr. Rentner m. Fr., Amsterdam, 3 P.
Castel, Frau Gräfin m. Bed., München, 2 P.
v. Gerlach, Frau m. Fam. u. Bed., Oschersleben, 5 P.
Kirsch, Frau Pastor, Magdeburg

Schwarzer Bock.

Berbstaedt, Hr. Sec.-Lieut., Gumbinnen

v. Dewitz, Hr. Prem.-Lieut Ebel, Hr. m. Fr., Berlin,
v. Gülau, Hr. Obristlieuten., Cöln

––.-Lient.
–st, Berlin
Pr.-Lieuten., Mür

Russia Fr.,

n—l

n.,
be
Zu
ber
n-J

Zwei Böcke.

Lori, Hr. Banquier m. Fr., 2 P.
v. Meer, Hr. m. Fam., Cre Pope, Frau General m. Toc land, 2 P.
Range, Hr. Dr. m. Fr., Na Rengers Hora Siecsama, Fra u. Bed., Ellecom, 4 P.
v. Scheithen, Frau, Dresden Wehr, Hr. Ritterg.-Bes., B
v. Zichy-Ferraris, Frau, Oes

Zwei Böcke.

Bardenstein, Hr. Lieuten., Bahr, Hr. Lieutenant, Berli

»Hr. v. Dostojewskij« ist zum Roulettespielen eingetroffen.

Da aber die Hirten sahen, was da geschah, flohen sie und verkündigten's in der Stadt und den Dörfern.

Da gingen sie hinaus, zu sehen, was da geschehen war, und kamen zu Jesu und fanden den Menschen, von welchem die Teufel ausgefahren waren, sitzend zu den Füßen Jesu, bekleidet und vernünftig, und erschraken.

Und die es gesehen hatten, verkündeten's ihnen, wie der Besessene war gesund geworden.« (Luk. VIII, 32–36.)

»Genauso ist es auch bei uns geschehen«, erklärt Dostojewskij in einem Brief an Majkow. »Die Dämonen sind aus den Russen in eine Herde Säue gefahren, das heißt in Netschajew und seinesgleichen. Diese sind ersoffen oder werden bestimmt ersaufen, der Geheilte aber, den die Teufel verlassen haben, sitzt zu Füßen Jesu. So mußte es auch kommen. Rußland hat diesen Unflat, mit dem man es überfüttert hatte, ausgespien, und in diesen ausgespienen Schurken ist natürlich nichts Russisches übriggeblieben. Und beachten Sie folgendes, lieber Freund: Wer sein Volk und sein Volkstum verliert, der verliert auch den Glauben seiner Väter und seinen Gott. Dies also ist das Thema meines Romans. Er heißt »Die Dämonen« und stellt dar, wie die Dämonen in eine Herde Säue fuhren.«

Dostojewkijs Auslegung des Lukas-Evangeliums zeigt, daß der Mord in der Grotte für ihn mehr als ein simples Verbrechen war. In seinen Augen war Netschajews Schandtat ein neues Zeichen dafür, daß Rußland in das apokalyptische Zeitalter des Sozialismus eintrat. Der Terror der Pariser Kommune bestärkte ihn nur in seiner Überzeugung, eine Zeitenwende stünde bevor. »Der Kommunismus wird einmal siegen, dessenungeachtet, ob er recht hat oder nicht«, hält er fest. »Doch dieser Triumph wird vom Himmelreich sehr weit entfernt sein. Trotzdem müssen wir annehmen, daß der Triumph einmal kommen wird, auch wenn diejenigen, welche derzeit das Schicksal der Welt lenken, nichts davon ahnen.«

Seine Neigung, irdische Begebenheiten in geistig-religiöser Perspektive zu sehen, hatte Dostojewskij höchstwahrscheinlich von seinem Studium der swedenborgschen Lehre von Entsprechungen oder Korrespondenzen. Deren Grundgedanke besagt, die sichtbare Welt sei parallel zur geistigen angelegt und von dieser durchdrungen. Das Körperliche sei lediglich Abglanz des Geistigen und dies wiederum des Göttlichen. Daraus zieht Swedenborg den Schluß, daß auch jedes einfache »natürliche« Ding seine spezielle geistige und göttliche Entsprechung haben müsse. Denn es sei ein Schattenriß, die »Repräsentation« eines Geistigen, das wiederum ein Abbild des göttlichen Urbilds darstelle.

Diese Lehre macht Swedenborg zum Ausgangspunkt seiner allegorischen Bibelauslegung, nach der die Bibelworte eine tieferliegende symbolische Bedeutung tragen; und die Korrespondenzlehre kann sie an den Tag bringen. Unsere gesamte physische Welt wird demnach zu einem Symbol der geistigen. Dementsprechend findet sich bei Dostojewskij von der Mitte der sechziger Jahre an eine zunehmende Tendenz, die Menschen und ihre Handlungen in religiöser, biblischer Perspektive zu sehen.

Ein Großteil der Unterstreichungen, die der Schriftsteller in seinem Neuen Testament anbrachte, stammen eben gerade von seiner Arbeit an den *Dämonen*. Dies gilt vor allem für die Unterstreichungen in dem Buch, das wohl die auffälligsten Entsprechungen zwischen »göttlichem Urbild« und bedrohlicher Gegenwart enthält, der Offenbarung des Johannes. Dostojewskij sah in der Offenbarung mehr als nur eine Trostschrift für die in der zweiten Hälfte des ersten Jahrhunderts verfolgten Christen. In erster Linie las er sie als eine eschatologische Prophezeiung, die in seiner Zeit in Erfüllung gehen werde. Von apokalyptischen Stimmungen erfaßt, fand er in diesem Buch das Vorbild für seinen falschen Propheten in den *Dämonen:*

»Und ich sah ein ander Tier aufsteigen aus der Erde; das hatte zwei Hörner gleichwie ein Lamm und redete wie ein Drache.« (Off. Joh., XIII, 11.)

Der lakonische Randkommentar des Schriftstellers lautet: »Sozial.« – offenbar eine Abkürzung für »Sozialismus«.

So eben ist dieser Sozialist Pjotr Werchowenskij: genau wie das »ander Tier« der Offenbarung ist er »aus der Erde«, unter den Irdischen aufgestiegen. Er hat zwei Hörner, ist also mächtig, auch wenn er sich nicht mit dem ersten Tier der Offenbarung messen kann, dem Tier aus dem Meer »mit sieben Häuptern und zehn Hörnern«. Auch das Lamm wird erwähnt – er versucht anscheinend, Christus zu imitieren. Mit Lügen will dieser falsche Prophet im Schafspelz Seelen verführen; bezeichnenderweise ist er unter den Romanfiguren als »glänzender Friedensstifter« bekannt. Doch er verrät sich durch lügenhafte Reden. Unter seiner nach außenhin vorgetäuschten Wesensverwandtschaft mit Christus verbirgt sich das Wesen eines Drachen, ein teuflisches Wesen.

Im Roman taucht er erst gegen Ende des ersten Teils auf, im Kapitel »Die listige Schlange«. Seine Physiognomie weist auch große Ähnlichkeit mit der einer Schlange auf: Sein Gesicht ist spitz, die Stirn hoch und schmal, er hat kleine stechende Augen, eine kleine Nase, einen breiten Mund und schmale Lippen. »Sein Kopf sieht wie von beiden Seiten zusammengedrückt aus«, stellt der Erzähler fest, »und der Hinterkopf ist unverhältnismäßig groß«. Auch seine Bewegungen sind die einer Schlange: »schnell und energisch, doch er beeilt sich nie.«

Seine Eloquenz ist zunächst bestrickend, es scheint, als seien seine Worte »immer bereit, zu Diensten zu stehen«. Aber sein unaufhaltsamer Redefluß – wir erfahren, daß seine Worte »aus ihm rieseln wie glatte Körner« – wirkt bald abstoßend. »Schließlich meint man, seine Zunge müsse eine besondere Form haben, sie sei ungewöhnlich lang, schmal und sehr rot und habe eine äußerst scharfe, sich ununterbrochen und unwillkürlich bewegende Spitze.«

Pjotr Werchowenskij, der nach dem anderen Tier der Offenbarung modellierte Sozialist, redet also mit einer Schlangenzunge, er ist ein Kind des Drachen, ein Sohn Satans. Zu einer Hauptfigur wird dieser kleine Teufel allerdings nicht. In der revolutionären Bewegung ist er weder Ideologe noch Theoretiker – er muß sich mit der Rolle eines Praktikers der Bewegung begnügen.

Die Hauptfigur dieses Buches ist eindeutig Nikolaj Stawrogin. Und er ist seinerseits dem *ersten* Tier der Offenbarung nachempfunden, dem Tier aus dem Meer. Dieses Tier hat »sieben Häupter und zehn Hörner und auf seinen Hörnern zehn Kronen«, es ist wie ein »Parder und seine Füße wie Bärenfüße und sein Mund wie eines Löwen Mund«. Schließlich ist zu erfahren: »Und alle, die auf Erden wohnten, beteten es an.« Das paßt genau auf die Charakterisierung Strawrogins. Bereits in seinem Namen steckt das russische Wort für »Horn« – *Rog,* und Pjotr Werchowenskij träumt davon, Stawrogins Haupt mit der Krone des Zarensohns Iwan zu schmücken. Oft ist von Stawrogins Stärke und Macht die Rede. Er hat einen Mann im Duell getötet, einen anderen zum Krüppel geschossen; er könnte sogar nur mit einem Messer bewaffnet auf einen wilden Bären losgehen und sich auch ohne Bedenken zu den Räubern des Waldes gesellen.

Wenn der Autor seine »unbezähmbare Wildheit« und »übermenschliche Kraft« beschreibt, so verwendet er Verben, die geradezu an ein Raubtier erinnern: Er »packt« den würdigen Gaganow bei der Nase, er »schlägt seine Zähne« in das Ohr des Gouverneurs und »reißt« das Gitter vom Gefängnisfenster. Charakteristisch ist auch die wiederholte Bemerkung des Erzählers: »Auf einmal zeigte das Tier seine Krallen!« In den Aufzeichnungen zum Roman wird Stawrogin denn auch als ein »Raubtier« bezeichnet.

Daß alle den »blutrünstigen Stawrogin« anbeten, wird schon durch die vier Frauen veranschaulicht, die er auf seinem Weg erobert. Sein fanatischster Anhänger ist jedoch Pjotr Werchowenskij: »Ich stehe ganz zu Ihren Diensten . . . Sie sind schön, Stawrogin, Sie sind der Anführer! Sie sind die Sonne, und ich bin nur ein Wurm!« Bezeichnenderweise führt Pjotr Werchowenskij den »Anführer« beim Leser ein. Genau wie das andere Tier der Offenbarung steht er im Dienst des ersten Tieres und bahnt ihm den Weg zur Macht; so tritt Pjotr Werchowenskij auch als eine Art »Propagandaminister« seiner Leitfigur auf. Unter anderem verbreitet er das Gerücht, Stawrogin habe Kontakte zu hochgestellten Persönlichkeiten in Petersburg und sei mit einem wichtigen Auftrag in der Stadt.

Weiter erzählt die Offenbarung, das andere Tier »tut große Zeichen, daß es auch macht Feuer vom Himmel fallen vor den Menschen«. Dies wird im Roman durch die von Pjotr Werchowenskij in die Wege geleitete Brandstiftung deutlich. Wir erfahren, das Feuer verzaubere die Schaulustigen mit seiner »berauschenden« Schönheit und verschaffe ihnen wonnige »Schadenfreude«. »Wir werden das Evangelium der Vernichtung verkünden und die Leute zu Brandstiftern erziehen«, sagt Pjotr Werchowenskij. Mit seinem Feuer parodiert er nicht nur die »großen Zeichen« der Offenbarung, sondern eliminiert auch Stawrogins Ehefrau und folgt so seiner Bestimmung, dem ersten Tier den Weg zu ebnen.

Schließlich steht in der Offenbarung, das andere Tier »machte, daß alle, welche nicht des Tiers Bild anbeteten, getötet würden«. Diesen Worten entpricht der von Pjotr Werchowenskij inszenierte Mord an Schatow, dem Mann, der seinen Glauben an die Sache des Sozialismus aufgegeben hat und der aus dem Weg geräumt wird, um die revolutionäre Fünfergruppe blutig zusammenzuschweißen. »Auf dieses demokratische Pack ist kein Verlaß«, klagt Pjotr Werchowenskij. »Ein Götze täte not – ein einziger starker, despotischer Wille.«

Im Roman wird deutlich genug, daß Stawrogin, dieser Mann mit den »außergewöhnlichen Anlagen zum Verbrechen«, von Pjotr Werchowenskij zum Anführer der Gesetzlosen ausersehen ist. Die gesamte satanische Aktivität des letzteren zielt auf die Krönung dieses »starken, despotischen Willens« ab. Daher ist seine Enttäuschung groß, als Stawrogin, den er zu seinem Abgott auserkoren hatte, den Anführer der revolutionären Bewegung weder abgeben will noch kann. »Sie sollten das Märchenschiff sein, das uns ans Ziel trägt. Aber sie ähneln viel mehr einem morschen Kahn, der nur noch für Kleinholz taugt!«

Die Offenbarung erzählt von einem »Weib«, das »auf einem scharlachfarbenen Tier... mit sieben Häuptern und zehn Hörnern« sitzt. »Und auf ihrer Stirn steht der Name geschrieben: Geheimnis«, heißt es in Dostojewskijs Übersetzung. Das Wort »Geheimnis« hat der Schriftsteller zweimal unterstrichen. Dieses Wort charakterisiert auch am besten das Tier unter der »großen Hure«: Stawrogin.

Bereits als Knabe habe er »die erste dunkle Ahnung von der ewigen heiligen Sehnsucht« gehabt, steht im Roman. »Wer einmal diese Sehnsucht empfunden hat, möchte sie nicht gegen die wohlfeilen Freuden des Lebens eintauschen. Ja, manche würden sie nicht einmal gegen die vollkommene Erfüllung eintauschen, selbst wenn sie diese erlangen könnten...« Näheres über diese Sehnsucht erfahren wir in Stawrogins *Beichte,* die unter anderem den Traum vom »Goldenen Zeitalter« beinhaltet, den Claude Lorrains Gemälde *Acis und Galatea* ihm eingibt:

»Eben dieses Bild erschien mir nun im Traum, aber nicht als Bild, sondern als eine von mir erlebte Wirklichkeit. Ich sah genau wie auf dem Gemälde einen Ausschnitt aus dem griechischen Archipel, während ich mich zugleich dreitausend Jahre in der Zeit zurückversetzt fühlte. Ich sah blaue, schmeichelnde Wellen, Inseln und Felsen, blühende Ufer, hatte einen wundervollen Blick in die Ferne, und die untergehende Sonne lockte und rief – mit Worten läßt sich das nicht beschreiben. In diesem Bild dachte sich der euopäische Mensch seine Wiege, und der Gedanke daran erfüllte auch meine Seele mit einer Liebe wie zu meiner Heimat. Hier lag einmal das irdische Paradies der Menschheit: Die Götter stiegen vom Himmel nieder und mischten sich unter die Menschen... Hier lebten wunderschöne Menschen. Sie erwachten und schliefen glücklich, ungeduldig wieder ein, ihre fröhlichen Lieder erklangen in den Hainen und Auen; der große Überschuß an ungenutzten Kräften löste sich in Liebe und schlichter Freude auf. Die Sonne badete sie in Wärme und Licht und erfreute sich an ihren herrlichen Kindern... Ein wundersames Traumgebilde, die verklärte Illusion der Menschheit! Das Goldene Zeitalter, der unglaubwürdigste Traum, den die Menschheit je hatte, dem sie aber von jeher Leben und Kräfte geopfert hat, für den Propheten in den Tod gingen; und ohne ihn wollen die Völker nicht leben, ja nicht einmal sterben! Mir war es, als erlebte ich eben diese Empfindung im Traum; die Felsen, das Meer und die schrägen Strahlen der untergehenden Sonne – all das schien ich noch zu sehen, als ich aufwachte und meine tatsächlich tränenfeuchten Augen öffnete. Ich erinnere mich, daß ich froh war. Ein Glücksgefühl, wie ich es bis dahin nicht gekannt hatte, durchströmte mein Herz, daß es fast schmerzte; es war die Liebe zur ganzen Menschheit.«

Später muß sich dieser »Auserwählte« mit dem Kreuzzeichen in seinem Namen (griechisch *Stauros* = »Kreuz«) dazu berufen fühlen, die Bürde auf sich zu nehmen und seine Mitmenschen dieser Vision des Tausendjährigen Reiches teilhaftig werden zu lassen. Seine Tragödie liegt darin, daß die Bürde zu schwer für seine Schultern ist. Nicht, daß er unter ihr zusammensacken würde; nein, er weist sie vielmehr zurück. Statt sie auf sich zu nehmen, verlegt er sich auf zynische Experimente mit anderen Menschen, um sich an der Gemeinheit seiner Taten zu berauschen. Wird er dessen überdrüssig, so nicht etwa aus Scham über die von ihm begangenen Schandtaten. Er schämt sich lediglich seiner Reue. Ihn hat befallen, was Kierkegaard »dämonische Verschlossenheit« nennt: die Sünde, über seine Sünden zu verzweifeln. Denn wer über seine Verzweiflung verzweifelt, der will ihr gar nicht entkommen.

Im Unterschied zu Raskolnikow nimmt die Entwicklung dieses »großen Sünders« einen absteigenden, nicht einen aufstrebenden Verlauf. Bei seinem ersten Auftritt im Roman ist er bereits innerlich leer. Seine eigene Erbärmlichkeit, die sich am deutlichsten darin äußert, daß er ein minderjähriges Mädchen mißbraucht hat – nach Dostojewskijs Bibelunterstreichungen zu urteilen, die schlimmste aller Sünden –, widert ihn an. »Nach diesem hatte ich einen tiefen Ekel vor dem Leben«, schreibt Stawrogin in seiner Beichte. Ekel also, nicht etwa den unbändigen Willen, ein neues Leben anzufangen. Stawrogin ist ausgebrannt. In seinem unendlichen Hochmut hat er die Stimme seines Gewissens erstickt und ist im nihilistischen Niemandsland jenseits von Gut und Böse angekommen. Schweigend und verschlossen gibt er sich mephistophelisch, genau wie Speschnjow im Petraschewskij-Kreis. Sein früherer Enthusiasmus mußte kalter

Vernunft weichen, hinter der die Macht des Bösen zum Vorschein kommt: »Sie war gleichsam vernünftig und folglich das Widerwärtigste und Entsetzlichste, was sich denken läßt.«

Von Überdruß und innerer Leere geplagt, schließt Stawrogin sich den Revolutionären an. Dabei verachtet er sie mehr als alle anderen. Nicht einmal an die Sache des Bösen kann dieser Ungläubige noch glauben. »Wenn Stawrogin glaubt, dann glaubt er nicht, daß er glaubt. Doch wenn er nicht glaubt, so glaubt er nicht, daß er nicht glaubt.« Von diesem »lauwarmen« Mann, der den Konktakt zum Volk und zur Heimat gänzlich verloren hat, können keine neuen Impulse ausgehen. Der Autor fällt sein Urteil über diesen düsteren Selbstmordkandidaten, indem er aus der Offenbarung zitiert – noch einen in seinem Neuen Testamemt unterstrichenen Absatz:

»Und dem Engel der Gemeinde zu Laodizea schreibe: Das sagt, der Amen heißt, der treue und wahrhaftige Zeuge, der Anfang der Kreatur Gottes:

Ich weiß ob deiner Werke, daß du weder kalt noch warm bist. Ach, daß du kalt oder warm wärest!

Weil du aber lau bist und weder kalt noch warm, werde ich dich ausspeien aus meinem Munde.« (Off. Joh., III, 14–17.)

In seiner profanen Gleichgültigkeit liegen Stawrogin sowohl Glauben (»warm«) als auch Atheismus (»kalt«) fern. Daß er keinen Glauben hat, mag noch angehen; viel schlimmer ist, daß er sich nicht einmal dazu aufrafft, ein Atheist zu sein. Was also ist die Ursache für den tragischen Fall dieses begabten Mannes? Seine absteigende Entwicklung vom Diener des Herrn zu einem Diener Satans erscheint im Buch als ein Resultat des »großen Abfalls«.

In einem von Dostojewskij unterstrichenen Abschnitt des zweiten Kapitels aus Paulus' zweitem Brief an die Thessalonicher wird das, was bei der Wiederkehr Christi geschehen soll, in drei Phasen beschrieben: zuerst der große Abfall, dann die Herrschaft des Widersachers (Antichrist), schließlich Christi Kampf und Sieg.

In den *Dämonen* wird der große Abfall an der Gestalt des Stepan Trofimowitsch demonstriert, Stawrogins Lehrer und der Vater Pjotr Werchowenskijs. Er wird als typischer Vertreter der Generation der vierziger Jahre geschildert – ein liberaler Idealist, geprägt von dem verlockenden, doch lebensgefährlichen Gedankengut der utopischen Sozialisten. »Wollen Sie über unsere russischen Nihilisten schreiben, so dürfen Sie keinesfalls vergessen, den Hauptangriff gegen ihre Väter zu richten, denn sie sind noch schlimmere Nihilisten als die Söhne«, wettert Dostojewskij einige Jahre später. »Unsere geheimen Gauner können zum mindesten im Besitz einer gewissen abscheulichen Glut sein, während man bei ihren Vätern nur Zynismus und Gleichgültigkeit findet, und das ist noch schlimmer.«

Mit seinen hochfliegenden Gedanken kann Stepan Trofimowitsch zwar »die ewige heilige Sehnsucht« in seinem Schüler Stawrogin wecken. Aber ein Bollwerk gegen die dämonischen Mächte im menschlichen Geist können seine halb-atheistischen Ideen nicht errichten. Vielmehr stellen sie einen Nährboden für das Heranwachsen des Nihilismus dar. Was im »großen Abfall« noch Träume waren, wird unter der »Herrschaft des Widersachers« Wirklichkeit.

Stepan Trofimowitsch gibt selbst bereitwillig seine väterliche Verantwortung hierfür zu. »Darin sind die gleichen Gedanken enthalten, von deren Ausführung wir träumten«, lautet sein Kommentar zu Tschernischewskijs Roman *Was tun?* »Wir haben selbst den Samen gepflanzt. Wir sind es, die den Weg gebahnt haben.« Es ist anzunehmen, daß seine Einsicht der eigenen Schuld in ihm die Angst weckt, von dem Tier verschlungen zu werden, das er mitgeformt hat. Als er gegen Ende des Romans zu einem Verkünder von Dostojewskijs Hoffnung wird, Rußland werde eines Tages von seinen Krankheiten genesen, erfahren wir, daß er »im Traum immerzu einen gewaltigen aufgesperrten Rachen mit großen Fängen« sah, »und das quälte ihn sehr«.

Dieser offene Rachen mit den großen Fängen versinnbildlicht nichts anderes als die »Herrschaft des Widersachers«. Oberflächlich betrachtet, hat dessen Darstellung parodistische Züge: Die Revolutionäre wollen die Welt organisieren, können jedoch nicht einmal eine Versammlung organisieren; sie wollen allumfassende Liebe verkünden, hassen sich aber untereinander wie die Pest; sie wollen die Religion ausrotten, begnügen sich jedoch damit, eine Maus auf ein Heiligenbild zu setzen und Pornobilder in das Sortiment einer umherziehenden Bibelverkäuferin einzuschmuggeln. Alberne Dummejungenstreiche! Doch eben diese scheinbare Harmlosigkeit verschafft der Bewegung Sympathisanten unter »den normalen Leuten«, die meinen, sie müßten Nachsicht zeigen, den jungen Leuten eine helfende Hand reichen und sie vor dem Abgrund retten.

Nicht zuletzt gegen dieses naive Liebäugeln mit dem, was es für den Abschaum der westlichen Zivilisation hielt, zieht Dostojewskij in den *Dämonen* satirisch zu Felde. In ihrer grenzenlosen Gutgläubigkeit können solche Menschen den Nihilismus unmöglich durchschauen – ihnen entgeht die Menschenverachtung, die sich hinter dem äußeren Anschein »harmloser« Skandale verbirgt. Mit ihrer nachsichtigen Haltung tragen »die Leute« für den Schriftsteller zudem dazu bei, den tückischen Anschlag der falschen Zivilisation auf die heilige russische Heimat indirekt zu unterstützen.

Dostojewskijs Kommentar zu Kapitel XVII der Offenbarung paßt zu dieser Interpretation. In dem Kapitel wird erklärt, was es mit den sieben Häuptern des Tiers auf sich hat. »Hier ist der Sinn, zu dem Weisheit gehört«, steht in Vers 9. »Die sieben Häupter sind sieben Berge, auf welchen das Weib sitzt, und sind sieben Könige.« Das Wort »Berge« hat Dostojewskij angekreuzt und am Rande dazu vermerkt: »der Zivilisation« (*Zivilisazii*). Die große Hure sitzt also auf dem »Gebirge der Zivilisation«. Rom mit seinen sieben Bergen, oder das, was sonst als siebentes, antichristliches Reich aufgefaßt wird, ist in den Augen des Schriftstellers der »Sitzplatz« der Zivilisation für die Hure. Die westeuropäische Zivilisation wird zu einem den russischen Glauben gefährdenden Ansteckungsherd. »Kann man denn glauben, wenn man zivilisiert, das heißt zum Europäer wurde?« fragt der Autor in seinen Aufzeichnungen zum Roman.

Die vielen von dieser ansteckenden Zivilisation Befallenen schaffen die Grundlage für eine weitere Verbreitung des Nihilismus. »Und das Tier, das gewesen ist und nicht ist, das ist der achte und ist von den sieben und fährt in die Verdammnis.« Zu dieser rätselhaften Feststellung in Vers 11 hat Dostojewskij angemerkt: »der Mensch im Allgemeinen« (*Obstschetschelowek*). So werden »die Leute« in seinem Bewußtsein mit dem Antichrist assoziiert: Sie sind verantwortlich für seine Übeltaten, da sie sich nicht aktiv für seine Bekämpfung eingesetzt haben.

Und was ist mit der dritten Phase der Apokalypse – Christi Kampf und Sieg? Hier ist Dostojewskij verständlicherweise auf bloße Andeutungen angewiesen.

In seinem Neuen Testament hat er folgende Stellen der Offenbarung angestrichen:

»Und ich sah Stühle, und sie setzten sich darauf, und ihnen ward gegeben das Gericht; und die Seelen derer, die enthauptet sind um des Zeugnisses Jesu und um des Worts Gottes willen, und die nicht angebetet hatten das Tier noch sein Bild und nicht genommen hatten sein Malzeichen an ihre Stirn und auf ihre Hand, diese lebten und regierten mit Christo tausend Jahre.« (XX, 4.)

Der einzige, der sich in den *Dämonen* weigert, »das Tier noch sein Bild« anzubeten, ist Schatow. Er weigert sich nicht nur, Stawrogin anzubeten, sondern er erhebt sich auch in offenem Kampf gegen ihn. Mit seiner Ohrfeige fügt er dem Tier die Wunde zu, von der in der Offenbarung die Rede ist und die der Autor in seinen Aufzeichnungen zum Roman mehrmals behandelt. Für diese Herausforderung muß Schatow mit seinem irdischen Leben büßen. Doch dafür wird er am Tag des Jüngsten Gerichts leben und Zugang zum Tausendjährigen Reich erhalten.

Schatow ist in vielerlei Hinsicht als idealisiertes Selbstporträt zu verstehen. Genau wie Dostojewskij hat er sich früher einmal einer revolutionären Bewegung angeschlossen und die Verantwortung für eine geheime Druckpresse übernommen. Und genau wie der Autor hat auch er seine sozialistischen Überzeugungen während einer Abwesenheit von

Rußland ab- und sich danach einen neuen Glauben an Christus zugelegt.

Der Sozialismus ist eine schlechte Erfindung, meint Schatow. Er beruht auf Vernunft und Wissenschaft und öffnet somit dem Atheismus Tür und Tor. Vernunft und Wissenschaft dürfen nur eine zweitrangige, untergeordnete Bedeutung im Leben der Menschen einnehmen. Tatsächlich formt und bewegt eine ganz andere Macht die Menschen, eine ihrer Sehnsucht, an ein Ziel zu gelangen, innewohnende Macht, die sie gleichzeitig dazu verleitet, vor dem Ende die Augen zu verschließen. Der Künstler nennt dies Sehnsucht nach der Schönheit, der Philosoph moralischen Instinkt. Schatow zieht es vor, es »Suche nach Gott« zu nennen:

»Jedes Volk sucht einen Gott, *seinen* Gott, unbedingt seinen eigenen, und für dieses Volk ist der Glaube an diesen Gott der einzig wahre Glaube. Wenn ein Volk seinen Gott mit anderen teilen will, bedeutet es, daß sein Niedergang begonnen hat. Wenn die Götter Allgemeingut werden, sterben sie aus. Der Glaube an sie stirbt, und zugleich sterben die Völker... Ich hätte Gott zu einem bloßen Attribut der Nationalität herabgewürdigt? Im Gegenteil, ich hebe das Volk zu Gott empor. Das Volk ist Gottes Leib... Ein wirklich großes Volk muß glauben, daß nur es selbst im Besitz der Wahrheit ist. Es muß glauben, daß es allein fähig und berufen ist, alle anderen Völker zu neuem Leben zu erwecken und sie zur Wahrheit zu führen... Aber es gibt nur eine Wahrheit, folglich kann auch nur ein einziges Volk den wahren Gott haben. Dieses einzige ›Gottesträgervolk‹ – das sind wir, das russische Volk.«

In diesem russischen Messianismus, dieser großen Berufung, »den russischen Christus« zu verkünden, liegt für Dostojewskij die Hoffnung des Volkes, von den »bösen Geistern« des Nihilismus erlöst zu werden, sowie die Garantie für das russische Volk, seinen Platz »zu Füßen Jesu« einzunehmen. Den russischen Christus zu verkünden, das russische Volk an seine Aufgabe als »Gottesträger« zu erinnern – das sollte auch ein wichtiges Vorhaben des Schriftstellers bei seiner Rückkehr in die Heimat werden.

10

Wieder auf russischem Boden

Ich habe eine innige Liebe zum Leben,
ich liebe es um seiner selbst willen . . .
Dies ist das hervorstechendste Merkmal meines
Charakters und vielleicht auch meines Schaffens.

I

Bei seiner Rückkehr nach Petersburg am 8. Juli 1871 hatte Dostojewskij noch knapp zehn Jahre zu leben. Er war seit langem ein bekannter Autor mit einer großen, dankbaren Leserschaft. Die Literaturkritik war zurückhaltender in ihrem Urteil – mit Turgenjew oder Tolstoj wurde er noch nicht verglichen. Erst im Lauf der siebziger Jahre fand er als Schriftsteller allgemeine Anerkennung.

Als das Ehepaar an der Kirche vorbeifuhr, wo es getraut worden war, sprachen beide ein stilles Gebet, und die kleine Ljuba bekreuzigte sich.

»Nun, Anjetschka, die vier Jahre im Ausland haben wir doch glücklich überstanden, trotz aller Anfechtungen. Aber was nun? Unsere Zukunft liegt im Nebel vor uns . . . Es steht uns eine schwere Zeit bevor, ehe wir auf die Beine kommen werden. Allein auf Gottes Hilfe baue ich!«

Die ersten Schwierigkeiten meldeten sich in Form eines freudigen Ereignisses: Annas Niederkunft. Diesmal würde es bestimmt ein Junge! Dostojewskij hatte das Geburtsdatum auf den 15. Juli berechnet und war, nach dem Heiligenkalender, für den Namen Wladimir. Aber das Kind kam erst am 16. zur Welt, und auf Annas Wunsch wurde es nach dem Vater getauft. Fjodor, oder Fedja, war ein stämmiger kleiner Bursche, der ihnen bald viel Freude bereiten sollte. Gab es eigentlich etwas Interessanteres als Kinder, Rußlands heranwachsende Generation?

Wenig später zog die Familie Dostojewskij in eine Vierzimmerwohnung in der Serpuchowskaja-Straße, in der Nähe des Technologischen Instituts.

Aufs neue begann der Kampf ums Dasein. Während ihres Auslandsaufenthalts hatten sie fast ihre gesamte Habe verloren. Möbel, Hausrat, Kleider und Bücher – alles war verkauft oder gestohlen worden. Sie mußten ganz von vorn anfangen und einen neuen Hausstand gründen.

Glücklicherweise war Dostojewskijs Verwandtschaft inzwischen nicht mehr gar so lästig, sonst hätte Anna wohl dafür gesorgt, daß sich ihre Rückkehr weiter verzögerte. Aber die Gläubiger waren so aufdringlich wie eh und je. Kaum hatten die Zeitungen die Heimkehr des Dichters gemeldet, da tauchten sie auch schon flehend und drohend mit ihren Wechseln auf und stellten Forderungen.

In ihrer Ehe mit Dostojewskij hatte Anna eine große Veränderung durchgemacht. Das früher so unbeschwerte Mädchen war eine energische Frau geworden, die für ihre Familie kämpfen mußte. Sie hatte bald erkannt, daß es ein harter Kampf werden würde. Die Schulden ihres Mannes waren auf 25000 Rubel angewachsen. Sie hatte gehofft, diese Schulden durch den Verkauf ihres Hauses in Peski begleichen zu können. Doch nun stellte sich heraus, daß der Pächter es unterlassen hatte, Steuern und Abgaben zu bezahlen, und das Haus mußte auf einer Auktion für einen Spottpreis verkauft werden.

Die Belagerung ging weiter; mehrmals wurde Dostojewskij vor Gericht zitiert. Die Gläubiger hatten offenbar vor, ihn ins Schuldgefängnis zu bringen, in der Hoffnung, daß der Literaturfonds ihn dann freikaufen werde.

Da übernahm Anna das Ruder. Zuerst kümmerte sie sich darum, daß ihr die Verlagsrechte an den Werken ihres Mannes übertragen wurden. Danach nahm sie Verhandlungen mit den Gläubigern um eine Abbezahlung der Schulden in vertretbaren Raten auf. In ihren Erinnerungen gibt sie ihre Verhandlung mit einem besonders aufdringlichen Gläubiger wieder:

»›Entweder das Geld auf den Tisch, oder Ihr gesamter Besitz wird innerhalb einer Woche verpfändet und versteigert! Und Ihr Mann landet im Schuldgefängnis!‹

›Unsere Wohnung ist auf meinen Namen und nicht auf den von Fjodor Michailowitsch gemietet‹, antwortete ich kaltblütig, ›die Möbel wiederum sind auf Pump, auf Ratenzahlung, angeschafft und gehören bis zur endgültigen Bezahlung dem Möbelhändler, sie dürfen deshalb nicht verpfändet werden.‹

Als Beweis zeigte ich ihm das Mietbuch und eine Kopie der Vereinbarung mit dem Möbeltischler.

›Und was Ihre Drohung mit dem Schuldgefängnis angeht‹, fuhr ich fort, ›so warne ich Sie. Falls es dazu kommt, werde ich meinen Mann flehentlich bitten, dort zu bleiben, bis die Frist abgelaufen ist. Ich selbst werde mich in der Nähe niederlassen, ihn mit den Kindern besuchen und ihm bei der Arbeit helfen. Sie werden auf diese Weise keinen einzigen Groschen bekommen und obendrein gezwungen sein, das Kostgeld zu zahlen. Ich gebe Ihnen mein Wort, daß Sie Ihre Unnachgiebigkeit dann bereuen werden!‹«

Anna setzte schließlich ihren Willen durch. Aber die Situation blieb kritisch – es konnte immer noch vorkommen, daß ihr Mann seine Uhr versetzen mußte, um die nötigsten Ausgaben bestreiten zu können. Erst um den Jahreswechsel 1876/77 konnte er sich endlich notieren, daß »keine Sachen verpfändet« waren. Sein alter Plan, »in den Osten« zu reisen – Konstantinopel, Athen, Jerusalem –, war bei solch kläglichen Verhältnissen nicht gerade realistisch.

Trotz aller Unannehmlichkeiten mit den Gläubigern und des ewigen Kampfs um das tägliche Brot erfüllte die Heimkehr Dostojewskij mit großer Freude. Er erneuerte seine Bekanntschaft mit alten Freunden wie Majkow und Strachow, und dazu fand er rasch eine Reihe neuer Bekannter.

Am meisten bedeutete ihm wohl die Freundschaft mit Wsewolod Solowjow, einem älteren Bruder des Philosophen Wladimir, der später einen so zentralen Einfluß auf seine geistige Haltung nehmen sollte.

Der dreiundzwanzigjährige Wsewolod war seit langem ein großer Bewunderer Dostojewskijs. Als er von der Rückkehr des Dichters erfuhr, schrieb er sogleich einen langen Brief an seinen »genialen Lehrmeister«. In seinen Diskussionen mit positivistischen Studienkollegen, die »ablehnen wollten, was man unmöglich ablehnen kann«, hatte er stets aufs neue eine Bestätigung seiner religiösen Überzeugungen bei Dostojewskij gefunden. »Sie haben einen großen Einfluß auf mein Leben«, heißt es in dem Brief. »In Ihren Werken lodert die Flamme des Genies, und ich verneige mich in ehrfürchtiger Liebe.«

Seit der Veröffentlichung von *Schuld und Sühne* hatte Dostojewskij Kritik und Tadel der jungen Generation über sich ergehen lassen müssen, und seine Begeisterung für diese »große Seele« verwundert daher nicht. Endlich hatte er einen jungen Mann gefunden, dessen Moralbegriffe seiner Einstellung zum Leben entsprachen.

Nur wenige Tage später trat Solowjow in das kleine, ärmliche Arbeitszimmer Dostojewskijs. »Vor mir stand ein klein gewachsener Mann, mager, aber recht breitschultrig. Er sah viel jünger aus als seine zweiundfünzig Jahre. Sein Bart war rötlich, die Haare wurden schon schütter, aber noch nicht grau, und seine Augen waren klein und braun; auf den ersten Blick konnte das Gesicht ganz gewöhnlich aussehen.« Aber er fand auch etwas Kränkliches an dem Gesicht mit seiner wachsbleichen Haut, wie er sie sonst nur an fanatischen Sektierern gesehen hatte, die viele Jahre eingesperrt gewesen waren. Jedenfalls würde er dieses Antlitz nie vergessen, das, wie ihm schien, von »erlesenem geistigen Leben« durchdrungen war.

Es konnte vorkommen, daß Dostojewskijs Gemütsverfassung düster war, erzählt Solowjow. Dann saß er stumm mit gerunzelter Stirn und verkniffenen Lippen da, nur die Augen schimmerten in dem wachsbleichen Gesicht. Aber war er erst einmal aufgetaut, so redete er dafür mit glühender Begeisterung, dabei immer seine »fürchterlichen Zigaretten« drehend und rauchend. Auch andere Stimulanzien gab es auf seinem Schreibtisch – »starken Tee und noch stärkeren Kaffee«. Seinem jungen Gast bot er gerne Süßigkeiten an: Dörrpflaumen, Fruchtpasteten, Rosinen und Nüsse – seine Vorräte waren immer reichlich.

Für Dostojewskijs literarische Karriere wurden allerdings seine Bekanntschaften mit einigen der einflußreichsten Männer Rußlands wichtiger. Dazu gehörten Fürst Meschtscherskij, Herausgeber der Wochenschrift *Der Staatsbürger*; dann der slawophile Kirchenpolitiker Tertij Filippow und schließlich Konstantin Pobedonoszew, der spätere Oberprokuror des Heiligen Synods, der bald Dostojewskijs Entwicklung zum Konservativen hin entscheidend beeinflussen sollte. Der Schriftsteller wurde in die Gesellschaft der Freunde Geistiger Aufklärung und in das St. Petersburger Slawische Wohltätigkeitskomitee gewählt. Er nahm seine Besuche in Jelena Stakenschneiders aristokratischem Salon wieder auf, hörte sich Lord G. V. Radstocks evangelistische Predigten bei Julia Sasezkaja an und erhielt auch allmählich Zugang bei Hofe. So schickte er Anfang 1873, sicherlich auf Aufforderung Pobedonoszews, ein Exemplar der *Dämonen* an seinen treuen Bewunderer, den Thronfolger und späteren Zaren Alexander III.

Ein weiteres Zeichen wachsender Anerkennung war die Bitte Pawel Tretjakows, er möge sich für dessen berühmte Gemäldesammlung porträtieren lassen. Dostojewskij sagte nicht nein und wurde im Frühjahr 1872 von Wasilij Perow aufgesucht, einem der namhaftesten russischen Künstler. Perow nahm sich viel Zeit, studierte die unterschiedlichsten Gemütsverfassungen des Schriftstellers und gab sich Mühe, seine charakteristischen Gesichtsausdrücke festzuhalten. Das Porträt des Dichters »in seinem schöpferischen Moment«, auf dem er in sich hineinzuhorchen scheint, wurde ein Meisterwerk und erregte große Aufmerksamkeit, als es im Jahr darauf neben etlichen anderen Porträts der berühmtesten Schriftsteller des Landes ausgestellt wurde.

»Der mächtige Kopf, die hochgewölbte Stirn, der geschlossene Mund mit den wie schmerzhaft zitternden, zuckenden Lippen in dem dünnen, schütteren, zerzausten Bart . . . alles in diesem selbstvergessenen, verlebten und ausgemergelten Antlitz trägt die Insignien und den Stempel des leidenden Gedankens, der selbstverbrennenden Ekstase«, schwärmt Carl Naerup von dem Bild. »Der schwelende, von innen verzehrende Feuersinn des Propheten lodert und flammt in diesen Gesichtszügen, der starre, in die Ferne schweifende Blick eines entrückten Sehers, eines sinnenden Denkers hingebungsvolle Glut, die weltumfassende Begeisterung und Leidenschaft einer Seele, ein jeden menschlichen Schmerz tief empfindendes Herz, das alle Bürden, alle Schmach und Erniedrigung genauso kannte wie jede Frömmigkeit, Güte und Reinheit des Gemüts. Könnte dieser versiegelte Mund sich öffnen, könnten diese stumm beredten, bewegten Lippen uns ihr Geheimnis verraten, so würden sie sagen: Ich empfinde genauso tief für den Hochstehenden wie für den Niedrigen, für das Opferlamm und den Pflichtheiligen wie für den verachteten und gestraften Missetäter, für den Ungläubigen und Verirrten wie für den, dessen Glaube gut und wahr ist . . .«

Auch Georg Brandes entdeckt in Perows Porträt den Ausdruck von Dostojewskijs Innenleben:

»Seht dieses Antlitz! Halbwegs ein russisches Bauerngesicht, halbwegs das Konterfei eines Verbrechers, mit platter Nase und kleinen durchbohrenden Augen, deren Lider vor Nervosität zittern, langem, dichtem, wildwüchsigem Bart und blonden Haaren; dazu eine Dichter- und Denkerstirn, groß und wie gemeißelt, und der ausdrucksstarke Mund, der, obzwar geschlossen, von Qualen ohne Zahl spricht, von abgrundtiefer Wehmut, unendlichem Mitgefühl, leidenschaftlicher Mißgunst, von Unruhe und großem Leid!«

Der Winter ging rasch vorüber, und im Frühjahr 1872 sah sich die Familie Dostojewskij nach einem Sommeraufenthalt um. Ihre Wahl fiel auf Staraja Russa, einen kleinen, dreißig Kilometer vom Ilmensee entfernten Kurort, der für seine frische Luft und seine wohltätigen Salzbäder bekannt war. Obwohl dieser Ort gar nicht so weit von Petersburg entfernt lag, gelangte man nur umständlich hin. Bei ihrer ersten Anreise nahmen sie die Eisenbahn bis Sosninka, dann ging es mit einem Dampfer den Wolchow-Fluß aufwärts bis Nowgorod und weiter über den stillen, spiegelglatten Ilmensee, der sie an die Seen in der Schweiz erinnerte. Die Fahrt war ein großes Naturerlebnis: »Anna, komm an Deck und sieh, wie schön es hier ist!« Und Anna schildert, wie ihnen Nowgorod gefiel:

»Es war ein wunderschöner Frühlingsmorgen. Das gegenüberliegende Ufer lag in strahlender Morgensonne, über der Stadt erhoben sich die weißgezackten Mauern des Kreml, gekrönt von den goldenen Kuppeln der Sophienkathedrale. Fjodor Michailowitsch, der die Schönheit der Natur liebte und verstand, hatte eine gerührte Morgenstimmung ergriffen, die sich auch auf mich übertrug. Lange saßen wir schweigend nebeneinander, als fürchteten wir, den Zauber zu zerstören. Diese freudige Stimmung hielt den ganzen Tag an – lange waren wir nicht mehr so glücklich gewesen.«

Bei ihrer Ankunft mieteten sie ein Haus von Ioann Rumjanzew, einem Priester am Ort. In ihrer Hoffnung, sich nach einem anstrengenden Winter erholen zu können, wurden sie allerdings bald enttäuscht. Ein paar Wochen vor ihrer Abreise war Ljuba gestürzt und hatte sich den Arm verletzt. Was der Arzt für eine Verstauchung gehalten hatte, entpuppte sich als ein Knochenbruch: Die Tochter lief Gefahr, einen verkrüppelten rechten Arm davonzutragen. In aller Eile mußte sie in die Hauptstadt zurückgebracht werden, wo sie einer aufreibenden Operation unterzogen wurde. Nervös und bedrückt blieb der Vater in Staraja Russa zurück und las die Arztberichte: »Unser Leben ist mühevoll und beschwerlich. Wenn Fedja nicht wäre, hätte ich vielleicht schon den Verstand verloren . . . Was für ein Zigeunerleben, traurig und deprimierend, ohne die geringsten Freuden, nichts als Kummer und Sorgen!« Die »Ferien« der Familie begannen erst nach dem Typhustod von Annas Schwester. Doch auch weiterhin lauerte Unheil – Anna selbst schwebte infolge eines schlimmen Abszesses am Hals in Lebensgefahr.

»Eine solche Serie von Unglücksfällen sollte ich nicht mehr erleben müssen«, schreibt sie in ihren Erinnerungen. Diese Schicksalsschläge führten zu einer weiteren Verzögerung mit den *Dämonen*. Daß die Arbeit so langsam voranging, lag auch an der Weigerung der Zeitschrift, Stawrogins Beichte – die Erzählung, wie er ein minderjähriges Mädchen verführte – zu veröffentlichen. Erst Ende 1872 wurden die letzten Kapitel im *Russischen Boten* gedruckt. Das Buch wurde ein großer Publikumserfolg, aber es machte seinem Autor auch neue Feinde unter denjenigen, die meinten, er habe wieder einmal die russische Jugend verunglimpft.

Während seines gesamten Aufenthalts in Staraja Russa stand Dostojeweskij unter permanenter Polizeiüberwachung. Schon Ende Mai 1872 hatte der Bürgermeister von Petersburg den Gouverneur in Nowgorod über Dostojewskijs Eintreffen informiert und ihn ersucht, die nötigen Vorsichtsmaßnahmen zu treffen. Die Order ging an den Polizeipräsidenten in Staraja Russa weiter, der den Schriftsteller Tag und Nacht bespitzeln ließ. Als die Ferien vorüber waren, schickte er einen Bericht an den Gouverneur, in dem es heißt: »Dostojewskij hat ein enthaltsames Leben geführt und ist dem Umgang mit Menschen aus dem Wege gegangen, hat sich sogar bemüht, auf den unbelebtesten Straßen zu gehen; jede Nacht saß er bis vier Uhr morgens am Schreibtisch.«

In Staraja Russa hatte die Familie Dostojewskij ein billiges Leben in sicherem Abstand von den Gläubigern geführt. Die Rückkehr nach Petersburg war mit den üblichen Geldsorgen verbunden. Um ihre Einkünfte aufzubessern, wollte Anna wieder als Stenografin arbeiten. Gelegenheit dazu bot ein bevorstehender Kongreß in Polen. Widerstrebend ging ihr Gatte mit, als sie, um nähere Auskünfte darüber einzuholen, einen Kongreßteilnehmer aufsuchte – einen feurigen Kaukasier mit dem Spitznamen »Der wilde Asiat«. Als der junge Mann »mit Locken, Glupschaugen und blutroten Lippen« jedoch einen leidenschaftlichen Kuß auf Annas Hand drückte, konnte Dostojewskij seine Eifersucht nicht mehr länger mäßigen:

»›Gibt es in Alexandrija ein geeignetes Hotel, in dem eine junge Frau absteigen könnte?‹ fragte ihn mein Mann.

Der junge Mann sah ihn begeistert an und rief in seinem Eifer: ›Wenn Anna Grigorjewna es wünscht, kann ich in demselben Hotel wie sie wohnen, obwohl ich die Absicht hatte, bei einem Kameraden abzusteigen.‹

›Hast du gehört, Anna? Der junge Mann ist einverstanden, mit dir zusammen zu wohnen! Das ist ja aus-ge-zeichnet!‹ rief Fjodor Michailowitsch laut und schlug mit der Faust auf den Tisch. Das vor ihm stehende Teeglas fiel zu Boden und zersprang. Die Hausherrin eilte herbei, um die ins Schwanken geratene Lampe festzuhalten, Fjodor Michailowitsch aber stürzte ins Vorzimmer, warf den Mantel über und rannte davon.«

Größeres Glück hatte Anna als Verlegerin der Werke ihres Mannes. Die lausigen Angebote für seine zweiten Auflagen veranlaßten sie dazu, das Drucken- und Bindenlassen selbst in die Hand zu nehmen. Der »Verlag Dostojewskijs« wurde gegründet, und im Janaur 1873 konnte die Buchausgabe der *Dämonen* in den Verkauf gehen. Die Buchhändler mußten sich selbst in die Wohung des Autors bequemen, um ihre Exemplare abzuholen, und verkauft wurde nur gegen Barzahlung. Viele beschwerten sich über diese harten Bedingungen der Verlegerin und verlangten den Dichter zu sprechen. Aber Anna weigerte sich, ihn zu wecken. Er schrieb zwar die Bücher, aber für den Verkauf war *sie* zuständig! Vor Jahresende hatte sie dreitausend Exemplare verkauft, und danach kamen seine anderen Bücher an die Reihe. »Natürlich freute ich mich auch über das eingenommene Geld«, schreibt die geschäftstüchtige Verlegerin, »am meisten jedoch darüber, daß ich eine Aufgabe gefunden hatte, die mich interessierte – die Herausgabe der Werke meines Mannes.« Der wiederum hatte vollstes Vertrauen in Annas ökonomische Dispositionen: »Sie hätte einen hervorragenden Finanzminister abgegeben!«

Für die Haupteinnahmen mußte allerdings immer noch Dostojewskij mit seinem Schreiben aufkommen. Aber nach Beendigung der *Dämonen* war er so erschöpft, daß er unmöglich gleich einen neuen Roman anfangen konnte. Dafür trug er sich mit dem Gedanken, eine eigene Monatszeitschrift mit dem Namen *Tagebuch eines Schriftstellers* herauszugeben. Die Verwirklichung dieses Plans erforderte jedoch Kapital; also war es vorerst wohl besser, das »Tagebuch« in einer bereits bestehenden Zeitschrift zu veröffentlichen. Gelegenheit dazu bot sich Ende 1872, als er die Herausgabe von Fürst Meschtscherskijs Wochenblatt *Der Staatsbürger* übernahm.

Im Sommer 1873 fuhr Anna mit den Kindern wieder nach Staraja Russa, wo sie sich von Oberstleutnant Alexander Gribbe ein Sommerhaus mieteten. Dostojewskij blieb allein in der Petersburger Hitze zurück, um am *Staatsbürger* zu arbeiten. Er träumte von den verschiedensten Gefahren, denen seine Kinder ausgesetzt seien – Ljuba konnte sich verletzen, Fedja aus dem Fenster fallen. Und da er überzeugt war, seine Träume gingen in Erfüllung, beruhigte er sich immer erst, wenn Anna ihm versicherte, alles sei in bester Ordnung. Es fiel ihm schwer, das Eheleben auf wenige kurze Besuche im Sommer zu reduzieren. »Liebste, wie gern hätte ich Dich jetzt hier«, schreibt er Mitte Juli. »Verstehst Du? Ist es denn wahr, daß Du von mir träumst? Vielleicht träumst Du von einem anderen. Ich küsse Deine Füße und *alles*. Küsse Dich leidenschaftlich.«

Seine Zeitungsarbeit gab Dostojewskij ausreichend Gelegenheit, am Puls der Zeit zu bleiben, was dem Romanautor zugute kommen sollte. Auch die Publizität, die ihm die Zeitung verschaffte, hatte ihr Gutes. Mit polemischen Artikeln kam er in aller Munde. Trotzdem wollte er nicht seine gesamte Zeit dem Journalismus widmen. Im Frühjahr 1874 verabschiedete er sich vom *Staatsbürger*. Er fühlte sich wieder inspiriert und wollte einen großen Bildungsroman schreiben – den *Jüngling*.

Eines Tages erhielt er Besuch von seinem alten Freund Nikolaj Nekrasow, der Dostojewskijs neuen Roman in den *Vaterländischen Annalen* veröffentlichen wollte. Das Angebot war verlockend – 250 Rubel für den Druckbogen, 100 mehr, als er vom *Russischen Boten* bekam. Und als Katkow sich außerdem *Anna Karenina* gesichert hatte und nicht genug Vorschuß zahlen konnte, sagte Dostojewskij zu, wenn auch nicht ohne Vorbehalte: Wie würde er mit den Herausgebern von Rußlands radikalster Zeitschrift, die seit den sechziger Jahren seine literarischen Gegner waren, zusammenarbeiten können? Und was würden seine konservativen Freunde zu dieser Vereinbarung sagen?

Auch gesundheitliche Gründe drängten ihn dazu, seine Herausgebertätigkeit fallenzulassen. Zwar waren die Anfälle jetzt seltener geworden, doch seine Widerstandskräfte waren auch geschwächt. Außerdem wurde er zunehmend von Husten und Atemnot geplagt, den ersten Anzeichen der Lungenkrankheit, die ihn ins Grab bringen sollte. Zusätzlich zu einer Behandlung mit komprimierter Luft bei Dr. Simonow in Petersburg empfahlen die Ärzte ihm eine Kur im Ausland. Aber wo? Professor Dmitrij Koschlakow riet ihm dringend zu Ems, während Dr. Jakov von Bretzel auf Bad Soden schwörte. Dostojewskij konnte es egal sein: Die Spielkasinos waren ja doch geschlossen, und an eine andere Kur als das Roulette glaubte er nicht so recht. Schließlich entschied er sich für Bad Ems, einen hübschen Kurort an der Lahn im damaligen Kurfürstentum Hessen-Nassau, der seit der Römerzeit für seine vielen Mineralquellen bekannt war.

Als Dostojewski Mitte Juni nach Berlin kam, ließ er sich von Professor Frerichs untersuchen, einem weithin bekannten Lungenspezialisten. Die Untersuchung dauerte zwei Minuten und endete damit, daß die Koryphäe ihn zu einem anderen Spezialisten weiterschickte. »Hier haben Sie die Adresse eines Arztes in Ems, sagen Sie, daß sie von Frerichs kommen.« Der Patient war empört über diese flüchtige »Behandlung« und verfaßte später eine köstliche Satire auf die Spezialisierung in der Medizin. »Und dann erst eure Manier, die Leute zu Spezialisten zu schicken!« entrüstet sich der Teufel in den *Brüdern Karamasow*. »Tut einem die Nase weh, wird er nach Paris geschickt, denn dort gibt es einen großen Spezialisten für Nasenkrankheiten. Er kommt nach Paris, und die Nase wird untersucht. ›Ich kann nur das rechte Nasenloch kurieren‹, heißt es da, ›mit dem linken Nasenloch habe ich nichts zu schaffen. Das ist nicht mein Spezialgebiet. Aber wenn Sie schon bis zu mir gefahren sind, können Sie auch gleich nach Wien fahren. Dort finden Sie sicherlich einen anderen Spezialisten, der sich um ihr linkes Nasenloch kümmern kann.‹«

In seinen Reisebriefen von 1874 äußert er sich überraschend positiv, jedenfalls anfänglich. Die alten Meister im Königlichen Museum zu Berlin beeindrucken ihn wieder sehr. Nur vor dem Modemaler Wilhelm von Kaulbach hat er keinen Respekt: an ihm findet er »nichts als kalte Allegorie«. Dafür wird er bei der Schilderung seiner Reiseroute von Berlin nach Ems geradezu lyrisch:

»Was ist die Schweiz, was die Wartburg im Vergleich zu dieser letzten Hälfte des Weges nach Ems! Eine phantastische Landschaft, zart und bezaubernd; Höhenzüge, Berge und Städte wie Marburg und Limburg mit reizenden Türmen, diese Abwechslung zwischen Bergen und Tälern, so etwas habe ich noch nie zuvor gesehen! Und so blieb es, bis wir an einem heißen, sonnenüberfluteten Morgen in Ems einfuhren.«

Nach alter Gewohnheit geht Dostojewskij erst einmal in das dem Bahnhof am nächsten gelegene Hotel, de Flandre. Doch das Zimmer ist so klein, daß er sich kaum darin umdrehen kann, außerdem fehlt das notwendigste Mobiliar. Also muß er gleich in der Stadt nach einer besseren Unterkunft suchen. Im Fürst Blücher findet er ein Zimmer, das er auf zwölf Taler die Woche herunterhandeln kann. Aber auch das ist auf Dauer nicht das Wahre. Die Wirtin – eine »schlaue Alte« – gibt ihm immer schlechteres Essen, und sie streiten sich Woche für Woche wegen der Rechnung. Die reinste Beutelschneiderei! Mitte Juli ist er mit seiner Geduld am Ende. Er zieht ins Ville D'Alger, wo sich eine Mme Bach seiner annimmt.

Auch sucht er sofort einen der vielen Ärzte am Ort auf, nicht Dr. Gutentag, auf den Frerichs ihn verwiesen hatte, sondern die kommende Berühmtheit Dr. Orth, empfohlen von Dr. von Bretzel. Nach einer gründlichen Untersuchung konstatiert der Arzt, daß sein Patient an einem akuten

Katarrh leidet. Den würden sie aber schon kurieren, wenn er brav das ausgezeichnete Emser Wasser trank.

Dostojewskij schafft sich eine »Kurtax-Karte« zu vier Talern an und trinkt zweimal am Tag sein Mineralwasser. Sein Tagesrhythmus wird vollkommen umgekrempelt: Um sechs Uhr muß er aufstehen und schon um halb sieben zusammen mit Tausenden anderer Patienten vor dem Brunnen Schlange stehen. »Ebendort im Garten spielt eine Kapelle und beginnt gewöhnlich mit einer sterbenslangweiligen lutherischen Hymne an Gott; ich kenne nichts Sentimentaleres und Unnatürlicheres als diesen Psalm.« Lästig ist ihm auch das Gedrängel im Kurhaus, wo das Mineralwasser serviert wird. Es wird gestoßen und geschubst und Wasser verschüttet; immer wieder muß er den anderen Belehrungen erteilen, wie man sich zu benehmen hat. »Der Anblick all dieser Menschen ist unerträglich«, schreibt er. »Ich bin schon so gereizt, daß ich besonders morgens jeden einzelnen in dieser bunt gemischten Schar als meinen persönlichen Feind betrachte – ja, ich wäre meiner Seel sogar froh, wenn es einen ordentlichen Krawall gäbe.« Kein Wunder, daß Dostojewskij bald als »der grantige Russe« bekannt ist.

Die Kur selbst hängt ihm auch zum Hals heraus. Von den übrigen Kurgästen erbarmt sich außer dem Lyriker Konstantin Slutschewskij nur die Fürstin Schalikowa seiner. Er kennt sie von ihrem gemeinsamen Freund Katkow, und zusammen unternehmen sie nun kleine Ausflüge in die Umgebung. Zum Spaziergengehen gibt es allerdings wenig Platz; nach Ems kommen jedes Jahr zwölftausend Sommergäste. Daher sitzt er die meiste Zeit in seinem Hotelzimmer und liest Puschkin. Sich mit diesen dummen Deutschen zu unterhalten, ist ihm ohnehin nicht der Mühe wert. Auf der Post verstehen sie seinen Namen fälschlicherweise als »Tostojewsky«, und wenn sie über Musik reden, versteht er nur »upa, upa«, und das soll Oper heißen. »Sie haben eine gräßliche Aussprache und stellen sich beim Hören stockdumm an.« Der einzige einigermaßen stilvolle Deutsche ist Kaiser Wilhelm, »ein großgewachsener alter Herr mit würdigem Aussehen«.

Seine Briefe an Anna gehen über vor Sehnsucht. »Anna, geliebte Anna, ich küsse dich, küsse dich *ganz*, verstehst du?« Und wie verführerisch sie ihm nachts im Traum erscheint! Es bestand wirklich keine Gefahr, daß er sich nach anderen Frauen umsah; sie war die einzige, die ihn verlokken konnte! Und wie ging es den Kindern, waren sie gesund und munter, hatten sie Spielgefährten? Jedesmal, wenn er Kinder weinen hörte, machte er sich schreckliche Sorgen um sie.

Der unregelmäßige Postverkehr treibt ihn immer wieder zur Verzweiflung. Erst im April 1875 fand er seinen Verdacht bestätigt, daß die Briefe tagelang auf der Post in Staraja Russa liegenblieben, bis der Polizeipräsident sie durchlas. Für die Polizei schien er nach wie vor als Staatsverbrecher zu gelten. »Bei wie vielen Rechtsbrechern drücken sie beide Augen zu«, klagt er resigniert, »nur mich verfolgen sie mißtrauisch mit Argusaugen, mich, einen Mann, der von ganzem Herzen und in all seinem Denken Zar und Vaterland treu ergeben ist. Was für eine Beleidigung!«

Zu Anfang deutete wenig auf einen Erfolg der Kur. Er litt unter trockenem Husten, und die Zigaretten verschlimmerten seinen Zustand noch. Erst nach Wochen, als Dr. Orth ihm ein anderes Wasser verschrieb – »Kesselbrunnen« statt »Kränchen« –, schien sich eine leichte Besserung einzustellen. Wenn nur das Wetter nicht so seltsam gewesen wäre! Morgens kalt und tagsüber heiß – er mußte mehrmals am Tag das Hemd wechseln. Ein Epilepsieanfall drückte seine Stimmung zusätzlich; der Kopf war ihm »ganz wirr«. Den Verfasser eines russischen Handbuchs, der Epileptikern vom Mineralwassertrinken abriet, konnte er gut verstehen. Zum Glück ließ wenigstens sein Appetit nichts zu wünschen übrig. Das galt als gutes Zeichen für den Erfolg der Kur.

Gegen Ende seines Aufenthalts verging er fast vor Langeweile. Am liebsten hätte er das »verfluchte Nest« noch vor Ende der Kur verlassen. Er fühlte sich wie eine einbalsamierte Mumie; nicht einmal der verführerische Gedanke an Anna konnte ihn erregen. Der Krach ging ihm auf die Nerven: Die Badegäste kreischten und lärmten, knallten die Türen und trampelten durch das Treppenhaus, und aus dem Nebenzimmer drangen Klaviergeklimper und Frauenstimmen. Und noch dazu diese Preise – unerhört! Eine Französin verlangte zwei Taler für ein bißchen Pomade. »Ich fing an, mich mit ihr zu streiten und zu feilschen, da ließ sie sie mir für einen Taler. Ein schweinischer, gemeiner Ort, einen gemeineren findet man nicht auf der Welt!«

Er hatte vorgehabt, nach Paris zu fahren, um Anna einen schönen Kleiderstoff zu kaufen, doch das Geld reichte nicht. Statt dessen machte er einen Abstecher nach Genf, wo er einige Zweige von der Zypresse auf Sonjas Grab holte. Eine gepreßte Blüte davon liegt immer noch in seinem Evangelium in der Leninbibliothek. Er konnte seine Erstgeborene nie vergessen.

Während seines Kuraufenthalts in Ems begann Dostojewskij mit den Aufzeichnungen zum *Jüngling,* wobei er sich der ärztlichen Anordnung widersetzte, jede geistige Tätigkeit zu vermeiden, da sie der Kur schade. Die Arbeit ging auch langsam voran; es kam ihm so vor, als habe die Epilepsie ihm Phantasie und Erinnerungsvermögen geraubt. »Ein trauriger Gedanke geht mir durch den Kopf: Was wird, wenn ich nicht mehr fähig bin zu schreiben? Na, wir werden sehen.«

Als Dostojewskij Ende Juli nach Petersburg zurückkam, blieben ihm nicht mehr allzu viele Monate, bis Nekrasow die ersten Kapitel in Druck geben wollte. Um ihrem Mann Arbeitsruhe zu verschaffen, schlug Anna vor, den Winter in Staraja Russa zu verbringen. Dort lebte es sich auch unvergleichlich billiger als in der Hauptstadt: General Jewtichij Leontjews Datscha war für nur zwanzig Rubel im Monat zu mieten! Ihr Mann murmelte zwar etwas von der Notwendigkeit, am gesellschaftlichen Leben teilzunehmen, doch die »Finanzministerin« setzte schließlich ihren Willen durch.

Der Winter 1874/75 war eine gute Zeit für die Familie Dostojewskij. Die Kinder blieben kerngesund und machten ihrem Vater viel Freude. »Ich habe keinen Menschen gesehen, der es so wie mein Mann verstanden hätte, sich in die Welt der Kinder zu versetzen«, schreibt Anna. Er nahm sich reichlich Zeit für Plaudereien und Spiele und hatte immer eine kleine Überraschung für sie in seiner Schreibtischschublade – Süßigkeiten, Rosinen und Nüsse. Und in ausgelassener Stimmung konnte er sogar mit Frau und Kindern Mazurka tanzen. »Er tanzte so verwegen und schwungvoll wie ein ›feuriger Pole‹«, versichert Anna stolz.

Wieder kam er in seinen gewohnten Arbeitsrhythmus. Schreiben konnte er nur nachts, wenn es still war und niemand störte. Eines Tages wurde er von einem Priester auf dem Weg zur Morgenmesse bemerkt. »Sie sind aber ein Frühaufsteher, Fjodor Michailowitsch!«

»Ich habe mich noch gar nicht zur Ruhe begeben«, erwiderte Dostojewskij finster.

Wenn er am Vormittag aufstand, war er meist benommen von den Gedanken und Träumen der Nacht. Am vernünftigsten war es dann, ihn für eine Stunde sich selbst zu überlassen. Beim Morgenkaffee wurde er langsam munter, und wenn er gegen zwei Uhr nachmittags anfing, Anna zu diktieren, war er in Höchstform. Danach nahm er sich Zeit zum Lesen, gewöhnlich eine Heiligenvita oder einen französischen Roman. Gegen halb vier machte er sich zu seinem täglichen Spaziergang auf, und um fünf, nach einem belebenden Gläschen Wodka, setzte er sich mit der Familie zu Tisch. Wenn er dann den Kindern vorgelesen hatte, unternahm er mit Anna einen kleinen Abendspaziergang. Anschließend las er Zeitungen, während Anna Patiencen legte, und um zehn Uhr wurde es still im Haus. Seine Nachtarbeit konnte beginnen.

Die günstigen Arbeitsbedingungen in Staraja Russa bewirkten, daß er mit dem *Jüngling* rasch vorankam. Während eines Aufenthalts in Petersburg im Februar 1875 bekam der Schriftsteller Besuch von Nekrasow, der vom ersten Teil des Romans in den höchsten Tönen schwärmte. »Ich war so begeistert, daß ich die ganze Nacht aufblieb und las . . . Was für eine Frische! So eine Frische der Beschreibung ist bei keinem anderen unserer Autoren zu finden. In Tolstojs letztem Roman entdeckte ich nichts als Wiederholungen von Altbekanntem, nur daß er sich früher besser ausgedrückt hat.«

Dieser Besuch rief bestimmt glückliche Erinnerungen an Nekrasows Begeisterung über die damals schon dreißig Jahre alten *Armen Leute* in Dostojewskij wach. Und der Vergleich mit Tolstoj wird seinem Ehrgeiz geschmeichelt haben. Er war im übrigen gleicher Meinung: *Anna Karenina* fand er »ziemlich langweilig«. Wovon war das Publikum nur so hingerissen? Schließlich harrten in Rußland zahllose brennende Probleme ihrer Lösung, hier aber sollte man sich ausgerechnet für einen jungen Offizier interessieren, der sich in eine verheiratete Frau verliebte! Obendrein bekam Tolstoj auch noch 500 Rubel für den Druckbogen, während er selbst sich mit der Hälfte zufriedengeben mußte. Ungerecht war das! Er mußte zugeben, daß er Tolstoj dessen günstige Arbeitsbedingungen neidete: Der konnte schreiben, wann er wollte, und bekam soviel Honorar, wie er verlangte. Aber war es nicht auch ein Vorteil, als Schriftsteller gezwungen zu sein, seine Arbeit bis zu einem bestimmten Termin hinter sich zu bringen, würde er sonst nicht viel leichter in Untätigkeit versinken? wollte Solowjow wissen.

»Doch, natürlich; aber wenn ein Schriftsteller faul wird und nichts schreibt, dann hat er wahrscheinlich auch nichts auf dem Herzen.«

Zu den unangenehmen Erinnerungen an diesen Stadtaufenthalt zählte eine Auseinandersetzung mit der Polizei. Gleich nach seiner Ankunft in Petersburg war er zum Polizeioffizier des Reviers beordert worden, der seinen alten provisorischen Ausweis beschlagnahmte und von ihm die Vorlage eines richtigen Passes verlangte.

»›Wo soll ich den jetzt hernehmen?‹

›Das ist nicht unser Problem.‹

›In Petersburg gibt es über 20 000 Leute ohne Ausweis. Und Sie halten einen bekannten Schriftsteller wie einen Landstreicher fest!‹

›Wir wissen sehr wohl, daß Sie ein in ganz Rußland bekannter Mann sind, aber wir müssen uns ans Gesetz halten. Warum regen Sie sich darüber so auf? Morgen oder übermorgen geben wir Ihnen anstatt Ihres Ausweises eine Bescheinigung, kann Ihnen das nicht gleich sein?‹

›Zum Teufel, warum haben Sie das nicht längst gesagt, sondern gestritten!‹«

Die Polizei hatte also nur ihre Macht demonstrieren wollen. Das Ende vom Lied sah so aus, daß Dostojewskij seinen alten Ausweis behalten durfte. Das war noch nicht alles: Im Sommer 1875 wurde auch die polizeiliche Überwachung aufgehoben. Doch das erfuhr er erst 1880, als er sich in dieser Angelegenheit an den Innenminister wandte. »Seit ich begnadigt wurde und meine bürgerlichen Ehrenrechte zurückerlangte, sind fünfundzwanzig Jahre verstrichen«, heißt es in dem Brief. »Auf Hunderten von Seiten habe ich kein Hehl aus meinen politischen und religiösen Überzeugungen gemacht. Ich hoffe wahrhaftig, diese Überzeugungen sind solcherart, daß sie keinen Anlaß zu Zweifeln an meiner politischen Gesinnung geben, und erlaube mir daher, um eine Einstellung der polizeilichen Überwachung zu ersuchen.«

Bei seiner Rückkehr nach Staraja Russa erfuhr Dostojewskij, daß Anna wieder ein Kind erwartete. Die Freude über den bevorstehenden Familienzuwachs verleitete ihn zu tollkühnen Streichen. Eines Morgens kam er mit finsterer Miene aus seinem Schlafzimmer. Fühlte er sich nicht wohl? Keineswegs, mit ihm stand alles bestens – abgesehen von einer Maus in seinem Bett! »Ich wachte auf, weil etwas in meinem Bett kribbelte und krabbelte, schlug die Decke zurück und sah eine Maus. War das widerlich!« Anna gab Befehl, im Zimmer das unterste zuoberst zu kehren, doch ohne Ergebnis. »April, April, Anjetschka!« rief ihr Gatte vergnügt.

Sein erster Kuraufenthalt hatte sich trotz allem als heilsam erwiesen, besonders was die Nachwirkungen betraf. Sein Husten hatte nachgelassen, und er war besser in Form denn je. Daher meinten die Ärzte im Sommer 1875, er solle die Kur durch einen weiteren Aufenthalt in Ems ergänzen.

Diesmal bezog er im Hotel Luzern Quartier, bei Mme. Meuser, einer langen spindeldürren Dame. »Ich weiß nicht, ob ich es hier lange aushalten werde«, meldet er nach Hause. Im Kurhaus herrscht das gleiche Gedrängel wie im Jahr davor. Die Musik im Park ist noch schlechter geworden, jetzt wird immerzu eine Emspastillen-Polka gespielt. Überall wimmelt es von Russen. Der Schriftsteller kennt keinen von ihnen und wünscht auch nicht, mit diesen Gestalten, die »den Zar vergöttern und ihr Vaterland verachten«, Bekanntschaft zu schließen. Das Wetter ist elend, es schüttet unaufhörlich wie aus Kübeln, und die Kurgäste laufen wie nasse Hühner umher. In Gruppen von zwanzig stehen sie zweimal täglich gurgelnd in einem eigens dafür eingerichteten »Kabinett«. »*Die* Musik hättest du hören sollen!« Seine einzige Freude sind Annas Briefe. »Ich muß die glücklichste Frau auf der ganzen Welt sein«, schreibt sie. »In meinen Augen sind wir, trotz aller kleinen Uneinigkeiten, eine ganz und gar mustergültige Familie.«

Der ungewohnte Tagesablauf und das anstrengende Wassertrinken erschwerten ihm die Beendigung des *Jüngling*. »Am meisten quält es mich, daß ich mit der Arbeit nicht vorankomme«, klagt er Anna. »Ich werde von Zweifeln und Sehnsucht geplagt und finde nicht die Kraft, anzufangen. So sollten belletristische Werke nicht geschrieben werden, auf Bestellung, unter Zwang; man braucht Zeit und Freiheit.«

Auf der Rückreise traf er Pawel Annenkow, einen guten Freund Turgenjews, und bat ihn, seinem alten Rivalen fünfzig Taler zu überbringen. Seit mehr als einem Jahr hatte er nun Ängste ausgestanden, Turgenjew werde sich für die hämische Karmasinow-Figur in den *Dämonen* rächen. Wenn Turgenjew ihn nun in seinem neuen Roman lächerlich machte, weil er seine Schulden nicht bezahlte – unvorstellbar! Doch der begnügte sich damit, gegen den Betrag zu protestieren: Waren es nicht *hundert* Taler, die er ihm vor zehn Jahren in Wiesbaden vorgestreckt hatte? Dostojewskij meinte nein, er habe zwar um hundert *gebeten,* aber nur fünfzig *bekommen.* Zum Glück gelang es Anna, den betreffenden Brief aufzutreiben, so daß Turgenjew das Nachsehen hatte.

Den Schriftsteller erwartete ein schöner Hochsommer, als er Ende Juli nach Staraja Russa zurückkehrte. Sein Sohn Alexej kam am 10. August zur Welt. Es war eine leichte Geburt; danach dauerte es nicht lange, bis Anna ihm bei der Fertigstellung seines Romans helfen konnte. Erst Mitte September verließen sie ihr Sommerdomizil, aber da war *Der Jüngling* auch schon so gut wie abgeschlossen.

II

Dostojewskijs Herausgebertätigkeit für den *Staatsbürger* dauerte nicht lange: von Januar 1873 bis März 1874. Aber in diesem Wochenblatt begann er mit der Veröffentlichung seines *Tagebuchs eines Schriftstellers,* das ihm nach und nach Einfluß im russischen Gesellschaftsleben verschaffte.

Der *Staatsbürger* gehörte Fürst Meschtscherskij persönlich. Der schreibfreudige Fürst, ein Enkel Nikolaj Karamsins, hatte Freunde bei Hofe und war für seine reaktionären Ansichten bekannt. Unter anderem meinte er, es sei an der Zeit, allen liberalen Reformen in Rußland ein Ende zu machen. Aufgrund seiner hohen Position im Staat konnte er die Zeitung nicht selbst herausgeben. Trotzdem wurden keine Artikel ohne seine Billigung gedruckt, und die Zusammenarbeit mit der Redaktion gestaltete sich nicht immer problemfrei. Im Herbst 1872 hatte der Schriftleiter gekündigt, woraufhin der Fürst nach einem großen Namen Ausschau hielt, der die Auflagenzahl in die Höhe treiben konnte.

Dostojewskijs Angebot, die Redaktion zu übernehmen, stieß auf Begeisterung. Das Konzept dieser Zeitung – »Autokratie sowie die Autorität der Kirche zu verteidigen, alle Ausschweifungen des Liberalismus anzuprangern« – mußte dem Autor der *Dämonen* ausgezeichnet passen. »Nie im Leben habe ich einen konservativeren Menschen als Dostojewskij gekannt«, schreibt der Fürst in seinen Memoiren. »Er war ein treuer Monarchist und ein eifriger Anhänger der Autokratie, und dennoch war er wegen politischer Verbrechen nach Sibirien gekommen!«

War dieser Mann nicht vorzüglich geeignet, den Posten des Schriftleiters beim *Staatsbürger* zu bekleiden? schreibt der Fürst an den Chef der Dritten Abteilung. Schließlich war Dostojewskij mittlerweile »tiefreligiös und vollkommen regierungstreu«. Keiner hatte wie er verstanden, die Dummheiten der Nihilisten lächerlich zu machen. Die Geheimpoli-

Perows berühmtes Porträt   Konstantin Pobedonoszew.
Dostojewskijs von 1872.   Karikatur von 1907.

Dostojewskijs Haus in Staraja Russa.

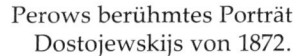

Hotel Ville d'Alger. 1874, 1876
und 1897 Dostojewskijs Domizil.

Fotografie aus den 70er Jahren
des 19. Jahrhunderts.

Dostojewskijs ›Kurtax-Karte‹ von 1874.

Dostojewskij. Anna Grigorjewna.
Fotografie von 1876. Fotografie von 1878.

Eine Seite aus dem Notizbuch zu den *Brüdern Karamasow*.

Der Großinquisitor.
J. Turlygin, 1906.

Starez Sosima.
B. Rybtschenkow, 1932.

Das Gespräch zwischen Iwan und Aljoscha
in den *Brüdern Karamasow*. M. Rojter, 1956.

zei überwand sich zu einer zögernden Zustimmung. »Jedoch«, heißt es in dem Brief, »möchte die Dritte Abteilung keinesfalls die Verantwortung für die zukünftige Redakteurstätigkeit dieser Person auf sich nehmen.«

Zusätzlich zu den Honoraren für eigene Artikel brachte die Redakteursstellung ein Monatsgehalt von 250 Rubel ein. Trotzdem bereute Dostojewskij schon bald seinen Entschluß. Die Arbeit war anstrengend und undankbar. Er mußte eingesandte Artikel selbst korrigieren und für seine Mitarbeiter verantwortlich zeichnen. Da die Ausgaben montags erschienen, ergab es sich häufig, daß er die Wochenenden in der Redaktion verbringen mußte. Außerdem war ihm die Zensur immer noch auf den Fersen. Bereits nach vier Wochen brachte ihn eine Unvorsichtigkeit vor Gericht.

Noch schmerzhafter war es allerdings für ihn, zu sehen, wie die Jugend seine neue Stellung aufnahm: So so, der Verfasser der *Erniedrigten und Beleidigten* ließ sich von den Reaktionären aushalten! Ein Verräter war er! Tja, anscheinend hatte dieser Mystiker jetzt endgültig den Verstand verloren. War es nicht das, was sie im übrigen schon immer gesagt hatten, daß nämlich Perows Porträt einen Geisteskranken abbildete, der eigentlich ins Irrenhaus gehörte!

Die Zeitungsarbeit ermöglichte Dostojewskij aber auch, die russische Realität »bis ins kleinste Detail« kennenzulernen. Als realistischer Schriftsteller brauchte er solche Informationen und ging eifrig ans Werk. Die zweiundzwanzigjährige Warwara Timofejewa, Korrekturleserin bei der Zeitung, beschreibt die erste Begegnung mit ihrem Chef so:

»Er war sehr blaß und sah müde und krank aus . . . Sein Gesicht war düster und ausgemergelt, es war, als sei jeder Muskel in seinen eingefallenen Wangen und auf seiner hohen Stirn von Gedanken und Gefühlen belebt. Diese Gedanken und Gefühle suchten beständig nach außen zu dringen, wurden jedoch immer vom eisernen Willen dieses gedrungen gebauten, zurückhaltenden Mannes in Schranken gehalten. Der ganze Mensch wirkte verschlossen – keine Bewegungen, nicht eine Geste –, nur die dünnen, blutleeren Lippen bewegten sich krampfhaft nervös, wenn er redete.«

Michail Alexandrow, der Chefsekretär der Zeitung, hatte einen ähnlichen Eindruck von einem wortkargen, zugeknöpften Mann, dem man kaum nahekommen konnte. Alexandrow versucht es mit einer Erklärung, warum Dostojewskij neuen Bekanntschaften gegenüber so mißtrauisch war: Alle müßten gehört haben, daß er im Zuchthaus gewesen war, doch nur wenige wüßten, *wofür* man ihn nach Sibirien geschickt hatte. Es war nicht auszudenken, was die Leute ihm andichten konnten, vielleicht erzählten sie sich ja, er sei ein Mörder oder Vergewaltiger? Da blieb er lieber auf Abstand. »Er lachte nur ganz selten«, schreibt Warwara Timofejewa.

Als Herausgeber verfuhr er gnadenlos. Wehe dem, der Veränderungen in seinen Manuskripten vornahm! »Jeder Autor hat seinen eigenen Stil und folglich auch seine eigenen grammatikalischen Regeln«, belehrte er seine Korrekturleserin. »Ich setze ein Komma, wenn ich spüre, daß es nötig ist, und ist es das nicht, soll auch niemand anderes ein Komma setzen!« Das gleiche bekam der Chefsekretär zu hören: »Vergessen Sie nicht, ich setze nie ein überflüssiges Komma, Sie dürfen kein einziges wegnehmen oder hinzutun!« Seine Forderung, das Redaktionspersonal habe ihm mit »hündischem Gehorsam« zu dienen, fiel unangenehm auf. Bald hatte er den Spitznamen »Der Wüterich« weg.

Trotzdem – er war nicht *nur* schwierig und reizbar. Laut Warwara konnte er sehr anziehend sein, wenn er so mit seinen Manuskripten und Zigaretten am Nebentisch saß. »Er rauchte beständig«, erzählt sie. »Ich sehe noch seine blassen, mageren Hände und knorrigen Finger vor mir – an den Handgelenken hatte er Dellen, vielleicht Spuren der Zuchthausketten –, ich sehe vor mir, wie er seine ›Kanonenrohre‹ in der Sardinenbüchse ausdrückte, die ihm als Aschenbecher diente.«

Dostojewskij empfand ähnliche Sympathie für Warwara. Sie hatte etwas »Erhabenes und Begeisterungsfähiges«, ein »Streben nach den höchsten Idealen«, das ihn an seine erste Frau erinnerte. Daß sie radikale Neigungen hegte, steigerte sein Interesse nur noch. Die Aufgabe reizte ihn, diesem charmanten jungen Mädchen ein Lehrer zu sein. Sie fingen damit an, einander Birnen und Orangen zu schenken, und dann wollte der Schriftsteller auch wissen, wie ihr Lebensziel aussah.

»›Ich will schreiben . . . mit Literatur arbeiten‹, brachte ich stotternd hervor. Und zu meiner großen Verwunderung brach Fjodor Michailowitsch nicht in Gelächter aus.

›Schreiben wollen Sie? So-so!‹ sagte er gedehnt. ›Und worüber möchten Sie denn schreiben? Ich meine, was – einen Roman, eine Erzählung, oder vielleicht den einen oder anderen Artikel?‹

›Am liebsten etwas Psychologisches . . . über das innere Leben der Menschen‹, murmelte ich ängstlich und kam mir sehr dumm vor.

›Glauben Sie vielleicht, es sei leicht, das menschliche Innenleben zu schildern?‹

›Nein, das nicht. Ich sehe mich auch um und bereite mich vor.‹

›Es gibt nur eine Schriftstellerin auf der ganzen Welt, nur eine einzige, die diese Bezeichnung verdient!‹ fuhr er vielsagend fort. ›Nämlich George Sand! Glauben Sie wirklich, daß Sie es soweit bringen können?‹

Ich erstarrte vor Entsetzen. Er hatte mich jedweder Hoffnungen für die Zukunft beraubt . . . Und ganz außer mir, wie in Trance, wiederholte ich ohne Sinn und Verstand:

›Ich will schreiben . . . Ja, das spüre ich, es muß sein . . . Nur dafür lebe ich!‹

›Sie leben wirklich dafür?‹ fragte er ernst. ›Nun, dann sollten Sie einfach mit dem Schreiben beginnen. Aber merken Sie sich meinen Rat: Nie versuchen, etwas zu erdichten, weder Sujet noch Intrige, sondern das verwenden, was das Leben einem bietet. Es ist so unendlich viel ergiebiger als alles, was wir uns ausdenken! Die Fantasie gibt Ihnen nie und nimmer soviel wie das Leben, ganz gleich, wie gewöhnlich und alltäglich es scheint. Sie müssen Respekt vor dem Leben haben!‹«

Warwara erlebte auch den Schriftsteller bei der Arbeit. »Bevor er seine Dialoge schrieb, pflegte er sie immer mehrmals zu wiederholen, laut oder flüsternd, während er die Worte mit entsprechenden Gesten begleitete«, schreibt sie bewundernd. »Es war, als *sähe* er die von ihm entworfene Figur.« Kein Wunder, daß Dostojewskij auf seinen Spaziergängen manchmal unvermittelt auf Passanten zeigte: »Da kommt mein Raskolnikow!«

Dagegen fiel es Warwara schwer, die seltsamen Ansichten ihres Chefs zu akzeptieren, zum Beispiel, wenn er den »heiligen« Unterschied zwischen dem russischen Volk und den Völkern des Westens darlegte. Sie sollte ruhig wissen, was für Angebote man ihm in Neapel und Rom auf der Straße gemacht hatte, unanständige Angebote von Knaben, die fast noch Kinder waren! So etwas wäre in Rußland unvorstellbar, meinte er. Das gesamte Volk hätte so etwas als Sünde verurteilt. Doch in Westeuropa sei die Unsittlichkeit einfach Mode geworden.

»›Und diese sogenannte Zivilisation wollen sie jetzt unserem Volk aufzwingen! Nie und nimmer werde ich mich dem fügen! Bis ans Ende meiner Tage werde ich gegen sie ankämpfen, keine Handbreit werde ich weichen!‹

›Aber das ist doch wohl nicht die Zivilisation, die sie uns zu vermitteln suchen, Fjodor Michailowitsch!‹

›Doch, genau das! Denn eine andere Zivilisation gibt es nicht. So ist es immer gewesen, überall. Und so wird es auch bei uns werden, wenn sie anfangen, Europa künstlich hierher zu verpflanzen. So ist schon das Römerreich untergegangen, weil sie anfingen, Griechenland zu importieren . . . Solch eine Verpflanzung fängt immer mit Luxus, Moden, Wissenschaft und Kunst an – und endet mit Unzucht und genereller Sittenlosigkeit.‹«

Daß es der radikalen Warwara schwerfiel, solche Ansichten gelten zu lassen, überraschte den Schriftsteller nicht. Diese Liberalen hatten ja keine Ahnung von dem apokalyptischen Zeitalter, das jetzt angebrochen war.

»›Diese Menschen begreifen nicht einmal, daß der Untergang der Welt nahe ist . . . und ihr Gerede von ›Freiheit‹ und ›Fortschritt‹ bald ein Ende haben wird! Ihnen ist auch nicht klar, daß der Antichrist längst geboren ist . . . und im

Anzug!‹ Dies sagte er mit einem Ausdruck, der mir zu verstehen gab, er verkünde ein großes und furchtbares Geheimnis. Dann sagte er mit einem strengen Blick auf mich:

›Glauben Sie mir? Ich frage, antworten Sie! Glauben Sie mir oder nicht?‹

›Ich glaube Ihnen, Fjodor Michailowitsch, ich weiß nur nicht, ob Sie sich nicht zu sehr ereifern und dadurch ein klein wenig übertreiben . . .‹

Er schlug mit der Faust auf den Tisch, wurde laut und rief wie ein Mullah im Minarett:

›Der Antichrist ist im Anzug! Er kommt! Und der Weltuntergang ist nahe, näher als man glaubt!‹«

Solche Spekulationen über ein nahes Ende schärften allerdings auch seinen Blick für konkrete Mißstände in der russischen Realität. Nichts deutete darauf hin, daß Dostojewskij sein Engagement für die Erniedrigten und Beleidigten aufgab.

Eines Tages wußte er von einem Zusammentreffen mit drei jungen Juristen zu erzählen, die fröhlich und ausgelassen auf dem Heimweg von einem Restaurant Schillers Ode *An die Freude* deklamierten. In ihrer gehobenen Stimmung, »die Seelen vom Ideal beflügelt«, sahen sie ein Straßenmädchen und empfanden wohl plötzlich so einen Abscheu vor dieser »Kreatur«, daß sie ihr ins Gesicht spuckten.

»Was für einen Begriff können solche Menschen schon vom ›erhabenen Ideal‹ haben, wenn sie etwas so Gemeines und Niederträchtiges tun!... Und danach verteidigen sie unter Hinweis auf die Wissenschaft ihr ›gesetzmäßiges Recht‹!...«

Was, wenn diese Schurken statt dessen Warwara ins Gesicht gespuckt hätten! Einem stolzen, reinen Mädchen, das erschöpft von ihrer Nachtarbeit am *Staatsbürger* heimkehrte! Warwara schlug sich zitternd die Hände vors Gesicht.

»›Wissen Sie was‹, erklärte er plötzlich mit einem krampfhaften, wie gequälten Lächeln, ›ich würde sogar wünschen, Ihnen wäre so etwas zugestoßen. Welch eine Verteidigung hätte ich dann für Sie verfaßt! Wie hätte ich diese edlen, erhabenen Idealisten gegeißelt, die eine Frau anspucken, während sie nach einem feuchtfröhlichen Abend bei Dussot Schiller deklamieren!«

Zu jungen Autoren, die ihre Manuskripte brachten, konnte er auch freundlich und entgegenkommend sein. »Dieser nervöse, magere Mann mit dem durchdringenden Blick seiner grauen Augen war imstande, in der menschlichen Seele zu lesen und einen großen Einfluß auszuüben«, schreibt der zwanzigjährige Debutant Alexander Kruglow. »Sie sollten Parteien meiden«, ermahnte ihn Dostojewskij. »Die Dichter sollen Rußland dienen, und sonst keinem. Die Sache des russischen Volkes – das ist das Ziel. Ein russischer Schriftsteller muß gläubig sein, denn Christus allein ist der wahre Weg.«

Ein moralisierender Zeigefinger ist auch in Dostojewskijs Artikeln im *Staatsbürger* nicht zu übersehen. Sie füllen einen ganzen Band seiner gesammelten Werke und bezeugen seine breit gefächerten Interessen, von außenpolitischen Kommentaren bis zu literarischen Werken.

Am wichtigsten sind die im *Tagebuch eines Schriftstellers* versammelten Beiträge. Mit dieser eigenwilligen Ein-Mann-Zeitschrift verwirklichte Distojewskij seinen Traum, eine neue Form von philosphisch-literarischem Journalismus zu kreieren. Sein Ziel war es, in möglichst direkten Kontakt mit der Leserschaft zu kommen. Aufrichtig und unverblümt hält er Zwiesprache mit seinem Publikum und läßt es an seinen Ansichten und Plänen teilhaben.

Daraus ergab sich eine freie und ungezwungene Form des »Tagebuchs«. Oft entsteht der Eindruck, ebensosehr ein Bekenntnis wie ein Tagebuch zu lesen. »In diesem Tagebuch werde ich also Selbstgespräche führen und die Dinge kommen lassen, wie sie wollen«, schreibt er in der Einführung. »Wovon ich sprechen werde? Von allem, was mir auffällt oder was mir zu denken gibt.«

Es wurde behauptet, Dostojewskij sei eher ein Künstler in seinen Zeitschriftenartikeln als ein Denker in seinen Romanen gewesen. Und doch begegnet uns in den Artikeln ein in mancherlei Hinsicht anderer Schriftsteller. Zwar ist er als Belletrist wie als Journalist von seiner ethischen Botschaft und seinem großen Engagement durchdrungen. Aber in den Artikeln äußert er sich unumwundener – eher als Prediger denn als Zweifler, was ihn auch anfälliger für kritische Gegenargumente macht. Von der Lektüre dieser Artikel läßt man sich leicht provozieren. Mehrere sind traurige Beispiele dafür, daß nationaler Chauvinismus den tiefsinnigen Denker in Sackgassen oder aufs Glatteis führen kann. Die ewige Verherrlichung von Rußlands Vortrefflichkeit sowie die bitteren Klagen, diese könne von den Westeuropäern niemals begriffen werden – das ist keine sehr erbauliche Lektüre.

»Mit dem Verstand läßt Rußland sich nicht erfassen.« Dieses Dichterwort Fjodor Tjutschews könnte als Motto über fast allen Reflexionen Dostojewskijs zum russischen Wesen stehen. Dabei wählte er nicht nur geglückte Beispiele. Die Russen, behauptete er in seinem Artikel über die große russische Kunstausstellung von 1873, können die Westeuropäer ohne weiteres verstehen – was haben sie doch für phänomenale Sprachkenntnisse! Den Westeuropäern dagegen werde es immer und ewig an Verständnis für den russischen Beitrag zur Weltkultur mangeln. Die russischen Dichter seien ja unübersetzbar, und was für Voraussetzungen brächte ein westlicher Kritiker schon mit, um ein Gemälde wie *Wolgatreidler* zu verstehen? Dostojewskij mag gar nicht daran denken, wie man die Bilder aufnehmen wird, wenn sie zur Weltausstellung nach Wien gelangen.

Er sorgte sich grundlos. Tatsächlich wurden russische Künstler im westlichen Wien mit Handkuß empfangen. Rußland erntete insgesamt 29 Medaillen, genauso viele wie England und mehr als Dänemark, Norwegen und Schweden zusammen. Von seiner Begeisterung über die Manifestation russischer Malkunst schreibt Henrik Ibsen als Jurymitglied:

»Die Ausstellung lehrt uns, daß Rußland auf allen Gebieten der bildenden Kunst vollkommen auf der Höhe der Zeit ist. Die unverbrauchteste und energischste nationale Anschauung verbindet sich hier mit unübertroffener Technik, und keineswegs ist es ein auf der verblüffenden Wirkung der außergewöhnlichen Motive beruhender Trugschluß, wenn ich behaupte, daß Rußland eine denjenigen Deutschlands, Frankreichs oder sonst eines anderen Landes gänzlich ebenbürtige Malerschule besitzt.«

Trotzdem sollte die These, die Russen seien etwas ganz Spezielles, bald zum Kern- und Angelpunkt in Dostojewskijs Denken werden. Viele werden meinen, zu einem Schwachpunkt, denn wie wollte er dieses Argument mit seiner Überzeugung in Einklang bringen, das russische Volk könne eine Verbrüderung zwischen allen Völkern der Welt erreichen? Wenn man dem Schriftsteller später diesen Widerspruch vorhielt, gelang es ihm auch nie, über Postulate hinauszukommen. Er konnte allen Diskussionen ein rasches Ende machen, erinnert sich der Diplomat E.-M. de Vogué: »Wir besitzen die Genialität aller Völker und dazu unser russisches Genie. Folglich können wir euch verstehen, aber ihr uns nicht!«

Wesentlich tiefschürfender ist Dostojewskij als Publizist, wenn er soziale und moralische Probleme behandelt. Eine Folge seiner Artikel war ein umfangreicher Briefwechsel mit seinen Lesern, der ihm wieder Stoff zu neuen Reflexionen lieferte. Die Themenwahl seiner Artikel ist vielseitig: Politik, Ethik, Kindesmißhandlung, Justiz, Tierschutz, Trunksucht, neue Tendenzen in Politik und Literatur. Kaum ein Problem war diesem engagierten Gesellschaftskritiker fremd. Nicht selten animierte ihn seine Erörterung eines Themas auch zu hochrangigen literarischen Werken.

Schon in dem Artikel »Das Milieu« von 1873 stoßen wir auf zentrale Motive aus Dostojewskijs Gedankenwelt: Verbrechen und Strafe, die Verantwortung des Menschen für eigene und fremde Taten.

Nach alter Gewohnheit bezieht Dostojewskij sich auf Gegebenheiten in der konkreten russischen Realität, und zwar auf die neuen Geschworenengerichte, die man nach Aufhebung der Leibeigenschaft eingeführt hatte. Die Reform zielte darauf ab, die Korruption im russischen Rechtswesen abzuschaffen, und wurde allgemein begrüßt; so auch von Dostojewskij, der allerdings fand, sie könne leicht von gerissenen Verteidigern mißbraucht werden. Ob der Angeklagte schuldig sei oder nicht, scheine oft gar nicht mehr von Belang zu sein. Wenn man die jüngsten sensationellen Freisprüche betrachte, könne man den Eindruck gewinnen, es gäbe gar keine Schuldigen. Alles werde »dem Milieu« angelastet.

Ein Beispiel der schädlichen Folgen dieser Einstellung wird im *Jüngling* gegeben. Hier läßt der Autor seinen Pilger Makar Iwanowitsch von einem Soldaten erzählen, der ein Verbrechen gestanden hat und trotzdem freigesprochen wurde. Der Verteidiger, oder »das gedungene Gewissen«, hat wie gewöhnlich ganze Arbeit geleistet: Alle Schuld liege beim verrohenden Soldatenmilieu! Das Urteil der Geschworenen lautet: »Nicht schuldig«. Doch man kann einen Menschen nicht ungestraft seiner Möglichkeit zur Sühne berauben. Für diesen Soldaten jedenfalls ist der Freispruch eine Katastrophe. »Als er auf freien Fuß gesetzt wurde, grämte er sich und grübelte, er aß und trank nicht mehr, redete mit keinem Menschen, und am fünften Tage ging er hin und erhängte sich. ›So lebt es sich nämlich mit einer Sünde auf dem Gewissen!‹ schloß Makar Iwanowitsch.«

Für den ehemaligen Sträfling Dostojewskij war die neue Lehre über Milieueinflüsse völlig inakzeptabel. Die Behauptung, es gäbe keine Verbrechen, keine Sünde, die Sühne fordert, könne nur von einem Gottlosen stammen. Zwar predige das Christentum Barmherzigkeit und Nachsicht mit armen Sündern. Aber es verkünde auch die moralische Verpflichtung des Menschen, das Böse zu bekämpfen. Indem es den Menschen für seine Taten verantwortlich mache, gestehe es ihm auch Freiheit zu. Das Böse muß beim Namen genannt werden, schreibt Dostojewskij. Doch dürften wir nicht satanischem Hochmut verfallen und uns für schuldlos halten. Wir trügen unsere persönliche Verantwortung. Statt uns über unglückliche Verbrecher zu erheben, sollten wir unsere Mitschuld an ihren Verbrechen schmerzlich empfinden.

Dostojewskijs »Selbstanzeige« wird so zu einem heftigen Protest gegen positivistischen Determinismus. Seine Lehre von der universellen Sünde und Schuld des Menschen, nach der jeder Mensch an jedem und in allem schuldig ist, wird später, in den *Brüdern Karamasow*, zu einem Hauptargument

Sosimas. Darüber hinaus drückt der Artikel einen anderen Lieblingsgedanken des Autors aus: die Vorstellung vom Leid als läuternde Kraft für den Menschen.

Zu diesem Thema kehrt er in »*Wlas*« zurück, der Erzählung von einem Bauernburschen, der sich dazu verleiten läßt, auf eine Hostie zu schießen, woraufhin ihm das Kreuz mit dem Gekreuzigten erscheint. Nie hat Dostojewskij die Geheimnisse einer Bauernseele tiefer ergründet als in dieser verblüffenden Geschichte aus den Niederungen des russischen Volks. Hier begegnet uns das Bedürfnis eines Russen nach Selbstverleugnung und Selbstzerstörung, zugleich seine glühende Sehnsucht nach Buße und Erlösung. Den großen Sünder, der sich durch Buße und Reue aus seinem Elend erhebt – Dostojewskij kannte ihn. Auch er war bis zur äußersten Grenze gegangen, auch sein Hosianna war durch »die große Feuerprobe des Zweifelns« gegangen.

Die Kurzgeschichte *Bobok* belegt ebenfalls die Themenvielfalt seines »Tagebuchs«. Der Schriftsteller versetzt sich hier in einen gescheiterten Kollegen, der eben erst für geisteskrank erklärt wurde – »Andere für geisteskrank zu erklären, das können wir hier in Rußland im Handumdrehen, aber sie vernünftig zu machen, scheint noch keinem gelungen zu sein.« Auf den ersten Blick steckt diese Geschichte von Verstorbenen, die ihren Gräbern entsteigen und Gespräche auf dem Friedhof führen, voll burleskem Humor. Aber nach und nach bleibt einem das Lachen im Halse stecken. Dostojewskij hatte sich oft vorgestellt, »wie sündig und beschmutzt alles auf der Welt ohne Christus wäre«. In dieser erscheckenden metaphysischen Vision von Schamlosigkeit und Verderbnis hat er mit Verve die Verkommenheit des atheistischen Menschen geschildert. Bei dem *Dance macabre* stinken die Seelen bestialischer als die Leiber.

Obwohl Dostojewskij mit solchen Beiträgen großen Erfolg im Publikum hatte, stand für ihn schon bald fest, daß *Der Staatsbürger* auf lange Sicht nicht das Richtige war. Im Herbst geriet er immer häufiger mit dem Zeitungsverleger aneinander. Fürst Meschtscherskij konnte nur mit Mühe akzeptieren, daß sein Schriftleiter in seinen Manuskripten herumstrich, und Dostojewskij zog klare Grenzen, was für redaktionelle Mitteilungen er zu drucken gewillt war. Als der aufgebrachte Fürst sich dafür stark machte, rebellische Studenten in staatlichen Studentendörfern unterzubringen, damit sie von der Obrigkeit besser beaufsichtigt werden könnten, griff der Herausgeber sogleich zum Rotstift. »Ich habe eine gewisse Reputation als Schriftsteller zu verlieren und außerdem Kinder«, schreibt er dem Fürsten. »Dies abzudrucken käme dem Selbstmord gleich. Hinzu kommt, daß ich tiefe Abscheu vor Ihren Ansichten hege.«

Was nicht etwa heißen soll, seine eigenen Beiträge seien viel liberaler gewesen. Die außenpolitischen Artikel, die er im Herbst 1873 verfaßte, bewegen sich alle im offiziellen Rahmen zaristischer Machtpolitik, mit Seitenhieben gegen aufständische Polen und einer Verherrlichung der »altruistischen« russischen Außenpolitik. »Rußland fürchtet sich nicht davor, daß westeuropäische Völker es besser kennenlernen«, versichert er anläßlich der Vermählung Prinz Alfreds mit einer russischen Prinzessin. Wenn der Westen doch jetzt nur Vertrauen zur uneigennützigen russischen Politik bekäme und den Zaren nicht mehr länger heimtückischer Pläne gegen die westeuropäische Zivilisation verdächtigte!

Die positive Einstellung der Zeitung zum Zarentum konnte trotzdem nicht verhindern, daß die Zensur immer lästiger wurde. Eine vorsichtige Andeutung, die Regierung könne mehr tun, um der Hungersnot im Gouvernement Samara abzuhelfen, führte prompt dazu, daß der freie Verkauf für sieben Wochen verboten wurde. Der Schriftleiter mußte hoch und heilig Reue und Besserung geloben. Für einen begeisterten Patrioten wie Dostojewskij war es auf Dauer frustrierend, sich solche Treuegelöbnisse abringen zu lassen. Als die Zeitung Mitte März 1874 verwarnt wurde, weil sie eine herabsetzende Bemerkung über die russifizierten Deutschen in den Ostseeprovinzen veröffentlicht hatte, fand er es angebracht, seine Stellung zu kündigen. Wenn er die Herausgabe vom *Tagebuch eines Schriftstellers* später wieder aufnahm, dann nur als sein eigener Herr.

Verständlicherweise war Dostojewskij erleichtert, als er Ende März 1874 berichten konnte, seine Tätigkeit als Schiftleiter sei vorüber. »Mir ist eine Last von der Seele genommen. Ich brauche Freiheit. Jetzt habe ich mit *meinem eigenen Schreiben* begonnen.«

Aber vorher mußte er noch »dem Gebot des Gesetzes Folge leisten und die Strafe für seine kleine Redakteurssünde« auf sich nehmen. Schon am 11. Juni 1873 war er für die Veröffentlichung eines Artikels vor Gericht geladen worden, in dem Fürst Meschtscherskij kaiserliche Worte zitiert hatte, ohne sich die Erlaubnis des Hofministers einzuholen. Das Urteil lautete auf zwei Tage Freiheitsentzug; Anatolij Koni, der liberale Staatsanwalt beim Bezirksgericht von Petersburg, war einverstanden gewesen, den Strafvollzug auf eine dem Schriftsteller genehme Zeit auszusetzen.

Am 23. März wurde er schließlich festgenommen und zum Gefängnis am Heumarkt abgeführt. Dort erging es ihm gar nicht so übel: Der Gefängniswächter kannte ihn, und er selbst vertrieb sich die Zeit mit der Lektüre von Hugos *Elenden*. Was für ein hervorragendes Buch; wie konnte Tjutschew nur behaupten, sein Roman über Raskolnikow sei weit besser . . . Am nächsten Abend kam er fröhlich und vergnügt mit lauter Spielsachen für die Kinder nach Hause. Papa war nur kurz in Moskau gewesen . . .

»Wie gut ging es mir doch im Gefängnis!« erklärte er später. Es war ja fast eine Rückkehr nach Sibirien. »Auch Sie sollten einmal eine Zeit im Zuchthaus verbringen!« schwärmte er, als Wsewolod Solowjow ihn im Gefängnis besuchte. »Aber Fjodor Michailowitsch, Sie meinen doch nicht etwa, ich solle irgendwen umbringen, nur um ins Zuchthaus zu kommen?« Dostojewskij mußte lächeln. »Das natürlich nicht . . . Sie müssen halt etwas anderes versuchen. Aber ganz im Ernst, eine Zuchthausstrafe wäre das beste, was Ihnen passieren könnte.« Denselben Wunsch hegte er für Wsewolods Bruder Wladimir: »Ein Aufenthalt im Ostrog würde einen guten, wahren Christen aus Dir machen.«

Dostojewskijs Comeback als Publizist war für ihn sehr wichtig. Ohne seine journalistische Praxis wäre er wohl kaum ein so berühmter Romanschriftsteller geworden. Das »Tagebuch« wurde eine Werkstatt, in der er seine Auffassungen zu den wichtigsten Problemen der Zeit entwickelte. Und es lieferte ihm nicht zuletzt laufend neues Material für sein literarisches Schaffen. Nun hatte er schon einen Roman über labile junge Leute aus gestörten Familienverhältnissen begonnen.

III

Im Vorfrühling 1874 erzählte Warwara Timofejewa ihrem Chef, sie sei die ganze Nacht aufgeblieben und habe seine *Aufzeichnungen aus einem Kellerloch* gelesen. »Ich werde den Eindruck nicht los . . . so etwas Schreckliches – die menschliche Seele! Und zugleich, was für eine furchtbare Wahrheit!«

Dostojewskij lächelte und erzählte, Apollon Grigorjew habe dieses Buch für sein Meisterwerk gehalten und ihm geraten, nur noch in dem Genre zu schreiben. »Aber ich bin nicht seiner Meinung«, ergänzte er. »Das Buch ist viel zu düster und drückend. Diese Phase habe ich bereits überwunden. Jetzt bin ich in der Lage, etwas Helleres und Versöhnlicheres zu schreiben. Ja, ich arbeite an einem neuen Werk . . .«

Damit meinte er den *Jüngling*, oder *Ein Werdender*, wie das Buch auch in älteren deutschen Übersetzungen heißt. In diesem Bildungsroman wollte er seine Vision des zeitgenössischen Generationskonflikts darlegen und zeigen, daß Rußlands Hoffnung auf dem Streben der Jugend fuße, zu einer »stärkenden und verbindlichen Idee« für sich und ihr Vaterland zu finden.

In der Tat – verglichen mit dem finsteren Finale des *Idioten* und der apokalyptischen Untergangsstimmung in den *Dämonen* wirkt die Botschaft des *Jünglings* wirklich »heller und versöhnlicher«. Wie die *Brüder Kramasow* ist es ein hoffnungsvoller Roman, der seinen Ausgangspunkt allerdings in den Schattenseiten der russischen Gesellschaft nimmt. Das Land befand sich in Umwälzung; sozial, da die Aristokratie von Auflösung bedroht war, moralisch, da immer mehr Menschen sich das Leben nahmen. Sozialer Wandel, Selbstmordepidemien und Entwurzelung – so sah wohl für Dostojewskij im Redaktionsbüro des *Staatsbürgers* die Realität aus.

Am meisten sorgte er sich um die junge Generation in dieser Zeit der Umwälzungen mit ihrer Umwertung aller Werte, in der »Väter und Söhne« keine »verbindliche Idee« mehr zusammenhielt.

Kinder hatte er immer gemocht, und nun war er selbst Familienvater und Erzieher. »Der Roman soll von Kindern handeln, ausschließlich von Kindern, und einen sehr jungen Helden haben«, heißt es in seinen Aufzeichnungen. Im Frühjahr 1874 bat er Anatolij Koni, ein Jugendgefängnis in Petersburg besuchen zu dürfen. Was sollte aus diesen unglücklichen Jugendlichen werden, die ganz sich selbst überlassen waren und aus gestörten, »zufälligen« Familien ohne geistige Gemeinschaft, ohne Zusammenhalt der Mitglieder kamen? Vielleicht schmiedeten sie bereits Rachepläne gegen eine strafende Gesellschaft? Oder wünschten sie sich trotz allem eine feste Verankerung und geistige Orientierung? »Die Hauptidee des Romans besteht darin, daß der Jüngling eine Richtschnur für sein Verhalten sucht, feste Begriffe von Gut und Böse«, notiert er sich. »In unserer Gesellschaft existiert keine solche Idee. Doch er verlangt danach, sucht instinktiv nach ihr, und dies soll der Roman zeigen.«

Wie unterschied sich doch solch eine unsichere Zukunft vom noblen und sicheren Leben der Adligen in Tolstojs Romanen! In *Krieg und Frieden* konnten nicht einmal die Napoleonischen Kriege die Grundfesten der Familie Rostow erschüttern. Hier fungierten die Vertreter der älteren Generation als liebevolle, aber bestimmte Mentoren der Jüngeren, die ihrerseits für eine Kontinuität bis zur nächsten Generation sorgten. Die Regel, daß die Jungen in die Fußstapfen der Alten treten sollten, wurde noch befolgt. Überall herrschten Statik, Stabilität, Ruhe und Ordnung. Doch wie aktuell war eigentlich diese »Gutsherrenliteratur« für das moderne Rußland? »Diese Literatur hat alles gesagt, was sie zu sagen hat«, schreibt Dostojewskij 1871. »Tolstoj hat den Worten des Adels auf vortreffliche Weise Ausdruck verliehen. Aber dieses im höchsten Grade ›gutsherrliche Wort‹ ist auch das letzte gewesen; ein *neues Wort,* welches das gutsherrliche ersetzen könnte, wurde noch nicht gesprochen.«

Der Jüngling wurde treffend als eine »künstlerische Polemik« gegen Tolstojs Bilder aus dem Familienleben, gegen die seinen adeligen Protagonisten eigene wohlgeordnete Lebensform bezeichnet. Dostojewskij selbst wollte »über Auflösung« schreiben. Der Arbeitstitel seines Generationsromans über Adlige lautete *Besporjadok,* am besten mit »Unordnung« oder »Chaos« zu übersetzen.

Daraus wurde denn auch ein recht chaotisches Buch. Der Autor mußte zugeben, er habe »vier Romane in einem vereint«, und das war bestimmt nicht übertrieben. Trotzdem lassen sich zwei »Hauptromane« herausschälen: der des Jünglings selbst und der seines Vaters Wersilow.

Das Buch hat die Form einer vom zwanzigjährigen Arkadij Dolgorukij, dem »zufälligen Mitglied einer zufälligen Familie«, verfaßten Chronik. Die Ich-Form erleichtert die Identifikation mit der Hauptfigur, hat aber auch ihre Schwächen in einem so komplexen, ausufernden Werk. Arkadij muß immerzu Informationen über die eigentlichen Vorgänge hinterherlaufen, und Lauschen hinter Türen und Fenstern ist die Regel. Der nervöse Erzählton wird durch zeitliche Konzentration noch intensiviert: Die Haupthandlung trägt sich im Lauf dreier Monate zu, von denen sechzehn Tage besonders ausführlich geschildert werden.

Arkadij Dolgorukij ist Träger eines erlauchten Namens: Moskau wurde nämlich von einem Fürsten Dolgorukij gegründet. Doch er selbst ist alles andere als fürstlichen Geblüts. Sein legitimer Vater, Makar Dolgorukij, diente als Gärtner auf dem Gut des jungen Adeligen Wersilow. Kurz nach Makars Hochzeit mit der Leibeigenen Sonja weilt Wersilow auf seinem Gut und verführt die Frau seines Gärtners. Makar kann nicht verhindern, daß der Gutsherr sich ein Dienstmädchen zur Geliebten nimmt. Schicksalsergeben macht er sich aus dem Staub und wird ein frommer Pilger.

Wersilow seinerseits wird zum ruhelosen Herumtreiber unter russischen Emigranten in Westeuropa, wo er Sonja und seine beiden Kinder mit ihr, Arkadij und Lisa, fast vergißt.

Der Roman schildert ein Jahr zurückliegende Begebenheiten, als Arkadij erst neunzehn war und noch als »Jüngling« galt. In Dostojewskijs Augen war der Übergang vom neunzehnten zum zwanzigsten Lebensjahr im Leben eines jungen Mannes von besonderer Bedeutung – er beschreibt das auch an Aljoscha in den *Brüdern Karamasow*. Es liegt nahe, anzunehmen, daß er hier auf ein biblisches Bild Bezug nimmt: Auch im Alten Testament wird die Bedeutung dieses »Übergangsalters« hervorgehoben, in dem der Mensch lernen soll, »zwischen Gut und Böse zu unterscheiden«.

Zu Beginn von Arkadijs Aufzeichnungen hat Wersilow ihn soeben nach Petersburg gerufen, wo er nach einem langen Auslandsaufenthalt sein wortloses »Eheleben« mit Sonja wieder aufgenommen hat. Arkadij empfindet Bitterkeit für seinen Vater. Von Geburt an war er unter fremden Menschen, quasi ausgesetzt. Seinen Vater hat er nur ein einziges Mal gesehen, im Alter von zehn Jahren.

Besser kann er sich an die ikonenhaften Züge seiner Mutter erinnern. »Ihr Gesicht wies Züge der Einfalt, doch durchaus nicht der Dummheit auf, es war blaß und anämisch. Ihre Wangen waren sehr schmal, beinahe hohl, und auf der Stirn hatte sie schon Falten, aber um die Augen noch nicht, die groß und weit offen waren und immer in einem milden, wie entrückten Glanz schimmerten . . .« Die Mutter hat ihn einmal auf der Internatsschule in Moskau besucht, als einfache Bäuerin gekleidet. Arkadij weiß noch, daß er sie vor seinen vornehmen Mitschülern beinahe verleugnet hätte, und wie er sich hinterher dafür schämte und sich in Schlaf weinte. Vor dem Porträt von Sonjas verblühender Schönheit gerät sogar Wersilow ins Sinnieren: »Russische Frauen verlieren schnell ihre Schönheit . . . sie geben alles auf einmal hin, wenn sie lieben – den Augenblick und ihr Geschick, Gegenwart und Zukunft; sie sind unwirtschaftlich, sparen nicht, um etwas in Reserve zu halten, und ihre Schönheit schenken sie dem, den sie lieben.«

Eigentlich will Arkadji von seinem Vater nichts wissen. Von diesem Wersilow, der sich nicht einmal erinnern kann, wo sein Sohn aufgewachsen ist, fühlt er sich tief gekränkt und im Stich gelassen. Da er auch keinen geistigen Vater an ihm hat, weigert er sich, ihn »Vater« zu nennen. Doch das Fehlen eines geistigen Kontakts führt zugleich dazu, daß Wersilow ihm faszinierend erscheint. Von Haßliebe angetrieben, bewegt er sich auf den Vater zu. Der Wunsch, Wersilows Geheimnis zu lüften, wird unwiderstehlich.

Als Arkadij in Petersburg ankommt, ist er noch von seiner großen »Idee« besessen: es James Rothschild gleichzutun, dem Mann, der damals die märchenhafte Summe von siebzehnhundert Millionen Francs hinterlassen hatte. Die Idee ließe sich bestimmt mit Fleiß und vorsichtigem Roulettespiel realisieren, und dann würde er sich endlich von seiner Umgebung unabhängig machen und über andere das Sagen haben. Mit der Macht des Goldes möchte er seine Herkunft kompensieren: Geld macht schließlich alle Menschen gleich! Mit Geld will er sich für alle Demütigungen rächen, die er einstecken mußte.

Bezeichnenderweise tritt diese Idee gleich nach seiner Ankunft in Petersburg in den Hintergrund. Auf der Suche nach Selbstfindung gerät Arkadij in Gesellschaft von Leuten, deren Gerangel um Macht und Reichtum ohne große Ideen vor sich geht. Trotzdem kann er sich einer Beeinflussung durch diese Gesellschaft nicht entziehen. Von dem alternden Fürsten Nikolaj Sokolskij lernt er, das Leben einer jeden Frau sei »ein ewiges Suchen nach Unterwerfung«, und ebenso zynisch ist der junge Fürst Sergej Sokolskij, der Arkadijs Vater beleidigt und seine Schwester verführt hat und schließlich wegen gefälschter Aktien im Gefängnis landet. Auch in anderen Gesellschaftsschichten herrscht moralisches Chaos. Das arme junge Mädchen Olga inseriert, um Privatschüler zu bekommen, und gerät an einen Kaufmann, der ihr fünfzehn Rubel bietet – »und sollte ich auf gänzliche Unberührtheit stoßen, lege ich vierzig Rubel drauf«.

Die Ausnahme von dieser korrupten Gesellschaft bildet für ihn ein revolutionärer Zirkel, der eine geistige Umwälzung der Massen bewirken will. Doch die kollektive Lebensform sagt dem Einzelgänger Arkadij nicht zu. Er bringt es nicht über sich, eine zukünftige Menschheit zu lieben, und zieht vor, »für sich allein« zu bleiben. Auch ohne seine große »Idee« verfolgt er Machtfantasien; welch immensen Wert muß beispielsweise der Brief besitzen, den er sich angeeignet hat, ein Brief, in dem Fürstin Katerina Nikolajewna ihren Anwalt um Rat fragt, wie sie ihren Vater ins Irrenhaus bringen könne! Sollte Fürst Nikolaj von dem Brief erfahren, würde er sein Tochter bestimmt enterben. Und was würde dann aus dieser »irdischen Königin« werden, von der er genau wie sein Vater ganz verzaubert ist?

Auf die Rivalität zwischen Vater und Sohn kommt Dostojewskij in den *Brüdern Karamasow* zurück. Im *Jüngling* läßt vor allem die psychologische Analyse von Wersilows Charakter aufhorchen.

Wersilow ist mit Stawrogin in den *Dämonen* seelenverwandt. Beide verdanken ihre Entstehung dem »gierigen Typus« des großen Sünders. In beiden wird das »niedrige« Element mit dem Unbewußten oder Unterbewußten gleichgesetzt. Stawrogin hat nie eine Erklärung für seine niederträchtigen Handlungen. Im *Jüngling* greift Dostojewskij sozusagen auf seine Jugenddichtung zurück und gibt dem Einbruch des Rohen den Namen »der Doppelgänger«. Wenn Wersilow sich plötzlich dazu hinreißen läßt, Makars Heiligenbild zu zerstören, wenn er seine Geliebte aufs gröbste beleidigt und sogar ihr Leben bedroht, dann ist der Doppelgänger am Werk.

»Es verhält sich in der Tat so, daß ich seelisch zwei Personen bin, und das flößt mir unsagbare Furcht ein«, sagt er über seinen gespaltenen Charakter. »Es ist, als stünde mein Doppelgänger neben mir. Man selbst ist klug und vernünftig, nur dieser Doppelgänger will um jeden Preis irgendeine sinnlose Handlung begehen, bisweilen auch einen Schurkenstreich. Und auf einmal merkt man, daß man selbst diesen Schabernack vollführt hat, weiß der Himmel, warum. Man tut es wider Willen, kämpft mit allen Kräften dagegen an.«

370

»Was ist eigentlich ein Doppelgänger?« fragt Arkadij. Auch er bemüht sich, diese Persönlichkeitsspaltung seines Vaters zu erklären: »Die Szene bei meiner Mutter, damals, als er das Heiligenbild zerbrach, fand zweifellos unter dem Einfluß des Doppelgängers statt. Doch kam es mir schon immer so vor, als läge seiner Handlungsweise eine Art boshafter Symbolik zugrunde. Ein gewisser Haß auf die Erwartungen dieser Frauen machte sich geltend, so etwas wie Wut auf ihre Rechte und darauf, daß sie über ihn zu Gericht sitzen sollten, weshalb er in Einverständnis mit dem Doppelgänger das Heiligenbild zerbrach. ›Seht her, so werden euch eure Erwartungen zunichte gemacht werden!‹«

Daß jemandem sein Wahnsinn bewußt wird, muß ihn keineswegs daran hindern, unverzüglich daranzugehen, ihn bewußt auszuleben. Daran muß nichts Verrücktes sein, im Gegenteil. Ohne Antithese keine Synthese, ohne Sünde keine Vergebung. Als der »Doppelgänger« endlich aus Wersilows Leben verschwindet, als er im Epilog im Bett liegt, seine Wunde verarzten und sich von Arkadijs Mutter die Wange streicheln läßt, da ist er nur noch »die Hälfte des ehemaligen Wersilow«, ein gebrochener, ausgelaugter Mann.

Doch nicht einmal im Vollbesitz seiner extremen Gegensätze ist Wersolow in der Lage, Arkadij ein geistiger Mentor zu sein. Als Adeliger ist er Opfer des moralischen Verfalls in der Aristokratie. Und da ihm selbst ein ethisches Rückgrat fehlt, kann er auch seinem Sohn keinen Halt geben. In Ermangelung einer solchen Stütze muß Arkadij sich mit abstrakten Überlegungen und schönen Phrasen begnügen. Wersilkow ist tatsächlich ein Repräsentant der liberalen Ideen, mit denen Dostojewskij vor Jahren selber liebäugelte – die Idee einer Kultur als Ersatz für Gott, einer Tugend ohne Christus. Die Sünde der Väter, das ist ihr Glaube an ein Reich Gottes ohne Himmel, ohne Gott.

Falls Wersilow je geglaubt hat, so hat er seinen Glauben jedenfalls längst begraben. Das einzige, was ihm davon noch bleibt, ist eine vage Sehnsucht nach Gott. Doch seine schönen Illusionen werden vom Menschen in Wersiolow zerstört. Er ist zwar klug, und er hat viel Gutes getan. Aber zugleich liefert er den Beweis dafür, daß gute Taten ohne Gott immer egoistisch und daher doch böse sind. Er will die von Fürst Sergej verführte geistesschwache Lydia heiraten, ja, er übernimmt sogar die Verantwortung für ihre Kinder. Doch das tut er ausschließlich, um sich an Katerina Nikolajewna zu rächen, die ihn in seinen Stolz verletzte, als sie ihn abwies.

Statt dessen wird der fromme Pilger Makar Arkadijs Mentor. Bei dieser Verkörperung des religiösen Glaubens im russischen Volk findet der Jüngling, was Wersilow ihm nicht geben kann: ein schönes ethisches Ideal. Die Zerstörung von Makars Ikone beweist nur Wersilows Verzweiflung darüber, daß er selbst unfähig ist, zu Makars religiöser Einsicht zu gelangen.

Makar geht auf Fürst Myschkin zurück und verweist auf Sosima. Während der ewige Emigrant Wersilow entwurzelt und isoliert ist, ist der Pilger Makar fest in der geistigen Gemeinschaft des russischen Volkes verankert – er hat einen Halt im Leben. »Gehe hin, verkaufe alles, was du hast, und gib's den Armen«, zitiert er Christus vor seinen geldgierigen Zeitgenossen, »so werden deine Tage und Stunden verzehnfacht, und du wirst keine einzige Minute verlieren wollen, weil du in deinem Herzen jede genießen wirst. Dann wirst du auch Wissen nicht nur aus Büchern gewinnen, sondern von Angesicht zu Angesicht Gott gegenüberstehen, die Erde wird heller leuchten als die Sonne, und Sorgen und Seufzer wird es nicht mehr geben, sondern nur noch ein einziges unvergleichliches Paradies.«

Daß jetzt sogar die jungen Leute auf solche Worte hörten, darin sah Dostojewskij die »hellere und versöhnlichere« Botschaft seines *Jünglings*. »Denn aus jungen Männern wachsen die Generationen heran«, schließt er sein Buch.

11

Der Prophet

Fassen Sie Mut,
und formulieren Sie Ihr Ideal.
Sie haben es doch bislang gesucht,
oder nicht?

I

Das Jahr 1876 begann für Dostojewskij nervenaufreibend. Tochter und Sohn waren schwer an Scharlachfieber erkrankt. Fedja überstand es mit knapper Not. In größter Besorgnis überwachte der Vater die Krankheit seiner Kinder. Laut einer Aufzeichnung Annas soll er sogar gesagt haben, wenn der Junge nicht durchkäme, werde er sich aus Verzweiflung das Leben nehmen.

Dieser Ausspruch ist nicht nur für Dostojewskijs Liebe zu seinen Kindern charakteristisch, sondern auch für seine generell große Kinderliebe. Kurz vor Weihnachten war er auf der Straße einem Bettlerjungen begegnet. Er kümmerte sich um ihn und brachte ihn dazu, aus seinem tristen Leben zu erzählen. Diese Begegnung sowie ein Besuch auf einem Weihnachtsfest für reiche Kinder inspirierten ihn zu der ergreifenden Erzählung *Der Knabe mit dem Händchen,* eine russische Variante von Hans Christian Andersens *Mädchen mit den Schwefelhölzern.* Zur selben Zeit besuchte er Kinderheime und Jugendgefängnisse. Mit großem Interesse fragte er seine Bekannten nach Gewohnheiten, Sprache und Ansichten von

Kindern aus und kam bald darauf, daß Kinder in vieler Hinsicht wesentlich klüger als Erwachsene sind.

Dieses intensive Studium der Lebensbedingungen von Kindern setzte er auch auf seinen Auslandsreisen fort. Besonders gerne blieb er vor Schulen stehen, lauschte den Gesprächen der Schüler und beobachtete ihre Spiele auf dem Schulhof. Die Straßenjungen in Ems kannte er bald recht gut. Einen von ihnen, einen Schuhmachersohn, erwähnt er in seinem Brief an Anna: Der Junge habe große Schmerzen, seine Augen seien geschwollen und entzündet – nur, weil sein geiziger Vater die paar Groschen für Medizin und Arztkosten scheute.

Die Mißhandlung von Kindern durch Erwachsene wird nun zu einem Hauptthema im *Tagebuch eines Schriftstellers,* das er seit 1876 wieder herausgibt. Leidenschaftlich erörtert er hier Kriminalfälle, in denen Eltern angeklagt wurden, weil sie ihre Kinder gequält, verbrüht, blutiggeschlagen, mit Exkrementen beschmiert hatten. Und diese Eltern wurden oft genug unter stürmischem Beifall der Zuhörer freigesprochen! Dostojewskij bekam immer mehr Lust, einen Roman »über unsere heutigen russischen Kinder und ihre Eltern, über ihre Beziehungen untereinander« zu schreiben. Offensichtlich hatte er bereits das gedankliche Terrain betreten, das später die Grundlage der *Brüder Karamasow* ausmachen sollte. Um gegen Gottes Weltordnung zu argumentieren, waren die Leiden der Kinder das beste Beispiel. In diesem Punkt war Dostojewskij mit dem Erzähler seiner »Legende von Großinquisitor« einer Meinung.

Während Dostojewskijs Romane gewöhnlich in Auflagen von zwei-, dreitausend Exemplaren erschienen, wurden Ausgaben seines »Tagebuchs« doppelt so gut verkauft und Monat für Monat an siebenhundert verschiedene Orte in ganz Rußland geschickt. Keins seiner Bücher wurde mit so großer Spannung erwartet. Der Erfolg verleitete andere zu Fälschungen.

Eine unmittelbare Folge seiner Artikel war die ausgedehnte Korrespondenz mit seiner Leserschaft. Der Schriftsteller bekam mehrere hundert Briefe im Jahr, die meisten voll des

Lobes. »Sie sind der Poet des Leidens, Sie sind der sympathischste, der tiefsinnigste von allen unseren Dichtern!« erklärt eine Briefschreiberin ekstatisch. »Darf ich Ihnen weiterschreiben? Sagen Sie ja!« Da er selbst ein wenig schreibfaul war, fielen ihm die unbeantworteten Briefe bald zur Last. »Sollte ich in die Hölle kommen, werde ich wegen meiner Sünden bestimmt dazu verdammt, zehn Briefe am Tag zu schreiben.«

Aber die Leserbriefe machten ihm auch große Freude. »Einem Dichter ist es immer lieber und wichtiger, freundliche und ermunternde Worte unmittelbar von einem mitfühlenden Leser zu hören, als in der Presse auf lobende Besprechungen zu stoßen. Ich weiß zwar nicht, warum es so ist, doch wenn so etwas direkt von einem Leser kommt, klingt es wahrer«, schreibt er an einen seiner Korrespondenten.

Sonst sind die meisten Antworten Dostojewskijs verlorengegangen, aber die Dankbriefe seiner Leser vermitteln uns doch einen Eindruck von ihnen. Er versucht ihnen zu helfen, so gut er kann, mit Geld, Gefälligkeiten und Empfehlungen, und in erster Linie mit Trost für Leidgeprüfte. Es fällt auf, wie viele junge Mädchen sich an ihn wandten. Eine war durch eine Prüfung gefallen, eine andere war sich nicht sicher, welche Schule sie besuchen sollte, eine dritte wollte einen Rat betreffs ihrer bevorstehenden Heirat. Die Antworten des Dichters fielen nicht sonderlich originell aus. Werde etwas Ordentliches, höre auf deine Eltern, gehe ohne Liebe keine Ehe ein. Manchmal allerdings gibt er seinen jungen Brieffreundinnen auch harte Nüsse zu knacken, zum Beispiel wenn er das moralisch Hochwertige im Geben und das moralisch Minderwertige im Nehmen ausmalt: »Ein Christ sagt: ›Ich muß mein Vermögen mit meinem geringeren Bruder teilen und meinen Mitmenschen dienen!‹ Ein Kommunarde dagegen sagt: ›Ja, du mußt mit mir, dem Geringeren und Armen, dein Vermögen teilen und mir dienen!‹ Der Christ ist im Recht, nicht der Kommunarde.«

Eine christliche Tendenz zeigt sich deutlich in all diesen Unterweisungen. »Es kommt darauf an, das Gefühl der Tugend zu festigen«, notiert er auf einem Brief. Und das konnte man am besten bewerkstelligen, indem man anderen mit gutem Beispiel voranging. »Glauben Sie mir: Ein Beispiel des Guten geben, wenn auch nur auf einem begrenzten Gebiet, ist von größter Bedeutung. Der feste Wunsch, ein gerechtes, aufrichtiges Leben zu führen, verwirrt leichtsinnige Menschen und beeinflußt sie.«

Nicht lange, und junge Leute besuchten ihren »Propheten« auch. Etwa ein junger Theologiestudent, der ihn in der Kirche ins Gebet vertieft gesehen hatte und ihm nun seine Glaubenszweifel anvertraute. Herrje, hielt der Unglaube jetzt tatsächlich schon Einzug in die Priesterseminare? Aber das war ja schon immer seine Rede gewesen: Kirchenmänner fühlten sich ganz besonders zum Atheismus hingezogen. Was sollte nur werden, wenn die Leute anfingen, »ohne Gott, ohne Christus, ohne Glauben an Den Einzigen Sündenfreien und sein versöhnendes Blut zu leben! Nein, soweit wird es nie kommen, nie, nie!« stellte er mit einem geheimnisvoll in die Ferne schweifenden Blick fest. »In den schwersten Stunden meines Lebens, da ich mich von allen und jedem verlassen fühlte, fand ich immer Zuflucht bei Gott. Aus eigener Erfahrung weiß ich, daß es nichts Schlimmeres gibt als Gottlosigkeit. Jeder, der sich davon überzeugen will, kann sich für eine Weile in den Ostrog begeben. Wenn man sich dort nicht das Leben nimmt, kehrt man als gläubiger Christ zurück.«

Materialistisches Geldhamstern konnte in seinen Augen nie und nimmer den Glauben ersetzen. »Heutzutage nimmt man an, die Freiheit bestünde darin, genug Geld zu haben. In Wirklichkeit ist dies keine Freiheit, sondern Sklaverei im Götzendienst des Geldes. Die höchste Freiheit besteht nämlich darin, das Ansammeln von Reichtümern zu vermeiden, das, was man hat, an alle zu verteilen und hinzugeben, um ihnen zu dienen. Wenn alle Menschen das täten, würden sie Brüder. Und wo Brüderlichkeit ist, wird es auch Gleichheit geben.«

Die junge Lehrerin Christina Altschewskaja machte die weite Reise von Charkow, um den Herausgeber des *Tagebuchs eines Schriftstellers* zu treffen. »Wenn man sein vom

Leid gezeichnetes Gesicht sah, die tiefen Falten, von denen jede eine eigene Lebensgeschichte zu erzählen schien, wurde einem gleich bewußt, daß dieser Mann viel gedacht, viel gelitten und viel ertragen hatte«, schreibt sie in ihren Erinnerungen. »Es war, als sei das Leben in dem schwachen Körper schon fast erloschen.« Aber mit jemandem, der *Anna Karenina* verabscheute und die Großrussen weit über die Ukrainer stellte, war nicht leicht diskutieren. Ihre Weigerung, auf die Frage zu antworten, ob sie an Gott glaube, verwirrte ihn. »Sie glauben also nicht! Das ist gar nicht gut! Darüber müssen wir ein andermal eingehender sprechen!«

Dostojewskijs Meinung von der russischen Jugend besserte sich nun. Diese jungen Mädchen, die ihn zu Hause besuchten, waren ja gar keine Nihilistinnen mit kurzen Haaren – im Gegenteil! Prächtige junge Leute waren es – hochherzig, beseelt von dem inbrünstigen Wunsch, für andere dazusein und der Gesellschaft zu dienen. »Welch Schlichtheit, Natürlichkeit und Frische im Gefühl, welch Reinheit an Herz und Verstand, der aufrichtigste Ernst und der aufrichtigste Humor!« Vor *dieser* neuen russischen Jugend hegte er den größten Respekt, besonders als junge Leute sich freiwillig im Krieg der Slawen gegen die Türken meldeten. Begeistert schreibt er seinem Jugendfreund Stepan Janowskij:

»Glauben Sie mir, hier in Rußland sieht es gar nicht so trostlos aus, wie es früher den Anschein hatte. Die Hauptsache ist: Vieles deutete darauf hin, daß es in weiten Kreisen die tief empfundene Sehnsucht nach einem neuen, wahren Leben gibt, den festen Glauben an einen nahe bevorstehenden Wandel im Ideenbild unserer Intelligenz, die mit ihrer Verständnislosigkeit dem Volk immer ferngestanden hat.«

Anna freute sich wohl nicht ganz so über die Bewunderung junger Mädchen für ihren Mann. Aber wenn sie den Eindruck hatte, nun sei es des Guten zuviel, besaß sie ein unfehlbares Mittel, ihren »Papa« zur Räson zu bringen: Sie stachelte seine grenzenlose Eifersucht an.

Es waren zuweilen recht infame Spiele, die ohne weiteres in einer mittleren Katastrophe hätten enden können. So schickte sie ihrem Mann im Frühjahr 1876 einen anonymen

Brief. »Sobald Ihre Gattin Sie weit fort glaubt, ist sie wie ein frohes Täubchen, das seine Flügel ausgebreitet hat, sich hoch in die Lüfte schwingt und nicht ins heimische Nest zurückzukehren gedenkt«, heißt es darin. »Und wenn Sie an der Wahrheit meiner Worte zweifeln, so werfen Sie nur einen Blick auf das Medaillon, das am Hals Ihrer Gattin hängt, sehen Sie nach, wen sie darin auf dem Herzen trägt.«

Wie ihr »Papa« wohl auf so ein anonymes Schreiben reagieren würde? Anna wurde nicht enttäuscht:

»Ich setzte mich an meinen gewohnten Platz neben dem Schreibtisch und begann das Gespräch mit einer Frage. Er schwieg mürrisch und ging mit langsamen, bleischweren Schritten im Zimmer auf und ab. Ich sah, daß es in ihm brodelte, und augenblicklich tat er mir leid. Um das Schweigen zu brechen, fragte ich:

›Was machst du so ein finsteres Gesicht, Fedja?‹

Fjodor Michailowitsch sah mich zornig an, ging noch zweimal durchs Zimmer und blieb dicht vor mir stehen.

›Trägst du ein Medaillon?‹ fragte er gepreßt.

›Ja.‹

›Zeig es mir!‹

›Wozu? Du hast es doch schon viele Male gesehen.‹

›Zeig mir das Me-dail-lon!‹ schrie er aus Leibeskräften. Ich begriff, daß mein Scherz zuweit gegangen war, und um Fjodor Michailowitsch zu beruhigen, begann ich den Kragen meines Kleides aufzuknöpfen. Aber ich kam nicht dazu, das Medaillon selbst herauszunehmen. Fjodor Michailowitsch konnte seinen Zorn nicht beherrschen. Er riß mir das dünne Kettchen, das er selbst in Venedig gekauft hatte, heftig vom Hals. Als ihm das Medaillon in der Hand blieb, ging er rasch zum Schreibtisch, beugte sich darüber und wollte es anschauen. Ich sah, wie seine Hände so stark zitterten, daß er das Medaillon fast fallenließ.«

»Du lachst, Anna«, sagte Dostojewskij, nachdem er endlich herausgefunden hatte, daß das Medaillon lediglich Porträts von Ljuba und ihm selbst enthielt. »Bedenke doch, was für ein Unglück hätte geschehen können! Ich hätte dich im Zorn erdrosseln können!«

Trotzdem konnte Anna ihr Versprechen, nie mehr seine Eifersucht zu reizen, nicht halten. Wenige Monate später, als sie gerade ihren früheren Verlobten getroffen hatte, verkniff sie es sich nicht, ihn mit folgender Andeutung in einem Brief nach Ems auf die Folter zu spannen: »Was glaubst Du, wen ich getroffen habe? Ihn!!! Rate, wen, und sei eifersüchtig. Einzelheiten im nächsten Brief.« »Ja, schreibe mir nur alle Einzelheiten«, antwortet Dostojewskij finster, »bestimmt verheimlichst Du trotzdem etwas. Welches Kleid hattest Du an? Und glaube nicht, die Eifersucht steigere die Liebe, und daß es zu etwas gut sei, einen Mann mit Eifersucht zu quälen.«

Aufregende Erlebnisse waren auch die spiritistischen Sitzungen, die Dostojewskij um diese Zeit in Petersburg besuchte. Der Schriftsteller hatte durchaus etwas für das damals moderne Suchen nach einer »vierten Dimension« übrig und verfolgte die Experimente, jedenfalls zu Anfang, mit angenehmem Gruseln. Mit der Zeit verbreiteten sich Gerüchte von tanzenden Tischen und mysteriösen Knoten so hartnäckig, daß der namhafteste Wissenschaftler des Landes, Professor Dmitrij Mendelejew, eine Untersuchungskommission einrichtete. Die Berichte kamen zu dem Schluß, Spiritismus sei Humbug und Aberglaube. Damit war Dostojewskij nicht so recht zufrieden. Ihm schien es eher geraten, zu untersuchen, wie so ein Phänomen überhaupt entstehen konnte; mit »mathematischen Beweisen« lasse es sich ohnehin nicht aus der Welt schaffen. Seine Beschäftigung mit okkulten Fragen schlug sich in Sosimas Reflexionen über unsere Möglichkeiten nieder, mit »anderen Welten« in Berührung zu kommen. Allerdings war der Spiritismus auch für Dostojewskij ein unannehmbares Phänomen, das zur kirchlichen Lehre in Widerspruch stand. Er weigerte sich standhaft, an so etwas zu glauben – es war ja schlimmer als Atheismus! Anna war ganz seiner Meinung und distanzierte sich nach dem Tod ihres Mannes von spiritistischen Versuchen, Kontakt mit dem Schriftsteller aufzunehmen.

Höchstwahrscheinlich lernte Dostojewskij während dieser Séancen Alexander Aksakow kennen, einen großen Apologeten Swedenborgs in Rußland. Es besteht Grund zu der Annahme, daß der Schriftsteller einige Sympathien für Swedenborgs Korrespondenzlehre und für seine Bibelauslegungen hegte. Doch wenn der Schwede von seinen Gesprächen mit längst Verstorbenen berichtete, wurde es ihm zuviel. »Daß sein Buch über den Himmel, die Hölle und das Paradies aufrichtig und nicht lügenhaft ist, daran besteht gar kein Zweifel; ebensowenig jedoch daran, daß es Frucht einer krankhaften Halluzination ist.«

Eine von Annas Bruder vorgestreckte Summe ermöglichte es ihnen, sich im Frühling 1876 das Sommerhaus zu kaufen, das sie nun seit Jahren in Staraja Russa gemietet hatten. Die Datscha war reizvoll am Ufer der Pererytiza gelegen und mit Badestube, Stall und Scheune versehen. Ein Eckzimmer im ersten Stock wurde als Schreibzimmer eingerichtet. Dostojewskij gefiel es in dieser ländlichen Umgebung. Er war ein großer Tierfreund und fütterte besonders gern Tauben. Um Milch für die Kinder zu haben, übernahmen sie gewöhnlich gegen Bezahlung eine Kuh von den Bauern, und man erzählte sich noch lange, wie Dostojewskij durch die Gassen irrte und die Kuh suchte, wenn sie abends um die gewohnte Zeit ausblieb. In dieses »Kuhdorf« verlegte er später die Handlung seiner *Brüder Karamasow*. Das Haus selbst, jetzt als Museum eingerichtet, weist viele Ähnlichkeiten mit Fjodor Karamasows Haus im Roman auf.

Die häufigere Teilnahme am Gesellschaftsleben und die anstrengende Arbeit am *Tagebuch eines Schriftstellers* zehrten zunehmend an seinen Kräften. Obwohl die epileptischen Anfälle nicht mehr so heftig und zahlreich waren, litt er doch sehr darunter, und außerdem fiel ihm das Atmen aufgrund eines Bronchialkatarrhs immer schwerer. Im Sommer 1876 machte er sich daher wieder nach Ems auf.

Wie üblich, war die Reise kein Vergnügen. Diesmal begannen die Widrigkeiten schon auf russischem Terrain. Dostojewskij saß neben einem Kaufmann, der in einem fort spuckte, bis sich schließlich »ganze Seen« im Abteil bildeten. Offenbar fehlten doch nicht nur den Ausländern Kultur und Manieren! Dabei hatte sein »Tagebuch« doch mehrere tausend Leser! Noch verstimmter war er bei seiner Ankunft in Deutschland, als er mit sechs Deutschen das Abteil teilen mußte, die verletzende Bemerkungen über die betrübliche Verfassung des russischen Heeres von sich gaben – nur sechzig Patronen pro Soldat! Dostojewskij geriet in Wut und riet ihnen, sich vor der Schlagkraft der Russen in acht zu nehmen, aber die Deutschen grinsten nur über diesen stotternden Wüterich.

Am 19. Juli kam er in Berlin an, wo er einen leibhaftigen Orang-Utan im Zoologischen Garten bestaunte. Der Höhepunkt war allerdings eine Dame, die aus Versehen die Herrentoilette betrat. »Sie bekam alles zu sehen, buchstäblich *alles*, denn keiner hatte sich bedecken können«, berichtet er eifrig. »Ich weiß nicht, ob sie danach bis zur Damentoilette kam. Wenn sie eine Engländerin war, dürfte sie vor Schamhaftigkeit gestorben sein. Bemerkenswert war jedoch, daß kein Gelächter aufkam, die Deutschen schwiegen mürrisch vor sich hin, während man bei uns bestimmt vor Begeisterung gebrüllt und gejohlt hätte.«

Das günstigste Angebot für Unterkunft und Verpflegung erhielt er auch diesmal von Mme Bach im Ville d'Alger. Im übrigen war sie inzwischen verwitwet und saß nun mit einem Verehrer auf der Bank vor ihrem Hotel. Dostojewskij riet ihr, so bald wie möglich wieder zu heiraten.

Es war sein dritter Aufenthalt in Ems. Auf der Straße nickte man ihm lächelnd zu, er wurde erkannt: »Dort geht Dostojewskij.« Auch er war den Deutschen gegenüber nun etwas gnädiger gestimmt. Das Mädchen, das ihm Mineralwasser ausschenkte, bewunderte er sogar: Sie merkte sich genau, wieviel ihm verordnet war. Und ein Dienstmädchen wie das im Hotel, das sich vom frühen Morgen bis halb elf Uhr abends abrackerte, gab es in ganz Rußland nicht. »Hier sind alle beschäftigt«, schreibt er im »Tagebuch«, »alle arbeiten, nicht nur das Dienstmädchen, sondern auch die Hotelbesitzerin.«

Dr. Orth konnte dem Schriftsteller versichern, er habe noch ein langes Leben vor sich, und verschrieb ihm morgens und abends „Kränchen" mit Milch sowie Gurgeln mit

»Kesselbrunnen«. Der Patient selbst fühlte sich elend, von trockenem Husten und Halskrämpfen geplagt. Über sein Tagesprogramm schreibt er Anna:

»Ich stehe früh um sechs Uhr auf, um sieben trinke ich Brunnen, was anderthalb Stunden in Anspruch nimmt. Dabei spielt die Musikkapelle, und eine sechstausendköpfige Menge quirlt durcheinander. Dann nehme ich um halb neun Kaffee mit Zwieback zur mir – einen miserablen Kaffee, aber mit schrecklichem Appetit . . . Um ein Uhr bekomme ich ein elendes Mittagessen: zwei Teller Suppe, Rindfleisch mit Kartoffeln, Kompott (zum Preis von zwei Mark) – aber von dem Brunnen bekommt man Appetit, und ich esse, als sei es ein Diner bei Dussot. Gegen fünf Uhr trinke ich wieder Brunnen und höre Musik, dann gehe ich spazieren, und um acht Uhr trinke ich Tee, esse ein Stückchen Rindfleisch und lege mich endlich um zehn Uhr schlafen.«

Er hatte gehofft, etwas für das »Tagebuch« schreiben zu können, aber wie gewöhnlich wollte sich die nötige Arbeitsruhe nicht einstellen – laute Schritte auf der Treppe, Türenschlagen und Geschrei aus dem Nebenzimmer. Mit dem Lesen ging es nicht viel besser. In der Bibliothek der Stadt erwischte er Émile Zolas letzten Roman *La Ventre de Paris*. Was für ein Machwerk! »Ich kann es kaum lesen, so abgeschmackt ist es. Und bei uns erhebt man ein Geschrei über Zola, als wäre er eine Berühmtheit, eine Leuchte des Realismus!«

Nur gut, daß er die Briefe seiner »Engelfrau« hatte. Nächstes Mal würde er sie einfach mitnehmen. Zuerst könnten sie zur berühmten »Wunderheilerin« von München fahren, vor allem, da sie nicht zu teuer war. Und wenn das nichts half, würden sie ihren Rückweg über Ems nehmen und Wasser trinken. Seine Briefe an Anna werden immer feuriger – sie ist jetzt sein »Alpha und Omega«. »Ich vergöttere jedes Atom Deines Körpers und Deiner Seele, und ich küsse Dich ganz, *ganz,* weil es *mein, mein* ist!« Sowie er nach Hause kommt, will er sie »auffressen«. Trotz Annas schamhafter Streichungen verraten die Briefe eine Sinnlichkeit von außergewöhnlicher Stärke.

Verglichen mit Anna sind die Damen in Ems fade. »Hier unten sind eine Menge schöner Damen in eleganten Garderoben, aber ich schaue gar nicht nach ihnen«, versichert er seiner »Herrscherin«. Mit einer von ihnen, der Frau des radikalen Kritikers Jelisejew, überwarf er sich gleich, als sie ihm bei seinen wütenden Attacken auf den Nihilismus Widerworte gab. Diese gräßlichen Sozialisten konnten anscheinend nicht einmal in Kurorten ihre materialistische Natur zügeln: Sogar das Heilwasser tranken sie nach dem Rezept »je mehr, desto besser«! Im übrigen war auch er diesmal offenbar kein allzu fleißiger Kirchgänger. Mit keinem Wort erwähnt er die neu errichtete orthodoxe Alexandra-Kirche, für die er ein Jahr zuvor drei Taler gespendet hatte.

Immerhin war Dr. Orth mit dem Behandlungserfolg zufrieden. Auf Dostojewskijs Frage, ob seine Krankheit nicht schon so weit fortgeschritten sei, daß es dem Ende entgegengehe, lachte er nur und versicherte ihm, er habe noch gut fünfzehn Jahre zu leben, »natürlich ein gesundes Klima und eine vernünftige Diät vorausgesetzt, und daß Sie sich nicht erkälten oder Ihre Nerven strapazieren«. Der hart arbeitende Schriftsteller wußte nicht, ob er lachen oder weinen sollte.

Auch die Verbreitung von Dostojewskijs Werken machte Fortschritte. Bereits im Sommer 1876 waren Auszüge aus dem *Tagebuch eines Schriftstellers* im *Journal des Débats* erschienen. Bei seiner Rückkehr nach Rußland wurde der Autor von Pobedonoszew aufgefordert, das »Tagebuch« dem Thronfolger zu schicken. »Seit langem habe ich daran gedacht und von dem Glück geträumt, Eurer Kaiserlichen Hoheit meine bescheidene Arbeit anzuempfehlen«, heißt es im Begleitschreiben. »Verzeihen Sie mir, Allergnädigster Herrscher, meine Kühnheit, verurteilen Sie einen so grenzenlos Liebenden nicht, und erlauben Sie mir, Ihnen auch künftig monatlich jede weitere Ausgabe des ›Tagebuchs eines Schriftstellers‹ zu übersenden.« Sicherlich war seine Freude groß, als ihm der Hofmarschall wenig später mitteilen konnte, der Thronerbe habe sein erlauchtes Einverständnis gegeben, Gratisabonnent des »Tagebuchs« zu werden.

Dostojewskijs Einzug bei Hofe führte rasch zu einer bedeutenden Erweiterung seines Bekanntschaftskreises. Vom Winter 1876/77 an war er regelmäßiger Gast in den Salons von Petersburg – bei der radikalen Anna Filosofowa, bei der begabten Gräfin Sofia Tolstaja und nicht zuletzt bei seinem Dichterfreund Jakow Polonskij, wo er so berühmte Leute treffen konnte wie den Politiker Graf Witte, den Journalisten Alexej Suworin, den Musiker Anton Rubinstein und den Künstler Ilja Repin. »Überall wurde er herzlich aufgenommen, da man an ihm nicht nur Geist und Talent schätzte, sondern auch sein gutes, jedem menschlichen Schmerz aufgeschlossenes Herz«, versichert Anna. Doch im Grunde paßte er nicht so recht in diese vornehmen Kreise. Sogar seine Freundin Jelena Stakenschneider mußte zugeben, er habe viel von einem »Spießbürger«. Trotzdem steht fest, daß er Eindruck machte. »Wer ihn einmal gesehen hatte, vergaß es nie«, erzählt E.-M. de Vogüé. »Er war das Spiegelbild seiner Werke, all seiner Erlebnisse . . . Seine Lippen, Augenbrauen, jede Faser seines Gesichtes bebten wie von einer nervösen Krankheit. Und wenn sein Antlitz im Zorn entbrannte, war man immer überzeugt, dieses Antlitz bereits auf der Anklagebank oder unter umherziehendem Bettelvolk gesehen zu haben. Andererseits kam es auch vor, daß es die traurige Sanftmut von Heiligenfiguren auf alten slawischen Ikonen annahm.«

Anna zog es vor, mit einem guten Buch daheim zu bleiben, wenn ihr Mann ausging – es war gar nicht so leicht, ein passendes Kleid zu finden. Wenn er gegen ein Uhr nachts zurückkam, hielt sie den Tee bereit, und er mußte dann von seinen Gesprächen mit Grafen und Fürsten erzählen, die nicht immer nur angemehn verliefen; bei Anna fand er Trost für alle Peinlichkeiten, die ihm an solch einem Abend zustießen. »Es kam oft vor, daß Leute seines Fachs, sogar solche mit Geist und Talent, durch Sticheleien und Beleidigungen zu zeigen versuchten, wie wenig sein Talent in ihren Augen galt«, hält sie in ihren Erinnerungen fest. Und Dostojewskij dankte seiner Frau, daß sie immer zu ihm hielt, indem er sie mit Geschenken überhäufte: Kleider, Hemden, Ohrringe

Oben:
Dostojewskijs
Arbeitszimmer,
wo der
Schriftsteller
am 28. Januar
(9. Febr.) 1881
starb.

Unten:
Panows
Fotografie
von 1880,
die letzte
Aufnahme
Dostojewskijs.

Oben links:
Dostojewskijs
letzte
Wohnung
in Petersburg.
Fotografie
von 1929.

Oben rechts:
Die Enthüllung
des Puschkin-
Denkmals am
6. Juni 1880.

Unten:
S. Merkulows
Statue
Dostojewskijs
von 1918.

Rechte Seite:
I. Kramskojs
Zeichnung
Dostojewskijs
auf dem
Totenbett am
29. Januar 1881.

Dostojewskijs Beerdigung.

Anna, Ljuba und Fedja am Grabe Dostojewskijs,
5. Februar 1881. Fotografie.

und Armbänder, soweit das Geld reichte – und darüber hinaus.

Für Dostojewskijs Gesundheit sollte dieses rege Gesellschaftsleben bald fatale Folgen zeigen. Allein im März 1877 erlitt er mindestens vier epileptische Anfälle. Der Kopf war ihm bleischwer, außerdem plagte ihn ein seltsames nervöses Lachen. »Das Ganze fing gewöhnlich mit einem entsetzlichen, unmenschlichen Schrei an«, erzählte Anna später in einem Zeitungsinterview. »Wenn ich mich mit großer Mühe in sein Zimmer durchgekämpft hatte – das Zimmer zwischen unseren war vollgestopft mit Büchern –, hielt er sich, mit schmerzverzerrtem Gesicht, kaum mehr auf den Beinen. Ich konnte ihn dann gerade noch von hinten auffangen und auf den Boden legen.« Meistens kamen die Anfälle nachts, daher schlief der Schriftsteller auf einem breiten Diwan, um nicht aus dem Bett zu fallen. Wenn er wieder zu sich kam, konnte er sich an nichts erinnern. »Ein Anfall?« jammerte er traurig. »Sie kommen so oft!« Dann fiel er in einen leichten Schlaf. Ein Blatt Papier, das vom Schreibtisch fiel, reichte, um ihn zu wecken, und er fuhr auf und murmelte Unverständliches. Nach schweren Anfällen war er tagelang zerschlagen. Von einer mystischen Angst ergriffen, wanderte er ziellos durch die Wohnung und suchte seine Frau.

In diesem Winter ging es in vielen Gesprächen um die Verantwortung der Russen für die slawischen Balkanvölker, die zunehmend von den Türken bedrängt wurden. War es nicht Zeit, diesen Brüdern in der Not zu helfen? »Manche Aufgaben lassen sich nicht in Rubel aufwiegen«, meinte Dostojewskij. Katkows kriegerischer Leitartikel in der »Moskauer Zeitung« war ganz nach seinem Sinn, und Anfang 1877 schrieb er im Namen der Einwohner Petersburgs über die bedrängte Lage der Slawen einen Brief an den Zaren. »Wir sind bereit, für diese Sache unseren Besitz und unsere Leben zu Füßen Eurer Majestät zu legen«, heißt es in dem Brief. Als am 12. April die Kriegserklärung des Zaren erfolgte, machte Dostojewskij sich unverzüglich zur Kasan-Kathedrale auf, um für die russischen Truppen zu beten. »Ich wußte, daß er in wichtigen Augenblicken gerne in Ruhe und

Einsamkeit betete«, schreibt Anna. »Eine halbe Stunde später fand ich ihn in einem abgelegenen Winkel der Kathedrale. Er war derart ins Gebet versunken, daß er mich kaum erkannte.« Endlich hatte sich das Volk, angeführt vom Zaren, zum Kampf für seine slawischen Brüder erhoben!

Statt seine übliche Kur in Bad Ems anzutreten, fuhr Dostojewskij im Sommer 1877 nach Malyi Prikol, einem Gut im Gouvernement Kursk, das Annas Bruder gehörte. Die Ärzte meinten, mit dem Heilwassertrinken könne er ruhig einmal aussetzen. Wegen der Truppentransporte wurde es eine anstrengende Fahrt. Dostojewskij vertrieb sich die Zeit, indem er die Eisenbahnabteile abschritt und den heldenmütigen Soldaten seines Vaterlandes Zigaretten spendierte.

Später mußte er nach Petersburg zurück, um die Sommerausgabe seines »Tagebuchs« fertigzustellen, während Anna mit den beiden Ältesten auf eine Wallfahrt nach Kiew ging. Kurz nach seiner Ankunft warf ihn ein Anfall nieder, der seine »Seele verfinsterte«. Warum schrieb Anna nicht mehr, daß sie ihn im Traum sah? »Folglich siehst Du mich nicht im Traum, oder Du siehst einen anderen.« Wo er sie doch anbetete wie ein Heiligenbild! Wie kalt und grausam konnte sein Engel sein – und wie geheimnisvoll!

Ein auf der Rückfahrt unternommener Abstecher nach Darowoje, dem Dorf seiner Kindheit, wurde ein anstrengendes Erlebnis: Für hundertfünfzig Kilometer benötigte der Zug zehn Stunden. »Das Motto der russischen Eisenbahn ist allgemein bekannt«, beklagt er sich im *Tagebuch eines Schriftstellers:* »Nicht die Bahn ist für die Reisenden da, sondern die Reisenden sind für die Bahn da.«

Das Wiedersehen mit Darowoje machte ihm trotzdem Freude. In wenigen Tagen gelang es ihm, alle Stätten zu besuchen, mit denen ihn so viele Kindheitserinnerungen verbanden. Die Bauern luden ihn zum Tee ein; viele von ihnen konnten sich noch an den hilfsbereiten Fedja in seinen Sommerferien erinnern. Die meiste Zeit saß er auf einem Baumstumpf und machte sich Notizen, erzählten die Bauern später. Vielleicht kam er hier auf die Idee, Iwan Karamasow zum Kauf eines Waldes nach Tschermaschnija zu schicken.

Der Herbst 1877 brachte ihn wieder auf düstere Gedanken. Ganz Rußland nahm Anteil am Todeskampf Nekrasows, der an Krebs erkrankt war. Dostojewskij besuchte ihn mehrmals und äußerte erneut seine Dankbarkeit gegenüber dem Dichter, der ihm geholfen hatte, Eingang in die Literatur zu finden.

Bei der Nachricht von Nekrasows Tod Ende Dezember machte er sich wieder an die Lektüre von dessen Gedichten. Trotz politischer Differenzen fühlte er sich diesem »verwundeten Herzen«, das die großen Leiden und das bittere Schicksal des einfachen russischen Menschen in Verse gefaßt hatte, aufs engste verwandt. »In dieser Hinsicht verdient er es, in der russischen Poesie gleich nach Puschkin und Lermontow genannt zu werden«, sagte er in seiner Grabrede. »Nein, er steht viel höher als sie!« rief Georgij Plechanow, der mit einer großen Schar bewaffneter Revolutionsgenossen erschienen war, um dem radikalen Dichter zu huldigen. Puschkin und Lermontow waren doch lediglich »Byronisten«! »Er steht nicht höher, aber auch nicht tiefer als Puschkin!« entgegnete Dostojewskij verärgert. Das ging ihm denn doch zu weit.

Etwa um diese Zeit wurde Dostojewskij zum korrespondierenden Mitglied der russischen Akademie der Wissenschaften ernannt, eine Ehre, die nur den berühmtesten Dichtern zuteil wurde. Beim Empfang seiner Ehrenkunde, im Februar 1878, dankte er geflissentlich. Hatte er sich mit seinen »kleinen und vorläufig so bescheidenen Äußerungen« wirklich dieser großen Ehre für würdig erwiesen?

Dank seines *Tagebuchs eines Schriftstellers* war sein Name nun in ganz Rußland ein Begriff. Das Bewußtsein, daß er allmählich ein Machtfaktor wurde und Einfluß auf die historische Entwicklung Rußlands nehmen konnte, brachte ihn auf den Gedanken, seine publizistische Tätigkeit weiter auszubauen. Bei der Vermarktung seiner Zeitschrift hielt er Ausschau nach »unbeugsamen« Menschen mit einer »klaren Beurteilung der Lage«: »In der Zeitschrift könnte ich vielleicht alle aufrichtigen und Rußland ehrlich liebenden Menschen versammeln.«

Immer öfter bekam er Briefe von jungen Russen, die ihn baten, ihnen als »Banner« und »Führer« voranzuschreiten. Endlich hatten sie einen Mann gefunden, der nicht nur vom Volk redete, sondern es auch aus eigener Erfahrung kannte. »Was er schreibt und fühlt, sind Tatsachen«, bemerkt der später so berühmte Physiologe Iwan Pawlow in einem Brief an seine Verlobte, der Dostojewskijs Fähigkeit, in »verborgene, unbewußte Tiefen« der Seele vorzudringen, auch bekannt war.

Dabei vergaß er jedoch nicht, daß er in erster Linie *Schriftsteller* war. Bald erfuhren seine Leser, er werde mit dem »Tagebuch« pausieren, um seinen neuen Roman schreiben zu können, *Die Brüder Karamasow*. Er hatte das Gefühl, daß noch viele literarische Aufgaben seiner harrten. Am Weihnachtsabend 1877 schrieb er folgendes »Memento für das ganze Leben«: »1. Einen russischen Candide schreiben. 2. Ein Buch über Jesus Christus schreiben. 3. Meine Erinnerungen schreiben. 4. Ein Epos *Die Totenmesse* schreiben. NB. All das, abgesehen von meinem neuen Roman und den nächsten Ausgaben des ›Tagebuchs eines Schriftstellers‹, erfordert mindestens zehn Jahre Arbeit, und jetzt bin ich schon 56.«

Eine wichtige Inspirationsquelle für Dostojewskijs letzten Roman waren die Vorlesungen über den »Gottmenschen«, die Wladimir Solowjow Anfang 1878 hielt. An diesem jungen Religionsphilosophen entdeckte Dostojewskij viele Gemeinsamkeiten mit seinem Jugendfreund Schidlowskij – ihm war, als hätte dessen Seele in ihn Einzug gehalten. Mit Solowjow diskutierte er auch über Nikolaj Fjodorows seltsame Vorstellungen von der Wiederauferstehung der Vorväter. Tote zum Leben zu erwecken, war für Fjodorow ein durchaus realisierbares »Projekt«, wenn die Menschen nur anfingen in Harmonie, in einer großen, in tätiger Liebe vereinten Familie zu leben. Der spekulativ veranlagte Dostojewskij hatte einiges für diese gewagten Gedanken übrig. »Die Auferstehung unserer Ahnen hängt von uns ab«, steht in den Aufzeichnungen zu den *Brüdern Karamasow*. Zugleich hob er hervor, diese Theorie müsse nicht im Widerspruch zur kirchlichen Lehre stehen. »Ich und Solowjow glauben an eine wirkliche, buchstäbliche, persönliche Auferstehung, die hier auf Erden stattfinden wird«, schreibt er in einem Brief.

Später im Frühjahr 1880 war Dostojewskij bei Solowjows Doktordisputation zugegen, wobei er sich folgenden Ausspruch des Doktoranden besonders merkte: »Ich bin fest davon überzeugt, daß die Menschheit *viel mehr weiß,* als sie bisher in ihrer Wissenschaft und Kunst ausgedrückt hat.« Hatte er nicht genau das während der Arbeit an den *Brüdern Karamasow* empfunden, als er nicht einmal ein Zwanzigstel von dem, was er zu sagen hatte, zu Papier bringen konnte?

In der Politik fiel es ihm leichter, sich zu äußern, und da hielt er mit seinen Ansichten auch nicht hinterm Berg. Er war alles andere als ein »Kompromissemacher«. Seine Meinung brachte er kraß und unversöhnlich vor, ohne um Sympathien zu werben. Von ihm sollte keiner sagen, er sei einer von denen, die »Herzen erquicken, Seelen trösten und Sorgen verscheuchen«. »Ich bin kein Meister im Singen von Wiegenliedern, wenngleich ich auch das ausprobiert habe. In der heutigen Zeit verlangen ja so viele Menschen danach, eingelullt zu werden.«

Er sollte sich noch oft unbequeme Äußerungen erlauben. Als Wera Sasulitsch im Frühjahr 1878 für ihren aufsehenerregenden Mordversuch am Militärgouverneur von Petersburg vor Gericht stand, stieß er seine konservativen Freunde vor den Kopf, indem er sich für ihren Freispruch einsetzte. Die Aufdeckung der Brutalität dieses Militärgouverneurs hatte ihn stark beeindruckt. Doch vor allem wollte er hier seine Auffassung von Sünde und Sühne herausstellen: »In diesem Fall nützt eine Strafe nichts. Die Richter sollten der Angeklagten vielmehr folgendes sagen: ›Du hast eine Sünde auf dem Gewissen, du wolltest einen Menschen töten, aber du hast deine Sünde bereits gesühnt, gehe also hin und sündige hinfort nicht mehr.‹«

»Eine solche Rechtsformel besitzen wir natürlich nicht«, ergänzte er, als bekannt wurde, daß das Urteil tatsächlich auf Freispruch lautete, »doch nun wird sie gewiß zu einer Heldin gemacht, was gar nicht gut ist.«

Mit großer Besorgnis verfolgte er die Unruhen im Gefolge des sensationellen Freispruchs. Die Behörden hoben das Urteil wieder auf und wurden den Studenten gegenüber wachsamer; ihr Unwille gegen die Studenten sprang auf das Volk über. Als diese sich beklagten, sie hätten von den Metzgern der Stadt Prügel bezogen, fragte Dostojewskij sie vorwurfsvoll, warum sie sich vom Volk abgesetzt hätten: »Überall sonst sind die demokratischen Kräfte jederzeit *für* das Volk eingetreten. Nur bei uns haben sich die Intellektuellen mit den Aristokraten verbündet und *gegen* das Volk gewandt. Sie gehen ins Volk, um ihm ›Nutzen zu bringen‹, verachten jedoch die Gebräuche des Volkes, seine gesamte geistige Basis. Und Verachtung führt nie zu Liebe.«

Bald wurde ihm noch größere Anerkennung zuteil. Der Zar forderte Dostojewskij auf, Gespräche mit seinen jüngsten Söhnen zu führen und so Einfluß auf ihre geistige Entwicklung zu nehmen. Schon nach seinem ersten Besuch glaubte der Schriftsteller feststellen zu können, Paul und Sergej hätten »gute Herzen und seltenen Verstand«. Auch den Bruder des Zaren, Generaladmiral Konstantin, lernte er kennen, und nicht zuletzt dessen Sohn, Großfürst Konstantin Romanow, der eigene Schreibversuche machte. »Ein magerer, kränklich aussehender Mann mit langem dünnem Bart und einem ungewöhnlich traurigen, gedankenvollen Ausdruck in dem blassen Gesicht« – so wird Dostojewskij in Konstantins Tagebuch beschrieben.

Des Schriftstellers unkritische Bewunderung für den Zaren und dessen Familie hat bei seinen Lesern oft Verwunderung ausgelöst. War er denn nicht vom Zaren verbannt worden, und hatte er nicht das »Totenhaus« des Zaren angeprangert? Als der bekannte englische Korrespondent Donald Mackenzie Wallace solche Fragen stellte, nachdem er sich Dostojewskijs respektvolle Äußerungen über Zar Nikolaus angehört hatte, gab ihm der slawophile Iwan Aksakow folgende Antwort: »Für euch Ausländer mag das schwer verständlich sein, aber für uns Russen versteht es sich von selbst – ein typischer Zug unseres Nationalcharakters.«

Im Frühling 1878 wurde Dostojewskij zu einem internationalen Kongreß über das Urheberrecht in Paris eingeladen. In einem von Edmond About, dem Vorsitzenden des Planungskomitees, unterzeichneten Brief wird er als »einer der anerkanntesten unserer ausländischen Kollegen« angeschrieben. Dostojewskij dankte für die Einladung; nichts würde ihm mehr Freude machen als diese Teilnahme an einem von Victor Hugo geleiteten Kongreß – »der große Dichter, dessen genialer Geist schon in meiner Kindheit solch einen nachhaltigen Einfluß auf mich ausübte.« Sicherlich hätte er sein Äußerstes darangesetzt, um wirklich teilnehmen zu können. Doch das Schicksal wollte es anders.

Einige Monate vorher hatte er eine Wahrsagerin in Petersburg aufgesucht, Mme Field. Sie sagte ihm zweierlei voraus: In naher Zukunft erwarte ihn Ruhm, wie er ihn sich kaum vorstellen könne; aber er werde bald einen Angehörigen verlieren.

Sein Sohn Alexej wurde schon länger von Krämpfen geplagt. Am 16. Mai 1878 starb er nach einem zweistündigen Anfall. »Fjodor Michailowitsch küßte den Kleinen, bekreuzigte ihn dreimal und schluchzte lauf auf«, erzählt Anna. »Er hatte Aljoscha besonders geliebt, mit einer fast krankhaften Liebe, so als spürte er schon, daß er ihn bald verlieren werde. Seinen Schmerz vergrößerte noch, daß das Kind an der von ihm geerbten Epilepsie gestorben war.«

Statt am Kongreß in Paris teilzunehmen, machte er sich nun mit Wladimir Solowjow auf eine Pilgerfahrt. Sie führte ihn zum Kloster Optina Pustyn, wo er dreimal den ehrwürdigen Mönch Ambrosius traf, Vorbild für Sosima in den *Brüdern Karamasow*. Dieser fromme Mönch beeindruckte den Schriftsteller zutiefst, und der Trost, den Sosima der trauernden Bäuerin im Roman spendet, ist tatsächlich eine Botschaft Ambrosius' für die untröstliche Anna Grigorjewna:

»›So weinte auch Rahel um ihre Kinder und fand keinen Trost‹, sagte der Mönch Sosima. ›Das ist das Los der Mütter auf Erden. Du läßt dich nicht trösten. Sei also untröstlich, und weine. Nur denke immer daran, wenn du weinst, daß dein Söhnchen ein Engel Gottes ist. Er sieht dich aus dem

Himmel und freut sich daran. Er sieht deine Tränen und macht Gott auf dich aufmerksam. Und lange noch wirst du in deiner großen Trauer weinen. Doch wird sie sich endlich zu stiller, demütiger Freude wandeln, und du wirst die Läuterung des Herzens erreichen, die vor Sünden bewahrt. Des Knäbleins will ich bei der Totenmesse gedenken. Wie hat es geheißen?‹

›Alexej.‹

›Ein schöner Name. Ihr nanntet ihn so nach Alexej, dem Gottesmann?‹

›Ja, Vater, nach ihm.‹

›Fürwahr, ein Heiliger! Ich will seiner in meinen Gebeten gedenken. Ich werde auch für deinen Mann beten.‹«

Die Wallfahrt nach Optina Pustyn gab auch Dostojewskij das Gefühl, eine »Läuterung des Herzens, die vor Sünde bewahrt« erreicht zu haben. Sein sanfter Blick fiel besonders auf, berichtet der damals siebzehnjährige Anatolij Alexandrow von einer Begegnung mit dem Dichter in Staraja Russa. »Er hatte ungemein lebhafte, wache Augen, es war, als schaute er einem geradewegs in die Seele mit all ihren geheimen Ecken und Schlupwinkeln. Es war durchaus keine strenge Verurteilung, keine boshafte Ironie in diesem Blick. Vielmehr sah er einen liebevoll ermunternd an, Offenheit und Vertrauen schaffend. Auch seine Stimme war außergewöhnlich aufrichtig und herzlich.«

Bei der Rückkehr nach Petersburg im Herbst hielten sie es nicht mehr in der alten Wohnung aus, wo alles an den kleinen Aljoscha erinnerte. Daher nahmen sie sich eine neue Sechszimmerwohnung an der Jamskaja-Straße, Ecke Kusnetschnyj-Gasse, gleich bei der Wladimir-Kirche. Dostojewskij hatte hier früher einmal gewohnt, ganz zu Beginn seiner Karriere. So schloß sich der Kreis: In dieser Wohnung sollte er auch seine Laufbahn beenden. Heute befindet sich im Haus eines der sieben Dostojewskij-Museen des Landes.

Wenn der Schriftsteller am späten Mittag aufstand, machte er zuerst seine Morgengymnastik; danach ging er ins Bad. Er wusch sich gerne gründlich, und war er gut aufgelegt, stimmte er oft ein Morgenliedchen an:

Weck sie nicht auf am Morgen,
Sie schläft so süß im Tagesgraun,
Der Morgen atmet auf ihrer Brust
Und rötet sanft ihre Wangen . . .

Dann zog er sich an; waren die Kleider nicht sauber und in tadellosem Zustand, mußte Anna sich darum kümmern. »Flecken stören mich«, klagte er. »Ich kann nicht arbeiten, wenn sie da sind. Ich muß die ganze Zeit daran denken, statt über meine Arbeit nachzusinnen.« War er angezogen und hatte sein Morgengebet gesprochen, kam er in die Wohnstube, um Tee zu trinken und den Kindern guten Tag zu sagen.

Er las ihnen gerne vor, nur nicht aus eigenen Werken. Zwar begleiteten sie ihn manchmal zu seinen Lesungen; aber als Kinderschriftsteller verstand er sich gar nicht. Im übrigen war ihm nicht der gleiche Erfolg beschieden wie seinem Vater früher im Armenhospital; es konnte vorkommen, daß Ljuba und Fedja mitten beim Vorlesen von Schillers *Räubern* einschliefen. »Wahrscheinlich sind sie noch zu klein, um dieses Stück zu verstehen«, stellte er bekümmert fest. Opernbesuche machten den Kindern mehr Spaß, aber ihr Vater war nicht gerade erfinderisch, was die Wahl der Aufführungen anging – fast immer gingen sie in Glinkas *Ruslan und Ludmilla*. Natürlich lag ihm auch die religiöse Erziehung seiner Kinder sehr am Herzen. Er hielt häufig Familienandachten ab und nahm die Kleinen schon in jungen Jahren in die Kirche mit.

Trotzdem blieb ihm wohl viel zu wenig Zeit für sie. Nicht selten mußte er es dabei bewenden lassen, ihnen Süßigkeiten zuzustecken. Er war der festen Überzeugung, Zuckerzeug sei gesund für Kinder, und berief sich dabei auch auf medizinische Erkenntnisse. Die Arbeit hielt ihn davon ab, sich intensiver um die Kinder zu kümmern. Maria Stojunina, eine Schulfreundin Annas, weiß zu berichten, daß Fedja verwahrlost durch die Wohnung lief, während Anna alle Hände voll zu tun hatte, ihren Mann zu umsorgen. Nach und nach wurde er vollständig von ihr abhängig. Hatte sie ihn endlich soweit, daß er zu einem Spaziergang aufbrach, dann kehrte er oft bestürzt um: Anna hatte vergessen, ihm ein Taschentuch einzustecken!

Auch wenn Dostojewskij beim »Tagebuch« nun eine Pause einlegte, so verfolgte er doch die aktuellen politischen Ereignisse mit lebhaftem Interesse. Einige der Zeitungen, die er las, sind erhalten geblieben. Zahlreiche Unterstreichungen und Anmerkungen belegen eine gründliche Lektüre. Aber sein Studium der politischen Entwicklung Rußlands wurde auch von trivialen Alltagssorgen gestört. »Ich muß den Koffer reparieren lassen«, notierte er auf sein Exemplar der *Neuen Zeit* vom 21. April 1879.

Stolzgeschwellt feierte er den Sieg der russischen Truppen über die Türkei. Nicht wenig freute ihn dabei, daß sich mehrere seiner Kameraden von der Ingenieurakademie im Krieg ausgezeichnet hatten. Mit einem dieser Helden, General Michail Tschernjajew, diskutierte er stundenlang über die bevorstehende politische Vereinigung aller Slawen. Natürlich ärgerte er sich über den »Verrat« der Westmächte beim Berliner Kongreß. Dieser ehrlose »Frieden« erbitterte ihn dermaßen, daß er sogar die Ansicht vertrat, Rußland solle seine Diplomaten aus Westeuropa zurückziehen. Fluch über den Westen! E.-M. de Vogüé war bestürzt, als diese »Kreuzung aus einem Bären und einem Igel« ihm plötzlich das Schicksal seiner Heimatstadt prophezeite:

»Eines Nachts wird ein Prophet das Café Anglais betreten. Mit feurigen Lettern schreibt er drei Worte an die Wand, und das ist das Signal für den Untergang der alten Welt: Das stolze Paris mitsamt seinen vielen Theatern und seinem englischen Café wird in Blut und Flammen untergehen.«

Was hatten diese Franzosen der Menschheit denn schon beschert, außer der »französischen Krankheit«, der Guillotine und ihrer »klassischen Küche«? Und die Deutschen erst – die hatten doch noch nie etwas Neues geschaffen! Was hatten die Deutschen schon gegen ein Meisterwerk wie die *Sixtinische Madonna* aufzuweisen? Holbeins Madonna vielleicht? »Aber das ist doch gar keine Madonna, sondern eine Bäckersfrau, eine Matrone! Kein Deut mehr! Und Goethes

Faust? Lediglich ein Aufguß des Buches Hiob; lesen Sie das Buch Hiob, so finden Sie alles am *Faust* Wesentliche und Wertvolle.« Solche Strafpredigten mußten ja in den kulturbeflissenen Petersburger Salons einen peinlichen Eindruck hinterlassen.

Dafür war die Begeisterung, die Dostojewskij jetzt als Vorleser entegegenschlug, grenzenlos. Besonders aktiv auf dem Gebiet wurde er in den letzten beiden Wintern seines Lebens. Meistens las er bekannte Stellen aus eigenen Werken, aber er wurde auch für seinen Vortrag von Gedichten Puschkins berühmt, vor allem für *Der Prophet,* das sich auf Jesaja bezieht. Seine Deklamation des letzten Verses – »Verbrenne mit dem Wort die Herzen der Menschen« – hinterließ überwältigenden Eindruck. »Seine Augen schienen Blitze zu schleudern, die die Menschenherzen entflammten, sein Gesicht leuchtete in höchster Begeisterungskraft!« schildert ein Zuhörer seinen Eindruck von Dostojewskij.

Dem bekannten Literaturhistoriker Semjon Wengerow imponierten diese Vortragskünste nicht minder:

»Dostojewskij wirkte in des Wortes voller Bedeutung wie ein Prophet . . . Von dem Moment an, da er das Podium bestieg, hatte der magere, unscheinbare Mann seine Zuhörer vollkommen in seiner hypnotischen Gewalt. Jeder einzelne im Saal war wie verhext von diesem durchdringenden, mystisch lodernden Blick, der in weite, unbekannte Fernen schweifte . . .«

Am enthusiastischsten war sein weibliches Publikum: »Bravo, Prophet! Der Prophet Fjodor Michailowitsch!« Schließlich hatten Puschkins Prophet und Dostojewskij vieles gemeinsam: Der eine hatte sich »durch die finstere Wüste geschleppt«, der andere in der sibirischen Einöde gelitten. Und so wie ein Engel Puschkins Prophet erschienen war und ihm den Weg gezeigt hatte, den er gehen solle, um dem Volk zu dienen, so hatte Dostojewskij nach seiner Sträflingszeit begonnen, »die Herzen der Menschen« mit dem Wort zu verbrennen. »Man meint wohl, ich läse mit der Stimme?!« schmunzelte Dostojewskij. »Oh nein, mit den Nerven lese ich, mit den Nerven!«

»Wenn er zu lesen anhub, glich er einem alttestamentarischen Propheten«, heißt es in einem der vielen Berichte über Dostojewskij als Vorleser. »Er war wie geschaffen, ›die Herzen der Menschen mit dem Wort zu verbrennen‹. Jedes Wort aus seinem Munde war von einem derartigen Glauben an das, was er sagte, durchdrungen, daß die Zuschauer, selbst wenn sie ganz anderer Auffassung waren, von diesem Glauben angesteckt wurden. Die feste Überzeugung von der Aufrichtigkeit des Schriftstellers, der sich nie Menschen oder Verhältnissen gebeugt hatte, sowie das Wissen um die vielen Leiden, die er in seinem Leben erdulden mußte, riefen selbst bei den entschiedensten Gegnern seiner Ideen tiefen Respekt und Sympathie hervor.«

»Er konnte erstaunlich gut lesen«, schreibt ein anderer Zuhörer. »So etwas habe ich seither nie mehr erlebt. Lesen kann man es allerdings kaum nennen, auch nicht Deklamation; es war gelebtes Leben – eine kranke, epileptische Fieberphantasie.«

Am liebsten hörte das Publikum etwas aus seinen *Aufzeichnungen aus einem Totenhaus,* die den allgemeinen Erwarten an diesen Schriftsteller am perfektesten entsprachen. Aber Dostojewskij wehrte sich dagegen: »Man könnte meinen, ich beklagte mich immer und ewig! Das wäre nicht richtig, meinen Sie nicht auch? Also habe ich aufgehört, aus diesem Werk zu lesen, damit das Publikum nicht sagen kann, ich würde wehleidig weiterjammern, obwohl es längst Zeit ist, damit aufzuhören!«

Vom Frühjahr 1879 an nahmen mehrere Lesungen den Charakter von Duellen mit seinem Erzfeind Turgenjew an, der weiterhin als führender Schriftsteller Rußlands galt. In den Zweikämpfen mit Dostojewskij kam er trotzdem immer zu kurz. Als er seinen Kontrahenten später beschuldigte, »ein boshafter Mensch, neidisch auf den Erfolg anderer« zu sein, konnte er schwerlich an diese Veranstaltungen gedacht haben, bei denen Dostojewskij stets die Lorbeeren erntete, sogar wenn Turgenjew der Ehrengast war. Ein Augenzeuge hat die Kampfhähne kurz vor dem Auftritt geschildert: »Dostojewskij ging stumm im Zimmer auf und ab und schlürfte Tee mit Zitrone; Turgenjew versuchte, ruhig zu bleiben, doch seine Scherzworte an die umstehenden jungen Mädchen glückten ihm nicht sonderlich.«

Es half auch nicht viel, daß Turgenjew sich mit der berühmten Schauspielerin Maria Sawina zusammentat – er konnte doch mit nichts anderem als seinen altmodischen Werken aus den fünfziger Jahren aufwarten. »Jedes Ihrer Worte ist wie geschliffenes Elfenbein«, lautete Dostojewskijs Kompliment an Maria Sawina in einer Pause, »aber der Greis neben Ihnen lispelt so.« Er dagegen hatte neue Szenen aus den *Brüdern Karamasow* zu bieten, einem Roman, der vom ganzen lesenden Rußland mit Spannung verschlungen wurde. Beim Anblick seines elegant gekleideten, zigarillorauchenden Rivalen schüttelte er bestimmt den Kopf. Hatte er nicht schon immer gesagt, daß Turgenjew ein verbrauchter Schriftsteller war? Mit seiner Karmasinow-Karikatur in den *Dämonen* hatte er ihn doch gut getroffen!

Bei diesen Lesungen unterstützte Anna ihn getreu. Waren seine Nerven überstrapaziert, eilte sie sogleich mit Zuckerwasser herbei, das sie von zu Hause mitbrachte. Sie paßte auch auf, daß man ihn nicht zwischen seine Feinde plazierte, und lenkte seine Aufmerksamkeit ab, wenn die Diskussionen zu hitzig wurden. Es gefiel ihr, die Ovationen des Publikums mitzuerleben, und sie registrierte genau, wie oft er herausgerufen wurde.

Allerdings geriet sie auch häufig wegen der »völlig unbegründeten Eifersucht« ihres Mannes in peinliche Situationen. Der Altersunterschied von fünfundzwanzig Jahren machte sich doch langsam geltend. Er sah rot, wenn jemand sich erdreistete, Annas Hand zu küssen: »Männer, die einer Frau die Hand küssen, betrachten sie als Sklavin und wollen sie dafür entschädigen, indem sie sie als Königin behandeln.« Zu Beginn seiner Lesungen spähte er immer im Saal umher, um herauszufinden, neben wem sie diesmal saß. Hatte sie sich vielleicht einen jungen Gardeoffizier geangelt? Anna konnte dieses Mißtrauen gehörig verstimmen:

»Weißt du, mein Lieber, solltest du dir auch heute wieder die Augen ausschauen und mich inmitten des Publikums suchen, dann werde ich, Ehrenwort, vom Platz aufstehen und an der Estrade vorbei aus dem Saal gehen.‹

›Und ich werde von der Estrade springen und dir hinterherlaufen, um zu sehen, wohin du gehst!‹«

Seine Begegnungen mit Turgenjew fielen immer peinlicher aus. Es kam so weit, daß sein Konkurrent ihm die Hand reichte und Dostojewskij sie nicht ergriff. Kein Wunder, daß Polonskij sich fürchtete, die beiden in ein Zimmer zu lassen! Während eines Diners für Turgenjew, 1879, hielt der Ehrengast eine Rede, worin er dem Tag entgegensah, da der »Befreiungszar das Werk krönen« werde. Alle verstanden, daß er auf die Pläne anspielte, Rußland eine Verfassung zu geben, nur Dostojewskij kochte vor Wut. »Was meint er damit – das Werk krönen?« fragte er laut und provozierend. Auf Mißfallenskundgebungen der Gäste hin mußte er sich rechtfertigen, konnte aber nicht so recht überzeugen: »Eigentlich schätze ich Turgenjew sehr, schließlich bin ich sogar im Frack erschienen.« Einige Tage später versuchte man, die Kampfhähne zu versöhnen, indem man sie auf der Bühne Hand in Hand präsentierte . . .

»Er sprach nicht viel«, schreibt ein Beobachter über Dostojewskijs Auftreten in den Salons der Hauptstadt, »doch der lebhafte Ausdruck seines nervösen Gesichts verriet allen, daß er sich jeden Satz genau überlegte.«

Trotzdem rümpfte man sicherlich oft über diese Sätze die Nase, nicht zuletzt in seiner weiblichen Zuhörerschaft. So war er lange ein unversöhnlicher Gegner der Frauenemanzipation. »Die Wissenschaft kommt sehr gut ohne euch aus«, dozierte er vor seinen Bewunderinnen, »nicht aber die Familie, die Kinder, die Küche . . . Frauen haben nur eine Berufung: Hausfrau und Mutter zu sein. Eine andere Berufung gibt es für sie nicht; die Frau hat keine, kann gar keine gesellschaftliche Funktion übernehmen, all das sind Dummheiten, Hirngespinste, leere Worte . . .«

Als er später die heldenmütigen Leistungen russischer Frauen im Krieg gegen die Türken miterlebte, revidierte er allerdings diese bornierte Haltung. »In der russischen Frau liegt unsere einzige Hoffnung, eine Garantie unserer Erneuerung«, heißt es nun plötzlich im »Tagebuch«. »Wenn wir uns vollkommen aufrichtig dafür einsetzen, den Frauen bessere Ausbildungsmöglichkeiten mit allen zugehörigen Rechten zu verschaffen, wird Rußland Europa im Kampf um die Erneuerung des Menschen noch einmal überholen.«

Als Gesprächspartner konnte er sauertöpfisch und unberechenbar sein. Im großen und ganzen hielt er sich zwar zurück und war es zufrieden, die anderen Gäste mißtrauisch zu beäugen. Doch dann wieder regte er sich über eine Nichtigkeit maßlos auf. Ein Wörtchen, das ihm mißfiel, brachte ihn schon dazu, mit einer Flut von Unverschämtheiten zu antworten. Zarte Damen der Gesellschaft bekamen zu hören, sie seien »für den einfachsten Bauern nicht gut genug«; andere Frauen, die sich in der Geographie Petersburgs nicht präzise genug auskannten, kanzelte er grob ab. Und wieso konnte dieser dumme Professor nicht begreifen, daß es besser war, Obstanbau zu betreiben, als sich mit einem Küchengärtchen abzugeben? Warum war für jenen Arzt das Herz ein einfacher Muskel – wußte er denn wirklich nicht, daß das Herz »eine geistige und moralische Größe« war? Als der Schriftsteller Boborykin das Gespräch auf die Pariser Kommune brachte, wurde er jäh von einem Wutanfall Dostojewskijs unterbrochen: »Warum zum Teufel erzählen Sie uns hier von diesem verdammten Delescluze? Müssen wir uns so ein dummes Geschwätz denn wirklich anhören?« Die Gäste erstarrten vor Schreck, wenn ihn ein solcher Zornesausbruch packte. Vielleicht bekam er ja gerade einen epileptischen Anfall, der ihnen das Diner verdarb?

Heftige, böse Worte waren oft eine Folge seiner Anfälle. In diesen depressiven Phasen konnte er eine rechte Plage für seine Umwelt sein. »Manchmal kam er wie eine Gewitterwolke zu mir«, schreibt Wsewolod Solowjow, »vergaß bisweilen sogar, zu grüßen, und jeder Anlaß war ihm zum Schimpfen und Schelten recht. Alles faßte er als Versuch auf, ihn zu beleidigen und zu kränken... Bald war es zu hell bei mir im Zimmer, bald zu dunkel; bekam er starken Tee, so beklagte er sich, man habe ihm Bier gegeben, war der Tee dünn, so hatte er lediglich abgekochtes Wasser bekommen.«

Zum Glück gingen die finsteren Stimmungen auch wieder vorüber. »Eine Stunde darauf konnte er glänzender Laune sein. Nur seine Blässe, seine lodernden Augen und sein mühsames Atemholen wiesen auf seinen kranken Zustand hin. Doch begegneten ihm dann zufällig Fremde, spitzte sich die Lage gleich wieder zu.« Obwohl es auch vorkam, daß solche Fremde, ja Ausländer, Gnade vor seinen Augen fanden. Dem jungen finnlandschwedischen Offizier Georg Fraser lieh er sogar die Schlüssel zu seinem Sommerhaus!

Einfache Leute konnten jedenfalls immer auf die Gewogenheit des Schriftstellers rechnen. Als er im März 1879 von einem Betrunkenen attackiert wurde, lehnte er es ab, ihn vor Gericht zu bringen. Erstens war er nicht sicher, ob die Polizei den Richtigen gefaßt hatte, und zweitens fand er es unbegreiflich, wie ein Gesunder darauf verfallen konnte, seinen Nächsten anzugreifen. »Wenn er es getan hat, muß er unnormal sein, also krank... Und ein kranker Mann muß geheilt, nicht bestraft werden.« Als der Missetäter doch verurteilt wurde, bezahlte Dostojewskij gerne das Bußgeld von sechzehn Rubel für ihn.

Zielbewußt hatte er auf seine Position hingearbeitet, und nun ging sein Jugendtraum, berühmt zu werden, allmählich in Erfüllung. Noch 1874 hatte man ihn in einem neuen Konversationslexikon mit wenigen Zeilen abgespeist – Turgenjew war sechsmal soviel Platz eingeräumt worden. Vier Jahre darauf wurde er zum Vorstandsmitglied der Slawischen Wohltätigkeitsgesellschaft in Petersburg gewählt, und im nächsten Sommer in das Ehrenkomitee der Association Littéraire Internationale, die ihn in ihrem Brief als »einen der berühmtesten Repräsentanten der Gegenwartsliteratur« bezeichnete. In diesem Ehrenkomitee wimmelte es von großen Namen: Victor Hugo, Iwan Turgenjew, Paul Heyse, Alfred Tennyson, Anthony Trollope, Henry Longfellow, Ralph Emerson, Lew Tolstoj. Dostojewskij, dessen Ehrgeiz fast an den Ibsens heranreichte, schrieb sehr geschmeichelt zurück: »Der literarische Kongreß hat mir eine übergroße Ehre erwiesen, indem er mich zum Mitglied des Ehrenkomitees wählte. Ich danke von ganzem Herzen. Kann man etwas anderes als Stolz empfinden, unter so vielen bekannten Namen zu figurieren, Seite an Seite mit den eminentesten Berühmtheiten der Gegenwartsliteratur?«

Mit seiner Gesundheit ging es dagegen stetig bergab. Mittlerweile waren seit seiner letzten Kur in Bad Ems drei Jahre vergangen. Anfang August 1879 fuhr er wieder in den Kurort, zum vierten und letzten Mal, den Koffer voll starker russischer Zigaretten.

Dr. Orth meinte diagnostizieren zu können, daß Dostojewskijs Lungenemphysem noch im Anfangsstadium war. Zwar sei die Krankheit nicht mehr zu kurieren, doch man könne sie zumindest »mit großem und wahrscheinlichem Erfolg« bekämpfen. Nach einer fünfwöchigen Trinkkur werde er sich bestimmt viel besser fühlen! Die Diät sei auch wichtig: viel Fleisch und Wein. Dostojewskij zog schleunigst ins Ville d'Alger um – dort war der Wein am billigsten.

In diesen fünf Wochen zählte der Schriftsteller jeden Tag. Nie hatte er sich so gelangweilt. Könnte er doch nur so bald wie möglich aus »diesem feuchten Loch« fort! »Eine Menge Menschen, bedeckter Himmel, es regnet Tag und Nacht. Ich versinke in tiefster Einsamkeit, mache meine Spaziergänge zu immer denselben Plätzen und langweile mich bald zu Tode.« Diesmal traf er kaum einen Russen. »Keine Menschenseele, die mir bekannt wäre, nur fremde, ausländische Fratzen.« Unermüdlich versicherte er, daß es ihm im Ostrog wesentlich besser ergangen sei. Ruhig und einförmig schleppen sich die Tage hin:

»Ich stehe um 6 Uhr auf, um 7 bin ich an der Quelle, und um 9 kehre ich zum Kaffeetrinken zurück. Eine Stunde für Kaffee und Erholung, und dann ist es schon 10 Uhr. Von 10 bis 12 arbeite ich. Um 12 vor dem Mittagessen gehe ich zur Post und mache einen Spaziergang. Um 1 Uhr esse ich zu Mittag. Von 2 bis 4 nach dem Mittagessen schreibe ich entweder Briefe, oder ich gehe Zeitung lesen. Von 4 bis 1/2 6 Uhr wieder zur Quelle. Danach wieder ein Spaziergang – das ist unerläßlich. Um 8 Uhr ist es schon dunkel, ich zünde die Kerzen an, trinke Tee und lege mich um 10 Uhr schlafen. Das ist mein ganzer Tag.«

Unterwegs nach Ems hatte er einem seiner Bekannten in Berlin folgendes diktiert: »Mit der Legende vom Großinquisitor hat Fjodor Michailowitsch den Höhepunkt seiner Schaffenslaufbahn erreicht.« Jetzt kam es darauf an, seinen Erfolg mit der Erzählung vom Mönch Sosima weiter auszubauen. Würde es ihm gelingen, Iwans Anklagen gegen das Schöpfungswerk Gottes zu widerlegen? Die Verantwortung lastete schwer auf ihm: »Nie zuvor habe ich mit größerem Ernst geschrieben.« Wenn ihn nur die Kräfte nicht im Stich ließen! »Wenn man sich langweilt, wird einem auch die Arbeit zur Qual«, klagt er. Jetzt konnte er nur zwei Stunden am Tag schreiben. Außerdem plagte ihn der Husten immer stärker, das Wassertrinken brachte ihn in eine verdrießliche, gereizte Stimmung, und nachts die Schweißausbrüche und Alpträume – einmal sah er seinen Bruder mit durchschnittener Halsschlagader vor sich...

Gelegentlich denkt er an seinen Tod. »Ich sitze hier und denke daran, daß ich bald sterben werde – sagen wir in ein oder zwei Jahren –, und was wird dann aus meinen Hinterbliebenen?« fragt er in einem Brief an Pobedonoszew. Einen Hinweis auf diese Sorgen finden wir auch in seinem Evangelium. »Denn es sollen nicht die Kinder den Eltern Schätze sammeln, sondern die Eltern den Kindern«, hat er im 2. Kor. XII, 14. unterstrichen.

In solchen Stimmungen spielt er mit dem gleichen Gedanken, den sein Vater hatte: ein kleines Gut kaufen, um seiner Familie Sicherheit zu verschaffen. »Ein Dorf ist ein Kapital, das sich verdreifacht, bis die Kinder erwachsen sind«, erklärt er Anna; »wer Land besitzt, hat auch an der politischen Macht im Staat teil.« Wenige Tage vor seinem Tod begann er wieder, von diesem Plan zu sprechen.

Anna war gar nicht begeistert. Wer sollte das Gut bewirtschaften? Trotzdem fuhr sie während der Abwesenheit ihres Mannes ins Gouvernement Rjasan, um der Familie einen Teil der Güter der Tante Kumanina zu sichern. Als Ergebnis fielen Dostojewskij zweihundert Dessjatinen Wald und hundert Dessjatinen Ackerland zu – ein ansehnlicher Grundbesitz, aber Anna mußte sich heftige Vorwürfe wegen all ihrer

»Heimlichtuerei« in dieser Angelegenheit anhören. »Mir selbst fiel es immer schwer, vor Fjodor Michailowitsch irgend etwas zu verbergen«, rechtfertigt sie sich in ihren Memoiren. »Aber manchmal war dies notwendig, um ihn nicht zu beunruhigen und vor vermeidbaren Aufregungen zu schonen, die immer ein großes Risiko bedeuteten.«

Sie versucht, ihn mit der Versicherung zu beruhigen, sie küsse ihn »hundertmilliardenmal«. Aber das ist doch völlig unmöglich, wendet ihr Mann ein. Lieber solle sie »tausendmal« schreiben, so wie er, das wäre wenigstens einzulösen. Seine brieflichen Liebesbeteuerungen an Anna sind feurig wie eh und je: »Ich liebe Dich nicht nur, sondern bin immer noch vernarrt in Dich, Du bist meine einzige Herrin, und das nach zwölf Jahren!« Auch »im irdischsten Sinn« hat sie ihre Anziehungskraft auf ihn nicht verloren, denn wenn eine Frau zweiunddreißig ist, befindet sie sich noch in der Blüte ihrer Jahre. Anna schien zu meinen, daß er seine Aktivitäten auf dem Gebiet übertreibe, und es konnte vorkommen, daß sie sich ein wenig bei ihren Freundinnen beklagte. Aber in seinen Augen war das Sexualleben die eigentliche Basis für das Verhältnis zwischen Mann und Frau. »Du wirst sagen, dies sei nur die eine Seite, und dazu die gröbste. Nein, keine grobe, denn von ihr hängt im Grunde alles übrige ab.« Auch solle sie sich keine Sorgen machen, weil ihre Briefe von fremden Menschen gelesen wurden: »Laß sie doch; sollen sie uns beneiden!«

Jedenfalls mußte er sich gefallen lassen, daß seine Schriftstellerkollegen ihm den Erfolg mit den *Brüdern Karamasow* neideten. Bei den Lesern allerdings wuchs die Begeisterung von einer Folge im *Russischen Boten* zur nächsten.

»Dieses Buch brachte mich an den Rand des Wahnsinns«, erinnert sich eine seiner Leserinnen. »Ich konnte nachts kaum schlafen und weinte in einem fort. Wie schön ist es jedoch, Tränen über ein großes Kunstwerk zu vergießen!«

Daß dieses Buch so ungeheuer großen Anklang fand, lag nicht zuletzt an der spannenden Handlung. Wer war der Mörder? »Der alte Karamasow wurde von seinem Diener Smerdjakow ermordet«, lautete die beruhigende Information des Autors. Iwan hatte die Tat nur zugelassen. Die Leser mußten doch begreifen, daß Dmitrij es unmöglich getan haben konnte, sonst wäre er nicht aus Mitleid mit dem Diener Grigorij über den Zaun zurückgeklettert! »Nicht allein der Handlungsverlauf des Romans ist wichtig«, belehrt Dostojewskij einen Leser. »Jedem Schriftsteller muß es gestattet sein, zu erwarten, daß der Leser eine gewisse Kenntnis der menschlichen Seele besitzt.«

Ursprünglich verfolgt er den Plan, die Arbeit noch im Jahr 1879 zu beenden, sie zog sich dann aber bis zum Herbst 1880 hin. Dostojewskij spürte womöglich, daß dieses Buch sein letztes sein würde, und freute sich über die positive Resonanz. »Der Roman wird überall gelesen, ich erhalte fortlaufend Briefe dazu... Dem Eindruck nach zu urteilen, den dieses Buch gemacht hat, ist es mein bisher größter Erfolg.« Der glanzvollste Moment seines Triumphes war sicherlich, als der Dichter dem Thronfolger eigenhändig ein Exemplar des Romans überreichte.

II

Über *Die Brüder Karamasow* schrieb Dostojewskij, er habe keine Mühen gescheut, »alles wie ein Juwelier zu schleifen«. Für seine journalistischen Arbeiten konnte er sich nie so viel Zeit nehmen. War die Zensur streng gewesen, mußte er manchmal in drei, vier Tagen eine ganze Ausgabe umschreiben. Trotzdem machte ihn das »Tagebuch« im Rußland seiner Zeit ebenso bekannt wie der Roman. Ihm hatte er zu verdanken, daß er in den Ruf kam, ein »Lehrer des Lebens« zu sein. Jekaterina Junge drückte die Gefühle vieler aus, die diese in der Weltliteratur einmalige Ein-Mann-Zeitschrift lasen:

»Schon während des Krieges, als alles so schwer war und meine Kräfte mich oftmals verlassen wollten, spendete mir nur das *Tagebuch eines Schriftstellers* Trost. Hin und wieder dachte ich zwar bei mir: Dies alles ist doch bloße Utopie. Aber ich spürte auch etwas Süßes, Tröstliches in mein Gemüt sickern, denn ich entdeckte ein liebendes Herz, eine

Seele, die alles verstand, auch die Notwendigkeit des Glaubens.«

Wenn wir heute die Bände der Gesammelten Werke Dostojewskijs mit den monatlich erschienenen Ausgaben seines »Tagebuchs« von 1876 und '77 lesen, verblüfft vor allem, wie weit gestreut seine Interessen waren. Mutig und eigenständig vertritt er seine Ansichten zu den meisten der damals vieldiskutierten gesellschaftlichen Fragen. Bei aller Vielfalt kristallisieren sich doch zwei zentrale Problembereiche heraus: Verbrechen und Strafe und die Berufung Rußlands in der Menschheitsgeschichte.

Ersteres stößt wohl auch heute noch auf größeres Interesse. Hier begegnet uns der Humanist Dostojewskij, so leidenschaftlich für seine Sache engagiert und so entwaffnend wie in seinen besten literarischen Werken.

Ein gutes Beispiel für sein Engagement findet sich bereits im Februarheft von 1876. Hier nimmt er sich des sogenannten Kronenberg-Prozesses an, der gerade vor einem Petersburger Gericht verhandelt worden war.

Stanislaw Kronenberg war der Kindesmißhandlung angeklagt, in Dostojewskijs Augen das grausamste aller Verbrechen. Im Deutsch-Französischen Krieg hatte er für Frankreich gekämpft und für seine Tapferkeit in dreiundzwanzig Schlachten den Orden der Ehrenlegion erhalten. Bei seiner Rückkehr nach Warschau erfuhr er, er sei Vater einer Tochter geworden, die man in einem Kinderheim in der Schweiz untergebracht habe. Kronenberg erkannte die Vaterschaft an und holte das Kind später nach Petersburg, wo er mit einer anderen Geliebten zusammenlebte. Er war selten daheim, das vernachlässigte Kind wurde schweigsam und unzugänglich, und eines Tages entdeckte man, daß es eine Backpflaume aus dem Schrank seiner Stiefmutter entwendet hatte. Der tapfere Leutnant hatte seine siebenjährige Tochter regelmäßig gezüchtigt, und jetzt schien ihm wieder einmal seine väterliche Autorität auf dem Spiel zu stehen. Entschlossen zog er los, um eine Rute aus neuen dicken Ebereschenzweigen zu schneiden. Eine Zeugin bat ihn, einen spitzen Zweig abzubrechen, doch er weigerte sich: »Nein, es wird die Wirkung der Rute erhöhen, wenn kein Zweig fehlt.«

Die Bestrafung dauerte eine Viertelstunde, bis nicht mehr viel fehlte, und der kampferprobte Leutnant wäre vor Schwächung in Ohnmacht gefallen. Danach nahm er als einziges bewußt wahr, daß die Rute merklich kürzer geworden war. Kurz darauf wurde er von einer Hauswartsfrau angezeigt, die herbeigelaufen kam, als sie die Schreie des kleinen Mädchens – »Papa! Papa!« – nicht mehr ertrug.

Wie nicht anders zu erwarten, erregte der Prozeß großes Aufsehen. Besonders diskutierte man die hier aufgeworfene Frage nach den Grenzen elterlicher Gewalt. Manche gaben zu, daß der Vater in diesem Fall seine Autorität mißbraucht hatte, aber viele hielten dagegen, das Recht der Gesellschaft, sich in die geschützte Privatsphäre und die elterlichen Erziehungsmethoden einzumischen, müsse in Schranken gehalten werden.

Diesen letzteren Gesichtspunkt vertrat Kronenbergs Verteidiger mit Bravour, ein liberaler Professor namens Wladimir Spasowitsch, wohl der namhafteste Gerichtsadvokat des Landes und ein Vorbild für Mitjas Verteidiger in den *Brüdern Karamasow.*

Mit imponierender Redegewandtheit machte dieses »gedungene Gewissen« sich daran, Kronenbergs Unschuld zu beweisen. Hatte er etwa nicht großmütig die Vaterschaft für das Mädchen auf sich geladen, und das, obwohl sie ihn nicht einmal wiedererkannte, als er sie nach Petersburg holte? Und gab das Mädchen jetzt nicht selbst vor Gericht zu, eine Diebin und Lügnerin zu sein? Ein verdorbenes kleines Ding war sie! Wie konnte man nur seiner Stiefmutter eine Backpflaume stehlen! Vielleicht hatte sie auch Geld gestohlen? Das sähe ihr ähnlich! Die Strafe hatte sie verdient; das Ausmaß mußte ein Vater noch selbst festlegen dürfen. Mißhandlung? Ach wo! Die medizinischen Gutachter hätten ja keinen einzigen Knochenbruch nachweisen können. Als Kronenberg schließlich freigesprochen wurde, wollte der Applaus kein Ende nehmen. Wieder ein Sieg für die liberalen russischen Geschworenengerichte!

Dostojewskij war da anderer Meinung. Er konnte die Geschworenen eines Besseren belehren. In Sibirien hatte er selbst Exekutionen mit Spitzruten der Art ansehen müssen, wie sie auf dem Richtertisch lagen. Die meisten Gefangenen waren nach den ersten hundert Schlägen zusammengebrochen. Was für Schmerzen, welche Qualen hatte da erst ein siebenjähriges Mädchen während einer Bestrafung erdulden müssen, die den Exekutor bis zur völligen Erschöpfung trieb!

»Hören Sie«, wendet sich Dostojewskij voller Empörung an diesen Verteidiger, »wissen Sie auch, was es heißt, ein Kind zu beleidigen? Ein kindliches Herz ist voll unschuldiger, fast unbewußter Liebe, solche Schläge aber rufen darin nur schmerzliches Erstaunen und Tränen hervor, die Gott sieht und zählt. Das Kind ist ja gar nicht in der Lage, seine Schuld einzusehen. Haben Sie je ein mißhandeltes Kind gesehen? Haben Sie gesehen, wie sich so ein Kind in einer Ecke verkriecht, um ungesehen zu weinen, und seine kleinen Hände ringt (ja, genau, es ringt die Hände, ich habe es selbst gesehen) und sich mit der winzigen Faust vor die Brust schlägt, ohne seine Schuld zu begreifen, ohne zu verstehen, wofür es bestraft wird, aber im nur allzu deutlichen Bewußtsein, daß die Eltern es nicht mehr lieben?«

Solche und ähnliche Verteidigungsreden finden sich viele im »Tagebuch«. Bis in kleinste Einzelheiten malt der Schriftsteller die Verbrechen der Erwachsenen aus; manchmal geht er so beklemmend ins Detail, daß man sich schon gefragt hat, ob dem nicht ein bestimmtes Trauma zugrunde liegt. Weshalb kommt er immerzu auf solche Beschreibungen der physischen, psychischen und nicht zuletzt sexuellen Mißhandlung von Kindern durch Erwachsene zurück? Gibt es einen biographischen Hintergrund dafür, oder ist es ein weiteres Beispiel für seine sadomasochistische Tendenz?

Es sei gleich klipp und klar gesagt, daß für die These, Dostojewskij habe zu irgendeinem Zeitpunkt Kinder mißhandelt, keinerlei Beweise existieren. Insofern könnte man diese Frage beruhigt mit einem dänischen Forscher als »infames, unverfrorenes Gewäsch« abtun. Doch wenn man die zahlreichen Verführungs- und Vergewaltigungsszenen betrachtet, angefangen bei den *Armen Leuten* bis hin zu den *Brüdern Karamasow*, macht man es sich doch zu leicht, das Ganze als Beleidigung abzutun. Kein Feuer ohne Rauch. Dostojewskij muß dieses Problem sehr nahegegangen sein, er wird versucht haben, es sich vom Leib zu schreiben.

»Ich möchte dies erzählen, damit ich es nicht vergesse«, schreibt er im Dezemberheft des »Tagebuchs« von 1876. Es folgt eine »Anekdote« von einem zwölfjährigen Mädchen – dieses »bei Mädchen höchst interessante Alter«. Das Mädchen hat seine Schule satt und reißt in die Stadt aus. Dieses Mal geht es zwar gut: Sie kehrt bald zur Mutter zurück. Doch was Dostojewskij am meisten fesselt, sind die Gedanken des Mädchens, als es müde und erschöpft durch die Straßen Petersburgs irrt und davon träumt, daß ein »guter Onkel« käme und sie zu sich nach Hause mitnähme. Solche Gedanken bezeugen die Unschuld und Unreife des Mädchens, heißt es in der Erzählung. Doch wie leicht hätte der Traum in Erfüllung gehen können – die Straßen Petersburgs wimmelten doch von solchen »guten Onkeln«! Was wäre dann mit dem Mädchen passiert? Und am nächsten Morgen? Wäre sie ins zugefrorene Wasser gegangen? Hätte sie sich geschämt? Nach einer Weile hätte sie sich vielleicht daran gewöhnt, mit dieser Erinnerung zu leben, oder sie hätte alles vergessen – oder würde sie von dem Wunsch befallen, das Erlebnis aufzufrischen, worauf sich »alles andere« von selbst ergeben hätte?

Daß Dostojewskij von diesem Thema besessen war – nicht nur von den schmutzigen Gedanken »guter Onkel«, sondern auch von den »Wünschen« minderjähriger Mädchen – zeigt sich noch deutlicher in seinen Romanen. In *Schuld und Sühne* meint der Wollüstling Swidrigajlow, das Lächeln der Kameliendame bei einem fünfjährigen Mädchen zu entdecken; in den *Dämonen* verführt Stawrogin die zwölfjährige Matrjoschka. Besonders letztere Szene wird mit einer Intensität geschildert, die mehreren Zeitgenossen Dostojewskijs den Verdacht auf Authentizität eigenen Erlebens einflößte, was durch die Tatsache, daß der Autor diese Stelle immer wieder auf seinen Lesungen vortrug, nicht abgeschwächt wurde.

Manches deutet darauf hin, daß Dostojewskij in provokanten Stimmungen versucht hat, solchen Vorstellungen zu entsprechen, jedenfalls auf verbaler Ebene. Walerij Bursow ist einer der wenigen, die gewagt haben, darüber zu schreiben – in einem Absatz, den er später in der endgültigen Version seines Buches über den Schriftsteller weglassen mußte: »Man kann mit Bestimmtheit sowohl feststellen, daß Dostojewskij von den Gerüchten, er habe Stawrogins Verbrechen begangen, Kenntnis hatte als auch, daß er nichts zu ihrer Entkräftung unternahm.« So ist Turgenjews Bericht über Dostojewskijs »schamloses Angebot« an eine französische Gouvernante, die mit einem zwölfjährigen Mädchen spazierenging, bekannt. Als Turgenjew ihn nach dieser »Beichte« hinauswerfen wollte, drehte Dostojewskij sich in der Tür um und sagte: »Iwan Sergejewitsch, ist Ihnen wirklich nicht klar, daß ich diese Geschichte ganz einfach erfunden habe, um Sie ein wenig zu unterhalten?«

Nicht einmal Turgenjew bezweifelte, daß der »alte Satyr und scheinheilige Heuchler« diese Geschichte erfunden hatte. Belastender wirkt Strachows berüchtigte Darstellung in einem Brief an Tolstoj, ein paar Jahre nach Dostojewskijs Tod: »Er hatte viele lasterhafte Neigungen und prahlte mit allen«, heißt es darin. »Wiskowatow erzählte einmal, wie er sich damit gebrüstet habe, mit einem kleinen Mädchen in der Badestube (. . .); er hatte die Gouvernante dazu gebracht, die Kleine mitzunehmen.«

Diese Geschichte wurde als rachsüchtige Revanche für einige herabsetzende Zeilen interpretiert, die Strachow während der Arbeit an Dostojewskijs Biographie unter dessen Papieren fand. Anna Grigorjewna versuchte ihrerseits, Strachows »Verleumdung« zu entkräften, indem sie darauf hinwies, ihr Mann habe nie und nimmer die zur Bestechung der Gouvernante nötige Summe aufbringen können. Beide beschönigenden Erklärungen überzeugen nicht sonderlich. Auch wenn kaum einer weitergehen würde als Tolstoj, der sich genötigt sah, Strachows Erklärung »beinahe Glauben zu schenken«, haben wir es hier doch ohne Frage mit einem wunden Punkt Dostojewskijs zu tun.

Das Fehlen biographischer Informationen erschwert es, den Grund dieser Wunde zu finden. Vielleicht reichen die Wurzeln bis in seine Kindheit zurück, zu dem Tag, als Fedja erleben mußte, daß seine Freundin im Krankenhausgarten vergewaltigt und ermordet worden war. Auf einer Gesellschaft bei Anna Filosofowa gegen Ende der siebziger Jahre kam er auf dieses grauenhafte Kindheitserlebnis zu sprechen. Es wurde darüber parliert, welche Sünde die schlimmste sei. Die einen meinten Vatermord, die anderen Raubmord – und was meinte Dostojewskij? »Das furchtbarste Verbrechen ist, ein Kind zu vergewaltigen«, gab er schnell und nervös von sich. Und dann erzählte er von der Szene im Armenhospital. »Mein Leben lang hat mich diese Erinnerung verfolgt, als sei es das schrecklichste Verbrechen, die furchtbarste Sünde, eine Sünde, für die es keine Vergebung gibt und die unverzeihlich ist. Mit diesem Verbrechen habe ich auch Stawrogin in den *Dämonen* bestraft.«

Aus dieser Perspektive betrachtet, wird es minder interessant, den Wahrheitsgehalt von Turgenjews Behauptung, Dostojewskij sei ein »russischer Marquis de Sade« gewesen, oder von Strachows aus zweiter Hand stammender Darstellung Dostojewskijs als Kinderschänder zu erörtern. Wir dürfen nicht vergessen, daß die schlechte Absicht für diesen Schriftsteller mindestens ebenso sträflich war wie die schlechte Tat. Mit seinem einzigartigen Einfühlungsvermögen in die Psyche von Verbrechern und seinem maßlosen Schuldgefühl als Folge der Epilepsie war er in jedem Fall dazu prädestiniert, sich mit denen, die diese »furchtbarste Sünde« begingen, zu identifizieren. Wer bei diesem Thema gleich von »übler Nachrede« spricht, übersieht das Bedürfnis des Schriftstellers, sich selbst schlecht zu machen.

Viele seiner Artikel im *Tagebuch eines Schriftstellers* zeugen von Dostojewskijs Glauben an das russische Volk und dessen religiöse Bestimmung. Für ihn war Bauerntum gleichbedeutend mit Christentum. Gerne führte er an, daß die russischen Wörter für »Bauer« (*Krestjanin*) und »Christ«

(*Christianin*) etymologisch verwandt waren. Seine Auslassungen zu diesem Thema waren zunehmend von mystischem Populismus durchdrungen. Das Erdreich, die heilige russische Scholle, unterwies seiner Meinung nach den Bauern in Glaubensfragen. Dem Bauern sei sein Glaubensbekenntnis angeboren, in seinem Herzen befestigt wie das Leben. »Das Volk kennt Christus, seinen Gott, vielleicht besser als wir, ohne daß es je Schulen besucht hätte. Das Volk kennt Ihn infolge der zahllosen Leiden, die es im Laufe der Jahrhunderte erdulden mußte, und in seiner Trauer hat es bis zum heutigen Tag von diesem Gott – seinem Christus – durch seine Heiligen erfahren.«

In seinem Artikel »Von der Liebe zum Volk« vom Februar 1876 gibt Dostojewskij ein Beispiel von der tröstenden und läuternden Macht des russischen Bauern. Was nicht heißen soll, daß der Bauer für ihn in moralischer Hinsicht als Ideal dastand. »Das Volk ist unmoralisch«, unterstreicht er im »Tagebuch«. »Aber die Hauptsache ist doch, daß es seine Laster nicht als etwas Gutes ansieht. Wir dagegen betrachten all das Schmutzige, das Einzug in unsere Herzen und unseren Verstand hält, als etwas Anziehendes, Hochkultiviertes, und wollen, daß das Volk von uns lernt.« Mit all seinen Schattenseiten besitze das russische Volk doch die höchste Bildung des Herzens, etwas, was auch die gebildeteren Gesellschaftsschichten erringen sollten, indem sie sich ehrfurchtsvoll mit dem Volk verbrüderten. »Wer ist besser – wir oder das Volk?« fragt der Schriftsteller. »Soll das Volk auf uns hören, oder sollen wir auf das Volk hören?« Ähnliche Fragen hat Tolstoj gestellt. Und beide Autoren entschieden sich für das Volk.

Den einfachen, gottesfürchtigen Bauern kontrastiert Dostojewskij mit Vertretern der Intelligenz, die russische Werte zugunsten westeuropäischen Gedankenguts aufgaben. Solchen Menschen zu folgen sei sinnlos, denn sie dächten doch nur daran, sich das Leben zu nehmen. In mehreren Artikeln setzt er sich mit der steigenden Selbstmordrate unter den Intellektuellen auseinander. In fünf Jahren hatte sich die Anzahl von Selbstmorden verdreifacht. Allerdings konnte er diese verzweifelten Menschen und ihre bittere Absage ans Leben auch meisterhaft schildern. Die Veröffentlichung des Abschiedsbriefes eines Selbstmordkandidaten entsetzte seine Freunde. Das lief doch glattweg auf Propagierung des Freitodes hinaus! Vielleicht war er doch Atheist? Dieser Brief war ja mit allergrößter Überzeugungskraft verfaßt! »Nein, ich bin Deist, philosophischer Deist«, antwortete Dostojewskij. »Man hat mich mißverstanden . . . Ich wollte nur zeigen, daß man ohne das Christentum nicht leben kann.«

Eine notwendige Bedingung, sich auf das Leben einlassen zu können, ist für ihn der Glaube an die Unsterblichkeit der menschlichen Seele. Es liegt nicht in der Natur des Menschen, andere zu lieben, schreibt Dostojewskij; das ist übernatürlich und erfordert Glauben an die Unsterblichkeit, der für ihn mehr war als nur die Vorstellung, im Jenseits werde das Böse bestraft und das Gute belohnt. Seiner Ansicht nach gewann der Mensch erst durch seine Unsterblichkeit absoluten Wert. Seine Unsterblichkeit abzustreiten, hieße den Menschen selbst zu verleugnen, so wie ein Selbstmörder es tat. Entweder sei der Mensch unsterblich, oder ein passives Produkt seiner Umwelt und damit ohne inneren Wert.

Von solchen philosophischen Spekulationen kehrt Dostojewskij mit »Ein einfacher, aber schwieriger Fall« wieder zu Problemen der Rechtsprechung zurück. Diesmal plädiert er nicht für härtere Strafen. Anläßlich des Prozesses gegen Jekaterina Kornilowa, eine schwangere junge Frau, die in einem Anfall von Zorn auf ihren streitsüchtigen Ehemann ihre kleine Stieftochter aus dem Fenster geworfen hatte, nahm er die Angeklagte in Schutz. Zwar schloß er sich nicht etwa der »Milieutheorie« an, die gesetzeswidrige Handlungen des Menschen entschuldigte. Vielmehr lag seinem Engagement in diesem Prozeß eine genaue Kenntnis der menschlichen Seele zugrunde: Man konnte sehr wohl etwas bei vollem Bewußtsein tun, ohne jedoch zurechnungsfähig zu sein. Mit seiner einfühlsamen Analyse der Frau gelang es dem Schriftsteller, die Geschworenen davon zu überzeugen, daß das Verbrechen in einem krankhaften, von ihrer Schwangerschaft verursachten Affekt begangen worden sei. Der Fall wurde wiederaufgenommen und endete mit dem Freispruch der Angeklagten.

Vor der Urteilsfindung warnte der vorsitzende Richter die Geschworenen, sich nicht »vom Einfluß gewisser talentierter Schriftsteller leiten zu lassen«. Dostojewskij wurde auch in der Presse heftig angegriffen. Tat ihm das Opfer, Jekaterinas sechsjährige Stieftochter, denn nicht leid? Diese Kritik berührte ihn natürlich unangenehm, und er versprach, auf den Fall zurückzukommen. Im Sommer 1878 erhielt er dann einen Brief von Jekaterinas Mann, in dem es hieß, sie sei plötzlich verstorben. Der Verdacht auf Selbstmord muß Dostojewskij einiges zu denken gegeben haben. Hatte er sich von Sentimentalität hinreißen lassen? Auf jeden Fall stützt sein Engagement in diesem Prozeß Nikolaj Michailowskijs Behauptung nicht, der Dichter sei ein »grausames Talent« gewesen.

Einen weiteren Hinweis auf Dostojewskijs Mitleid mit den Unglücklichen liefert *Die Sanfte* – eine der packendsten Erzählungen über menschliche Verzweiflung, die je geschrieben wurden. Nach alter Gewohnheit nennt er die Geschichte »phantastisch«. Aber nichts war für ihn phantastischer als die Wirklichkeit, und auch dieser Erzählung liegt eine reale Begebenheit zugrunde. In einer Zeitung hatte er eine kleine Notiz über eine arme Näherin gelesen, die sich mit einer Ikone in den Armen aus dem Fenster gestürzt hatte. »Daß jemand ein Heiligenbild in den Armen hält, ist ein seltsames und in Verbindung mit Selbstmord unerhörtes Detail!« ereifert er sich in seinem »Tagebuch«-Kommentar. »Es ist ein eigentümlich frommer und friedlicher Selbstmord. Kein Murren und kein Vorwurf an irgendeinen. Es war einfach nicht mehr möglich, zu leben, ›Gott hat es nicht gewollt‹, und damit und mit einem Gebet ging sie in den Tod.«

Was hatte die junge Frau zu dieser Verzweiflungstat getrieben? Hier konnte es nicht fehlender Glaube an die Unsterblichkeit der Seele gewesen sein; die Härte und Grausamkeit der Menschen mußte sie so weit gebracht haben.

Die stammelnden Worte ihres Ehemanns an ihrer Bahre enthüllen nach und nach die ganze Tragödie. Wie so viele

Helden Dostojewskijs ist er finster und verschlossen, von einer grenzenlosen, verbitterten Eigenliebe. Er fühlt sich von seinen Mitmenschen verstoßen und will sich durch Macht und Reichtum an der Gesellschaft rächen. Auch »die Sanfte«, Krotkaja, wird ihm zum Instrument dieser Rache. Nirgends sonst hat Dostojewskij die unbegrenzte Herrschaft eines despotischen Charakters über einen schwachen, aber auch stolzen Menschen konzentrierter geschildert. Sie stirbt, weil er ihre Liebe tötet. Und als seine Liebe sich endlich Bahn bricht, ist es zu spät. Die Erzählung endet mit einer verzweifelten Variante der Worte Arnulf Øverlands: »Niemand kann ewig bekunden / am Grabe Trauer und Klage. / Der Tag hat viele Stunden. / Das Jahr hat viele Tage.«

»Solch eine Erzählung würde in der Literatur keines einzigen Landes unbeachtet bleiben«, schrieb ein zeitgenössischer Kritiker. Knut Hamsun fiel sie jedenfalls auf. »Zum Beispiel gibt es da eine kleine Erzählung, sie heißt *Die Sanfte.* Ein winzigkleines Büchlein. Doch für uns alle ist es zu groß, zu unerreichbar groß. Das muß jeder zugeben!«

Ebenfalls »eine phantastische Erzählung« ist der *Traum eines lächerlichen Menschen,* den Dostojewskij in der Aprilnummer des Jahrgangs 1877 veröffentlichte. Doch auch hier wird »das Phantastische« wieder in realistischem Rahmen dargestellt, und wieder wird die Verletzung eines hilflosen Mädchens zum Angel- und Wendepunkt der Erzählung.

Hauptfigur ist erneut der intellektuelle Nihilist, dem nichts mehr von Belang, alles gleichgültig geworden ist. Auf dem Weg nach Hause zu seinem Revolver erwacht in ihm allerdings das Mitleid mit einem kleinen Mädchen, dem zu helfen er sich geweigert hatte. Dieses bei einem Menschen, der sich selbst zum Tode verurteilt hat, eigenartige Gefühl hält ihn vom Selbstmord ab und führt ihn statt dessen zur Vision eines irdischen Paradieses, wo die Menschheit in universeller, harmonischer Einheit lebt. Zwar zerstört der sündige Mensch das Paradies; doch die Vision vom »Kind der Sonne« – entstanden aus dem Mitleid mit einem mißachteten Menschen – lebt weiter. Er weigert sich, zu glauben, der Mensch sei von Natur aus böse. Von nun an will der

»lächerliche Mensch« das tausendjährige Reich verkünden. »Denn ich habe schließlich die Wahrheit gesehen und weiß, daß die Menschen schön und glücklich sein können, ohne ihr irdisches Leben lassen zu müssen.«

Damit hat Dostojewskij eine kleine utopische Dichtung geschaffen. Und zugleich liefert diese Erzählung den Schlüssel zu seiner gesamten Religionsphilosophie, eine Zusammenfassung seiner Weltanschauung. Das Leben ist ein Paradies – wenn wir das nur verstünden, wären wir sogleich im Paradies, läßt er Sosima in den *Brüdern Karamasow* verkünden. Für Dostojewskij war das Paradies mehr als die Glückseligkeit körperloser Seelen im Jenseits. Er glaubte an das goldene Zeitalter, daran, daß die Menschheit eines Tages auf Erden in Brüderlichkeit und Liebe vereint sein werde.

Und in dieser Verwirklichung des goldenen Zeitalters, der Entwicklung solch einer menschlichen Gemeinschaft, sah er die historische Mission der *Russen*. Nicht der intellektuellen Russen, die sich vom Volk abgewandt hatten und so tief gesunken waren, daß sie vom Baum des Materialismus aßen. Sondern der einfachen Leute im russischen Volk, denen Werte wie Barmherzigkeit und Demut noch etwas bedeuteten und die daher befähigt waren, andere Völker zu verstehen. So stellte er sich die alleinseligmachende historische Mission der Russen vor:

»An der Spitze der vereinigten Slawen wird unser großes Rußland der Welt sein neues, gesundes und bislang unerhörtes Wort verkündigen. Dieses Wort wird von der guten und wahren Vereinigung der Menschheit in einer neuen, brüderlichen, weltumspannenden Union künden, erschaffen vom slawischen Geist, vorzugsweise vom Geist des russischen Volkes, welches so viel gelitten hat und Jahrhunderte hindurch zum Schweigen verurteilt war, aber schon immer die Kraft zur Aufklärung und Beseitigung vieler bitterer und fataler Mißverständnisse der westeuropäischen Zivilisation besaß.«

In seiner Erzählung über Foma Danilow vom Januar 1877 führte Dostojewskij solch einen Russen aus dem Volk vor. Foma ließ sich lieber zu Tode foltern, als seinem christlichen

Glauben abzuschwören. Für ihn war die Wahrheit Christi kostbarer als weltliche Ehren und Reichtümer. So wurde er, ohne heilig gesprochen zu werden, doch zum Märtyrer.

»Aber im Volk wird dieser große Tod natürlich ewig unvergessen bleiben«, schreibt der Autor. »In diesem Helden, der um Christi willen namenloses Leid auf sich genommen hat, wird das Volk für alle Zeiten einen großen Russen sehen.«

Begreiflicherweise wurde Dostojewskijs russischer Messianismus, wie er 1877 in einer Reihe von Artikeln zur »Orientfrage« vertreten wird, von der Nachwelt heftig kritisiert. Vom Messianismus war es ein kleiner Schritt zum Chauvinismus, der ihn bald zu antisemitischen Ausfällen verleiten sollte, sowohl im »Tagebuch« als auch in den *Brüdern Karamasow*. »Aljoscha, stimmt es, daß die Juden zu Ostern Kinder stehlen und schlachten?« fragt Lisa. »Ich weiß es nicht«, antwortet Dostojewskijs Held.

Abstoßend ist auch seine ungenierte Verherrlichung des Krieges. Bei ihm geht es nicht lediglich um eine russische Variante von Bjørnstjerne Bjørnsons »Nicht Frieden ist das Beste, sondern daß man etwas will«. Dostojewskijs kriegstreiberischer Eifer bildet in all seiner Gehässigkeit einen seltsamen Kontrast zu der Versöhnungsbotschaft auf anderen Seiten des »Tagebuchs«. Schon in der Aprilausgabe von 1876 schießt er, als »Paradoxist« verkleidet, folgende Breitseite ab:

»Ein politischer, internationaler Krieg ist in jeder Hinsicht nützlich und auch vollkommen unverzichtbar... Die Hochherzigkeit verkommt in langen Friedenszeiten, und an ihre Stelle treten Zynismus und Langeweile... Der Krieg macht in der Stunde des Kampfes alle gleich und versöhnt den Herrn mit dem Knecht in der allerhöchsten Manifestation der menschlichen Würde – im Opfer des Lebens für eine gemeinsame Sache, für alle, für das Vaterland!«

Von solchen und ähnlich provokanten Aussprüchen wimmelt es im »Tagebuch« von 1877. Trotzdem dürfen wir nicht vergessen, daß diese Formulierungen während des Krieges gegen die Türken entstanden, einem unglaublich blutigen

Krieg. Nicht nur Dostojewskij fiel es schwer, Pazifist zu sein, wenn Väter gegeißelt, Mütter vergewaltigt und kleine Kinder im Beisein der Eltern auf Bajonette gespießt wurden.

War Dostojewskij Imperialist? Wenn wir uns an die gängige Definition des Begriffs halten – eine Politik befürworten, die darauf abzielt, »sich Kolonien anzueignen und deren Ressourcen auszubeuten« –, lautet die Antwort nein. Nicht einmal seine provokante Forderung, »Konstantinopel muß uns gehören«, rechtfertigt einen solchen Vorwurf. Die Äußerung bezog sich darauf, daß Rußland bereits im 15. Jahrhundert den doppelköpfigen byzantinischen Kaiseradler als Staatswappen eingeführt hatte. »Mit diesem Schritt übernahm das Land eine Verpflichtung«, schreibt Dostojewskij. »Seit jenen Tagen und bis in unsere Zeit gefällt sich das Volk darin, seinen Zar ›orthodox‹ zu nennen – ›der rechtgläubige Zar‹. Indem er sich vom Volk diesen Beinamen geben ließ, hat der Zar auch die darin liegende Verpflichtung angenommen: die Orthodoxie zu beschützen und zu vereinen und – so Gottes Gebot ertönt – die gesamte sich zur Orthodoxie bekennende Christenheit von muslimischer Barbarei und westlichem Ketzertum zu befreien.«

Es war leicht durchschaubar, welches politische Ziel der Zar mit seiner Kriegserklärung verfolgte. Rußland wollte seinen Einfluß im Balkan festigen, sein internationales Ansehen erhöhen und die Aufmerksamkeit von brisanten innenpolitischen Problemen ablenken. Doch für solche realpolitischen Einsichten fehlte Dostojewskij so gut wie jedes Gespür. Er hegte keinerlei Zweifel, daß die Russen selbstlos in den Krieg gegen die Türken zogen. „Rußland hat keine Pläne, sein Territorium auf Kosten der anderen Slawen zu erweitern oder gar deren Länder zu annektieren und zu russischen Gouvernements zu machen«, schreibt er im »Tagebuch«. Seiner Ansicht nach bewies dieser Krieg lediglich, daß die Russen die Verpflichtung übernahmen, sich für ihre slawischen Brüder *zu opfern*. Für ihn war es ein »heiliger Krieg«.

In den *Dämonen* sprach er von dem Volk als einem »Träger Gottes«. Damit meinte er das Gegenteil von dem, was später als »Herrenvolk« bezeichnet wurde. Das »Gottesträgervolk« werde durch seine Bürde daran gehindert, eine Politik der Unterjochung zu betreiben. Aufgabe eines solchen Volkes sei es nicht, sich andere zu unterwerfen, sondern »einen großen und mächtigen Organismus vereinigter Bruderstämme zu schaffen, nicht durch politische Macht, nicht mit Feuer und Schwert, sondern durch die Macht des guten Beispiels, durch Liebe, Licht und Selbstlosigkeit.«

Was Dostojewskij sich erträumte, war ein freiwilliger Zusammenschluß der slawischen Volksstämme, eine spirituelle Vereinigung von Menschen im Namen der Gerechtigkeit Christi zur Verteidigung aller Schwachen und Unterdrückten. In einer von aggressivem Nationalismus geprägten Zeit konnte er folgendes verkünden:

»Wir wollen uns als ein Volk ohne Anwendung von Gewalt erweisen. Wir möchten nicht aus den Polen Russen machen. Wenn die Polen oder Tschechen wirklich unsere Brüder sein wollen, werden wir ihnen auch das Selbstbestimmungsrecht einräumen. Dies wird unsere Beziehungen mit ihnen nicht stören; sie werden die Hand nach uns ausstrekken wie nach einem Freund, einem älteren Bruder, oder einem großen Zentrum. Die Liebe und die Sache der wahren Aufklärung – das ist meine Utopie.«

Die Überzeugung, die Welt bewege sich trotz aller Verirrungen hin zu einer auf Liebe und Brüderlichkeit errichteten Gesellschaft – das ist Dostojewskijs idealistischer »Überbau«, der seinem gesamten Werk einen leidenschaftlich-optimistischen Charakter verleiht.

Doch seinem Glauben an eine glückliche Zukunft für die Menschheit standen Untergangsvisionen einer kommenden Katastrophe gegenüber. Seine Hauptaufgabe als Publizist sah er darin, moralische Bastionen gegen das Eintreffen dieser Katastrophe zu errichten.

Die zeitgenössischen radikalen Theorien waren in seinen Augen mit dem Makel behaftet, daß sie moralische Aspekte außer acht ließen und nur einen utilitaristischen Begriff von Freiheit, Gleichheit und Brüderlichkeit hatten. »Euer Sozialismus ist eine falsche, aussichtslose Idee«, warf er seinen

Gegnern vor. Die Mission des russischen Gottesträgervolkes bestand für ihn einzig und allein darin, den Bau eines neuen babylonischen Turms zu verhindern.

Und wie konnte Rußland dem materialistischen, atheistischen Europa zu Hilfe eilen und ihm die große Versöhnung bescheren? Kraft seiner durchlittenen Ideale, kraft seiner brüderlichen Liebe, kraft des »russischen Christus«. Mit dieser Formulierung verwies Dostojewskij auf das im einfachen russischen Volk am Leben erhaltene Christusbild. Wenn er diesen russischen Christus beschreiben sollte, führte er gern ein Gedicht von Tjutschew an:

> In den armen kleinen Dörfern
> dieser kargen Landschaft fand
> wahre Langmut ihre Heimat
> du bist Rußland, Vaterland!
>
> Stolze Blicke fremder Menschen
> sehen und begreifen nicht:
> in all deiner nackten Demut
> schimmert ein verborgnes Licht.
>
> Von der Kreuzlast tief gebeugt
> segnete im Knechtgewand
> Unser Herr auf seinen Wegen
> dich, du heimatliches Land!

Nikolai Berdjajew hat sicherlich recht mit seiner Feststellung, vieles im *Tagebuch eines Dichters* käme bei weitem nicht an die geistige Tiefe in Dostojewskijs Romanen heran. Der Schriftsteller war kein Politiker und kam nie dazu, ein Programm für die Verwirklichung seiner Ideale auszuarbeiten. Seine Äußerungen zu politischen Problemen wirken hin und wieder naiv und widersprüchlich, vom zeitgenössischen Meinungsstreit gezeichnet. Doch dafür besaß er etwas, was vielen Politikern fehlt: eine eindrucksvolle Vision von der Verbrüderung der Menschheit und einen unerschütterlichen Glauben an den Wert von Idealen in einem materialistischen Zeitalter. Aus diesem Glauben bezog auch sein letzter Roman seine Stärke.

III

Hat ein unwürdiger, liebloser Vater dennoch ein Recht auf Liebe und Respekt seiner Söhne? Wie läßt sich die Vorstellung von einem guten himmlischen Vater mit den Leiden und Ungerechtigkeiten, die Er erschaffen hat, vereinbaren?

Die *Brüder Karamasow* sind ein didaktischer, belehrender Roman. Dostojewskij will seinen Lesern eine Botschaft vermitteln.

Der didaktische Roman ist wohl ebenso alt wie die Literaturgeschichte. Am weitesten verbreitet war dieses Genre jedoch im achtzehnten und neunzehnten Jahrhundert.

Damals wurde die belehrende Botschaft hauptsächlich durch Äußerungen der Romanfiguren vermittelt, zum Beispiel in Form von Briefen, Erinnerungen und Tagebuchaufzeichnungen – also außerhalb des eigentlichen Sujets des Romans. Diese Technik wendet Dostojewskij auch an, zum Beispiel mit der »Legende vom Großinquisitor« oder mit Sosimas Lehren. Doch dichter, als das früher üblich war, ist der belehrende Stoff bei ihm auch in die eigentliche Romanhandlung verwoben. Dostojewskijs Belehrungen erfolgen in Form von Schlüssen, die der Leser selbst aus den jeweiligen Vorgängen und Entwicklungen im Roman ziehen kann.

Oft wird es einem allerdings sehr schwergemacht, klare, eindeutige Schlüsse zu ziehen, was daran liegt, daß Dostojewskij in mancher Hinsicht selbst ein Zweifler war. Zwar war er sicherlich ein christlicher Schriftsteller, doch war sein Christentum alles andere als konfliktfrei. »Sein Glaube ist rührend, voller Zweifel, unsicher und glühend«, schreibt Albert Camus.

Daß Dostojewskij als Gottessucher mit seinen Zweifeln zu ringen hatte, prägte auch die Romanform, als deren Erfinder er gilt, entscheidend. Mit einem der Musik entlehnten Ausdruck hat Michail Bachtin seine Romane als »polyphon« oder »mehrstimmig« charakterisiert. Er schreibt, der Autor denke nicht geradlinig, sondern in wechselnden Perspektiven, mit den Stimmen verschiedener Figuren, die gleichberechtigt an einem großen Dialog teilnehmen.

Dostojewskij läßt konträre Ansichten, mit denen er in unterschiedlichem Ausmaß übereinstimmt, miteinander konkurrieren. »Er tut dem Eigenleben seiner Figuren nie Gewalt an, um sie seiner Botschaft unterzuordnen«, bemerkt Ronald Fangen. »Immer ist er als Dichter groß genug, sich seiner Dichtung vollkommen unterzuordnen.« Gerade indem er gegensätzliche Stimmen und Ansichten zu größtmöglicher Entfaltung kommen läßt, kann sich der Autor seiner Vision von Wahrheit nähern.

Unklarheiten und Widersprüchlichkeiten in den in seinen Romanen ausgetragenen Wortgefechten beruhen im Grunde auch auf seinem literarischen Konzept. Von der Auffassung, an einem Kunstwerk müsse alles um jeden Preis leicht verständlich und eingängig sein, hielt er nicht viel. Ein Schriftsteller hatte in seinen Augen das Recht, einiges im Unklaren und Geheimnisvollen zu belassen. »Die Leser sollen auch etwas zu tun haben«, sagte er, und er bestand darauf, schwierig und kompliziert schreiben zu dürfen.

Dostojewskij bietet also keine Patentlösungen der in seinen Romanen aufgeworfenen Probleme an – teils, weil er keine endgültigen Antworten parat hatte, teils, weil er es den Lesern überlassen wollte, eigene Schlüsse zu ziehen. Darin unterscheidet er sich sehr von Tolstoj, der seinen Lesern in Tendenzromanen eine eindeutige Botschaft zu »verkaufen« sucht. Wer einen Roman Dostojewskijs zur Hand nimmt, um Antworten auf schwerwiegende Lebensfragen zu finden, kann leicht enttäuscht werden. Dieser Autor schrieb eher für Leser, die herausfinden möchten, worüber sich nachzudenken lohnt. Vielleicht macht das seine Bücher so lebendig. Antworten und Lösungen veralten leicht, während die wichtigsten Fragen im menschlichen Dasein immer ihre Aktualität bewahren.

Er hat auch ein ganz anderes Verhältnis zu seinen Romanpersonen als Tolstoj. Beide sind ausgeprägt autobiographische Autoren, die über ihre eigenen Erfahrungen schreiben. Doch während Tolstojs Helden, beispielsweise Pierre oder Levin, die Sympathien der Leser für den Autor erhöhen, trifft dies auf Dostojewskijs Hauptfiguren nicht unbedingt zu. Bei ihm sind gar nicht so selten die unsympathischsten Personen Protagonisten – nicht nur »positive« Gestalten wie Sonja oder Aljoscha. So beschreibt er Stawrogin in einem Brief an seinen Verleger als eine »finstere Person« und einen »Schurken«. Aber bezeichnenderweise fügt er hinzu: »Ich nahm ihn aus meinem Herzen.« Das hätte er auch über mehrere Figuren in den *Brüdern Karamasow* sagen können. Sogar die Bösewichte stehen ihm in dem Sinn nahe, daß er sie »aus seinem Herzen nahm«. Dem alten Karamasow gibt er seinen Vornamen, Smerdjakow seine Fallsucht. Er hat wohl nicht einmal Schwierigkeiten, sich mit dem Teufel zu identifizieren; kurz vor seinem Tod notierte er: »Mein Hosianna ist durch die große Feuerprobe des Zweifelns hindurchgegangen, wie es der Teufel in meinem letzten Roman von sich sagt.«

Während Tolstoj keine großen Umstände macht, wenn es darum geht, eine unsympathische Person zu verurteilen, versucht Dostojewskij immer, »den Mensch im Menschen zu finden«, sogar bei den verkommensten, übelsten Individuen. Strenge ist bei ihm untrennbar an Mitleid geknüpft. Und gerade weil er sich seinen negativen Helden so verwandt fühlt, läßt er sie auch so oft zu Wort kommen.

Dostojewskijs Figuren wurden auch als »Sprachrohre für Ideen« bezeichnet, wobei das Vermögen dieses Autors, den hinter den Ideen stehenden Menschen darzustellen, ungenügend berücksichtigt wird. Es stimmt allerdings, daß seine Figuren ungewöhnlich stark mit den von ihnen verkündeten Ideen verschmelzen. Ein gutes Beispiel hierfür ist Iwan Karamasow. Im fünften Buch werden seine abstrakten nihilistischen Gedanken vorgestellt. Doch wie Sigurd Fasting treffend registriert, *verkörpert* Iwan diese Ideen auch, sie werden in seinem Leben konkret:

»Wie Raskolnikow will Iwan nur das vernunftbegabte Zwanzigstel seines Wesens akzeptieren, was ihn in einen tiefen inneren Konflikt stürzt. Als echter Karamasow hat er nämlich instinktiv einen ungeheuren Lebenshunger und eine unendliche Liebe zum Leben, doch diese irrationale Komponente seines Wesens steht im Widerspruch zu seiner

Vernunft, die ihn von der Sinnlosigkeit des Lebens überzeugt und zur Auflehnung gegen Gott führt, bis hin zur Gotteslästerung. Nachdem er Aljoscha seine Legende vom Großinquisitor erzählt hat, sagt dieser, das Geheimnis des Großinquisitors sei, daß er im Grunde nicht an Gott glaube – und das ist auch Iwans Geheimnis. Das wagt Iwan nicht einmal sich selbst einzugestehen, da er um die unvermeidlichen Folgen weiß: Er wäre selbst Gott, und alles wäre erlaubt. Diesen Aspekt seiner Seele verkörpert der Lakai Smerdjakow, der aus Gefälligkeit für seinen ›Großinquisitor‹ dessen Vater, den Iwan verhaßten alten Karamasow, umbringt. Dadurch spitzt sich Iwans innerer Konflikt derart zu, daß er nahe daran ist, den Verstand zu verlieren. Dann aber geschieht das gleiche mit ihm wie mit Raskolnikow: seiner Vernunft und seinen abstrakten Theorien zum Trotz gesteht er vor Gericht seine moralische Schuld und nimmt die Verantwortung für den Mord auf sich, den zu begehen er Smerdjakow indirekt aufgefordert hat.«

Iwans Geschichte erzählt eben davon, wie die anderen neunzehn Zwanzigstel über das von der Vernunft repräsentierte Zwanzigstel siegen. Und wie bei seinem geistigen Verwandten Raskolnikow zeigt Dostojewskij Iwans schmerzhaftes inneres Ringen zwischen Vernunft und Herz. Dieser Kampf prägt seine Gedanken, Worte und Taten – Figur und Idee verschmelzen miteinander.

Diese Fähigkeit zur Synthese von Figur und Idee hängt wiederum damit zusammen, daß Dostojewskij die Probleme seiner Protagonisten selbst durchlebt hat. Natürlich treffen wir bei ihm auch auf ideologische Karikaturen, etwa einzelne Revolutionäre in den *Dämonen,* oder Miusow, Rakitin und Smerdjakow in den *Brüdern Karamasow.* Doch die bedeutenderen Figuren Dostojewskijs sind, wie Dmitrij Tschižewskij bemerkte, »weltanschaulich gleichberechtigt«. So kommt es, daß der Autor seinen ideologischen Gegnern nie unrecht tut, sondern im Gegenteil bemüht ist, ihre Ansichten mit den stärksten und überzeugendsten Argumenten zu begründen. Nicht selten vermitteln seine Romane den Eindruck eines Ringens mit Problemen, bei dem der

Verfasser sich noch nicht entschieden hat. Philosophische und religiöse Sinnsuche, die nicht immer Resultate zeitigt, wird geschildert.

Ein besonders gutes Beispiel ist die »Legende vom Großinquisitor«, in der Iwan Probleme aufwirft, denen Dostojewskij eher ratlos gegenüberstand. Auch wenn die Gestalt des Iwan vor der Gefährdung der westlich beeinflußten, atheistischen Jugend Rußlands warnen sollte, ist Iwans furioser Redefluß im fünften Buch doch zweifellos darauf zurückzuführen, daß der Autor in vielen Aspekten mit ihm übereinstimmte. Im Kapitel »Auflehnung« könnte man sogar meinen, der Verfasser entziehe seinem Protagonisten das Wort und erzähle seine persönlichen Lebenserfahrungen. Auch grausame Menschen können kinderlieb sein, berichtet Iwan – »im Zuchthaus kannte ich einen Räuber, der seltsam in Kinder vernarrt war«. Hier scheint sich der Schriftsteller dermaßen mit Iwan identifiziert zu haben, daß er einen Lapsus völlig übersieht: im Unterschied zu Dostojewskij hat Iwan schließlich nie im Zuchthaus gesessen.

Als modernen Atheisten beschäftigt Iwan die Frage wenig, ob es einen Gott gibt. Die Existenz Gottes kann er akzeptieren. Doch das macht seine Auflehnung nicht harmloser – im Gegenteil. Er akzeptiert Gott nur, um ihn ablehnen zu können. Die von Gott erschaffene Welt will er nämlich auf gar keinen Fall akzeptieren. Wenn es wirklich ein barmherziger Gott ist, wie kann das Leid seine Welt so beherrschen?

Iwans Hauptargument gegen die göttliche Weltordnung sind die *Leiden der Kinder*. In seinem Gespräch mit Aljoscha führt er eine lange Reihe authentischer Beispiele an, wie unschuldige Kinder der Grausamkeit Erwachsener ausgeliefert, wie sie von Jagdhunden in Stücke gerissen oder vor den Augen ihrer Mütter auf Bajonette gespießt wurden. Iwan zieht einen ganz klaren Schluß daraus: Wenn der Teufel nicht existiert, sondern eine menschliche Erfindung ist, hat der Mensch ihn fraglos nach seinem Bilde erschaffen! Was ist der Sinn solcher Leiden? fragt Iwan. Daß einmal eine »ewige Harmonie« auf Erden herrsche? Ist die Verwirklichung von

Gottes universellem Plan von den Leiden unschuldiger Kinder abhängig, so will er lieber auf das ewige Leben verzichten:

»Es kostet zu viel, Zutritt zur Welt der ewigen Harmonie zu erlangen. So hohe Eintrittspreise können wir uns nicht leisten. Daher beeile ich mich, meine Eintrittskarte zurückzugeben. Das ist doch schlicht und einfach die Pflicht eines ehrlichen Mannes. Deshalb tue ich es auch. Nicht, daß ich Gott nicht anerkenne, Aljoscha. Ich erweise ihm allen Respekt. Nur das Billett gebe ich ihm zurück.«

Der den Figuren in russischen Heiligenlegenden nachempfundene Aljoscha versucht, die gotteslästerliche Argumentation seines Bruders mit dem Hinweis auf Jesus zu entkräften. Der Mensch kann nicht vergeben, aber *ihm ist vergeben*. Christus mußte auch unschuldig leiden, ohne daß er deswegen das Dasein verdammte. Vielmehr liebte er das Leben und die Menschen trotz ihrer Bosheit.

Für Iwan sind Leiden ausnahmslos und für immer unverzeihlich. Ihm nützt es wenig, daß ein guter Gott für alles eine Erklärung hat, wenn er als Mensch keine hat. Aber statt über Christi Recht auf Vergebung und über den Sinn der Vergebung zu reden, ändert er auf einmal die Gesprächstaktik. Statt logischer Beweise führt er einen Mythos an, statt sich an die konkrete, ihn umgebende Realität zu halten, greift er auf eine im Spanien des sechzehnten Jahrhunderts angesiedelte Legende zurück. »Die Legende vom Großinquisitor« geht denn auch weit über einen Diskussionsbeitrag zu der Frage nach dem Recht Christi, die Verursachung unverschuldeter Leiden zu vergeben, hinaus. Tatsächlich haben wir es mit einem genialen Angriff auf die gesamte göttliche Weltordnung zu tun. Und zugleich wird in der Legende Iwans Vision einer neuen Weltordnung eingeführt.

Erzähltechnisch ist die »Legende vom Großinquisitor« eine in den Roman eingefügte Binnenhandlung. Iwan selbst nennt die Legende ein »Poem«, und sie stammt aus seiner Feder. »Von allen Helden Dostojewskijs ist Iwan Karamasow der einzige, der seine Romane hätte schreiben können«, stellt Leonid Grossman fest.

Als Dostojewskij die Legende im Dezember 1879 vor Studenten an der Petersburger Universität lesen sollte, schrieb er eine kleine Einführung, um seine Absicht mit diesem »Poem« zu erläutern:

»Ein unter seinem Unglauben leidender Atheist verfaßt in einer qualvollen Stunde ein seltsames, phantastisches Poem, worin er Jesus im Gespräch mit einem der bedeutendsten katholischen Priester schildert – dem Großinquisitor. Die große Qual des Verfassers besteht darin, daß er in dem Priester einen wahrhaftigen und aufrechten Diener Christi sieht, obgleich dieser sich mit seinem katholischen Weltbild deutlich von der alten apostolischen Rechtgläubigkeit entfernt hat. Eigentlich ist der Großinquisitor selbst ein Atheist. Das Ganze ist so zu verstehen: Wenn der Glaube an Christus verfälscht und mit den Zielsetzungen dieser Welt vermengt wird, dann geht auch der Sinn des Christentums verloren. Der Verstand fällt dem Unglauben anheim, und statt des großen Ideals Christi wird lediglich ein neuer Turm zu Babel errichtet werden. Während das Christentum eine hohe Auffassung vom einzelnen Menschen hatte, wird man die Menschheit dann nur noch als große Masse betrachten, und unter dem Deckmäntelchen *sozialer* Liebe wird nichts als offenkundige Menschenverachtung gedeihen.«

Die Handlung spielt zur furchterregenden Zeit der Inquisition und Verfolgung. Nach fünfzehnhundert Jahren ist Jesus auf die Erde zurückgekehrt. Er taucht in Sevilla auf, tut Wunder und wird vom Volk jubelnd empfangen. Auf Befehl des Großinquisitors, eines neunzigjährigen Greises und mächtigsten Kardinals der katholischen Kirche, wird er indessen verhaftet und ins Gefängnis geworfen. Bei Einbruch der Nacht sucht der Großinquisitor ihn auf, um ihm eine erbarmungslose Strafpredigt zu halten. Er droht sogar, ihn auf dem Scheiterhaufen verbrennen zu lassen. Durch seine Rückkehr wird Christus nämlich zum Hindernis für das notwendige Wirken der katholischen Kirche auf Erden. Jesus schweigt, während der Großinquisitor seine Anklagen vorbringt und dabei, wie sich herausstellt, im Grunde die gesamte Glaubenslehre verwirft. Seit der Auferstehung Christi habe die Kirche an der Korrektur dieser Lehre arbeiten, sie für die Menschen praktikabler machen müssen.

Und was hat Jesus nach Ansicht des Großinquisitors falsch gemacht? Zunächst schlug er die Versuchungen in der Wüste aus. Damit schenkte er den Menschen Freiheit statt Glück. Er vergaß, daß die Menschen nämlich den Tod der Freiheit, zwischen Gut und Böse zu wählen, vorziehen. Ein weiterer Fehler war, daß er sich weigerte, aus Steinen Brot zu machen. Hätte er das getan, würden die Menschen als gehorsame und dankbare Herde hinter ihm dreintrotten. Außerdem lehnte er es ab, sich vom Tempel herabzustürzen – er wollte den freien Glauben der Menschen gewinnen und sie nicht durch ein Wunder an sich fesseln. Schließlich wies er das Angebot irdischer Macht zurück. Er wollte, daß die Menschen ihm aus freien Stücken anhingen, nicht als autoritätshörige Sklaven.

Wegen Christi unvollkommener Menschenkenntnis mußte die katholische Kirche seine Lehre »verbessern«. Im Namen der Menschenliebe hat der Großinquisitor die Versuchungen des Teufels akzeptiert und das Wunder, das Mysterium und die Autorität zu Eckpfeilern seines künftigen Weltreichs gemacht. Christus hat die Menschen überschätzt, klagt der Großinquisitor. Indem er ihnen Gewissensfreiheit zubilligte, verlangte er zuviel von ihnen. Die Menschen sind schwache, erbärmliche Kreaturen, die Brot und Spiele der Freiheit vorziehen. Die Freiheit, zwischen Gut und Böse zu wählen, überfordert den Durchschnittsmenschen nur. Daher sehnt er jemand herbei, der ihm diese Freiheit abnehmen, die Verantwortung für seine Sünden übernehmen und ihm Brot geben kann:

»In einigen wenigen Jahrhunderten wird die Menschheit aus dem Mund ihrer Weisheit und Wissenschaft erklären, daß es überhaupt kein Verbrechen gibt, und folglich auch keine Sünde. Nur Hunger und Hungrige gibt es. Dann werden die Menschen sich gegen dich erheben, und auf den Fahnen der Aufrührer wird geschrieben stehen: ›Gib uns zu essen! Erst dann kannst du Tugend von uns verlangen!‹ Mit dieser Parole rebellieren sie gegen dich, und dein Tempel wird einstürzen. An seiner Stelle wird ein neuer Bau errichtet werden – ein neuer, furchtbarer Turm zu Babel.«

Diesen babylonischen Turm fertigzubauen, haben der Großinquisitor und seine Helfershelfer sich vorgenommen. Indem sie die materiellen Bedürfnisse der Menschen befriedigen und sie ihrer Freiheit berauben, wollen sie ein Paradies auf Erden schaffen, wo alle glücklich sein werden – abgesehen von der kleinen Minderheit, die zwischen Gut und Böse unterscheiden kann.

Die Legende läßt sich als Protest gegen Christus lesen, wobei der Großinquisitor als Iwans Vision Gottes auftritt. So müßte Gott sein, wollte er gerecht herrschen: befehlend, aber weise und liebevoll, voll des Mitleids mit all den schwachen Menschenwürmern, die nun endlich von der Bürde der Freiheit erlöst werden.

Nirgends ist wohl *das Problem der Freiheit* so vehement wie in der »Legende vom Großinquisitor« aufgeworfen worden. Wir haben es mit der gewaltigen Konfrontation zweier großer, unversöhnlicher Mächte zu tun: Christus und der Teufel. Der Großinquisitor verkörpert geradezu die Negation der christlichen Idee, den Antichrist in Person. »Der atheistische Sozialismus hat dem Christentum immer vorgeworfen, es habe die Menschen nicht glücklich gemacht und ihnen weder Freiheit noch Brot beschert«, schreibt Nikolaj Berdjajew. »Aber wenn das Christentum die Menschen nicht glücklich gemacht, ihnen Frieden und Brot geschenkt hat, so nur deswegen, weil es den menschlichen Geist nicht einschränken wollte, weil es sich an die Freiheit des Menschen wendet und sich davon die Erfüllung der Worte Christi erwartet. Nicht das Christentum ist schuld daran, daß die Menschen das Wort nicht erfüllt, sondern fallengelassen haben: Die Schuld liegt beim Menschen, nicht beim Heiland.«

Doch zugleich wirkt Dostojewskijs Antichrist mit seiner Bekümmerung um die Schwachen der Gesellschaft gefährlich anziehend. Zahlreich sind daher die Kritiker, die den Großinquisitor verteidigen und dabei die Ansicht vertreten, der Autor habe sich bei dem Versuch, ihn zu widerlegen, übernommen.

Zu ihnen gehört D. H. Lawrence. »Es steht außer Zweifel, daß der Großinquisitor Dostojewskijs eigentliche Meinung über Jesus zum Ausdruck bringt«, schreibt er. »Und diese Ansicht sieht leider so aus: Jesus, du bist ungenügend, die Menschen müssen dich korrigieren. Zum Schluß gibt Jesus dann ja auch dem Großinquisitor seinen Kuß stillschweigenden Einverständnisses, genau wie Aljoscha Iwan küßt.«

Lawrence ergreift also Partei für den Großinquisitor und stellt sich damit auf die Seite der Finsternis und Unfreiheit. Er tut es zwar widerstrebend: Lieber wäre es ihm, der Mensch wäre anders. Doch er muß dem Großinquisitor darin recht geben, daß der Mensch *wirklich* eine schwache Sklavennatur ist. Daher hat der Großinquisitor für ihn auch recht damit, daß Christus zu streng war, als er den Durchschnittsmenschen zu Idealen hinführen wollte, nach denen zu leben nur eine auserwählte Minderheit imstande ist. Das Christentum wird so lediglich zu einem utopischen Traum vom Menschen, wie er sein soll.

Typisch für viele Verteidiger des Großinquisitors ist, daß sie hartnäckig versuchen, Dostojewskij auf ihre Seite zu stellen. Eine Hauptthese in Lew Schestows großer Abhandlung über Dostojewskij und Nietzsche besagt eben, der russische Autor habe Partei für seinen gottlosen Protagonisten ergriffen. Auch Wasilij Rosanow, der ein gelehrtes Buch über die Legende verfaßt hat, zweifelt keinen Moment daran, daß Dostojewskij für den Großinquisitor ist:

»Als Dostojewskij starb, nahm er das Geheimnis seiner Seele nicht mit ins Grab. Vor seinem Tod hinterließ er uns, als habe er quasi instinktiv den Schleier von seiner Seele gelüftet, eine sensationelle Szene, aus der klar hervorgeht, daß Aljoschas Worte: ›und du mit ihm‹ auch für den Verfasser gelten, der offenkundig auf Seiten des Großinquisitors steht.«

Jedem, der weiß, was Dostojewskij mit dieser Legende bezwecken wollte, muß so eine Einordnung des Autors unter die Anhänger des Großinquisitors beinahe wie ein Sakrileg vorkommen. Der Großinquisitor will das Ideal dem Menschen anpassen, er kritisiert das Ideal, weil der Mensch nicht fähig ist, danach zu leben. Offenbart das nicht die tiefste Menschenverachtung?

Es fehlt nicht an gutgemeinten Versuchen, Dostojewskij von dem Verdacht reinzuwaschen, er stecke mit dem Großinquisitor unter einer Decke. So wurde angeführt, die Kritik des Großinquisitors sei in sich widersprüchlich, auf leerer Rhetorik und billigen Tricks aufgebaut. Tatsächlich fällt es aber schwer, Schwachstellen in seiner Argumentation auszumachen. Gegen Konstantin Motschulskijs Beobachtung, der Großinquisitor mache den Fehler, mit seiner Liebe zum Menschen zu argumentieren und diesen doch als schwache Sklavennatur hinzustellen, läßt sich zu Recht einwenden, daß man ohne weiteres die schwache Kreatur lieben kann. Hier liegt kein Widerspruch vor; der Großinquisitor liebt den Menschen so, wie er ist, nicht wie er in ferner Zukunft sein könnte. Und er akzeptiert die menschliche Schwäche einfach als eine Tatsache.

Die Ablehnung des Menschenbildes des Großinquisitors darf nicht dazu verleiten, es unter falschen Voraussetzungen anzugreifen. Auch die Anhänger des Großinquisitors würden die Stärke, Schönheit und Freiheit Christi vorziehen. Doch die Legende bestätigt ihnen, daß es nicht darum geht, was der Mensch sein möchte, sondern darum, was er ist und sein kann. Sogar der Großinquisitor würde zugeben, daß das Menschenbild Christi attraktiver ist als seines, doch das allein beweist nicht dessen Berechtigung.

Um dem Großinquisitor antworten zu können, brauchte Dostojewskij eine neue Dimension. Die fand er in einer dem Großinquisitor diametral entgegengesetzten Gestalt: dem frommen Mönch Sosima.

Das sechste Buch trägt den Titel »Ein russischer Mönch«. So wie die »Legende vom Großinquisitor« fällt auch dieses Buch aus dem Handlungsrahmen, da es hauptsächlich Sosimas Erinnerungen und Lehren enthält. Nur ganz zu Anfang und zu Ende fügt es sich in die eigentliche Romanhandlung ein.

Wir erleben Aljoschas letztes Gespräch mit Sosima. Der alte, todkranke Mönch sagt, Aljoscha werde schwer geprüft, aber eben durch seine Leiden glücklich werden. Er werde noch das Leben segnen und andere dazu bringen, das gleiche zu tun. Dies ist ein zentrales Thema Dostojewskijs: Läuterung durch Leiden.

An dem Abend belehrt Sosima die Mönche zum letzten Mal. Aljoscha schreibt diese Rede auf und ergänzt sie mit früheren Aussprüchen. Es ist von Bedeutung, daß Sosima am selben Abend seine Geschichte erzählt, an dem Iwan seine Beichte ablegt: Dadurch wird der antithetische Charakter der beiden Bekenntnisse hervorgehoben. Dostojewskijs Absicht bestand nämlich darin, mit Sosimas Rede Iwans Anklage gegen Gott im fünften Buch zu widerlegen. Bezeichnenderweise hat er beide Bücher die »Klimax des Romans« genannt.

Kaum ein Schriftsteller der Weltliteratur hat je höhere Ambitionen verfolgt. Dostojewskij war sich auch durchaus über die Schwierigkeit seines Vorhabens im klaren. »Ich hatte den Plan, dieser ketzerischen Komponente meines Werks im sechsten Buch unter dem Titel ›Ein russischer Mönch‹ etwas entgegenzusetzen«, schreibt er in einem Brief. »Jetzt befürchte ich, mein Gegenentwurf wird *unzureichend* sein, und dies um so mehr, als er die im ›Großinquisitor‹ und davor erhobenen Einwände nicht direkt Punkt für Punkt widerlegt, sondern nur indirekt beantwortet. Er zeigt sich in einer solchen Behauptungen diametral entgegengesetzten Weltanschauung, aber eben nicht Punkt für Punkt, sondern als künstlerisches Bild.«

Einen »ausreichenden« Gegenentwurf zum Problem des Bösen von Dostojewskij zu erwarten, hieße, wie Erik Krag bemerkt, soviel wie ihm die Lösung des Welträtsels abzuverlangen. Doch akzeptieren wir seine Erwiderung als »künstlerisches Bild«, werden wir sie kaum als mißraten abtun können.

Mit einem Paradox hat Nikolaj Berdjajew zusammengefaßt, wie der Schriftsteller dieses Problem angeht: »Die Existenz des Bösen ist ein Beweis für Gottes Existenz. Bestünde die Welt einzig und allein aus Güte und Gerechtigkeit, hätte Gott sich überflüssig gemacht, denn die Welt wäre dann nichts anderes als Gott. Es gibt Gott, weil es das Böse gibt, das heißt: weil es die Freiheit gibt.«

Mit seiner Erwiderung transportiert Dostojewskij das Problem auf eine irrationale Ebene. Er war der Ansicht, seine umfassende Kenntnis der menschlichen Natur gebe ihm das Recht dazu. Bereits in seinen *Aufzeichnungen aus einem Kellerloch* hatte er gezeigt, daß der Mensch in Wirklichkeit ein irrationales Wesen ist, und in *Schuld und Sühne* schlägt Raskolnikows Versuch, Ethik rational zu begründen, vollkommen fehl. Iwans Bemühen, eine rationale Lösung für das Problem des Leidens zu finden, entspringt seinem »euklidschen« Verstand, der sich allem außerhalb unserer Vernunft und Erfahrung Befindlichen verschließt. Mit diesem oberflächlichen Verstand steht ihm die tiefere Einsicht fern, zu der Dostojewskij sich durchgerungen hatte: Der Mensch kann den Sinn des Lebens nur verstehen, wenn er *das Leben liebt*.

Die Liebe als Voraussetzung für ein wirkliches Verständnis des Lebenssinns ist ein Hauptthema der *Brüder Karamasow*. Vor allem begegnet sie uns in Dmitrijs und Sosimas Hymnen an Gott und seine Schöpfung. Als leidende Menschen sind sie beide darauf angewiesen, eine andere Antwort auf die Frage nach dem Sinn des Lebens zu finden als eine durch theoretische Überlegungen gewonnene. Sie haben den Weg entdeckt, sich dem Leben zu öffnen. Über den Weg dieser Liebe sagt Sosima in seiner Rede:

»Ihr sollt die gesamte Schöpfung Gottes lieben, seine ganze Welt wie auch jedes einzelne Sandkörnchen. Liebt jedes Blatt, jeden Sonnenstrahl. Ihr sollt die Tiere lieben. Liebt jede einzelne Pflanze. Wenn du jedes Ding liebst, wirst du auch Gottes Geheimnis in jedem Ding erfassen. Denn dann wächst mit jedem Tag deine Befähigung, die Wahrheit zu erkennen, und deine Sinne öffnen sich einer allumfassenden Liebe.

Brüder, die Liebe ist unsere beste Lehrmeisterin. Aber sie kommt nicht von selbst zu uns. Sie wird teuer erkauft. Oft ist langjährige harte Arbeit erforderlich, bis ein Mensch soweit ist, daß er zur Liebe fähig wird – nicht nur für einen Augenblick, sondern für immer.«

Erik Krag hat zu diesem »Weg der Einweihung« folgendes zu sagen:

»Dies ist der Weg des Mystikers, und des Künstlers. Jeder wahrhafte Künstler muß etwas von einem Mystiker an sich haben. Und so gesehen, haben alle Menschen die Möglichkeit, *Künstler* zu *werden*. Denn dieser Weg steht allen offen. Entscheidend ist nicht, ob etwas ›produziert‹ wird, sondern das Verhältnis zu den Dingen und die daraus resultierende Realitätswahrnehmung. Das einzig ›Mystische‹ an dieser Einweihung ist die *Erfahrung*, daß, wer sich den Dingen mit offener Zuneigung (›Liebe‹) nähert, auch *Antwort* bekommt. Die Welt ist keine unbeseelte Maschinerie. Die Dinge werden zu ihm, in ihm sprechen.«

Aber ist die Macht der Liebe in allen Situationen anwendbar und wirkungsvoll? Sosima bejaht dies:

»Oft ist man im Zweifel darüber, was das richtige ist, besonders wenn man sieht, wie die Menschen sündigen. Und man fragt sich: ›Soll der Sünder streng gezüchtigt oder mit demütiger Liebe überzeugt werden?‹ Versuche es immer mit der demütigen Liebe. Wenn du dich ein für allemal dazu entschließt, so kannst du die ganze Welt bezwingen. Demütige Liebe ist stärker als alles andere, es gibt nichts, was ihr gleichkäme ... Statt andere zu richten, sollst du für ihre Missetaten leiden – als hättest du sie selbst begangen. Freiwillig sollst du das Leid auf dich nehmen. Dann wirst du Seelenfrieden haben, und du wirst erkennen, daß du selbst schuldig bist. Du hättest ein leuchtendes Beispiel für diese Menschen sein sollen. Aber das warst du wohl nicht? Wenn du geleuchtet hättest, so hättest du mit deinem Licht ihren Weg erhellt, und dann hätten sie gewiß keine Missetaten begangen.«

Sosima führt keine Beispiele bestimmter Verbrechen an, aber wenn wir bedenken, welchen moralischen Rang er im Roman einnimmt, müssen wir annehmen, daß seine Lehren auch für die Fälle von Kindesmißhandlung gelten, von denen Iwan berichtet. Damit würde Dostojewskij seine Vorstellung von der Macht der Liebe bis zur Absurdität auf die Spitze treiben. Aber wie Sven Linnér in seiner großen Arbeit über Sosima nachweist, ist diese Auslegung der Worte des Mönchs immer noch der Alternative vorzuziehen, daß der Autor Iwans Vorwürfe unbeantwortet stehenlasse.

Eine konzise Zusammenfassung und Deutung der Botschaft Sosimas leistet Sigurd Fasting:

»Sosimas Lehre setzt sich im Kern aus den beiden Geboten zusammen, die ihm schon sein Bruder vermacht hat, als er sich auf dem Totenbett zum Glauben bekannte. Das erste Gebot lautet: *Das Leben ist ein Paradies, und wir befinden uns alle in ihm, wir wollen es nur nicht zugeben. Würden wir es zugeben, wäre das Paradies morgen schon Wirklichkeit.* Diese irrationale Liebe zum Leben und zur Erde, der Schöpfung Gottes, vereint die Menschen in einem allumfassenden Zusammengehörigkeitsgefühl und schafft die christliche Gemeinschaft, die auf dem zweiten Gebot von Sosimas Bruder basiert: *Du mußt wissen, daß jeder Mensch vor allen und an allem schuldig ist.* Dieser Satz löst für Sosima das relativ einfache *soziale* Problem sowie das schwierigste aller Probleme – das des *Leidens*. Durch das Gefühl der Verantwortung für fremde Taten erhält das Leid für Sosima eine ganz andere Funktion als für Iwan. Sosima erwidert Iwans Vorwürfe indirekt mit einem ekstatisch vorgetragenen Zitat aus seinem Lieblingsbuch der Bibel, dem Buch Hiob. Hiobs lakonische Rechtfertigung von Leiden leuchtet ihm ein, da er an eine göttliche Vorsehung und an die den Menschen läuternde und verklärende Wirkung von Leiden glaubt. Leid hebt den Menschen zu Gott empor und ist damit keine Ungerechtigkeit mehr, sondern eine Erfüllung – es zerstört nicht die Harmonie des Lebens, sondern ist ein notwendiges Lebenselement. Der Mensch legt wie Christus den Leidensweg zurück und verwirklicht sich dadurch selbst als Gott-Mensch. Dostojewskij sieht das Leid nur als *Veredelung* und nicht als *Vernichtung* des Wertvollen im Menschen – auch mit dieser Ansicht stellt er sich gegen das sein Jahrhundert dominierende Fortschrittsideal in all seinen Varianten.«

Dem modernen Leser wird diese Einstellung zum Leid wohl am befremdlichsten sein, will er Sosimas Philosophie akzeptieren. In der westlichen Theologie wurde das Leid ja als traurige Folge der Sünde aufgefaßt. Diese Haltung spitzt sich im Motto der charismatischen Bewegung zu: »Glaube mehr, und leide weniger!«

Auch für William Somerset Maugham ist Leid lediglich ein Übel. Er polemisiert gegen Dostojewskij: »Was körperliche Leiden betrifft, so ist meine Erfahrung die, daß langwierige und schmerzhafte Krankheiten Menschen zänkisch, egoistisch, kleinlich und neidisch machen. Weit davon entfernt, sie zu bessern, machen sie sie im Gegenteil nur noch schlimmer.«

Dostojewskij versteht unter Leid allerdings nicht nur »langwierige und schmerzhafte Krankheiten«. Leidensbereitschaft ist für ihn eine moralische Qualität, die den Menschen zur Selbsterkenntnis führt und ihm die Möglichkeit der Läuterung und Wandlung gibt. Leid ist außerdem der Preis, den wir bezahlen müssen, wollen wir nicht in der Schafherde des Großinquisitors landen. Menschen, die frei sein und im Einklang mit ihrer Würde als freie Individuen leben wollen, müssen auch das Leid akzeptieren. »Der Weg der Freiheit ist der Leidensweg«, schreibt Berdjajew. »Es ist immer verlockend, den Menschen von seinem Leid zu befreien, nachdem man ihn seiner Freiheit beraubt hat. Dostojewskij verteidigt die Freiheit. Daher fordert er den Menschen dazu auf, das Leid als unvermeidliche Folge der Freiheit anzunehmen.«

Genauso notwendig ist das Leid für ihn als Mittel, Hochmut und Stolz, die den Menschen zur Auflehnung gegen Gott anstacheln, in Schranken zu halten. Dostojewskijs eigene Leiden während seiner Zuchthausstrafe hatten ihm zu neuer Erkenntnis und Einsicht verholfen. Durch sie war er so weit gekommen, den Sinn des Lebens zu verstehen. »Im Leid steckt eine Idee«, heißt es in *Schuld und Sühne*. Und in seinen Aufzeichnungen zu diesem Roman erläutert der Schriftsteller, welche Idee das ist: »Das Glück besteht nicht in Bequemlichkeit, sondern muß durch Leiden erkauft werden. So ist das Gesetz unseres Planeten, doch diese unmittelbar erlebte Erkenntnis ist eine so große Freude, daß man mit jahrelangem Leid dafür bezahlen kann. Der Mensch wird nicht zum Glück geboren. Er verdient sich das Glück, und zwar immer durch Leid.«

Obwohl Leid auch für Dostojewskij eine Folge der Sünde ist, ist es für ihn eine *positive Folge*. Das Leid wird zu einer notwendigen psychologischen Bedingung der Sündenvergebung. Indem der Mensch sich freiwillig unterwirft, sühnt er seine Sünden und gelangt dadurch zum Glück.

Vielen Lesern fällt es schwer, Dostojewskij in diesem Punkt zu folgen. Sünde sorgt für Leiden, Leiden führen zum Glück, also ist die Sünde sowohl nötig als auch fruchtbar. »Liebe den Menschen auch in seiner Sünde«, lehrt Sosima. In den Aufzeichnungen zu diesem Roman wird die Botschaft auf die Spitze getrieben: »Liebe die Sünde!«

Die Vorstellung, Sünde bringe dem Menschen Leid und dies wiederum Erlösung, illustriert Sosima mit einer Erzählung, wie er in seiner Jugend seinen Diener ins Gesicht schlug – »aus aller Kraft, daß Blut floß«. Diese Brutalität, die Sosima maßlose Scham und Qual einbringt, bewegt ihn bald darauf zur Umkehr. Und zwar nicht, weil es ihm gelingt, von dem Geschlagenen Verzeihung zu erlangen, sondern weil er durch das heraufbeschworene Leid zum *Recht, sich selbst zu vergeben*, gelangt.

Vergebung wird so zu einem Vorgang, den der Sünder mit seinem eigenen Gewissen abmacht, und sie läßt sich nur erlangen, wenn er sich freiwillig dem Leid aussetzt und sich diesem vermöge seines freien Willens unterwirft. Raskolnikow befolgt Sonjas Aufforderung, Leid auf sich zu nehmen, um sein Verbrechen zu sühnen. Tichon lehrt den großen Sünder Stawrogin, er könne »sich in dieser Welt durch Leiden selbst verzeihen und Vergebung erlangen«. Und Dmitrij nimmt das Leid auf sich, das ihn von dem qualvollen Bewußtsein erlösen soll, indem er den Tod seines Vaters herbeiwünschte, habe er gesündigt.

Die Darstellung menschlicher Affinität zum Bösen ist charakteristisch für Dostojewskij. Doch sein Sündenbegriff weicht ab von dem, den wir bei Paulus finden: »sintemalen du eben dasselbe tust, was du richtest«. Für Dostojewskij ist Sünde mehr als eine Abweichung von der guten Absicht.

Das Problem der Sünde liegt nach seiner Auffassung im *Willen* der Menschen, Böses zu tun. Wir haben es mit so etwas wie einer »Sehnsucht nach dem Gemeinen« zu tun. In den *Brüdern Karamasow* kommt dies abschreckend in Lisas Vorstellung zum Ausdruck, zuzusehen, wie ein Kind zu Tode gequält wird, während sie Ananaskompott ißt.

Aber dieses Bewußtsein von den niederen Instinkten der menschlichen Natur wird in Dostojewskijs Romanen auch zu einem Schlüssel für die Rettung des Menschen. Durch die Antithese von Gut und Böse kann der Mensch zur göttlichen Synthese gelangen. Hier liegt der Ausgangspunkt für Dostojewskijs »gefährliche« Vorstellung vom Menschen, der durch Sünde Erlösung findet und Leid auf sich nimmt, um sich von der Sünde freizukaufen. D. H. Lawrence hat diese Doktrin beschrieben als »sich zu Jesus hinsündigen«, doch das ist eine grobe Vereinfachung. Auch wenn der Mensch an seiner tragischen Erfahrung des Bösen wachsen kann, heißt dies nicht, Dostojewskij räume ihm das Recht ein, mit seinen Untaten zufrieden zu sein. Das aus dem Bösen erwachsene Gute erlangt man nämlich nur durch Leiden und Überwindung des Bösen. Die Freiheit hat dem Bösen den Weg zum Menschen geebnet, es ist ein Beweis für die Freiheit, und der Mensch muß nun dafür seinen Tribut in Form von Leiden entrichten. Überdies ist nicht zu vergessen, daß die Sünde, die für Dostojewskij zur Rettung führt, weniger die in der protestantischen Theologie so zentrale persönliche Sünde ist. Wie E. H. Carr anführt, läßt sich Dostojewskijs Sündenbegriff am ehesten als »Kommunismus der Sünde« bezeichnen, der sich im *allgemeinen Schuldgefühl* des Menschen äußert.

Die Vorstellung von der Beteiligung des einzelnen an einer Kollektivschuld ist bei großen russischen Dichtern weit verbreitet. Diese spezifisch russische Bereitschaft zum Mitgefühl, wie es in Tolstojs Roman *Auferstehung* die beim Anblick der Sträflinge weinenden Frauen zeigen, beruht darauf, daß man, statt seinen Nächsten zu verurteilen, *die eigene Mitschuld erkennt*. Wie Mitleid an die Stelle einer Verurteilung tritt, zeigen auch Sonjas Worte, nachdem Raskolnikow seinen Doppelmord gestanden hat: »Dann bist du der unglücklichste Mensch auf der Welt.«

Dostojewskijs Überzeugung von der menschlichen Neigung zu Sünde und Verbrechen ist von großer Bedeutung für unser Verständnis des Mordes an Fjodor Karamasow. Der Mord kann nicht nur als Folge von Dmitrijs Wunsch und Smerdjakows Plan aufgepaßt werden, sondern auch als Folge der latent bei vielen Romanfiguren vorhandenen Bosheit. Mit Hilfe dieser Perspektive gelingt es dem Schriftsteller, eine Hauptthese seines Buchs zu illustrieren, nämlich daß »alle vor allen und an allem schuldig sind«.

Aus dem Fehlen eindeutiger Grenzen zwischen Gut und Böse, Moralisch und Unmoralisch resultieren die großen Schwierigkeiten des Gerichts, einen gerechten Prozeß gegen Dmitrij zu führen. In der Forschung wurde hier ein Gegensatz zwischen Dostojewskij und Platon festgestellt. In Platons Ethik ist das Gute das Gegenteil von Böse; sein Konzept des Guten schließt das Böse also aus. Dostojewskij vertritt eine andere Ansicht. Sosima wandelt auf Gottes Pfaden, doch ein Verbrecher hat ihn auf diesen Weg geführt. Von Zweifeln geplagt, sucht Aljoscha die »Sünderin« Gruschenka auf, und bei ihr erlangt er sein inneres Gleichgewicht: »Du hast meine Seele aus der Tiefe emporgeholt.« Gut und Böse bedingen bei Dostojewskij einander. Sowohl das Gute als auch das Böse muß es geben, damit der Mensch vermöge seines freien Willens eine Entscheidung treffen kann.

In den *Brüdern Karamasow* führt Dostojewskij vor, wie das Böse eine Bedingung für das Heranwachsen des Guten ist. Der Autor zeigt uns das Leben nicht nur als Verfall, sondern auch als *Neubeginn*. Verfall ist eine nötige Voraussetzung für die Freisetzung von Lebensenergien. Bei Kant findet sich der Gedanke, jedes Ding habe seinen Preis, nur der Mensch seine Würde. Diese Worte hätten von Dostojewskij stammen können. Doch Kants Folgerung aus dieser These, für den Menschen sei es besser, unterzugehen, als sein moralisches Gewissen zu beflecken, entspringt einem abstrakten Idealismus, der dem russischen Schriftsteller fremd ist. Von großer Bedeutung ist hier das Epigraph des Romans: »Wahrlich, wahrlich, ich sage euch: Es sei denn, daß das Weizenkorn in die Erde falle und ersterbe, so bleibt's allein; wo es aber erstirbt, so bringt es viele Früchte.« (Joh. XII, 24.)

Diese Worte, die später die Inschrift auf Dostojewskijs Grab wurden, beinhalten sicherlich die Grundidee des Romans. Im zentralen Ereignis, dem Mord an Fjodor Karamasow, manifestiert sich der Verfall des Lebens am deutlichsten. Doch zugleich ist dieser Mord eine Bedingung für die Entstehung neuen Lebens. Das Epigraph gilt in erster Linie für Dmitrij, dessen Fall und Leiden notwendige Bedingungen seiner Neugeburt darstellen. Doch auch eine Reihe anderer Romanfiguren betrifft die Botschaft des Epigraphs: Sosima, Iwan, Aljoscha und nicht zuletzt den kleinen Iljuschka.

Iljuschkas Tod führt die Knaben in brüderlicher Gemeinschaft zusammen und läßt sie ihre feierlichen Gelübde ablegen, sich zu *erinnern.* Das letzte Kapitel des Buchs, »Iljuschkas Begräbnis. Die Rede am Stein«, weckt viele christliche Assoziationen. An Iljuschkas Sarg findet Aljoscha »ein Dutzend« Knaben – man denkt an die zwölf Apostel –, für die er von nun an als geistiger Vater wirkt. Wir erfahren von der den Vögeln hingestreuten Brotrinde, von der Auferstehung: Alle werden von den Toten auferstehen und einander wiedersehen. Auch die Farbsymbolik paßt ins Bild: die blaue Kirche, die blauen Tauben, der weiße Sarg, die weiße Rose, der Schnee. Aljoschas Ansprache an die Knaben schließlich klingt wie ein Resümee von Sosimas Botschaft der Liebe zum Leben: »Ach, Kindlein, ach, ihr lieben Freunde, fürchtet euch nicht vor dem Leben! Wie schön ist das Leben, wenn man etwas Gutes und Richtiges tut!«

12

Triumph und Tod

Ich habe vor,
noch zwanzig Jahre zu leben...
Es hat doch alles erst angefangen.

I

Nach langen Jahren der finanziellen Sorgen ging es mit Dostojewskij und seiner Familie allmählich aufwärts. Die erste Auflage der *Brüder Karamasow* war rasch verkauft, und dazu kümmerte sich die geschäftstüchtige Anna darum, daß laufend neue Ausgaben der übrigen Werke ihres Mannes auf den Markt kamen. So erschien 1880 die fünfte Auflage des Publikumslieblings *Erniedrigte und Beleidigte*.

Zusammen schufteten sie »wie die Ochsen«, und die lästigen Schulden wurden nach und nach abbezahlt. Aber Anna mußte sich immer noch gehörig abrackern, damit die Kasse stimmte. Ein erweiterter Bekanntenkreis brachte höhere »Repräsentationskosten« mit sich. Sonntags luden die Dostojewskijs oft zum Essen ein. Außerdem wurden die Schneiderrechnungen immer länger – als Gast bei Grafen und Fürsten mußte der Schriftsteller tadellos gekleidet sein. Igor Strawinskij vermittelte seinen Eltern den Eindruck, Dostojewskij sei permanent in Geldnöten.

Unter ihren Ausgaben verursachte seine Freigebigkeit die größten Kosten. Jeden Monat schickte er seinem jungen Bewunderer Orest Miller unter dem Siegel strengster Verschwiegenheit hundert Rubel. Wenn er nachmittags seinen regelmäßigen Spaziergang machte, mußte er mindestens zehn Rubel in der Tasche haben. Und während er in Gedanken versunken durch die Straßen wanderte, gab er das meiste Geld an eine Schar Bettler fort, die seine Route kannte und ihn abpaßte. Einmal band sich Anna ein altes Tuch um den Kopf und stellte sich mit der Tochter an den Straßenrand. »Als mein Vater sich näherte«, erzählt Ljuba, »sagte meine Mutter in klagendem Ton: ›Lieber Herr, haben Sie Mitleid mit mir! Ich habe einen kranken Mann und zwei kleine Kinder zu versorgen.‹ Dostojewskij blieb stehen, sah meine Mutter an und reichte ihr ein Almosen. Als seine Frau zu lachen anfing, wurde er wütend. ›Wie hast du mir einen solchen Streich spielen können?‹ sagte er bitter. ›Und noch dazu in Gegenwart deines Kindes.‹«

Ansonsten war meist sie es, die sich über ihn beklagen mußte. Während er in Jelena Stakenschneiders Salon philosophische Fragen erörterte, saß sie in einer Ecke und erzählte der Gastgeberin ihr Leid. Jeder beliebige Fremde konnte immer damit rechnen, ein paar Rubel von ihrem Mann zu bekommen. Die Bettler kamen nicht selten mehrmals im Jahr. Besonders oft wurde die Familie von einem alten Kindermädchen aufgesucht. »Du mußt ihr drei Rubel geben«, befahl Dostojewskij, »jedes Kind zwei, und ich gebe fünf.« Manchmal trocknete sich Anna die Tränen, wenn sie so auf den Leichtsinn ihres Mannes in Gelddingen zu sprechen kam. »So geht es uns also. Und wenn ein Unglück geschieht, was wird dann aus uns? Wovon sollen wir leben? Wir sind doch arm! Nicht einmal eine Pension bekommen wir!«

Da ihre Ausgaben sich doch nicht reduzieren ließen, suchte Anna nach neuen Möglichkeiten, die Einkünfte aufzubessern. Anfang 1880 machte sie sich an ein neues Projekt: »Buchhandlung F. M. Dostojewskij«. Dieses Postversandgeschäft sollte den Verkauf der hauptstädtischen Bücher an Leser und Institutionen in der Provinz fördern, vor allem an die Abonnenten des *Tagebuchs eines Schriftstellers*. Dostojewskij besorgte sich einen Gewerbeschein, und in kurzer Zeit gelang es Anna, einen kleinen Kundenkreis aufzubauen, der jeden Monat Bestellungen für neue Bücher einsandte. Die Einnahmen aus diesem Kommissionsbuchhandel lagen zwischen fünfzig und neunzig Rubel im Monat.

Der junge Bursche, der damals im Buchlager arbeitete, weiß trotzdem von ständigen Geldstreitigkeiten zwischen den Eheleuten zu berichten. Dostojewskij hielt viel von gutem Essen und beklagte sich, daß Anna ihm nicht einmal ein ordentliches Wildgericht gönne. Als er einmal selbst eine Menge Leckerbissen eingekauft hatte, gab es gleich einen furchtbaren Krach. »Papa« tobte und stampfte mit den Füßen: »Du kriegst wohl nie genug, immer tust du, als wären wir bettelarm!« Überhaupt sei er gar nicht immer nett zu seiner Frau gewesen, erzählt der Lagerbursche. Er beharrte auf seinem Standpunkt, »und sie gab in allen Dingen nach«.

Während Anna die Buchbestellungen sortierte, kümmerte Dostojewskij sich um Politik und Vereinsarbeit. Am 3. Februar 1880 wurde er zum Vizepräsidenten der Slawischen Wohltätigkeitsgesellschaft gewählt. Zwei Tage später explodierte eine Bombe im Winterpalais, die den Zar beinahe das Leben gekostet hätte. Die terroristischen Aktivitäten der Nihilisten nahmen immer dreistere Formen an; der »Befreiungszar« schwebte in höchster Gefahr. Auf Dostojewskijs Initiative hin übersandte die Slawische Wohltätigkeitsgesellschaft dem Zar unter Bezugnahme auf sein bevorstehendes Regentschaftsjubiläum eine Loyalitätserklärung. Der antwortete unverzüglich, nie habe er die Gesellschaft in Verdacht gehabt, die Nihilisten zu unterstützen.

Als Reaktion auf das letzte Attentat wurde Graf Michail Loris-Melkow, einer der Helden aus dem Türkenkrieg, zum Chef einer Außerordentlichen Kommission ernannt, die die Unruhen mit verschiedenen Zugeständnissen beschwichtigen sollte. Dostojewskij begrüßte diese »Diktatur des Herzens«, machte sich aber zugleich Sorgen, wie es dem liberalen »Vize-Zar« ergehen werde. Und das nicht ohne Grund: Nur fünf Tage nach seiner Ernennung wurde Fürst Loris-Melkow nur knapp von einem Schuß verfehlt, den ein junger Revolutionär namens Ippolit Mlodezkij abgefeuert hatte.

Am selben Tag bekam Dostojewskij Besuch von Alexej Suworin. In seinem Tagebuch hat er von der damaligen Gemütsverfassung des Schriftstellers berichtet:

»Er saß an einem kleinen runden Tisch im Wohnzimmer und drehte Zigaretten. Sein Gesicht war rot und verschwitzt, als sei er eben von der obersten Bank einer Badestube herabgestiegen. Ich konnte mein Erstaunen wohl kaum verbergen, denn als er mich erblickte und grüßte, sagte er auf einmal:

›Ich hatte vorhin einen Anfall. Fein, daß Sie vorbeischauen konnten.‹

Er drehte die Zigarette fertig.

Weder er noch ich hatten bis dahin von dem Attentat gehört. Aber wir kamen bald auf politische Verbrechen und auf die Bombe im Winterpalais zu sprechen. Dostojewskij verurteilte diese Tat, zugleich beschäftigten ihn jedoch die Reaktionen auf solche Verbrechen. Es war als seien die meisten Leute im Grunde dafür oder wußten zumindest nicht, wie sie reagieren sollten.

›Stellen wir uns einmal vor, wir stünden vor der Galerie Daziaro und betrachteten die Gemälde. Neben uns ein Mann, der sich nur zum Schein die Bilder ansieht. Wahrscheinlich wartet er auf jemanden, denn er sieht sich immerzu um. Plötzlich kommt ein Mann auf ihn zu und sagt: »Binnen kurzem geht das Winterpalais in die Luft. Ich habe eben die Höllenmaschine deponiert.‹ Das hören wir mit an. Man stelle sich vor, diese Leute sind so aufgeregt, daß sie nicht einmal flüstern können. Was würden wir tun? Zum Winterpalais laufen und vor der Explosion warnen, oder zur Polizei gehen und diese Männer anzeigen? Hätten Sie das gemacht?‹

›Nein, ich nicht.‹

›Ich auch nicht . . .‹«

Warum hätte er nicht vor dem Verbrechen gewarnt? Machte sich hier die Scheu des ehemaligen Aufrührers vor allem, was nach Denunziation aussah, bemerkbar? Oder war seine Treue zur bestehenden Gesellschaft doch nicht so fest verwurzelt? Vielleicht fühlte er sich immer noch, trotz aller Zweifel, zur Rache der Revolutionäre für die Leiden der Erniedrigten und Beleidigten hingezogen? Oder war der einzige Grund schlicht Selbsterhaltungstrieb? »Die Liberalen hätten mir so etwas nie verziehen«, schloß er. »Sie hätten sich auf mich gestürzt, mich in die gräßlichste Verzweiflung getrieben . . . Ich hätte gute Lust, darüber etwas zu schreiben. Ich hätte vieles zu sagen, was für Gesellschaft und Regierung gut und von Nutzen wäre, doch das ist leider unmöglich. Hierzulande ist es verboten, über die wichtigsten Dinge zu reden.«

Vielleicht kam er zu der Zeit auf die Idee, eine Fortsetzung der *Brüder Karamasow* zu schreiben, in der Aljoscha als Revolutionär auftreten und für ein politisches Verbrechen hingerichtet werden sollte. Suworins Bericht von diesem Plan ist jedoch alles andere als gesichert. Neuere Untersuchungen seines Tagebuchs lassen das Wort »hingerichtet« fragwürdig erscheinen, und solch ein Schluß wäre für Dostojewskij außerdem untypisch gewesen.

Gesichert ist jedenfalls, daß er zwei Tage nach dem Gespräch mit Suworin zu Mlodezkijs Hinrichtung ging. »Das gefiel mir gar nicht«, heißt es im Tagebuch des Großfürsten Konstantin Romanow, »mich hätte es angeekelt, einem so inhumanen Vorgang beizuwohnen; doch er erklärte, er sei an allem, was den Menschen betraf, interessiert.« Als Dostojewskij am gleichen Abend Polonskij besuchte, sagte er: »Ich war bei der Hinrichtung. An die fünfzigtausend Schaulustige waren erschienen . . .« Sollte er gehofft haben, daß auch dieses Mal ein Wunder geschah, wurde er enttäuscht. »Mlodezkij wurde um 11 Uhr auf dem Semjonow-Platz gehängt – alles ist ruhig und still«, notierte der Zar in sein Tagebuch.

Die Gesellschaftssaison nahm ihren üblichen Verlauf. Dostojewskij war jede Woche unterwegs, ob zu einem Empfang oder zu einer Lesung. Sein Ruf als Puschkin-Interpret wuchs beständig, und im Frühjahr wurde er eingeladen, eine der vielen Festreden zur Enthüllung von Alexander Opekuschins Puschkin-Denkmal in Moskau zu halten.

Der Plan zur Errichtung einer Statue zum Gedenken an den ruhmreichen Nationaldichter war inzwischen schon recht alt. In einer materialistischen Zeit, in der sogar die Literaturkritiker die Ansicht vertraten, ein Paar Stiefel sei mehr wert als der berühmteste Dichter, brauchte das Sammeln der nötigen Mittel seine Zeit. Erst fast eine halbe Generation nach dem Tod des Dichters konnten die »Freunde der russischen Literatur« Einladungen zur Denkmalsenthüllung verschicken.

Überall war man sich bewußt, daß dies weit mehr als ein literarisches Ereignis sein würde – nämlich ein Kampf zwischen Euro- und Slawophilen. Wer war dieser Puschkin eigentlich? Ein Meister der Form, der im finsteren zaristischen Rußland mutig die westliche Freiheitsfackel entzündet hatte? Oder ein tief nationaler Dichter, prophetisch die weltgeschichtliche Mission seines Volkes verkündend? Beide Lager des russischen Geisteslebens rüsteten sich zu der entscheidenden Schlacht; die Festredner bereiteten sich vor. Dostojewskij ließ die Petersburger Salons im Stich, um seine schlichte Dichterstube in Staraja Russa aufzusuchen, Turgenjew kehrte aus Paris zurück und nahm auf seinem stattlichen Gut im Gouvernement Tula Zuflucht. Tolstoj war einer der wenigen, die ihre Teilnahme verweigerten: Solch ein Fest war in seinen Augen eine große Sünde, um so mehr, als dieser aristokratische Dichter dem Volk vollkommen gleichgültig war.

Die Denkmalsenthüllung war ursprünglich für den Geburtstag Puschkins am 26. Mai vorgesehen. Als Abgesandten der Petersburger Slawischen Wohltätigkeitsgesellschaft erschien es Dostojewskij ratsam, sich ein paar Tage vorher einzufinden. Er mußte sich Eintrittskarten besorgen und Kränze für die Veranstaltungen bestellen; außerdem konnte es nicht schaden, sich vor der großen Schlacht ein wenig auszuruhen.

Auch dieses Mal durfte Anna nicht mitreisen. Ihr Mann hatte kein Vertrauen zum Kindermädchen in Staraja Russa. Wenn Anna ihn begleitete, dann nur mit den Kindern, und das würde zu teuer, besonders, da sie obendrein ein neues

Kleid brauchte. Dieser Beschluß traf Anna hart. Wie sollte er ohne sie zurechtkommen? Und wenn er einen epileptischen Anfall bekam und man ihn ins städtische Irrenhaus einlieferte? Sie rächte sich mit unfreundlichen, stichelnden Briefen an ihrem Gatten. Er dagegen schrieb lange »Bulletins« über alles, was er vor und hinter den Kulissen erlebte.

Bei seiner Ankunft in Moskau am 23. Mai erwartete ihn ein Begrüßungskomitee von etwa zwanzig Schriftstellern am Bahnhof. Von dort ging es zu einem der besten Hotels der Stadt, dem Loskutnaja am Twerskoj Boulevard.

Da die Kaiserin gestorben war, wurde die Denkmalsenthüllung vorläufig hinausgeschoben. Dostojewskij fürchtete sich vor den Ausgaben und wollte am liebsten gleich wieder zurückfahren. Doch da protestierten die Slawophilen. Sein Aufenthalt werde von der Stadt bezahlt, versicherten sie, und außerdem würde »ganz Moskau« enttäuscht und beleidigt sein, wenn er sich vor ausgetragener Schlacht aus dem Staub machte. Alle, die Eintrittskarten kauften, wollten schließlich wissen, ob Dostojewskij auftrat!

Wenige Tage nach seiner Ankunft wurde ein nobles Essen für ihn gegeben, mit Reden und Grußadressen. »Gesprochen wurde von meiner ›großen‹ Bedeutung als Künstler mit ›weltumfassender Resonanzfähigkeit‹, als Publizist und Russe«, schreibt er stolz nach Hause. Alle kamen, um mit ihm anzustoßen, und er selbst antwortete mit einer kleinen Dankesrede, die Begeisterungsstürme hervorrief. »Küsse die Kinderchen, erzähle ihnen von Papa«, schließt er seinen Bericht an Anna.

Ein vielversprechender Anfang! Es war wohl doch besser, wenn er dablieb. Wenn ihm nur die Rede gut gelang, würde er ebenso berühmt werden wie Tolstoj und Turgenjew, erklärt er in einem anderen Brief.

Aber anstrengend war es! Tag für Tag tauchten Bewunderer im Hotel auf, dann mußte er bis spät in die Nacht zu Visiten und Einladungen. Er kam nicht einmal dazu, seine üblichen intimen Liebesschwüre anzubringen. »Ich bemerke sehr wohl in Deinen Briefen eine offenkundige Abkühlung«, kommentierte Anna spitz. »Ich bitte Dich, nicht sehr zu prassen und Dich vor allem nicht am Anblick hübscher junger Damen zu weiden, was ich ganz und gar nicht mag... gib zu, daß Du ohne mich nicht leben kannst, ja?«

Am schlimmsten waren aber doch die diversen Intrigen. Schon vor einem Monat hatte dieser verwünschte Turgenjew-Jünger Annenkow versucht, ihn mit verlogenen Erinnerungen aus den vierziger Jahren zu verleumden; und jetzt hatte sich Turgenjew mit dem Programmkomitee getroffen und alle seine Lesungstermine verlegt! Einige wollten ihn anscheinend gar nicht dabeihaben! Wie er diese hochmütigen Blicke seiner Widersacher haßte: »Du bist ein Reaktionär, aber wir, wir sind liberal.« Nur gut zu wissen, daß er das Publikum hinter sich hatte. »Die Moskauer Gaststätte ist immer sehr besucht, und es kommt selten vor, daß einer sich nicht nach mir umsieht und mich anschaut: Alle wissen, wer ich bin.«

Am Freitag, dem 6. Juni, war endlich der Zeitpunkt für die Denkmalsenthüllung gekommen. Über hundert Deputationen waren zu den Festlichkeiten versammelt. Das Aufgebot an Publizisten und Spitzeln war groß. Nach seinem Tod 1837 war Puschkin bei Nacht und Nebel aus der Hauptstadt geschmuggelt worden, um Demonstrationen zu verhindern. Was konnte jetzt nicht alles geschehen, in einer Zeit, da die Terroristen das Land schon fast in einen Ausnahmezustand manövriert hatten? Vielleicht würde dieser Freiheitsdichter Puschkin noch einmal für Krawalle sorgen!

Nach einem stimmungsvollen Gedächtnisgottesdienst im Passionskloster gingen die fast dreihundert Deputierten zum Twerskaja-Platz. Eine Blaskapelle stimmte einen Marsch aus Giacomo Meyerbeers *Le Prophète* an. Dann wurde das Denkmal enthüllt und der Stadt Moskau übergeben. »Dostojewskij war von einer großen Studentenschar umringt«, schreibt Nikolaj Schamin in seinen unveröffentlichten Erinnerungen. »Ich kann mich gut erinnern, wie er aussah: mittelgroß, vierschrötig, ein wenig krumm und mit blassem Gesicht – ein von schwerem Leid gezeichneter Mann. Er war barhäuptig, ohne Hut, Haare und Bart waren blond, schütter und eine Spur ergraut. Er ging vorsichtig und stützte dabei einen fünfundachtzigjährigen alten Mann, der Diener bei der Familie Puschkin gewesen war. Später hörte ich, wie Dostojewskij den Alten fragte, ob er fände, das Denkmal sähe dem lebenden Puschkin ähnlich.

›Ja schon‹, antwortete der Mann, ›es sieht ihm sogar sehr ähnlich, nur daß Alexander Sergejewitsch bei weitem nicht so groß war.‹«

Nach der Enthüllung gingen die Feierlichkeiten in der Universität der Stadt weiter, wo Turgenjew für seine »talentierte Beherrschung der Sprache Puschkins« zum Ehrendoktor ernannt wurde. Diese Auszeichnung trug nicht gerade dazu bei, Dostojewskijs Verhältnis zu seinem Rivalen zu bessern. Während des Festessens, das die Stadt später am Tag zu Ehren der Delegierten gab, kam es fast zu einem neuerlichen Zusammenprall. Grigorowitsch hatte den Auftrag, dafür zu sorgen, daß die beiden Kampfhähne nicht aneinandergerieten. Als er zusammen mit Turgenjew den Raum betrat, drehte Dostojewskij sich demonstrativ um und schaute aus dem Fenster. »Hier gibt es eine interessante Statue zu sehen«, sagte Grigorowitsch nervös. Turgenjew zeigte auf Dostojewskij: »Wenn sie so aussieht wie der, kann ich gut darauf verzichten.«

Dostojewskij verschaffte sich abends bei der literarischen Feier im Haus der Adelsversammlung Genugtuung, als er den Monolog des Pimen aus *Boris Godunow* las. Große Begeisterung, dreimal wurde er herausgerufen. »Aber«, muß er in einem Brief an Anna zugeben, »Turgenjew, der ganz miserabel las, wurde öfter herausgerufen als ich.« Dostojewskij wußte auch, warum: Der Freund seines Rivalen, Professor Maxim Kowalewskij, hatte an die hundert seiner Studenten zusammengetrommelt, die hinter den Kulissen standen und »in rasender Begeisterung schrien«, als Turgenjew vortrat, um die Huldigungen entgegenzunehmen. Diese Liberalen waren doch tatsächlich so feige, sich Claqueure zu nehmen! Wieviel echter war dagegen der Enthusiasmus, der *ihm* zuteil wurde! Mit Küssen und Blumen hatte das Publikum ihm für seinen letzten Roman gedankt: »Sie sind unser großer Prophet! Wir sind bessere Menschen geworden, seit wir die

Brüder Karamasow gelesen haben.« Kein Zweifel, daß dieser Roman von »kolossaler Bedeutung« war.

Am Sonntag, dem 8. Juni, war Dostojewskijs »entscheidender Tag«: Am Vormittag hielt er seine Rede, abends hatte er eine Lesung. Nun wollte er auf dem Puschkin-Fest einen einschneidenden Akzent setzen.

Der große Säulensaal im Adelsclub war brechend voll. Tausende waren zu der Vormittagsveranstaltung erschienen. Unter den Ehrengästen fielen Puschkins drei Töchter und zwei Söhne auf, außerdem der Generalgouverneur Wladimir Dolgorukow neben dem neuen Kultusminister Andrej Saburow. Der Reihe nach kamen die Autoren auf die Bühnen, um ihre Kränze zu Füßen der Puschkin-Statue niederzulegen. Nur Turgenjew war so dreist, dem Dichter seinen Kranz auf den Kopf zu setzen, und erntete auch noch Beifall aus dem Publikum!

Trotz seines müden und finsteren Aussehens war Dostojewskij kämpferisch gestimmt. Die Zeitungen hatten angefangen, Turgenjew als »Ersten der Abgesandten« zu bezeichnen – Turgenjew, der sich tags zuvor in einer skandalösen Rede nicht einmal dazu hatte durchringen können, Puschkin den russischen Nationaldichter zu nennen! Aber das letzte Wort in dieser Sache war zum Glück noch nicht gefallen. Begriff er denn wirklich nicht, daß sie im Vergleich zu Puschkin allesamt Pygmäen waren?

»Das Wort hat Fjodor Michailowitsch Dostojewskij!«

Der Jubel legte sich, alle blickten gespannt auf den Schriftsteller, der unterwegs zum Rednerpult fahrig in seinen Notizen blätterte. Nicht gerade ein imponierender Anblick: Der Anzug hing schlotternd wie an einem Kleiderständer, das Hemd war zerknittert und der Schlips lose gebunden. Ein Bein schien er nachzuziehen – die Fußketten aus dem Zuchthaus hatten ihn wohl fürs Leben gezeichnet.

»Puschkin ist eine außergewöhnliche – ja, vielleicht die einzige Offenbarung des russischen Geistes, sagt Gogol. Ich füge von mir aus hinzu: eine prophetische Offenbarung.«

Es wurde still im Saal. Jetzt kam etwas ganz anderes als Turgenjews mit Phrasen gespickter Vortrag. Dies hier würde so bedeutend werden wie die Karamasows, so fesselnd und atemberaubend.

Prophetische Offenbarung? Ja, Puschkin habe doch schon in seinen ersten Dichtungen den modernen entwurzelten Repräsentanten der russischen Intelligenz vorweggenommen, den Typ des Vagabunden, der sich, den Idealen des Volks entfremdet, in einem krampfhaften Versuch, die Welt zu retten, dem Sozialismus in die Arme warf. »Denn dieser russische Ruhelose bedarf nun einmal des Glücks aller Menschen, um mit sich zur Ruhe zu kommen, sonst gibt er sich keinesfalls zufrieden.«

Puschkin habe auch prophezeit, welches Schicksal diesen stolzen Menschen erwarte. Das Volk würde ihn wie einen Fremdkörper abstoßen: »Demütige dich, du stolzer Mensch, und zerbrich erst einmal deinen Hochmut. Demütige dich, du überflüssiger Mensch, und arbeite erst einmal auf deinem heimatlichen Acker!« Die einzige Rettung des entwurzelten Russen bestehe darin, sein Heil im Glauben an die Liebe des russischen Volks zu allen Menschen zu suchen. Nur in demütiger Hinwendung zum Volk könne der russische Mensch sein wahres Gesicht zeigen: »Ein echter Russe werden, durch und durch, das heißt vielleicht, alles in allem, ein Bruder aller Menschen werden, ein *Allmensch,* wenn Sie so wollen.«

Bei Puschkin hat die besondere Befähigung des russischen Volkes, sich in den Geist fremder Nationen hineinzuversetzen, ihren höchsten Ausdruck erreicht, behauptet Dostojewskij. Und damit ist dieser russische Nationalpoet auch eine prophetische Gestalt, die das Streben des russischen Nationalcharakters zu Universalität und allumfassender Brüderlichkeit bestätigt. Mit begeisterten Worten mahnt er die zerstrittenen Parteien seiner Heimat zur Versöhnung, damit Rußland seine historische Aufgabe anpacken könne: weltweit Einigung zu schaffen, nicht mit Waffengewalt, sondern mit der Macht der Nächstenliebe.

Am Ende seiner Rede ist Puschkin ein Garant für die Verwirklichung von Dostojewskijs Vision der Zukunft Rußlands geworden:

»Mag unser Land arm sein, aber dieses arme Land hat ›Unser Herr im Knechtgewand auf seinen Wegen gesegnet‹. Und warum sollten wir dann nicht Sein letztes Wort in uns tragen könen? Ist nicht auch Er in einer Krippe zur Welt gekommen? Wir können zumindest auf die Universalität und Allmenschlichkeit in Puschkins Genie hinweisen, auf seine Seelenverwandtschaft mit anderen Völkern. Mit seiner Kunst hat er uns einen unumstößlichen Beweis für das Streben des russischen Geistes zur Universalität geliefert – dies ist ein mahnendes Zeichen für uns. Sollte der Gedanke, den wir hier ausgesprochen haben, auch nur Phantasie sein, so haben wir in Puschkin doch den Grundstein für diese Phantasie. Hätte er länger leben dürfen, hätte er die russische Seele vielleicht auf eine Weise offenbart, die unseren osteuropäischen Brüdern begreiflich gewesen wäre, und vielleicht stünden sie uns dann heute um vieles näher. Er hätte ihnen vielleicht die Wahrheit unserer Bestrebungen erklärt, und sie würden uns besser verstehen und aufhören, uns mit Mißtrauen und Hochmut zu betrachten.

Hätte Puschkin länger gelebt, gäbe es vielleicht auch unter uns Russen weniger Mißverständnisse und Streitigkeiten als jetzt. Aber Gottes Ratschluß war anders. Puschkin starb in der Blüte seiner Jahre und seines Könnens und hat fraglos ein großes Geheimnis mit ins Grab genommen, so daß wir jetzt versuchen müssen, dieses Geheimnis ohne ihn zu enträtseln.«

»Sie haben es enträtselt!« erscholl ein schriller Zuruf aus dem Saal. »Sie sind der Prophet!« Nach zahlreichen Augenzeugenberichten zu urteilen, machte die Rede einen überwältigenden Eindruck. Ausnahmslos alle waren von Dostojewskijs glühendem Glauben an Rußlands Zukunft angesteckt und gepackt, Westler wie Slawophile. Sogar der besonnene Jurist Anatolij Koni wußte der Schriftstellertochter später zu berichten: »Als wir Ihren Vater reden hörten, waren wir wie hypnotisiert. Es war, als loderten riesige Flammen, wo zuvor die Saalwände standen. Wenn Ihr Vater auf diese Flammen gezeigt und gesprochen hätte: ›Wir wollen uns jetzt ins Feuer stürzen und sterben, um Rußland zu retten!‹, dann wären wir wie ein Mann gefolgt, glücklich und zufrieden, für das Vaterland sterben zu können.«

Hysterische Damen mußten aus dem Saal geleitet werden, ein junger Mann konnte gerade noch Dostojewskijs Hand drücken, bevor er in Ohnmacht fiel. Die Ovationen und Umarmungen nahmen kein Ende. Mit großer Mühe gelang es Turgenjew und Aksakow, den Anführern der zuvor so zerstrittenen und nunmehr so versöhnten Lager, den Redner hinauszuführen. Grigorowitsch ging taschentuchschwenkend voran, während der Präsident in einem verzweifelten Versuch, die Versammlung zur Ruhe zu bringen, die für Diskussionsleiter gedachte Glocke läutete.

»Bleich und nervös, mit gesenktem Haupt und erloschenem Blick saß Dostojewskij da und ruhte sich aus«, berichtete ein Journalist aus dem Nebenraum. »»Nie im Leben habe ich etwas Vergleichbares erlebt‹, sagte er. ›Dies hier überschreitet jedes menschliche Fassungsvermögen... mir wurde ganz schwindlig, die Beine wollten mich nicht mehr tragen... Ich begreife es selbst nicht...‹« Noch am selben Abend schreibt er »mit zitternden Händen und Füßen« an Anna:

»Als ich am Schluß meiner Rede die weltweite Versöhnung der Menschen verkündete, geriet der Saal nachgerade in Hysterie. Und als ich geendet hatte, war es nicht mehr nur begeisterter Jubel: Man schluchzte und weinte und fiel sich in die Arme, versprach einander hoch und heilig, besser zu werden, in Zukunft nicht mehr zu hassen, sondern zu lieben... Eine halbe Stunde lang rief man mich immer wieder heraus, sie winkten mit Tüchern; plötzlich halten mich zwei unbekannte alte Herren an: ›Wir waren zwanzig Jahre lang verfeindet, jetzt aber haben wir uns umarmt und Frieden geschlossen. Sie sind es, der uns versöhnt hat. Sie sind unser Heiliger, unser großer Prophet!‹«

Der Präsident der Freunde der Russischen Literatur trat ans Rednerpult und erklärte, Dostojewskij sei einstimmig zum Ehrenmitglied der Gesellschaft gewählt worden. Erneuter Jubel; der Bürgermeister kam auf die Bühne und bedankte sich im Namen der Stadt. Als man allmählich wieder zur Tagesordnung zurückkehrte, verzichtete Aksakow auf das Wort. Alle strittigen Fragen seien in Dostojewskijs »genialer Rede« gelöst worden, einer Rede, die ein »Ereignis in unserer Literatur« gewesen sei. Zum Abschluß der Versammlung wurde dem umjubelten Redner von den Frauen ein riesengroßer Lorbeerkranz überreicht, den er gegen Morgen selbst am Puschkin-Denkmal niederlegte. Wie war so ein Erfolg zu erklären? Damit hatte er wahrhaftig nicht gerechnet...

Am Abend fanden die Festlichkeiten dann ihren Abschluß, als Dostojewskij den *Propheten* las. Seine Augen waren »geheimnisvoll auf außerirdische Fernen gerichtet«, schreibt einer der Anwesenden. Es war, als hätte Puschkin an Dostojewskij gedacht, als er seinen Propheten beschrieb, der die Herzen der Menschen mit dem Wort verbrennen werde. Die Puschkin-Feierlichkeiten hatten sich in ein Huldigungsfest für Dostojewskij verwandelt. Immer noch bestürmten ihn Menschen mit Glückwünschen. Der französische Slawist Louis Leger entdeckte in dem tiefliegenden Blick und zitternden Gesicht des Schriftstellers ein »verquältes, aufrührerisches Genie« und meinte, seine Rede werde von großem Interesse »pour le maître«, sprich: für Victor Hugo, sein.

Dostojewskij war zufrieden. Von der Fotografie, die er am folgenden Tag aufnehmen ließ, schreibt Anna: »Hier fand ich den Ausdruck wieder, den ich in Augenblicken des Glücks und herzlicher Freude oft auf seinem Gesicht erblickt hatte.«

Jetzt konnte sich nur noch Tolstoj mit ihm messen! Ob er wohl einen Abstecher nach Jasnaja Poljana machen sollte? Strachow hatte er nie verziehen, daß der ihn nicht bei einer der Vorlesungen Solowjows Tolstoj vorgestellt hatte. Aber jetzt wußte Turgenjew zu berichten, Tolstoj habe vollkommen den Verstand verloren! Da war es wohl doch am besten, wenn er machte, daß er nach Hause zur Familie kam.

Nach über dreiwöchiger Abwesenheit hielt er wieder Einzug in seine Dichterstube – glücklich, wenn auch furchtbar erschöpft. Er schaffte es gerade noch, Fedjas neues Haustier zu begutachten – ein kleines Fohlen, das Anna einem betrunkenen Bauern für drei Rubel abgehandelt hatte –, ehe er sich wieder hinter den Schreibtisch klemmen mußte. In diesem Sommer wurde nichts aus einer Kur in Ems. Das letzte Viertel der *Brüder Karamasow* war noch nicht geschrieben, und außerdem schlug seine Puschkin-Rede schon bald hohe Wogen.

Voller Glauben an die Macht des Wortes hatte Dostojewskij gehofft, diese Rede könne ein Wendepunkt im Kampf zwischen Westlern und Slawophilen werden. Die Russen sollten sich endlich einen und ihre welthistorische Mission in die Wege leiten! Doch als die Rede dann in den *Moskauer Nachrichten* gedruckt wurde, war sein ehedem so enthusiastisches Publikum aus der Hypnose erwacht. Statt Lob setzte es jetzt Tadel, von rechts wie von links.

Turgenjew war einer der vielen, die sich hatten mitreißen lassen. Hatte er seinen Rivalen doch sogar mit Tränen in den Augen umarmt! Doch kaum war er wieder in Paris, packten ihn Ekel und Zorn auf dieses »idiotische Gewäsch« über den »russischen Allmenschen«. Lüge und Falschheit von Anfang bis Ende – Dostojewskij hatte schlichtweg die gesamte russische Intelligenz verführt! Der konservative Denker Konstantin Leontjew hingegen war empört, daß der Redner die christliche Liebesbotschaft zur Verkündung einer allgemeinen Verbrüderung der Völker mißbraucht hatte: Das war eindeutig Ketzerei! Den massivsten Angriff startete allerdings der liberale Staatswissenschaftler Alexander Gradowskij, der Dostojewskij in dem Artikel »Traum und Wirklichkeit« idealisierte Vorstellungen vom russischen Volk vorwarf. Es fehlte doch noch einiges, um dieses Volk »groß« nennen zu können, stellte Gradowskij fest. Was für Voraussetzungen hatte denn dieses geknechtete und unaufgeklärte Volk, das zivilisierte Europa auf den richtigen Weg zu führen? War es nicht besser, wenn Rußland sich statt dessen daran machte, mehr über die progressiven Ideen und sozialen Institutionen des Westens zu erfahren?

Grimmig las sich Dostojewskij in Staraja Russa durch die vielen Angriffe. Das also war der Lohn für seine große Versöhnungsrede! Sie nannten ihn einen »Feigling«, einen »hochmütigen Mann«, einen über der realen Welt schwebenden »Poeten«, der »auf den Flügeln der Phantasie und der mystischen Prophetie auf- und davonflog«! »Sehen Sie nur, wie die Presse wegen meiner Rede in Moskau über mich herfällt«, schreibt er an Orest Miller, »gerade so, als könne man mir einen Betrug oder Falschmünzerei nachweisen!« Eine Erwiderung durfte er keineswegs schuldig bleiben, meinte er und begann mit der Arbeit an der Augustnummer des *Tagebuchs eines Schriftstellers*, die einzige, die 1880 erschien.

In seiner Erwiderung auf Gradowskij distanziert sich Dostojewskij von dem Anspruch, das russische Volk müsse erst seine gesellschaftliche Entwicklung vollenden, ehe es sich daran machen könne, die Idee der Brüderlichkeit zu verkünden. Auf christlichem Nährboden großgeworden, sei das russische Volk nämlich bereits im Besitz der wahren Aufklärung, im eigentlichen Wortsinn: ein geistiges Licht erleuchtet das Herz und weist den Menschen ihren Lebensweg. »Sagen Sie mir nicht, daß ich das Volk nicht kenne!« warnt er seinen Kritiker. »Ich kenne es: Dank ihm habe ich Christus wieder in meine Seele aufgenommen, den ich als Kind im Elternhause kennengelernt, dann aber verloren hatte, als auch ich mich in einen ›europäischen Liberalen‹ verwandelte.«

Ohne Christus haben Gradowskijs »soziale Institutionen« nicht den geringsten Wert, fährt Dostojewskij fort. Nur der Geist des Christentums vermöge wahre Brüderlichkeit zu schaffen. Würden die Menschen erst alle zu Brüdern in Christi, so fänden auch die sozialen Probleme im Nu ihre Lösung. Errichte man dagegen eine Gesellschaft unter dem Motto »Freiheit, Gleichheit, Brüderlichkeit«, so werde es bald unumgänglich sein, dem noch drei Wörter hinzuzufügen – »oder den Tod«. Brüderlichkeit oder Tod! »Und die Brüder werden den Brüdern die Köpfe einschlagen, um durch eine ›soziale Institution‹ Gleichheit einzuführen.« Brüderlichkeit lasse sich nun einmal nicht durch fremde Institutionen befestigen. Was not tue, sei christliche Men-

schenliebe: Brüderlichkeit könne nur durch Vervollkommnung jedes einzelnen erzielt werden, durch Arbeit an sich
selbst. Hierbei könne das leidende russische Volk ganz gewiß anderen Nationen den Weg weisen!

Die mit Polemiken gegen seine Puschkin-Rede verbundenen Unannehmlichkeiten führten bald zu neuen epileptischen Anfällen. Trotzdem war der schöne goldene Herbst in
Staraja Russa für ihn eine fruchtbare Schaffenszeit. Als die
Familie Anfang Oktober endlich aufbrach, hatte der Schriftsteller außer dem »Tagebuch« die *Brüder Karamasow* fertigge-
schrieben. Insgesamt hatte er über dreihundert Druckseiten
in dreieinhalb Monaten produziert, und das, obwohl er
»doppelt soviel Zeit« brauchte, »um soviel wie früher zu
schreiben«.

Nach einer anstrengenden Arbeitsnacht schreibt er noch
einen Brief an einen seiner Freunde. Er hat sich eben mit
dem Federhalter eine dicke Zigarette gestopft und einen
Schluck starken schwarzen Tee genommen. Die zwei Talgkerzen werfen ein mattes Licht auf den ordentlich aufge-
räumten Schreibtisch:

»Jetzt ist es Nacht, es geht auf sechs Uhr zu. Die Stadt
wacht gerade auf, aber ich habe mich noch nicht hingelegt.
Und die Ärzte sagen, ich dürfte mich nicht überanstrengen,
ich solle nachts schlafen und dürfe nicht zehn, zwölf Stunden über den Schreibtisch gebeugt wachbleiben. Warum
bleibe ich denn nachts auf und schreibe? Ganz einfach:
Kaum bin ich gegen ein Uhr aufgestanden, klingelt es auch
schon. Jemand kommt und bittet um dies, ein anderer um
das, ein dritter hat irgendeine Forderung, ein vierter verlangt, ich müsse unbedingt dieses oder jenes unlösbare,
›vertrackte‹ Problem für ihn lösen – sonst erschieße ich
mich, sagt er. (Dabei habe ich den Menschen noch nie zuvor
gesehen.) Dann kommen Abgesandte von den Studenten,
den Gymnasien, von der Adelsgesellschaft – alle wollen,
daß ich mich an ihren Leseabenden beteilige. Wann werde
ich Zeit haben zum Denken, Arbeiten, Lesen, Leben?«

Er sagte selten nein, wenn man ihn bat, aus seinen Werken zu lesen. Bereitwillig stellte er sich zur Verfügung, auch

wenn es noch so sehr an seinen Kräften zehrte. Wenn dieser »ausgemergelte kleine Bauer« ans Rednerpult trat, war sein Husten auch wie weggezaubert. »Die heisere Stimme hatte einen metallischen Klang«, schildert der Schauspieler Wladimir Dawydow seine Lesung des *Propheten,* 1880. »Das Publikum ächzte vor Begeisterung, Dostojewskij erblaßte, er schien der Ohnmacht nahe und mußte fast vom Podium getragen werden.«

Meistens las er zugunsten verschiedener Organisationen – des Roten Kreuzes, des Literaturfonds, der Slawischen Wohltätigkeitsgesellschaft. Aber am liebsten trat er vor Studenten und Gymnasiasten auf. »Die Hauptsache – das ist die Liebe der Jugend«, erklärte er. Sein Repertoire wählte er immer sehr sorgfältig aus – Nellys Gespräch mit Marmeladow in der Kneipe, Olgas Geschichte aus dem *Jüngling,* Aljoschas Rede bei Iljuschkas Begräbnis. Seine Glanznummer – die »Legende vom Großinquisitor« – trug er mit solcher Verve vor, daß die Schuldirektoren sich genötigt sahen, sie zu verbieten; diese geniale atheistische Argumentation war ein viel zu gefährlicher Stoff für die Jugend!

Anstrengend war auch das Gesellschaftsleben, aber Dostojewskij zeigte sich gern unter Leuten. Nach dem Erfolg in Moskau war seine frühere Verlegenheit einer neuen Selbstsicherheit gewichen. Mit großer Mühe keuchte er die fünf Stockwerke zu Polonskijs Wohnung hoch – auf jedem Treppenabsatz mußte er sich setzen und ausruhen, und endlich oben angekommen, war er ganz erschöpft. Wenn er so nach Atem ringend dastand, bekamen viele einen falschen Eindruck von ihm. So barsch, wie er dann manchmal aussah, war er gar nicht. »Fällt Ihnen das Treppensteigen schwer?« fragte Jelena Stakenschneider. »Allerdings«, antwortete er. »Es ist genauso schwer, wie ins Paradies zu kommen. Aber dafür geht's einem gut, wenn man angekommen ist, so geht es mir jedenfalls hier bei Ihnen.«

Die Salongespräche wurden nicht immer auf höchstem Niveau geführt. Aber von Zeit zu Zeit berührten die Diskussionen interessante Themen, und dann fiel jedes Mal eine Bemerkung Dostojewskijs. Stimmte es, daß alle Wesen Bewußtsein hätten, nicht nur die Menschen, sondern auch die Tiere? Danilewskij fand ja; auch eine Kiefer sei imstande, »Ich bin!« zu sagen. »Seine Existenz erkennen, zu sagen: ich bin – das ist ein großes Glück«, kommentierte Dostojewskij leise. »Aber zu sagen: ich bin nicht, und für andere zugrunde zu gehen – wer das kann, steht vielleicht noch höher.«

Falsche Bescheidenheit kannte er nicht. Er ließ sich gerne mit Hugo oder Balzac vergleichen und freute sich aufrichtig, als er erfuhr, Tolstoj halte die *Aufzeichnungen aus einem Totenhaus* für das »beste Werk der gesamten neueren russischen Literatur«. Und wen hielt er für bedeutender – Balzac oder sich selber? »Dostojewskij lachte nicht über meine jugendliche Einfalt«, erzählt das junge Mädchen, das ihm im Herbst 1880 diese Frage stellte. »Er überlegte kurz und sagte: ›Jeder von uns hat nur in dem Maß Wert, als er etwas Neues und Originelles in die Literatur eingeführt hat. Davon hängt alles ab. Aber vergleichen kann ich uns nicht. Ich würde meinen, wir haben beide unsere Verdienste.‹«

Ein Lehrmeister der heranwachsenden Schriftstellergeneration wollte er aber auch nicht sein. Hin und wieder kam er jungen Talenten zwar zu Hilfe, doch in der Regel war sein Urteil streng. »Was für ein Mist!« lautete sein üblicher Ausspruch zur zeitgenössischen russischen Literatur. Der damals fünfzehnjährige Dmitrij Mereschkowskij ist ein Beispiel dafür, wie unbarmherzig der Meister gegenüber jungen, seinen Ansprüchen nicht genügenden Autoren sein konnte. Über die Gräfin Tolstaja hatte dessen Vater erreicht, von Dostojewskij empfangen zu werden, damit ein für allemal entschieden werde, ob der Sohn Talent besaß. »Er hörte mir schweigend zu, verärgert und ungeduldig«, erzählt Mereschkowskij. »Es war klar, daß wir ihn störten. ›Schwach . . . elend . . . völlig unbrauchbar!‹ sagte er zum Schluß. ›Um gut schreiben zu können, muß man viel leiden!‹« »O je, dann soll er lieber nicht schreiben, Hauptsache, er muß nicht leiden«, befand der Vater bekümmert.

Am liebsten hielt Dostojewskij sich unter Kindern und jungen Leuten auf. Stundenlang konnte er auf einer Bank bei der Wladimir-Kirche sitzen und mit den kleinen Kindern

spielen. Auf seinen Frackschößen backten sie ihre Sandku-
chen, die auf einmal weg waren, wenn er von Husten ge-
schüttelt wurde. »Wo sind denn die Kuchen hin, Großvater?« »Die hab' ich alle aufgegessen, sie waren so lecker . . .
Was für ein herrliches Alter«, fügte er, an einen Studenten
in der Nähe gewandt, hinzu. »Sie hegen noch keinen Haß,
kennen noch keine Sorgen . . . Tränen und Lachen gehen ineinander über . . .«

Er freute sich sehr darüber, daß jetzt allmählich eine junge
Generation mit gesteigertem Interesse für die »russische
Idee« und den »russischen Christus« heranwuchs. Manchmal umringten ihn diese jungen Leute auf Festen und Bäl-
len, um ihm Fragen zu stellen. Und dann vertiefte er sich
mit ihnen in Gespräche über Christus, während um ihn die
Paare im lustigen Walzertakt tanzten.

Das blendende Ambiente der Adligen faszinierte ihn
immer mehr. Derselbe Schriftsteller, der seinerzeit die
schlimmsten Elendsviertel und Lumpen geschildert hatte,
pflegte nun häufig Umgang mit der vornehmsten Aristokratie des Landes. Nach und nach war er auch zu einem regelmäßigen Gast im Anitschkow-Palais geworden, wo er sich
mit dem Thronfolger Alexander und dessem Gemahlin Maria Fjodorowna, der dänischen Prinzessin Dagmar, unterhielt, die doch tatsächlich zum Taschentuch greifen mußte,
wenn er aus seinen sentimentalen Erzählungen las. Eine
Hofschranze wurde er trotzdem nicht. Um die höfische Eti-
kette kümmerte er sich wenig. Er fing gerne selbst ein Gespräch an und verließ die Gesellschaft, wann er Lust hatte.
»Über die Gemahlin des Thronfolgers erzählte er, sie sei typischer Zögling eines Mädchenpensionats«, berichtet seine
Nichte Maria Iwanowa. »Und wenn er sich im Gespräch er-
eiferte, merkte er gar nicht, daß er, dicht vor ihr stehend, an
den Knöpfen ihres Kleides nestelte.« Nie war der Schriftsteller besser aufgelegt, als wenn er in einer kaiserlichen Kutsche von solchen Empfängen zurückkehrte, mit Geschenken
für die Kinder beladen. Anfang 1881 wurde sogar ein Treffen mit dem »Befreiungszar« in die Wege geleitet. Doch da
war Dostojewskij mit seinen Kräften am Ende.

1880 wurde Dostojewskij in einem Salongespräch nach dem Vorzug der russischen Religion vor allen anderen religiösen Überzeugungen gefragt. »Gehen Sie zu dem Bauern, der in Ihrer Küche sitzt«, lautete seine Antwort, »dann erfahren Sie es bestimmt.« Und was konnte man von diesem Bauern lernen? »Wie man lebt, und wie man stirbt.«

Vom russischen Bauern hatte Dostojewski nicht nur die Ideale des Leidens und der Demut gelernt. Er hatte auch gelernt, nach Bauernart zu sterben. »Wie wunderbar stirbt doch der russische Bauer!« heißt es bei Turgenjew in den *Aufzeichnungen eines Jägers.* »Seine Einstellung zum Tod kann weder gleichgültig noch stumpfsinnig genannt werden; er stirbt, als vollführe er ein Ritual, ruhig und gefaßt.« Diese Vertrautheit mit dem Tod hatte auch Dostojewskij. Er lebte seit langem in geistiger Nähe zum Tod und konnte ihm ohne zermürbenden Protest und Widerstand in die Augen sehen. So war sein Tod auch ebenso friedlich wie der des russischen Bauern. Viele traf sein Dahinscheiden äußerst überraschend. Es schien so schwer vorstellbar, daß dieser zähe Mann einem Blutsturz erlag. Er hatte doch schon längst gelernt, in Todesnähe zu leben, ohne daß seine Pläne und sein Arbeitseifer dadurch beeinträchtigt wurden. Jetzt wollte er zwei Jahre lang das »Tagebuch« herausbringen und sich danach an eine Fortsetzung der *Brüder Karamasow* machen. Sicher würde er auch diesmal sein Ziel erreichen, meinten seine Freunde. Schließlich erklärte er selbst aller Welt, daß er vorhabe, noch zwanzig Jahre zu leben!

Der Optimismus war unbegründet. Wer ihn während der Puschkin-Feiern gesehen hatte, mußte wenige Monate darauf feststellen, daß er noch dünner und bleicher als damals geworden war. Seine körperliche Verfassung war miserabel, er brauchte allein zehn Minuten fürs Ausziehen. Seine Lungenäderchen waren so angegriffen, daß sie von der geringsten Anstrengung platzen konnten. Jede Belastung mußte vermieden werden, sagten die Ärzte. Über seine unermüdliche Aktivität konnten sie nur die Köpfe schütteln. Manchmal tauchte Dr. von Bretzel bei seinen Lesungen auf, um ihm zu Hilfe zu eilen, wenn er schwankend das Rednerpult verließ. Zugleich versuchten ihn die Ärzte aufzumuntern, so gut es ging. Eine kleinere Blutung müsse nicht tödlich ausgehen, versicherten sie. Es könne sich ein »Propfen« bilden, der allzu großen Blutverlust verhindere.

Obwohl sich der Schriftsteller bis zuletzt an die Beteuerungen der Ärzte klammerte, wußte er, daß seine Tage gezählt waren. Belastungen zu vermeiden, war noch nie seine Stärke gewesen. »Ich arbeite sehr nervös, unter Qualen und Sorgen«, schreibt er im Herbst 1880. »Wenn ich arbeite, bin ich auch physisch krank.«

Nun stand er mit der Arbeit am *Tagebuch eines Schriftstellers* unter Zeitdruck – die nächste Nummer sollte Ende Januar erscheinen. Wie würde die Zensur seine freimütigen Äußerungen zu der Ständeversammlung aufnehmen, die bald einberufen werden sollte? Dieses Problem löste sich zwar, da Nikolaj Abasa, der Vorsitzende des Zensurkomitees, sich höchstpersönlich erbot, den Artikel durchzulesen. Doch was würden die Leser sagen? Mit äußerstem Nachdruck hatte er befürwortet, daß die Volksvertreter in der Gemeindeverwaltung größeren Einfluß erhielten. Sonst würde die geplante Konstitution nur eine »Verfassung für die Herren« werden. Der Zar sollte lieber den russischen Bauern fragen, was im Staate faul sei. Begriff er denn wirklich nicht, daß er der Vater des Volkes war?

Hinzu kam das gesellschaftliche Leben samt allen damit einhergehenden Verpflichtungen. Vor kurzem hatte er versprochen, in einer Theateraufführung bei Gräfin Tolstaja mitzuwirken, und außerdem sollte er demnächst auf einem literarischen Abend zugunsten armer Studenten Puschkin-Gedichte lesen.

Trotzdem brachte ihn weder die Arbeit noch das Gesellschaftsleben ins Grab. Sein Tod hing eher mit politischen und finanziellen Sorgen zusammen.

Am Sonntag, dem 25. Januar, hatte die Geheimpolizei des Zaren in der Wohnung von Dostojewskijs Nachbarn eine Hausdurchsuchung vorgenommen. Die Polizei war Mitgliedern der Terrororganisation »Wille des Volkes« auf der Spur, die wenige Monate später Zar Alexander II. ermordeten. Es ist durchaus anzunehmen, daß diese aufregende Hausdurchsuchung, die den Schriftsteller an seine revolutionäre Vergangenheit erinnern mußte, für seinen ersten Blutsturz in der Nacht zum 26. Januar 1881 mitverantwortlich war. Anna erwähnt dies in ihren Erinnerungen mit keinem Wort. Nach ihrer »offiziellen« Version war ihrem Mann in der Nacht ganz einfach sein Lieblingsfederhalter heruntergefallen. Der Blutsturz erfolgte dann, als er sich auf der Suche nach dem Federhalter anstrengte, einen Schrank zu verrücken. Diese erste Blutung war zwar verhältnismäßig harmlos – Dostojewskij hielt es nicht einmal für nötig, die Familie zu wecken –, aber als er noch in derselben Nacht einen Brief mit der Bitte um sein Resthonorar für die *Brüder Karamasow* schrieb, spürte er doch, daß dies seine »letzte Bitte« an den *Russischen Boten* sein werde.

Auch über die Ursache seines zweiten Blutsturzes – Erbstreitigkeiten – schweigt Anna. Der Grund könnte sein, daß sie sich daran nicht ganz unbeteiligt fühlte.

Nach zehnjährigen Streitigkeiten war in dem Prozeß um das Kumanin-Erbe endlich ein Urteil gefallen. Durch große Beharrlichkeit, nicht zuletzt von seiten Annas, war es Dostojewskij gelungen, ansehnlichen Grundbesitz zu erben. Allerdings unter der Bedingung, daß er seine Schwestern auszahlte. Wie nicht anders zu erwarten, hatte »der Finanzminister« in dieser Hinsicht wenig unternommen, und nun wurden die Schwestern allmählich ungeduldig. Alexandra hatte wegen des unseligen Erbstreits längst jede Verbindung zu ihrem Bruder abgebrochen. Warenka, seine Lieblingsschwester, wollte mit der ganzen Sache am liebsten nichts zu tun haben. Also bekam Wera, die Mutter seiner Nichten Mascha und Sonja, den Auftrag, ihn an die Erbbedingungen zu erinnern.

Am Montag, dem 26. Januar, kam Wera in dieser Mission zu Besuch. Geld war in der mittellosen Familie Dostojewskij noch nie ein glückliches Gesprächsthema gewesen. Trotzdem mahnte Wera ihren Bruder ohne lange Vorreden an seine Verpflichtungen gegenüber den Schwestern. Falls er keine Mittel habe, sie auszuzahlen, müsse er eben von dem Erbe zurücktreten. Aufgebracht erhob der Schriftsteller Einwände und begann, seine schwierige finanzielle Situation darzulegen. Daß seine Bücher sich als Goldgrube erweisen würden, glaubte er nicht, und da er nicht im Staatsdienst war, konnte Anna auch nicht mit einer Witwenrente rechnen. Dieses Erbteil war das einzige, was er Frau und Kindern hinterlassen konnte. Ein Wort gab das andere, bis Dostojewskij vom Tisch aufsprang und in sein Arbeitszimmer ging. Plötzlich merkte er, daß seine Hände naß wurden. Als er hinsah, waren sie blutüberströmt.

Anna schickte sofort nach von Bretzel: »Mein Mann hatte einen Blutsturz – um Gottes willen, kommen Sie sofort!«

Ljuba und Fedja eilten herbei. Dostojewskij versuchte sie zu beruhigen und zeigte ihnen eine Karikatur von zwei Fischern, die sich in einem Netz verfangen hatten und ins Wasser gefallen waren. Er lachte selbst über die Zeichnung. Aber als der Hausarzt endlich eintraf, erfolgte noch ein Blutsturz, diesmal heftiger, und er verlor das Bewußtsein. Vom Blutverlust war er so geschwächt, daß nur noch schmerzstillende Mittel halfen. Mehrere Ärzte wurden hinzugezogen, doch sein Leben war augenscheinlich nicht mehr zu retten.

Als Dostojewskij gegen Abend zu sich kam, flüsterte er seiner Frau zu:

»Anna, laß den Geistlichen holen! Ich möchte beichten und das heilige Abendmahl empfangen.«

Der Gemeindepriester der Wladimir-Kirche traf eine halbe Stunde später ein. Der Schriftsteller beichtete lange.

Der Geistliche ging, Anna und die Kinder kamen herein und beglückwünschten ihn zum Empfang der heiligen Sakramente. Dostojewskij segnete sie alle und bat sie, in Frieden zu leben und einander zu lieben. Dann bat er Anna, das Gleichnis vom verlorenen Sohn vorzulesen. Als sie das getan hatte, sah er seinen Sohn und seine Tochter an und sagte mit schwacher Stimme:

»Meine Kinder, vergeßt nie, was ihr eben gehört habt. Habt unbedingtes Vertrauen auf Gott und zweifelt nie an seiner Gnade. Ich liebe euch sehr, aber meine Liebe ist nichts im Vergleich zu Gottes unendlicher Liebe zu den Menschen. Selbst wenn ihr ein Verbrechen begehen solltet, so zweifelt niemals an Gott. Ihr seid Seine Kinder, demütigt euch vor ihm, so wie der verlorene Sohn sich vor seinem Vater demütigte. Bittet Ihn um Vergebung, dann wird Er sich freuen, so wie sich der Vater über die Heimkehr des verlorenen Sohnes freute.«

Die Kinder weinten. »Papa, liebster Papa, ich werde nie vergessen, was du gesagt hast«, schluchzte Ljuba. »Mein Leben lang wirst du an meiner Seite sein!«

Als Dostojewskij mit Anna allein war, dankte er ihr für das Glück, das sie ihm geschenkt hatte. »Denk daran, Anna, ich habe dich immer innig geliebt und nie betrogen, nicht einmal in Gedanken.«

Am Dienstagmorgen wachte er munter und vergnügt auf. »Warum macht ihr solche Leichenbittermienen? Ich werde euch noch alle überleben!« Er hatte sich in der Nacht gut erholt und blieb nur im Bett, weil die Ärzte es angeordnet hatten. Mit flüsternder Stimme unterhielt er sich mit den Kindern. Eine lichte Zukunft erwartete die Generation, die jetzt in Rußland heranwuchs! Später am Tag kamen die Druckfahnen des *Tagebuchs eines Schriftstellers*. Da die Ausgabe um einige Zeilen zu lang war, paßte sie nicht auf zwei Druckbogen, und Anna mußte ihm helfen, Streichungen vorzunehmen.

Inzwischen hatte sich die Nachricht von Dostojewskijs Krankheit über die ganze Stadt verbreitet. Vom frühen Nachmittag bis zum späten Abend klingelte es nahezu ununterbrochen an der Tür. Bekannte und Unbekannte kamen, um sich nach seinem Zustand zu erkundigen, bis der Arzt schließlich alle weiteren Besuche untersagte. Dostojewskij freute sich über die Aufmerksamkeit, die ihm nun zuteil wurde. Aber das Sprechen fiel ihm immer schwerer. »Er lag nur da und sah uns mit seinen liebevollen Augen an«, erinnert sich der Hausbursche.

Die Nacht zum Mittwoch, dem 28. Januar (9. Februar), verbrachte Anna auf dem Fußboden neben dem Diwan. Als sie gegen sieben aufwachte, merkte sie, daß ihr Mann zu ihr herüberblickte.

»Nun, wie fühlst du dich, Liebster?« fragte sie, zu ihm gebeugt.

»Weißt du, Anna«, sagte er im Flüsterton, »ich schlafe schon seit drei Stunden nicht mehr und denke immerzu nach, und jetzt ist mir ganz klar geworden: Ich werde heute sterben.«

»Lieber Fedja, wie kommst du darauf?« fragte Anna besorgt. »Dir geht es doch jetzt viel besser, es kommt kein Blut mehr, sicherlich hat sich ein ›Pfropfen‹ gebildet... Um Gottes willen, quäle dich nicht mit solchen Gedanken, du wirst bestimmt noch lange leben!«

Nachdem Dostojewskij ein paar Stunden geschlafen hatte, fühlte er sich viel besser. Er setzte sich sogar im Bett auf, um die Strümpfe anzuziehen. Doch diese leichte Anstrengung löste bereits den nächsten Blutsturz aus. Wieder versuchte Anna, ihm Lebensmut einzuflößen. Der Schriftsteller antwortete ihr nur mit einem wehmütigen Lächeln, als hätte er mit seiner Ahnung, daß ihm der Tod kurz bevorstand, recht behalten. »Anna, hol mir das Evangelium!«

Anna brachte das Neue Testament, das ihm die Frauen der Dekabristen unterwegs in Sibirien geschenkt hatten. »Während der ganzen vier Jahre Zwangsarbeit trennte sich Fjodor Michailowitsch nicht von diesem heiligen Buch«, heißt es in ihren Erinnerungen. »Später lag es stets in meines Mannes Blickfeld auf seinem Schreibtisch, und oftmals, wenn er nachdachte oder Zweifel hegte, öffnete er dieses Evangelium aufs Geratewohl und las, was auf der linken Seite stand.«

Auch jetzt wollte er Klarheit in seinem Neuen Testament finden. Das Buch öffnete sich im Matthäus-Evangelium, an der Stelle, wo Jesus zu Johannes kommt, um sich taufen zu lassen. »Aber Johannes wehrte ihm und sprach: Ich bedarf wohl, daß ich von dir getauft werde, und du kommst zu mir? Jesus aber antwortete und sprach zu ihm: Laß es jetzt also sein! Also gebührt es uns, alle Gerechtigkeit zu erfüllen.«

»Hörst du – laß es jetzt also sein. Halte mich nicht zurück«*, sagte Dostojewskij leise.

Auf Seite 6 im Neuen Testament steht von Annas Hand geschrieben: »Von mir aufgeschlagen und Fjodor Michailowitsch vorgelesen, um 3 Uhr an dem Tage, als er starb.«

Freunde und Bekannte strömten weiter herbei. Einer der wenigen, die den Schriftsteller noch sehen und mit ihm sprechen durften, war Apollon Majkow. »Gebt ihm eine Zigarre!« flüsterte der Kranke und drückte seinem Freund zum Abschied die Hand. Gegen fünf Uhr nachmittags diktierte Dostojewskij folgende Zeilen als Antwort auf einen teilnahmsvollen Brief der Gräfin Heiden:

»Am 26. platzte eine Ader, und die Lungen füllten sich mit Blut. Abends folgte ein zweiter Blutsturz mit erheblichem Blutverlust und Erstickungszuständen. Eine Viertelstunde lang war Fjodor Michailowitsch vollkommen sicher, er werde sterben; er beichtete und empfing das Abendmahl. Nach und nach fiel ihm das Atmen wieder leichter, die Blutung hörte auf. Doch da die Ader nicht geheilt ist, kann ein neuerlicher Blusturz erfolgen, der dann natürlich mit größter Wahrscheinlichkeit zum Tode führen wird. Jetzt ist er zwar bei vollem Bewußtsein, fürchtet jedoch, daß die Ader erneut aufbricht.«

Große Bestürzung kam auf, als Pascha erschien und verlangte, »der Vater« solle ein Testament schreiben. Professor Koschlakow, der inzwischen die ärztliche Leitung übernommen hatte, wies diese Forderung zurück. Die Szene würde den bereits im Sterben liegenden Patienten aufregen. Nur die Vorstellung, seine Familie der Armut überlassen zu müssen, quälte ihn bis zuletzt.

»Hol die Kinder!« flüsterte er mehrmals. Wenn Fedja und Ljuba dann hereinkamen, drückte er sie an sich. Sie küßten ihn und gingen weinend wieder, gefolgt vom traurigen Blick ihres Vaters. Beim letzten Mal überreichte er Fedja sein Evangelium.

---

* »Halte mich nicht zurück«: Wortlaut der älteren russischen Bibelübersetzung für »Laß es jetzt also sein«. (A. d. Ü.)

Allmählich schwanden seine Kräfte. Gegen halb sieben Uhr abends färbten sich sein Kinn und der Bart wieder von Blut. Man versuchte, die Blutung mit Eis zu stillen, aber alles war vergebens. Still und reglos lag der Schriftsteller auf seinem Diwan unter dem Bild der *Sixtinischen Madonna*. Dann wurde die Tür geöffnet, und alle seine Freunde traten ein, um in seiner Todesstunde bei ihm zu sein. Es war still im Zimmer, nur Anna und die Kinder saßen leise weinend am Bett. Sein Puls wurde immer schwächer, bis der Arzt zuletzt feststellen mußte, daß sein Herz nicht mehr schlug. Es war acht Minuten nach halb neun.

»Es war der wahrhaft christliche Tod, wie ihn die orthodoxe Kirche allen ihren Gläubigen wünscht – ein Tod ohne Schmerz und ohne Scham«, schreibt Ljuba in ihren Erinnerungen. »Er hat das Bewußtsein erst im letzten Augenblick verloren. Er hat den Tod nahen sehen, ohne ihn zu fürchten. Er wußte, daß er sein Talent nicht vergraben hatte und daß er sein ganzes Leben ein guter Diener Gottes war. Er war bereit, furchtlos vor seinem Ewigen Vater zu erscheinen in der Hoffnung, daß Gott zum Lohne für alles, was er gelitten, für alles, was er in diesem Leben erduldet hatte, ihm ein anderes großes Werk zu wirken, eine andere große Aufgabe zu erfüllen geben möge. . . «

In dem in der Wladimir-Kirchengemeinde ausgestellten Totenschein steht, Dostojewskij sei an einer »Lungenblutung« gestorben. Damals hatte man den Tuberkelbazillus noch nicht entdeckt, daher läßt sich Tuberkulose als Todesursache schwerlich ausschließen. Der Schriftsteller kann sowohl von seiner Mutter als auch von seiner ersten Frau angesteckt worden sein. Etliches spricht allerdings auch für die von den damaligen Ärzten gestellte Diagnose, er habe ein Emphysem, eine chronische Lungenkrankheit, gehabt, die durch seinen enormen Zigarettenkonsum verschlimmert wurde. »28. Januar 1881. Papa starb Viertel vor neun«, lautet eine von Ljuba auf die Rückseite seiner Tabakdose gekritzelte Notiz.

Die folgenden Tage sollten für Anna ein einziger Alptraum werden. Der unersetzliche Verlust ihres geliebten

Mannes war schon schwer genug. Die Neugier der Öffentlichkeit, der unablässige Zustrom von Fremden und Schaulustigen machten ihr alles noch schwerer. Auf dem Treppenabsatz versammelte sich eine Traube von Sargtischlern, die auf einen lukrativen Auftrag hofften. In der Wohnung wimmelte es von Journalisten, die später die Trauer der Familie bis ins intimste Detail schilderten. Wie viel lieber wäre sie jetzt mit ihrer Trauer allein gewesen, nur im Kreis ihrer engsten Familie!

Als Boleslaw Markewitsch, ein Journalist der *Moskauer Nachrichten*, kurz vor Dostojewskijs Tod in der Wohnung eintraf, kam ihm die weinende Ljuba entgegen: »Sei so gut und bete für Papa, damit Gott ihm seine Sünden vergibt!« Anna machte sich konkretere Sorgen: »Er wollte so gerne noch ein wenig leben, das Leben hatte ihm gerade erst ein wenig von seiner Sonnenseite gezeigt, und er hatte noch so vieles zu sagen . . . Wir hatten gerade begonnen, erleichtert aufzuatmen . . . Und jetzt auf einmal! . . . Heute sagte er: ›Mein ganzes Leben habe ich ums tägliche Brot geschuftet und gearbeitet, in der Hoffnung, die Kinder würden es besser haben, und jetzt liege ich hier im Sterben und hinterlasse sie in Armut.‹

Die Geldsorgen wurden trotzdem bald aus dem Weg geräumt. Auf Initiative Pobedonoszews hin erklärte der Zar sich einverstanden, Anna eine Witwenrente von zweitausend Rubel jährlich zu bewilligen, während den Kindern der Besuch der besten Schulen des Landes ermöglicht wurde.

Nach einer schlaflosen Nacht fand Ljuba den Leichnam ihres Vaters nach russischer Sitte auf den Tisch gebettet. In den gefalteten Händen hielt er ein Heiligenbild. »Er sah aus, als ob er auf seinem Kissen schliefe, leise lächelnd, als sähe er etwas sehr Schönes vor sich«, erinnert sie sich. Ihre Mutter hatte den gleichen Eindruck: »Das Gesicht des Dahingeschiedenen war friedlich, und es schien, als wäre er nicht gestorben, sondern als schlafe er und lächle im Traum der ›großen Wahrheit‹ zu, die sich ihm endlich offenbart hatte.« Diesen Eindruck von Frieden und Versöhnung gewinnt man auch aus der Zeichnung, die Iwan Kramskoj an Dostojewskijs Totenbahre vollendete. »Auf diesem Porträt sieht Fjodor Michailowitsch aus, als wäre er nicht gestorben, sondern nur eingeschlafen«, schreibt Anna. »Auf seinem Gesicht zeigte sich ein verklärtes Lächeln, als hätte er schon das Geheimnis des jenseitigen Lebens erfahren.«

Am Vormittag kam der Gemeindepriester der Wladimir-Kirche, um die Totengebete zu sprechen. An den folgenden Tagen wurden häufig Seelenmessen in Dostojewskijs Wohnung gehalten, und sogar der berühmte Chor der Isaak-Kathedrale erschien. Der Zulauf von Leuten in die Kusnetschnyj-Gasse wollte kein Ende nehmen. Das Gedränge im Treppenhaus vor der bescheidenen Wohnung des Schriftstellers war groß; es stank nach Katzen und aufgebrühtem Kaffee. »So leben also unsere berühmten Dichter«, meinte ein Besucher kopfschüttelnd.

Oben in der Wohnung stand man vor der Bahre Schlange. Viele brachten Blumen und Kränze mit, sehr zur Freude Ljubas: »Seht nur, wie sie meinen lieben Papa schmücken!« Eines Tages wurden auch zwei Rubel im Sarg gefunden: »Für Hungernde zum Gedenken an den Diener Gottes Fjodor Michailowitsch, der sich stets der Armen und Unterdrückten annahm, von einem, der nicht reich ist.« Menschen aller Gesellschaftsschichten versammelten sich um den Sarg: Studenten und Lehrer, Schriftsteller und Fürsten, Bauern und Arbeiter. Sogar der Großfürst Dmitrij Konstantinowitsch traf zu einer Totenmesse ein, um von seinem Lehrmeister Abschied zu nehmen. Pausenlos kamen Vertreter von Schulen und Institutionen, um die große Bedeutung Dostojewskijs für das russische Geistesleben zu rühmen. Nicht selten brachten sie eigene Chöre mit, so daß der Besuch einer Totenmesse glich. Die Hitze in der kleinen, überfüllten Wohnung wurde bald unerträglich, die Kerzen erloschen in der stickigen Luft.

Viele der Besucher schilderten später ihre letzte Begegnung mit dem Verstorbenen: »Was für ein Antlitz!« begeistert sich Koni. »Es schien von einem inneren Licht erleuchtet, und es schien zu sagen: ›Ja! Ich habe immer geglaubt und gesagt, daß es so ist, und jetzt sehe und weiß ich es!‹«

»Ich küßte des Dichters Hand und bewahrte für immer die Erinnerung an einen Menschen, mit dem man zwar uneins sein konnte, für den man jedoch immer unwillkürlich die größte Hochachtung empfand«, schreibt ein anderer, der erschienen war, um dem Schriftsteller die letzte Ehre zu erweisen. »Der Sarg war voller Blumen«, schildert eine Bewunderin. »Und inmitten dieses Blumenmeers lag der kleine ausgezehrte Dichter, der die Menschen über Jahre hinweg mit seiner Feder in Atem gehalten hatte. Sein Gesicht prägten Frieden und Ruhe, als gehörte es einem müden, abgearbeiteten Mann, der sich nun mit schönen Träumen ausruhte.«

III

Die Nachricht vom Tode Dostojewskijs wurde sofort in den Schulen bekanntgegeben. An der Universität stellte man alle Vorlesungen ein, Studenten und Professoren versammelten sich zu Gedächtnisandachten. »Der göttliche Funke erlosch nie in seiner Brust«, betonte der Universitätspriester, »nicht einmal in den langen Jahren, als er Sträflingskleidung trug.« In ganz Rußland erschienen Nekrologe in den Zeitungen; als Anna später Bilanz zog, stellte sich heraus, daß an die vierhundert Menschen über den Tod ihres Mannes geschrieben hatten. Tolstoj sah jetzt ein, Dostojewskij sei ihm »der nächste, liebste und notwendigste Mensch« gewesen. »Und dann las ich auf einmal, er sei tot«, heißt es in einem Brief an Strachow. »Es war, als würde mir der Boden unter den Füßen weggezogen.«

Viele empfanden ähnlich. »Die Nachricht machte einen außergewöhnlich starken Eindruck«, erinnert sich der Literaturhistoriker Alexander Borosdin. »Für uns Junge war Dostojewskij mehr als nur ein Schriftsteller, er war ein großer Lehrmeister, der mit seinem mächtigen Wort vortrat und uns den einzig richtigen Weg für unser Leben und Wirken wies.« Iwan Jachontow schrieb im Namen der Studenten an der Moskauer Geistlichen Akademie: »Nicht ein idealisiertes Rußland liebte er. Er liebte Rußland mit all seinen Schwächen und Unvollkommenheiten.« Auch für Dostojewskijs Schüler, die Großfürsten Sergej und Paul, war es natürlich, die Vaterlandsliebe des Verstorbenen hervorzuheben. Ihr Beileidstelegramm aus Rom hat folgenden Wortlaut:

»Nous prenons une part sincère à votre malheur. Nous avons eu le grand avantage de connaître votre mari et d'apprécier son grand talent, son coeur si plein d'amour pour son pays et son prochain, et son influence si bienfaisante. Nous partageons la douleur générale, et nous comprenons tout ce que vous avez perdu et tout ce que vous souffrez. Que Dieu vous soutienne! Serge et Paul.«

Am bemerkenswertesten war aber wohl die Gedächtnisrede Wladimir Solowjows, des Mannes, der Dostojewskij in seinen letzten Jahren vielleicht am nächsten gestanden hatte und dessen Botschaft jedenfalls am besten verstand. In einer bisher unveröffentlichten Rede vor der Frauenuniversität stellte er am 30. Januar die Bedeutung dieses Schriftstellers für Rußland prägnant dar:

»Mit Dostojewskij hat Rußland nicht nur einen Dichter, sondern auch seinen geistigen Führer verloren.

Jede Gesellschaft wird in ihrer historischen Entwicklung vom Bösen heimgesucht. Dieses Böse läßt sich mit zweierlei Waffen bekämpfen: den weltlichen und denen des Geistes. Die weltliche Macht versucht, das Böse mit Bösem in Schach zu halten, es geht mit Strafen und Gewalt dagegen an und errichtet so eine gewisse äußerliche Ordnung. Die geistige Macht kann diese äußere Ordnung nicht als Ausdruck absoluter Wahrheit anerkennen und wird daher bemüht sein, diese Wahrheit mittels einer inneren geistigen Kraft zu verwirklichen, so daß das Böse nicht nur durch äußere Ordnung begrenzt, sondern ganz und gar vom Guten besiegt wird. Und so wie sich die höchste weltliche Macht in einer Person vereint, dem Repräsentanten des Staates, so wird die höchste geistige Macht des Volkes demjenigen zufallen, der die geistigen Ideale der Menschheit am klarsten erkennt, ihnen am unverbrüchlichsten nachstrebt und mit seinen Worten die größte Wirkung auf andere erzielt. Dostojewskij wurde solch ein geistiger Führer des russischen Volkes.

Solange die Gesellschaft auf Unwahrheit und Bosheit gegründet ist und das Wahre und Gute nur nach Verwirklichung strebt, werden solche Menschen eine andere Stellung als die den Herrschern eines Staates zukommende einnehmen. Solche Menschen werden eher als – oft verkannte – Propheten auftreten. Ihr Leben ist Mühe und Leid. Dies galt auch für Dostojewskijs Leben.

Als Nachweis seines Rechtes, geistiger Führer genannt zu werden, brauchen wir nur sein Leben zu betrachten.

Die Bezeichnung ›geistiger Führer‹ kommt nur demjenigen zu, der zunächst einmal die in der Gesellschaft herrschende Ungerechtigkeit erkennt und sein Leben dem Kampf dagegen weiht. Richtet man sich mit der Ungerechtigkeit ein und gibt sich mit ihr zufrieden, wird man unmöglich Prophet. Kann man sich nicht über das materielle Leben erheben, wird man nie in das Reich des Geistes einziehen können und schon gar nicht andere anführen.

Dostojewskijs Erstlingswerk waren die *Armen Leute,* eine originelle und lebensnahe Schilderung gesellschaftlicher Ungerechtigkeit, des Gegensatzes zwischen der inneren Würde und den äußeren Lebensbedingungen des Menschen. Doch er hielt sich nicht mit der Darstellung von realen Ungerechtigkeiten auf, wie ein gewöhnlicher Künstler es getan hätte. Als Prophet sah er nicht nur klarer als alle anderen die Existenz gesellschaftlicher Unwahrheit, sondern nahm auch auf sich, die Wahrheit zu verwirklichen, und diese Aufgabe ist die zweite notwendige Voraussetzung, ein Führer und Prophet zu werden.

In seiner Jugend wurde er Mitglied eines Kreises, der danach strebte, moralische Ideale zu verwirklichen. Wir kennen die Mittel nicht, mit denen dieses Ziel erreicht werden sollte, wir wissen nur, daß keine praktischen Ergebnisse erzielt wurden. Aber diese Menschen wurden als gefährlich eingestuft und zum Tode verurteilt. Erst kurz vor der Vollstreckung des Todesurteils wurde es in Strafarbeit umgewandelt.

Mit seinen Kameraden wurde Dostojewskij nach Sibirien verschickt. Und dort entwickelte er einen neuen Wesenszug, der ihm noch eindeutiger das Recht einräumte, ein geistiger Führer des russischen Volkes genannt zu werden: Dostojewskij verbitterte nicht ob der ihm angetanen Gewalt und bewies dadurch eine geistig-moralische Kraft, die allen anderen Kräften überlegen ist.

Aus Sibirien kehrte er ohne Groll und Haß zurück, aber mit der gleichen Wahrnehmung gesellschaftlicher Ungerechtigkeit und dem gleichen Bestreben, moralisch dagegen anzukämpfen, wie vorher. In seinen *Aufzeichnungen aus einem Totenhaus* tritt diese Ungerechtigkeit noch deutlicher zutage als in seinen ersten Erzählungen. Die Hauptfiguren des Buches, außerhalb von Gesetz und Gesellschaft stehende Verstoßene, sind nicht nur moralisch gleichwertig mit der Mehrzahl der berechtigten und privilegierten Gesellschaftsmitglieder, sondern sie sind bisweilen sogar unendlich viel besser als diese; und nicht nur in der Schilderung Dostojewskijs, sondern auch in der Realität, an die er sich immer getreu hielt.

In den folgenden Werken gewinnen seine Hauptgedanken eine neue Tiefe. Darin weist er nicht mehr auf den äußeren Gegensatz zwischen der Gesellschaft und einer moralischen Richtschnur, sondern auf den Gegensatz zwischen der geistigen Kraft und dem faktischen Zustand des Menschen hin. Und hier verkündet Dostojewskij die Überzeugung, kein moralischer Verfall, keine sittliche Niedrigkeit oder Abscheulichkeit könne die geistige Kraft des Menschen abtöten. Er ist überzeugt, daß die Menschenseele Teil der göttlichen Seele ist und daher aus jedem Elend, jeder Erniedrigung neugeboren hervorgehen kann.

Eben dies ist Dostojewskij oftmals vorgeworfen worden. Warum befaßt er sich mit finsteren Abgründen der Seele und des Lebens, warum schildert er abnorme, sittlich verkommene, lasterhafte Menschen? Von vielen wurde behauptet, seiner Ansicht nach müsse der Mensch durch diesen Sumpf hindurch, um zu sittlicher Reinheit zu gelangen. Das stimmt nicht. Hat Jesus Christus es nicht auch so gemacht, als er mit Zöllnern und Sündern verkehrte, und wurde er nicht gerade deshalb von den damaligen Schriftgelehrten und Pharisäern angeklagt? Wir Christen klagen Jesus deswegen nicht an, also sollten wir auch Dostojewskij nicht anklagen. Seine Werke predigen nicht die Notwendigkeit der Unwahrheit, sondern die Notwendigkeit, äußere wie auch innere Unwahrheit mit den Waffen des Geistes zu bekämpfen.

Trotz aller Leiden, die Dostojewskij als Folge seines Protestes gegen Ungerechtigkeit erdulden mußte, gab er seinen Protest nie auf. Doch es war seine aufrichtige Überzeugung, daß das Böse sich nicht mit Gewalt ausrotten läßt und rohe Gewalt nicht mit Gewalt bekämpft werden darf, sondern nur mit der unendlichen Macht der Liebe.

Von vielen wurde ihm auch vorgeworfen, er sei für eine Vervollkommnung der Persönlichkeit eingetreten, statt sich aktiv für die Realisierung des Guten einzusetzen; ihm wurde Asketentum unterstellt. Das ist ungerechtfertigt. Dostojewskij war kein Asket – er hatte es nicht nötig, einer zu sein. Die Märtyrerkrone wurde ihm gegen seinen Willen aufgesetzt, und die Tatsache, daß er sie ohne Groll und Haß trug, beweist allein schon, daß er über jedes Asketentum erhaben war. Dostojewskij predigt kein Asketentum, sondern die geistige Wiedergeburt des Menschen und der Gesellschaft in der unendlichen, allumfassenden Macht der Liebe, um das Reich der universellen Wahrheit und Gerechtigkeit auf Erden zu gründen. Und er verkündete dies mächtiger, überzeugender und unerschütterlicher als jeder seiner Zeitgenossen. Aus diesem Grunde betrachten wir ihn als geistigen Führer des russischen Volkes und als Prophet Gottes.«

Die Frage, wo Dostojewskij beerdigt werden sollte, wurde in der Familie seit langem erörtert. Er selbst hatte den Wunsch geäußert, im Nowodewitschij-Kloster neben Nekrasow bestattet zu werden. Die Vorstellung, zusammen mit seinen literarischen Feinden auf dem Dichterfriedhof Wolkowo zu liegen, behagte ihm gar nicht. Anna hatte statt dessen das Alexander-Newskij-Kloster vorgeschlagen. »Ich dachte, dort oben würden nur Generäle zu Grabe getragen«, hatte ihr Mann im Scherz geantwortet. »Na und«, gab Anna zurück, »bist du etwa kein General der Literatur?«

Die Verhandlungen mit der Äbtissin des Nowodewitschij-Klosters verliefen allerdings unbefriedigend. Sie verlangte einen Preis für das Grab und die Totenmesse, der Annas Mittel bei weitem überstieg. »Es blieb nichts übrig, als aufzustehen und sich von dieser Wucherin in Nonnenkleidung zu verabschieden«, erinnert sich Ljuba grimmig. Zum Glück löste sich das Problem noch an dem Abend, als sich der Metropolit-Isidor – auf Pobedonoszews energische Intervention – zögernd zu der Erlaubnis bereit erklärte, Dostojewskij im Alexander-Newskij-Kloster beerdigen zu lassen. Anna atmete erleichtert auf. Sie hatte ihren Willen bekommen und noch dazu umsonst.

Am Samstag, dem 31. Januar, war ganz Petersburg mit Blumen, Kränzen und Girlanden geschmückt. Dostojewskijs Beerdigung war die größte, die es je in Rußland gegeben hatte, und das, obwohl sich alles wie zufällig, ohne jede Planung ergab. Ein Zeitungsreporter meinte, es seien mindestens hunderttausend erschienen, um dem Dichter die letzte Ehre zu erweisen. »So etwas hat Petersburg noch nie erlebt.«

Nach der letzten Seelenmesse in der Wohnung wurde die Bahre auf die Straße hinausgetragen. Dmitrij Grigorowitsch hatte die Arrangements für das Leichenbegängnis getroffen. Seinerzeit hatte er Dostojewskij als Schriftsteller willkommen geheißen. Jetzt war die Zeit gekommen, Abschied zu nehmen.

Draußen auf der Straße wurden Autographen des Dahingeschiedenen zur Erinnerung und zum Dank für Beileidsbekundungen verteilt. Andere verkauften Porträts des Schriftstellers.

Ein Leichenwagen war nicht erforderlich. Studenten und Kollegen wollten den Sarg die vier Kilometer zum Alexander-Newskij-Kloster tragen. Hinter der vergoldeten Leichenbahre schritt Anna mit den Kindern, gefolgt von Verwandten und Freunden. Der Sarg war mit grünen, blumengeschmückten Girlanden dekoriert, außerdem mit einem Kranz der St. Petersburger Slawischen Wohltätigkeitsgesellschaft: »Für einen russischen Menschen«.

Die Glocken der Wladimir-Kirche läuteten, der Trauerzug setzte sich in Bewegung. Man intonierte den Begräbnispsalm »Heiliger Vater«. »Da war es, als ob alle, Gläubige und Ungläubige, die Nähe des Göttlichen empfanden«, schreibt ein Teilnehmer.

Der über zwei Kilometer lange Trauerzug glich fast einem Triumphzug. »Dies war kein Begräbnis«, schreibt Suworin, »es war der Triumph, die Auferstehung des Lebens.«

Ganz vorne schritten Vertreter der Ingenieurakademie. Dahinter folgten an die hundert Deputationen von Schulen, Institutionen und Vereinen. Die zahlreichen Kränze wurden an langen Stangen getragen, und die Inschriften auf den Schleifen bezeugten Dostojewskijs herausragende Position: »Für den Dichter der künstlerischen Wahrheit«, »Für den Verteidiger der Erniedrigten und Beleidigten«, »Für den Freund der Jugend«, »Von den Studenten«, »Von der Stadt Petersburg«, »Von den Kindern«, »Vom Herzen Rußlands für unseren großen Lehrmeister«.

»Wer soll hier begraben werden?« fragte ein Kutscher. »Ein General vielleicht?« Ein Student erwiderte: »Ein General? O nein – ein ehemaliger Sträfling! Er wurde vom Zar zur Zwangsarbeit verschickt, weil er die Wahrheit sagte. Glaubst du vielleicht, wir wären zur Beerdigung eines Generals gegangen?« »Weil er die Wahrheit sagte?« fragte der Kutscher, nahm die Mütze ab und bekreuzigte sich. »Gott steh' ihm bei, gegen die Wahrheit haben wir auch nichts.«

Vor der Wladimir-Kirche gab es ein Zwischenspiel: Die Polizei griff ein und beschlagnahmte Fußketten, die die Studenten zur Erinnerung, daß der Verstorbene für seine politischen Überzeugungen gelitten hatte, trugen. Die Furcht vor Demonstrationen erwies sich allerdings als unbegründet, aber zur Sicherheit hatten die Behörden angeordnet, eine Kosakenabteilung solle in der Nähe des Friedhofs exerzieren.

Fast drei Stunden brauchte der Trauerzug für seinen Weg zur letzten Ruhestätte. An die zwanzig Chöre sangen Trauerpsalmen – der Eindruck war überwältigend. Viele weinten, vor allem Frauen, »als hätten sie einen geliebten Vater oder Gatten verloren«. Jemand flüsterte Ljuba zu: »Vergiß niemals das herrliche Leichenbegängnis, das Rußland deinem Vater bereitet.« Manche erinnerten sich an die Begräbnisszene zum Schluß der *Brüder Karamasow*. Aljoscha hatte vor einer Handvoll Menschen gesprochen; der Schriftsteller selbst hatte mit seinem Tod das ganze denkende und fühlende Petersburg auf die Beine gebracht.

Als die Bahre sich dem Kloster näherte, kamen die Mönche, angeführt vom Klostervorsteher Simeon, heraus und gingen dem Verstorbenen entgegen, eine Ehre, die sonst nur dem Zar zuteil wurde. Vor der Klosterpforte herrschte großes Gedränge; Ljuba wäre fast zerquetscht worden. Grigorowitsch bat die Volksmenge laut, sich nicht in die Kirche zu drängen, dort fanden nur tausend Menschen Raum.

Endlich kam der Sarg auf seinen Platz in der Heiliggeistkirche. Die Volksmenge zerstreute sich, aber die Studenten wollten bleiben, um bei ihrem Idol zu wachen. Als der Metropolit spät am Abend die Kirche betrat, lagen die einen weinend auf den Knien, die anderen lasen aus dem Psalter. »Die Studenten lasen mit tief bewegten Stimmen und legten ihre Seele in jedes Wort«, erzählte er einige Tage später. »Man sagt, diese jungen Leute seien Atheisten und verabscheuten die Kirche. Tortzdem ist es Dostojewskij gelungen, sie zurückzuführen – er muß eine magische Kraft besessen haben.«

Da sie von vielen dazu gedrängt wurde, erklärte Anna sich einverstanden, das Begräbnis auf den 1. Februar zu verschieben, so daß jedermann Gelegenheit hatte, von Dostojewskij Abschied zu nehmen.

Als sie am Morgen mit Ljuba zum Friedhof gefahren kam, war der große Platz vor dem Kloster bereits voller Menschen. Eintrittskarten und Ausweispapiere hatte sie vergessen – mit knapper Not gelang es ihr, Zutritt zu erlangen. »Sie sind die sechste Witwe Dostojewskijs, die verlangt hat, eingelassen zu werden; irgendwann muß Schluß sein!« meinte der Polizeikommandant verärgert.

Mitten in der Kirche stand der blumenbedeckte Sarg auf einem Katafalk, umgeben von einer Unmenge von Kränzen, darüber ein Baldachin aus rotem Samt. Zu Annas großem Kummer war der Sarg geschlossen. Zahlreiche prominente Persönlichkeiten waren erschienen: der Kirchenführer Pobedonoszew, der Moskauer Bürgermeister Tretjakow, der Kultusminister Saburow, Repräsentanten des Hofes und der Akademie der Wissenschaften

Nestor, der Erzbischof von Wyborg, hielt die Liturgie, und die Weihung nahm Ioann Janyschew vor, Dostojewskijs langjähriger Freund und Rektor der Geistlichen Akademie in Petersburg. In seiner Ansprache vor der Weihung erwähnte er Dostojewskijs christliche und kirchliche Verwurzelung: »Weder Unglück noch schweres Leid vermochten diesen Schriftsteller zu brechen, der über so große Geisteskraft verfügte und von so begeistertem Glauben an die Lebensfähigkeit der orthodoxen Idee erfüllt war.« Dostojewskij sei es gelungen, selbst in der am tiefsten gesunkenen Seele zum Reinen und Erhabenen vorzudringen, fuhr Janyschew fort. »Es mag genügen, sich die Titel seiner Werke ins Gedächtnis zu rufen, um zu sehen, wen dieser Dichter beschrieb, wer seinem Herzen am nächsten stand und seine Sympathien hatte: *Arme Leute, Erniedrigte und Beleidigte, Das Totenhaus, Der Idiot.*«

Nun wurde der Sarg aus der Kirche getragen. Langsam bahnte sich der Geleitzug seinen Weg durch Deputationen, die mit gesenkten Kränzen ein Spalier bildeten. Die Grabstätte lag in der Nähe zweier Lieblingsdichter Dostojewskijs, Karamsin und Schukowskij. Karamsin hatte mit seinem Geschichtswerk bereits den Patriotismus des kleinen Fjodor geweckt, während Schukowskijs herausragende Übersetzungen ihm schon früh Glauben an die Gabe der Russen, sich in fremde Kulturen und Völker hineinzuversetzen, eingeflößt hatten. Er hatte den richtigen Platz gefunden.

Am Grab wurden zahlreiche Reden gehalten. Sein Jugendfreund Alexander Palm erinnerte an Dostojewskijs unbeugsamen Optimismus in den düsteren Stunden des Lebens, Orest Miller daran, wie er das menschliche Streben nach Vervollkommnung verkündet hatte, Konstantin Bestuschew-Rjumin an seinen glühenden Einsatz im Kampf für die Sache des slawischen Volkes. Vor allem merkte man sich Wladimir Solowjows Worte über seinen nahen Freund:

»Am meisten liebte er die lebendige menschliche Seele in allem und überall, und er glaubte, daß wir alle Diener Gottes sind. Er glaubte an die unendliche Kraft der menschlichen Seele, eine Kraft, die über jegliche äußere Gewalt und jegliche innere Niederlage triumphiert . . . Gottes und Christi Realität offenbarte sich ihm in der inneren Macht der Liebe und Verzeihung, und diese verzeihende und segnende Macht verkündete er als Voraussetzung einer Vereinigung aller Menschen in umfassender Brüderlichkeit, um das Reich der Gerechtigkeit auf Erden zu verwirklichen, nach dem er sein ganzes Leben lang gedürstet und gestrebt hatte . . . Da wir nun an seinem Grab versammelt sind, könnten wir ihn nicht besser ehren als durch unsere Einigung in dem Bewußtsein, daß Dostojewskijs Liebe *unsere* Liebe ist, Dostojewskijs Glaube *unser* Glaube. Und wenn wir in Liebe zu ihm vereint sind, so wollen wir unser Äußerstes tun, auf daß diese Liebe zu *unserer* Versöhnung beiträgt. Nur damit können wir dem geistigen Führer des russischen Volkes seine Werke und seine großen Leiden vergelten.«

Das Grab wurde mit Erde und Blumen gefüllt. »Auf Widersehen, lieber, guter, einziger Papa – auf Wiedersehen!« Das Grab war zugeschüttet – die Zukunft offen.

Zeittafel

1821	Am 30. Oktober wird dem Stabsarzt Michail Andrejewitsch Dostojewskij in Moskau ein Sohn geboren und am 4. November auf den Namen Fjodor Michailowitsch getauft.
1825	Nikolaus I. Zar von Rußland (1825–1855).
1828/29	Russisch-türkischer Krieg.
1834	Fjodor Michailowitsch kommt in das Knabenpensionat von L. J. Tschermak in Moskau.
1837	Am 27. Februar stirbt Dostojewskijs Mutter Maria Fjodorowna. Aufnahme in die Ingenieursschule der Militärakademie in Petersburg.
1838–41	Studium an der Ingenieursschule. Erste dramatische Versuche.
1839	Ermordung des Vaters durch leibeigene Bauern.
1842	Beförderung Dostojewskijs zum Leutnant.
1843	Austritt aus der Ingenieursschule, danach technischer Zeichner im Kriegsministerium zu Petersburg.
1844	Arbeit an den *Armen Leuten*. Am 19. Oktober wird Dostojewskij durch »Allerhöchsten Erlaß« im Range eines Oberleutnants verabschiedet.
1844–45	Bekanntschaft mit Nekrassow, Turgenjew und Belinskij.
1846	Der Roman *Arme Leute* erscheint mit großem Erfolg in Petersburg. *Der Doppelgänger*. Erster Kontakt zum revolutionären Kreis Petraschewskijs.

1847	*Die Zimmerwirtin* veröffentlicht. Bruch mit Belinskij.
1848	Februarrevolution in Paris.
	Weiße Nächte.
1849	Am 23. April Verhaftung und Internierung in der Peter-und-Pauls-Festung, am 19. Dezember zu Degradation und Zuchthaus verurteilt, am 22. Dezember Todesurteil und Scheinhinrichtung, dann Begnadigung durch den Zaren und endgültiges Urteil: vier Jahre Zwangsarbeit und vier Jahre Militärdienst in Sibirien.
1850–54	Abbüßung der Strafe in Omsk (Sibirien). Erste epileptische Anfälle.
1853–56	Krim-Krieg.
1854	Gemeiner Soldat im Sibirischen Linienregiment Nr. 7.
1855	Alexander II., Sohn Nikolaus' I., wird Zar von Rußland (1855–1881).
1856	Beförderung zum Unteroffizier, dann zum Fähnrich.
1857	Am 6. Februar findet in Kusnezk die Trauung mit der verwitweten Maria Dmitrijewna Issajewa statt.
1859	Am 18. März Entlassung aus dem Militärdienst im Range eines Leutnants. Aufenthalt in Twer, im Winter Rückkehr nach St. Petersburg. *Onkelchens Traum.*
1860	Gründung der Zeitschrift *Wremja* mit seinem Bruder Michail.
1861	*Erniedrigte und Beleidigte.* *Aufzeichnungen aus einem Totenhaus.*
1862	7. Juni: Erste Europareise mit Aufenthalten in Paris, London, Genf und Italien. *Eine dumme Geschichte.*
1863	Polnischer Aufstand. Zweite Auslandsreise im Sommer mit Aufenthalten in Wiesbaden, Paris, Italien. Verbot der *Wremja*. *Winterliche Aufzeichnungen über sommerliche Eindrücke.*

1864	16. April: Tod Maria Dmitrijewnas.
	10. Juni: Tod des Bruders Michail.
	Leitung der Zeitschrift *Epocha*.
	Aufzeichnungen aus dem Kellerloch.
1865	Ende Juli dritte Europareise.
	Die *Epocha* stellt ihr Erscheinen ein.
1866	Attentatsversuch auf Zar Alexander II.
	Schuld und Sühne.
	Bekanntschaft mit Anna Grigorjewna Snitkina.
1867	Verheiratung mit Anna Snitkina.
1867–71	Dostojewskij lebt mit seiner zweiten Frau im Ausland: Aufenthalte in Berlin, Dresden, Bad Homburg, Baden-Baden, Genf, Florenz.
1867	*Der Spieler*.
1868	5. März: Geburt der Tochter Sonja.
	24. Mai: Tod der Tochter Sonja.
	Der Idiot.
1869	26. September: Geburt der Tochter Ljubow.
1870/71	Deutsch-französischer Krieg.
1870	*Der ewige Gatte*.
1871	Im Juli Rückkehr nach Petersburg.
	Geburt des Sohnes Fjodor.
	Die Dämonen.
1873	Eintritt in die Redaktion der Zeitschrift *Graschdanin*.
	Tagebuch eines Schriftstellers.
1874	Herbst und Winter in Staraj Russa.
1875	Reise nach Bad Ems zur Behandlung seines Emphysems.
	10. August: Geburt des Sohnes Aljoscha.
	Der Jüngling.
1876–77	Fortführung des *Tagebuchs eines Schriftstellers* (darin u. a. *Die Sanfte, Der Traum eines lächerlichen Menschen*). Sommeraufenthalt in Bad Ems.
1877/78	Russisch-türkischer Krieg.
1878	Aufnahme in die kaiserliche Akademie der Wissenschaften als korrespondierendes Mitglied.
	16. Mai: Tod des Sohnes Aljoscha.

1878–80	*Die Brüder Karamasow.*
1880	Am 8. Juni hält Dostojewskij in der Sitzung des »Vereins der Liebhaber Russischer Literatur« seine berühmte Rede zur Puschkin-Feier in Moskau.
1881	*Tagebuch eines Schriftstellers* mit der Puschkin-Rede. Am 28. Januar abends Tod Dostojewskijs. Am 31. Januar feierliche Beisetzung auf dem Friedhof des Alexander-Newskij-Klosters in Petersburg. Alexander III., Sohn Alexanders II., Zar von Rußland (1881–1894).

Bibliographie

Die Literatur über Dostojewskij verliert zunehmend an Übersichtlichkeit. Mittlerweile erscheinen Jahr für Jahr etliche hundert wichtige Arbeiten, die meisten über seine Romane.

Diese Bibliographie wurde auf der Grundlage der Dostojewskij-Karteien an der Leninbibliothek, der Universitätsbibliothek Helsingfors und der Osloer Universitätsbibliothek erarbeitet. Sie umfaßt nur Werke, die für die Entstehung dieses Buches von Bedeutung waren; in den belletristischen Bereich gehörende Biographien wurden daher nicht aufgenommen. Im Hinblick auf Quellen möchte ich besonders auf die nach der allgemeinen Bibliographie für jedes einzelne Kapitel genannten Titel hinweisen.

1. TEXTAUSGABEN

(a) Auf russisch

Dostoevskij, F. M.: *Pis'ma,* tt. I–IV, Moskva-Leningrad; t. I – 1928; t. II – 1930; t III – 1934; t. IV – 1959.

Dostoevskij, F. M.: *Polnoe sobranie sočinenij, t. I, Biografija, pis'ma i zametki iz zapisno knižki,* SPb. 1883.

Dostoevskij, F. M.: *Polnoe sobranie sočinenij v tridcati tomach,* tt. I–XXV, Leningrad 1972–1983.

Dostoevskij, F. M.: *Sobranie sočinenij v desjti tomach,* Moskva 1956–1985.

F. M. Dostoevskij – A. G. Dostoevskaja: *Perepiska,* Moskva 1979.

F. M. Dostoevskij: Novye materialy i issledovanija, Literaturnoe nasledstvo, t. 86, Moskva 1973.

F. M. Dostoevskij v rabote nad romanom Podrostok. Tvorčeskie rukopisi, Literaturnoe nasledstvo, t. 77, Moskva 1965.

Neizdannyj Dostoevskij. Zapisnye Knižki i tetradi. 1860–1881 gg., Literaturnoe nasledstvo, t. 83, Moskva 1971.

(b) Auf deutsch (Auswahl)

Sämtliche Werke. Unter Mitarbeit von Dmitri Mereschkowski hg. von Arthur Moeller van den Bruck. Übers. von E. K. Rahsin. 22 Bde. München (Piper) 1906–1919; Rev. Dünndruck-Neuausgabe, 10 Bde. 1953; Neuauflage 1980. Div. Einzelausgaben: Serie Piper.

Sämtliche Romane und Novellen. Übers. von Hermann Röhl. 25 Bde. Leipzig (Insel) 1921 (Bibliothek der Romane). Taschenbuch-Neuausgabe, übers. von Hermann Röhl und Karl Nötzel, 16 Bde., Frankfurt/M. (Insel) 1986.

Gesammelte Werke, 20 Bde., hrsg. v. Gerhard Dudek u. Michael Wegner, Berlin u. Weimar (Aufbau-Verlag) 1980 ff.

Sämtliche Werke, übers. von F. Bennewitz, M. Gras-Racič, J. Hahn, R. Hoffmann, M. Kegel, H. Kolls, A. Luther, R. Neuhäuser, R. E. Riedt, H. Ruoff und E. Walter. München (Winkler), Auflagen von 1958 bis 1980.

Taschenbuch-Lizenzausgaben der Winkler- und Piper-Bände bei dtv.

Meistererzählungen. Herausgegeben, übersetzt und mit einem Nachwort von Johannes von Guenther. Zürich (Diogenes-Taschenbuch) 1982.

Die Brüder Karamasow, übersetzt von Werner Creutziger; *Der Idiot,* übersetzt von H. von Hoerschelmann, *Schuld und Sühne,* übersetzt von Brigitte Klaas und *Der Spieler,* übersetzt von Karl Nötzel, München (Goldmann Klassiker mit Erläuterungen).

Arme Leute, übersetzt von Christine Ganzer, *Aufzeichnungen aus einem Kellerloch,* übersetzt von Geier, *Der Großinquisitor,* übersetzt von Röhl, *Die Sanfte,* übersetzt von Johannes von Guenther und *Weiße Nächte,* übersetzt von Johannes von Guenther, Stuttgart (reclam), Auflagen von 1969–85.

Tagebuch eines Schriftstellers. Hrsg. und übers. von Alexander Eliasberg, 4 Bde., München (Musarion) 1921–24.

Gesammelte Briefe 1833–1881, übersetzt, hrsg. u. kommentiert von Friedrich Hitzer, München (Piper) 1966.

Briefe, übers. von Waltraud und Wolfram Schröder und Andreas Pham, 2 Bde., Leipzig (Insel) 1984.

Dostojewskij, Fjodor M. und Anna G. Dostojewskaja: *Briefwechsel 1866–1880.* Deutsch von Brigitta Schröder, Berlin/Ost (Rütten & Loening) 1982 und Athenäum-Ausgabe, 1986.

2. WERKE ÜBER DOSTOJEWSKIJS LEBEN

Belov, S. V.: »Bibliografičeskij ukazatel'«, *F. M. Dostoevskij v vospominanijach sovremennikov,* t. II, Moskva 1964, pp. 478–489.

Bograd, G. L. *et al.*: *Literaturno-memorial'nyj muzej F. M. Dostoevskogo,* Leningrad 1981.

Chlebnikov, A. V.: *Fedor Michajlovič Dostoevskij. Biografija. Ego sočinenija. Poslednie minuty ego žizni. Provody tela, pochorony ego i ovacii russkogo obščestva,* Moskva 1881.

Češichin-Vetrinskij, V. E. (Češichin, V. E.): *F. M. Dostoevskij v. vospominanijach sovremennikov i ego pis'mach čč. I–II,* Moskva 1923.

Dnevnik A. G. Dostoevskoj 1867 g., Moskva 1923.

Dostoevskaja, A. G.: *Vospominanija,* Moskva 1925, 1971, 1981. Deutsche Übers.: *Erinnerungen. Das Leben Dostojewskijs in den Aufzeichnungen seiner Frau.* Hrsg. von Fülöp-Miller, René u. F. Eckstein, übers. von Dmitri Umanski. München (Piper) 1925, 3. Aufl. 1980; *Erinnerungen.* Übers. von Brigitta Schröder, Berlin/Ost (Rütten & Loening) 1976. Sowie: Dostoevskaja, Anna G.: *Tagebücher. Die Reise in den Westen,* übers. von Barbara Conrad, Königstein/Ts. (Athenäum) 1985.

Dostojewskij. Geschildert von seiner Tochter A. Dostojewski, München 1920.

Dostoevskij, A. M.: *Vospominanija,* Leningrad 1930.

Dragomanov, M. P.: Biografija Dostoevskogo, *CGALI,* f. No 1065, ed. chr. No 3, op. No 1.

F. M. Dostoevskij v vospominanijach sovremennikov, tt. I–II, Moskva 1964.

Grossman, L. P.:»Materialy k biografii F. M. Dostoevskogo. (Daty i dokumenty)«, F. M. Dostoevskij: *Sobranie sočinenij v desjati tomach,* t.X., Moskva 1958, pp. 531–620.

Grossman, L. P.:»Glavy iz biografii Dostoevskogo«, Učenye zapiski Moskovskogo gorodskogo pedagogičeskogo instituta im. V. P. Potemkina, t. XCVIII, 1959, pp. 253–290.

Grossman, Leonid: *Dostoevskij na žiznennom puti,* vyp. I, *Molodost' Dostoevskogo. 1821–1850,* Moskva 1928.

Grossman, Leonid: *Žizn'i trudy F. M. Dostoevskogo. Biografija v. datach i dokumentach,* Moskva–Leningrad 1935.

Ljubimov, S.:»K voprosu o genealogii Dostoevskogo«, F. M. Dostoevskij. Stat'i i materialy, II, Leningrad–Moskva 1924, pp. 303–306.

Miller, Or:»Materialy dlja žizneopisanija F. M. Dostoevskogo«, F. M. Dostoevskij: *Polnoe sobranie sočinenij,* t. I, *Biografija, pis'ma i zametki iz zapisnoj knižki,* SPb. 1883, pp. 3–176.

Nečaeva, V. S. (red): *Fedor Michajlovič Dostoevskij v portretach, illjustracijach, dokumentach,* Moskva 1972.

Nečaeva, V. S.: *Rannij Dostoevskij 1821–1849,* Moskva 1979.

Neufeld, Jolan: *Dostojewski. Skizze zu seiner Psychoanalyse,* Leipzig–Wien–Zürich 1923.

Nikol'skij, Ju.: *Turgenev i Dostoevskij. Istorija odnoj vraždy,* Sofija 1921.

Nötzel, Karl: *Das Leben Dostojewskis,* Leipzig 1925.

Onasch, Konrad: *Dostojewskij-Biographie,* Zürich 1960.

Piksanov, N. K. (red.): *Iz archiva Dostoevskogo. Pis'ma russkich pisatelej*, Petrograd 1923.
Rumjanceva, E. M.: *Fedor Michajlovič Dostoevskij. Biografija pisatelja*, Leningrad 1971.
Saruchanjan, Evgenija: *Dostoevskji v Peterburge*, Leningrad 1970.
Slonim, Mark: Tri ljubvi Dostoevskogo, N'ju Jork 1953.
Strachov, N. N.: »Vospominanija o Fedore Michajloviče Dostoevskom«, F. M. Dostoevskij: *Polnoe sobranie sočinenij*, t. I, *Biografija, pis'ma i zametki iz zapisnoj knižki*, SPb. 1883, pp. 177–329.
Suslova, A. P.: *Gody blizosti s Dostoevskim. Dnevnik – povest' – pis'ma*, Moskva 1928. Auf deutsch: Suslowa, Polina: *Dostojewskijs ewige Freundin*, hrsg. v. René Fülöp-Miller u. F. Eckstein, München (Piper) 1931.
Svencickij, V.: *Žizn' F. M. Dostoevskogo*, Moskva 1911.
Thomassen, Ejnar: *F. M. Dostojefski. En Livsskildring*, Kobenhavn 1941.
Volockoj, M. V.: *Chronika roda Dostoevskogo 1506–1933*, Moskva 1933.
Vrangel', A. E.: *Vospominanija o F. M. Dostoevskom v. Sibiri 1854–56 gg.*, SPb. 1912.
Ženevskij dnevnik A. G. Dostoevskoj, Literaturnoe nasledstvo, t. 86, Moskva 1973, pp. 167–282.

3. WERKE ÜBER DOSTOJEWSKIJS LEBEN UND WERK

Anciferov, N. P.: *Peterburg Dostoevskogo*, Pb. 1923.
Arban, Domenique: *Les années d'apprentissage de Fiodor Dostoïevski*, Paris 1968.
Batjuto, A. I.: »Dostoevskij i Turgenev v 1860–1870 e gody. (Tol'ko li 'istorija vraždy'?)«, *Russkaja literatura*, 1979, No 1, pp. 41-64.
Bursov, B.: *Ličnost' Dostoevskogo*, Leningrad 1979.
Carr, Edward Hallett: *Dostoevsky 1821–1881*, London 1962.
Catteau Jacques: *La création littéraire chez Dostoïevski*, Paris 1978.
Dolinin, A. S. (red.): *F. M. Dostoevskij. Stat'i i materialy*, I, SPb. 1922.
Dostoevskij i ego vremja, Leningrad 1971.
Dostoevskij. Materialy i issledovanija, tt. 1–5, Leningrad 1974–1983.
Frank, Joseph: *Dostoevsky. The Seeds of Revolt, 1821–1849*, Princeton 1976.
Frank, Joseph: *Dostoevsky. The Years of Ordeal, 1850–1859*, Princeton 1983.
Gide, André: Dostoïevsky (Articles et causeries), Paris 1923.
Gozenpud, A. A.: *Dostoevskij i muzyka*, Leningrad 1971.
Grossman, L.: *Seminarij po Dostoevskomu. Materialy, bibliografija i kommentarii*, Moskva–Petrograd 1922.
Grossman, L. P. (red.): *Tvorčestvo Dostoevskogo. 1821 – 1881 – 1921. Sbornik statej i materialov*, Odessa 1921.
Grossman, Leonid: *Put' Dostoevskogo*, Moskva 1928.

Grossman, Leonid: *Dostoevskij*, Moskva 1962, 1965. Englische Übers.: *Dostoevsky. A Biography*, London 1974.

Gönner, Gerhard: *Fjodor M. Dostojewskij*, Salzburg 1981.

Hingley, Ronald: *Dostoyevsky. His Life and Work*, London 1978.

Karlova, T. S.: *Dostoevskij i russkij sud*, Kazan' 1975.

Kirpotin, V.: *Dostoevskij v šestidesjatye gody*, Moskva 1966.

Kirpotin, V. Ja.: *F. M. Dostoevskij. Tvorčeskij put' (1821–1859)*, Moskva 1960.

Kirpotin, V. Ja.: *Mir Dostoevskogo. Etjudy i issledovanija, Moskva 1980.*

Kjetsaa, Geir: *Dostoevsky and his New Testament*, Oslo-New Jersey 1984. (= Slavica Norvegica, 3.)

Krag, Erik: *Dostojevskij*, Oslo 1962. Englische Übers.: *Dostoevsky. The Literary Artist*, Oslo–New York 1976.

Kulešov, V. I.: *Žizn'i tvorčestvo F. M. Dostoevskogo. Očerk*, Moskva 1979.

Lagerlöf, Karl Erik: *Dostojevskij. Liv och dikt*, Stockholm 1978.

Lavrin, Janko: *Fjodor M. Dostojevskij*, Hamburg 1981.

Leatherbarrow, William J.: *Fedor Dostoevsky*, Boston 1981.

Levander, Hans: *Fjodor Dostojevskij*, Stockholm 1963.

Magarshack, David: *Dostoevsky*, London 1962.

Maurina, Zenta: *Dostojevskij*, Stockholm 1951.

Močul'skij, Konstantin: *Dostoevskij, Žizn' i tvorčestvo*, Paris 1947. Engelsk overs.: *Dostoevsky. His life and work*, Princeton 1967.

Othman, Hans: »Dostojevskij och verkligheten«, *Fenix*, Nr. 1, Årgang 2 (1984), pp. 18–136.

Pascal Pierre: *Dostoïevski. L'homme et L'œuvre*, Lausanne 1970.

Pokrovskij, V. (red.): *Fedor Michajlovič Dostoevskij. Ego žizn' i sočinenija. Sbornik istoriko-literaturnych statej*, č. I, Moskva 1908; č. II, Moskva 1912.

Seleznev, Jurij: *Dostoevskij*, Moskva 1981.

Stief Carl: *Om at læse Dostojesvkij*, København 1965.

Yarmolinsky Avrahm: *Dostoevsky. Works and Days*. New York 1971.

Zamotin, I. I.: *F. M. Dostoevskij. Sistematičeskij obzor i istoriko-literaturnyi analiz biografičeskich materialov i kritiki o F. M. Dostoevskom*, Warszawa 1912–1913.

4. WERKE ÜBER DOSTOJEWSKIJS WERK

Allain, Louis: *Dostoîevski et Dieu: La morsure du divin*, Lille 1981.

Bachtin, M. M.: *Problemy poetiki Dostoevskogo*, Moskva 1963, 1972, 1979. Englische Übers.: *Problems of Dostoevsky's poetics*, Ann Arbor 1973.

Belkin, A. A. (red.): *F. M. Dostoevskij v russkoj kritike*, Moskva 1956.

Berdyaev, Nicholas: *Dostoevsky*, Cleveland-New York 1969.

Braun, Maximilian: *Dostojewskij. Das Gesamtwerk als Vielfalt und Einheit*, Göttingen 1976.

488

Burnett, Leon (red.): *F. M. Dostoevsky (1821–1881): A Centenary Collection*, Essex 1981.
Dmitrieva, L. S.: *Literaturno-estetičeskaja koncepcija F. M. Dostoevskogo (na materiale Dnevnika pisatelja)*, Diss., Avtoreferat, Doneck 1974.
Drouilly, Jean: *La pensée politique et réligieuse de Dostoïvski*, Paris 1971.
Egeberg, Erik et. al.: *Streiftog i Dostojevskijs verden*, Oslo 1982.
Fasting, Sigurd: *Dostojevskij*. Utgitt med et forord av Jostein Børtnes, Oslo 1983.
Fridlender, G.: *Dostoevskij i morivaja literatura*, Moskva 1979.
Fridlender, G. M.: »Nauka o Dostoevskom segodnja. (Spornye voprosy. Iskanija. Problemy)«, *Russkaja literatura*, 1971, No 3, pp. 3–23.
Gibson, A. Boyce: *The Religion of Dostoevsky*, London 1973.
Gražis, P. I.: *Dostoevskij i romantizm*, Vil'njus 1979.
Grišin, D. V.: *Dostoevskij – čelovek, pisatel' i mify. Dostoevskij i ego Dnevnik pisatelja*, Melbourne 1971.
Grosman, Leonid: *Tvorčestvo Dostoevskogo*, Moskva 1928.
Grønbech, Vilh.: *Dostojeski og hans Rusland*, København 1948.
Hansen, Knud: *Dostojevskij*, København 1973.
Holquist, Michael: *Dostoevsky and the Novel*, Princeton 1977.
Ivanov, Vyacheslav: *Freedom and the Tragic Life. A Study in Dostoevsky*, New York 1966.
Iwanow, Wjatscheslaw: *Dostojewski. Tragödie – Mythos – Mystik*, Tübingen 1932.
Jackson, Robert Louis: *Dostoevsky's Quest for Form. A Study of His Philosophy of Art*, New Haven–London 1966.
Jackson, Robert Louis: »The testament of F. M. Dostoevskij«, *Russian Literature*, 4, 1973, pp. 87–99.
Jackson, Robert Louis: *The Art of Dostoevsky. Deliriums and Nocturnes*, Princeton 1981.
Jackson, Robert Louis (ed.): *Dostoevsky, New Perspectives*, Englewood Cliffs 1984.
Jones, John: *Dostoyevsky*, Oxford 1983.
Jones, Malcolm V.: *Dostoevsky. The Novel of Discord*, London 1976.
Jones, Malcolm V./Terry, Garth M. (eds.): *New Essays on Dostoyevsky*, Cambridge 1983.
Kabat, Geoffrey C.: *Ideology and Imagination. The Image of Society in Dostoevsky*, New York 1978.
Kantor, V.: *Brat'ja Karamazovy F. Dostoevskogo*, Moskva 1983.
Kirpotin, V. Ja.: *Razočarovanie i krušenie Rodiona Raskol'nikova. Kniga o romane F. M. Dostoevskogo Prestuplenie i nakazanie*, Moskva 1970.
Kirpotin, V. Ja.: *Dostoevskij-chudožnik. Etjudy i issledovanija*, Moskva 1972.
Kirpotin, V.: *Dostoevskij i Belinskij*, Moskva 1976.
Kjetsaa, Geir (red.): *Dostojevskijs roman om Raskolnikov*, Oslo 1973.
Kjetsaa, Geir: *Dostojevskij og Tolstoj. Essays*, Oslo 1977.

Kjetsaa, Geir: *Lutring gjennom lidelse. Om Dostojevskijs Brødrene Karamasov*, Oslo 1980.

Linnér, Sven: *Dostoevskij on Realism*, Stockholm 1967.

Linnér, Sven: *Starets Zosima in The Brothers Karamazov. A study in the mimesis of virtue*, Stockholm 1975.

Linnér, Sven: *Dostojevskij. Helgonbild och livsmystik*, Stockholm 1982.

Losskij, N.: *Dostoevskij i ego christianskoe miroponimanie*, N'ju Jork 1953.

Merežkovskij, D. S.: *L. Tolstoj i Dostoevskij*, SPb. 1901.

Middleton, Murry, J.: *Fyodor Dostoevsky. A. Critical Study*, Boston 1924.

Morson, Gary Saul: *The Boundaries of Genre. Dostoevsky's Diary of a Writer and the Traditions of Literary Utopia*, Austin 1981.

Nazirov, R. G.: *Tvorčeskie principy F. M. Dostoevskogo*, Saratov 1982.

Neuhäuser, Rudolf: *Das Frühwerk Dostoevskijs. Literarische Tradition und gesellschaftlicher Anspruch*, Heidelberg 1979.

Onasch, Konrad: *Dostojewski als Verführer. Christentum und Kunst in der Dichtung Dostojewskis. Ein Versuch*, Zürich 1961.

Onasch, Konrad: *Der verschwiegene Christus. Versuch über die Poetisierung des Christentums in der Dichtung F. M. Dostojewskis*, Berlin 1976.

Rowe, William Woodin: *Dostoevsky. Child and Man in His Works*, New York-London 1968.

Rozanov, V. V.: *Legenda o Velikom Inkvizitore*, SPb. 1906. Englische Übers.: *Dostoevsky and the Legend of the Grand Inquisitor*. Ithaca-London 1972.

Rozenbljum, L. M.: *Tvorčeskie dnevniki Dostoevskogo*, Moskva 1981.

Seduro Vladimir: *Dostoyevski in Russian Literary Criticism 1846–1956*. New York 1957.

Shestov, Lev: *Dostoevsky and Nietzsche: The Philosophy of Tragedy*. Spencer E. Roberts (ed.): *Essays in Russian Literature: The Conservative View: Leontiev – Rozanov – Shestov*, Athen 1968, pp. 3–183.

Sokolovskaja, A. I.: *Dostoevskij i romantizm*, Diss., Avtoreferat, Moskva 1975.

Steffensen, Eigil: *Dostojevskijs store romaner*, København 1971.

Steiner, George: *Tolstoy or Dostoevsky*, London 1967.

Stief, Carl: *Den russiske nihilisme. Baggrunden for Dostoevskijs roman De Besatte*, København 1969.

Terras, Victor: *The young Dostoevsky 1846–1849. A critical study*. The Hague-Paris 1969.

Terras, Victor: *A Karamazov Companion. Commentary on the Genesis, Language, and Style of Dostoevsky's Novel*, Madison 1981.

Tunimanov, V. A.: *Tvorčestvo Dostoevskogo 1854–1862*, Leningrad 1980.

Tvorčestvo F. M. Dostoevskogo, Moskva 1959.

Villadsen, Preben: *The Underground Man and Raskolnikov. A Comparative Study*, Odense 1981. (= Odense University Slavic Studies, Vol. 3.)

Volynskij, A. L.: *Dostoevskij*, SPb. 1909.

Wasiolek, Edward: *Dostoevsky. The Major Fiction*, Cambridge, Mass. 1964.
Wellek, René (ed.): *Dostoevsky. A Collection of Critical Essays*, Englewood Cliffs 1962.
Wikström, Owe: *Raskolnikov. Om den kluvnes väg mot helhet i Dostojevskijs Brott och straff. En religionspsykologisk studie*, Avesta 1982.
Zundelovič, Ja. O.: *Romany Dostoevskogo. Stat'i*, Taškent 1963.

5. ANDERE QUELLEN

1   Kindheit und Jugend

Alekseev, G.: »Dom, gde rodilsja pisatel'«, *Večernij Leningrad*, No 247, 19/X–1971.
Fedorov, G.: »Drašusovy i pansioniško Tušara«, *Literaturnaja Gazeta*, No 29, 17/VII–1974.
Fedorov, G.: »Sel'co Darovoe«, *Za novuju žizn'*, No 135 (9153), 10/XI – 1981; No 136 (9154), 12/XI–1981.
Fedorov, G. A.: »Pansion L. I. Čermaka v 1834–1837 gg. (Po novym materialam)«, *Dostoevskij. Materialy i issledovanija*, t. I, Leningrad 1974, pp. 241–254.
Kačenovskij, Vlad.: »Moi vospominanija o F. M. Dostoevskom«, *Moskovskie Vedomosti*, No 31, 31/I–1881.
Krag, Erik: »Dostoevskij og hans barndomshjem«, *Frisprog*, 11/X–1958; 8/XI–1958; *Ord och Bild*, 72, 1963, pp. 423–431.
Nečaeva, V.: »Iz literatury o Dostoevskom. (Poezdka v Darovoe)«, *Novyj mir*, 1926, No 3, pp. 128–144.
Nečaeva, V. S.: *V sem'e i usad'be Dostoevskich. (Pis'ma M. A. i M. F. Dostoevskich)*, Moskva 1939.
»Novoe o Dostoevskom«, *V mire knig*, 1966, No 9, p. 47.
Onasch, Konrad: »Dostoevskij's ›Kinderglaube‹«, *Canadian-American Slavic Studies*, 12, No 3 (Fall 1978), pp. 377–381.
Poljancev, V.: »Literaturnyj Zarajsk«, *V mire knig*, 1970, No 11, pp. 44–45.
Poslužnoj spisok M. A. Dostoevskogo (otca pisatelja) 1809–1822, *GLM*, of. 4812.
Šnejder, A. P.: »Neskol'ko pamjatnych slow o Dostoevskom«, *CGALI*, f. No 909, op. No 1, ed. chr. No 3.
Špadaruk, I.: »Nedaleko ot Pinska«, *Neman*, 1971, No. 11, pp. 187–189.
Sto četyre svjaščennye istorii Vetchogo i Novogo zaveta, vybrannye dlja upotreblenija junošestva iz Svjaščennogo Pisanija, i snab dennye poleznymi nravoučenijami, blagočestivymi razmyslenijami i jasnymi voprosami Ivanom Gibnerom i Ivanom Flekom; nyne že dlja nazidanija Rossijskogo junošestva i upotreblenija v učiliščach vnov' perevedennye, ispravlennye i dopolnennye, čč. I–II, SPb. 1819.

491

Alekseev, M. P.: *Rannij drug F. M. Dostoevskogo,* Odessa 1921.

Anciferov, N. P.; *Peterburg Dostoevskogo,* Pb. 1923.

Annenkov, P. V.:»Iz 'Zamečatel'nogo desjatiletija'«, *F. M. Dostoevskij v vospominanijach sovremennikov,* t. I, Moskva 1964, pp. 137–139.

Baršt, K./Torop, P.:»Rukopisi Dostoevskogo: risunok i kalligrafija«, *Tekst i kul'tura. Trudy po znakovym sisteman XVI,* Tartu 1983, pp. 135 bis 152.

Busch, R. L.:»Dostoevskij's Translation of Balzac's *Eugénie Grandet«, Canadian Slavonic Papers,* vol. XXV, No 1, March 1983, pp. 73–89.

Carr, E. H.:»Was Dostoyevsky an Epileptic?«, *The Slavonic (and East European) Review,* vol. IX, 1930–1931, pp. 424–431.

Chlebnikov, K. D.:»Zapiski«, *Russkij Archiv,* 1907, kn. I, vyp. 3, pp. 377–451.

Dostoevskij, A. M.:»O F. M. Dostoevskom. Pis'mo k izdatelju«, *Novoe Vremja,* No 1778, 8/II–1881.

Dostoevskij, A. M.:»Ešče o bolezni F. M. Dostoevskogo«, *Novoe Vremja,* No 1798, 1/III–1881.

Fedorov, G.:»Sel'co Darovoe«, *Za novuju žizn',* No 139 (9157), 19/XI–1981; No 140 (9158), 21/XI–1981; No 142 (9160), 26/XI–1981.

Fedorov, G.:»K biografii F. M. Dostoevskogo: Domysly i logika faktov«, *Literaturnaja Gazeta,* No 25, 18/VI–1975. Engelsk overs.:»Conjecture and the logic of facts«, *Soviet Literature,* 1975, No 10 (331), pp. 87–93.

Frank, Joseph:»Freud's case-history of Dostoevsky«, *Times Literary Supplement,* July 18, 1975.

Freud, Sigmund:»Dostojewski und die Vatertötung«, *Gesammelte Werke,* B. 14, Frankfurt a. M. 1968, pp. 399–418.

Grigorovič, D. V.:»Iz ›Literaturnych vospominanij'‹«, *F. M. Dostoevskij v vospominanijach sovremennikov,* t. I, Moskva 1964, pp. 121–136.

Jakubovič, I. D.:»Dostoevskij v Glavnom inženernom učilišče. (Materialy k letopisi žizni i tvorčestva pisatelja)«, *Dostoevskij. Materialy i issledovanija,* t. 5, Leningrad 1983, pp. 179–186.

Justman, Stuart:»The Strange Case of Dostoevsky and Freud. A Lesson in the Necessity of Imagination«, *Gipsy Scholar,* Vol. 2, 1975, pp. 94–101.

Kirpotin, V.:»Oprovergnutaja versija«, *Literaturnaja Gazeta,* No 25, 18/VI–1975; *Mir Dostoevskogo,* Moskva 1980, pp. 362–369. Englische Übers.:»A story refuted«, *Soviet Literature,* 1975, No 10 (331), pp. 93–97.

Kjetsaa Geir:»To Dostojevskij-legender«, *Dostojevskij og Tolstoj. Essays,* Oslo 1977, pp. 16–27.

Knigge, A. v., *Über den Umgang mit Menschen,* Hannover 1792–1793.

Konečnyj, A.: »Dostoevskij v Revale«, *Sovetskaja Estonija*, No 2, 3/I – 1971; *Voprosy literatury*, 1971, No 5, pp. 249–250.

Konečnyj, A. M.: »Dostoevskij v 1840-e gody«, *Dostoevskij i ego vremja*, Leningrad 1971, pp. 280–283.

Krag, Erik: »Zur Frage von Dostojevskis Vater und dem Vatermorde in Den Brüdern Karamazov«, *Studi in onore di Ettore Lo Gatto e Giovanni Maver*, Roma 1962, pp. 361–367.

Pauly, Robert: »L-épilepsie de Dostoievsky«, *Journal de Médicine de Bordeau*, No 8, Aug. 1948, pp. 337–345.

Piscova, A. Z.: »Neizvestnye pis'ma M. M. Dostoevskogo o brate – znameniton romaniste«, *Vestnik Leningradskogo universiteta*, 2, vyp. 1, janvar' 1972, pp. 152–157.

Prochorov, Gr.: »Počemu Dostoevskij vyšel v otstavku«, *Literaturno-chudožestvennyj sbornik Krasnoj panoramy*, Leningrad 1929, pp. 46 bis 48.

Rice, James L.: »Dostoevsky's Medical History: Diagnosis and Dialectic«, *The Russian Review*, vol. 42, 1983, pp. 131–161.

Rizenkampf, A. E.: »Načalo literaturnogo poprišča«, *F. M. Dostoevskij v vospominanijach sovremennikov*, t. I, Moskva 1964, pp. 111–118.

Rizenkampf, A. E.: »Vospominanija o Fedore Michajloviče Dostoevskom«, *Literaturnoe nasledstvo*, t. 86, Moskva 1973, pp. 322–331.

Rozental', T. K.: »Stradanie i tvorčestvo Dostoevskogo. Psichogenetičeskoe issledovanie«, *Voprosy izučenija i vospitanija ličnosti*, 1919, No 1, pp. 88–107.

Saval'ev, A. I.: »Vospominanija o F. M. Dostoevskom«, *F. M. Dostoevskij v vospominanijach sovremennikov*, t. I, Moskva 1964, pp. 96–104.

Savel'ev, Al.: »Pamjati D. V. Grigoroviča. (Prebyvanie ego v Glavnom Inženernom učilišče)«, *Russkaja Starina*, 1900, t. CIII, No 8, pp. 327 bis 336.

Schmidl, Fritz: »Freud and Dostoevsky«, *Journal of the American Psychoanalytic Association*, vol. 13, 1965, pp. 518–532.

Semenov-Tjan Šanskij, P. P.: »Iz ,Memuarov'«, *F. M. Dostoevskij v vospominanijach sovremennikov*, t. I, Moskva 1964, pp. 201–221.

Sollers, Philippe: »Dostoïevski, Freud la roulette«, *Tel Quel*, 1978, t. 76, pp. 9–17.

Stonov, Dmitrij: »Sel'co Darovoe. Očerk«, *Krasnaja niva*, 1926, No 16, pp. 18–19.

Trutovskij, K. A. »Vospominanija o Fedore Michajloviče Dostoevskom«, *F. M. Dostoevskij v vospominanijach sovremennikov*, t. I, Moskva 1964, pp. 105–110.

Vypiska iz konduitnogo spiska G. g. ober-oficerov Inženernogo Učilišča za 1841 god, sostavlennogo 20-go ijunja 1842 goda. *GLM.*

Zschokke, Heinrich: *Stunden der Andacht zur Beförderung wahren Christenthums und häuslicher Gottesverehrung*, 1–12, Aarau 1837–1838.

Børtnes, Jostein:»Kristologi og romandiktning – noen problemer i Dostojevskijs poetikk«, *Streiftog i Dostojevskijs verden,* Oslo 1982, pp. 11–31.

Dolinin, A. S.:»Dostoevskij sredi petraševcev«, *Zven'ja,* VI, Moskva-Leningrad 1936, pp. 512–545.

Dryžakova, E.:»Mečtatel'stvo i terrorizm. Put' F. M. Dostoevskogo v tajnuju semerku«, *Grani,* 1981, t. 121, pp. 164–211.

Grossmann, L. P./Polonskij, Vjač: *Spor o Bakunine. Stat'i,* Leningrad 1926.

Janovskij, S. D.:»Bolezn' F. M. Dostoevskogo«, *Novoe Vremja,* No 1793, 24/II–1881.

Janovskij, S. D.:»Vospominanija o Dostoevskom«, *F. M. Dostoevskij v vospominanijach sovremennikov,* t. I, Moskva 1964, pp. 153–175.

Kann, P. Ja.: *Petraševcy,* Leningrad 1968.

Komarovič, V. L.:»Junost' Dostoevskogo«, *Byloe,* 1924, No 23, pp. 3 bis 43.

Lejkina, V. R.:»Petraševec N. A. Spešnev. (K 75-letiju dela petraševcev)«, *Byloe,* 1924, No 25, pp. 12–31.

Lejkina-Svirskaja, V. R.: *Petraševcy,* Moskva 1965.

Letkova-Sultanova, E. P.:»O. F. M. Dostoevskom«, *F. M. Dostoesvkij v vospominanijach sovreminnikov,* t. II, Moskva 1964, pp. 379–398.

Ljaskovskij, A. I.: *F. M. Dostoevskij, Tjur'ma, ešafot, katorga, ssylka,* Berlin 1937.

Luckaja, N. N.: *Fel'eton v. tvorčestve F. M. Dostoevskogo,* Diss., Avtoreferat, Moskva 1982.

Masaryk, Thomas Garrigue: *The Spirit of Russia. Studies in History, Literature and Philosophy,* Vol. I, London 1961.

Miljukov, A. P.:»Fedor Michajlovič Dostoevskij«, *F. M. Dostoevskij v vospominanijach sovremennikov,* t. I, Moskva 1964, pp. 179–200.

Ovsjannikova, N. P.:»Rasskaz A. N. Majkova o. F. M. Dostoevskom i petraševcach«, *Istoričeskij archiv,* 1956, No. 3, pp. 222–226.

Panaeva, A. Ja.:»Iz 'Vospominanij'«, *F. M. Dostoevskij v vospominanijach sovremennikov,* t. I, Moskva 1964, pp. 140–143.

Poddubnaja, R. N.:»Kružok Beketovych v idejnych iskanijach F. M. Dostoevskogo«, *Voprosy russkoj literatury,* vyp. 2 (24), L'vov 1974, pp. 3–17.

Pokrovskaja, E.:»Dostoevskij i Petraševcy«, *F. M. Dostoevskij, Stat'i materialy,* Pb. 1922, pp. 257–272.

Prokof'ev, V.: *Petraševskij,* Moskva 1962.

Proudhon, P.-J.: *De la célébration du dimanche, Œuvres complètes de P.-J. Proudhon,* t. II, Paris 1873.

Ščegloev, P. E. (red.): *Petraševcy v vospominanijach sovremennikov. Sbornik materialov,* Moskva–Leningrad 1926.

Segaloff, Thimoteus: *Die Krankheit Dostojewskys*, Heidelberg 1906.

Segalov, T. E.: »Bolezn' Dostoevskogo« *Naučnoe slovo*, 1929, No 4, pp. 91–98.

Sollogub, V. A.: »Iz 'Vospominanij'«, *F. M. Dostoevskij v vospominanijach sovremennikov*, t. I, Moskva 1964, pp. 144–145.

Veselovskij, K.: »Vospominanija o nekotorych licejskich tovariščach. Michail Vasil' evič Butaševič-Petraševskij«, *Russkaja Starina*, 1900, t. CIII, No 9, pp. 449–456.

Winther, Truls: »Gud og friheten 200 år efter Lamennais fødsel«, *Morgenbladet*, No 135, 17/VI–1982.

4   *Auf dem Schafott*

Achšarumov, D. D.: »Iz knigi'Iz moich vospominanij (1849–1851 gg.)'«, *F. M. Dostoevskij v vospominanijach sovremennikov*, t. I, Moskva 1964, pp. 222–234.

Arenin, E.: »Semenovskij plac«, *Smena*, No 264, 11/XI–1971.

Basina, M.: *Skvoz' sumrak belych nočej. Dokumental 'naja povest'*, Leningrad 1979.

Bel'čikov, N. J.: *Dostoevskij v processe petraševcev*, Moskva 1971.

Delo petraševcev, tt. I–III, Moskva–Leningrad; t. I–1937; t. II–1941; t. III–1951.

Gernet, M.: »Carskaja rasprava nad pervymi predstaviteljami utopičeskogo socializma v Rossii«, *Sovetskaja justicija*, 1940, No 12, pp. 13–17; No 13, pp. 14–18; No 14, pp. 21–24.

Gernet, M. N.: *Istorija carskoj tjur'my*, t. II, 1825–1870, Moskva 1961.

Grossman, L. P.: »Graždanskaja smert' F. M. Dostoevskogo«, *Literaturnoe nasledstvo*, t. 22–24, Moskva 1935, pp. 683–736.

Grossman, Leonid: *Kazn' Dostoevskogo*, Moskva 1928.

»Iz gazet i žurnalov«, *Molva*, No 50, 19/II–1881.

I. Ar-v: »Iz vospominanij o Fedore Michajloviče Dostoevskom«, *Peterburgskij Listok*, No 22, 31/I–1881.

Lejkina-Svirskaja, V. R. (red.): »Zapiska o dele petraševcev«, *Literaturnoe nasledstvo*, t. 63, Moskva 1956, pp. 165–190.

Maskevič, T.: »Peterburgskij rassvet«, *Ogonek*, 1946, No 44–45, p. 47.

Nørretranders, Bjarne: *Imperiets vej til revolution, Politikkens Ruslandshistorie 1689–1917*, København 1983.

Obščestvo propagandy v 1849. Sobranie sekretnych bumag i vysočajših konfirmacij, Leipzig 1875.

»O prigovore nad Dostoevskim«, *Novoe Vremja*, No 1790, 20/II–1881.

Ščegolev, P. E.: *Alekseevskij ravelin. Kniga o padenii i veličii čeloveka*, Moskva 1929.

Ševcov, A.: »Esli b zagovorili kamni«, *Smena*, 31/VIII–1969.

Vuič, Iv.: »Dnevnik«, *Projadok*, No 48, 18/II–1881.

A. M. (A. I. Markevič): »K vospominanijam o F. M. Dostoevskom. (Rasskaz očevidca)«, *Odesskij Vestnik*, No 60, 18/III–1881.

Abel' djaev, V.: »Pamjati F. M. Dostoevskogo«, *Moskovskie Vedomosti*, No 29, 29/I–1981.

Ajdarova, Ch.: »Čokan Valichanov«, *Družba narodov*, 1952, No 3, pp. 256–266.

Auezov, M.: »F. M. Dostoevskij i Čokan Valichanov«, *Družba narodov*, 1956, No 3, pp. 154–155.

Bogdanovič, A. V.: *Tri poslednich samoderžca. Dnevnik*, Moskva–Leningrad 1924.

Brailovskij, S. N.: »F. M. Dostoevskij v. Omskoj katorge i poljaki«, *Istoričeskij Vestnik*, 1908, t. CXII, No 4, pp. 189–198.

Čerevin, N. T.: »Polkovnik de-Grave i. F. M. Dostoevskij. (Omskij ostrog)«, *Russkaja Starina*, 1889, t. LXI, No 2, p. 318.

Chranevič, V.: »F. M. Dostoevskij po vospominanijam ssyl'nogo poljaka«, *Russkaja Starina*, 1910, t. CXLI, No 2, pp. 367–376; No 3, pp. 605–621.

Dostoevskij v Omske. Kratkij spisok literatury, Omsk 1972.

Evseev, Evgenij/Lejfer, Aleksandr: »Sibirskie vstreči«, *Sibirskie ogni*, 1971, No 11, pp. 162–176.

Fasting, Sigurd: »Dostojevskijs Kristus«, *Streiftog i Dostojevskij verden*, Oslo 1982, pp. 32–55.

Feoktistov, N.: »Propavšie pis'ma Fedora Michajloviča Dostoevskogo«, *Sibirskie ogni*, 1928, No 2, pp. 119–125.

Franceva, M. D.: »Vospominanija«, *Istoričeskij Vestnik*, 1886, No 6, pp. 628–632.

G-v, B. (B. G. Gerasimov):»Dostoevskij v Semipalatinske«, *Sibirskie ogni*, 1924, No 4, pp. 140–150; 1926, No 3, pp. 124–144.

G-v, B. G. (B. G. Gerasimov): »K prebyvaniju F. M. Dostoevskogo v g. Semipalatinske. (Po povodu 30-letija so dnja smerti pisatelja 1881–1911 g. g.)«, *Sibirskij archiv*, 1913, No 1, pp. 2–14.

Gerasimov, Bor.: »Gde že otbyval katorgu i ssylku F. M. Dostoevskij«, *Sibirskie ogni*, 1927, No 4, pp. 174–177.

Govorov, A. S.: »O prebyvanii F. M. Dostoevskogo v. Omske«, *Omskaja oblast'*, 1940, No. 8, pp. 49–52.

Grossman, Leonid (red.): »Pervaja zapisnaja knižka. Sibirskaja tetrad'«, *Zven'ja*, VI, Moskva–Leningrad 1936, pp. 413–483.

Ivanov, A.: »Vstreča s Dostoevskim. (Iz moich poezdok po Aziatskoj Rossii)«, *Turkestanskie Vedomosti*, No 12, 14/II–1893.

Ivlev, N./Gruzinova, N.: »Oni byli druz'jami«, *Irtyš*, 14/XII–1967.

Jadrincev, N.: »Dostoevskij v Sibiri«, *Sibirskij sbornik*, 1897, vyp. IV, pp. 393–401.

Jakovlev, N.: »Zametka o žizni Dostoevskogo v Semipalatinske«, *Sibir'*, No 80, 11/VII–1897.

Jakušin, N.: *Dostoevskij v Sibiri. Očerk žizni i tvorčestva,* Kemerovo 1960.

Jurasova, M.: »Uznik 'Mertvogo doma'«, *Sibirskie ogni,* 1956, No. 1, pp. 131–135.

K.: »Sredi gazet i žurnalov«, *Novoe Vremja,* No 7221, 7/IV–1896.

K-n, N.: »Iz sibirskich vospominanij. F. M. Dostoevskij v Omske. (Očerk)«, *Volgar',* No 353, 25/XII–1902.

Kac, N. F.: »Zametka o prebyvanii F. M. Dostoevskogo v Semipalatinske«, *Stepnoj Kraj,* No 21, 17/III–1896.

Kajdaš, Svetlana: »Dostoevskij i Fonvizina«, *Voprosy Literatury,* 1981, No 5, pp. 307–313.

Kalmanovič, K.: »Kazachskij drug Dostoevskogo. (Čokan Valichanov)«, *Družba narodov,* 1971, No 11, pp. 284–285.

Kirpotin, V.: »Dostoevskij v Sibiri«, *Literaturnaja Gazeta,* 9/II–1956.

Kirpotin, V. Ja.: »V Sibiri, po mestam Dostoevskogo«, *Oktjabr',* 1959, No 4, pp. 208–223.

Kopylov, A. N. (red.): *Dekabristy v Sibiri,* Novosibirsk 1977.

Košarov, P.: »Malen'kij fel'eton. Vospominanie o Dostoevskom«, *Tomskij Listok,* No 172, 10/VIII–1897.

Kulikov, S. N.: »K biografii F. M. Dostoevskogo. (Po neopublikovannym materialam Central'nogo voenno-istoričeskogo archiva)«, *Katorga i ssylka,* 1934, No 3, pp. 108–114.

Kungurov, G. V.: »V sibirskoj ssylke«, *Vostočno-Sibirskaja pravda,* No 316, 12/XI–1971.

Leifer Alexandr: »The house at the bank of Irtysh«, *Soviet Literature,* 1981, No 12 (405), pp. 195–197.

Ljubimova-Dorovatovskaja, V.: »Dostoevskij v Sibiri. Novye materialy«, *Ogonek,* 1946, No 46–47, pp. 27–28.

Manujlov, V. A.: »Drug F. M. Dostoevskogo Čokan Valichanov«, *Trudy Leningradskogo bibliotečnogo instituta imeni N. K. Krupskoj,* t. V, 1959, pp. 343–369.

Mart'janov, P. K.: *Dela i ljudi veka. Otryvki staroj zapisnoj knižki, stat'i i zametki,* t. III, SPb. 1896.

Mart'janov, P. K.: »Iz knigi 'V perelome veka'«, *F. M. Dostoevskij v vospominanijach sovremennikov,* t. I, Moskva 1964, pp. 235–243.

Materialy, otnosjaščiesja k delu Butaševiča-Petraševskogo i ego sotovariščej čast' 13aja-No 214 delo inžener-poručika F. M. Dostoevskogo) za 1849–1862k gg., *GLB.* f. No 93, Dost./I, 4,2.

Mel'nikov, V.: »F. M. Dostoevskij v Sibiri. Po dokumentam archiva«, *Tjumenskaja pravda,* 15/IV–1962.

Nikolaevskij, K.: »Tovarišči F. M. Dostoevskogo po katorge«, *Istoričeskij Vestnik,* 1898, t. LXXI, No 1, pp. 219–224.

Novikova, O. A.: »Deputat ot Rossii. Vospominanija i perepiska. 1880 bis 1885«, *Russkaja Starina*, 1913, t. CLVI, No 11, pp. 377–391.

Orlov, P.: »Archivnaja nachodka o Dostoevskom. (Iz materialov Omskogo archiva)«, *Rabočij put'*, 14/IV–1926.

Ornatskaja, T. I.: »Sibirskaja tetrad'«, *Dostoevskij. Materialy i issledovanija*, t. 5, Leningrad 1983, pp. 222–225.

Ornatskaja, T./Tunimanov, V.: »Rukoja Dostoevskogo«, *Literaturnoe abozrenie*, 1981, No 11, pp, 107–110.

Palašenkov, A. F.: *Po mestam F. M. Dostoevskogo v Omske*, Omsk 1965.

Palašenkov, A. F.: »V Omskom ostroge. K 150-letiju so dnja roždenija F. M. Dostoevskogo«, *Molodoj sibirjak*, 17/X–1970.

Pervušin, N. V.: »Gogol' i Dostoevskij. Po povodu odnoj polemiki«, *Novyj žurnal*, 121, 1975, pp. 279–281.

Plotnikov, Jurij: »Ulica Dostoevskogo, dom No 118«, *Prostor*, 1971, No 11, pp. 104–107.

Reznikov, L.: »V Sibiri, na Irtyše«, *Trud*, No 265, 11/XI–1971.

Roznovskij: »Iz vospominanij o F. M. Dostoevskom«, *Illjustrirovannyi mir*, No 9, 27/II–1882, pp. 135–136.

Seduro, Vladimir: »A vse-taki vstreča Dostoevskogo s Gogolem byla, *Novyi žurnal*,117, 1974, pp. 84–100.

Skandin, A. V.: »F. M. Dostoevskij v Semipalatinske«, *Istoričeskij Vestnik*, 1903, t. XCI, No 1, pp. 200–225.

Stepanova, E. K.: »Iz vospominanij«, *Dostoevskij. Odnodnevnaja gazeta Russkogo bibliologičeskogo abščestva*, Pg. 12/XI-1921, pp. 9–10.

Sytina, Z.: »Iz vospominanij o Dostoevskom«, *Istoričeskij Vestnik*, 1885, t. XIX, No 1 pp. 123–128.

Tokarževskij, Simon: »F. M. Dostoevskij v Omskoj katorge. (Vospominanija katoržanina)«, *Zven'ja*, VI, Moskva–Leningrad 1936, pp. 495 bis 512.

Varšavskij, L.: »F. M. Doestoevskij v Kazachstane«, *Sovetskij Kazachstan*, 1956, No 2, pp. 121–125.

Vjatkin, G.: »Dostoevskij v Omskoj katorge. Po povodu 75-letija ssylki Dostoevskogo v Sibiri«, *Sibirskie ogni*, 1925, No 1, pp. 177–180.

Die Heimkehr

Ardens, N. N.: »Dostoevskij v Pariže«, *Stranicy istorii russkoj literatury. K 80-letiju člena-korrespondenta AN SSSR N. F. Bel'čikova*, Moskva 1971, pp. 45–52.

Belov, S. V.: »Nesobrannye pis'ma F. M. Dostoevskogo«, *Russkaja literatura i obščestvenno-političeskaja bor'ba XVII-XIX vekov*, Leningrad 1971, pp. 351–356.

Bém, A.: »F. M. Dostojevskij a Anna Suslóva«, *Naše Doba*, 1924, r. XXXI, č. 5, pp. 287–291.

Birague, Charles de: *La roulette et le trente-et-quarante ou le vrai système des jeux de hasard*, Paris 1862.

Boborykin, P. D.: *Vospominanija v dvuch tomach*, Moskva 1965.

Bykov, P. V.: »Pervaja vstreča s Dostoevskim«, *Siluety dalekogo prošlogo*, gl. VII, Moskva–Leningrad 1930, pp. 51–59.

Bykov, Petr: »Pamjati proniknovennogo serdceveda. (Iz ličnych vospominanij)«, *Vestnik Literatury*, 1921, No 2 (26), pp. 4–5.

Baedeker, K.: *Deutschland. Handbuch für Reisende*. Coblenz 1864.

La California germanique. Roulette et trente-et-quarante. Marche infaillible pour s'y faire 100,000 francs de rente, Paris 1862.

Černyševskij, N. G.: »Moi svidanija s F. M. Dostoevskim«, *F. M. Dostoevskij v vospominanijach sovremennikov*, t. I, Moskva 1964, pp. 317 bis 321.

Chances, Ellen: »Literary Criticism and the Ideology of *Pochvennichestvo* in Dostoevsky's Thick Journals Vremja and *Epokha*«, *The Russian Review*, vol. 34, 1975, pp. 151–164.

Chances, Ellen Bell: *The ideology of »počvenničestvo« in Dostoevskij's journals Vremja and Epocha*, Ph. D., Princeton University, 1972.

Ciriguotta, F./Todesco, C. V./Lugaresi, E.: »Temporal Lobe Epilepsy with Ecstatic Seizures. (So-Calles Dostoevsky Epilepsy)«, *Epilepsia*, vol. 21, December 1980, pp. 705–710.

Corti, Egon Caesar, *Der Zauberer von Homburg und Monte Carlo*, Leipzig 1932.

Deršau, F.: »Iz zapisok igroka«, *Russkoe Slovo*, 1859, No 4, pp. 54 bis 69.

Dolinin, A.: »Dostoevskij i Gercen. (K izučeniju obščestvenno-političeskich vozzrenij Dostoevskogo)«, *F. M. Dostoevskij. Stat'i i materialy*, I, SPb. 1922, pp. 275–324.

Dolinin, A.: »Dostoevskij i Suslova«, *F. M. Dostoevskij. Stat'i i materialy*, II, Leningrad–Moskva 1924, pp. 153–283.

Dolinin, A. S.: »Dostoevskij i Strachov«, *Poslednie romany Dostoevskogo. Kak sozdavalis' Podrostok i Brat'ja Karamazovy*, Moskva-Leningrad 1963, pp. 307–343.

Dorovatovskaja-Ljubimova, V.: »Francuzskij buržua. (Materialy k obrazam Dostoevskogo)«, *Literaturnyjkritik*, 1936, kn. 9, pp. 202–217.

Dostoevskij, Fedor Michajlovič. Zagraničnyj pasport, polučennyj otS. Peterburgskogo voennogo gen.-gubernatora, *GLB*, f. No 93,Dost./I, 4,7.

Dostojewski am Roulette. Herausgegeben von René Fülöp-Miller und Friedrich Eckstein, München 1925.

Engelstad, Carl Fredrik: »Vesten sett med Dostojevskij øyne«, *Streiftog i Dostojevskijs verden*, Oslo 1982, pp. 71–86.

Feigen, Christian: *Spielbankbilder. Ernstes und Heiteres aus der Homburger Spielzeit,* Homburg 1911.

Fischer, Klaus: *Spiel in Baden-Baden. Der kleine Casino-Führer,* Baden-Baden 1981.

Gastaut Henri: »Fyodor Mikhailovich Dostoevsky's Involuntary Contribution to the Symptomatology and Prognosis of Epilepsy«, *Epilepsia,* vol. 19, April 1978, pp. 186–201.

Grossman, L.: »Odna iz podrug Dostoevskogo«, *Russkij sovremennik,* kn. 3, Moskva–Leningrad 1924, pp. 248–252.

Halliday, John/Fuller, Peter (eds.): *The psychology of gambling,* London 1974.

A Handbook for Travellers on the Continent, London 1858.

Hochauer, Brigitte: *Entscheidungsverlauf in einer riskanten Spielsituation. Feldstudie zur Untersuchung des Spielverhaltens beim Roulette,* Diss., Salzburg 1970.

Ivanov, A.: »O tradicionnoj ošibke v ocenke vstreč Dostoevskogo s Gercenom«, *Novyj žurnal,* 141, 1980, pp. 234–252.

Jercey (L. Hennet Du Vigneux): *Les Maisons de jeux ruinées par les joueurs,* Paris 1858.

Kašina, N. V.: *Estetika F. M. Dostoevskogo,* Moskva 1975.

Kašina, N. V.: *Estetika F. M. Dostoevskogo,* Diss., Avtoreferat, Moskva 1980.

Kierulf, Halfdan: *L'épilepsie dans la vie et l'oeuvre de Dostoîevski,* Diss., Strasbourg 1971.

Kierulf, Halfdan: »Dostojevskij og epilepsien«, *Tidsskrift for Den norske lægeforening,* 1972, No 19–20, pp. 1303–1307.

Kjetsaa, Geir: »Skjønnhetens litteratur«, *Dostojevskij og Tolstoj. Essays,* Oslo 1977, pp. 9–15.

Kjetsaa, Geir: »Written by Dostoevsky?«, *Dostoevsky Studies,* vol. 1, 1980, pp. 73–88.

Koz'min, B.: »Br. Dostoevskie i proklamacija ›Molodaja Rossija‹«, *Pečat' i revoljucija,* 1929, No. 2–3, pp. 69–76.

Lanskij, L.: »Utračennye pis'ma Dostoevskogo«, *Voprosy Literatury,* 1971, No 11, pp. 196–222.

Lavreckij, A.: »Dostoevskij i Ščedrin«, *Na literaturnom postu,* 1931, No 24, pp. 39–42.

Lejkina, V.: »Reakcionnaja demokratija 60-ch godov. Počvenniki«, *Zvezda,* 1929, No 6, pp. 168–181.

Liščiner, S. D.: »Gercen i Dostoevskij. Dialektika duchovnych iskanij«, *Russkaja literatura,* 1972, No 2, pp. 37–61.

Lund, Mogens: »Dostojevskijs epileptikere og hans epilepsi«, *Roche Litteratur-Tjeneste,* 40, 1972, No 10, pp. 53–56.

Makagonova, T. M.: *Žurnalistskaja dejatel'nost' F. M. Dostoevskogo v 1861–1863 gg.,* Diss., Avtoreferat, Moskva 1974.

Miljukov, A. P.: »Fedor Michajlovič Dostoevskij«, *F. M. Dostoevskij v vospominanijach sovremennikov*, t. I, Moskva 1964, pp. 325–329.

Nečaeva, V. S.: *Žurnal M. M. i F. M. Dostoevskich Vrmeja 1861–1863*, Moskva 1972.

Olisov, V. P.: »K prebyvaniju F. M. Dostoevskogo v g. Tveri«, *Krasnyj archiv*, t. IV, 1923, pp. 398–401.

Panteleev, L. P.: *Vospominanija*, Moskva 1958, pp. 225–226.

Petuchov, E. V.: »Iz serdečnoj žizni Dostoevskogo. (Ap. Prok. Suslova-Rozanova)«, *Izvestija Krymskogo pedagogičeskogo instituta imeni M. V. Frunze*, t. II, 1928, pp. 35–46 (1–12).

Pipes, Richard: *Russia under the Old Regime*, London 1974.

Razanov, Vasilij: Unveröffentlichter, undatierter Brief. *CGALI*, f. No 412 op. No 1, ed. chr. No 655.

Rozanov, Vasilij: Unveröffentlichter Bericht an A. G. Dostoevskaja von 1898. *GBL*, f. No 93, Dost./II, karton No 8, ed. chr. 39 a.

Rozenbljum, N. G.: »Peterburgskie požary 1862 g. i Dostoevskij. (Zapreščennye cenzuroj stat'i žurnala Vremja)«, *Literaturnoe nasledstvo*, t. 86, Moskva 1973, pp. 16–54.

Sanktpeterburgskogo Voennogo General-gubernatora Kancelarija. Stol Sekretnyj, čast'pasportnaja. 13. ijunja 1863, No 1338, *CGALI*, f. 1286, op. 24. 1863 g.

Schröder, Friedrich-Karl: *Die Prägung religiösen Erlebens bei Epileptikern (am Beispiel Dostojewskis und anhand klinischer Erfahrungen)*, Diss., Tübingen s. a. (1965).

Segalov, T. E.: »Bolezn' Dostoevskogo«, *Naučnoe slovo*, 1929, No 4, pp. 91–98.

Spiridonov, Vasilij: »Napravlenie Vremeni i Epochi«, *Dostoevskij. Odnodnevnaja gazeta Russkogo bibliologičeskogo obščestva*, Pg. 12/XI–1921, pp. 2–9.

Simmons, J. S. G.: »F. M. Dostoevsky and A. K. Tolstoy: Two Letters«, *Oxford Slavonic Papers*, vol. IX, 1960, pp. 64–71.

Štakenšnejder, E. A.: *Dnevnik i zapiski (1854–1886)*, Moskva-Leningrad 1934.

Štrajch, S.: »'Večnaja' ljubov' Dostoevskogo«, *Ogonek*, 1933, No 10, pp. 12–13.

Šubert, A. I.: *Moja žizn'*, Leningrad 1929.

Vejnberg, P. I.: »Literaturnye spektakli. (Iz moich vospominanij)«, *F. M. Dostoevskij v vospominanijach sovremennikov*, t. I, Moskva 1964, pp. 330–336.

Wykes, Alan: *Gambling. Alt om spill*, Übers. ins Norwegische von Hans Braavig, Stavanger 1972.

Zaborova, R. B.: »F. M. Dostoevskij i Literaturnyi fond. (Po archivnym dokumentam)«, *Russkaja Literatura*, 1975, No 3, pp. 158–170.

Achšarumov, N. D.: (Anmeldelse av *Forbrytelse og straff*) *Vsemirnyj trud*, 1867, No 3, pp. 125–156.

Čelyšev, B.: »Roman v pridaču«, *Knižnoe obozrenie*, No 52 (294), 24/XII–1971.

Dolinin, A. S.: »K cenzurnoj istorii pervych dvuch žurnalov Dostoevskogo«, *F. M. Dostoevkij. Stat'i i materialy*, II, Leningrad-Moskva 1924, pp. 559–577.

Eliseev, G. Z.: (Anmeldelse av *Forbrytelse og straff*), *Sovremennik*, 1866, No 2, pp. 263–280.

Fon-Focht, N.: »K biografii F. M. Dostoevskogo«, *F. M. Dostoevskij v vospominanijach sovremennikov*, t. I, Moskva 1964, pp. 371–381.

I. R. (I. Rossinskij). »Dvojnik. Priključenija Fedora Strižova«, *Iskra*, 1866, No 12, pp. 159–162; No 13, pp. 172–173; No 14, p. 84.

Kjetsaa, Geir: »Forbrytelse og straff i samtidens kritikk«, *Dostojevskijs roman om Raskolnikov*, Oslo 1973, pp. 138–152.

Kovalevskaja, S. V.: *Vospominanija detstva i avtobiografičeskie očerki*, Moskva 1945. Auf deutsch: Kowalewski, Sonja: *Jugenderinnerungen*, übers. von Louise Flachs-Fokschaneanu, Frankfurt/M. (Fischer) 1983.

Kovalevskaja, S. V.: *Vospominanija. Povesti*, Moskva 1974.

Kovalevskij, P. M.: »Iz „Vstreč na žiznennom puti'«, *F. M. Dostoevskij v vospominanijach sovremennikov*, t. I, Moskva 1964, pp. 322–324.

Lambeck, Barbara: *Dostoevskijs Auseinandersetzung mit dem Gedankengut Černyševskijs in Aufzeichnungen aus dem Untergrund*, Diss., Tübingen 1980.

Larsen, Alf: *Den kongelige kunst. Essays*, Oslo 1949.

»Literaturnye zametki«, *Nedelja*, No 5, 10/IV–1866, pp. 72–74.

Modzalevskij, B. L.: Dostoevskij – sotrudnik Russkogo Vestnika. Neizdannye pis'ma F. M. Dostoevskogo 1866–1873 gg.«, *Byloe*, 1919, No 14, pp. 30–52.

Nečaeva, V. S.: *Žurnal M. M. i F. M. Dostoevskich Epocha 1864–1865*, Moskva 1975.

Ornatskaja, T. I. (red.): »Pis'ma A. E. Vrangelja k Dostoevskomu«, *Dostoevskij. Materialy i issledovanija*, t. 3, Leningrad 1978, pp. 258–285.

Pisarev, D. I.: »Bor'ba za žizn'«, *Polnoe sobranie sočinenij v šesti tomach*, t. VI, SPb. 1905, spalte 343–404.

Poljanskij, N. N.: Iz vospominanij o Dostoevskom, *CGALI*, f. No 212, ed. chr. No 301, op. No 1.

Štrajch, S. Ja.: »Epizod v žizni Dostoevskogo«, *Sem'ja Kovalevskich*, Leningrad 1948, pp. 115–128.

Strachov, Nikolaj: »Naša izjaščnaja slovesnost'«, *Otečestvennye zapiski*, 1867, t. CLXX, No 2, pp. 544–556; t. CLXXI, No 3, pp. 325–340; t. CLXXI, No 4, pp. 514–527.

Vasil'eva, G.: »Dostoevskij i sestry Korvin-Krukovskie«, *Pskovskaja pravda*, No 263, 11/XI–1971.

Vejnberg, Petr: »4-e aprelja 1866 g. (Iz moich vospominanij)«, *Byloe*, 1906, No 4, pp. 299–303.

»Zapisnye knižki i tetradi Dostoevskogo. II. Zapisnaja knižka 1862 bis1864 gg.«, *Literaturnoe nasledstov*, t. 83, Moskva 1971, pp. 171–200.

Heirat und Flucht

Alanen Yrjö O.: »The Idiot«, *Psychiatria Fennica*, 1975, pp. 47–67.

Annales du Congrès de Genève (9–12 Septembre 1867). Préliminaires – Les quatre Séances – Appendices, Genève 1868.

Baden-Baden. Wegweiser durch Stadt und Umgegend, Baden-Baden 1874.

Bibelen eller Den hellige skrift. Det gamle og Det nye testamentes kanoniske bøker. Oslo 1965, auf deutsch: *Bibel oder die ganze heilige Schrift*, Württembergische Bibelanstalt, Stuttgart 1968; Luther-Bibel, o. J.

Cherbuliez, Joël: *Genève, ses institutions, ses mœurs, son développement intellectuel et moral*, Genève 1867.

Cox, Roger L.: »Myshkin's Apocalyptic Vision«, *Between Earth and Heaven. Shakespeare, Dostoevsky and the Meaning of Christian Tragedy*, New York 1969, pp. 164–191.

Dostoevskaja, A. G.: »Kak menja 'svatali'!«, *Russkaja reč'*, 1981, No 5, pp. 35–38.

Dostoevskij, A. F.: »'Solnce moej žizni«, *Neva*, 1963, No 12, pp. 193 bis 195.

Dupont Lachenal, Léon: »Un Russe à Saxon«, *Annales Valaisannes*, 10, 1957/59, pp. 299–316.

Evangelie. Gospoda našego Iisusa Christa Novyj zavet, SPb. 1823, GBL, f.

Garšin, Evgenij: »Vospominanija ob I. S. Turgeneve«, *Istoričeskij Vestnik*, 1883, t. XIV, No 11, pp. 366–398.

Gor'kij, M.: *Chudožestvennye proizvedenija. Stat'i. Zametki* (= Archiv A. M. Gor'kogo, t. XII), Moskva 1969.

Grieben, Theobald: *Dresden und Umgebungen. Illustrierter Wegweiser für Reisende*, Berlin 1865.

Guide illustré de Genève, Genève 1888.

Hollander, Robert: »The Apocalyptic Framework of Dostoevsky's The Idiot«, *Mosaic*, VII, 2, Winter 1974, pp. 123–139.

Jervell, Jacob: *Ingen har større kjærlighet . . . Fra Johannesevangeliets Jesusbilde*, Oslo 1978.

Keller, Howard H.: »Prince Myshkin: success or failure?«, *Journal of Russian Studies*, Vol. 24, 1972, pp. 17–23.

Kjetsaa, Geir: »Dostojevskijs evangelium«, *Aftenposten*, 3/V–1983.

Métral, Maurice: »Fédor Dostoiewski au Casino de Saxon«, *Gazette de Lausanne*, 2/II–1964.

503

Meyers, Jeffrey: »Holbein and the Idiot«, *Painting and the Novel*, Manchester 1975, pp. 136–147.

Milosz, Czeslaw: »Dostoevsky and Swedenborg«, *Emperor of the Earth. Modes of Eccentric Vision*, Berkeley–Los Angeles–London 1977, pp. 120–143.

Onasch, K.: »Persönlichkeit und Leiden im Werk Dostoevskijs«, *Zeitschrift für Slawistik*, Band 28, 1983, No 5, pp. 712–719.

Onasch, Konrad: »Der hagiographische Typus des ›Jurodivy‹ im Werk Dostoevskijs«, *Dostoevsky Studies*, vol. 1, 1980, pp. 111–121.

»Pis'mo Dostoevskogo k Kašinym«, *F. M. Dostoevskij. Stat'i i materialy*, II, Leningrad–Moskva 1924, pp. 309–310.

Rakusa, Ilma: *Dostojewskij in der Schweiz. Ein Reader*, Frankfurt a. M. 1981.

Schmidt, Aurel: »Dostojewski in Saxon«, *Basler Magazin*, No 41, 14/X–1978.

Schön, Robert Conrad: *Dostojewskis Weg zu sich selbst*, Diss., Freiburg im Breisgau 1957.

Solovjov, Vladimir: *En kort fortelling om Antikrist*, overs. og forord ved Peter Normann Waage, Oslo 1984.

Stacheev, D. I.: »Gruppy i portrety. (Listočki vospominanij)«, *Istoričeskij Vestnik*, 1907, t. CVII, No 1, pp. 81–94.

Stojunina, M.: »Moi vospominanija o Dostoevskich«, *Vozroždenie, t. 50, 1956, fevral', pp. 25–39*.

Stojunina, M.: »Vospominanija ob A. G. Dostoevskoj«, *F. M. Dostoevskij. Stat'i i materialy*. II. Leningrad–Moskva 1924, pp. 578–582.

»Vospominanija A. G. Dostoevskoj«, *F. M. Dostoevskij. Stat'i i materialy*, II. Leningrad–Moskva 1924, pp. 285–302.

Zweig, Stefan: »Dostojewski«, *Drei Meister. Balzac. Dickens. Dostojewski*, Leipzig 1927, pp. 89–220.

In der Fremde

Al'tman, M.: »Pryžov i Dostoevskij«, *Katorga i ssylka*, 1931, kn. 8–9 (82–83), pp. 57–71.

Bædeker, K.: *Italien. Handbuch für Reisende*, Coblenz–Leipzig 1872.

Eritsland, Lars: *Fortolkning til Johannes Åpenbaring*, Oslo 1978.

Evnin, F. I.: »Roman Besy«, *Tvorčestvo F. M. Dostoevskogo*, Moskva 1959, pp. 215–264.

Grimm, Paul: *Les mystères du Palais des Czars (sous l'empereur Nicolas I)*, Wurzbourg 1868.

Guds Kirkes Seier. St. Johannis Aabenbaring, udlagt af Dr. W. f. Engelbreth, Odense 1855.

Il'in, N.: »Dostoevskij v spore za Kumaninskoe nasledstvo«, *Zven'ja*, IX, Moskva 1951; pp. 547–559.

504

Izmajlov, A.: »U A. G. Dostoevskoj. (K 35-letiju so dnja končiny F. M. Dostoevskogo)«, *Birževye Vedomosti*, No 15350, 28/I–1916.

Jonsson, Inge: *Swedenborgs korrespondenslära*, Stockholm 1969.

Krag, Erik; *Kampen mot Vesten ri russisk åndsliv*, Oslo 1932.

Larsen, A. C. *Johannes' Aabenbaring. Oversat og forklaret*, København 1899.

Markovitch, Milan: »Dostoievski, l' Italie et Florence«, *Rivista di letteratura moderne e comparate*, 1958, No 3–4, pp. 245–259.

Michel Bakounine et ses relations avec Sergej Nečaev. 1870–1872, Écrits et matériaux (= Archives Bakounine, IV), Leiden 1971.

Moe, Olaf: *Bibelens siste bok. En utlegning av Johannes' Åpenbaring*, Oslo 1960.

Muller, Fédia: »Les séjour de Dostoîevski à Vevey«, *Feuille d'Avis de Vevey*, 11/XI–1960.

Oksman, Ju. G.: »Sekretnye instrukcii o Dostoevskom. (Materialy Odesskogo Archivnogo fonda)«, *Tvorčestvo Dostoevskogo. 1821–1881–1921. Sbornik statej i materialov*, Odessa 1921, pp. 36–38.

Prožogin, N. P.: »Dostoevskij vo Florencii«, *Inostrannaja literatura*, 1981, No. 8, pp. 237–244.

Prožogin, N. P.: »Dostoevskij vo Florencii v 1868–1869 gg«, *Dostoevskij. Materialy i issledovanija*, t. 5, Leningrad 1983, pp. 204–208.

Strelsky, Katherine: »Dostoevsky in Florence«, *The Russian Review*, vol. 23, April 1964, No 2, pp. 149–163.

Swedenborg, Emmanuel: *L'apocalypse expliquée selon le sens spirituel*, tt. I–VII, Paris–Londres 1855–1859.

Weider, Bjarne O.: *Fortolkning til Tessalonikerbrevene*, Oslo 1978.

Zink, Wolfgang Richard: *Spielbanken in Deutschland. Historische Entwicklung und heutige Rechtsgrundlagen*, Diss., Mainz 1970.

Wieder auf russischem Boden

Aleksandrov, M. A.: »Fedor Michajlovič Dostoevskij v vospominanijach tipografskogo naborščika v 1872–1881 godach«, *F. M. Dostoevskij v vospominanijach sovremennikov*, t. II, Moskva 1964, pp. 213–256.

Aleksandrov, M. A.: Vospominanija, *CGALI*, f. No 212, op. No 1, ed chr. No 256.

Bel'čikov, N. F. (red.): »Dostoevskij i Pobedonoscev«, *Krasnyj archiv*, 1922, t. II, pp. 240–255.

Belov, S. (red.): »Iz perepiski A. G. Dostoevskoj s mužem«, *Bajkal*, 1975, No 5, pp. 133–141.

Brandes, Georg: *Indtryk fra Rusland, Samlede Skrifter*, b. 10, København 1902, pp. 293–548.

Byrnes Robert F.: »Dostoevsky and Pobedonostsev«, *Jahrbücher für die Geschichte Osteuropas*, 9, 1961, pp. 57–71.

De-Vogüé, E.: »Fedor Michajlovič Dostoevskij, kak psicholog«, *Epocha*, fevral' 1886 goda, pp. 75–96.

Deutschland und Österreich, Praktischer Reiseführer, Berlin 1879.

Giršgorn, A.: *Ems i celebnye ego istočniki, SPb.* 1874.

Goldstein, David I.: *Dostoevsky and the Jews*, Austin 1981.

Ibsen, Henrik: »Kunst-Utstillingen i Wien«, *Hundreårsutgaven*, b. XIX, Oslo 1952, pp. 140–145.

K.E. (Karl Jak. Ettinger): »U vdovy F.M. Dostoevskogo«, *Birževye Vedomosti*, 1906, No 9178.

Kantor, R.: »Neizvestnoe o Dostoevskom«, *Vestnik literatury*, 1921, No 11 (35), pp. 6–7.

Kirpotin, V.: »Al'ternativa Dostoevskogo«, *Oktjabr'*, 1981, No 1, pp. 203–214.

Kn. V.M. (V.P. Meščerskij): »Vospominanija o Fedore Michajloviče Dostoevskom«, *Dobro*, 1881 No 2–3, pp. 31–37.

Koni, A.F. »Vstreči s F.M. Dostoevskim«, *Vestnik literatury*, 1921, No 2 (26), pp. 6–8.

Kruglov, A.: »Pervye šagi. (Iz vospominanij)«, *Istoričeskij Vestnik*, 1894, t. LVI, No 4, pp. 84–107.

Kruglov, A.: »Sredi gazet i žurnalov«, *Novoe Vremja*, No 9228, 11/XI–1901.

Kruglov, Aleks.: »Poezdka v Staruju Russu«, *Istoričeskij Vestnik*, 1895, t. LX, pp. 110–155.

Meščerskij, V.P. Kn.: »Moe sbliženie s Dostoevskim. – Ego charakteristika«, *Moi vospominanija, Čast' vtoraja (1869–1881 gg.)*, SPb. 1898.

Morson, Gary Saul: »Dostoevsky's antisemitism and the critics: a review article«, *Slavic and East European Journal*, vol. 27, No 3, 1983, pp. 302–317.

Natova, N.A.: *F. M. Dostoevskij v Bad Emse*, Frankfurt a.M. 1971.

Nečaeva, V. (red.): »Tri avtografa Dostoevskogo«, *Literaturnoe nasledstvo*, t. 15, Moskva 1934, pp. 291–293.

Nečaeva, V.: »Kogda byl snjat sekretnyj nadzor za F.M. Dostoevskim«, *Russkaja literatura*, 1964, No 2, pp. 170–172.

Nilsson, Nils Åke: »Dostojevskij i Bad Ems«, *Rysk kulturrevy*, 10 (1978): 4, pp. 5–7.

Naerup, Carl: »Dostojevskij«, *Ord for dagen*, Oslo 1929, pp. 28–36.

Oksman, Ju.G. »Dostoevskij v redakcii Graždanina. (Po neizdannym materialam)«, *Tvorčestvo Dostoevskogo 1821–1881–1921*, Odessa 1921, pp. 63–82.

Pervušin, N.N.: »Bolezn' Dostoevskogo i ego tvorčestvo«, *Novyj žurnal*, 141, 1980, pp. 86–104.

Rejnus, L.M.: *Dostoevskij v Staroj Russe*, Leningrad 1971.

Solov'ev, Vs.S.: »Vospominanija o F.M. Dostoevskom«, *F. M. Dostoevskij v vospominanijach sovremennikov*, t. II, Moskva 1964, pp. 186 bis 209.

506

Timofeeva, V. V. (O. Počinkovskaja): »God raboty s znamenitym pisatelem«, *F. M. Dostoevskij v vospominanijach sovuremennikov, t, II, Moskva 1964, pp. 186–209.*

Žavoronkov, A./Belov, S.: »Delo ob otstavnom podporučike Fedore Dostoevskom«, Russkaja literatura, *1963, No 4, pp. 197–202.*

Žavoronkov, A. Z.: »Policejskoe delo sekretnom nadzore za F. M. Dostoevskim v. Staroj Russe (1872–1876 gg.)«, *Izvestija Akademii nauk SSSR. Serija literatury i jazyka,* 1965, t. XXIV, výp. 4, pp. 329–340.

Der Prophet

A. O.: »Malen'kij fel'eton. Iz literaturnych vospominanij. XI«, Novoe Vremja, *No 8784, 11/VIII–1900.*

Alčevskaja, Ch. D.: *Peredumannoe i perežitoe. Dnevnik, pis'ma vospominanija,* Moskva 1912.

Aleksandrov, Anatolij: »Pamjati F. M. Dostoevskogo«, *Moskovskie Vedomosti,* No 22, 28/I–1910.

Aleksandrov, Anatolij: »Fedor Michajlovič Dostoevskij. (Stranička vospominanij)«, *Svetoč i dnevnik pisatelja,* 1913, No 1, pp. 53–56.

Aleksandrova, I. V.: »V doline tichoj Žizdry«, *Literaturnaja Rossija,* 25/VII–1969.

Arep'ev, N.: »Na pochoronach Nekrasova. (Otryvok iz starogo dnevnika)«, *Vestnik literatury,* 1921, No 12 (36), p. 7.

B. Z. (Vladimir Zotov): »Dostoevskij, Fedor Michajlovič«, *Russkij enciklopedičeskij slovar', izdavaemyj professorom S.-Peterburgskogo universiteta I. N. Berezinym,* otd. II. t. I, SPb. 1874, p. 475.

Belov, S. V. (red.): »Z. A. Trubeckaja. Dostoevskij i A. P. Filosofova«, *Russkaja literatura,* 1973, No 3, pp. 116–118.

Birjukov, P.: *Lev Nikolaevič Tolstoj, Biografija,* t. II, Moskva 1908, p. 457.

Brjullov, B.: »Vstreča s F. M. Dostoevskim (so slov P. A. Brjullova)«, *Načala,* 1922, No 2, pp. 264–265.

Bursov, B.: *Ličnost' Dostoevskogo, Zvezda,* 1969, No 12, pp. 134–139.

Børtnes, Jostein: »To Dostoevskijstudier«, *Edda,* 1968, hf. 1, pp. 2–16.

Camus, Albert: *Myten om Sisyfos,* Oslo 1967, auf deutsch: *Der Mythos von Sisyphos,* Reinbek/Hg.

Čukovskij, K.: »Zabytoe i novoe o Dostoevskom«, *Reč',* No 94, 6/IV–1914.

Doganovič, Anna: »Iz vospominanij fel'dšericy«, *Nabljudatel',* 1885, No 10, pp. 306–338.

Dunlop, John B: *Staretz Amvrosy: Model for Dostoevsky's Staretz Zossima,* Belmont, Mass., 1972.

Egeberg, Erik: »Kjødets oppstandelse – som ingeniørkunst og moralsk problem. Nikolaj Fjodorovs filosofi«, *Russiske punktlys,* Oslo 1981, pp. 68–77.

Fangen, Ronald: »Dostojewski«, *Streiftog i digtning og tænkning*, Kistiania 1919, pp. 67–82.

Filosofov, D.: »Zapozdalyj venok«, A. F. Koni (red.): *Turgenev i Savina*, Petrograd 1918, pp. 78–80.

Filosofova, A. P./Kameneckaja, M. V.: »O Dostoevskom«; »Vstreči s Dostoevskim«, F. M. *Dostoevskij v vospominanijach sovremennikov*, t. II, Moskva 1964, pp. 322–326.

Florovskij, Anton: »Dostoyevsky and the Slavonic question«, *The Slavonic (and East European) Review*, vol. IV, 1930–1931, pp. 411–423.

Frank, Joseph: »Introduction«, *The Diary of a wirter. F. M. Dostoievsky. Translated and annotated by Boris Brasol*, Santa Barbara–Salt Lake City 1979, pp. iX–XXVi.

Fraser, Georg: *Ett curriculum vitae*, Helsingfors 1934.

Fridlender, G. M.: »Estetika Dostoevskogo«, *Dostoevskij – chudožnik i myslitel'*, Moskva 1972, pp. 97–164.

Glinskij, B.: »Careubijstvo 1 marta 1881 goda. (Istoričeskie očerki)«, *Istoričeskij Vestnik*, 1910, t. CXX, No 4, pp. 214–257.

Gnedič, P. P. *Kniga žizni. Vospominanija 1855–1918*, Leningrad 1929.

Gradovskij, G.: »Iz minuvšego. (Vospominanija i vpečatlenija literatora 1865–1897 g.)«, *Russkaja Starina*, 1908, t. CXXXVI, No 10, pp. 57–74.

Gradovskij, G. K.: *Itogi (1862–1907)*, Kiev 1908.

Grossman, Leonid: »Dostoevskij i pravitel' stvennye krugi 1870–ch godov«, *Literaturnoe nasledstvo*, t. 15, Moskva 1934, pp. 83–162.

Ingold, Felix Philipp: *Dostojewskij und das Judentum*, Frankfurt a. M. 1981.

Janžul, Ivan: »Vospominanija I. I. Janžula o perežitom i vidennom (1864–1909 g. g.)«, *Russkaja Starina*, 1910, t. CXLIV, No 10, pp. 3–20.

Jasinskij, Ier.: *Roman moej žizni. Kniga vospominanij*, Moskva-Leningrad 1926, pp. 168–169.

Junge, E. F. (urožd. grafinja Tolstaja): Vospominanija (1843–1860 gg.), Moskva 1914.

Jurman, N. A.: »Bolezn' Dostoevskogo«, *Kliničeskij archiv genial'nosti*, vyp. 1, t. IV, 1928, pp. 61–85.

Kirpotin, V. Ja.: »Dostoevski o sud'bach evropejskoj civilizacii«, *Naučnye doklady vysšej školy, Filologičeskie nauki*, 1981, 4 (124), pp. 9–22.

Kirpotin, V.: »Brat'ja Karamazovy kak filosofskij roman«, *Voprosy literatury*, 1983, No 12, pp. 106–135.

Kjetsaa, Geir: »Dostojevskij og Torgersen«, *Aftenposten*, 20/III–1974.

Kjetsaa, Geir: »Towards world-wide fame: Dostoevskij and the Association Littéraire Internationale«, *We and they. National Identity as a Theme in Slavic Cultures. Donum Stiefanum*, Copenhagen 1984, pp. 95–100.

Kočetkov, V.: »»Objazatel'no pomnim . . .‹ Rasskaz byvšego žitelja d. Darvovoe V. I. Romancova«, *Za novuju žizn'*, No 135 (9153), 10/XI–1981.

Kolstø, Pål: »Imperialisme og messianisme hos Dostojevskij«, *Streiftog i Dostojevskijs verden*, Oslo 1982, pp. 87–104.

Korolenko, V. G.: »Pochorony Nekrasova i reč' Dostoevskogo na ego mogile. (Iz ›Istorii moego sovremennika‹)«, *F. M. Dostoejevskij v vospominanijach sovremennikov*, T. II, Moskva 1964, pp. 297–300.

Krasovskij, Ju. A.: »Kazanskij korrespondent F. M. Dostoevskogo. (Neopublikovannoe pis'mo k. N. F. Juškovu)«, *Vstreči s prošlym*, vyp. I, Moskva 1972, pp. 47–50.

Kruglov, Aleksandr: »Prostye reči. (Pamjati F. M. Dostoevskogo)«, *Russkoe čtenie*, No 90, 10/XI–1901.

Lanskij, L.: »Utračennye pis'ma Dostoevskogo«, *Vosprosy literatury*, 1971, No 11, pp. 196–222.

Lawrence, D. H.: »Preface to Dostoevsky's the Grand Inquisitor«, *Dostoevsky. A Collection of Critical Essays*, Englewood Cliffs 1962, pp. 90–97.

Librovič. S. F.: *Na knižnom postu. Vospominanija. Zapiski, Dokumenty*, Moskva 1916.

Linnikov, G. S. (red.): »Pis'ma Pavlova k neveste«, *Moskva*, 1959, No 10, pp. 155–181.

Masljannikov, K.: »Epizod iz žizni Dostoevskogo. (Material dlja biografii)«, *Novoe Vremja*, No 2380, 13/X–1882.

Maugham, W. Somerset: »Dostoevsky and The Brothers Karamazov«, *Ten novels and their authors*, London 1954, pp. 234–260.

Michajlova, A.: »Dostoevskij o Nekrasove i Ščedrine. Dva neizdannych pis'ma F. M. Dostoevskogo k D. V. Averkievu«, *Literaturnoe nasledstvo*, t. 49–50, Moskva 1949, pp. 631–634.

Mikulič, V. (L. I. Veselitskaja): »Vstreča s znamenitost'ju«, *Ženskoe delo*, 1899, No 2, pp. 5–28.

Miller, Or.: »Dom i kabinet F. M. Dostoevskogo«, *Istoričeskij Vestnik*, 1887, t. XXVII, No 3, pp. 571–576.

Mošin, Aleksej: *Novoe o velikich pisateljach. (Melkie štrichi dlja bol' šich potretov)*, SPb. 1908.

Obodovskij, K.: »Listki iz zapisnoj knižki«, Istoričeskij Vestnik, 1893, t. LIV, No 12, pp. 773–780.

Obolenskij, L. E.: »Literaturnye vospominanija i charakteristiki. (1854 bis 1892)«, *Istoričeskij Vestnik*, 1902, t. LXXXVII, No 2, pp. 487–508.

Opočinin, E. N.: »Besedy s Dostoevskim«, *Zven'ja*, VI, Moskva–Leningrad 1936, pp. 454–495.

Osmolovskij, V. F.: »F. M. Dostoevskij i Ch. D. Alčevskaja«, *Vosprosy russkoj literatury*, vyp. 3 (18), L'vov 1971, pp. 52–58.

Pavlova, S. V.: »Iz vospominanij«, *Novyj mir*, 1946, No 3, pp. 97 bis 144.

»Perepiska A. G. Dostoevskoj s sovremennikami«, *Bajkal*, 1976, No 6, pp. 137–145.

Pervushin, N.: »Une réhabilitation de Dostoîevski, *Études slaves et est-europ éennes (Slavic and east-european Studies)*, Vol. XVII, 1972, pp. 114 bis 121.

Pervušin, N. V.: »Dostoevskom i Turgeneve«, *Zapiski russkoj akademičeskoj gruppy v SŠA*, t. XVI, 1983, pp. 309–317.

Plechanov, G. V.: »Pochorony N. A. Nekrasova«, *Literatura i estetika*, t. II, Moskva 1958, pp. 206–209.

Pucykovič, V.: »O F. M. Dostoevskom. (Iz vospominanij o nem)«, *Novoe Vremja*, No 9292, 16/I-1902.

Repin, N.: »F. M. Dostoevskij i bosjak. (Iz moich vospominanij)«, *Peterburgskaja Gazeta*, No 333, 4/XII–1903.

Rybalko, B.: »Poslednij adres Dostoevskogo«, *Russkij jazyk za rubežom*, 1977, No 2, pp. 105–106.

S. F.: »Žena Pavlova«, *Novoe Russkoe Slovo*, No 26, 1/II–1970.

S. V.: »Mozaika. (Iz starych zapisnych knižek)« *Istoričeskij Vestnik*, 1912, t. CXXX, No 12, pp. 1013–1066.

Sadovnikov, D. N.: »Vstreči s I. S. Turgenevym. ›Pjatnicy‹ u poeta Ja. P. Polonskogo v 1879 godu«, *Russkoe prošloe*, 1923, kn. 1, pp. 74–86.

Savina, M. G.: »Moe znakomstvo s Turgenevym«, A. F. Koni (red.): *Turgeniv i Savina*, Petrograd 1918, pp. 63–70.

Simonova, L.: »Iz vospominanij o Fedore Michajloviče Dostoevskom«, *Cerkovno-obščestvennyj Vestnik*, No 16, 6/II–1881; No 17, 8/II–1881; No 18, 11/II–1881.

Slučevskij, K. K.: »Dostoevskij. Očerk žizni i dejatl'nosti«, *Polnoe sobranie sočinenij F. M. Dostoevskogo*, t. I, SPb, 1889, pp. I–XLI.

Sozercatel': »Obo vsem«, *Mysl'*, 1882, No 10–11, pp. 177–204.

Strachov, N. N.: »Pis'mo L. N. Tolstomu«, *Sovremennyj Mir*, 1913, oktjabr', pp. 307–310.

TG (Tim Greve): »Imperialisme«, *Aschehougs og Gyldendals store norske leksikon*, t. 6, Oslo 1979, p. 189.

Thomassen, Ejnar: »Var Dostojevskij forbryder? Et opgør med legenden om digterens lastefuldhed«, *Perspektiv*, 1963, t. 10, No 5, pp. 7–19.

Tjutčev, Fedor: *Diese armen Siedlungen*, Interlinearübersetzung von Pollach, in: *Russische Lyrik von den Anfängen bis zur Gegenwart*, Russisch/ Deutsch, hrsg. v. Kay Borowsky und Ludolf Müller, Stuttgart (reclam) 1983.

Torgersen, Johan: »Dostojevskij og verdenspolitikken«, *Aftenposten*, 16/III–1974.

Torgersen, Johan: »Kjetsaa og Dostojevskij«, *Aftenposten*, 26/III–1974.

Turbicyn, Nikolaj: *Dostoevskij i deti*, Kronštadt 1903.

Tschižewskij, Dmitrij: »Dostoevskij«, *Russische Literaturgeschichte des 19. Jahrhunderts. II. Der Realismus*, München 1967, pp. 72–92.

V. P-va (V. I. Pribytkova): »Vospominanija o Dostoevskom«, *Rebus*, No 25, 30/VI–1885; No 26, 7/VII–1885.

Vengerov, S. A.: »Četyre vstreči s Turgenevym«, *Literaturnyj eženedel'nik*, 1923, No 36, 9/IX.

Vogüé, E.-M. de: *Journal Paris – Saint-Pétersbourg 1877–1883*, Paris 1932, p. 164.

Volgin, I. L.: »Dostoevskij i carskaja cenzura. (K istorii izdanija Dnevnika pisatelja)«, *Russkaja Literatura*, 1970, No 4, pp. 106–120.

Volgin, I. L.: »Nravstvennye osnovy publicistiki Dostoevskogo. (Vostočnyj vopros v Dnevnike pisatelja);, *Izvestija Akademii nauk SSSR. Serija literatury i jazyka*, 1971, vyp. 4, pp. 312–324.

Volgin, I. L.: »Redakcionnyj archiv Dnevnika pisatelja (1876–1877)«, *Russkaja literatura*, 1974, No 1, pp. 150–161.

Volgin, I. L.: »Dostoevskij i russkoe obščestvo. (Dnevnik pisatelja 1876–1877 godov v ocenkach sovremennikov)«, *Russkaja literatura*, 1976, No 3, pp. 123–143.

Volgin, I. L.: *Dostoevskij-žurnalist.* (Dnevnik pisatelja i russkaja obščestvennost'), Moskva 1982.

Volgin, Igor': »Pis'ma čitalelej k F. M. Dostoevskomu«, *Voprosy literatury*, 1971, No 9, pp. 173–196.

Volgin, Igor': »Poslednij god Dostoevskogo«, *Novyi mir*, 1981, No 10, pp. 100–183.

Vollan, de Gr.: »F. M. Dostoevskij«, *Očerki prošlogo, Golos minuvšego*, 1914, No 4, pp. 123–126.

Zacharov, V. N.: »Fakty protiv legendy«, *Problemy izučenija Dostoevskogo. Učebnoe posobie po speckursu*, Petrozavodsk 1978, pp. 75–109.

Zapiski na gazete *Novoe Vremja*, No 1128, 1879, 21 aprelja. *GBL*, Dost./ I, karton 3, ed. chr. 65.

Zeleneckij, A. A.: »Tri vstreči s F. M. Dostoevskim. (Otryvok iz vospominanij)«, *Istoričeskij Vestnik*, 1901, t. LXXXIII, No 3, pp. 1021 bis 1029.

Ziloti, V. P.: *V dome Tret'jakova*, New York 1954, pp. 183–184.

Triumph und Tod

Ajzenštok, N.: »*Tri jubileja. (Istoričeskie spravki)*«, *Literaturnyi sovremennik*, 1937, No 1, pp. 292–307.

Annenskij, I.: *F. M. Dostoevskij*, Kazan' 1905.

Anonym (A. S. Suvorin): »Fedor Michailovič Dostoevskij«, *Chudožestvennyj Žurnal*, 1881, No 2, pp. 117–120.

Anonym (A. S. Suvorin): »Pamjat' F. M. Dostoevskogo«, *Novoe Vremja*, No 1772, 2/II-1881.

Barsukova, A.: »Pis'mo o ›puškinskoj‹ reči Dostoevskogo«, *Zven'ja*, I, Moskva–Leningrad 1932, pp. 478–481.

Bel'čikov, N.: »Puškinskie toržestva v Moskve v 1880 g. v. osveščenii agenta III otdelenija«, *Oktjabr'*, 1937, No 1, pp. 271–282.

Belousov, I. A.: *Literaturnaja sreda. Vospominanija 1880–1928*, Moskva 1928, p. 6.

Bibelen, eller den gamle Hellige Skriftes Bøger, Fredrikshald 1853.

Bobičev, S.: »Dva literaturnych dnja«, *Godišnik na Sofijskija universitet. Filologičeski fakul'tet*, t. LIV, 3, Sofija 1961, pp. 810–812.

Borozdin, A.: »Iz vospominanij«, *Den'*, No 27, 28/I–1916.

Bukva (I. F. Vasilevskij): »Puškinskaja nedelja v Moskve«, *Molva*, No 162, 14/VI–1880.

Bukva (I. F. Vasilevskij): »Ešče o Dostoevskom«, *Molva*, No 32, 1/II–1881.

Bukva (I. F. Vasilevskij): »Literaturnye znamentitosti na Puškinskom prazdnike v Moskve v 1880 godu. (Po ličnym vospominanijam)«, *Odesskij listok*, No 134, 25/V–1899.

Burenin, V.: »F. M. Dostoevskij«, *Poljarnaja Zvezda*, 1881, No 2, pp. 129–146.

Davydov, V. N.: *Rasskza o prošlom*, Moskva 1931, pp. 379–380.

Dmitrieva, V. I.: *Tak bylo. (Put' moej žizni)*, Moskva-Leningrad 1930.

fon Bretcel', A. A.: »Moi vospominanija o Dostoevskom i Turgeneve«, *Literaturnoe nasledstvo*, t. 86, Moskva 1973, pp. 315–321.

fon Bretcel', Ja. B.: »O Dostoevskom«, *Literaturnoe nasledstvo*, t. 86, Moskva 1973, pp. 309–314.

Gaevskij, V. P.: »Pamjat' F. M. Dostoevskogo«, *Novoe Vremja*, No 1773, 3/III–1881.

Galagan, G. Ja.: »Končina i pochorony F. M. Dostoevskogo. (V pis'mach E. A. i M. A. Rykačevych)«, *Dostoevskij. Materialy i issledovanija*, t. I, Leningrad 1974, pp. 285–304.

Gradovskij, A. D.: »Mečta i dejstviteľnosť«, *Golos*, No 174, 25/VI–1881.

Janyšev, I. L.: »Reč' vo vremja otpevanija Fedora Michajloviča Dostoevskogo, po pročtenii Apostola i Evangelija (1881 g.)«, *Slova i reči*, Petrograd 1916, pp. 262–265.

K-nt (A. F. Koni): »U groba Dostoevskogo«, *Porjadok*, No 29, 30/I–1881.

Kjetsaa, Geir: »Dostojevskijs død – et hundreårsminne«, *Aftenposten*, 9/II–1981.

»Končina F. M. Dostoevskogo«, *Cerkovno-obščestvennyj Vestnik*, No 14, 1/II–1881, pp. 6–7.

Koni, A. F.: »F. M. Dostoevskij«, *Nekrasov. Dostoevskij. Po ličnym vospominanijam*, Peterburg 1921, pp. 45–81.

Koni, A. F.: »Vstrečis s F. M. Dostoevskim«, *Vestnik literatury*, 1921, No 2 (26), pp. 6–8.

Koni, A. F.: »28-go janvarja 1881 goda«, *Dostoevskij. Odnodnevnaja gazeta Russkogo bibliologičeskogo obščestva*, Pg. 12/XI–1921, pp. 7–9.

Kruglov, A. V.: »Pestrye rasskazy. (Iz literaturnych vospominanij)«, *Istoričeskij Vestnik*, 1895, t. LXII, No 11, 464–484.

Kuznecov, P.: »Služba u Dostoevskogo. (Iz avtobiografii knižnika)«, *Knižnaja torgovlja*, 1964, No 5, pp. 40–41.

Kuznecov, P. G.: »Na službe u Dostoevskogo v 1879–1881 gg.«, *Literaturnoe nasledstvo*, t. 86, Moskva 1973, pp. 332–336.

Leont'ev, Konstantin: »O vsemirnoj ljubvi. Po povodu reči F. M. Dostoevskogo na Puškinskom praznike«, *Varšavskij Dnevnik*, No 162, 29/VII–1881; No 169, 7/VIII–1881; No 173, 12/VIII–1881.

Leskov, N. S.: »O kufel'nom mužike i proč. Zametki po povodu nekotroych otzyvov o L. Tolstom«, *Sobranie sočinenij v odinadcati tomach*, t. 11, Moskva 1958, pp. 134–156.

Letkova-Sultanova, E. P.: »O F. M. Dostoevskom«, *F. M. Dostoejevskij v vospominanijach sovremennikov*, t. II, Moskva 1964, pp. 379–398.

Ljubinov, D.: »Iz vospominanij. (Reč' F. M. Dostoevskogo na Puškinskich toržestvach v Moskve v 1880 godu)«, *Voprosy literatury*, 1961, No 7, pp. 156–166.

Ljubimov, D. N.: »Iz vospominanij. (Reč' F. M. Dostoevskogo na Puškinskich toržestvach v Moskve v 1880 godu)«, *F. M. Dostoevskij v vospominanijach sovremennikov*, t. II, Moskva 1964, pp. 365–378.

Markevič, B.: »Neskol'ko slov o končine F. M. Dostoevskogo«, *Moskovskie Vedomosti*, No 32, 1/II–1881.

Merežkovskij, D.: »Avtobiografičeskaja zametka«, S.A. Vengerov (red.): *Russkaja literatura XX veka (1890–1910)*, t. I, Moskva 1914, pp. 288–294.

Meščerskij, K. V.: »Po povodu vynosa tela F. M. Dostoevskogo iz kvartiry v Nevskuju lavru«, *Moskovskie Vedomosti*, No 35, 4/II–1881.

Miller, O. F.: Dnevnik, *CGALI*, f. No. 1380, op. No 1, ed. chr. 6688/422.

Mostovskaja, N. N.: »Dostoevskij v dnevnikach S. I. Smirnovoj (Sazonovoi)«, *Dostoevskij, Materialy i issledovanija*, t. 4, Leningrad 1980, pp. 271–278.

O. P. (K. M. Stanjukovič): »Puškinskij jubilej i reč' g. Dostoevskogo«, *Delo*, 1880, No 7, pp. 106–120.

Olsuf'ev, D. A.: »Puškinskie toržestva 1880 goda«, *Vozroždenie*, No. 34, 6/VII–1925.

Perlina, N. M.: »Dostoevskij v vospominanijach A. I. Suvorinoj«, *Dostoevskij i ego vremja*, Leningrad 1971, pp. 295–305.

Peškova-Goliverova, A. N.: Pamjati Fedora Michajloviča Dostoevskogo, *CGALI*, f. No 212, op. No 1, ed. chr. No 299.

»Pis'ma F. M. Dostoevskogo i Ja. P. Polonskogo«, *Zvezda*, 1929, No 6, pp. 197–201.

Polivanova, M. A.: »Zapis' o poseščenii Dostoevskogo 9 ijunja 1880«, *F. M. Dostoevskij v vospominanijach sovoremennikov*, t. II, Moskva 1964, pp. 357–364.

Popov, I. I.: »F.M. Dostoevskij, ego pochorony. (Iz knigi ›Minuvšee i perežitoe‹)«, *F. M. Dostoevskij v vospominanijach svremennikov*, t. II, Moskva 1964, pp. 425–430.

Posse, V. A.: »Dostoevskij«, *Perežitoe i produmannoe*, t. I, Leningrad 1933, pp. 72–81.

Priglašenija F. M. Dostoevskomu na literaturnye čtenija i početnye bilety, *GLM*, No N–v 1293/1,2.

Reč V. S. Solov'eva, skazannaja na Vysšich Ženskich Kursach 30-go janvarja 1881 g. po povodu smerti F. M. Dostoevskogo, *CGALI*, f. No 212, op. No 1, delo No 253.

Roskina, N.: »Ob odnoj staroj publikacii«, *Voprosy literatury*, 1968, No 6, pp. 250–253.

S. U. (S. I. Umanec): »Mozaika. (Iz starych zapisnych knižek)«, *Istoričeskij Vestnik*, 1912, t. CXXX, No 12, pp. 1013–1066.

Sadovniko, D. N.: »Vstreči s I. S. Turgenevym. 'Pjatnicy' u poeta Ja. P. Polonskogo v 1880 godu«, *Russkoe prošloe*, 1923, kn. 3, pp. 99–119.

Sal'nikov, A.: »F. M. Dostoevskij o ljubvi Puskina k narodu«, *Novoe Vremja*, No 8307, 13/IV–1899.

Šamin, Nikolaj Andreevič (1862–1933): Vospominanija o Dostoevskom, Fedore Michajloviče, *CGALI*, f. No 1331, op. No 1, ed chr. No 1.

Šilov, F.: *Zapiski starogo knižnika*, Moskva 1965, p. 106.

Slivickij, A. M.: »Iz stat'i 'Iz moich vospominanij ob L. I. Polivanove. (Puškinskie dni)'«, *F. M. Dostoevskij v vospominanijach sovremennikov*, t. II, Moskva 1964, pp. 354–356.

Šnejder, Aleksandra Petrovna: Neskol'ko pamjatnych slov o Dostoevskom, *CGALI*, f. No 909, op. No 1, ed. chr. No 3.

Solov'ev, V. S.: »Tri reči v pamjat' Dostoevskogo«, *Sobranie sočinenij Vladimira Sergeeviča Solov'eva*, t. III, SPb. 1912, pp. 185–223.

Stasov, V.: »Dvadcat' pisem Turgeneva i moe znakomstvo s nim«, *Severnyj Vestnik*, 1888, No 10, pp. 145–194.

Strachov, N.: »Iz vospominanij o F. M. Dostoevskom«, *Semejnye Večera*, 1881, No 2, pp. 235–248.

Stravinskij, Igor': *Dialogi. Vospominanija. Razmyšlenija. Kommentarii*, Leningrad 1971, pp. 31–32.

Suvorin, A. S.: »Iz 'Dnevnika'«, *F. M. Dostoevskij v vospominanijach sovremennikov*, t. II, Moskva 1964, pp. 327–329.

Suvorin, A. S.: »O pokojnom«, *F. M. Dostoevskij v vospominanijach sovremennikov*, t. II, Moskva 1964, pp. 415–424.

Telegramma Ich Imperatorskich Vysočesty, Velikich Knajazej Sergija i Pavla Aleksandrovičej iz Rima 7-go fevralja 1881. *GLM*, N–v 1320.

Telegramma ot studentov Moskovskoj Duchovnoj Akademii, *GLM*, N–v 1320.

Telešov, N.: »Pamjatnik Puškinu«, *Izbrannye sočinenija*, t. 3, Moskva 1956, pp. 7–9.

Titov, Vladimir Pavlovič: Dnevnik (1855–1881 gg.), *CGALI*, f. No 1337, op. No 1, ed. chr. No 252

Tjumenev, I. F.: »Iz dnevnika«, *Literaturnoe nasledstvo*, t. 86, Moskva 1973, pp. 337–346.

Toliverova, A.: »Pamjati Fedora Michajloviča Dostoevskogo«, *Igrušečka*, 1881, No 6, pp. 177–185; No 7, pp. 238–247.

»Tri dnja u groba F. M. Dostoevskogo«, *Novosti i Birževaja Gazeta*, No 30, 1/II–1881.

Turgenev, I. S.: »Smert'«, *Polnoe sobranie sočinenij i pisem v dvadcati vos' mi tomach. Sočinenija*, t. 4, Moskva-Leningrad 1963, pp. 212–224.

Tvardovskaja, V. A.: »Na uglu Kuznečnogo i Jamskoj«, *Literaturnaja Gazeta*, No 44, 3/XI–1982.

»U Pamjatnika Puškinu. Iz vospominanij Lui Leže«, *Moskva*, 1965, No 8, pp. 205–208.

Uspenskij, G. I.: »Prazdnik Puškina«, *F. M. Dostoevskij v vospominanijach sovremennikov*, t. II, Moskva 1964, pp. 333–346.

Volgin, Igor': »Zaveščanie Dostoevskogo«, *Voprosy literatury*, 1980, No 6, pp. 154–196.

6. VERWENDETE ÜBERSETZUNGEN AUS DEM RUSSISCHEN:

Dostojewskij, Fjodor M.: *Sämtliche Werke in zehn Bänden,* übertr. v. E. K. Rahsin, München (Piper) 1980.

Ders.: *Tagebuch eines Schriftstellers.* Hg. und übers. von Alexander Eliasberg. 4 Bde. München (Musarion) 1921–1924.

Ders.: *Die Brüder Karamasow.* Übertr. v. Reinhold von Walter, Zürich (Manesse) 1964.

Ders.: *Die Dämonen,* übertr. v. Marianne Kegel, Stuttgart (Parkland) 1975.

Ders.: *Der Jüngling,* übertr. v. Marion Gras-Racic, München (dtv) 1985 (Lizenzausgabe des Winkler Verlags).

Ders.: *Der Idiot.* Übert. v. Arthur Luther, München (Winkler) 1959.

Ders.: *Erniedrigte und Beleidigte/Aufzeichnungen aus einem toten Hause.* Übertr. v. Marianne Kegel u. Ruth Elisabeth Riedt, München (Winkler) 1966.

Ders.: *Schuld und Sühne.* Übertr. v. Benita Girgensohn, Gütersloh (Bertelsmann) o. J.

Ders.: *Weiße Nächte.* Übertr. v. Johannes von Guenther, Stuttgart (reclam) 1981.

Ders.: *Arme Leute,* übers. von Christine Ganzer, Stuttgart (reclam) 1985.

Ders.: *Das Gut Stepantischikowo und seine Bewohner.* Übertr. von Marianne Kegel, München (Winkler) 1963.

Ders.: *Gesammelte Briefe 1833–1881,* übersetzt, herausgegeben und kommentiert von Friedrich Hitzer unter Benutzung der Übertragung von Alexander Eliasberg, München (Piper) 1966.

Ders.: *Briefe*. 2 Bde. Übertr. von Waltraud und Wolfram Schroeder und Andreas Pham. Leipzig (Insel) 1984.

Ders.: *Als schwanke der Boden unter mir. Briefe 1837–1881*. Übertr. von Dr. Karl Noetzel. Wiesbaden (Der Greif) 1954.

Dostojewskij, Fjodor M. und Anna G. Dostojewskaja: *Briefwechsel 1866–1880*. Deutsch von Brigitta Schröder, Berlin (Rütten & Loening) 1982.

Dostoevskaja, Anna Grigôrevna: *Erinnerungen der Anna. G. Dostojewskij*. Übertr. von Dmitri Umanskij, München (Piper) 1948.

Dies.: *Erinnerungen*. Übers. von Brigitta Schröder, Berlin (Rütten & Loening) 1976.

Dies.: *Tagebücher. Die Reise in den Westen*. Übers. von Barbara Conrad, Königstein/Ts. (Athenäum) 1985.

Fueloep-Miller, René und F. Eckstein (Hrsg. u. Übers.): *Polina Suslowa – Dostojewskijs ewige Freundin*, München (Piper) 1931.

Dostojewskij, Aimée (d. i. Ljubow Dostojewskaja): *Dostojewskij. Geschildert von seiner Tochter*, München 1920.

Kowalewski, Sonja: *Jugenderinnerungen*. Übers. v. Louise Flachs-Fokschaneanu, Frankfurt/M. (Fischer) 1983.

Russische Lyrik von den Anfängen bis zur Gegenwart, Stuttgart (reclam) 1983.

Lavrin, Janko: *Fjodor M. Dostojevskij. Mit Selbstzeugnissen und Bilddokumenten*, Reinbek (Rowohlt/rororo Bildmonographien) 1983.

Werkverzeichnis

der im Buch erwähnten Titel

Personenregister

HEYNE BIOGRAPHIEN

*Die Großen der
Weltgeschichte –
Politik · Kultur
Wissenschaft*

HEYNE BIOGRAPHIEN
Julian Symons
EDGAR ALLAN POE
Leben und Werk

12/144 - DM 14,80

HEYNE BIOGRAPHIEN
Donald Spoto
ALFRED HITCHCOCK
Die dunkle Seite des Genies

12/145 - DM 14,80

HEYNE BIOGRAPHIEN
Anthony Burgess
ERNEST HEMINGWAY
Leben und Werk des
großen amerikanischen Erzählers

12/154 - DM 12,80

HEYNE BIOGRAPHIEN
James Brough
DIE FORD DYNASTIE
Ein Industrie-Imperium
Drei Generationen

12/153 - DM 16,80

HEYNE BIOGRAPHIEN
Terence Prittie
ADENAUER
Der Staatsmann,
der die Bundesrepublik prägte und
Europa den Weg bereitete

12/152 - DM 14,80

HEYNE BIOGRAPHIEN
Michael Edwardes
NEHRU
Eine politische Biographie

12/163 - DM 18,80

HEYNE BIOGRAPHIEN
David Freeman Hawke
JOHN D. ROCKEFELLER
Symbolfigur der
amerikanischen Gründerzeit

12/159 - DM 16,80

HEYNE BIOGRAPHIEN
Piers Brendon
EISENHOWER
Von West Point ins
Weiße Haus

12/162 - DM 19,80